SÄKULARISIERUNG

WEGE DER FORSCHUNG

BAND CDXXIV

1981

WISSENSCHAFTLICHE BUCHGESELLSCHAFT

DARMSTADT

SÄKULARISIERUNG

Herausgegeben von
HEINZ-HORST SCHREY

1981

WISSENSCHAFTLICHE BUCHGESELLSCHAFT

DARMSTADT

CIP-Kurztitelaufnahme der Deutschen Bibliothek

Säkularisierung / hrsg. von Heinz-Horst Schrey. —
Darmstadt: Wissenschaftliche Buchgesellschaft, 1981.
  (Wege der Forschung; Bd. 424)
  ISBN 3-534-08280-X

NE: Schrey, Heinz-Horst [Hrsg.]; GT

1 2 3 4 5

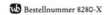 Bestellnummer 8280-X

© 1981 by Wissenschaftliche Buchgesellschaft, Darmstadt
Satz: Maschinensetzerei Janß, Pfungstadt
Druck und Einband: Wissenschaftliche Buchgesellschaft, Darmstadt
Printed in Germany
Schrift: Linotype Garamond, 9/11

ISBN 3-534-08280-X

INHALT

Inhalt VII

VI. Säkularisierung als Thema der Religionssoziologie

VII. Philosophische Theologiekritik
im Horizont der Säkularisierungsproblematik

ABKÜRZUNGEN

EKL   Evangelisches Kirchenlexikon
EvKom   Evangelische Kommentare
KZS   Kölner Zeitschrift für Soziologie und Sozialpsychologie
LThK   Lexikon für Theologie und Kirche
MPT   Monatsschrift für Pastoraltheologie
PhR   Philosophische Rundschau
RGG   Die Religion in Geschichte und Gegenwart
SCM   Student Christian Movement
SgV   Sammlung gemeinverständlicher Vorträge und Schriften aus dem Ge-
         biet der Theologie und Religionsgeschichte
ThLZ   Theologische Literaturzeitung
ZThK   Zeitschrift für Theologie und Kirche

EINFÜHRUNG

Von HEINZ-HORST SCHREY

I. Geschichtliche Ursprünge der Säkularisierung

Das Problem der Säkularisierung ist im Grunde das Problem des Verhältnisses von Christentum und Welt. Zwar gibt es das Phänomen der Säkularisierung auch in anderen als dem abendländischen Kulturkreis, doch scheint es dort durch die Begegnung mit dem Westen aufgebrochen zu sein, jedenfalls wenden wir uns in diesem Bande vordringlich Vorgängen zu, die ihren Sitz im Abendland haben. Was sich zu Beginn des 19. Jahrhunderts in der Verweltlichung geistlicher Güter und Herrschaften vollzogen hat, war sprachgeschichtlich der Grund für den Wortgebrauch des Begriffs Säkularisation, doch materialisiert sich in diesem kontingenten Geschichtsereignis nur ein sehr viel radikalerer geschichtlicher Wandel, der in seinen Anfängen bis ins hohe Mittelalter zurückreicht. Wie Böckenförde in seinem Beitrag über die Entstehung des modernen Staates zeigt, ist der geschichtlich faßbare Wendepunkt der Investiturstreit im 11. Jahrhundert. Damals beanspruchten die Träger des geistlichen Amtes alles Geistliche, Sakrale für sich und die von ihnen gebildete „ecclesia". Der Ruf nach der „libertas ecclesiae" bedeutete, daß das weltliche Herrscheramt aus dieser neuen „ecclesia" in die Weltlichkeit hinaus entlassen wurde. Diese Entsakralisierung des Kaisers im „Dictatus papae Gregorii VII" bedeutete eine Revolution gegenüber dem bisherigen sakralen Königsverständnis im Abendland. Mit ihr setzt die Säkularisierung der Politik ein, die ihrerseits, nicht zuletzt bedingt durch den Vorsprung an Institutionalisierung, den die Kirche hatte, zur Ausbildung staatlicher Herrschaftsformen wie dem Souveränitätsgedanken und der territorialen Abschließung des Herrschaftsraumes führte. Freilich blieben Kirche und Staat auch nach dem Investiturstreit Glieder des Corpus Christianum, wobei sich beide Teile einig waren über die Grundlagen der Glaubenswahrheit.

Diese Situation komplizierte sich nach der Glaubensspaltung des 16. Jahrhunderts. Katholiken, Lutheraner und Reformierte sind sich darin einig, daß der Konflikt zwischen ihnen nicht nur ein religiöser, sondern ebenso ein politischer sein müsse, denn noch wird der Glaube als rechtsartiges Treueverhältnis aufgefaßt, das sowohl den geistlichen wie den politischen Bereich umfaßt, so daß in Nachwirkung der Tradition der alten Polis-Religion der Andersgläubige nicht nur ein Feind der Wahrheit, sondern auch ein politischer Aufrührer sein muß. Toleranz hat unter solchen Voraussetzungen keinen Boden.

Angesichts der Aussichtslosigkeit, zur allgemeingültigen Wahrheit zurückzufinden — dies war ja das Ergebnis der Religionskriege des 16. und 17. Jahrhunderts in Europa —, bleibt kein anderer Weg, als daß die Fürsten die Religionsangelegenheiten selbst in die Hand nehmen und den Primat der Politik gegenüber der Religion in ihren Territorien zur Geltung bringen, um Frieden, Ordnung und Ruhe für ihre Völker herzustellen. Im Edikt von Nantes (1598), im Testament Richelieus und in der Staatsphilosophie des Thomas Hobbes kommen einerseits die metaphysische Resignation und anderseits die pragmatische, auf die Sicherung der menschlichen Bedürfnisse ausgerichtete Auffassung von Politik und Staat zum Ausdruck. In der Französischen Revolution kommt diese Entwicklung auf ihren Höhepunkt, die im 19. Jahrhundert durch restaurative Ideen wie die vom „christlichen Staat", vom Königtum von Gottes Gnaden, vom Bündnis von Thron und Altar nicht mehr rückgängig zu machen war. Schließlich bleibt auch im modernen säkularisierten Staat die Frage nach den bindenden Kräften, lebt er doch von Voraussetzungen, die er selbst nicht mehr garantieren kann.

Wir schicken dieses Resumée der Darlegungen des Juristen Böckenförde voraus, um deutlich zu machen, daß der Ursprung der Säkularisierung zu kurz angesetzt wird, wenn man, wie dies Lübbe tut, von der im Reichsdeputationshauptschluß von 1803 verordneten Enteignung der Kirchengüter ausgeht als historisch-ökonomischem Ausgangspunkt der Säkularisierung. Diese wäre kaum möglich gewesen, wenn ihr nicht ein langer historischer Prozeß der ideologischen Vorbereitung vorausgegangen wäre, der bis ins hohe Mittelalter reicht.

Man hat Säkularisierung als „Verlust an gesellschaftlicher Bedeutung der christlichen überempirischen Wirklichkeitsdefinition" (Laeyendecker) zu bestimmen versucht. Damit ist diese schon als defizienter

Modus einer in Mittelalter und Frühneuzeit verwirklichten abendländischen Kultursynthese, die zunehmendem Verfall ausgesetzt ist, gekennzeichnet. In der Tat zeichnen Sakralisierung und Klerikalisierung in dem eben beschriebenen historischen Wandlungsprozeß viele Jahrhunderte hindurch das Verhältnis von Christentum und Welt. Der Herrschaftsanspruch Christi auf die Welt wurde kirchlich institutionalisiert und gab der mittelalterlichen Gesellschaft einen hohen Grad von Stabilität. Man bezieht sich dabei auf alttestamentliche Vorbilder als vorchristliche Form einer Theokratie. Das Verständnis des Königtums als einer von Gottes Gnaden eingesetzten Institution, dokumentiert durch die Königssalbung und die christliche Symbolik des königlichen Ornats, die Weihe der Kirchen und ihre Bedeutung als sozialer Integrationspunkt (vgl. Zunftwesen!), die gesetzliche Regelung des christlichen Jahreskreises — dies alles sind Erscheinungen, die zeigen, wie das Volk der Christenheit unter einem heiligen Gesetz lebte, das durch ein immer hierokratischer werdendes Herrschaftsregime sanktioniert und durchgesetzt wurde. Ein allumfassender sakraler Ordo-Begriff setzt die Normen und führt zu gesellschaftlicher Fixierung (vgl. den Beitrag von F. X. Arnold in diesem Sammelband, S. 139 ff.).

Die Reformation hat dieser Situation gegenüber keinen grundsätzlichen Wandel gebracht. So kann der Historiker Gerhard Ritter den Reformator Luther als Wehr im Strom der „allgemeinen Säkularisierung des Denkens und Fühlens" sehen, denn Luthers Lehre von den zwei Reichen beabsichtigte zwar, die weltliche Gewalt von der geistlichen frei zu machen, wollte sie jedoch keineswegs vom Gehorsam gegen Gottes Gebot und Auftrag entbinden (vgl. H.-H. Schrey, Hrsg., Reich Gottes und Welt, WdF-Band CVII, 1969). Man kann es als die Tragik der Reformation bezeichnen, daß die Entwicklung dann so verlaufen ist, daß die weltliche Macht der Fürsten tatsächlich unter dem Schutzbrief der Entklerikalisierung ungestört absolutistisch werden konnte. Wie der moderne Staat diesem Vorgang der Säkularisierung seinen Ursprung verdankt, zeigt Böckenförde in seinem Beitrag deutlich auf.

Dem politischen Prozeß läuft ein geistig-kultureller parallel. Er erstreckt sich vom Spätmittelalter, beginnend mit der Schrift ›Docta ignorantia‹ (1440) des Nikolaus von Kues, bis zu Kants Kritiken. Säkularisierung schlägt um zum Säkularismus als der Leugnung des Zusammenhangs aller Dinge mit dem göttlichen Urgrund und des Christentums als geoffenbarter Religion. Feuerbachs Buch vom ›Wesen des Christentums‹ (1841) und Nietzsches ›Zarathustra‹ (1883) sind Höhepunkte dieser Entwicklung. Dieser Übergang endet im Verständnis der Welt als totaler Profanität, wobei die moderne Wissenschaft das Hauptinstrument zur Weltbewältigung wird.

Philosophisch führt der Weg vom Abbau der theistischen Distanz Gottes von der Schöpfung zur Identifizierung Gottes mit der Natur einerseits im Pantheismus der Renaissancephilosophen (Giordano Bruno) und des Baruch Spinoza, und anderseits zur totalen Trennung von Welt und Gott im Deismus der Aufklärungsphilosophen. Sind Gott und Natur auswechselbare Namen, oder ist Gott durch seine Entrückung in Transzendenz zur «quantité negligeable» geworden, dann ist der Weg in den Atheismus offen. Die Anthropologie tritt an die Stelle der Theologie (Feuerbach), die Dinge und Gott entschwinden dem Bewußtseins- und Erkenntnishorizont gänzlich. Der Mensch setzt sich als Herrschaftssubjekt der als verfügbares Objekt verstandenen Natur gegenüber (Descartes: «l'homme» = «maître et possesseur de la nature»). Der Mensch wird zum Maß aller Dinge. Wir stehen im Zeichen einer Kultur „etsi Deus non daretur".

Wittram hat auf den Zusammenhang zwischen der Entwicklung des neuzeitlichen Nationalbewußtseins und der Säkularisierung aufmerksam gemacht (Nationalismus und Säkularisation, 1949). Hier kann man freilich über Begriffe streiten, denn die im Konzept der «religion civile» Rousseaus angedeutete Aufladung des Politischen durch religiöse Momente kann ebensogut auch als Sakralisierung der Politik bezeichnet werden. Der Gedanke der Nation wird selbst zu einer Religion hochstilisiert (vgl. C. Hayes, Essays on Nationalism, New York 1926). Rousseau selbst fordert die Entwicklung einer «religion civile», die jeden Bürger seine (politischen) Pflichten lieben läßt (Contrat social IV, Kap. 8). Religion erhält ihren Sinn dadurch, daß sie dem Nationalstaat dienstbar wird, wie dies Abbé Raynal ausgesprochen hat: Der Staat ist nicht für die Religion gemacht, sondern die Religion für den Staat. Das Dogma der neuen «religion de la patrie» ist die Gleichheit aller. In der Französischen Revolution sucht die Katholische Kirche diesen Trend aufzufangen, indem sie sich als Nationalreligion oder Staatsreligion anbietet. Das mißlingt ihr allerdings; die mittelalterliche Universalsynthese ist nicht wiederherzustellen. Es findet der Prozeß statt, den

C. L. Becker so beschrieben hat: Die Philosophen zerstörten die „Civitas Dei" des heiligen Augustin nur, um sie mit modernerem Material wiederaufzubauen (Der Gottesstaat der Philosophen, deutsch 1946, S. 21). Herbert Schöffler und Reinhard Wittram sehen in diesem Vorgang einen „riesenhaften Einschmelzungsprozeß, in dem das alte christliche Weltbild Stück für Stück verweltlicht, in eine neue Idealität umgewandelt wurde" (Nationalismus und Säkularisation, S. 10 f.).

Dieser Prozeß, der zugleich ein geistesgeschichtlicher und ein politischer ist, bedeutete insgesamt eine Aufwertung der Diesseitigkeit gegenüber der jenseitigen Welt. Er wird mit Begriffen aus dem Bereich des Christlichen umschrieben, etwa wenn Hölderlin die Mutter Erde „allversöhnend, allesduldend" nennt. Dazu gehört, daß sich die modernen Nationen als Träger einer besonderen göttlichen Sendung empfinden. England hält sich für "the chosen people of our Lord", Frankreich beansprucht «le missionnaire de la civilisation en Europe», die Russen unter dem Einfluß des Panslavismus „aller Menschen Bruder Allmensch" (Dostojewski) zu sein, und aus der Synthese von Katholizität und «Italianità» nährt sich das italienische Selbstbewußtsein, „nazione sovrannaturale" zu sein. Schiller sieht in den Deutschen den „Kern der Menschheit", und nach Fichte soll am „deutschen Wesen noch einmal die Welt genesen". So gehen Motive der christlichen Heilsgeschichte und der kirchlichen Sendung in die Formation des modernen Nationalbewußtseins ein. Dieser Prozeß kann einerseits eine Amalgamierung christlicher Motive mit politischen Elementen bedeuten, etwa wenn Abbé Fauchet 1789 erklären kann, Jesus Christus sei für die Demokratie der Welt gestorben, und die Aristokratie habe den Gottessohn gekreuzigt, nun schlage die Stunde der Freiheit, die Mitte der Zeiten sei gekommen (vgl. K. D. Erdmann, Volkssouveränität und Kirche, Köln 1949, S. 188), anderseits „kann aber die Umprägung christlicher Gehalte hier und da schon in eine gegen das Christentum und seine idealistischen Ableitungen gerichtete Tendenz umschlagen" (Wittram, S. 27). Säkularisation als Weltlichwerden christlicher Konzepte schlägt um in Säkularismus als Abwendung vom christlichen Ursprung.

Säkularisierung als metaphorologisches Schema

Nietzsche konnte feststellen, daß der Mensch „in tiefster Herzens-
tiefe Altäre feierlich geweiht" habe, und ist es die Kirche nicht mehr, so
treten an ihre Stelle konkurrierende Größen wie Volk, Nation, Vaterland, Menschheit oder Persönlichkeit als „höchstes Glück der Erden-
kinder". Das Heilige verlagert sich im Beginn der Neuzeit auf eine dieser Größen und besetzt damit im psychischen Haushalt der Zeitgenossen frühere Sacra. Der „Metaphorá" vom herkömmlich Heiligen zum
Neuen entspricht eine Entsakralisierung des Alten und eine Sakralisierung des Neuen. Dieser Prozeß findet seinen Ausdruck in der Sprache,
in der Dichtung, in Festen und Riten, die aus dem christlich-sakralen
Bereich in den säkularen Bereich des Politischen übernommen werden.
  Schon vor der Französischen Revolution begann dieses Spiel von
Sakralisierung und Säkularisierung. Der Germanistentag der Deutschen
Hochschulgermanisten beschäftigte sich 1963 mit dieser Problematik.
August Langen und Wolfgang Binder hatten die Übertragung des Wortschatzes religiösen Ursprungs auf weltliche Themen zum Gegenstand
ihrer Referate. Langen sieht den Vorgang der sprachlichen Säkularisation der deutschen Dichtung des 18. und 19. Jahrhunderts in drei Phasen sich vollziehen: zunächst als verweltlichte Übernahme des religiösen Sprachguts im Rahmen des christlichen Glaubens. Für diese Stufe ist
das 18. Jahrhundert „die entscheidende und fruchtbarste Epoche", bei
Klopstock hervorragend vertreten bis hin zur Banalisierung in Moritz
Saphirs Gleichsetzung der Einzelheiten des Gottesdienstes mit Vorgängen der Natur. Die nächste Stufe ist die umdeutende Übertragung religiöser Terminologie durch nicht mehr christlich, aber religiös bestimmte Dichter. Hier kann an Goethes Werther, aber auch die Rolle
der großen Themen Freundschaft, Liebe und Natur gedacht werden.
Die letzte Stufe ist die satirisch-parodistische Umwandlung des christlichen Gehalts aus betont negativer, antichristlicher und antireligiöser
Einstellung. Es läßt sich also aus der sprachgeschichtlichen Entwicklung der Prozeß der Säkularisierung als legitimer Verweltlichung zum
Säkularismus als totaler Entchristlichung feststellen.
  Wolfgang Binder analysiert die Grundformen der Säkularisierung bei
Goethe, Schiller und Hölderlin. Dabei stellt er fest, daß dieser Vorgang
einmal in der weiten Verbreitung der Bibelübersetzung Luthers als

Grundbuch nicht nur religiöser, sondern auch sprachlicher Bildung begründet war, sodann in theologischen Umformungsprozessen, wie sie in der protestantischen Theologie der Aufklärungszeit vor sich gingen. Wird Johannes 1,1 („das Wort ward Fleisch") als Identifizierung von Gott und Vernunft, das Credo als Ausdruck der „inneren Stimme" verstanden, dann wirken Rationalismus und Pietismus gemeinsam auf die Säkularisierung christlicher Gehalte hin. Binder unterscheidet im Anschluß an Gogarten zwischen glaubensimmanenter Säkularisation und der christlichen Überlieferung entfremdetem Säkularismus, fügt diesen zwei Stufen aber noch eine dritte hinzu, da aus der Entmythisierung der Welt eine Heiligung weltlicher Bestände, eine Remythisierung also wird. Bei Schiller findet er den ersten Typus, beim späten Hölderlin den zweiten, bei Goethe und beim klassischen Hölderlin den dritten Typus vertreten. Gerade der späte Hölderlin war sich des hier beschriebenen Vorgangs besonders bewußt, wenn er etwa in der „Friedensfeier" davon spricht, daß die Menschen den Himmel übermütig vergessen, weil sie „des Segens zu voll" geworden sind und sich selbst zu genügen beginnen. Es ist wie eine Vorahnung des Lebensgeheimnisses, das der Troll dem Peer Gynt gibt: Mensch, sei dir selbst genug!

Die Diskussion der beiden Vorträge beim Germanistentag ergab, daß Säkularisation und Sakralisation als sprachliche Phänomene identisch sind und sich eine Differenzierung eigentlich nur aus dem geschichtlichen Vorsprung der geistlichen Terminologie vor der weltlichen Sprache ergibt. In diesem Prozeß entsteht ein eigentümliches Verhältnis von Gewinn und Verlust, insofern das Schwinden der theologischen Substanz eine Substanzfüllung im weltlichen Bereich erbringt. Freilich kann daraus dem christlichen Glauben eine gefährliche Konkurrenz entstehen, etwa wenn Schiller in seiner Ästhetik die Theologie entthront und von ihm eine neue Heilslehre des Schönen aufgebaut wird. Diese Linie ließe sich über Novalis bis zu George und der Moderne weiterverfolgen. Auf diesem Wege wären weiter zu nennen der Philosoph Schopenhauer und die französischen Symbolisten.

In ähnlicher Weise konnte auch Goethe von der Dichtung als „weltlichem Evangelium" reden. „Die wahre Poesie kündigt sich dadurch an, daß sie als *weltliches Evangelium*, durch innere Heiterkeit, durch äußeres Behagen uns von Lasten zu befreien weiß, die auf uns drücken. Wie im Luftballon hebt sie uns mit dem Ballast, der uns anhängt, in höhere

Regionen und läßt die verwirrten Irrgänge der Erde in Vogelperspektive vor uns entwickelt liegen" (zitiert nach L. W. Kahn, Literatur und Glaubenskrise, 1964, S. 16). Das europäische Bewußtsein ist auch da gesättigt mit Religion, wo es sich für emanzipiert vom Glauben hält. „Indem man sich von dem überlieferten Kirchenglauben entfernt, werden religiöse Elemente frei und fließen der weltlichen Literatur zu; Schlichtes und Alltägliches wird verklärt; Gefühl, Wärme und Hingabe, die sonst dem Religiösen gelten, verleihen weltlichen Objekten Ton und Farbe. Kurz, statt von *Säkularisation* möchten wir von der *Sakralisierung* des Weltlichen in der Literatur sprechen... So wird die säkulare Dichtung zum erhebenden, befreienden Evangelium für den irrenden Menschen — zu einer Religion ohne Gott." Wir haben es beim Problem der Säkularisierung mit dem Problem der historischen Rezeption überhaupt zu tun, also der gegenseitigen Durchdringung von Kulturformen weltlicher und geistlicher Art, wobei es ebenso unsinnig wäre, über die Priorität des einen gegenüber dem anderen wie über Legitimität oder Illegitimität dieses Vorgangs zu entscheiden.

Daß die hier skizzierten sprachlichen Prozesse auch ihren „Sitz im Leben" haben bzw. mit der soziologischen Situation derer zusammenhängen, die als ihre Exponenten hervortreten, hat A. Schöne in seiner Arbeit über ›Säkularisation‹ als sprachbildende Kraft‹ (1958) gezeigt. Wenn von 100 deutschen Dichtern seit der Mitte des 16. Jahrhunderts über ein Viertel aus dem evangelischen Pfarrhaus stammen, dann kann das auch für deren dichterischen und sprachlichen Ausdruck nicht ohne Folgen bleiben. Das Pfarrhaus ist zu einer Schule der Poesie geworden, der Dichter „eilt zu den Quellen, in die seine Einbildungskraft in zarter Kindheit getaucht wurde, aus der in dem Gedächtnis seiner Leser Ströme geleitet wurden" (Herder). Schöne zeigt diesen Prozeß auf an Andreas Gryphius, J. M. Reinhold Lenz, Jeremias Gotthelf, G. A. Bürger und Gottfried Benn.

Dorothee Sölle weist mit Recht darauf hin, daß man es bei diesem Vorgang der frühbürgerlichen Epoche mit deren Emanzipationskampf zu tun hat. Zunächst wird die Autonomie der Kunst von der geistlichen Herrschaft freigekämpft. Zur Kritik des Säkularisationsbegriffs in der Literaturwissenschaft vgl. den Beitrag Sölles in diesem Band S. 90 ff.

Daß politische und geistesgeschichtliche Prozesse analog zueinander verlaufen, geht auch aus der Arbeit Gerhard Kaisers über ›Pietismus und Patriotismus im literarischen Deutschland‹ (1961) hervor. Da in Deutschland zu Ende des 18. Jahrhunderts das religiöse Fundament noch sehr stark war, wirkte der Pietismus zunächst als retardierendes Moment bei der Entstehung eines politischen Nationalgefühls. Bei den aufgeklärten Pietisten kommt es aber später zu einer intensiven Einstrahlung religiöser Motive in das deutsche Nationalgefühl. Schon August Hermann Francke drängte auf eine Verchristlichung des Staates, besonders was die sozialen Aufgaben des Staates angeht, die Erben des Pietismus werden dann „Prediger des Patriotismus" (Novalis), wobei ihnen eine Projektion des in mystischer Wesensschau erfahrenen „inneren Vaterlandes" nach außen vorschwebt. In der patriotischen Erweckungs- und Freiheitsbewegung tritt der „Nationalgeist" hervor als eine Art eschatologischer Erneuerungsidee gegenüber der schlechten Wirklichkeit des absolutistischen Fürstenstaates. Dieser neue Staat soll Liebes- und Glaubensgemeinschaft in Analogie zur Kirche werden. Auch hier wird die im Phänomen der Säkularisation liegende Ambivalenz von Verweltlichung des Religiösen und Sakralisierung des Weltlichen sichtbar.

Daß der Pietismus noch in anderer Hinsicht auf die Entwicklung einer modernen Wissenschaft eingewirkt hat, nämlich der Psychologie, geht·aus der Untersuchung von F. Stemme, Die Säkularisation des Pietismus zur Erfahrungsseelenkunde (Ztschr. f. dt. Philologie 72, 1953, S. 144—158) hervor.

Man kann die innere Tendenz dieser radikalen geschichtlichen Wandlung darin sehen, daß die moderne Kultur aus den Lebens- und Denkformen der „christianisierten Zeit" (Ebeling) herausstrebt und zu sich selber kommen will. Im Gegenüber von Renaissance und Reformation wird die innere Spannung dieses Vorgangs sichtbar: strebt die „curiositas" der Renaissance dahin, den Menschen als den „Deus secundus" (Nikolaus von Kues) zu Mündigkeit und Emanzipation zu führen, durch die schließlich die unerforschlichen Wege des „Deus primus" zu ihrem Ziel, aber auch zu ihrem Ende kommen (Lessings ›Erziehung des Menschengeschlechts‹!), so will die Reformation die „Freiheit eines Christenmenschen" zwar in der Relativierung institutionell-hierarchischer Bevormundung durchsetzen, aber menschliche Existenz um so intensiver als Dasein vor Gott auf den Grund des Evangeliums und keineswegs auf den Boden irgendwelcher immanenter Humanität stellen.

Bei Hegel bildet die hier skizzierte Spannung die innere Unruhe seiner Philosophie, wie dies z. B. K. Löwith (Weltgeschichte und Heilsgeschehen, 1953) und W. D. Marsch (Gegenwart Christi in der Gesellschaft, 1965) aufgezeigt haben. Die Ambivalenz dieses Vorgangs läßt sich in folgender Frage formulieren: Bedeutet diese Gegenwart des Göttlichen in der Welt nun die endliche Verchristlichung der Gesellschaft, um im Bilde zu reden, eine Durchsetzung der Weltsubstanz mit christlichem Salz, wobei dieses als Eigenelement unsichtbar, aber als erhaltende Kraft unerläßlich ist —, oder tritt eine derartige Verdünnung ein, daß von der Salzkraft des Christentums, nach dem Tode Gottes, so gut wie nichts mehr zu spüren ist? Oder muß gar diese Salzkraft als „Gottesvergiftung" denunziert werden? Es taucht hier schon das Problem der Legitimität der Neuzeit auf, also die These, daß die entchristlichte Neuzeit sich nicht nur aus den historischen Ursprüngen und Zusammenhängen her zu verstehen hat, sondern sich als eigenständiges säkulares Gebilde selbst behauptet. „Die sogenannte Säkularisierung des ursprünglichen Christentums bedeutet also für Hegel keineswegs einen verwerflichen Abfall von seinem ursprünglichen Sinn, sondern im Gegenteil: die wahre Explikation dieses Ursprungs durch seine positive Verwirklichung" (K. Löwith, Von Hegel zu Nietzsche. Der revolutionäre Bruch im Denken des 19. Jahrhunderts, 1969, S. 48).

Für Hegel stellt die Verweltlichung des christlichen Glaubens ein Doppeltes dar: Einmal wird das Heilsgeschehen auf die Ebene der Weltgeschichte projiziert, dann aber zugleich die Weltgeschichte auf die Ebene der Heilsgeschichte erhoben (vgl. Löwith, Weltgeschichte und Heilsgeschehen, S. 60 f.). Stimmt es, daß „im Christentum die germanischen Nationen Europas zum Bewußtsein gekommen seien, daß der Mensch als Mensch frei ist", und ist das Prinzip der subjektiven Freiheit ein christlich begründetes Prinzip, dann kann auch die Französische Revolution als „eine Hervorarbeitung des christlichen Standpunktes" angesehen werden (so der Hegelschüler Eduard Gans, 1833) und die revolutionären Parolen „Freiheit, Gleichheit, Brüderlichkeit" als Transfer von Qualitäten des Menschen als „Dasein vor Gott" ins Politisch-Bürgerliche. Hegel und seine Schule verwenden den Begriff der Säkularisierung nicht, weil dieser schon vom kanonischen Recht her negativ geladen und damit zunächst für den hier bezeichneten Vorgang verbraucht ist (als illegitimer Kirchenraub). Immerhin findet sich 1837.

schon bei dem von Hegel beeinflußten liberalen Protestanten Richard Rothe ein Sprachgebrauch, der eine positive Bedeutung des Begriffs offenläßt. Rothe sagt in seinen Vorlesungen über ›Die Anfänge der christlichen Kirche und ihrer Verfassung‹ über das Kirchen-Staats-Verhältnis: In demselben Verhältnis, in dem der Staat sich *entsäkularisiert*, *säkularisiert* sich die Kirche, tritt sie zurück, die nur ein provisorischer, immer ungenügender werdender Notbau für den christlichen Geist ist für die Zeit, bis jene seine eigentliche Behausung ausgebaut ist. Hier haben wir die Position des liberalen Protestantismus in Reinkultur vor uns. Die Kirche, vor allem in ihrer hierarchisch-katholischen Gestalt, kann dem nicht entsprechen, was man in der Philosophie des deutschen Idealismus als „Reich Gottes" zu bezeichnen pflegte, jene ins Welthafte ausstrahlende Spiritualität, die zur Wirkungsgeschichte des neuzeitlichen Protestantismus gehört. Für sie ist der Staat, verstanden als sittliche Größe und als Organisationsform der Gesellschaft, ein würdigeres Gehäuse als der Notbau Kirche. So sind auch die Tendenzen des in den angelsächsischen Ländern im 19. Jahrhundert verbreiteten "Secularism" zwar kirchenkritisch, aber nicht unbedingt christentumsfeindlich.

Damit sind auch für den Sprachgebrauch unseres Jahrhunderts schon die Weichen gestellt: Der liberale Protestantismus kann ohne Schauder diesen Begriff verwenden, ja sieht Reformation und Protestantismus als Wirkursache hinter der neuzeitlichen, aus der kirchlichen Bevormundung sich freikämpfenden Säkularisationsbewegung, während der Katholizismus die Leiblichkeit der Kirche und die Spiritualität des Geistes nicht in dieser Weise voneinander trennen kann, also in der Säkularisierung den für die Neuzeit typischen christlichen Substanzverlust beklagt. So stehen sich um die Jahrhundertwende katholischer Antimodernismus und protestantischer Kulturoptimismus feindlich gegenüber.

Es entspräche nun freilich nicht der historischen Wahrheit, sähe man in den Positionen des Kulturprotestantismus unseres Jahrhunderts die gleiche fast kindlich anmutende Naivität eines Richard Rothe sich wiederholen. Ernst Troeltsch kann zwar auch im Prozeß der Säkularisierung einen Prozeß der Selbstauflösung des christlichen Glaubens in seiner überlieferten Gestalt sehen, aber zugleich erkennt er, daß sich daraus „unsäglich schwere Probleme" ergeben. Er sieht, wie die zunehmende Gleichartigkeit des protestantischen Personalismus mit der

modernen individualistischen Kultur die Zukunft dieser Religiosität in
die schwierigsten Aufgaben verwickelt, deren Lösung heute noch nicht
entfernt absehbar ist (Die Bedeutung des Protestantismus für die Entstehung der modernen Welt, 1911).

II. Säkularismus als zivilisationskritische Kategorie

Im Kulturprotestantismus des 19. und beginnenden 20. Jahrhunderts
begegnen wir einer mehr oder weniger historisisierenden Einstellung
zum Phänomen der Säkularisierung. Man betont die in der geschichtlichen Entwicklung sich zeigenden Verknüpfungen von Reich Gottes
und Welt, wobei wesentliche Impulse aus dem christlichen Glauben wie
die Ideen der Freiheit und der Persönlichkeit in die Formierung des modernen Weltbewußtseins eingegangen sind. Man ahnt zwar, daß „alles
wackelt" (Troeltsch), also daß sich in diesem Prozeß einer Kultursynthese erhebliche qualitative Veränderungen anbahnen, ohne diese
jedoch in ihrer ganzen Tragweite zu durchschauen. Das geschieht erst
dort, wo das christliche Weltbewußtsein aus der abendländischen Pro-
vinzialität ins Globale sich weitet — auf dem Feld der Mission. Auf der
Weltmissionskonferenz von Jerusalem 1928 wurde erstmalig Säkularisierung als „Säkularismus" thematisiert. Damit war gemeint die „bewußt weltliche Gesinnung und Diesseitsstimmung, die im Vollbesitz
der modernen Errungenschaften alle übersinnlichen Werte als lebens-
fremd ablehnt" (Karl Heim). Man erkannte, daß man es auf dem Mis-
sionsfeld heute nicht nur mit den konkurrierenden religiösen Kräften
der Fremdreligionen zu tun hat, sondern vor allem auch mit einer säkularisierten Lebensanschauung, die jeden Jenseitsglauben konsequent
ablehnt. Der Generalsekretär des Internationalen Missionsrats J. H.
Oldham bezeichnete in seinem Referat den Säkularismus als Menschheitsgefahr, die eine wesentlich gefährlichere Herausforderung des
Christentums darstelle als irgendeines der nichtchristlichen Religions-
systeme, denn diese Strömung ist verbunden mit den lebendigen Kräften, welche die heutige Welt aufbauen, in der wir leben. Oldham fordert
einen neuen Einsatz, eine reichere Kundmachung des christlichen Lebens in der Welt von heute. Bei dem Tübinger Theologen Karl Heim
wird dieser Kampf gegen den Säkularismus mit den apokalyptischen

Bildern des Endkampfes gegen den Antichrist beschrieben. „Alle Kräfte des Antichristentums ballen sich zu einer Einheitsfront zusammen. Das Zeichen der Kirche steht auf Sturm. Eine letzte Geisterschlacht bereitet sich vor. Eine große Stunde ist gekommen ..." (Der Kampf gegen den Säkularismus, S. 388; in diesem Band S. 109 ff.)

Dieser Prozeß der außerchristlichen Säkularisierung war aber durch die Beschwörungen jener Konferenz nicht aufzuhalten, setzte sich vielmehr in den kommenden Jahrzehnten vor allem in Japan und Indien durch, ganz zu schweigen von den kommunistischen Ländern Ostasiens. Japan entschied sich nach 1945 gegen den Staatsshinto, entgöttlichte die Person des Kaisers, was nicht nur auf den Druck der siegreichen Alliierten zurückzuführen ist, sondern dem Willen von Millionen unterdrückter Japaner entsprach. Indien war durch das Kastenwesen und die damit gegebene hierarchische Ordnung geprägt und konnte den Übergang zu einem modernen Staatswesen nur dadurch vollziehen, daß es den traditionellen Stil der hinduistischen Gesellschaft aufgab. Nehru war der Exponent einer offenen Säkularisierung, die zwar die Achtung vor den Religionen propagierte, aber deren gesellschaftsprägenden Einfluß zerbrach. Daß hier gewaltige, bisher keineswegs gelöste Probleme entstehen, liegt auf der Hand. So sagt der Inder N. K. Devaraja: Wir haben zwar eine demokratische Regierungsform, doch ist unser Volk noch weithin ohne die ideologische Ausrüstung, welche die demokratische Mentalität fördert und nährt.

Diese Sicht der Dinge war nicht auf den Sektor der Mission beschränkt, sondern verbreitete sich in der ganzen protestantisch bestimmten Ökumene und beherrschte die Thematik der Weltkirchenkonferenzen. Der Tenor der Überlegungen geht dahin, daß die säkularen Versuche, im Kommunismus eine klassenlose Gesellschaft aufzubauen oder im Nationalismus an den Mythos von „Volk" und „Nation" anzuknüpfen, also an die Stelle einer universalen Kultur einen Lokalpatriotismus treten zu lassen, als Desintegration der Gesellschaft zu betrachten sind. Die weitere Studienarbeit der Ökumenischen Bewegung gilt der Überwindung des Säkularismus und der Konkretisierung dessen, was heute „Kirche für die Welt" heißen kann und muß.

Neben den mehr sozialethisch ausgerichteten Bemühungen der Ökumene stehen solche, die man dem Gebiet der Apologetik zurechnen darf. So bemüht sich der evangelische Theologe F. K. Schumann um eine Überwindung des Säkularismus in der Wissenschaft. Er sieht das Wesen des modernen Säkularismus in einer ursprünglich sich christlich verstehenden Vermengung von Geistlich und Weltlich, einer schwarmgeistigen Verweltlichung des Geistlichen und einer nicht genuin christlichen Vergeistlichung des Weltlichen. Er ist also nicht Erneuerung des Heidentums, sondern christliche Ketzerei. Das Weltliche beansprucht für sich, die bisherigen Funktionen des Geistlichen zu übernehmen. Der Säkularismus in der Wissenschaft ist nicht zu sehen in den für moderne Wissenschaft typischen Merkmalen der Exaktheit des Verfahrens der Objekterfassung, auch nicht im Mangel an philosophischer Begründung oder dem im Positivismus vorherrschenden Immanenzdenken, sondern in dem Anspruch, mittels dieser Methoden endgültig den abschließbaren Bereich des Wirklichen abstecken zu können. Damit wird dem im christlichen Glauben erschlossenen Nichtvorfindlichen der Wirklichkeitscharakter abgesprochen. Bei der von Schumann angestrebten Überwindung des Säkularismus in der Wissenschaft geht es ihm weder um eine neue Sakralisierung, noch um die Propagierung eines Irrationalismus, auch nicht um eine christliche Programmwissenschaft oder um christliche Gnosis, sondern um ein neues Zur-Geltung-Bringen des in der Reformation erfaßten Verhältnisses von „geistlich" und „weltlich", das zunächst für den christlichen Forscher gilt, aber auch dem Nichtglaubenden als ernstzunehmende Möglichkeit vorgestellt werden kann. Am Beispiel der Anthropologie, der Geschichte und am Zeitproblem versucht Schumann klarzumachen, was er hier meint. Tiefe hat die wissenschaftliche Erforschung des Menschseins erst dann wieder gewonnen, als sie den christlichen Aspekt wieder ernst nahm. Die Geschichtsforschung muß begreifen lernen, daß es erst von der Offenbarung in Jesus Christus her das gibt, was wir heute Geschichte nennen. — Was F. K. Schumann hier fordert, ist grundlegendes Arbeitsprogramm der Evangelischen Akademien geworden. Es bleibt freilich die kritische Frage, ob diesem Prozeß des „instaurare omnia in Christo" nicht letztlich das Modell eines geordneten Wissenschaftskosmos zugrunde liegt, wie es bei den mittelalterlichen Denkern der Fall war, nach deren Ansicht alle Einzelwissenschaften in der Theologie ihre krönende Synthese fanden. Oder bleibt es bei Schumann doch bei einer historisierenden Herkunftsanalyse von Begriffen wie Zeit und Geschichte, wobei nichts ausgemacht ist über die moderne Verbindlichkeit der historischen Genese? — Man kann mit Hans Küng fragen: Bedeutet das schon das Ende der Religion? Bedeutet Säkularisierung schon religionslosen Säkularismus? Dies hat sich inzwischen klar als „unbegründete Extrapolation in die Zukunft" herausgestellt (Heute noch an Gott glauben? Rede zum 500jährigen Jubiläum der Universität Tübingen, 1977, S. 37).

Im katholischen Lager waren ähnliche Töne zu hören. 1947 wendet sich der Episkopat der katholischen Kirche in den USA in einem auch in Westdeutschland verbreiteten Hirtenbrief gegen den Säkularismus als „Gefahr unserer Zeit" (in diesem Band S. 128 ff.). „Der Säkularismus hat auf den Einzelnen die Wirkung, daß er ihn blind macht für seine Verantwortlichkeit gegen Gott." Er hat in der Familie, auf dem Gebiet der Erziehung, der Welt der Arbeit und in der internationalen Gemeinschaft der Völker größtes Unheil gestiftet, denn er hat die Festigkeit der Familie untergraben, die Religion aus der Schule ausgeschlossen, Ausbeutung und halsabschneiderischen Wettbewerb zur Regel in der Wirtschaft gemacht, in Faschismus und Kommunismus die Errichtung einer internationalen Rechtsordnung verhindert. Daher kann nur der Weg zurück zu Gott die Welt vor dem drohenden Chaos retten. — Ähnlich denunziert die Fuldaer Männerseelsorgekonferenz den Säkularismus 1951 als die „Krankheit unserer Zeit".

III. Das Problem der Säkularisierung in der neueren evangelischen Theologie — Barth, Tillich, Bonhoeffer, Gogarten

Daß auf dem Wege einer neuen Kultursynthese von Christentum und Welt erneut die Gefahr eines Selbstverlustes von Christentum und Kirche an die Welt droht, das Christentum als „Religion" den Charakter der Ganzandersartigkeit verliert, war der Grund, warum sich der führende Vertreter der dialektischen Theologie, Karl *Barth,* von einer Strategie der Entsäkularisierung nichts versprach. In seinem Tambacher Vortrag über ›Der Christ in der Gesellschaft‹ spricht Barth 1919 vom „Säkularisieren Christi":
Das Göttliche ist etwas Ganzes, in sich Geschlossenes, etwas der Art nach Neues, Verschiedenes gegenüber der Welt. Es läßt sich nicht auf-

tragen, aufkleben und anpassen. Es läßt sich nicht teilen und austeilen, gerade weil es mehr als Religion ist... Wo hat denn die Gotteswelt offene Fenster gegen unser Gesellschaftsleben hin? Wie kommen wir dazu, zu tun, als ob sie es hätte? Ja, Christus zum soundsovielten Male zu *säkularisieren*, heute z. B. der Sozialdemokratie, dem Pazifismus, dem Wandervogel zuliebe, wie ehemals den Vaterländern, dem Schweizertum und Deutschtum, dem Liberalismus der Gebildeten zuliebe, *das* möchte uns allenfalls gelingen. Aber nicht wahr, da graut uns doch davor, wir möchten doch eben Christus nicht ein neues Mal verraten (in: Das Wort Gottes und die Theologie, 1925, S. 33—69 [36]).

Hier wird die Denkrichtung der frühen dialektischen Theologie ganz deutlich: Sie wendet sich nicht apologetisch nach außen, läßt sich die Fragestellung nicht von der „Welt" vorgeben, kämpft daher auch nicht gegen die Areligion der bösen Welt, sondern gegen „die Neigung des Glaubens und der Kirche, sich als ihr religiöses Ferment zur Funktion der Kultur zu machen" (Lübbe, 1975, S. 100). Bei dieser „großen Weigerung der Theologie, sich überhaupt auf den Boden menschlicher, nämlich zeitlicher Kultur und Wissenschaft zu stellen" (Ringeling, 1970, S. 27), ist es freilich auch bei Barth nicht geblieben, obwohl er auch späterhin Säkularisierung nie ausdrücklich thematisiert hat. Das Modell der „analogia fidei" und der Parallelität von Bürgergemeinde und Christengemeinde ersetzt bei ihm den apologetischen Ansatz.

Dieser Ansatz ist bewußt durchgehalten worden in der Theologie Paul *Tillichs*. Er sucht die sich ausschließenden Gegensätze der von der revolutionären Bewegung denunzierten Heteronomie der Kirchen und die von den Kirchen als säkularisiert verworfene Autonomie der modernen Kultur in der Theonomie zu verbinden, die als das höhere Gesetz zugleich das innerste Gesetz des Menschen ist. Im Gegensatz zum Katholizismus mit seiner Repristinationstendenz vergangener Kulturwerte lehnt Tillich eine Absolutsetzung der Formen einer religiösen Kultur ab, ob es sich nun um die feudale Ordnung der römischen Kirche, den lutherischen Patriarchalismus, die demokratischen Ideale des Sektenprotestantismus oder das biblische Weltbild handelt. Daß Religion die Substanz der Kultur und Kultur die Form der Religion sei, ist die präziseste Formulierung der Tillichschen Theonomie. Renaissance und Aufklärung sowie die autonome Kultur des Bürgertums des

19. Jahrhunderts waren Formen der Säkularisierung, der allerdings letzte Spuren von Religion die Existenz ermöglichten.

Tillichs theologischer Ansatz ist apologetisch, d. h., er bemüht sich, eine Verständigung zwischen „Botschaft" und „Situation" herbeizuführen, indem er „das lebendige dialektische Verhältnis des vorhandenen Geisteslebens zum Christentum offenbar macht" (10. These bei der theologischen Lizentiatenprüfung 1912). Diese „Theologie der Kultur" ist letztlich von zwei Überzeugungen getragen: daß das Christentum die einzige Kraft ist, die dem Zerfall der Kultur Einhalt gebieten kann, und sodann, daß die Kräfte des Christentums nicht nur in der Institution der Kirche am Werk sind, sondern auch in den weltlichen Bewegungen der Zeit, besonders in denen, die sich für soziale Gerechtigkeit einsetzen, selbst wenn diese sich selbst als atheistisch oder antikirchlich verstehen. Gott und sein Wirken in der Geschichte ist nicht ausschließlich an die institutionalisierte Christenheit gebunden, vielmehr kann sich der Kairos, die Fülle der Zeit, oft in außerkirchlichen Bewegungen deutlicher ausdrücken als durch die in sich selbst verfestigte und dadurch der Dämonisierung ausgesetzte Institution Kirche. Profanität und Sakralität durchdringen sich, Masse kann „heilig" sein, wenn in ihrer Bewegung die „Tiefe des Seins" sichtbar wird, der geschichtliche Wille des Göttlichen, das in der Institution Kirche häufig statisch und unlebendig geworden ist. Tillich unterscheidet drei Bedeutungen von Kairos: Im universalen und einmaligen Sinne ist Kairos die Erscheinung Jesu Christi; im allgemeinen Sinne der Geschichtsphilosophie ist es jeder Wendepunkt in der Geschichte, an dem das Ewige das Zeitliche richtet und umgestaltet; im besonderen Sinne, der für unsere Gegenwart entscheidend ist, ist Kairos das Heraufkommen einer neuen Theonomie auf dem Boden einer säkularisierten und leergewordenen autonomen Kultur (The Protestant Era, 1957, S. 46 f.).

Es ist kritisch bemerkt worden, daß der Zusammenhang zwischen dem allgemeinen geschichtsphilosophischen und dem speziell christologischen Sinn von Kairos bei Tillich nicht ganz geklärt und erst nachträglich konstruiert worden sei (vgl. J. P. Clayton, Dialektik und Apologetik in der theologischen Entwicklung Tillichs, ZThK 75, 1978, S. 213—232). Doch so viel ist klar, daß für ihn die Weltlichkeit der Geschichte und der in ihr zu beobachtenden Bewegungen mit ihrem Zentralpunkt in Christus zusammenhängt, auch wenn diese Beziehungen nicht in allen Phasen der Tillichschen Theologie in gleicher Deutlichkeit hervortreten.

Zur Verdeutlichung des hier Gemeinten muß noch auf die Bedeutung des Expressionismus für den Denkstil Tillichs verwiesen werden. Der Expressionismus trennt Form und Inhalt des Kunstwerks. Der Ausdruck des Inneren kann in der Verfremdung einer rein äußerlich kaum oder gar nicht mit diesem Innengehalt in Zusammenhang stehenden Form sich gestalten, wie umgekehrt eine religiöse Form ihres Inhalts entleert und in den Dienst säkularer Gehalte gestellt werden kann. Ein Madonnenbild, bei dem es dem Künstler mehr um die Darstellung der sinnlichen Schönheit einer jungen Frau zu tun war als um den transzendenten Gehalt (Gottesmutter), kann zutiefst profan, säkular sein, während umgekehrt die expressionistische Gestaltung eines Apfels, also eines „profanen" Objekts, aus der die „Tiefe des Seins" aufscheint, zutiefst religiös, heilig sein kann. Das künstlerische Sujet ist also noch kein Kriterium für die Unterscheidung von Profan und Heilig. Beide können sich durchdringen, das Profane kann transparent werden für das Heilige, wie umgekehrt das Heilige zum Profanen verfremdet werden kann. Rudolf Bultmann sagt es ähnlich: Nur der Gottesgedanke, der im Bedingten das Unbedingte, im Diesseitigen das Jenseitige, im Gegenwärtigen das Transzendente finden, suchen und finden kann, als Möglichkeit der Begegnung, ist für den modernen Menschen möglich (Der Gottesgedanke und der moderne Mensch, S. 125 f.).

Daß dieser Denkansatz nicht auf das Gebiet der Kunst beschränkt ist, sondern auch für alle anderen Kulturgebiete gilt, wird bei Tillich nicht zuletzt an seinem Engagement für den religiösen Sozialismus deutlich. In der sozialistischen Bewegung findet die eben beschriebene Durchdringung von Profan und Heilig statt. Vor allem das kritische Prinzip im Protestantismus erkennt, wie fragwürdig alle Identifikationen wie „christlicher" Staat, „christliche" Kunst, „christliche" Erziehung sind. Es geht bei Tillich wie bei Gogarten im Grunde um das Ringen um die rechte Verhältnisbestimmung von Kirche und Welt, zwar jeweils in einer anderen Terminologie, doch mit derselben Tendenz, nämlich der Öffnung zu vordergründig gesehen „weltlichen" Bewegungen, die keineswegs mit dem Stigma des „Säkularismus" zu belegen sind.

Worum es Tillich sowohl wie Gogarten geht, ist nicht eine totale Trennung der Welt von Gott, sondern eine „Verselbständigung der

Welt vor Gott", die einen neuen Blick auf die Wirklichkeit Gottes freigibt (vgl. L. Scheffczyk, Die Wirklichkeit Gottes und die menschlichen
Vorstellungen von Gott, in: Schwerpunkte des Glaubens, 1977, S. 127).
Der Säkularisierungsprozeß wird auch bei Gogarten als ein legitimer
Vorgang verstanden, bei dem der christliche Glaube Pate gestanden hat
und bei dem es weder um eine Vertreibung Gottes aus der Welt noch um
eine Verabsolutierung der Welt zu einer „in sich ruhenden Endlichkeit"
(Tillich) geht, sondern um eine Entlassung der Welt in ihre Eigenwirk-
lichkeit und Freiheit, die von Gott selbst verfügt ist. — Zu Tillich vgl.
H.-H. Schrey, Paul Tillich, Studium Generale 14, 1961, S. 32—40.

Die mündige Welt: Dietrich Bonhoeffer

Mit Karl Barth meidet auch Dietrich *Bonhoeffer* (1906—1945) den
Begriff der Säkularisierung. Grund dafür ist für ihn der „defensive und
degradierende Unterton, mit dem die Kirchen trotz Rückzugsgefecht in
einem Von-oben-nach-unten-Reden zweihundert Jahre Geschichte
verurteilten" (E. Bethge, Ohnmacht und Mündigkeit, 1969, S. 115).
Wenn er es vorzieht, von der „mündigen Welt" zu reden, dann fehlen
diesem Begriff die negativen Untertöne, und es wird ein „freies Verhältnis zu der durch die Aufklärung geschaffenen Situation" (Kl. Blümlein,
Mündige und schuldige Welt, 1974, S. 16) gewonnen. In diesem Mündigwerden sieht Bonhoeffer — und hier wandelt er in den Spuren Lessings, in dessen ›Erziehung des Menschengeschlechts‹ der Begriff der
Mündigkeit erstmalig in unserem Sinne auftaucht — die wichtigste
Triebkraft der neuzeitlichen Weltentwicklung. Diese Mündigkeit hängt
für ihn zusammen mit dem, was er das „Ende der Religion" nennt. „Wir
gehen einer völlig religionslosen Zeit entgegen; die Menschen können
einfach so wie sie nun einmal sind, nicht mehr religiös sein" (WE 305).
Hier führt Bonhoeffer die negative Bestimmung des Begriffs Religion
bei Barth fort. Mündigkeit bedeutet für ihn im wesentlichen einen Zu-
wachs an Fähigkeit, „in allen wichtigen Fragen mit sich selbst fertig zu
werden ohne Zuhilfenahme der ‚Arbeitshypothese Gott'" (WE 356).
Die mündige Welt ist „die zum Bewußtsein ihrer selbst und ihrer Le-
bensgesetze gekommene Welt" (WE 357). Gott als Lückenbüßer für
mangelnde immanente Welterkenntnis wird überflüssig. Bonhoeffer

verdeutlicht sich dieses neue Weltbewußtsein vor allem an der Beziehung zur Natur und zur Technik. Ziel der neuen Mündigkeit ist „unabhängig von der Natur" zu sein (WE 413), das Leben gegen Zufall und Schicksalsschläge zu sichern, allein mit der Welt fertig zu werden. Zum religiösen Gehalt des Christentums dagegen gehört es, den Menschen auf sein Unvermögen festzulegen, die menschliche Schwäche auszunützen, Gott als „deus ex machina" zur „Lösung von Lebensnöten und Konflikten" in Anspruch zu nehmen (WE 374).

Vertritt damit Bonhoeffer eine „Theologie ohne Gott"? So ist er von der Richtung der "radical theologians" in Amerika verstanden worden. In seinem Buch ›Radical Theology and the Death of God‹ (New York 1966) meint W. Hamilton, Bonhoeffer habe gesagt, daß wir in einer mündigen Welt nicht länger religiös sein können, wenn Religion definiert wird als ein System, das Gott oder die Götter als Lückenbüßer und Problemlöser behandelt. Es ist inzwischen richtig erkannt worden, daß es Bonhoeffer viel weniger um die negative Aussage der Religionslosigkeit ging, als vielmehr um die positive: Wie kann ein Christ gleichzeitig an seiner Identität als Christ festhalten und seine Identität als moderner Mensch bewahren? Dabei wird entdeckt, daß zwischen beidem eine dialektische Beziehung besteht, denn es gibt keine wahre Weltlichkeit ohne Glauben und keinen Glauben ohne Weltlichkeit. Ein Satz aus seiner „Ethik" kann das erläutern:

Es gibt nicht zwei Wirklichkeiten, sondern nur eine Wirklichkeit, und das ist die in Christus offenbar gewordene Gotteswirklichkeit in der Weltwirklichkeit. An Christus teilhabend stehen wir zugleich in der Gotteswirklichkeit und in der Weltwirklichkeit. Die Wirklichkeit Christi faßt die Wirklichkeit der Welt in sich... Es ist eine Verleugnung der Offenbarung Gottes in Jesus Christus, „christlich" sein zu wollen, ohne die Welt in Christus zu sehen und zu erkennen (Ethik, S. 210).

Die Formeln von der „religionslosen Welt" oder der „nichtreligiösen Interpretation der Bibel" sind ohne den Christozentrismus nicht zu verstehen. Darüber besteht bei allen Bonhoeffer-Experten Übereinstimmung (vgl. dazu E. Bethge, Christologie und „religionsloses Christentum" bei Dietrich Bonhoeffer, in: Glaube und Weltlichkeit bei Dietrich Bonhoeffer, Stuttgart 1969, S. 75—99). Hauptcharakteristikum der Mündigkeit ist für Bonhoeffer die *Verantwortlichkeit,* wobei seine Mündigkeitserklärung der Welt unmittelbar aus seinem Glauben an den

Gekreuzigten entsprang. Dadurch wird erreicht, daß die Säkularität weder deifiziert noch dämonisiert, noch hoffnungsloser Skepsis überlassen wird. Die Menschen, an die Bonhoeffer konkret denkt, sind die bescheidenen, zurückhaltenden Wissenschaftler, die ausgeschalteten Politiker und verzweifelten Militärs, für die er den biblischen Christus zurückgewinnen will, ohne religiöse Vorleistungen oder Einkleidungen. Religion wäre solche Vorleistung gewesen, die aber immer nur ein partieller Akt, kein ganzheitlicher Lebensakt wie der Glaube ist. „Jesus ruft nicht zu einer neuen Religion, sondern zum Leben" (WE 246). — Wohin führt der theologische Weg Bonhoeffers? Er ist „nichts anderes als die Vorwegnahme des eschatologischen Zieles der Schöpfung, indem die Weltwirklichkeit ganz in die Christuswirklichkeit hineingezogen, in ihr vollendet und zugleich überwunden wird, damit Gott durch Christus alles in allem sei (1 Kor 15, 20—28)" (R. Mayer, Christuswirklichkeit. Grundlagen, Entwicklung und Konsequenzen der Theologie D. Bonhoeffers, Stuttgart 1969, S. 280 f.).

Das säkularisierungsgeschichtliche Denkmodell:
Friedrich Gogarten

Das Verdienst, Säkularisierung theologisch am eindringlichsten thematisiert zu haben, steht Friedrich *Gogarten* (1887—1967) zu. Er gibt sowohl eine bibeltheologische wie geistes- und kulturgeschichtliche Begründung für Legitimität und Illegitimität von Säkularisierung. Die Ambivalenz dieses Begriffs wird schon aus der Definition deutlich, die Gogarten für Säkularisierung gibt. „Säkularisierung heißt, daß ein geistiger Vorgang, der ursprünglich durch den Glauben möglich wurde, sich vom Glauben löst und nun vom Menschen mit den diesem zur Verfügung stehenden Fähigkeiten vollzogen werden kann" (Der Mensch zwischen Gott und Welt, S. 186). In dieser Definition bleibt zunächst offen, ob die moderne Vernunft legitim — im Sinne einer „Erziehung des Menschengeschlechts" — die vom Glauben her gewonnene Einsicht nachvollziehen und gar ersetzen kann, oder ob es sich dabei um einen illegitimen Usurpationsprozeß handelt. Trutz Rendtorff (1962) weist mit Recht auf den sachlichen Zusammenhang hin, der zwischen dem säkularisierungsgeschichtlichen Ansatz Gogartens und dem eschatologi-

schen Wirklichkeitsverständnis Bultmanns besteht. Wenn Bultmann
von „Entweltlichung" als Folge der neutestamentlichen Eschatologie
spricht, so meint er damit, daß die Gemeinde Christi als das neue Gottesvolk eine „Entscheidung gegen die Welt" (Theol. d. NT, 1953,
S. 423) getroffen hat, „schon nicht mehr zu dieser Welt gehört" (Geschichte und Eschatologie, 1958, S. 42). Aus dieser negativen Bestimmung zieht nun Gogarten die systematische Folgerung: Der Entweltlichung durch den Glauben muß positiv die Verweltlichung der Welt,
also deren Säkularisierung, entsprechen. So wird die Säkularisierung
eine „legitime Folge des christlichen Glaubens" (Verhängnis und
Hoffnung der Neuzeit, S. 12 und öfter). Bei der Säkularisierung haben
wir es also nicht mit einem Bruch mit der christlichen Tradition zu tun,
sondern mit einer theologisch zu verantwortenden Selbstunterschei-
dung des christlichen Glaubens von der Welt. Säkularisierung ist „Verweltlichung der Welt, d. h., daß diese unter allen Umständen und in
jeder Hinsicht und in allem, was ihr zugehört, ist und bleibt, was sie ist,
eben Welt" (a. a. O., S. 170).

Das neutestamentliche Eschatologiedenken also ist der Hintergrund,
auf dem Gogarten seine Beurteilung der Säkularisierung entwickelt.
Welt als vergehende wie als kommende ist geschichtliche Welt. Als solche aber hört sie auf — im Gegensatz zum mythisch-antiken Weltverständnis — „die den Menschen umschließende Wirklichkeit zu sein"
(a. a. O., S. 171). Dabei nimmt Gogarten, getreu seiner personalisti-
schen Position, aber fernab der NT-Denkstruktur, an, daß das Weltverhältnis des Menschen ausschließlich eine Angelegenheit der Entscheidung des Menschen sei, ob dieser die Welt als „Gesetz" über sich
bestimmen läßt oder zur Freiheit des Evangeliums findet. Hier ergänzt
die lutherische Antithese von Gesetz und Evangelium die neutestamentliche Sicht. Das Evangelium als „Freiheit des Menschen von der Welt"
eröffnet dem Menschen die Möglichkeit, daß er „sein eigentliches Sein
nicht in der Umschlossenheit von der Welt und dem Eingefügtsein in
ihre Ordnungen hat, sondern in dem Nicht-aus-der-Welt-Sein"
(a. a. O., S. 17). Die evangelische Freiheit von der Welt und dem Gesetz
ermöglicht, daß der Mensch zur Welt im Verhältnis der freien Verantwortung steht. So kommt Gogarten zu der Folgerung, daß „es den
Glauben nicht gibt ohne die Säkularisierung des Verhältnisses des Glaubenden zur Welt" (a. a. O., S. 141). Es wird, wie Rendtorff sagt, das

Problem der Säkularisierung zum Herzstück der Theologie und ihres Glaubensbegriffs.

Hier setzen nun auch die Fragen an Gogarten ein. Rendtorff stellt fest, daß bei Gogarten der radikale theologische Personalismus zu einem inhaltsleeren Postulat werde, weil der Glaube im Grunde es ja nur mit der Beziehung des Menschen „coram Deo", nicht mit der Welt zu tun hat; es fehlt ihm die Gewinnung einer inhaltlich fundierten Wirklichkeitserkenntnis im Glauben. Die rein disjunktive Verhältnisbestimmung von „Mensch zwischen Gott und Welt" läßt die Frage nach der geschichtlichen Verbindung und der faktischen Einheit des Menschen mit dieser seiner Welt offen.

Gogarten unterscheidet zwischen legitimer Säkularisierung und einem Verfall derselben in Säkularismus. Wird das „fragende Nichtwissen" nach dem Heil, der Ganzheit des Menschen wie der Welt nicht ausgehalten, überschreitet die Vernunft die ihrem Wesen gesetzte Grenze und es kommt zu den beiden modernen Varianten des Säkularismus — zum Nihilismus, der latent oder offen jede Frage, die über das Greif- und Faßbare hinausgeht, für illegitim erklärt, oder zum utopischen Säkularismus, der außerhalb des Glaubens eine Antwort auf die Sinnfrage geben zu können verspricht. Gogarten bringt diesen Umschlag legitimer Säkularisierung in Säkularismus mit dem Versagen von Theologie und Kirche in Zusammenhang, die das neuzeitliche Denken sich selbst überließen und es nicht kritisch-verstehend begleitet haben. Man kann die Leistung der theologischen Säkularisierungsthese bei Gogarten darin sehen, daß er die darin liegende Loslösung einerseits theologisch legitimiert, insofern „der neuzeitliche Mensch sich seiner ontologischen Potenz der verantwortlichen Freiheit gegenüber der Welt bewußt wurde", aber anderseits seine ontologische Potenz im Säkularismus ontisch verfehlt (so M. Kessler 1972, S. 100).

Ist nun die säkularisierungsgeschichtliche Konstruktion Gogartens doch nur eine nachträgliche Rationalisierung und Legitimierung? U. Mann spricht diesen Verdacht aus (Theogonische Tage. Die Entwicklungsphasen des Gottesbewußtseins in der altorientalischen und biblischen Religion, Stuttgart 1970). „Ich werde aber einen bestimmten Verdacht nicht los. Wir haben nun einmal in unserer Zeit das säkulare Denken; fertig werden wir nicht mit ihm, dann muß es eben legitimiert werden" (S. 52). Nun gibt es doch auch die „normative Kraft des Faktischen", mit anderen Worten: eine legitime Entfaltung geschichtlicher Motive. Warum soll es dann unzulässig sein, diese Entfaltung in Beziehung zu setzen zu ihren Ursprüngen? Letztlich haben wir es hier auch zu tun mit der Frage nach dem Sinn von Geschichte: wird dieser a posteriori hineinkonstruiert in die Abfolge der Ereignisse — oder liegt er apriori in diesen selbst? — Oder hat der katholische Systematiker W. Kasper recht, der vor einer „allzu flinken Heimholung der Neuzeit und einer kurzschlüssigen Erklärung der neuzeitlichen Säkularisierung als weltlicher Auswirkung des Christentums" warnt (Christliche Freiheit und neuzeitliche Autonomie, S. 79)? Kasper hält die Thesen Gogartens für abstrakt, zumal sofort unterschieden werden muß zwischen einer christlich legitimen Säkularisierung und einem illegitimen Säkularismus, der seinen christlichen Ursprung verkennt. Da sich die neuzeitliche Säkularisierung weitgehend als Absetzbewegung vom Christentum vollzogen hat, setze sich dem Ideologieverdacht aus, wer nachträglich von einer strukturellen Christlichkeit der Neuzeit spricht. Das theologische Kernproblem sieht Kasper ähnlich wie Tillich in der Frage: Schließen sich neuzeitlich verstandene Autonomie und Theonomie aus, oder lassen sich beide auch in ein positives Verhältnis bringen?

Das Säkularisierungsmodell Gogartens hat in der gegenwärtigen Theologie weithin Zustimmung gefunden. Der Holländer A. Th. van Leeuwen (Christentum in der Weltgeschichte, 1966) weist darauf hin, daß der christliche Glaube im Ansatz die sakrale Welt überwand und die technische Welt heraufgeführt hat. „Das Christentum steht dieser Revolution gegenüber in einer besonderen Position, gerade weil es selbst für ihre Entstehung verantwortlich ist... wie ein Vater zu seinem Sohne, der unterdessen erwachsen ist. Auch wenn der Sohn gegen den Vater rebelliert, sieht der Vater seinen eigenen Geist in ihm" (a. a. O., S. 311). Auch die Unterscheidung von legitimer Säkularisierung als „ständigem historischem Prozeß" und der pervertierten Gestalt des Säkularismus, „einer fixierten und verabsolutierten Ideologie" (a. a. O., S. 250), übernimmt Leeuwen von Gogarten.

Bei J. Friese (Die säkularisierte Welt, 1967) haben wir einen Versuch religionsphilosophischer Aufarbeitung der Säkularisierungsproblematik in der Nachfolge Gogartens vor uns. Das erste glaubensimmanente Motiv zur Säkularisierung liegt im biblischen Schöpferglauben und im Glauben an die Erlösungstat Jesu Christi; dadurch wird die Welt in ihrer Weltlichkeit freigelegt und deren sakrales Verständnis überwunden. Daß der Prozeß der Säkularisierung im Schnittpunkt politischer und geistiger Prozesse steht, macht Friese deutlich, wenn er darauf hinweist, daß im Mittelalter kirchliche Monopolstellung und theologischer Absolutheitsanspruch zusammenfielen. Daraus folgt die Säkularisierung als „das geschichtliche Ergebnis, ... daß sich die Menschheit als ganzes für die Zurückweisung des totalen Machtanspruchs entschieden hat" (a. a. O., S. 160).

Mit Wilhelm Kamlah kann man sich fragen, ob es nicht ratsam sei, die Begriffe „Säkularisierung" oder gar „Profanisierung" überhaupt nicht mit dem Adjektiv „christlich" zu verbinden, sondern dann eben lieber von „christlicher Weltentheiligung" zu sprechen, weil „für diese Entheiligung kennzeichnend bleibt, daß sie zugleich eine äußerste Heiligung darstellt, nicht allein die äußerste Anerkennung eines heiligen Gottes, sondern als solche die Anerkennung eines nach Zeit und Raum ausgegrenzten Heiligen in dieser entheiligten Welt" (Christentum und Geschichtlichkeit, 1951, S. 19, Anm. 10). Denn das Heilsereignis mit Inkarnation und Kreuz bedeutet ja einen paradoxen Einbruch des Heiligen ins Unheilige, woraus dann wieder neue „Heiligungen" wie heilige Schriften, Kultstätten, heilige Handlungen usw. hervorgehen, wobei Profanisierung dann auch diese Quellpunkte innerweltlicher Heiligung angreift. Auf ethischem Gebiet heißt das dann, daß die durch die autonome Vernunft vollzogene Auslegung der göttlichen Gebote nicht mehr dem Geist des Gesetzgebers entspricht, wenn sie aus der Einheit des Glaubens entlassen ist (so W. Hartmann, Art. ›Säkularisierung‹ in: EKL III, Sp. 768—773). Sie wird dann eigenmächtig und gerät in die Polarisierung zwischen utopischer Selbsterschaffung des Reiches Gottes und nihilistischer Verzweiflung auf der anderen Seite.

Gogarten ist der Position des Personalismus verhaftet, d. h., er insistiert auf der Sinngebung der Welt durch die menschliche Person, wobei die Welt der Sachen der technischen Manipulation überlassen bleibt. Hier hat D. Sölle den Verdacht, daß die auf sich selbst und das reine Personsein gerichtete Personalität gerade die Unmenschlichkeit der von ihr verlassenen Welt befördert. „Genügt es, das Verhältnis des Menschen zu seiner Welt als Verantwortung zu beschreiben? Muß es nicht, neuzeitlich verstanden, als Veränderung der Welt beschrieben werden?" (Friedrich Gogarten, in: Tendenzen der Theologie im

20. Jahrhundert, hrsg. von H. J. Schultz, Stuttgart 1966, S. 291—295 [294 f.].)

Kritik an der säkularisierungsgeschichtlichen Denkweise üben auch M. Kessler in seiner Dissertation ›Kritik des säkularisierungsgeschichtlichen Denkmodells‹ (1972) und W. Jaeschke in seiner Arbeit ›Die Suche nach den eschatologischen Wurzeln der Geschichtsphilosophie‹ (1976). Kessler gibt zwar zu, daß es glaubensinhärente Motive der Säkularisierung gibt, anderseits meint er, das säkularisierungsgeschichtliche Denkmodell stelle eine „geschichtsphilosophisch undifferenzierte und daher inadäquate Interpretation der Säkularisierung dar" (S. 244). Die Säkularisate, also die sprachlichen und kulturellen Ergebnisse der Säkularisierung, seien ideengeschichtlich nicht angemessen zu interpretieren als theologisch erschlossene und säkular umgeformte Gehalte, sondern erschließen sich bei funktional-problemgeschichtlicher Betrachtungsweise als humane Aufarbeitung und Umbesetzung theologisch verunsicherter Positionen von Antworten. „Die Neuzeit kann deshalb nicht als wirkungsgeschichtliche Realisierung christlicher Glaubensgehalte verstanden werden, sondern stellt einen Abbruch gegenüber ihrer Herkunftsgeschichte dar. Damit wird die christliche Wirkungsgeschichte nicht eliminiert; die christlichen Traditionsstränge nehmen jedoch einen völlig neuen funktionalen Ort im formalen System der Welterklärung ein, von dem aus das zentrale Charakteristikum der Neuzeit, ihre technisch-wissenschaftliche Potenz, nicht zureichend erhellt werden kann." Mit anderen Worten: Kessler sieht im Umschlag aus der legitimen, christlich bedingten Säkularisierung in den neuzeitlichen Säkularismus einen irreversiblen Prozeß, der nicht durch geistesgeschichtliche Herkunftsätiologien, wie sie Gogarten liefert, zu beheben ist.

Jaeschke stellt fest, daß es Gogarten nicht gelungen sei, die neuzeitliche Intention auf Säkularität historisch zu legitimieren. Anderseits ist die Säkularisierungsthese aber auf einen solchen genealogischen Nachweis angewiesen. Warum ist schließlich die neuzeitliche „Säkularisierung" bis in die Gegenwart gegen den erbitterten Widerstand der Theologie durchgesetzt worden, wenn doch solche immanenten Affinitäten bestehen, wie sie Gogarten annimmt? Jaeschke sieht in der massiven Geschichtskonstruktion Gogartens eine Diskreditierung der Theologie als Wissenschaft, die überhaupt nicht ernsthaft zu diskutieren sei, anderseits bietet sie eine apologetische Basis zur Kritik eben dieses nicht mehr abzuwehrenden Geschichtsdenkens. „Ein theologisches Verdikt über neuzeitliches Geschichtsdenken als eine Gestalt des Abfalls bleibt unausweichlich, wenn der ntl. Gedanke der doppelten Verantwortung zum normativen Verständnis von Geschichte und historischem Ursprung des neuzeitlichen Geschichtsbegriffs erklärt wird" (S. 24). Die befreiende Wirkung von Gogartens Lösung ist bloßer Schein, denn der Mensch, der sich anschickt, aufzubrechen, wohin er will, erhält eiserne Fußangeln angelegt. Entzieht er sich nämlich der Kontrolle des Glaubens, die besagt, daß Säkularität nur so lange legitim ist, als sie in der Verantwortung vor Gott fundiert ist, dann geschieht nichts anderes als eine merkwürdig modifizierte Wiederholung der vorchristlichen religiösen Verehrung der Welt, denn um eine durch die Bedingungen der Neuzeit modifizierte Repristination antiker Weltverehrung handelt es sich bei Gogarten. Also liegt nach Jaeschke auch hier die Schwierigkeit der Theorie in der schwer zu bestimmenden Grenze zwischen Säkularisierung und Säkularismus. Jedenfalls scheint die „Modernität" dort ihre Grenze zu haben, wo die Dimension des Göttlichen aufscheint.

IV. Theologie „nach dem Tode Gottes" — Säkularisierung als innertheologisches Phänomen

Wesentlich für das säkularisierungsgeschichtliche Denkmodell ist die Annahme, daß die abendländische Geistes- und Kulturgeschichte eine strukturelle Explikation jüdisch-christlicher Ursprünge ist. Für Gogarten selbst ist die daraus abgeleitete Fragestellung (Säkularisat) die reflektierende Bewußtseinshaltung des modernen Menschen, für von Oppen die Forderung nach personaler Verantwortung, Cox sieht in der modernen säkularen Stadt mit der ihr eigenen Mobilität und Anonymität der christlichen Mündigkeit verwandte Züge, Metz leitet daraus die Notwendigkeit zur politischen Weltgestaltung ab und Sölle das Bewußtsein, für die eigene Identitätsfindung einen Stellvertreter zu brauchen.

Von Oppen bezieht sich in seinem Aufsatz ›Die Säkularisierung als soziologisches Problem‹ (in diesem Band S. 331 ff.) zustimmend auf Gogartens Säkularisierungstheorie: Im Sich-selbst-Bewußtwerden des Menschen, daß er der nicht von der Welt Umschlossene ist und ihm die Forderung des Personseinsollens gestellt ist, zeigt sich die Einwirkung des christlichen Glaubens. Der vom Christentum initiierte und ausgearbeitete Säkularisierungsprozeß zeigt sich als umfassender Wandel der Gesellschaftsordnung. Die alten Institutionen sind säkularisiert, es gibt kein Bündnis von Thron und Altar mehr, allenfalls hat die Familie noch Züge von „Institution" bewahrt, während die modernen Gesellungsformen dem Typus der „Organisation" angehören, zu rationalen Zweckgebilden geworden sind, in denen die Sachlichkeit herrscht. Kann aber Sachlichkeit für ihren weiteren Bestand auf die christliche Freiheit als Voraussetzung verzichten? Zur Personhaftigkeit des heutigen Menschen gehört, daß er in der jeweiligen Situation gefordert ist, sich in ihr zu verantworten hat, und das macht neue Tugenden notwendig: Sachlichkeit als „jene schlichte, aber alle menschlichen Verhältnisse befestigende Fähigkeit, die Bedingungen der vorliegenden Sache zu sehen und ihnen sinngemäß zu entsprechen; Abstand als das rechte Maß des Verhältnisses von Distanz und Nähe zum Andern; Vertrauen statt Vertrautheit und Kontrolle; Phantasie als die Notwendigkeit, sich etwas einfallen zu lassen. Von Oppen weist auf den Widerspruch hin, der darin besteht, daß die Kirche einerseits zwar in der Gefolgschaft Luthers mitverursachend war für die Heraufführung des sachlichen Zeitalters der technischen Weltbeherrschung, anderseits aber geneigt ist, den Glaubensgehorsam der Christen an traditionale Glaubensformen zu binden, die unserer heutigen Lage nicht mehr entsprechen. — In seinem Buch ›Das personale Zeitalter‹ (³1964) weist von Oppen auf den Ort hin, von dem aus sich personale Verantwortung formiert: die christliche Gemeinde. „So steht die Gemeinde mit dem, was sie in ihrem Grunde lebt und ist, nicht am Rande der modernen Gesellschaft, sondern in ihrer eigentlichen Mitte" (S. 232). Das bedeutet keineswegs, daß sich die gelebte personale Verantwortung auf den kirchlichen Raum beschränkt, vielmehr ist sie die latente Glaubensorientierung, die sich in dem Leben in der Welt der Organisationen bewähren muß. „So ist Sachlichkeit die Frömmigkeit unserer Zeit... Die Auswirkungen der Kirche als der Trägerschaft des größeren Wissens sind weit über sie hinausgewachsen, haben eine eigene Dynamik angenommen und wissen nichts von ihrem Ursprung" (Der sachliche Mensch, 1968, S. 172).

Auch der amerikanische Theologe Harvey Cox orientiert sich an Gogartens positiver Wertung der Säkularisierung. Sie ist die im bibli-

schen Glauben begründete Emanzipationsbewegung und „meint einen
geschichtlichen Prozeß, der so gut wie unumkehrbar ist und in dem Gesellschaft und Kultur von religiöser Kontrolle und metaphysischen
Weltanschauungen befreit werden" (Stadt ohne Gott? S. 31). Die neue
Wendung, die Cox der Säkularisierungsthese gibt, liegt in seiner Verbindung der Gogartenschen Gedankengänge mit dem Phänomen der
modernen Verstädterung. Wir leben heute im Zeitalter der säkularisierten Stadt, Technopolis ist unser Schicksal, in der Religion zum privaten
Hobby einzelner geworden ist, keineswegs mehr der allgemeinverbin-
dende Kitt der gesamten Gesellschaft. Zur Urbanisierung gehört die
Anonymität der personalen Bezüge, die soziale Mobilität und die prag-
matisch-profane Denkform — alles Typisierungen, die sonst zumeist
ein negatives Vorzeichen erhalten, als Ungeborgenheit, Orientierungs-
losigkeit, Entwurzelung, Entfremdung bezeichnet werden, hier nun
aber — und da setzt Cox unstreitig amerikanische Verhältnisse voraus
— als Freiheit von der Umschlossenheit des Menschen durch Dorf,
Stamm oder Sippe, als Ermöglichung freier Entfaltung der Individualität verstanden werden, also als Möglichkeit von Befreiung, Emanzipation als Abschattung christlicher Freiheit. Cox führt die verschiedenen
Dimensionen der Säkularisierung auf biblische Motive zurück, so die
Entzauberung der Welt auf den biblischen Schöpfungsglauben; die Entsakralisierung der Politik auf den biblischen Exodus der Hebräer aus
Ägypten; die Entheiligung der Werte auf den Sinaibund, weil dort die
menschlichen Werte zugunsten der göttlichen Gebote relativiert wurden. Die Entdeckung, daß wir in einer Periode des sozialen Wandels leben, macht eine „Theologie der Revolution" notwendig, denn herkömmliche Ordnungstheologien werden zur Ideologie der Reaktion.
Die Kirche hat in dieser Situation eine dreifache Funktion: eine *keryg-
matische* als Ansage der Machtübernahme Gottes über die Welt; eine
diakonische als Heilung der zerbrochenen Stadt und eine *Koinonia*-
Funktion, indem in ihr die Stadt des Menschen, also die Muster wahrer
Menschlichkeit sichtbar werden. Nicht nur Welt ist säkular geworden,
vielmehr müssen auch die Theologie und das Christentum säkularisiert
werden. Damit meint Cox nicht unbedingt dasselbe wie die „Gott-ist-
tot"-Theologen, sondern die Entdeckung des Handelns Gottes in der
säkularen Welt, das Denken nicht in neuplatonischen, thomistisch-
aristotelischen oder idealistischen Begriffen, sondern in „säkularen Be-

griffen" (Stirb nicht im Warteraum der Zukunft, 1968, S. 177). Dazu gehört u. a. die Entdeckung, daß wir heute nicht mehr in metaphysischen Begriffen, sondern in Begriffen der Politik von Gott reden. Wenn Politik heißt: das Leben menschlich machen und erhalten, dann ist damit auch die Rolle des Menschen in seiner Antwort Gott gegenüber beschrieben. „Wir reden politisch von Gott, wann immer wir unserem Nächsten die Möglichkeit eröffnen, der Verantwortliche, mündig Handelnde zu sein, der ganz nachstädtische und nachstämmische Mensch, wie ihn Gott heute braucht" (Stadt ohne Gott?, S. 274). So ist Politik heute das Medium, in dem sich die Rede von Gott bewähren muß. Daß zur Menschlichkeit nicht nur das Planen und Organisieren, das Leisten und Arbeiten gehört, sondern auch die Festlichkeit und die Phantasie, wird von Cox in seinem Buch ›Das Fest der Narren‹ (1970), besonders wohl auch im Blick auf die neomystische Bewegung der Hippies in den USA deutlich gemacht.

Es ist sachlich angebracht, hier den Rahmen der Konfessionen zu sprengen und die Position eines Katholiken zu erläutern, der zwar unabhängig, aber in der Sache analog zu Gogarten argumentiert. J. B. Metz gibt in seinen Abhandlungen ›Zur Theologie der Welt‹ (1968) dem katholischen Integralismus, also dem Konzept einer Christanisierung und Verkirchlichung der Welt, den Abschied und kommt mit Gogarten zu der Feststellung, daß „die Weltlichkeit der Welt, wie sie im neuzeitlichen Verweltlichungsprozeß entstand..., nicht gegen, sondern durch das Christentum entstanden ist; sie ist ursprünglich ein christliches Ereignis" (a. a. O., S. 16 f.). Wieso konnte sich die Kirche aber so lange diesem Prozeß widersetzen und ihn nur negativ als „Verlust christlicher Substanz" sehen? Nach Metz hängt das mit der Herrschaft des antiken Selbstverständnisses im abendländisch-christlichen Geschichtsraum zusammen. Demgegenüber muß daran festgehalten werden: Die Welt verchristlichen heißt in einem ursprünglichen Sinn, sie verweltlichen — sie in ihr Eigenes und ihr Eigentum bringen. Mit Gogarten unterscheidet auch Metz zwischen Säkularisation und Säkularismus, also einem legitimen Prozeß der Emanzipation und einer autonomistisch und säkularistisch sich mißverstehenden, gegen ihren christlichen Ursprung protestierenden und sich von ihm emanzipierenden Weltlichkeit der Welt. Die Welt ist aus einer divinisierten oder numinisierten Welt zu einer hominisierten geworden. Dazu gehören vier

Merkmale: Die hominisierte Welt ist eine pluralistische Welt, worunter Metz weniger den soziologischen Pluralismus versteht als den Bewußtseinspluralismus, die Tatsache nämlich, daß „der Mensch heute immer mehr aus den verschiedensten Ansätzen und Antrieben leben muß, die er in seiner Selbsterfahrung nicht mehr in eine überschaubare und geistig kontrollierbare Einheit bringen kann" (S. 65). Weiter ist die hominisierte Welt eine Werde-Welt, die vom Menschen selbst unternommen und gestaltet wird und deren Zukunft in unseren eigenen Händen liegt. Sodann ist die hominisierte Welt eine wunderfreie Welt, deren Gefahr schließlich ist, daß sie eine enthumanisierte Welt wird, eine der Manipulation unterworfene Welt, in der der Mensch selbst zum Gegenstand planender Reglementierung wird.

Ist in dieser total anthropozentrisch gewordenen Welt Gotteserfahrung überhaupt noch möglich? Metz bejaht diese Frage, denn „Gott begegnet als das transzendente Geheimnis der Einheit und Fülle menschlicher Existenz...; als die unverfügbare Zukunft menschlicher Freiheit...; als der Gott schließlich, dessen Nähe sich im begegnenden Bruder selbst erschließen will" (S. 70).

In dieser anthropozentrischen Denkweise der Moderne sieht Metz keinen Bruch mit dem Mittelalter, sondern eher ein „mittelalterlichthomanisches Apriori wirksam" (Christliche Anthropozentrik. Zur Denkform des Thomas von Aquino, München 1962, S. 126). Daß aus der legitimen Säkularisierung ein Säkularismus geworden ist, geschah nicht ohne Schuld der Christen. „Haben wir hier nicht gleichsam unser eigenes Kind mißkannt oder verleugnet, so daß es uns früh entlief und uns jetzt in seiner säkularistisch entstellten und uns entfremdeten Gestalt anblickt?" (Theologie, S. 35). Daraus erwächst nun auch die neue sozialethische Aufgabe der Kirche: Sie soll Säkularisierung zu wahrer Säkularität freisetzen, sich als Institution verstehen, in der gesellschaftskritische Freiheit aufbewahrt und vermittelt wird. In dieser Funktion bewährt die Kirche ihr eschatologisches Sein, Zeugnis abzulegen für das Heil für alle, weil sie ja „Kirche des Sohnes ist, der diese ‚Fremde' als sein ‚Eigentum' reklamierte und der diesen Anspruch besiegelte mit seinem Tod für alle – auch für die Ungläubigen" (Kirchliche Autorität im Anspruch der Freiheitsgeschichte, in: J. B. Metz, J. Moltmann und W. Oelmüller, Kirche im Prozeß der Aufklärung, München und Mainz 1970, S. 81). Eine „Theologie der Welt" muß von diesen

Voraussetzungen her die Tendenzen zur Privatisierung des Heilsge-
schehens überwinden und sich zu einer „politischen Theologie" weiter-
entwickeln „als einer handlungsorientierten Hermeneutik der
Glaubenstraditionen angesichts der neuzeitlichen Freiheitsgeschichte"
(Kirchliche Autorität..., S. 66, Anm. 28). Dazu gehört das Offenhalten
politischer Systeme, der Schutz von Minderheiten und die Kritik der
Gewalt. (Zum Problem der politischen Theologie vgl. H.-H. Schrey,
„Politische Theologie" und „Theologie der Revolution". Die Rezeption
des Neomarxismus durch die Theologie, Theol. Rundschau 36, 1971,
S. 346—377 und 37, 1972, S. 43—77.)

In seinen jüngsten theologischen Arbeiten distanziert sich Metz kritisch von der Gogartenschen Säkularisierungsthese: Diese führt nicht
zur Konstituierung theologischer Vernunft in den Verhältnissen der
Neuzeit, initiiert vielmehr deren Auflösung bzw. privatistische Beliebigkeit; durch die bei Gogarten angenommene Weltlosigkeit des Glaubens wird zwangsläufig die kritisch-befreiende Kraft des Christentums
im Verhältnis zu Gesellschaft und Geschichte vergessen oder bleibt verborgen. So wird sie zu einer „Pilatuskategorie", dient der Beschwichtigung und Immunisierung des Christlichen (Glaube in Geschichte und
Gesellschaft, 1977, §2, S. 24 f.).

Dorothee Sölle geht von zwei Grunderfahrungen aus: einmal der
Unumkehrbarkeit der philosophisch-theologischen Entwicklung seit
200 Jahren, sodann von der „Erfahrung umfassender Ersetzbarkeit jedes einzelnen in der öffentlichen Sphäre — Beruf usw. — und in der privaten" (Legitimationsprobleme der Religion, in: Religionsgespräche —
Zur gesellschaftlichen Rolle der Religion, 1975, S. 12). Diese Erfahrung
umfassender Ersetzbarkeit samt dem verzweifelten Versuch, in der
eigenen Leistung sich ihr zu entwinden, wird von Sölle als eine „Todes-
erfahrung völlig ungewohnter Art" bezeichnet. Ihr gegenüber hat Religion eine kritisch-protestierende Funktion, die allerdings weniger in der
in den Kirchen zur Herrschaft gekommenen Religion zur Ausbildung
gekommen ist als in den demokratischen Lebensformen, die ihren Ursprung einer liberativen Religion verdanken. Hier wird sichtbar, daß
der Begriff der Säkularisierung nicht mehr etwas der Theologie Fremdes
meint, die „Welt" als das Andere und dem Glauben Äußerliche, sondern daß dieser Prozeß als „Theologie nach dem Tode Gottes" die
Theologie selbst ergreift. Das Medium, in dem sich Glauben und Liebe

abspielen, sind die Politik und die zwischenmenschlichen Beziehungen. Von daher gesehen wird herkömmliche Theologie hinterfragt nach ihren sozialen Auswirkungen, und es kommt zu der Feststellung, daß „Theismus in unserem Weltzustand ein Alibi für die verweigerte Liebe" ist (in: Der Monat, Januar 1969).

Inkarnation, also die Annahme, daß der Glaube in die Geschichte eingeht, bedeutet nicht, daß dies ein einmaliger, womöglich in der Vergangenheit abgeschlossener Vorgang ist, vielmehr handelt es sich dabei um „eine unabgeschlossene, unsere Möglichkeiten freisetzende Geschichte mit einem offenen Horizont" (Phantasie und Gehorsam, 1968, S. 7). Tod Gottes — diese schon von Hegel verwendete Metapher bedeutet hier einmal das Zu-Ende-Gehen der herkömmlichen Bilder von Transzendenz, also „Gott in der Höhe" oder „Gott in der Tiefe" (des Seins) oder in der Innerlichkeit des Gemüts, sodann das Eingehen Gottes in die menschliche Geschichtswelt, das sich als auf Zukunft hingerichtetes, also eschatologisches Handeln des Menschen konkretisiert. „Atheistisch an Gott glauben" schließt die Bedeutung der Person Jesu nicht aus, sondern ein, denn er ist der Stellvertreter im doppelten Sinne — Gottes bei den Menschen, weil uns Gott nirgends anders konkret begegnet als in ihm, und der Menschen bei Gott, sofern er uns lehrt, unsere Identität als unersetzbare zu gewinnen. „Christus vertritt unsere unersetzliche Einmaligkeit", den „unendlichen Wert des Subjekts" (Stellvertretung — Ein Kapitel Theologie nach dem „Tode Gottes", 1965, S. 172).

Wenn Sölle sagt, daß „Christus den abwesenden Gott bei uns vertritt," so ist damit gemeint, daß „Christus, in dessen Anerkennung sich die Abdankung der schicksalhaften Mächte vollzog, das Siegel der menschlichen Freiheit ist, die ermutigende Erinnerung an den biblischen Ausgang des Menschen aus seiner mythischen Unmündigkeit" (H. Ringeling, Wenn die Kirche weltlich wird, 1970, S. 42). Die Abwesenheit Gottes ist christozentrisch zu verstehen, als seine Form des Daseins für alle. „Erst wenn die Selbstverständlichkeit Gottes dahin ist, leuchtet das Wunder Jesu von Nazareth auf: daß ein Mensch Gott für andere in Anspruch nimmt, indem er ihn vertritt" (Stellvertretung, S. 177). So kann Sölle auch von der Vorläufigkeit Christi reden. „Es gibt eine anonyme Christlichkeit in der Welt, die sich selber nicht als christlich weiß und die sich nicht auf Christi Namen und Auftrag beruft, die aber dennoch in stellvertretender Vorläufigkeit Christi Sache tut. Dieser anonymen oder ‚latenten Kirche' (P. Tillich) gegenüber hat die verfaßte Kirche die Funktion der Bewußtseinsbildung" (a. a. O., S. 182; vgl. auch dies., Die Wahrheit ist konkret, 1967, S. 120 ff.).

Das neue Theologieverständnis einer säkularen Theologie muß als ein theologie-immanenter Vorgang verstanden werden, bei dem Karl Marx und Ludwig Feuerbach Pate gestanden haben. Es geht nicht mehr darum, im Sinne der Apologetik sich mit der „Welt" als etwas dem Glauben Äußerliches zu befassen, über Legitimität oder Illegitimität zu befinden und historische Wurzeln des Säkularisierungsprozesses bis in die Ursprünge des Glaubens hinein zu verfolgen, sondern darum, den modernen Atheismus ernst zu nehmen und Religion wie Glauben als anthropologisch immanente Vorgänge zu verstehen. So impliziert die „Theologie nach dem Tode Gottes" ein neues Theorie-Praxis-Verständnis: Der Mensch wird nicht als kontemplatives, sondern als Handlungswesen verstanden, das sich in der Gesellschaft realisiert. Daher muß die neue weltzugewandte Theologie auch „politische Theologie" sein.

Neue Zugänge zur Theologie werden in England und Amerika von der Seite der Sprachanalyse her versucht. Der englische Bischof John A. T. Robinson fragt in seinem Bestseller ›Honest to God‹ (1963) nach den sprachlichen Möglichkeiten, heute noch Transzendenz Gottes auszusagen. Nachdem die Möglichkeiten des Theismus und Supranaturalismus („Gott über und außerhalb der Welt") verbraucht und unglaubwürdig geworden sind, scheint ihm Tillichs Konzeption „Gott in der Tiefe" akzeptabel, denn die für den heutigen Menschen entscheidende Frage ist nicht, ob er die Existenz eines Wesens außerhalb der Welt anerkennt oder nicht, sondern daß er „dem Heiligen, dem Sakralen gegenüber offen ist, das in den unerschöpflichen Tiefen auch der weltlichen Beziehungen vorhanden ist" (a. a. O., S. 54). Das Menschsein für andere, wie es uns Christus exemplarisch vorgelebt hat, die „weltliche Heiligkeit" und das situationsgerechte Handeln in Liebe (Augustin: „ama, et fac quod vis!") sind die Konturen einer neuen Theologie und Ethik. Der Gottesglaube realisiert sich also für den Menschen „nach dem Tode Gottes" nicht in einem platten Atheismus, sondern in der Qualifizierung seiner Ich-Du-Beziehungen, die nicht als instrumentale („der andere ist für mich und meine Zwecke da"), sondern als echt personale zu sehen sind.

Von den Voraussetzungen der sprachanalytischen Philosophie geht der Amerikaner Van Buren in seinem Buch ›The Secular Meaning of the Gospel‹ (1963) aus. Er stellt fest, daß die Ist-Aussagen in der Theologie nicht zu verifizieren sind, daß es in theologischen Sätzen vielmehr darum geht, Aussagen über ein bestimmtes Verhalten der Menschen zu gewinnen. Theologie eröffnet dem Glaubenden einen besonderen „Blick", eine neue Sichtweise seiner Existenz. So bedeutet der Satz „Herr ist Jesus" überhaupt nichts, es sei denn, daß darin eine Funktion in Richtung auf meine Existenz ausgesagt ist.

Abschließend kann die Frage gestellt werden, ob diese Reduktionsmodelle der sprachanalytischen Theologie „nach dem Tode Gottes" noch im Einklang mit der kirchlichen Lehre stehen. Oder bedeutet der hier vollzogene Prozeß der Verfremdung einen solchen Substanzverlust, daß es keine Kompromisse geben kann? Walter Künneth sieht die Entscheidungsfrage der Theologie heute darin, ob es der Theologie und der Verkündigung der Kirche noch möglich sein wird, Offenbarung Gottes auszusagen (Von Gott reden? 1965). „In welcher Weise und in welcher Sinndeutung ist dieser Begriff zu verstehen? ... Ist ‚Offenbarung Gottes' nur eine Bezeichnung für ein neues Seinsverständnis, so daß realiter überhaupt nichts geschehen ist, was nicht immer und überall im Raum der Geschichte schon passiert wäre? ... Oder aber ist den Augen- und Ohrenzeugen der neutestamentlichen Botschaft Vertrauen zu schenken und ihre Nachricht von tatsächlich geschehener Offenbarung ernst zu nehmen? ... Begegnet uns in diesem Kerygma eine Selbsterschließung und eine Selbstaussage Gottes in Jesus Christus derart, daß etwas völlig Neues in diese Welt eingebrochen ist?" (S. 45 f.).

V. Das Säkularisierungsproblem
in der nachkonziliaren katholischen Theologie

„Vom Bannfluch zum Dialog" — so könnte der Stimmungswandel von jener mehr oder weniger larmoyanten Beschwörung des modernen Säkularismus, von der ein bezeichnendes Beispiel der in diesem Band abgedruckte Hirtenbrief der katholischen Bischöfe in den USA (S. 128 ff.) ist, zum nachkonziliaren «aggiornamento» definiert werden. In der Pastoralkonstitution ›Gaudium et Spes‹ fehlten die Begriffe Säkularismus und Säkularisation völlig. Dafür ist fast wertfrei von „mutationes psychologicae, morales et religiosae" die Rede. Zur Signatur der Neuzeit gehören die Wandlungen auf sozialem und sittlichem Gebiet, wodurch Institutionen, Gesetze und Denkweisen der früheren Generationen in Frage gestellt werden und es häufig zu schweren Verhaltensstörungen kommt. Die psychologische Sicht hat die moralische Wertung verdrängt. Auch auf religiösem Gebiet machen sich solche Wandlungen bemerkbar. Deutlich tritt die in dieser Beobachtung liegende Ambivalenz zutage, wenn festgestellt wird, daß „einerseits der geschärfte kritische Sinn das religiöse Leben von einem magischen Weltverständnis läutert und von noch vorhandenen abergläubischen Elementen und mehr und mehr eine ausdrücklich personal vollzogene Glaubensentscheidung fordert, anderseits geben breite Volksmassen das religiöse Leben praktisch auf... Die Verwirrung vieler ist die Folge" (Deutscher Text nach ›Lexikon für Theologie und Kirche‹, Zusatzband III, 1968, S. 303 ff.). Das II. Vatikanische Konzil versteht diese Wandlungen als Ausdruck eines tieferen und umfassenderen Verlangens nach erfülltem und freiem Leben, das des Menschen würdig ist. Auch dieses Verlangen ist ambivalent: In ihm zeigt sich die moderne Welt zugleich stark und schwach, und der Weg ist offen zu Freiheit oder Knechtschaft, Fortschritt oder Rückschritt, Brüderlichkeit oder Haß. Alle damit verbundenen Fragen münden in der Grundfrage nach dem Wesen und Ziel des Menschen.

Im Anschluß an das II. Vaticanum reflektiert Karl Rahner das Problem der Säkularisation. Er geht davon aus, daß Kirche und Welt in eine größere, epochal bedingte Diastase treten und es nunmehr die Aufgabe der Stunde ist, daß beide ein neues positives Verhältnis zueinander suchen müssen. Dies kann weder ein kirchlicher Integralismus sein, also der Versuch, das Leben der Menschen heute von allgemeinen, von der Kirche verkündigten und in ihrer Ausführung überwachten Prinzipien zu entwerfen und zu manipulieren, noch eine völlig negative Distanz beider Größen. Rahner sieht der Kirche durch die Säkularisierung eine ganz neue Aufgabe gestellt, nämlich selbst „Gemeinde" zu werden, also eine neue kirchliche Integration zwischen den Gläubigen zu schaffen. Der Welt gegenüber hat die Kirche einen prophetischen Auftrag, d. h., sie soll mit ihrer Stimme beratend, belehrend die Entscheidungen in der pluralistischen Gesellschaft beeinflussen, denn als Gruppe darf die Kirche in der modernen pluralistischen Gesellschaft diese Rolle spielen, ohne die Spielregeln derselben zu verletzen. Diese der „praxis pietatis" zuzurechnende Funktion erfordert den Ausbau einer „praktisch-ekklesiologischen Kosmologie", deren Gegenstand die Reflexion des jetzt möglichen und geforderten Selbstvollzugs der Kirche ist. Sie unterscheidet sich von der „politischen Theologie" dadurch, daß sie nicht nach den bleibenden Strukturen des Verhältnisses von Kirche und Welt fragt, sondern situativ nach dem aktuell sinnvollen Verhalten der Kirche zur gerade jetzt gegebenen Welt. Ohne in die Klage über den Verfall der Welt einzustimmen, ist für Rahner die säkulare pluralistische Welt dieselbe, die Gott so sehr liebte, daß er sie selbst annahm und für sie sein Leben hingab.

Die verschiedene Akzentuierung in der evangelischen und der katholischen Theologie versucht Otto Semmelroth (Säkularisierung als Frage an die Theologie, StdZ 1968, S. 388—398) so zu charakterisieren, daß in der evangelischen Theologie mehr die „Freiheit zur Welt" (so der Titel des Gogartenbuches von A. V. Bauer, 1967), dagegen in der katholischen Theologie stärker die „Freilassung der Welt" (aus der „potestas directa" der Kirche) betont wird. Diese Bemühungen einer Freigabe der Welt aus einer integralistisch-direkten Beherrschung durch Glauben und Kirche und das Ja zum Pluralismus findet in der Konzilskonstitution ›Gaudium et Spes‹ ihren ersten Ausdruck und bestimmt von daher die Linie des theologischen Denkens. Es gibt nun auch ein katholisches Ja zur Autonomie, vgl. J. Peitz (Säkularisiertes Denken — Präambel des Glaubens? 1968): wenn wir unter Autonomie die irdischen Wirklichkeiten verstehen, daß die geschaffenen Dinge und auch die Gesellschaft ihre eigenen Gesetze und Werte haben, die der Mensch schrittweise erkennen und gestalten muß, dann ist es durchaus berechtigt, diese Autonomie zu fordern. Das ist nicht nur eine Forderung der Menschen unserer Zeit, sondern entspricht auch dem Willen des Schöpfers. Durch ihr Geschaffensein selber nämlich haben alle Eigenwirklichkeiten ihren festen Eigenstand, ihre eigene Wahrheit, ihre eigene Gutheit sowie ihre Eigengesetzlichkeit und ihre eigene Ordnung, die der Mensch unter Anerkennung der den einzelnen Wissenschaften und Techniken eigenen Methode achten muß (S. 117).

Semmelroth kommt von diesen bibeltheologischen Prämissen her zu einer Anerkennung des Anliegens der Säkularisierung. Entsakralisie-

rung, wie sie mit der Säkularisierung verbunden ist, hat einen doppelten
Sinn: Einmal darf die Dynamik der Welt nicht dämonischen Sakralkräften zugeschrieben werden; Welt soll als sie selbst freigesetzt werden,
sodann sind Gott und Welt nicht zu identifizieren, vielmehr ist die Welt
gerade in ihrem Nicht-Gottsein anzuerkennen. Es ist deutlich, wie sich
hier die thomistische Theo-Ontologie mit Tendenzen der modernen
Säkularisierungstheologie verbindet. Vor zwei Gefahren der Säkularisierungstheologie warnt freilich Semmelroth: erstens vor dem Aufgehen
der Kirche und des von ihr vertretenen Gottesverhältnisses in der Welt,
so daß sie praktisch aufhört, Kirche zu sein und Gott in die Mitmenschlichkeit oder den Weltdienst hineinstirbt. Amt und Kirche müssen die
Besonderheit bestimmter Zeiten und Orte, die betende Du-Anrede an
Gott ebenso wahren wie den eschatologischen, über das Welthafte hinausweisenden Sinn der Kirche realisieren. Bei aller anti-integralistischen
Freigabe der Welt an ihre Weltlichkeit darf doch nicht übersehen werden, daß es Grenzbereiche gibt, in denen Kirche und Welt sich begegnen, wie Schule, menschliches Gemeinschaftsleben, soziales Engagement, Kultur und Kunst. So betonen katholische Theologen immer
wieder beides: einmal die Eigenständigkeit der irdischen Wirklichkeiten
und die damit verbundene Überwindung des integralistischen Vorur-
teils, anderseits aber die „Eingründung der weltlichen Ordnungen in
transzendente Sinnbezüge, sowohl in bezug auf Gott den Schöpfer, als
auch in bezug auf Christus das Haupt" (vgl. A. Auer, Gestaltwandel des
christlichen Weltverständnisses, 1964, S. 355). Dazu gehört die christliche Anthropozentrizität, d. h. das Verständnis des Menschen als „pri-
märer Stätte der Seinserschlossenheit und seines Denkens als Seinsver-
gegenwärtigung" (so J. B. Metz, 1962), die Zuordnung der Welt auf die
Kirche, in der sich die ἀνακεφαλαίωσις, die Inbesitznahme der Welt
durch Gott in Christus vollzieht, und die Zuordnung auf die eschatologische Vollendungsgestalt in der Parusie der offenen Herrlichkeit Gottes, da Gott „alles in allem" sein wird.

In dem von Fr. X. Arnold und K. Rahner herausgegebenen ›Handbuch der Pastoraltheologie‹ formuliert Rahner den „Auftrag der Kirche
in der bleibend säkularen Welt". Zunächst muß die Kirche den Mut aufbringen, die „weltliche Welt" wirklich weltlich sein zu lassen, weltliche
Institutionen, wie etwa neutrale Gewerkschaften, anzuerkennen, ohne
diesen christliche Institutionen an die Seite stellen zu wollen. Sodann

bleibt aber immer noch das Bewußtsein, daß die weltliche Welt keine heil-lose, sondern eine zur Heiligkeit berufene Welt ist, in der weniger die Amtskirche als solche als vielmehr die Christen eine christliche Aufgabe und Verantwortung haben. Ihre weltlichen Entscheidungen haben immer auch eine christlich-sittliche Relevanz (Handbuch II/2, § 3).

Noch grundsätzlicher sieht H. Mühlen das Phänomen. Es geht ja nicht nur um die Anerkennung der Welt in ihrer Weltlichkeit, sondern um Rückwirkungen auf die Struktur der Kirche selbst. Die Forderung der Entsakralisierung konkretisiert sich in revolutionären Änderungen kirchlicher Strukturen. Es geht hier im Unterschied zur Entmythologisierungsdebatte nicht nur um Neuinterpretation im akademischen Bereich, sondern um das gesamte Kirchenvolk betreffende Änderungen in Liturgie, Kult, Priesteramt usw. Diese Änderungen im Sinne einer futurologischen Theologie könnten sich eventuell als überstürzte Fehlentwicklungen eines kirchlichen „aggiornamento" erweisen und rufen daher die Frage auf den Plan, ob mit dem Verlassen der Vergangenheit nicht Unaufgebbares aufgegeben wurde.

Die Ambivalenz bringt der französische Theologe J. Comblin gut heraus, wenn er sagt: „In Wirklichkeit hat es niemals eine vollständig sakralisierte Welt gegeben, und nichts beweist, daß es jemals eine vollständig entsakralisierte Welt geben wird... Das eigentliche Problem liegt darin, die neuen Formen der Sakralität zu entdecken, welche die neue Zivilisation hervorbringt" (Säkularisierung: Mythen...; in diesem Band S. 312 ff.).

Im Gefolge des II. Vaticanum hat sich in der katholischen Theologie die Rede vom „anonymen" oder „impliziten" Christentum eingebürgert. Der Holländer Schillebeeckx kann von „apostolischer Säkularität" der Welt und der „weltlichen Heiligkeit" sprechen (Kirche und Welt, in: Weltverständnis im Glauben, S. 135). Allerdings gehen in katholischer Sicht die sakrale Heiligkeit der Kirche und die nichtsakrale oder säkulare Heiligkeit der Welt nicht ineinander auf, vielmehr wird — im Gegensatz zu manchen Formen der „Gott-ist-tot-Theologie" — am Dualismus beider festgehalten.

VI. *Das Säkularisierungsproblem in der Religionssoziologie*

Das Phänomen der Säkularisierung ist nicht nur historisch und geistesgeschichtlich behandelt worden, sondern auch auf dem Boden der
empirischen Soziologie. Diese Wissenschaft versteht sich heute als empirische Wissenschaft, die meß- und feststellbare soziale Sachverhalte
untersucht. Solche Sachverhalte im Zusammenhang unserer Fragestellung sind z. B. die Entkirchlichung der Moderne, das Zurücktreten der
Kirche als Institution der sozialen Kontrolle, die „Auswanderung der
Kirche aus der Gesellschaft" (Matthes), das ständige Sinken der „Kul-
tusfrequenz", also des Kirchen- und Abendmahlbesuchs, die Freisetzung weltlicher Verhaltens- und Bewußtseinsstrukturen aus dem
Einflußbereich religiös bestimmter Vorstellungen, das Abnehmen der
Zahl der „Kirchentreuen" und dadurch die Konzentration kirchlicher
Aktivitäten auf Randgruppen der Gesellschaft (Kinder, Alte, Kranke).
Säkularisation erscheint der soziologischen Sicht als „ein epochaler Prozeß, der mit innerer Folgerichtigkeit kontinuierlich fortschreitet und
von einem historisch bestimmbaren Zustand in einen anderen hineinlei-
tet" (J. Matthes, Religion und Gesellschaft I, S. 79). Es kann allerdings
die Frage gestellt werden, ob denn die Welt, in der wir heute leben, tatsächlich so säkularisiert ist, wie man oft behauptet, oder ob es sich hier
oft nur um einen Gestaltwandel des Religiösen handelt, der dann mit
„Säkularisierung" im Sinne eines Schwundes religiöser Substanz gleichgesetzt oder verwechselt wird, weil das Religiöse heute nicht mehr unter
traditionellen Etiketten auftritt. Erneut wird hier sichtbar, daß „diese
Säkularisiertheit eine sehr dunkle, vielschichtige und vieldeutige Wirklichkeit ist" (K. Rahner, Theologische Überlegungen zu Säkularisation
und Atheismus, in: Schriften zur Theologie, IX, 1970, S. 180). — Zum
Gesamtkomplex vgl. H.-H. Schrey, Neuere Tendenzen der Religionssoziologie, in: ThR 38, 1973, S. 54—63 und 99—118.

    Kirchensoziologische Untersuchungen nehmen heute in der sozio-
logischen Forschung einen breiten Raum ein, vgl. die Übersichtsberichte
in der ›Kölner Zeitschrift für Soziologie und Sozialpsychologie‹ ab
1960. Ist aber die darin zumeist festgestellte Entkirchlichung identisch
mit Entchristlichung? Oder hat Goldschmidt recht, wenn er von „der
Ubiquität von Religion als einem nicht fortzudenkenden Element der in
allen ihren Teilen interdependenten Gesellschaftsstruktur" (Standort

und Methoden der Religionssoziologie, Probleme der Religionssoziologie, 1962, S. 155) spricht? Wie Fürstenberg feststellt, hat gerade die Säkularisierungsthese der modernen empirischen religionssoziologischen Forschung den nachhaltigen Impuls gegeben (Art. ›Religionssoziologie‹ in RGG, V. Band, ³1961, Sp. 1027—1032).

Gegen die Beschränkung der religionssoziologischen Sicht auf empirische Kirchensoziologie wenden sich neuerdings Vertreter dieses Wissenschaftszweigs. So sagt Matthes, es zeichne sich in der neueren Religionssoziologie der Punkt ab, an dem die sozialtheoretisch nicht mehr vertretbare Einengung der Reichweite empirischer religionssoziologischer Forschung sichtbar werde (Zur Säkularisierungsthese in der neueren Religionssoziologie, S. 68; in diesem Band S. 349 ff.). Den Gedanken, daß wir es bei der fortschreitenden Säkularisierung zugleich mit einem allmählichen Verschwinden der Religion überhaupt zu tun haben, hält Matthes heute für überwunden. „Säkularisierung bedeutet nicht, daß Kirche und Religion mit einem bestimmten Prozeß gesellschaftlicher Differenzierung verschwinden, sondern daß Kirche und Religion mit diesem Prozeß in eine andere gesellschaftliche Position einrücken" (Die Deutungen des gesellschaftlichen Prozesses als Säkularisation, in: Gesellschaftliche Herausforderung des Christentums, S. 97—105). Gerade „die neuere kirchensoziologische Forschung hat eine Fülle historischer und gegenwartsbezogener Materialien hervorgebracht, aufgrund derer die Vorstellung von einer kontinuierlich und eigengesetzlich sich vollziehenden Entwicklung zu einer religionslosen Welt mehr als problematisch geworden ist" (a. a. O., S. 104).

Von den Voraussetzungen der soziologischen Systemtheorie aus kann festgestellt werden, daß es überhaupt kein soziales System geben kann, in dem nicht die Funktionen von Religion am Werk wären, namlich Wertstabilisierung, Sinnorientierung und seelische Entlastung. So kann Th. Luckmann zwar einerseits sagen, daß die Kirche in der modernen Gesellschaft zu einem Institutionsbereich neben anderen geworden ist und nicht mehr die Kraft zur totalen Integration der Gesamtgesellschaft hat, andererseits jedoch eine neue und allgemeine Sozialform von Religion in der säkularisierten Gesellschaft erkennbar werde. „Säkularisierung ist nicht als einfacher Prozeß der Auflösung traditioneller Religion zu verstehen, sondern als eine Verwandlung der Wertordnung in verschiedene institutionelle ‚Ideologien‘, die immer mehr nur noch die Faktizität der institutionseigenen Wirkungszusammenhänge unterbauen" (Th. Luckmann, Das Problem der Religion in der modernen Gesellschaft, 1963, S. 65). Darum kann Säkularisierung auch heißen: Befreiung des Christentums von der Kirche. Tr. Rendtorff macht das am Beispiel der Demokratie klar. Diese hatte in Deutschland so lange keine Chance, als die Kirchen und die Theologie an der traditionellen Verbindung von Thron und Altar festhielten. Nachdem dieses Modell zusammengebrochen ist, sind die Kirchen genötigt, in ihrem eigenen Leben die politische Dimension zu entdecken. Die in der Kirche vertretenen Ideen der Freiheit, Humanität, Liebe und Gerechtigkeit sind nicht nur im Raum der Kirche zu realisieren, sondern ebenso im Raum der „Welt". Das bedeutet, daß „das Christentum, so scheint es, endgültig in sein ethisches Zeitalter eingetreten ist. Die kirchlichen Institutionen geben nur noch sehr begrenzt den Rahmen für das ab, was als christliches Handeln und Denken formuliert werden kann" (Christentum zwischen Restauration und Revolution, 1970, S. 120).

Der Prozeß der Säkularisierung scheint eine lose, nichtinstitutionalisierte Form des Christentums hervorzubringen, wobei die vom Glauben her gebotene Lösung der menschlichen Sinnfrage nur noch in der Privatsphäre und entsprechend in einer radikal privatisierten Form von Religiosität erscheint.

Immer mehr setzt sich die Einsicht durch, daß Entkirchlichung nicht mit Entchristlichung gleichgesetzt werden darf und es eine Verengung der Problematik der Religionssoziologie bedeuten würde, wenn etwa die im Begriff der „Dauerreflektion" (vgl. H. Schelsky, Ist die Dauerreflektion institutionalisierbar? In: Evang. Ethik 1, 1957, S. 153—174) sich artikulierende Anpassungsbemühung der Kirche an die veränderte Welt das Grundthema der Religionssoziologie überhaupt werden sollte. Wenn es wahr ist, daß „die Bewegung der christlichen Praxis aus ihrer kirchlichen Identität heraustritt und ihr Thema in Handlungsfeldern findet, die nicht ausdrücklich und abgrenzbar als solche der Kirche bestimmt werden können" (Tr. Rendtorff, Theologie in der Welt des Christentums, in: Die Funktion der Theologie in Kirche und Gesellschaft, hrsg. von P. Neuenzeit, 1969, S. 358—370 [363]), dann haben wir es in den als „Weltlichkeit" angesprochenen und oftmals perhorreszierten Ausdrucksformen modernen Lebens mit einer neuen Form von Christlichkeit zu tun, mit „säkularer Heiligkeit" (Schillebeeckx). Das macht einerseits die Kooperation von Soziologie und Theologie notwendig, führt andererseits an die Grenzen der Möglichkeiten einer rein empirischen, an meßbaren Daten und Fakten orientierten Soziologie.

VII. Philosophische Theologiekritik
im Horizont der Säkularisierungsproblematik

Daß Philosophie im Abendland sich der Begegnung mit dem Christentum nicht entziehen konnte und in ihren Fragestellungen und Lösungsversuchen bisher immer im Bannkreis desselben geblieben ist, ist eine Aussage, die kaum bestritten werden kann. Als genealogische These ist sie unbestreitbar, jedoch ist damit noch nichts entschieden über die Zukunft der bisherigen Kultursynthese. Soll der Weg angesichts des Phänomens der Säkularisierung zurück zu den Quellen gehen, also eine Re-Christianisierung eingeleitet werden, weil Säkularisierung gleichbedeutend mit Kulturschuld und als „illegitim" zu brandmarken ist? Oder sollen Intentionen aus dem christlichen Bereich gewahrt werden, wobei diese jedoch einem Transfer ins Anthropologische zu unterwerfen sind? Oder heißt „zurück zu den Quellen": Neuaufnahme vorchristlicher antiker Tradition des Denkens, Absage an die mit dem christlichen Glauben verbundene Anthropozentrizität und dessen Säkularisat im modernen Fortschrittsglauben? Oder ist das Neuzeitliche an der Moderne in einer solchen Weise zu bejahen, daß es keiner Rechtfertigung vor dem Forum der Geschichte bedarf? — Die erste Lösung würden die „christlichen" Philosophen von Novalis bis von Weizsäcker vertreten; hier wird die Abkünftigkeit der Moderne aus dem Christlichen zu einer wiederholbaren Verpflichtung. Den zweiten Weg schlägt der marxistische Philosoph Ernst Bloch ein. Er will die von ihm eruierte Intention des Christlichen, nämlich das „Prinzip Hoffnung" als Vorwegnahme und Vor-schein künftiger Gestalt des Menschlichen, aus ihren spekulativen und metaphysischen Verankerungen lösen und ins Menschliche transponieren. So soll aus dem Reich Gottes, der, wie Bloch meint, biblischen Zentralidee, ein Reich des Menschen werden. Damit greift die im christlichen Glauben angelegte radikale Vergeschichtlichung auf diesen selbst über, indem sich der in der Verkündigung Jesu angelegte Protest gegen das Elend des jetzigen

Daseins von der jenseitigen Vertröstung in die diesseitige menschliche Aktion der Befreiung verlagert. Die Vernichtung der herkömmlichen Religion wird zugleich deren Vollendung im „säkularen Advent". Der Punkt Omega, auf den alles hinzielt, ist das befreite Humanum.

Anders der Philosoph Karl Löwith. Er führt den modernen Fortschrittsgedanken, der das historische Denken seit dem 18. Jahrhundert beherrscht, auf den biblischen Glauben zurück und versteht ihn als Säkularisat der Eschatologie. „Die christliche Geschichtsdeutung richtet ihren Blick auf die Zukunft als den zeitlichen Horizont eines bestimmten Zieles und einer letzten Erfüllung. Alle modernen Versuche, die Geschichte als sinnvoll gegliedertes, wenn auch nie abgeschlossenes Fortschreiten auf eine weltliche Erfüllung hin darzustellen, gründen in diesem theologischen, heilsgeschichtlichen Schema." Nachdem der Joachitismus die dritte Dimension der Zeit, die Zukunft, wiederentdeckt und fünf Jahrhunderte später eine „philosophische Priesterschaft" den Gedanken einer Verwirklichung des Reiches Gottes auf Erden ergriffen hatte, mündet dieser ein in die Dritte Internationale des Marxismus und das „Dritte Reich" der Nationalsozialisten. Während Bloch dieses Erbe im Marxismus bejaht, verwirft es Löwith und empfiehlt eine Umkehr des Denkens zur Skepsis, denn „nach dem letzten Sinn der Geschichte ernstlich zu fragen, überschreitet alles Wissenkönnen und verschlägt uns den Atem; es versetzt uns in ein Vakuum, das nur Glaube und Hoffnung ausfüllen können". War das Christentum ein historisches Intermezzo, so auch die Neuzeit, die im Grunde ja nur ein entlehntes Thema durchspielt. Als Alternative bietet sich nach Löwith ein Rückgang zum griechischen Weltverhältnis an: die Welt nicht als das unfertige, vom Menschen erst ihrer Vollendung entgegenzuführende Werk anzusehen, sondern als das „unaufdringlich Immerseiende" sie ehrfürchtig hinzunehmen und zu betrachten. Damit vollzieht Löwith die Abkehr von der marxistischen Betriebsamkeit der „vita activa" und des „homo faber" und wendet sich der „vita contemplativa" zu als dem „absichtslosen Hinsehen rein um der Einsicht willen... als zweckloses theorein" (Welt und Menschenwelt, in: Gesammelte Abhandlungen. Zur Kritik der geschichtlichen Existenz, 1960, S. 244). Wenn wir den Kosmos wieder im altgriechischen Sinne als eine göttliche Wesenheit sehen lernen, das „deus sive natura" nachvollziehen, sind wir die Abhängigkeit sowohl vom biblischen Geschichtsdenken wie von dessen Säkularisaten in den neuzeitlichen politischen Ideologien los.

Hans Blumenberg geht auf den unterschwelligen Vorwurf ein, der sich schon in der Begriffsbildung „Säkularisation" verbirgt: So wie mit der Tatsache der Enteignung des Kirchenguts der Vorwurf des Raubs, also einer illegitimen Handlungsweise verbunden war, so verbindet sich mit dieser Rede die Vorstellung einer objektiven Kulturschuld, eines Nicht-sein-Sollenden. Säkularisation ist zur Kategorie historischer Illegitimität geworden. Worum es Blumenberg geht, ist, die Legitimität der Neuzeit zu begründen, die Unterstellung abzuwehren, als sei die Neuzeit auf unredliche Weise durch einen Erbfall zustande gekommen. „Wenn die Substanz der Neuzeit Säkularisat wäre, dann hätte sie sich als einen Inbegriff von dem zu verstehen, was der Sache nach nicht sein sollte" (Säkularisation. Kritik einer Kategorie historischer Illegitimität, 1964, S. 265). Blumenberg bezweifelt die weithin als selbstverständlich angenommene Genealogie etwa von der christlichen Eschatologie zum modernen Fortschrittsglauben. Vom christlichen Glauben her sind Fragen aufgeworfen worden, die „gleichsam herrenlos und ungesättigt im Raume stehengeblieben sind, nachdem sie die Theologie virulent gemacht hatte". Somit wären die Entstehung der Fortschrittsidee und ihr Einspringen für die religiöse Geschichtsdeutung zwei völlig verschiedene Vorgänge. Was mithin in dem scheinbaren Säkularisierungsprozeß tatsächlich geschehen ist, sei nicht die *Umsetzung* theologischer Gehalte in ihre säkulare Selbstentfremdung, sondern die *Umbesetzung* vakant gewordener Positionen von Antworten, die man nicht aufgeben möchte und auch noch nicht aufgeben konnte. Blumenberg zeigt auf, daß sich dieses Spiel von Selbstbehauptung und Enteignung nicht erst in der Neuzeit ereignet hat, sondern schon im Verhältnis des frühen Christentums zum Heidentum. Es scheint eine historische Gesetzlichkeit zu sein, daß das Neue sich bemühen muß, Legitimität zu erwerben, während das Alte im Interesse der eigenen Selbstbehauptung diese Legitimität bestreiten und das aus ihr resultierende Selbstbewußtsein zu verhindern oder zu erschüttern sucht. Es handelt sich also bei der Säkularisierung um ein Epochenproblem kultureller Weiterentwicklung. Säkularisation ist also weniger eine Kategorie geschichtlicher Hermeneutik als ein Begriff der theologischen Selbstdeutung und Selbstbehauptung. Als theologisch bedingte Unrechtskategorie ist sie selbst eine säkularisierte Kategorie und damit ideologieverdächtig.

Durch die Überlegungen Hans Blumenbergs ist neue Bewegung in die Säkularisierungsdebatte gekommen. Der Gesichtspunkt der Legitimität verändert total das Urteil über das Phänomen. War die christliche Theologie geneigt, im modernen Säkularismus ein „atheistisches Drama" (H. de Lubac) und den Anfang des Verfalls der Kultur überhaupt zu sehen nach dem Motto, daß der Weg von der Divinität über die Humanität zur Bestialität führt, und wurde von dieser Seite aus Wert auf die historische Genealogie einer Abkunft moderner Ideen aus christlichen Ursprüngen gelegt, so sieht Blumenberg in dieser theologischen Vereinnahmung der Moderne ein Fortwirken des „theologischen Absolutismus" gegenüber der für die Neuzeit bezeichnenden „humanen Selbstbehauptung". Diese wird nicht nur als substantieller Kern der Neuzeit verstanden, sondern benötigt zu ihrer Selbstrechtfertigung auch eine Distanzierung von der herkömmlichen historischen Genese. Geschichte liefert keine „Traditionssubstanz", und die Betonung von Kontinuität zwischen Vergangenheit und Gegenwart kann den Selbstbehauptungswillen der Gegenwart nur beeinträchtigen. Würde die Gegenwart als säkulare Metamorphose der theologischen Substanz verstanden, so wäre sie doch nur historisches Derivat, und das Etikett der „christlichen Häresie" würde ihr das Vertrauen zu sich selbst und zur Legitimität der eigenen Position rauben. Daher muß Blumenberg postulieren, die Fortschrittsidee sei der Geschichte immanent. Gegen diese These wendet sich in seiner Rezension des Blumenbergschen Buches Löwith (PhR 15, 1968, S. 195—201). Er wehrt sich gegen die seit Nietzsche üblich gewordene Behauptung, Antike und Christentum gehörten als religiös fundierte Gesellschaften zusammen. „Das Ereignis, das wir Christentum nennen, konstituiert nicht eine Epoche unter anderen, sondern die entscheidende Epoche, welche uns von der Antike trennt" (S. 199). Die moderne „Autonomie der humanen Selbstbehauptung" ist keine ursprüngliche Autonomie, sondern das noch unabgeschlossene Ergebnis einer langwierigen Emanzipation von religiösen Bindungen, ontotheologischen Begriffen und theologischen Hypotheken. Löwith weist schließlich die Alternative von Legitimität oder Illegitimität der Neuzeit ab, denn die Ergebnisse einer verwandelnden Aneignung von Ideen lassen sich nicht positiv oder negativ nach Maßgabe eines authentischen Eigentums verrechnen.

Der evangelische Theologe Pannenberg hebt in seinen Erwägungen über die christliche Legitimität der Neuzeit (in: Gottesgedanke und menschliche Freiheit, 1972, S. 114—128) einen anderen Aspekt bei Blumenberg hervor. Das Christentum soll nach Blumenberg bei der Konfrontation mit der antiken Philosophie selbst von dort her unter einem „Problemdruck" gestanden haben, dessen Kern die Theodizeefrage war: Woher kommt das Übel in einer Welt, von der behauptet wird, sie sei das Schöpfungswerk eines guten Gottes? Nach Blumenberg soll die moderne Fortschrittsidee die „gestörte Funktion der Theodizee" übernommen haben. Pannenberg bestreitet, daß die Theodizeefrage diese von Blumenberg angenommene zentrale Bedeutung für die christliche Theodizeegeschichte gehabt habe. „Die entscheidende Auseinandersetzung des Christentums mit dem Übel und dem Bösen in der Welt vollzog sich nicht durch eine Entlastung des Schöpfers von der Verantwortung für die Welt, sondern durch den Glauben an die Versöhnung der Welt durch Gott" (S. 120). So wird der Gedanke der Inkarnation zentral, von woher sich auch die Annahme eines „theologischen Absolutismus" bei Blumenberg als historische Fehlkonstruktion erweist. Man kann also auch dem spätmittelalterlichen Voluntarismus und Nominalismus nicht eine derart inhumane Tendenz unterstellen, wie das Blumenberg tut. Entfällt jedoch der nur antithetische Bezug der Neuzeit zum Christentum, dann gewinnt auch die Kategorie der Säkularisation erneute Relevanz. So zweideutig dieser Prozeß auch sein mag, so ist er doch christlich motiviert, was wiederum berechtigt, von einer „christlichen Legitimität der Neuzeit" in ihrer Emanzipation von den überlieferten Autoritäten zu sprechen.

Dorothee Sölle stellt mit Recht die Frage, ob es genüge, die theologische Herkunft idealer Fragen zu erkennen, um sie im Bewußtsein zu neutralisieren und als theologische Reste zu liquidieren. Dahinter liegen Bedürfnisse, die durch bloße kritische Destruktion nicht befriedigt werden, unvergessene Hoffnungen, die eine, wie auch immer, ärgerliche Kontinuität zwischen Christentum und Neuzeit herstellen (Realisation, 1973, S. 65—68).

Es kann nicht die Aufgabe einer Einführung sein, ein so komplexes Problem wie das der Säkularisierung einer Lösung entgegenzuführen.

Allenfalls kann versucht werden, den Problemhorizont und die gegenwärtige Diskussionslage aufzuzeigen. Angesichts der Überfülle der literarischen Äußerungen ist sich der Herausgeber auch der Dürftigkeit der Textauswahl bewußt, bei der von vornherein eine Unverhältnismäßigkeit zwischen vorhandener Fülle des Materials und Knappheit des zur Verfügung stehenden Raumes an Druckseiten in Kauf genommen werden mußte. Daher sollten die internationalen Literaturangaben als notwendige Ergänzung zu den Texten sowie als Wegweiser für das weitere Studium des Problems hinzugenommen werden. Eine derartige Auswahl bleibt immer — aus der Sicht des Lesers — eine Vertrauenssache. Der Herausgeber wünschte sich nichts dringlicher, als daß er das Vertrauen des Lesers nicht enttäuscht.

Die Erstellung der Bibliographie und des Registers besorgte Frau Dr. Gisela Anders. Ihr gebührt mein besonderer Dank.

Heidelberg
im Herbst 1978

I

GESCHICHTLICHE URSPRÜNGE DER SÄKULARISIERUNG

Lutherische Rundschau 16 (1966), S. 469—482.

DAS THEOREM DER SÄKULARISIERTEN GESELLSCHAFT*

Von HERMANN LÜBBE

Der Begriff der Säkularisierung ist als geschichtsphilosophische, kulturdiagnostische und zivilisationskritische Kategorie ein Produkt des 19. Jahrhunderts. Er geht zurück auf einen älteren historisch-rechtlichen Begriff der Säkularisation. Dieser Primärbegriff der Säkularisation hat seinerseits eine differenzierte Bedeutung. An dieser Stelle genügt es, an die Auskünfte zu erinnern, die jedes Lexikon gibt: „Säkularisation" heißt der Entzug oder die Entlassung einer Sache, eines Territoriums, einer Institution aus kirchlich-geistlicher Observanz und Herrschaft. Kirchenrechtlich heißt auch seit jüngerer Zeit die Entlassung einer Person aus den Verpflichtungen mönchischer Gelübde, wenn sie in die „Welt", aber nicht in den Laienstand zurücktritt, „saecularisatio".

„Säkularisation" bezeichnet also ursprünglich einen rechtlichen oder mindestens doch rechtserheblichen Vorgang. Das ist für das Verständnis der Funktionen des späteren geschichtsphilosophischen und geistesgeschichtlichen Begriffs der Säkularisation wichtig. Um Rechte kämpft

---

* Durch einige wenige Kürzungen modifizierter Text eines bei der Theologentagung des Lutherischen Weltbundes im Sommer 1966 in Berlin gehaltenen Vortrags. Zuerst erschienen in: Lutherische Rundschau 16. Oktober 1966, S. 469—482. — Eine ausführlichere Darstellung bietet mein Büchlein ›Säkularisierung. Geschichte eines ideenpolitischen Begriffs‹, Freiburg-München ²1975. Korrekturen und ein bedeutend reicheres Material zur Geschichte des Säkularisierungsbegriffs bietet die gründliche Arbeit von Hermann Zabel, Verweltlichung/Säkularisierung. Zur Geschichte einer Interpretationskategorie, Diss. Münster (Westf.) 1968. — Zabel hat gezeigt, daß zur älteren Geschichte des heutigen Säkularisierungsbegriffs nicht nur der kirchenrechtliche und politische Begriff der Säkularisation gehört, sondern desgleichen der neutralere kirchengeschichtliche Begriff der Verweltlichung, wie er in der Orientierung vor allem an Hegels Bestimmung des Verhältnisses der modernen Welt zu ihrer christlichen Vergangenheit schon im 19. Jahrhundert sich durchgesetzt hat.

man; Rechte sind im Streit. Im Namen von Rechten werden Ansprüche erhoben oder zurückgewiesen. Das alles teilt sich im Übergang vom historisch-rechtlichen Begriff der Säkularisation seiner modernen Abwandlung mit.

Wir brauchen uns hier mit dem Primärbegriff der Säkularisation nicht weiter zu beschäftigen. Wichtig ist für uns die Frage nach dem metaphorischen Übergang vom älteren historisch-rechtlichen Begriff der Säkularisation zum Begriff der Säkularisierung im geschichtsphilosophischen, kulturdiagnostischen Sinn. Wo und in welchen Zusammenhängen ereignet sich dieser Übergang? Sein Ort ist, „modo grosso" gesprochen, der europäische kulturpolitische Liberalismus des 19. Jahrhunderts. Ich gebe dafür drei Beispiele an. Das wichtigste Beispiel ist die „secular society" George Holyoakes. "Secularism"[1] wird hier zum Kampfbegriff, zur Parole kulturpolitisch engagierter Liberaler.

Deutsches Pendant der "secular society" ist die Deutsche Gesellschaft für Ethische Kultur, zu deren prominenteren Mitgliedern Jodl, Laas und Tönnies gehörten. Das Wort „Säkularisierung" oder „säkularisiert" wird hier nur selten verwendet, aber das Programm ist dem der "secular society" analog. Ich erläutere es wie folgt. Zunächst: Soziologisch gesehen ist die Deutsche Gesellschaft für Ethische Kultur ein Versuch zur Bildung einer geistigen Ersatzheimat für diejenige deutsche Intelligenz, die wegen ihres politisch-sozialen und weltanschaulichen Progressismus sich in das Bismarcksche Reich nicht bruchlos zu integrieren vermochte und die ihre Zukunftsgewißheit nicht so sehr auf die Macht und Größe des neuen Deutschland als vielmehr auf den unaufhaltsamen Fortschritt der Naturwissenschaften und ihre rasch anwachsende gesellschaftliche und technische Bedeutung gründete. Politisch waren sie an der Verwirklichung jener technokratischen Vision orientiert, derzufolge sich alle politischen und sozialen Probleme sozusagen von selbst im gleichen Maße lösen, in welchem der Produktivitätsgrad der gesellschaftlichen Arbeit im Prozeß ihrer Technisierung anwächst. In diesem ihrem Vertrauen auf die entpolitisierende Macht des Verstandes verblieb die technokratische Intelligenz positivistisch-naturwissenschaftlicher Bildung politisch ortlos. Sie zog sich kompensatorisch auf Inseln

[1] G. J. Holyoake, Secularism: The Practical Philosophy of the People, London 1854.

politisch-ideologischer Selbstgenügsamkeit zurück, d. h., sie gründete Vereine. Ihrer Struktur nach nahmen diese Vereine die Form von weltanschaulichen Sekten kommenden Heils aus wissenschaftlicher Vernunft an.

Die Enthusiasten der technokratischen Reformvernunft erkannten ihren eigentlichen Feind in rückständiger Bildung, die ein rückständiger Staat durch Verleihung von Erziehungsprivilegien an christliche Kirchen zementierte. Die Schulpolitik dieses Staates war daher das bevorzugte Objekt ihrer Polemik auf Vereinskongressen. Selbst die Gründung der Deutschen Gesellschaft für Ethische Kultur war nicht zuletzt durch ein schulpolitisches Ereignis provoziert worden. Dieses Ereignis war der von der preußischen Regierung vorbereitete Schulgesetzentwurf des Jahres 1892.[2] In diesem Entwurf hieß es beispielsweise, daß als Lehrer oder Lehrerin an öffentlichen Volksschulen nur angestellt werden könne, wer eine Prüfung bestanden hat, an der ein „Beauftragter" der „kirchlichen Oberbehörde" „mit Stimmrecht" teilnimmt.[3] Ferner bekräftigte dieser Schulgesetzentwurf das Konfessionsschulprinzip: Es sollten „neue Volksschulen nur auf konfessioneller Grundlage errichtet werden".[4]

Gegen dergleichen also schloß sich die positive Intelligenz zusammen. Theoretisches Prinzip dieses Zusammenschlusses war die alte, der klassischen, vor allem in Westeuropa entwickelten Theorie der Toleranz entstammende These,[5] jene Moral, welche die bürgerliche Ordnung prägt und ermöglicht, sei auch unabhängig von religiösen Voraussetzungen, also „weltlich", als Inbegriff der praktischen Bedingungen gesellschaftlichen Lebens begründbar. Die „ethische Kultur" verstand sich als die Kultur solcher Moral. Zu ihren politisch-staatsrechtlichen

[2] Vgl. Friedrich Jodl, Moral, Religion und Schule. Zeitgenössische Betrachtungen zum preußischen Schulgesetz (1892), in: Vom Lebenswege. Gesammelte Vorträge und Aufsätze, Hrsg. Wilhelm Börner, 2. Bd., Berlin und Stuttgart 1917, S. 270—293.

[3] §112. Vgl. J. Tews, Ein Jahrhundert preußischer Schulgeschichte, Leipzig 1914, S. 197 ff.

[4] §14, ebd.

[5] Vgl. Julius Ebbinghaus, „Einleitung" zu John Locke, Ein Brief über Toleranz. Engl.-deutsch, übersetzt, eingeleitet und in Anmerkungen erläutert von J. Ebbinghaus, Hamburg 1957, S. IX-LXIII.

Konsequenzen gehört die Forderung nach Trennung von Kirche und Staat.[6] Bildungs- und schulpolitisch impliziert sie die Idee eines öffentlichen Moral-Unterrichts als Unterweisung in den praktisch-pragmatischen Minimalbedingungen der gesellschaftlichen Koexistenz aller.[7] So weit, in aller Kürze, das kulturpolitische Programm des weltanschaulich engagierten, d. h. gegen die politische Herrschaft von Weltanschauungen engagierten deutschen Positivismus.

Ist die säkularisierte „ethische Kultur" die Kultur einer irreligiösen, womöglich atheistischen Weltanschauung? Sie hat bei ihren Gegnern stets dafür gegolten, und zweifellos haben viele unter den „Freidenkern", die sich der Vereinsbewegung für diese Kultur anschlossen, die Freiheit ihres Denkens nicht nur liberal im Sinne der Freiheit der Wissenschaft und der Bildung von kirchlicher Lehramtsautorität verstanden. Sie haben gelegentlich darüber hinaus die Emanzipation des Menschen aus religiösen Voraussetzungen überhaupt gefordert. Einige Freidenker waren also in der Tat erklärte Atheisten.[8] Jedoch: Der Atheismus war in der Deutschen Gesellschaft für Ethische Kultur niemals vereinsoffiziell. Die Politik des Vereins richtete sich offiziell lediglich gegen die Kirchen, sofern sie, anstatt sich im Verhältnis von Staat und Gesellschaft als „private" gesellschaftliche Institutionen zu definieren, sich an den Staat klammerten und seine auch in seinem eigenen Interesse willig gewährten Privilegien und Hilfen sich gefallen ließen. Es war eine Politik, die den Anspruch der Gesellschaft auf die Souveränität über ihre eigene Sittlichkeit durchsetzen und die vormundhafte, von den Kirchen dazu noch genährte Sorge des Staates mundtot machen wollte, die öffentliche Moral bräche zusammen, wenn sie nicht im Glauben der Kirchen gebunden sei. Friedrich Jodl versprach, daß die mindestens phänotypisch vorhandene Kirchenfeindlichkeit der ethisch-kulturellen Bewegung in demselben Augenblick gegenstandslos werden und ver-

[6] Friedrich Jodl, Trennung von Kirche und Staat (1911), a. a. O., S. 478—485 (siehe oben Anm. 2).

[7] Ders., Das Problem des Moralunterrichts. Vortrag anläßlich der „Konferenz über sittliche Willensbildung in der Schule" in Berlin (September 1912), a. a. O., S. 293—313 (siehe oben Anm. 2).

[8] Das gilt insbesondere für Ernst Haeckel und von den prominenten Mitgliedern der Deutschen Gesellschaft für Ethische Kultur, vor allem für Wilhelm Ostwald.

schwinden würde, in welchem die Kirche, vom Staate getrennt, sich in der bürgerlichen Gesellschaft verortet und damit zugleich sich die Säkularisierung des gemeinsamen Staates vollendet. Jodls Ideal waren die Vereinigten Staaten von Amerika, wo sich im Schutz der religionsfreien staatlichen Öffentlichkeit das blühendste religiöse Leben innerhalb der Gesellschaft entfaltete und wo entsprechend die ethisch-kulturelle Bewegung, die es auch dort gab,[9] es als ihre Aufgabe verstand, über die Freiheit des Staates von der kirchlich institutionalisierten Religion nicht zuletzt im Interesse der Religionsfreiheit zu wachen.

Es dürfte einleuchtend sein, daß Theologie und Kirche diesen, ein liberales kulturpolitisches Programm bezeichnenden Säkularisierungsbegriff nicht ohne weiteres sich aneignen konnten. Bevor der Säkularisierungsbegriff theologisch rezipiert werden konnte, mußte er zunächst gleichsam neutralisiert sein. Diese Neutralisierung hat in Deutschland die frühe Soziologie um die Jahrhundertwende besorgt, insbesondere Max Weber. „Säkularisation" oder „Verweltlichung" wird hier zum Namen des Zivilisationsprozesses, der nach der von Tönnies populär gemachten Unterscheidung von der „Gemeinschafts"-Form zur „Gesellschafts"-Form sozialer Existenz führt. Jüngere amerikanische Religionssoziologen, die sich ausdrücklich auf Tönnies und Weber berufen, nennen als Charakteristikum dieses Säkularisierungsprozesses die „Abnahme der Bedeutung organisierter Religion als eines Mittels sozialer Kontrolle" (Howard Becker).

Die Einholung des Säkularisierungsbegriffs in die Soziologie der Jahrhundertwende geschah übrigens ihrerseits nicht ohne weiteres. Sie setzte eine inzwischen eingetretene Ambivalenz in der Stellungnahme zum Prozeß der modernen Zivilisation voraus. Man wird — bei Tönnies etwa — dessen eingedenk, um welche institutionellen, entlastenden Daseinssicherungen, sozusagen Geborgenheiten, der Säkularisierungsprozeß uns bringt, und sofern man dennoch, wie bei Max Weber, sich zu ihm bekennt, gewinnt dieses Bekenntnis zur Rationalität der säkularisierten Zivilisation einen entschlossenen, einen dezisionistischen Charakter.

[9] Bereits seit 1876 bestand in New York eine „Gesellschaft für Ethische Kultur", gegründet von Felix Adler. Vgl. dazu Felix Adler, Die ethischen Gesellschaften, Berlin 1892.

Die Neutralisierung des Säkularisierungsbegriffs von der kulturellen Emanzipationsparole zur deskriptiven soziologischen Prozeßkategorie ist also erst durch diesen Vorgang eines Ambivalent-Werdens der modernen Zivilisation und im Bewußtsein ihrer Analytiker ermöglicht worden. Und erst in seiner Durchsichtigkeit für die Ambivalenz der modernen europäischen Zivilisation konnte der Säkularisierungsbegriff auch von der Theologie rezipiert werden. So hat ihn insbesondere Ernst Troeltsch aufgenommen. Als Zeugnis dieser Rezeption darf vor allem seine historisch-theologische Analyse der ›Bedeutung des Protestantismus für die Entstehung der modernen Welt‹ [10] gelten. Diese Schrift dokumentiert das Verhältnis der liberalen Theologie zu dieser Welt; sie ist eine klassische Selbstdarstellung des Kulturprotestantismus. Nicht zufällig steht sie in engster Beziehung zum Werk Max Webers und beruft sich auf es. [11] Sie zeigt, daß der Protestantismus „die Entstehung der modernen Welt oft großartig und entscheidend gefördert hat", ohne indessen „einfach ihr Schöpfer" zu sein. [12] Die „moderne Welt" verdankt sich, nicht ausschließlich, aber in wesentlichen Hinsichten in den Bereichen des Staates und der Gesellschaft, des Rechts und der Wirtschaft protestantischer Prägung und Formung, die sich auch in ihrer säkularisierten Gestalt durchhält. Die moderne Kultur ist das Produkt einer auch gegenwärtig noch fortschreitenden Emanzipation aus den geistlichen Bindungen des Glaubens und aus den institutionellen Bindungen der Kirche. Jede Emanzipation jedoch bestimmt sich in Richtung und Wirkung durch den Zusammenhang, aus dem sie erfolgt, und eben das wird bei Ernst Troeltsch durch die Kategorie der Säkularisierung ausgesagt.

Auf einige wenige Zusammenhänge, durch deren Analyse Troeltsch die moderne Kultur als säkularisierten Protestantismus erkennen läßt, sei hier beispielshalber verwiesen. Eingehend hat sich Troeltsch stets der von ihm so genannten „Stiefkinder der Reformation" angenommen. In-

---

[10] Ernst Troeltsch, Die Bedeutung des Protestantismus für die Entstehung der modernen Welt, München-Berlin 1911.

[11] Die zitierte Arbeit von Ernst Troeltsch ist die erweiterte Fassung eines Vortrags, den er 1906 auf dem IX. Deutschen Historikertag gehalten hat, und zwar an Stelle von Max Weber, der zunächst gebeten worden war und abgesagt hatte (vgl. a. a. O., S. 1).

[12] A. a. O., S. 85.

dependentismus, das Täufertum, desgleichen ein pietistisch radikalisierter Calvinismus — sie alle hätten, zumal in der Verbindung mit Traditionen angelsächsischen Rechts, eine institutionelle Emanzipation des Glaubenslebens aus dem Staate bewirkt. Der Staat seinerseits sei im Verlauf dieser Bewegung religiös neutralisiert worden, und so habe er zur Schutzmacht eines sich different gestaltenden religiösen Lebens innerhalb der Gesellschaft werden können. Diesem Prozeß verdanken sich, schreibt Troeltsch, „die großen Ideen" der „Trennung von Kirche und Staat, der Duldung verschiedener Kirchengemeinschaften nebeneinander, des Freiwilligkeitsprinzips in der Bildung der Kirchenkörper, der (zunächst freilich relativen) Überzeugungs- und Meinungsfreiheit in allen Dingen der Weltanschauung und der Religion". Hier wurzele „die altliberale Theorie von der Unantastbarkeit des persönlich-inneren Lebens durch den Staat", „zunächst" als „rein religiöser Gedanke", „dann säkularisiert" zur modernen „rationalistischen" Toleranzidee, durch die die „moderne kirchenfreie individuelle Kultur" überhaupt erst möglich geworden sei.[13]

Troeltsch war, nicht nur theologisch, sondern auch politisch, ein Mann von liberaler Gesinnung anglophilen Einschlags. Dem korrespondiert auf der anderen Seite die gewisse Distanz, mit der er stets vom „Luthertum" spricht. Dem Luthertum entstamme in seiner Säkularisierungskonsequenz eine reiche Kultur der Innerlichkeit. Dagegen dränge es nicht zur aktiven Gestaltung und Umgestaltung des öffentlichen Lebens; es mache „politisch apathisch".[14] Die sich aus dieser Perspektive bei Troeltsch erzeugende Sympathie für die religiösen und politischen Traditionen vor allem der angelsächsischen Welt sind Sympathien für eine Entwicklung zur Freiheit, die von konservativen Impulsen bewegt ist. Die Freiheit, die sich auf diese Weise verwirklicht hat, ist nicht die „abstrakte" Freiheit der Französischen Revolution, sondern die „lebendige", nach Geschichte und Herkunft jeweils anders bestimmte Freiheit, welche die religiösen und sonstigen Gruppen der Gesellschaft gegen den Staatsabsolutismus, sei er monarchisch oder demokratisch-republikanisch, siegreich behauptet haben.[15] Troeltsch sah gelegent-

[13] A. a. O., S. 62 f.
[14] A. a. O., S. 57.
[15] Vgl. Ernst Troeltsch, Die Soziallehren der christlichen Kirchen und Gruppen, Tübingen 1912, S. 753 ff.

lich, unmittelbar vor Ausbruch des Ersten Weltkriegs, die Gegenwart durch die in Geisteskämpfen prinzipieller Art sich spiegelnde Alternative dieser beiden Freiheitsbegriffe charakterisiert.[16] Er fand, daß demgegenüber „der katholische und lutherische Patriarchalismus" „in den Hintergrund" des politisch und gesellschaftlich Bedeutsamen zurücktrete, und seine Erwartung war, daß, indem sich die „Gruppenunterschiede des Protestantismus" fortschreitend „verringern", schließlich auch das „Luthertum" in den „Aufmarsch" des in seinen säkularen Konsequenzen stärkeren, zukunftsträchtigeren Protestantismus westeuropäischer Prägung „hineingezogen" werden würde. Das werde spätestens dann geschehen, „wenn einmal, wie sicher zu erwarten", die „Staatsstützen" des Luthertums „zerbrochen" sein würden.[17]

Wie Friedrich Jodl von der Deutschen Gesellschaft für Ethische Kultur sympathisierte auch Ernst Troeltsch deutlich mit den Verhältnissen in den USA, insofern sie der freien Entfaltung eines freien — auch religiösen — gesellschaftlichen Lebens günstiger sind. Das Freikirchentum, das mit dieser Nationen „Art von Demokratie eng verbunden" ist, entzöge die Religion nicht um ihrer „Unbeweisbarkeit und Bedenklichkeit, sondern um ihrer Größe und Heiligkeit willen der Staatsregelung", behaupte aber zugleich innerhalb der Gesellschaft „die allerstärkste soziale Macht". Selbst der Indifferentismus schone unter diesen Bedingungen die Kirchen „als eine unter den großen historischen Gesellschaftsmächten, die man nicht ohne Schaden zerstört und die man lieber aufs Praktische ablenkt", statt sie, wie unter seinen anderen Bedingungen der zur ideenpolitischen Kampfbewegung gewordene deutsche Atheismus, „mit Hohn und Grimm zu überschütten".[18]

Das sind die Zusammenhänge, aus deren Kenntnis Ernst Troeltsch zum wohlwollenden Verständnis jener mannigfach differenzierten Bestrebungen fähig ist, die „den Alpdruck des Staatskirchentums und die Unwahrheit seiner Konventionsherrschaft" in der Hoffnung „zu besei-

---

[16] A. a. O., S. 964: „Soweit der gesellschaftliche Kampf der Gegenwart ein geistiger und prinzipieller ist, dreht er sich vor allem um diesen Gegensatz zwischen angelsächsisch-calvinistischer Korporationsidee und französisch-rationalistischer Demokratie."

[17] Ebd.

[18] Ernst Troeltsch, Die Kirche im Leben der Gegenwart (1911), in: Zur religiösen Lage, Religionsphilosophie und Ethik, Tübingen 1913, S. 91—108, S. 93.

tigen" suchen, dadurch „den Kirchen Wahrheit und Freiheit, Leben und Überzeugung" zurückzugeben.[19] Andererseits ist Troeltsch weit entfernt davon, den radikalen Gedanken einer vollständigen Trennung von Staat und Kirche unter den deutschen Verhältnissen für seriös zu halten. Seine historische Intimität mit diesen Verhältnissen ließ ihn mit einigem Schaudern an die umstürzenden Folgen denken, die die Aktion einer solchen Trennung hier nach sich ziehen müßte: Verschärfung der kulturellen Gegensätze im Leben der Gesellschaft, neue Orthodoxien in der kirchlichen Theologie, vollständige Emanzipation breitester Massen. Troeltschs Sympathie galt den Freiheiten der angelsächsischen politischen Welt, und er sah sie historisch durch einen Prozeß der Säkularisierung mit dem religiösen Selbstbehauptungskampf des Independentismus zusammenhängen. Es war ihm klar, daß ein solcher historischer Zusammenhang unter anderen Bedingungen nicht reproduzierbar ist. Fortschritt in der Liberalisierung des öffentlichen Lebens in Deutschland, das seinen Zusammenhang mit der Kirche bewahrt, versprach er sich daher nicht von revolutionärer Veränderung der institutionellen Verhältnisse von Kirche und Staat, als vielmehr von einer anwachsenden Bereitschaft und Fähigkeit der vorhandenen Kirchen, sich in allen ihren Ämtern „auf die ungeheure Mannigfaltigkeit und Beweglichkeit des modernen Lebens und Denkens" einzulassen, d. h., „auf jeden Zwang formulierter Bekenntnisse" zu verzichten, „mit dem bloßen allgemeinen Bekenntnis zur Bibel und zu Christus als dem Meister und Haupt der Christenheit zufrieden" zu sein „und im übrigen den Gemeinden möglichste liturgische und kultische Freiheit, den Geistlichen möglichsten Schutz der Gewissensfreiheit" zu gewähren.[20]

Diese Sätze von Ernst Troeltsch sprechen die Forderung aus, der Protestantismus in seiner kirchlichen Gestalt möge sich in einer Weise liberalisieren, die ihn der Liberalität jener „modernen Welt" angepaßt macht, die sich historisch als Produkt seiner eigenen Säkularisierung begreifen läßt. Der „alte" Protestantismus, dessen geistige Kräfte den Prozeß dieser Säkularisierung trieben, wird dabei zum Inhalt einer kulturhistorischen Erinnerung, die das gebildete Bewußtsein dankbar bewahrt. In dieser Beziehung der Gegenwart auf ihre christliche Herkunft

[19] A. a. O., S. 99.
[20] A. a. O., S. 108.

wandelt sich die christliche Pietät zur historischen Pietät vor dem Christlichen. Im Kulturprotestantismus kultiviert der Protestantismus sein eigenes Andenken. Angesichts seiner Säkularisierungsgeschichte rühmt er den kulturellen Reichtum, der durch diese Geschichte an die Gegenwart kam, und rühmt sich selbst darin.

Die ideenpolitische Funktion dieser liberal-theologischen Rezeption des Säkularisierungsbegriffs ist unverkennbar die folgende: Es handelt sich um ein evangelisch-theologisches Angebot der Koexistenz von Kirche und Glaube einerseits und moderner säkularisierter, säkularisierungswilliger moderner Kultur andererseits. Grundlage dieses Koexistenz-Angebots ist der Nachweis, daß gerade jene liberalen Werte, um die sich die Säkularisierungspartei schart, sich christlicher, zumal westeuropäisch-kalvinistischer Reformation verdanken. Die Säkularisierungstheologie von Ernst Troeltsch ist eine liberal-theologische Empfehlung an die Gebildeten unter den Emanzipierten, im Interesse der Sicherung der Freiheiten der modernen Welt die historische Kultur des religiösen Mutterbodens dieser Freiheiten nicht zu vergessen.

Der Erste Weltkrieg und sein Ausgang machten diese Empfehlung in Deutschland gegenstandslos. In der Konsequenz der Katastrophe erklärte damals die Theologie als dialektische Theologie in Deutschland ihr Desinteresse an der den Säkularisierungsprozeß steuernden kulturschöpferischen Fruchtbarkeit des Glaubens. Ihr war es darum zu tun, die Wahrheit des Glaubens, die Wirklichkeit der christlichen Existenz als eine solche zu erweisen, die weder auf eine christliche noch auf eine sonstige Kultur gegründet werden kann. Weil der Anspruch der Offenbarung alle historischen, kulturellen Vermittlungen durchschlägt, kann es umgekehrt auch kein Kriterium geben, an dem die Offenbarungsnähe und Offenbarungsferne einer Kultur als solcher gemessen werden kann. In ihrer Absicht, das gegenüber dem Kulturprotestantismus festzuhalten und theologisch neu herauszustellen, leugnet die dialektische Theologie die kulturhistorischen Zusammenhänge zwischen der Reformation und der modernen europäischen politischen und sozialen Welt keineswegs, aber sie ist an ihnen theologisch relativ desinteressiert und daher am Problem der Säkularisierung, in welchem Troeltsch diese Zusammenhänge zu begreifen versucht, desgleichen.

So mochte die Theologie verfahren; der Kirche aber war das nicht ebenso möglich. In der kirchlichen Praxis ging es nicht um Theologumena, sondern um Fragen der äußeren und inneren Mission, um die Praxis kirchlicher Wohlfahrtspflege und um die Stellung der Kirche im öffentlichen Erziehungs- und Bildungswesen. Hier wurden nun täglich die Schwierigkeiten erfahren, die sich der kirchlichen Arbeit inmitten einer sich fortschreitend säkularisierenden gesellschaftlichen und politischen Umwelt entgegenstellten, z. B. in der Gestalt einer staatlichen oder kommunalen Sozialpolitik, die entweder aus einem dogmatisierten weltanschaulichen Neutralismus oder auch in konkurrierender weltanschaulicher Absicht die Tätigkeit kirchlicher Institutionen einzuschränken versuchte. „Säkularisierung" wird in diesem Zusammenhang zum kirchlichen, kirchenpraktischen Zeichen und Namen einer entkirchlichten Kultur, in der sich die Kirche behaupten und bewähren muß, und sei es durch Gründung politischer Gruppen, wie z. B. des Christlich-Sozialen Volksdienstes, deren Bestimmung sein sollte, den christlichen Kampf gegen die Säkularisierung auf dem politischen Felde zu führen. In einer gewissen Abschwächung der Härte dieses Kampfes wurde die säkularisierte Welt zum Operationsfeld der inneren Mission, die dann über die inneren Verhältnisse hinaus als weltweites Anliegen in der protestantischen Ökumene seit dem Jerusalemer "Meeting of the International Missionary Council" (1928) zahllose Missionskonferenzen unter dem Thema "Säkularisierung" seit Ende der zwanziger Jahre beschäftigt hat.

   „Säkularisierung" meinte die moderne, sich liberal definierende soziale und politische Welt aufgeklärter Herkunft. Da ein Programm der Überwindung der Aufklärungs-Ideologie auch zu den Implikaten der eklektischen Ideologie des Nationalsozialismus gehört, konnten einige Theologen nach 1933 zeitweise wähnen, durch die Etablierung eines politischen Regimes der Gegenaufklärung sei auch die „Säkularisierung" grundsätzlich überwunden. Und längst vorher hatte die These Werner Elerts eine gewisse innertheologische Aktualität gewonnen, in der, kontrapunktisch zur Anglo- und Calvinophilie Ernst Toeltschs, das Deutschtum als „säkularisiertes Luthertum"[21] gedeutet war.

   Nach 1945 wurde dann der Säkularisierungsbegriff ideenpolitisch abermals umgepolt. Die alte soziologische Theorie des Prozesses der

---

[21] Werner Elert, Morphologie des Luthertums, 2. Bd.: Soziallehren und Sozialwirkungen des Luthertums (1932), München [2]1953, S. 158.

Zivilisation als eines Säkularisierungsprozesses wurde jetzt in kulturkritischer oder besser: zivilisationskritischer Absicht wiederaufgegriffen. Vorzugsweise geschah das nicht in theologischen Zusammenhängen, vielmehr in den Zusammenhängen einer theologisch interessierten wissenschaftlichen oder wissenschaftsnahen Publizistik, z. B. in einschlägigen Arbeiten Alfred Müller-Armacks[22] oder Hans Zehrers[23]. Die These war: Der säkulare Abfall von Gott, der in der Renaissance angehoben, in der Aufklärung verschärft war und im späten 19. Jahrhundert sich vollendet habe — dieser europäische Abfall von Gott sei der eigentliche Grund der weltgeschichtlichen Katastrophe Europas. Die Funktion dieser sehr globalen Säkularisierungsthese war offenkundig die einer Entlastung von der Reeducations-Geschichtsschreibung, in der die später so genannte Bewältigung der Vergangenheit zu ausschließlichen Lasten Deutschlands geschah. „Säkularisierung" wurde zum europäischen Generalnenner der im Dritten Reich kulminierenden Unheilsgeschichte Europas.

Die folgenreichen ideenpolitischen Implikationen dieser globalen Säkularisierungsthese sind die folgenden:

1. Es wird möglich, die gegenaufklärerische Zivilisationskritik, die auch im Nationalsozialismus eine nicht unwichtige ideologische Rolle gespielt hatte, nach dem Untergang durchzuhalten.

2. Der Nationalsozialismus konnte mit dem Kommunismus schlechterdings parallel geschaltet werden. Beide erschienen als Bewegung des Aufstands säkularisierter Massen.

3. Da nach dem Untergang des Nationalsozialismus der politisierte Säkularismus bloß noch als Kommunismus existierte, war nunmehr Antisäkularismus mit Antikommunismus identisch.

4. Als wirtschafts- und sozialpolitische Gegenkraft gegen den Kommunismus in seiner Massenhaftigkeit bot sich ein ordnungsbereiter Liberalismus an, der Ordo-Liberalismus; als ideologiepolitische Gegenkraft gegen den Kommunismus als europäische Säkularisierungserscheinung empfahl sich eine die Differenz der Konfessionen überspringende abendländische Christenheit.

[22] Z. B.: Das Jahrhundert ohne Gott. Zur Kultursoziologie unserer Zeit, Münster 1948.

[23] Von 1948 bis 1953 Chefredakteur des ›Sonntagsblattes‹ (Hrsg. Hanns Lilje).

Mit diesen ihren vier Implikationen hat die unmittelbar nach dem Ende des Zweiten Weltkrieges aufkommende Deutung der neuzeitlichen Geschichte Europas als einer Säkularisierungsgeschichte eine wichtige Rolle im Zusammenhang der intellektuellen Konsolidierung der in dieser Nachkriegszeit gegründeten großen westdeutschen Partei gespielt.

Der letzte ideenpolitische Funktionswandel des Säkularisierungsbegriffs vollzog sich nach 1948. Die reale Ereignisbasis dieses Wandels war erstens die politische, wirtschafts- und militärpolitische und darüber hinaus auch geistige Integration des restlichen Westdeutschlands in den Zusammenhang des sogenannten Westens; zweitens die Selbstdurchsetzungskraft der säkularen Zivilisation in Wissenschaft, Technik und Ökonomie, wie sie vor allem nach 1948 eindrucksreich erfahren wurde. Wollte man sich als theologischer oder feuilletonistischer Kritiker der modernen europäischen Säkularisierung diesen neuen Realitäten gegenüber nicht in den Ressentiment-Winkel des Verlierers drängen lassen, so bedurfte es einer Differenzierung der unmittelbar nach dem Ende des Zweiten Weltkriegs, vor der Währungsreform, üblichen pauschalen Kritik und Verdammung der modernen europäischen säkularisierten Kultur.

Am folgenreichsten hat Friedrich Gogarten in seinem bekannten Buch ›Verhängnis und Hoffnung der Neuzeit‹[24] diese nun fällige Differenzierung besorgt. Davon soll abschließend die Rede sein.

In Gogartens Säkularisierungstheologie ist die auf die Krisenerfahrung des Zusammenbruchs folgende Erfahrung einer ungeahnten Entfaltung der Kräfte einer vollsäkularisierten gesellschaftlichen Arbeitswelt in Ökonomie, Technik und Wissenschaft theologisch reflektiert. Der durch diese Kräfte ermittelte säkulare Prozeß schien unaufhaltsam zu sein, und zwar keineswegs nur in bedrohlicher Perspektive. Bot er nicht die Aussicht, zum ersten Mal in der Geschichte den Menschen bei den materiellen Bedingungen seiner Existenz zu sichern? Warum sollte er, allein schon wegen dieses Aspekts, nicht in die Ökonomie des Heils integrierbar sein? Jedenfalls gab es Anlaß genug, den festländisch-europäischen und zumal deutschen Zivilisationsverdacht einer Revision zu

---

[24] Friedrich Gogarten, Verhängnis und Hoffnung der Neuzeit. Die Säkularisierung als theologisches Problem, Stuttgart 1953.

unterziehen und nach den legitimen Gründen des in der angelsächsischen Welt ungebrochenen Zivilisationspathos in Beziehung auf die moderne Gesellschaft zu fragen. Aus solchen sich aufdrängenden Überlegungen mußten sich schließlich für die theologische Säkularisierungskritik Konsequenzen ergeben. Wenn sich nämlich der Glaube und die ihn auslegende Theologie vom unaufhaltsamen Säkularisierungsprozeß nicht in den Ressentiment-Winkel des Verlierers drängen lassen wollten, so war eine Überprüfung des christlichen Verhältnisses zur säkularisierten Welt unvermeidlich.

„Säkularisierung", die noch wenige Jahre zuvor Gegenstand zivilisationskritischer Reue und Verdammnis gewesen war, wird jetzt, bei Gogarten, als jene Verweltlichung der Welt theologisch legitimiert, die von der christlichen Offenbarung her nicht nur gefordert, vielmehr durch sie überhaupt erst möglich gemacht wird. Die Säkularisierung, zeigt Gogarten, sei „die notwendige und legitime Folge des christlichen Glaubens" selbst. Erst der Glaube, indem er beispielsweise die Welt als Schöpfung begreift, vermag sich frei zu ihr zu verhalten, ohne mythische Furcht. Im Glauben ist die Welt zu ihrer Weltlichkeit freigegeben, damit zugleich dem Zugriff des Menschen überantwortet, der darin einzig Gott verantwortlich bleibt. In dieser Befreiung der Welt zu ihrer Weltlichkeit befreit sich der Glaube seinerseits von der Welt. So kann Gogarten sagen: „Das Verhältnis zwischen dem Glauben und der Säkularisierung ist demnach so, daß es den Glauben nicht gibt ohne die Säkularisierung des Verhältnisses des Glaubenden zur Welt."[25]

In solchen prinzipiellen Überlegungen gewinnt hier die Kategorie der Säkularisierung die Funktion, die „verweltlichte", d.h. aus der sogenannten „christlichen Kultur" emanzipierte moderne Welt in ihrer Eigengesetzlichkeit als das Medium des recht verstandenen Glaubens selbst zu begreifen. Gerade die säkularisierte Welt, ihre „verdiesseitigte" Kultur und gesellschaftlich-politische Ordnung wird damit zum eigentlichen Ort des Glaubens erklärt.

Man erkennt ohne weiteres die befreiende Wirkung, die diese These von der Freiheit des Christen zu und von der durch den Glauben verweltlichten Welt für das Selbstverständnis der Kirche haben mußte. Sie konnte nunmehr die Welt gerade in ihrer modernen, „säkularisierten"

[25] Gogarten, a.a.O., S.141.

Gestalt als die ihrige erkennen und anerkennen. Sie hatte die Formel gefunden, die es ihr erlaubte, nicht mehr in unchristlicher Weise im Blick nach rückwärts einer verlorenen, besseren, nämlich voremanzipierten christlichen Ordnung der politischen und sozialen Verhältnisse nachzutrauern. Sie durfte nunmehr sich zu jeglichem Experiment legitimiert wissen, sich in der Verkündigung, in ihrem „Dienst an der Welt" deren geschichtlicher Entwicklung anzupassen, ihren autonomen Gang ohne Furcht oder Ressentiment mitzugehen. Die These von der Säkularisation als Bedingung und Folge des Glaubens konnte es der Kirche erleichtern, sich in ihrer sichtbaren Gestalt selbst „modern" zu entwickkeln. Indem sie den Willen der alten liberalen Säkularisierungspartei, sofern er auf die Behauptung einer autonomen politischen, sozialen und intellektuellen Verfassung dieser Welt gerichtet war, als ihren eigenen Willen aufnahm und bekannte, vermochte sie zugleich den Grund des Antiklerikalismus dieser Partei, sofern es ihn in letzten Vertretern noch gab, auszuräumen und sich als allseitig anerkennungsfähiges, ja anerkanntes Glied in den Pluralismus gesellschaftlicher Institutionen einzureihen.

Diese theologische Legitimierung der Säkularisierung zwang freilich, sie von jener Verfassung der Welt zu unterscheiden, die keiner Legitimation fähig ist, und deren Name ist bei Gogarten „Säkularismus". „Säkularistisch" heißt die Verfassung jener Welt, die dem Glauben nicht seinen Ort läßt, die also, um es politisch-konkret zu sagen, die geistigen und religiösen Freiheiten der pluralistischen Ordnung nicht schützt, erst recht nicht die Kirche als eines der Grundelemente dieser Ordnung positiv unterstützt, sondern im Gegenteil politischen Ideologien Raum gibt, deren totaler, das Ganze der Existenz umfassender Herrschaftsanspruch sie als Ersatzbildungen säkularistisch verdrängten Glaubens ausweist. „Machte sich die Säkularisierung daran, das, was des Glaubens ist, für sich in Anspruch zu nehmen, so bliebe sie nicht in der Säkularität, sondern würde zum Säkularismus."[26] Der „Säkularismus" erscheint in der Analyse Gogartens als Folge der glaubensschwachen Unfähigkeit des Menschen, die Säkularität der Welt zu ertragen. Nicht bereit, die Ansprüche und Erfordernisse dieser Welt, die Prinzipien und Regeln des politischen und sozialen Handelns in ihr als etwas Vorletztes

[26] A. a. O., S. 139.

zu betrachten, erhebt er sie zur Würde des Unbedingten, sakralisiert sie gleichsam und verfälscht so die Säkularität der Welt säkularistisch. Die Ideologisierung der politischen und sozialen Ordnungen ist stets das Indiz solchen Säkularismus.

Gogartens Unterscheidung zwischen „Säkularisierung" und „Säkularismus" ist die theologische Explikation jener Freiheit des evangelischen Christen im Verhältnis zur modernen Gesellschaft, die Freiheit von der vermeintlich christlichen Pflicht ist, im differenzierten Ganzen dieser Gesellschaft etwa eine „christliche" Partei zu bilden und eine „christliche" Politik mit dem Ziel zu betreiben, ihr eine „christliche" Ordnung zu geben. Es ist eine Unterscheidung, welche die moderne Gesellschaft gerade in ihrer Säkularität zum Ort der christlichen Existenz erklärt. Deren Aufgabe im Verhältnis zur Welt ist es dann, in ihren säkularen Institutionen und Ordnungen kritisch jener Menschlichkeit Raum zu schaffen, die stets gefährdet ist, wo Ideologien und Weltanschauungen, einschließlich der christlichen, in ihrer ihnen eigentümlichen Totalität politisch und sozial verbindliche Geltung beanspruchen.

Die Gogartensche Formulierung des Säkularisierungsbegriffs ist die jüngste im Wandel seiner ideenpolitischen Funktionen. Er hat hier die Funktion gewonnen, Glaube und Kirche mit der modernen Welt zu versöhnen, indem er einerseits diese Welt in ihrer Säkularität legitimiert und bestätigt und dabei andererseits Glaube und Kirche aus einem hoffnungslosen Gegnerschaftsverhältnis zu ihr befreit, um sie für sie frei zu machen. Was die Zivilisationsmissionare von der "secular society" und die Positivisten vom Ethisch-Kulturellen Verein einst erstrebten, nämlich die Anerkenntnis der Welt in ihrer Weltlichkeit, erscheint hier als Wille und Position der Kirche selbst. Und das ist der Grund, der hier dem Säkularisierungsbegriff nach vielen Jahrzehnten seine alte positive ideenpolitische Bedeutung zurückgab.

Ich füge als letzte Bemerkung hinzu, daß die theologische Legitimierung des säkularisierten Charakters der modernen europäischen Zivilisation inzwischen auch von der katholischen Theologie in Deutschland vollzogen worden ist, mindestens seitens derjenigen ihrer Vertreter, die im Zusammenhang des Zweiten Vatikanischen Konzils als Konzilstheologen in progressiver Richtung mitgewirkt haben.

Säkularisation und Utopie. Ebracher Studien. Ernst Forsthoff zum 65. Geburtstag, Stuttgart: Kohlhammer 1967, S. 75—94.

DIE ENTSTEHUNG DES STAATES
ALS VORGANG DER SÄKULARISATION[*]

Von ERNST-WOLFGANG BÖCKENFÖRDE

Es gehört für unsere Generation zum gesicherten Bestand des wissenschaftlichen Bewußtseins, daß der Begriff Staat kein Allgemeinbegriff ist, sondern zur Bezeichnung und Beschreibung einer politischen Ordnungsform dient, die in Europa vom 13. bis zum Ende des 18., teils Anfang des 19. Jahrhunderts aus spezifischen Voraussetzungen und Antrieben der europäischen Geschichte entstanden ist und sich seither, gewissermaßen abgelöst von ihren konkreten Entstehungsbedingungen, über die gesamte zivilisierte Welt verbreitet. Vom „Staat der Hellenen", dem „Staat des Mittelalters", dem „Staat der Inkas" oder vom „Staat" bei Plato, Aristoteles und Thomas von Aquin zu sprechen, wie es die Gelehrtengenerationen des 19. Jahrhunderts mit Selbstverständlichkeit und Selbstbewußtsein taten, ist heute nicht mehr möglich. Wir wissen, vor allem seit dem epochemachenden Buch ›Land und Herrschaft‹ von Otto Brunner,[1] wie sich der Staat langsam aus den ganz unstaatlich strukturierten Herrschaftsbeziehungen und -ordnungen des Mittelalters herausgebildet hat; wie über die Stufen der Landesherrschaft, einem im Landesherrn zusammenlaufenden, territorial noch unabgeschlossenen Gefüge verschiedener Herrschaftssphären,[2] dann der Landeshoheit als der wesentlich territorial bestimmten, die verschiedenen Herrschaftstitel zusammenfassenden und überhöhenden hoheitlichen Herrschaftsgewalt des Fürsten im Lande (jus territorii),[3] schließ-

---

[*] Erweiterte und überarbeitete Fassung des im Oktober 1964 unter dem gleichen Thema in Ebrach gehaltenen Vortrags.

[1] Otto Brunner, Land und Herrschaft. Grundfragen der territorialen Verfassungsgeschichte Österreichs im Mittelalter, Brünn, München, Wien ³1943. Vorher schon Hermann Heller, Staatslehre, Leiden 1934, S. 125 ff.

[2] Siehe die Kennzeichnung bei Otto Brunner, a. a. O., S. 414 ff.

[3] Die reichsrechtliche Umschreibung der Landeshoheit als „jus territorii"

lich — im aufgeklärten Absolutismus, in der Französischen Revolution
und danach — die einheitliche, nach außen souveräne, nach innen
höchste und dem hergebrachten Rechtszustand überlegene, in ihrer
Zuständigkeit potentiell allumfassende Staatsgewalt entstand und ihr
gegenüber die herrschaftlich-politisch eingeebnete Gesellschaft der
(rechtsgleichen) Untertanen bzw. Staatsbürger.

Dies ist die verfassungsgeschichtliche Seite der Entstehung des Staates. Sie ist jedoch nur eine Seite des geschichtlichen Vorganges. Daneben
steht, nicht weniger bedeutsam, die andere Seite: die Ablösung der politischen Ordnung als solcher von ihrer geistlich-religiösen Bestimmung
und Durchformung, ihre „Verweltlichung" im Sinne des Heraustretens
aus einer vorgegebenen religiös-politischen Einheitswelt zu eigener,
weltlich konzipierter („politischer") Zielsetzung und Legitimation,
schließlich die Trennung der politischen Ordnung von der christlichen
Religion und jeder bestimmten Religion als ihrer Grundlage und ihrem
Ferment. Auch diese Entwicklung gehört zur Entstehung des Staates.
Ohne diese Seite des Vorgangs läßt sich der Staat, wie er geworden ist
und sich uns heute darstellt, nicht verstehen und lassen sich die fundamentalen politischen Ordnungsprobleme, die sich im Staat der Gegenwart stellen, nicht begreifen.

Es ist gebräuchlich, einen Vorgang, wie er sich hier vollzogen hat,
Säkularisation zu nennen. Das kann geschehen und ist zutreffend, wenn
man sich dabei von den vielfältigen ideenpolitischen Assoziationen, die
sich mit dem Begriff Säkularisation verbinden, freihält und ihn in seinem ursprünglichen, gegenüber Rechtmäßigkeit oder Unrechtmäßig-
keit, Legitimität oder Illegitimität offenen Bedeutungssinn versteht.[4] In
diesem Sinn heißt Säkularisation schlicht „der Entzug oder die Entlassung einer Sache, eines Territoriums oder einer Institution aus
kirchlich-geistlicher Observanz und Herrschaft".[5]

---

bzw. «droit de souveraineté» im Westfälischen Frieden — IPO — Art. VIII § 1,
vgl. Zeumer, Quellensammlung zur Geschichte der Deutschen Reichsverfas-
sung, Tübingen ²1913, S. 416.

[4] Vgl. Hermann Lübbe, Säkularisierung. Geschichte eines ideenpolitischen
Begriffs, Freiburg-München 1965, S. 24.

[5] H. Lübbe, a.a.O., S. 23.

I

Spricht man von Säkularisation im Zusammenhang mit der Entstehung des Staates, so denkt man meist an die sogenannte Neutralitätserklärung gegenüber der Frage der religiösen Wahrheit, die von vielen Staatsmännern und politischen Denkern ausgesprochen und vollzogen wurde, um angesichts der nicht endenwollenden konfessionellen Bürgerkriege, die Europa im 16. und 17. Jahrhundert erschütterten, eine neue Grundlage und Allgemeinheit der politischen Ordnung jenseits und unabhängig von der oder einer bestimmten Religion zu finden. Am prägnantesten kommt diese Neutralitätserklärung, der Wirklichkeit der Zeit vorauseilend, in den Worten des Kanzlers des Königs von Frankreich, Michel de L'Hopital, zum Ausdruck, die dieser im Conseil des Königs am Vorabend der Hugenottenkriege, 1562, aussprach: Nicht darauf komme es an, welches die wahre Religion sei, sondern wie man beisammen leben könne.[6] Aber die darin erklärte Herausnahme der Politik aus einer vorgegebenen religiösen Einbindung und Zielausrichtung, die die Grundlage für die stufenweise Gewährung bürgerlicher Toleranz und die staatliche Anerkennung der Bekenntnisfreiheit als des ersten Grundrechts der Bürger darstellte, war nicht der Anfang jenes Vorgangs der Säkularisation, sondern nur eine Etappe innerhalb desselben. Die prinzipielle Säkularisation, die jene Trennung von Religion und Politik, wie sie L'Hopital aussprach, erst ermöglichte und sie zugleich in eine historische Kontinuität hineinstellte, liegt dem weit voraus. Sie muß im Investiturstreit (1057—1122) gesucht werden, jener von päpstlicher wie von kaiserlicher Seite mit äußerster Entschiedenheit geführten geistig-politischen Auseinandersetzung um die Ordnungsform der abendländischen Christenheit. In ihr wurde die alte religiös-politische Einheitswelt des „orbis christianus" in ihren Fundamenten erschüttert und die Unterscheidung und Trennung von „geistlich" und „weltlich", seither ein Grundthema der europäischen Geschichte, geboren.[7]

---

[6] Leopold v. Ranke, Französische Geschichte. Ausg. Andreas, Wiesbaden 1957, Bd. 1, S. 157.

[7] Albert Mirgeler, Rückblick auf das abendländische Christentum, Mainz 1961, S. 109 ff.

Welche Bedeutung dem Investiturstreit als Säkularisationsvorgang zukommt, zeigt sich voll erst von der Einheit der „res publica christiana" aus, die durch ihn aufgelöst und aufgesprengt wurde. Diese Ordnung war nicht nur „christlich" bestimmt in der Weise, daß das Christentum anerkannte Grundlage der politischen Ordnung war, sie war in sich selbst, in ihrer Substanz, sakral und religiös geformt, eine heilige Ordnung, die alle Lebensbereiche umfaßte, noch ganz ungeschieden nach „geistlich" und „weltlich", „Kirche" und „Staat".[8] Das „Reich" lebte nicht aus römischem Kaisererbe, wenngleich es daran anknüpfte, sondern aus christlicher Geschichtstheologie und Endzeiterwartung, es war das Reich des „populus christianus", Erscheinungsform der „ecclesia", und als solches ganz einbezogen in den Auftrag, das „regnum Dei" auf Erden zu verwirklichen und den Ansturm des Bösen im gegenwärtigen Äon aufzuhalten (kat-echon),[9] Kaiser und Papst waren nicht Repräsentanten einerseits der geistlichen, anderseits der weltlichen Ordnung, beide standen vielmehr *innerhalb* der einen „ecclesia" als Inhaber verschiedener Ämter (ordines), der Kaiser als Vogt und Schirmherr der Christenheit ebenso eine geweihte, geheiligte Person (Novus Salomon) wie der Papst: In beiden lebte die „res publica christiana" als religiös-politische Einheit.[10] Das politische Geschehen war so von vornherein eingebunden in das christliche Geschichtsbild, erhielt von ihm aus seine Richtung und seine Legitimation.

Aber nicht nur in dieser allgemeinen Weise, auch in den konkreten Institutionen, im Rechtshandeln und im täglichen Lebensvollzug handelte es sich um eine religiös-politische Einheitswelt. Das Christentum hatte bald nach seiner Emanzipation durch Kaiser Konstantin die Funktion und Stelle der antiken Polis-Religion übernommen, war zum öffentlichen, die Lebensordnung bestimmenden Kult des Reiches geworden; es hatte anderseits sich viele Elemente der naturhaft-magischen Heilbringer-Religiosität der Germanen assimiliert: Beides befestigte

[8] Hierzu und zum Folgenden mit vielen Quellenzeugnissen Friedrich Heer, Aufgang Europas, Wien–Zürich 1951.

[9] Das Reich als „kat-echon": Carl Schmitt, Der Nomos der Erde im Völkerrecht des Jus publicum europaeum, Köln 1950, S. 29 f.

[10] Eugen Ewig, Zum christlichen Königsgedanken im frühen Mittelalter, in: Das Königtum, Konstanz–Lindau 1954, S. 71 ff.; Eduard Eichmann, Die Kaiserkrönung im Abendland 1, Würzburg 1942, S. 105—108, 109—125.

und verstärkte die religiös-kultische Durchformung des gesamten Daseins. Der Glaube selbst nahm so die Form einer religiös-politischen und zugleich rechtlichen Treuebindung an den machtvollen Gott-König Christus an; die „fides" des Gläubigen als des getreuen Dienst- und Gefolgsmannes Gottes war sein eigentlicher Inhalt, eine Trennung von „innen" und „außen" war ihm völlig fremd.

Was bewirkte der Investiturstreit für diese religiös-politische Einheitswelt?

Das Prinzip, das diesen Kampf innerlich ermöglichte und über eine Machtauseinandersetzung hinausführte, weil es ihm die geistige Begründung verlieh, war die Trennung von „geistlich" und „weltlich". Von der jungen theologischen Wissenschaft erarbeitet, wurde diese Trennung die eigentliche geistige Waffe im Investiturstreit. Ihre Anwendung bedeutete freilich — und mußte bedeuten —, daß das „reichskirchliche Weltganze" (Mirgeler), das bis dahin bestand und in dem man lebte, von seinem innersten Kern her aufgelöst wurde. Die Träger des geistlichen Amtes beanspruchten alles Geistliche, Sakrale, Heilige für sich und die von ihnen gebildete „ecclesia". Diese „ecclesia" löste sich als eigene, sich juristisch verfassende, sakramental-hierarchische Institution aus der umfassenden Einheit des „orbis christianus" — der alten „ecclesia"; der Schlachtruf „libertas ecclesiae" enthält diese Trennung schon in sich.[11] Der Kaiser, ja das Herrscheramt überhaupt, wurde aus dieser neuen „ecclesia" hinausgewiesen, verlor seinen geistlichen Ort und wurde in die Weltlichkeit entlassen. Der Kaiser war nicht länger geweihte Person, sondern Laie wie jeder andere Gläubige auch, er unterstand hinsichtlich der Erfüllung seiner Christenpflichten wie jeder andere dem Urteil der geistlichen Instanz, die ihrerseits dem Urteil einer weltlichen Instanz nicht unterworfen war. Das ist der neue „ordo", den der ›Dictatus papae‹ zum Ausdruck bringt.[12]

Die Revolution, die sich hier vollzog, bedeutete mehr als nur die Entsakralisierung des Kaisers. Mit ihm wurde zugleich die politische Ordnung als solche aus der sakralen und sakramentalen Sphäre entlassen; sie

---

[11] Dazu Mirgeler, a. a. O., S. 122.

[12] Dictatus papae Gregorii VII, insbes. These XVIII: „Quod [Romanus pontifex] a nemine ipse iudicari debeat", und These XII: „Quod illi liceat imperatores deponere".

wurde in einem wörtlichen Sinn ent-sakralisiert und säkularisiert und damit freigesetzt auf ihre eigene Bahn, zu ihrer eigenen Entfaltung als weltliches Geschäft. Was als Entwertung gedacht war, um kaiserliche Herrschaftsansprüche im Bereich der „ecclesia" abzuwehren, wurde in der unaufhebbaren Dialektik geschichtlicher Vorgänge zur Emanzipation: Der Investiturstreit konstituiert Politik als eigenen, in sich stehenden Bereich; sie ist nicht mehr einer geistlichen, sondern einer weltlichen, das heißt natur-rechtlichen Begründung fähig und bedürftig.

Der Bruch mit der alten Ordnung kommt, worauf P. E. Hübinger jüngst aufmerksam gemacht hat,[13] im Handeln Gregors VII. selbst sinnfällig zum Ausdruck. Als Gregor den Kaiser nach mehreren Ermahnungen und Fortdauer seiner Übergriffe schließlich in den Kirchenbann und damit im Rahmen der alten Ordnung auch des Königsamts für unwürdig erklärte, bewegte er sich grundsätzlich noch in der alten Einheitswelt, mochte sein Vorgehen auch, analog dem Heinrichs III. in Sutri, außergewöhnlich und nur einer Ausnahmesituation angemessen sein. Als er aber dann den Büßer-König in Canossa vom Banne lossprach, beschränkte er sich auf den religiösen, geistlichen Akt, die Versöhnung mit der „Kirche"; die Aufhebung der politischen Folgen des Bannes, also die Wiedereinsetzung ins Königsamt, kümmerte ihn als Papst nicht mehr, es war des Königs eigene Sache: Die Trennung von geistlich und weltlich war manifest.

Der Ansatz zum kirchenherrschaftlichen (hierokratischen) System, der in dieser Trennung lag, ist offensichtlich; in der Verhältnisbestimmung zwischen geistlich und weltlich, auf die nun alles ankam, konnte und mußte in einer noch selbstverständlich christlichen Gesellschaft das Geistliche die Superiorität behaupten: Der weltliche Herrscher ist Christ, und als solcher steht er unter den christlichen Geboten, über deren Auslegung und Einhaltung „ratione salutis" zu wachen, Aufgabe der geistlichen Gewalt ist. Die Päpste und kurialen Kanonisten haben — um die weitergehenden, unmittelbar politischen Ansprüche etwa Bonifaz' VIII. hier außer Betracht zu lassen — diese Logik immer wieder zur Geltung gebracht und praktisch-politisch anzuwenden versucht. H. Barion hat gegenüber F. Kempfs Auseinandersetzung mit W. Ullmann dargetan, daß gerade in der Beschränkung des kirchlichen Anspruchs darauf, nur „ratione peccati" bzw. „salutis" zu urteilen und zu ent-

---

[13] Vortrag über Gregor VII. in Münster i. W. im Frühjahr 1964, bislang unveröffentlicht.

scheiden, die Suprematie der geistlichen Gewalt zur Entfaltung kommt.[14] Denn für diese Entscheidung wird, ungeachtet aller politisch-rechtlichen Folgen, die damit in einer christlichen Gesellschaft unmittelbar verbunden sind, volle Maßgeblichkeit beansprucht. Die „ratio peccati" ist die allein maßgebende Maxime, der sich die „ratio ordinis politici" von vornherein unterzuordnen hat, wiewohl die „res", um deren Beurteilung es geht, notwendig beiden Bereichen angehört. Der Vorsprung der Kirche in der Institutionalisierung[15] tat ein übriges, ihrer Vorherrschaft Geltung zu verschaffen.

Diese Tatsachen dürfen jedoch nicht vergessen lassen, daß die Voraussetzung für das Geltendmachen jener Suprematie eben die Anerkennung der Weltlichkeit, die prinzipielle Säkularisation der Politik war. Das bedeutete aber zugleich, daß das Verhältnis sich auch umkehren konnte, und zwar sobald es der politischen Sphäre gelang, die ihr zudiktierte Weltlichkeit bewußt zu machen und gegenüber der geistlichen Gewalt die „ratio" und die Suprematie des Politischen zur Geltung zu bringen. Mit derselben Logik, mit der das weltliche Handeln „ratione peccati" in die Zuständigkeit der geistlichen Gewalt gezogen worden war, konnte das geistliche Handeln „ratione ordinis politici" der Zuständigkeit der weltlichen Gewalt unterworfen werden. Th. Hobbes hat, das große Thema der politischen Theologie aufnehmend, diese Logik später eindrucksvoll dargelegt.[16] Kirchliche Suprematie gegenüber der weltlichen Gewalt auf der einen, Staatskirchentum auf der anderen Seite waren nicht mehr eine Frage des unterschiedlichen Systems, sondern im Grunde zwei Seiten derselben Sache: die Realisierung der in der Trennung von „geistlich" und „weltlich" angelegten Möglichkeiten nach dieser oder jener Richtung. Indem das Papsttum seit dem Investiturstreit Jahrhunderte hindurch versuchte, die kirchliche Suprematie durchzusetzen, hat es wesentlich dazu beigetragen, daß die Träger der weltlichen Gewalt sich auf die Eigenständigkeit und Weltlichkeit der

---

[14] Hans Barion, Sav. Zs., Kan. Abt. 46, 1960, S. 485 ff., insbes. S. 493 ff. (Besprechung von F. Kempf, Die päpstliche Gewalt in der mittelalterlichen Welt, in: Saggi storici intorno al Papato dei Professori della Facoltà di Storia Ecclesiastica, Roma 1959, S. 117—169).

[15] Mirgeler, a. a. O., S. 127.

[16] Dazu neuestens Carl Schmitt, Die vollendete Reformation. Bemerkungen und Hinweise zu neuen Leviathan-Interpretationen, in: Der Staat 4, 1965, S. 64 f.

Politik besannen und den Vorsprung an Institutionalisierung, den die Kirche ihnen voraus hatte, durch die Ausbildung staatlicher Herrschaftsformen mehr und mehr aufholten. Die Vorformen des Souveränitätsgedankens und die territoriale Abschließung des Herrschaftsraumes haben sich, wie unter anderem die Beispiele einerseits der Staufer, anderseits der französischen Könige zeigen, gerade in der Auseinandersetzung mit dem päpstlichen Suprematieanspruch herausgebildet.

Freilich, der Investiturstreit hatte geistig mehr entschieden, als sich unmittelbar geschichtlich und politisch realisierte. Albert Mirgeler[17] hat darauf hingewiesen, daß die mit der Unterscheidung „geistlich" — „weltlich" tatsächlich eingetretene Säkularisierung dadurch verschleiert wurde, daß die neue, in sich aufgespaltene Christenheit im allgemeinen Bewußtsein einfach die alte Reichskircheneinheit fortsetzte und weiterhin in den Traditionen der alten sakralen Einheit von Reich und Kirche begriffen wurde. Trotz des prinzipiellen Wandels blieb so, gerade auf dem Boden des Reiches, faktisch eine Überdeckung von „imperium" und „ecclesia" erhalten. Die äußeren Formen des alten Weltgebäudes bestanden noch lange fort, wurden freilich immer mehr zu Hohlformen, in denen Form und Gehalt keineswegs mehr zur Deckung kamen. Auch war es für den Kaiser und die weltlichen Herrscher keine reale Möglichkeit, daß nicht das ganze Volk und ihr weltliches Regiment christlich sein und bleiben solle. Die Säkularisierung hatte in dieser ersten Stufe nur die Entlassung aus dem Bereich des Sakralen und Geheiligten, der unmittelbaren (eschatologischen oder inkarnatorischen) Jenseitsorientierung, nicht die Entlassung aus der religiösen Fundierung schlechthin umgriffen. Die Landesherrschaften und Königreiche, nach dem Investiturstreit freigesetzt auf den Weg zur weltlichen Politik, waren dennoch christliche Herrschaften und Obrigkeiten. Die christliche Religion war die unbezweifelte Grundlage, der gemeinsame, die Homogenität verbürgende Boden zwischen Herrschern und Beherrschten. Auch die Bewegung zum Staat und die Entbindung einer auf Machtbildung und -auseinandersetzung zielenden Politik im 15. und beginnenden 16. Jahrhundert[18] vollzog sich zunächst in diesem Rahmen. Die

---

[17] A. a. O., S. 129 und 122 f.
[18] W. Dilthey, Ges. Schriften 2, Berlin und Leipzig 1914, S. 246 ff.; Georg Dahm, Deutsches Recht, Stuttgart 1951, S. 266.

neue Situation und Krise, die zur zweiten Stufe der Säkularisation führte, trat mit der Glaubensspaltung ein.

II

Die europäische Christenheit stand, nachdem die Glaubensspaltung Wirklichkeit geworden war, vor der Frage, wie ein Miteinanderleben der verschiedenen Konfessionen in einer gemeinsamen politischen Ordnung möglich sei. Vermöge der Bedeutung, die der christlichen Religion für die politische Ordnung zukam, war der Konflikt nicht nur ein religiöser, sondern zugleich ein politischer Konflikt. Für die beiden, später drei Konfessionen war es ein Konflikt um den wahren Glauben, das reine Evangelium; als Kampf um die Wahrheit duldete er keine Kompromisse. Nach der Verhältnisbestimmung von geistlicher und weltlicher Gewalt, die Theologen und Kanonisten ausgebildet hatten, war es die Aufgabe der weltlichen Macht, mit ihren Mitteln öffentlich den Irrtum zu unterdrücken, Häretiker und Ketzer zu bestrafen. Katholiken, Lutheraner und Reformierte waren sich darin grundsätzlich einig.[19] Nicht nur die aufrührerischen Häretiker, die zugleich politische Unruhestifter waren, sollten davon betroffen werden; auch die nichtaufrührerischen Häretiker zu bestrafen, war das Amt der Obrigkeit, denn sie waren Lästerer gegen Gott.[20] Die Auffassung des Glaubens als rechtsartiges Treueverhältnis und die fortwirkende Tradition der Polis-Religion verschlossen den Weg zur bürgerlichen Toleranz.

Damit war es unvermeidlich, daß die Religionsfrage in vollem Umfang eine Angelegenheit der Politik wurde. Europa wurde im 16./17. Jahrhundert von einer Welle grauenvoller konfessioneller Bürgerkriege durchzogen; politische und religiöse Interessen, Einsatz für den wahren Glauben und Streben nach Machtausdehnung und Machtbehauptung kreuzten und verbanden sich unaufhörlich.[21] An drei Stel-

[19] Darstellung und Quellen bei J. Lecler, Geschichte der Religionsfreiheit im Zeitalter der Reformation 1, Stuttgart 1965, S. 148 ff., 240—252, 439 ff., 456 f.

[20] Thomas von Aquin, Sentenzenkommentar IV, d. 13, qu. 2, ad 3; Luther: siehe Lecler, a. a. O., Bd. 1, S. 249 f.; Melanchthon: Corpus Reformatorum IV, c. 737—740.

[21] Ein guter Überblick jetzt bei J. Lecler, a. a. O., Bd. 1 und 2.

len in Europa wurde dieser religiös-politische Kampf exemplarisch und mit unterschiedlichen Ergebnissen ausgetragen: in Spanien unter Philipp II., im Reich in der Auseinandersetzung zwischen Kaiser und Reichsständen, in Frankreich in den Hugenottenkriegen. Aus diesen konfessionellen Bürgerkriegen ging, wenn man von der besonderen Entwicklung in Spanien absieht, die zweite Stufe der Säkularisation, der sich rein weltlich und politisch aufbauende und legitimierende Staat, hervor; mit seiner Heraufkunft war zugleich auch über die Trennung von Religion und Politik grundsätzlich entschieden.

Es mag dahingestellt bleiben, wieweit diese Entwicklung in der Intention der damals Beteiligten lag, aber sie ergab sich aus der Logik der geschichtlichen Situation und den Bedingungen des Handelns, die in ihr vorgegeben waren. Die Unterscheidung von „geistlich" und „weltlich", zuerst von den Päpsten verwendet zur Begründung kirchlicher Suprematie, entfaltete nun ihre Kraft in Richtung auf den Primat und die Suprematie der Politik. Die Anforderungen der geistlichen Gewalt an die weltliche Macht, die sich angesichts der Glaubensspaltung ergaben, beinhalteten den permanenten politischen Konflikt; sie waren aus sich selbst heraus in unmittelbarer Weise weltlich-politisch. Was Wunder also, daß die weltliche Gewalt, die Könige und Fürsten, wollten sie nicht Exekutionsbeamte ihrer Religionspartei werden, um der politischen Ordnung willen die geistlichen Dinge selbst in die Hand nahmen, das heißt ihrer Aufsicht und Entscheidung unterstellten und den Primat der Politik gegenüber der Religion zur Geltung brachten? Erst dadurch, daß sich die Politik über die Forderungen der streitenden Religionsparteien stellte, sich von ihnen emanzipierte, ließ sich überhaupt eine befriedete politische Ordnung, Ruhe und Sicherheit für die Völker und die einzelnen wiederherstellen. Man muß diese prinzipielle Problemstellung vor Augen haben, wenn man die Ausbildung der königlichen Machtstellung in Frankreich, das „cuius regio, eius religio" im Reich, den schon um die Wende des 16./17. Jahrhunderts einsetzenden Territorialismus und Erastianismus der protestantischen Kirchenrechtslehre [22]

---

[22] Dazu Johannes Heckel, Cura religionis, Jus in sacra, Jus circa sacra, Neudruck Darmstadt 1962, S. 44 ff., 53 f., 67 ff. Die ablehnende Beurteilung des kirchenpolitischen Territorialismus bei Lecler, a. a. O., Bd. 2, S. 381 f., 530 ff. wird diesem Zusammenhang nicht gerecht.

und schließlich die politische Theologie der Staatslehre des Thomas Hobbes richtig verstehen will.

Leopold von Ranke hat in seiner ›Französischen Geschichte‹ den konfessionellen Bürgerkrieg in Frankreich beschrieben. Wer etwa meint, die ausweglose Situation jener Jahrzehnte werde heutzutage absichtsvoll überzeichnet, um eine Ideologie zur Rechtfertigung des modernen Staates zu schaffen, der mag zu jener Darstellung greifen und aus ihr entnehmen, wie es eigentlich gewesen ist: nicht endenwollende kriegerische Auseinandersetzungen um die Bewilligung, Aufhebung, Erneuerung, Erweiterung und Beschränkung der Pazifikationsedikte für die Hugenotten, stets verbunden mit dem Machtkampf zwischen Königtum und frondierendem Adel, die durch dreißig Jahre hindurch in wechselnder Folge nahezu das ganze Land in ein Schlachtfeld des Bürgerkrieges verwandelten.[23] Diese Kriege und ihre Etappen brauchen und sollen hier nicht geschildert werden; was in unserem Zusammenhang interessiert, ist die Herausbildung eines spezifisch staatlichen Denkens in den Theorien der sogenannten Politiques, der staatsbezogenen französischen Juristen, und die darauf sich gründende staatliche Machtstabilisierung und -konzentrierung.

Diese Politiques entwickelten nun eine eigene, gegenüber der Tradition des scholastischen Naturrechts neuartige, spezifisch politische Argumentation.[24] Sie stellten einen *formellen* Begriff des Friedens auf, der nicht aus dem Leben in der Wahrheit, sondern aus der Gegenüberstellung zum Bürgerkrieg gewonnen wurde. Diesem formellen Begriff des Friedens, das heißt dem Schweigen der Waffen, der äußeren Ruhe und Sicherheit des Lebens, erkennen sie den Primat zu gegenüber dem Streit um die religiöse Wahrheit. Der Bürgerkrieg bringe nicht Sieg oder Unterwerfung der Ketzerei, sondern nur Haß, Elend und Feindschaft; die Waffen seien kein geeignetes Mittel, die Spaltung im Glauben zu überwinden. Der formelle Friede ist für die Politiques gegenüber den Schrecken und Leiden des Bürgerkrieges ein selbständiges, *in sich gerechtfertigtes* Gut. Er ist nur herzustellen durch die Einheit des Landes; diese Einheit des Landes ist nur möglich durch die Achtung des Befehls

[23] Französische Geschichte, 4. bis 6. Buch, a. a. O., Bd. 1, S. 117—275.
[24] Roman Schnur, Die französischen Juristen im konfessionellen Bürgerkrieg, Berlin 1962, insbes. S. 16—23; ferner auch Lecler, a. a. O., Bd. 2, S. 109 ff.

des Königs als oberstes Gesetz; der König ist die neutrale Instanz, die über den streitenden Parteien und den Bürgern steht, nur er kann den Frieden bewirken und erhalten.[25] Die Verschiedenheit der Konfessionen ist für die Politiques nicht mehr eine staatliche, sondern eine kirchliche Angelegenheit. Der König habe darauf zu achten, daß seine Untertanen sich nicht in blutigem und heimtückischem Starrsinn zu vernichten suchten; die Wahrheitsfrage selbst könne und solle er nicht entscheiden.[26] Die Trennung der Politik von der Religion, die Behauptung ihrer Autonomie setzt sich hier ohne viel Aufhebens, aber nachdrücklich durch. Was gibt der König den Untertanen, wenn er ihnen unter der Bedingung, daß sie sich seinen Gesetzen gegenüber loyal verhalten, die Freiheit ihres Gewissens läßt, fragt Michel de L'Hopital 1568 in einer Denkschrift an den König. „Er gibt ihnen eine Gewissensfreiheit oder vielmehr er läßt ihre Gewissen in Freiheit." Dann fährt er fort: „Nennt ihr das kapitulieren? Ist es eine Kapitulation, wenn ein Untertan mit euch übereinkommt, daß er seinen Fürsten anerkennt und sein Untertan bleibt?"[27] Die rein weltliche Betrachtung des politischen Herrschaftsverhältnisses ist in dieser Argumentation schon vollzogen. Die Religion ist kein notwendiger Bestandteil der politischen Ordnung mehr.

Als Heinrich IV. von Navarra schließlich zum katholischen Glauben übertrat, um sein nach der «loi salique» bestehendes Anrecht auf den Thron zu verwirklichen, war dies kein Sieg der „wahren Religion" mehr, wie es nach außen scheinen könnte, sondern ein Sieg der Politik. Gründe der Staatsklugheit und politischen Vernunft waren es, die Heinrich zu seinem Schritt bestimmten[28]: um dem Land endlich den Frieden, der nur so erreichbar war, zu geben, um die königliche Herrschaft zu sichern, wurde der Glaubenswechsel vollzogen. Das erste, was Heinrich IV. tat, nachdem er das Land äußerlich befriedet hatte, war die Begründung einer gesetzlichen Existenz für die Hugenotten im Edikt von Nantes (1598).[29] Der einzelne konnte Bürger des Königreiches

---

[25] Schnur, a. a. O., S. 21 ff.

[26] So Michel de L'Hopital in der Denkschrift an den König von 1568, vgl. Lecler, a. a. O., Bd. 2, S. 111.

[27] Œuvres, Bd. 2, S. 199, angeführt bei Lecler, a. a. O., Bd. 2, S. 112.

[28] Ranke, Französische Geschichte, a. a. O., Bd. 1, S. 265 ff.

[29] „Das war das Schlimmste von der Welt" soll der Papst im Hinblick auf die

sein, alle zivilen Rechte genießen, ohne der wahren Religion anzugehören. Die erste, substantielle Trennung von Kirche und Staat war hiermit Wirklichkeit. Das Edikt von Nantes machte erstmals den Versuch, zwei Religionen in einem Staate zuzulassen.

Vergleichen wir Heinrich IV. mit Heinrich IV.: Heinrich IV., der Kaiser, als Büßer in Canossa, um innerhalb einer religiös-politischen Einheitswelt durch die päpstliche Absolution die Voraussetzung dafür zu schaffen, sein Königsamt wieder auszuüben; Heinrich IV. von Frankreich, zum katholischen Glauben konvertierend und der Ketzerei abschwörend, um seiner Herrschaft Sicherheit, dem Land Frieden und Ruhe zu geben: Wie sehr hatten, trotz der äußeren Ähnlichkeit des Ablaufs, Sieger und Besiegter gewechselt.

Wenn gleichwohl fast überall in Europa, auch in Frankreich selbst, auf lange Zeit das Prinzip der Staatsreligion herrschte, so spricht das nicht gegen diese Feststellung; denn die Entscheidung für die Staatsreligion war nicht eine Frage der Verwirklichung und Durchsetzung der Wahrheit, sondern eine Frage der Politik. „In einem Staat können nicht zwei Religionen bestehen," dieses Argument wurde immer wieder von vielen, von Theologen wie von Politikern, gegen Toleranz und Kultfreiheit ins Feld geführt.[30] Mochte es tatsächlich für die damaligen Verhältnisse vielerorts zutreffend sein — auch die Menschen, jahrhundertelang in den Formen der öffentlichen Kult-Religion lebend, mußten ja erst reif und fähig werden zur Toleranz —, es war kein religiöses, sondern ein politisches Argument, bezogen auf Sicherheit und Ordnung des Staates. Die ganze Frage war damit aus der Unbedingtheit der Bindung an die Wahrheit entlassen und den Möglichkeiten und Bedingungen der Politik unterstellt. Sie war damit — und erst damit — auch der Abwägung, der Ausgrenzung von Freiheitsräumen, ja für den Weg zur Toleranz offen. Die Religion war nicht mehr de jure, sondern de facto garantiert; und sie war garantiert kraft der Entscheidung der politischen Macht. Es war folgerichtig, daß sie unter die Kuratel des „landesherrlichen Kirchenregiments" wie überhaupt des Staatskirchentums gestellt

im Edikt zugestandene Gewissensfreiheit gesagt haben, als der französische Gesandte ihm davon berichtete; vgl. Lecler, a. a. O., Bd. 2, S. 183. In der Tat, die alte Beziehung von Religion und Politik war mit diesem Edikt an ihr Ende gekommen.

[30] Vgl. Lecler, a. a. O., Bd. 1, S. 367, 549, Bd. 2, S. 63 f., 137 f., 143 f., 385 f.

wurde. Daß die Herrscher nicht daran dachten, sich und ihre werdenden Staaten außerhalb der Grundlagen des Christentums zu stellen, daß sie selbst Christen waren und sein wollten, ändert an dem prinzipiellen Unterschied gegenüber der Zeit vor der Glaubensspaltung nichts. Für die sich ankündigende Ordnung war dies eine tatsächlich vorhandene und vorausgesetzte, aber keine notwendige Bedingung mehr.

Wie sehr die Säkularisation in diesem Sinne Staat und Politik fortan bestimmte, zeigt das politische Testament Richelieus. Der Kardinal der römischen Kirche spricht hier davon — das Testament richtet sich an einen sehr fromm und kirchentreu erzogenen Prinzen —, daß die „Regierung Gottes" die erste Grundlage für das Glück eines Staates sei: jeder Fürst müsse sie zur Geltung bringen.[31] Aber worin besteht sie? Richelieu setzt das als bekannt voraus, er gibt keine Details außer der Ermahnung zum guten, vorbildhaften Leben. Die „Regierung Gottes" wird abgedrängt in den Bereich der Moral, bleibt ohne inhaltlich faßbaren Gehalt für die Politik. Für das politische Handeln wird dann die «raison» zur obersten Richtschnur erklärt. Die natürliche Einsicht läßt jeden erkennen, daß, da der Mensch «raisonnable» geschaffen ist, er alles nur aus «raison» tun darf, denn sonst würde er gegen seine Natur handeln und folglich gegen die Grundlagen seines eigenen Wesens.[32] Der religiöse Bezug wird nur noch indirekt hergestellt, indem die menschliche «raison» von Gott erschaffen ist, aber in der Aktualisierung ist sie sich selbst Gesetz.

Was sich so im kontinentalen Europa, vorab in Frankreich, als prinzipielle Lösung in der Beziehung von geistlicher und weltlicher Gewalt, von Religion und Politik ankündigt, hat seinen klarsten theoretischen Ausdruck in der Staatslehre des Thomas Hobbes gefunden. Sie ist für unser Problem in besonderer Weise instruktiv. Hobbes begründet den Staat als souveräne Entscheidungseinheit, die äußeren Frieden und Sicherheit gewährleistet. Ausgangspunkt ist für ihn dabei allein die menschliche Bedürfnisnatur, das heißt die Erhaltung und Sicherung der elementaren, auf die äußere Existenz bezogenen Lebensgüter; die religiöse Bestimmung des Menschen, Religion als menschliches Lebensgut,

---

[31] Richelieu, Politisches Testament, Teil II, 1. Kap., Ausg. Mommsen (Klassiker der Politik), Berlin 1926, S. 164 f.
[32] Ebd., 2. Kap., a. a. O., S. 167.

gehen darin nicht ein. „Salus publica in quo consistit?" fragt Hobbes im 13. Kapitel von ›De cive‹ bei der Behandlung der Pflichten des Herr-schers. Die Antwort ist von klassischer Prägnanz: „1. ut ab hostibus ex-ternis defendantur; 2. ut pax interna conservetur; 3. ut quantum cum se-curitate publica consistere potest, locupletuntur; 4. ut libertate innoxia perfruantur."[33] Die rein säkulare, diesseits-orientierte und religionsun-abhängige Zielsetzung des Staates ist darin eindeutig ausgesprochen: Si-cherung der Erhaltungsbedingungen des bürgerlichen Lebens und Er-möglichung der Befriedigung der individuellen Lebensbedürfnisse durch die Bürger. Um dieses Zieles willen wird der Staat begründet, um dieses Zieles willen wird er mit dem „summum imperium", das heißt der höchsten, zur Letztentscheidung berufenen und darum souveränen Herrschaftsgewalt ausgestattet, weil nur durch eine solche souveräne, letztentscheidende Instanz, der gegenüber sich niemand auf sein „priva-tes" Urteil berufen kann, Frieden und Sicherheit erreicht, Recht und Unrecht sicher unterschieden werden können. Der Staat in diesem Sinn ist die "minimum condition" für Frieden und Sicherheit.

Die „recta ratio", die Hobbes als methodischer Leitfaden für seine Staatsbegründung dient, ist nicht mehr eine aus sich glaubensbestimmte und glaubensorientierte, sondern eine auf sich gestellte, individualisti-sche und zweckgerichtete Vernunft.[34] Das bedeutet nicht, daß Hobbes Atheist gewesen sei oder sein System nur atheistisch verstanden werden könne, wie Leo Strauß gemeint hat.[35] Hobbes setzt den Herrscher als Träger der Staatsgewalt als einen Christen voraus und baut den christli-chen Glauben als solchen in seiner unauswechselbaren Aussage "that Je-sus is the Christ", in den Staat ein.[36] Aber dennoch enthält Hobbes'

[33] Thomas Hobbes, Elementa philosophica de cive, cap. 13, 7.

[34] Kennzeichnend dafür die Definition des „natürlichen Gesetzes" bei Hob-bes, De cive, c. 2, 1: „Dictamen rectae rationis circa ea, quae agenda vel omit-tenda sunt ad vitae membrorumque conservationem quantum diuturum fieri po-test." Der Übergang von der seinsvernehmenden, an einer universalen Ordnung der Zwecke orientierten Vernunft zur zweckhaft-funktionalen Vernunft ist hier vollzogen.

[35] Leo Strauß, Hobbes politische Philosophie, Neuwied 1966, S. 78 ff.

[36] Das hat die neue Hobbesforschung nachgewiesen, vgl. zuletzt Th. Hood, The Divine Politics of Thomas Hobbes, Oxford 1964; dazu Carl Schmitt, Die vollendete Reformation, a. a. O., S. 51 ff.; Bernard Willms, Von der Vermessung

Staatskonstruktion die prinzipielle Säkularisation. Seine Staatsbegründung geht nicht aus dem christlichen Glauben hervor, sie ist nach Grund und Ziel von ihm unabhängig, steht auf dem Boden der reinen Bedürfnisnatur und der zweckgerichteten, individualistischen Vernunft in sich selbst. Was Hobbes im Hinblick auf die Christlichkeit eines Staates darlegt, ist der über den Ausschluß des Widerspruches erbrachte Nachweis, daß dieser Vernunftstaat, in dem der Herrscher Christ ist, auch selbst ein christlicher Staat sei; weder das Evangelium noch einzelne göttliche Gebote besagten etwas gegen die Herrschaftsgewalt des Souveräns und die unbedingte Gehorsamspflicht der Untertanen, auch nicht gegen die Zuständigkeit des Herrschers in geistlichen Dingen.[37] Das bedeutet, als These formuliert, daß Staat und Christentum zusammen bestehen können und die Anerkennung der souveränen staatlichen Entscheidungsgewalt keine Glaubensverleugnung zum Inhalt hat; die rein weltliche, utilitaristische Staatsbegründung und Staatszielbestimmung ist dadurch weder aufgehoben noch in ihrer Schlüssigkeit in Frage gestellt.

Auch für diese zweite Stufe der Säkularisation gilt, daß die Überführung des prinzipiell Entschiedenen in die Wirklichkeit nicht ein einmaliges Ereignis, sondern ein historischer Prozeß war. Die säkularisierende Umgestaltung der politisch-sozialen Ordnung vollzog sich allmählich, und lange Zeit lagen alte und neue Bauelemente dicht neben- und beieinander.

Die Französische Revolution brachte den politischen Staat, wie er in den konfessionellen Bürgerkriegen entstanden und von Hobbes vorgedacht worden war, zur Vollendung. Die Erklärung der Menschen- und Bürgerrechte von 1789, das „erste Grundgesetz der neuen Gesellschaft", wie Lorenz von Stein sagt, spricht vom Staat als «corps social». Der Staat ist politische Herrschaftsorganisation zur Sicherung der natürlichen und vorstaatlichen Rechte und Freiheiten des einzelnen. Sein Um-willen und seine Legitimation hat er nicht in seiner geschichtlichen Herkunft oder göttlichen Stiftung, nicht im Dienst an der Wahrheit,

des Leviathan. Aspekte neuerer Hobbes-Literatur, in: Der Staat 6, 1967, S. 225 ff., 230 ff.

[37] Vgl. De cive, cap. 15; Leviathan, Teil 3, Kap. 32, 40, 42. Insoweit weiche ich von der bei B. Willms, a. a. O., gegebenen Beurteilung ab.

sondern in der Bezogenheit auf die freie selbstbestimmte Einzelpersön-
lichkeit, das Individuum. Seine Basis ist der Mensch *als Mensch*. Der
Mensch, wie er in den Naturbegriff des Vernunftrechts und von dort in
die Prinzipien der «déclaration» eingeht, ist aber ein profanes, von einer
notwendig religiösen Bestimmung emanzipiertes Wesen. Zu den Freiheiten, um deren Sicherung und Erhaltung der Staat besteht, gehört seit
der Verfassung von 1791 die Glaubens- und Religionsfreiheit.[38] Damit
ist der Staat als solcher gegenüber der Religion neutral, er emanzipiert
sich als Staat von der Religion. Die Religion wird in den Bereich der Gesellschaft verwiesen, zu einer Angelegenheit des Interesses und der
Wertschätzung einzelner oder vieler Bürger erklärt, ohne aber Bestandteil der staatlichen Ordnung als solcher zu sein. Sie wird, im doppelten
Sinn des Wortes, vom Staat frei-gegeben. Karl Marx hat diesen strukturellen Zusammenhang mit großer Deutlichkeit gesehen: „Die Religion", sagt er, „ist nicht mehr der Geist des Staates..., sie ist zum Geist
der bürgerlichen Gesellschaft geworden... Sie ist nicht mehr das Wesen
der Gemeinschaft, sondern das Wesen des Unterschieds... Sie ist aus
dem Gemeinwesen als Gemeinwesen exiliert."[39] Überall, wo der Staat
seinen Bürgern Religionsfreiheit als Grundrecht gewährleistet — und
dies zu tun lag von Anfang an in seinem „Auftrag", wenn es sich auch
erst später realisierte —, treffen diese Feststellungen zu. Die Religionsfreiheit als Freiheitsrecht enthält nicht nur das Recht, eine Religion pri-
vat und öffentlich zu bekennen, sondern ebenso das Recht, eine Religion nicht zu bekennen, ohne daß die staatsbürgerliche Rechtsstellung
davon berührt wird.[40] Die Substanz des Allgemeinen, das der Staat ver-
körpern und sichern soll, kann folglich nicht mehr in der Religion, einer
bestimmten Religion gesucht, sie muß unabhängig von der Religion in
weltlichen Zielen und Gemeinsamkeiten gefunden werden. Das Maß

[38] Verfassung von 1791, Tit. I; die Erklärung der Menschen- und Bürgerrechte vom 4. 8. 1789 enthielt nur die Garantie der religiösen Meinungsfreiheit in
den Grenzen der gesetzlichen öffentlichen Ordnung.

[39] Karl Marx, Zur Judenfrage = Karl Marx, Die Frühschriften, hrsg. von
Landshut, Stuttgart 1953, S. 183; ferner Eric Weil, Die Säkularisierung der Poli-
tik und des politischen Ansehens in der Neuzeit, in: Marxismusstudien, 4. Folge,
Tübingen 1962.

[40] Gerhard Anschütz, Die Religionsfreiheit, in: Handbuch des Deutschen
Staatsrechts, hrsg. v. Anschütz und Thoma, Bd. 2, Tübingen 1932, § 106.

der Verwirklichung der Religionsfreiheit bezeichnet daher das Maß der Weltlichkeit des Staates.

Das 19. Jahrhundert hat lange versucht, diesen Konsequenzen auszuweichen. Gegen die Emanzipation des Staates von der Religion, die in der Gewährleistung der Religionsfreiheit lag, stellte man im Zeichen der Restauration die Idee vom „christlichen Staat". Der „christliche Staat" sollte die allgemein sichtbar werdende prinzipielle Säkularisation aufhalten oder gar rückgängig machen. Aber was wurde erreicht? Nicht mehr als eine Überlagerung der Wirklichkeit mit einem nicht-säkularisierten Schein, ohne doch das Fortbestehen und die Ausbreitung des Staatsgedankens und damit das politische Prinzip der Säkularisation irgendwie beeinträchtigen zu können. Das Ergebnis waren Surrogate: das Königtum von Gottes Gnaden, der Bund von Thron und Altar, die heilige Allianz...[41] Das Christentum wurde zum Dekor für höchst weltliche Geschäfte, eingesetzt zur Stabilisierung von Machtlagen und zur Sanktion zeitbedingter politisch-sozialer Verhältnisse, um sie gegenüber einem verändernden Zugriff zu konservieren. Auch hier hat Marx die prinzipielle Seite des Vorgangs klar erkannt: „Der sogenannte christliche Staat ist die christliche Verneinung des Staates, aber keineswegs die staatliche Verwirklichung des Christentums."[42] Die Versuche, auf solche Weise gegen die strukturbedingte Weltlichkeit und Neutralität des Staates seinen angeblich institutionell-christlichen Charakter zu bewahren oder wieder herzustellen, sind denn auch sämtlich gescheitert. Nicht nur im 19. Jahrhundert, auch bei der Neubegründung deutscher Staatlichkeit nach 1945, als wiederum ein christlicher statt des säkularisierten Staates aufgerichtet werden sollte, behielt die Religionsfreiheit das letzte Wort.[43] Sie mußte es behalten, wollte der Staat sich nicht selbst aufgeben.

---

[41] Zum Königtum von Gottes Gnaden: Otto Brunner, Vom Gottesgnadentum zum monarchischen Prinzip, in: Das Königtum, Konstanz–Lindau 1954, S. 279 ff. (291 ff.). Als Karl X. von Frankreich die in der Krönungszeremonie als Auswirkung der göttlichen Heilskraft der Könige vorgeschriebene Handauflegung bei Leprosenkranken vornahm, hatte er Handschuhe an.

[42] Frühschriften, a. a. O., S. 183.

[43] Die westdeutschen Länderverfassungen der ersten Jahre nach 1945 enthalten sehr zahlreiche ideologische Restaurationsversuche eines „christlichen" Staates, die einer näheren Untersuchung wert sind. Das „letzte Wort" der Religions-

III

Überblickt man die hier geschilderte Entwicklung, so stellt sich zunächst die Frage nach der sachlichen Bedeutung dieses Säkularisationsvorgangs. Hatte diese Entwicklung zum Staat die Ausschaltung des Christentums von öffentlicher, weltformender Wirksamkeit zum Inhalt und muß infolgedessen der Staat als eine im spezifischen Sinn unchristliche oder a-christliche politische Ordnungsform begriffen werden? Oder hat sich in der Entstehung des Staates ein Prinzip politisch-sozialer Ordnung verwirklicht, das in der Sache dem Inhalt der christlichen Offenbarung entspricht, sich allerdings gegen die institutionalisierten Mächte des Christentums zur Geltung bringen mußte?

Diese Frage läuft darauf hinaus, inwieweit die Entsakralisierung der politischen Ordnung, die „Entweltlichung des geistlichen" und „Entgeistlichung des weltlichen" Bereichs (H. Krüger),[44] die sich in und mit der Entstehung des Staates vollzog, auch eine *Entchristlichung* bedeutet. Es ist zweifelhaft, ob sich diese Frage überhaupt in der einen oder anderen Richtung beantworten läßt. Denn die Antwort hängt wesentlich von der theologischen und geschichtsphilosophischen Deutung ab, die dem Säkularisationsvorgang zuteil wird, und führt damit hinüber in das Selbstverständnis und die sich wandelnde Selbstinterpretation des christlichen Glaubens. Ist der christliche Glaube seiner inneren Struktur nach eine Religion wie andere Religionen auch und ist deshalb seine gültige Erscheinungsform die des öffentlichen (Polis-)Kults, oder transzendiert der christliche Glaube die bisherigen Religionen, liegt seine Wirksamkeit und Verwirklichung gerade darin, die Sakralformen der Religion und die öffentliche Kult-Herrschaft abzubauen und die Menschen zur vernunftbestimmten, „weltlichen" Ordnung der Welt, zum Selbstbewußtsein ihrer Freiheit zu führen? Kein Geringerer als Hegel hat die Säkularisationsbewegung der europäischen Neuzeit, christlich gesehen, positiv interpretiert, nicht als Negation, sondern als Verwirklichung des Inhalts der Offenbarung, die mit Jesus Christus in die Welt

freiheit: Entscheidung des Bundesverfassungsgerichts, Bd. 19, S. 206 ff., 226, und dazu A. Hollerbach, Das Staatskirchenrecht in der Rechtsprechung des Bundesverfassungsgerichts, in: Archiv des öffentlichen Rechts 92, 1967, S. 99 ff.

[44] Herbert Krüger, Staatslehre, Stuttgart 1963, S. 43.

gekommen sei.[45] Und Karl Marx hat, von seinem Standpunkt aus mit Kritik, darauf hingewiesen, daß die Emanzipation des Staates von der Religion ja nicht die wirkliche Religiosität des Menschen aufhebe und aufzuheben strebe.[46] Als persönliches Bekenntnis des einzelnen, als durch die religiöse Überzeugung der Bürger vermittelte gesellschaftliche (und insofern auch politische) Kraft vermag der christliche Glaube auch und gerade im „weltlichen" Staat wirksam zu sein, ja die Religion wird in diesem Staat gerade zu solcher Wirksamkeit freigegeben: Religionsfreiheit ist nicht nur „negative", sondern ebenso „positive" Bekenntnisfreiheit der Bürger. Verwehrt ist der Religion allerdings die institutionell-öffentliche Existenzform und die notwendige Teilhabe am Allgemeinen des Staates. Läßt sich sagen, daß schon dadurch der christliche Glaube zum Verlust seiner Weltwirksamkeit und möglichen Geschichtsmächtigkeit verurteilt ist? Diese Frage ist nicht nur rhetorisch gemeint.

Aktueller noch ist eine andere Frage. Woraus lebt der Staat, worin findet er die ihn tragende, homogenitätsverbürgende Kraft und die inneren Regulierungskräfte der Freiheit, deren er bedarf, nachdem die Bindungskraft aus der Religion für ihn nicht mehr essentiell ist und sein kann? Bis zum 19. Jahrhundert war ja, in einer zunächst sakral, dann religiös gedeuteten Welt die Religion immer die tiefste Bindungskraft für die politische Ordnung und das staatliche Leben gewesen. Läßt sich Sittlichkeit innerweltlich, säkular begründen und erhalten, kann der Staat sich auf eine „natürliche Moral" erbauen? Wenn nicht, kann er — unabhängig von dem allen — aus der Erfüllung der eudämonistischen Lebenserwartung seiner Bürger leben? Diese Fragen führen zurück auf eine tieferliegende, prinzipielle Frage: Wieweit können staatlich geeinte Völker allein aus der Gewährleistung der Freiheit des einzelnen leben ohne ein einigendes Band, das dieser Freiheit vorausliegt?

Der Vorgang der Säkularisation war zugleich ein großer Prozeß der Emanzipation, der Emanzipation der weltlichen Ordnung von überkommenen religiösen Autoritäten und Bindungen. Seine Vollendung fand er in der Erklärung der Menschen- und Bürgerrechte. Sie stellte

[45] G. W. F. Hegel, Grundlinien der Philosophie des Rechts, Ausg. Gaus, §185; ders., Enzyklopädie der philosophischen Wissenschaften, 1830, §552.
[46] Karl Marx, a. a. O., S. 183.

den einzelnen auf sich selbst und seine Freiheit. Damit aber mußte sich, prinzipiell gesehen, das Problem der neuen Integration stellen: Die emanzipierten einzelnen mußten zu einer neuen Gemeinsamkeit und Homogenität zusammenfinden, sollte der Staat nicht der inneren Auflösung anheimfallen, die dann eine totale sog. Außenlenkung heraufführt. Dieses Problem blieb zunächst verdeckt, weil im 19. Jahrhundert eine neue einheitsbildende Kraft an die Stelle der alten trat: die Idee der Nation. Die Einheit der Nation folgte der Einheit aus der Religion und begründete eine neue, allerdings mehr äußerlich-politisch gerichtete Homogenität,[47] innerhalb deren man noch weithin aus der Tradition der christlichen Moral lebte. Diese nationale Homogenität suchte und fand ihren Ausdruck im Nationalstaat. Inzwischen hat die Idee der Nation, nicht allein in vielen Staaten Europas, diese Formkraft verloren. Auch in den jungen Staaten Asiens und Afrikas wird ihre Formkraft von vorübergehender Dauer sein: Der Individualismus der Menschenrechte, zur vollen Wirksamkeit gebracht, emanzipiert nicht nur von der Religion, sondern, in einer weiteren Stufe, auch von der (volkhaften) Nation als homogenitätsbildender Kraft. Nach 1945 suchte man, vor allem in Deutschland, in der Gemeinsamkeit vorhandener Wertüberzeugungen eine neue Homogenitätsgrundlage zu finden. Aber dieser Rekurs auf die „Werte", auf seinen mitteilbaren Inhalt befragt, ist ein höchst dürftiger und auch gefährlicher Ersatz; er öffnet dem Subjektivismus und Positivismus der Tageswertungen das Feld, die, je für sich objektive Geltung verlangend, die Freiheit eher zerstören als fundieren.[48]

So stellt sich die Frage nach den bindenden Kräften von neuem und in ihrem eigentlichen Kern: *Der freiheitliche, säkularisierte Staat lebt von Voraussetzungen, die er selbst nicht garantieren kann.* Das ist das große Wagnis, das er, um der Freiheit willen, eingegangen ist. Als freiheitlicher Staat kann er einerseits nur bestehen, wenn sich die Freiheit, die er seinen Bürgern gewährt, von innen her, aus der moralischen Substanz des einzelnen und der Homogenität der Gesellschaft, reguliert. Ander-

---

[47] Siehe die grundlegende historisch-systematische Untersuchung von Eugen Lemberg, Geschichte des Nationalismus in Europa, Stuttgart 1950; ders., Nationalismus, I und II, rde, Hamburg 1964.

[48] Vgl. den Beitrag von Carl Schmitt, Die Tyrannei der Werte, Festschrift Ernst Forsthoff, S. 37 ff.

seits kann er diese inneren Regulierungskräfte nicht von sich aus, das heißt mit den Mitteln des Rechtszwanges und autoritativen Gebots, zu garantieren suchen, ohne seine Freiheitlichkeit aufzugeben und — auf säkularisierter Ebene — in jenen Totalitätsanspruch zurückzufallen, aus dem er in den konfessionellen Bürgerkriegen herausgeführt hat. Die verordnete Staatsideologie ebenso wie die Wiederbelebung aristotelischer Polis-Tradition oder die Proklamierung eines „objektiven Wertsystems" heben gerade jene Entzweiung auf, aus der sich die staatliche Freiheit konstituiert.[49] Es führt kein Weg über die Schwelle von 1789 zurück, ohne den Staat als die Ordnung der Freiheit zu zerstören.

Der Staat kann versuchen, diesem Problem zu entgehen, indem er sich zum Erfüllungsgaranten der eudämonistischen Lebenserwartung der Bürger macht und daraus die ihn tragende Kraft zu gewinnen sucht. Das Feld, das sich damit eröffnet, ist allerdings grenzenlos. Denn es handelt sich dann nicht mehr darum, daß der Staat vorsorgende, sozialgestaltende Politik betreibt, die das Dasein seiner Bürger sichern soll — diese Aufgabe ist für ihn unverzichtbar —, sondern daß er sein „Umwillen", seinen ihn legitimierenden Grund eben darin zu finden sucht. Der Staat, auf die inneren Bindungskräfte nicht mehr vertrauend oder ihrer beraubt, wird dann auf den Weg gedrängt, die Verwirklichung der sozialen Utopie zu seinem Programm zu erheben. Man darf bezweifeln, ob das prinzipielle Problem, dem er auf diese Weise entgehen will, dadurch gelöst wird. Worauf stützt sich dieser Staat am Tag der Krise?

So wäre denn noch einmal — mit Hegel[50] — zu fragen, ob nicht auch der säkularisierte weltliche Staat letztlich aus jenen inneren Antrieben und Bindungskräften leben muß, die der religiöse Glaube seiner Bürger vermittelt. Freilich nicht in der Weise, daß er zum „christlichen" Staat

---

[49] Das ist für die Aufnahme der antiken Polis-Tradition ganz übersehen in der Arbeit von W. Hennis, Politik und praktische Philosophie, Neuwied 1963; dazu auch Bernard Willms, Ein Phoenix zu viel, in: Der Staat 3 (1964), S. 488 ff. Grundsätzlich zum Problem der Entzweiung Joachim Ritter, Hegel und die Französische Revolution, Köln–Opladen 1957.

[50] Enzyklopädie der philos. Wissenschaften, 1830, §552. Das Problem des Verhältnisses von Staat und Religion ist hier auf einer Höhe geistiger Reflexion diskutiert, die seither nicht wieder erreicht worden ist.

rückgebildet wird, sondern in der Weise, daß die Christen diesen Staat in seiner Weltlichkeit nicht länger als etwas Fremdes, ihrem Glauben Feindliches erkennen, sondern als die Chance der Freiheit, die zu erhalten und zu realisieren auch ihre Aufgabe ist.

Dorothee Sölle, Realisation. Studien zum Verhältnis von Theologie und Dichtung nach der Aufklärung;
Theologie und Politik, hrsg. von H.-E. Bahr, Bd. 6, Darmstadt-Neuwied: Luchterhand 1973, S. 70—87,
374 f.

DIE ÜBERNAHME DES SÄKULARISIERUNGSBEGRIFFS
IN DIE LITERATURWISSENSCHAFT

Von Dorothee Sölle

Sprachliche Säkularisation

Die Literaturwissenschaft hat nicht den theologisch-reflektierten
Begriff von Säkularisation übernommen, sondern einen, der gemäß der
begriffsgeschichtlichen Entwicklung zur Wertneutralität unterwegs,
aber noch von vergangenen Schatten und Ängsten besetzt war. Dieses
Urteil trifft am wenigsten zu auf die Erforschung der sprachlichen Säkularisation im engeren Sinne des Wortes, also die Untersuchung des
Wortschatzes. Sprachgeschichtlich ist Säkularisierung die „Übertragung eines Wortschatzes religiösen Ursprungs auf weltliche Themen
und Gegenstände",[1] und die Aufgabe der Forschung besteht darin, die
religiösen Wörter, Wendungen und Topoi in ihrem Übergang auf andere Bereiche zu verfolgen bzw. die Herkunft weltlicher Ausdrücke aus
religiösen zu ermitteln. Der Prozeß dieses Übergangs ist zeitlich begrenzt, er läßt sich historisch der neuhochdeutschen Sprachgeschichte
einordnen. Er kulminiert im 18. Jahrhundert, das „für das Problem der
sprachlichen Säkularisation die entscheidende und fruchtbarste Epoche" bleibt. Die Anzahl der in dieser Zeit weltlich verfügbar gewordenen Wörter und Bilder des religiösen Sprachschatzes ist die größte.

Es ist nicht ganz einfach, einen solchen sprachgeschichtlich präzisier-
ten Begriff von Säkularisation vom geistesgeschichtlichen zu unterscheiden, weil sich die einzelnen Wortumdeutungen ja im Rahmen grö-
ßerer ideeller Umbesetzungen vollziehen. Wenn Goethe an Frau von
Stein schreibt, daß er auf seiner Reise in die Schweiz „diesen Weg her

---

[1] A. Langen, Zum Problem der sprachlichen Säkularisation in der deutschen
Dichtung des 18. und 19. Jahrhunderts, ZfdPh 83, 1964 — Sonderheft zur Tagung deutscher Hochschulgermanisten 1963, S. 24, 42.

gleichsam einen Rosenkranz der treuesten bewährtesten, unauslöschlichsten Freundschaft abgebetet" habe,[2] so gehört das in die neue Wertung der Freundschaft, die im 18. Jahrhundert als ein „Kristallisationspunkt der Säkularisation" anzusehen ist.[3] Die Entstehung des Freundschaftskultes wurde innerhalb pietistischer Kreise zunächst als Kreaturvergötzung, als „Sünde der Anhänglichkeit" bekämpft; Benjamin Schmolck z. B. lobt im Kirchenlied Jesu Freundschaft auf Kosten der falschen weltlichen: „Der beste Freund ist in dem Himmel/ auf Erden sind der Freunde rar." Am Ende dieses Prozesses stehen Äußerungen wie die briefliche von Gleim „vox amici, vox dei" oder die Angst vor der Vereinzelung, die „furchtbar wie das Gericht" empfunden wird.[3]

Ein anderer bedeutender Bereich der Säkularisation ist die individualisierte und beseelte erotische Liebe, die sich in religiöser Sprache ihrer Absolutheit vergewissert. „Liebe Frau. Ihr Brief hat mich doch ein wenig gedrückt. Wenn ich nur den tiefen Unglauben Ihrer Seele an sich selbst begreifen könnte, Ihrer Seele, an die tausende glauben sollten um seelig zu werden."[2] Die Briefe Goethes an Frau von Stein sind voller ähnlicher, mitunter gewagter Anspielungen, in denen biblische Sprache aufgelöst und einer neuen weltlichen Religiosität anverwandelt wird.

Ein dritter zentraler Bereich, der durch die säkularisierte religiöse Sprache seine Emotion, Intensität und Dignität gewonnen hat, ist der Patriotismus, der sich in Deutschland auch aus dem Pietismus heraus entwickelte. Seine Konzentration auf Intimgruppen, seine Abwehr eines rationalen gesellschaftsbezogenen Vertragsdenkens, sein Glaube an göttliche Erweckung führt zur patriotischen Erweckung, die als Geschenk von oben angesehen, als enthusiastisches Ereignis gefeiert und schließlich als religiöse Pflicht gepredigt wird.[4] Freundschaft, erotische Liebe und Patriotismus — die Motivation für die Intensität wie die Formulierung des emotionalen Gehalts dieser neuen Werte der bürger-

---

[2] Goethe, Briefe an Frau v. Stein, 28. Sept. 1779 u. 31. März 1776. Vgl. V. Hehn, Goethe und die Sprache der Bibel, in: Gedanken über Goethe, Berlin 1909. H. Fischer-Lamberg, Das Bibelzitat beim jungen Goethe, Gedenkschrift f. Fr. J. Schneider, 1956.

[3] W. D. Rasch, Freundschaftskult und Freundschaftsdichtung im deutschen Schrifttum des 18. Jahrhunderts, Halle 1936 (DVjS, Buchreihe, 21. Bd.).

[4] Vgl. G. Kaiser, Pietismus und Patriotismus im literarischen Deutschland, Wiesbaden 1961; ders., Nationale Erweckung, Wirk. Wort 1967/2, S. 73—92.

lichen Kultur werden der überkommenen religiösen Sprache entliehen, einer Sprache, die durch den Pietismus ein äußerst differenziertes Medium individueller Seelenlage und jeweiliger Stimmung geworden war.

Mit der Ablösung der bürgerlichen Kultur durch die industrielle treten nicht nur die genannten Werte in den Hintergrund, sondern auch der ästhetische Reiz säkularisierender Sprache. Der sprachgeschichtliche Befund kann vor der Vorstellung warnen, als sei Säkularisierung von einer bestimmten Epochenschwelle an jederzeit möglich und als könne der Begriff, wie es seine juristische Herkunft nahelegt, systematisch angesetzt werden. Säkularisierung ist ein historischer Vorgang, und für das 19. und 20. Jahrhundert gilt wiederum das Urteil August Langens: „Die große Säkularisationsleistung ist vollzogen, der religiöse Wort- und Bildschatz ist bis zu einem Grade verweltlicht, daß häufig die religiöse Herkunft des einzelnen Ausdrucks dem Verfasser kaum noch bewußt zu sein scheint." [5] Damit schwindet aber auch die künstlerische Kraft und Ausdrucksfähigkeit der verweltlichten Metaphern. Langen zitiert die Karikatur eines Gedichts aus den sechziger Jahren des 19. Jahrhunderts („Eine Kirche ist die Erde/ Und die Berge sind Altäre/ Finken, Lerchen, Nachtigallen/ Sind die frommen Priesterchöre"), in dem alle Einzelheiten des Gottesdienstes den Dingen der Natur platterdings gleichgesetzt werden; das bezeichnet eine Endstufe der sprachlichen Säkularisation, wie man sie ähnlich im Gebrauch religiöser Metaphern in einer Reihe von Filmtiteln beobachten kann (Frauen sind keine Engel, Die Große Sünderin usw.). Der Gebrauch hat sich laufend verschoben, und zwar zuungunsten des religiösen Ursprungsbereichs. Mit der Abnahme religiöser Praxis wird auch die Möglichkeit neuer sprachlicher Säkularisation geringer, vieles ist dem sprachlichen Bewußtsein endgültig säkular. Auch sprachliche Säkularisation muß als progressiv und dann abnehmend gedacht werden, nicht als gleichbleibendes „Ausstrahlen" aus einem gleichbleibenden Bereich. Immer weniger wird der religiöse Ursprung bestimmter Wörter und Wendungen überhaupt noch empfunden, und immer mehr Wörter religiösen oder biblischen Ursprungs verschwinden aus dem aktiven und dann auch aus dem passiven Sprachschatz der meisten Menschen. Selbst wenn man den Schrift-

[5] Langen, a. a. O., S. 27.

stellern ein bewußteres Verhältnis zur Sprache zugesteht, so sind sie doch von der allgemeinen Sprachentwicklung abhängig; Langen merkt zu Recht an, daß es neben dem Absinken ins Klischee und in den Kitsch eine andere Endstufe der Säkularisation gebe, die er „ein individuelles Problem des Persönlichkeitsstils einzelner Schriftsteller" nennt.[5]

Zitat, Metapher und Parodie als Endstufen von Säkularisation

Dazu stimmt die Beobachtung, daß ernstgemeinte, also den neuen Gegenstand heiligende Säkularisationen, wie sie in den Briefen Goethes an Frau von Stein häufig sind, im 20. Jahrhundert eine andere Bedeutung haben. Goethes Anwendung der Wörter Glauben, Sakrament, „heiliger Geist des Lebens", Opfer, Leiden setzt eine neue Religiosität gleichberechtigt neben eine überkommene bestehende; sein Sprachgebrauch hat eine emanzipierende Kraft der Uminterpretation, die dem 20. Jahrhundert so nicht mehr möglich ist.

Hier lassen sich andere Funktionen religiöser Sprache unterscheiden, die sich als Parodie, Metapher und Zitat von den spezifischen Formen der Säkularisierung abheben. Einmal wird die religiöse Sprache zu parodistischen Zwecken übernommen, wie in Brechts ›Hauspostille‹, also ohne jede Sakralisationsabsicht oder überhöhende Metaphorik. Brechts „Liturgie vom Hauch" hat mit den „rauhen Liturgien des Windes" oder der zertretenen weißen „Hostie der Apfelblüte", von denen Peter Huchel spricht, nichts gemein.[6] Die andere, die metaphorische Verwendung religiöser Sprache steht der Säkularisierungskategorie noch am nächsten; aber sie enthält in der Moderne weniger Ablösung von bestehender Religiosität als Trauer um verlorene. Der verlassene, vergessene, vielleicht der Kindheit zugeordnete religiöse Bereich wird in solcher metaphorischen Aufnahme nicht eigentlich zurückgewonnen, sondern zurückgebeten. Im ›Bericht des Pfarrers vom Untergang seiner Gemeinde‹, der die Ereignisse Bombenangriffe, Lager, Treck und Flucht vergegenwärtigt, sagt Huchel: „Und wo sie im Tiefflug auf Fliehende schossen/ Nackt und blutig lag die Erde, der Leib des Herrn."[6] Hier ist, wie in klassischer Dichtung, der Zug der Sakralisation weit

---

[6] P. Huchel, Chausseen, Chausseen, Frankfurt 1963, S. 49, 29, 60f.

stärker als der der Säkularisation. Huchel schließt das Gedicht mit einer figuralen Anspielung auf das Kreuz. Kinder und Greise ziehen im Winter über die „löchrigen Straßen". Die Last, unter der sie zusammenbrechen, wird ungenannt als das Kreuz angesprochen, aber gerade um ihm den christlichen Trost zu nehmen. „Und wenn sie schwankten unter der Last/ Und stürzten mit gefrorner Träne,/ Nie kam im Nebel der langen Winterchausseen/ Ein Simon von Kyrene."

Eine dritte, sicher die bedeutendste Form biblischer Übernahme in der Moderne ist das Zitat oder die zitierende Anspielung, die aber die Distanz zwischen dem Sprechenden und der alten Sprache aufrechterhält. Die biblische Sprache wird z. B. in der Sprache Johannes Bobrowskis nicht verwandelt, sondern bleibt als ein Fremdkörper stehen, sie belichtet, verfremdet, deutet oder kritisiert den Kontext. Wenn klassische sprachliche Säkularisation auf Verschmelzung aus ist (Rosenkranz der Freundschaft abbeten, der heilige Geist des Lebens, das transsubstantiierte Westgen u. a. m.), so erhält die Form „Zitat" das uneingeschmolzene, widerständige Material. Wenn sprachliche Säkularisation ihre ästhetische Wirkung gerade dann erreicht, wenn sie nicht bewußt wird, dem Leser unbewußt bleibt, wie viele der biblischen Anspielungen im ›Werther‹, die in sein Fühlen so integriert sind, daß der Leser sie nur assoziativ religiös deutet, so unterscheidet das zitierend-verweisende Sprechen und behält seine ästhetische Wirkung im bewußtgemachten Kontrast. Vielfach erübrigt sich dabei eine Verweltlichung, weil angesprochen oder zitiert eben das ohnehin weltliche Evangelium ist.

Sieht man vom poetisch häufig schwächeren metaphorischen Gebrauch biblischer Sprache ab, so erscheinen Zitate und Parodie als die vorläufigen Endstufen eines Vorgangs im Wachsen der Sprache, der nur eine kurze Zeit lang den Namen „Säkularisierung" verdiente. So ist der Gebrauch der Bibelsprache im Spätwerk Wilhelm Raabes im wesentlichen zitierend, nicht säkularisierend. Der Gebrauch biblischer Sprache stellt nicht eine umfassende Einheit der Welt her, sondern offenbart gerade ihre bleibende Fremdheit, als Ort für ›Unruhige Gäste‹.[7] In die bedeutende Erzählung ›Das Odfeld‹ (1886) bringt Raabe durch Bibel-

---

[7] Vgl. R. Gruenter, Ein Schritt vom Wege. Geistliche Lokalsymbolik in Wilhelm Raabes ›Unruhige Gäste‹, Euph. 60, 1966, S. 209—221.

zitate, vor allem aus den Psalmen und der Apokalypse, biblische Namengebung und Anspielung eine Art figuraler Bedeutung, deren Erfüllungspol allerdings in der Zukunft bleibt. Der Krieg verweist auf die Sündflut, der Magister Buchius und die ihm Anvertrauten entsprechen Noah und seinen Söhnen und Töchtern, das Versteck, das sie kurz bewohnen, ist ihr Kasten oder ihre Arche. Das wichtigste Glied in dieser sich zur „figura" bildenden Kette ist der Rabe, der, aus Mitleid von Noah aufgenommen und gegen die Bestialität der andern verteidigt, schon bald seine Doppeldeutigkeit „als Bote des höchsten barmherzigen Gottes oder als höllischer Gaukler seines Affen, des leidigen Satans" erweist.[8] In der in Genesis 8 erzählten Geschichte läßt Noah einen Raben aus dem Kasten, der „flog immer hin und wieder her, bis das Gewässer vertrocknete auf Erden". Aber im Odfeld währt der Krieg, Noah entläßt keine Taube, die ein Friedenszeichen brächte, und der Liebste der ihm Anvertrauten stirbt. Der Rabe, Begleiter des germanischen Gottes Odin, verknüpft die verschiedenen Ebenen der Erzählung: Anspielung auf den Autor, germanische Mythologie, Volksaberglauben, Gelehrsamkeit, Todessymbol. Für die Deutung des Ganzen zentral bleibt der Antivogel zur Taube des Noah. Diese Art, die Bibel zitierend und durch figurale Gestaltung zu gebrauchen, hat allerdings den Rahmen sprachlicher Säkularisation verlassen. Wie weit er gesteckt ist und was seine Voraussetzungen sind, bleibt noch zu erörtern.

Autonomie der Dichtung
als Voraussetzung literarischer Säkularisierung

Aus der Untersuchung sprachlicher Säkularisation ergibt sich eine historische Eingrenzung des Begriffs. Säkularisation als wortbildende Kraft ist epochal begrenzt, man wird nicht fehlgehen, wenn man sie der frühbürgerlichen Epoche und ihrem Emanzipationskampf zuweist. Emanzipation von geistlicher Herrschaft bedeutet ästhetisch Auto-

[8] W. Raabe, Das Odfeld, exempla classica 45, 1962, S. 177. Vgl. daselbst W. Killy, Nachwort; ders., Das Odfeld, in: Wirklichkeit und Kunstcharakter, München 1963. E. Moltmann-Wendel, Sintflut und Arche. Biblische Motive bei Wilhelm Raabe, 1967.

nomie der Kunst. Solange sich Dichtung noch im Sinne des von Opitz
formulierten Topos als eine „verborgene Theologie und Unterricht von
göttlichen Sachen" versteht, ist der Säkularisierungsbegriff nicht anwendbar.[9] Eine sprachimmanente Betrachtung, die nicht auf das vorgängige Verständnis der Rolle von Dichtung in einer Gesellschaft
reflektiert, wird auch die isolierten Phänomene der Überführung geistlicher in weltliche Sprache leicht mißverstehen. Das bürgerliche Verständnis von der Autonomie der Kunst, das sich gegen die Ansprüche
von Hof, Kirche, Staat und Schule allmählich durchsetzt, ist ja selber ein
historisch gewordenes, das heute, z. B. von den neuen Tendenzen politischer Dichtung, abgelöst wird. Was bedeutet die Autonomie der
Kunst für die literarische Säkularisierung? „Erst seit der Entwicklung
und Verwirklichung des klassischen Symbolbegriffs in der Dichtung
schafft das sprachliche Kunstwerk eine eigene Wirklichkeit, entsteht ein
eigenes Bezugsfeld, das jedes integrierte Moment aus seinem ursprünglichen Ort in der Wirklichkeit herauslöst und ihm einen neuen Stellenwert im Kunstwerk gibt."[10] Dieser neue Stellenwert des einzelnen
Moments, zu dem biblisches Zitat, Umformung und Anspielung gehören mögen, ist kunstimmanent zu verstehen; außerhalb des Kunstwerks
hat das Moment eine andere Bedeutung. Für die klassische Kunst ist
diese Trennung der Bedeutungen zwar niemals absolut geworden, die
Beziehung zur Realität wurde nicht geleugnet. Aber hergestellt wurde
sie im Symbolkunstwerk durch das Ganze, in das alle Einzelelemente
integriert sind, und nicht durch Teile, wie einzelne Sprachschichten
oder Verweisungen, die eine besondere abbildende Funktion hätten.

Das bedeutet, auf das Problem literarischer Säkularisierung bezogen,
daß die Rückbeziehung eines einzelnen Elements — einer bibelsprach-
lichen Redewendung oder den Anklängen postfigurativer Gestaltung
oder einer ganzen Sprachschicht oder Handlung — auf ihren sakralen
Ort in Bibel oder Kultus noch nicht zu einer Deutung des Ganzen aus-
reicht. Daß nämlich das religiöse Sprachgut seit dem 18. Jahrhundert
wachsend unbeschränkt zur Verfügung steht und vor allem zu jedem

---

[9] M. Opitz, Buch von der Deutschen Poeterey, 1624. Nachdruck Tübingen
1954, S. 7. Vgl. auch R. Bachem, Dichtung als verborgene Theologie, 1956
(Abhdlg. z. Philosophie, Psychologie und Pädagogik, Bd. 5).

[10] G. Kaiser, Klopstock. Religion und Dichtung, 1963, S. 344.

weltlichen Zweck benutzt werden kann, das ist ein Vorgang, der in den Kategorien des Besitzens, des Eigentums und entsprechend des Beraubtwerdens oder des Verlusts nicht verstanden werden kann. Die im weltlichen Kunstwerk gebrauchte geistliche Sprache ist nicht einem rechtmäßigen Eigentümer, der Kirche, entwendet; das vielfach beschriebene Hin und Her, Geben und Nehmen, Figuraldeutung und Kontrafaktur bezeugt das; jede Säkularisation hat ihre Sakralisation.[11]

Der Vorgang selber, in dem früher kultisch verwandte Sprache nun poetisch verwendbar wird, ist eben dem neuen, im 18. Jahrhundert entwickelten bürgerlichen Verständnis von Dichtung zuzuordnen, nämlich ihrer Autonomie. Wenn außerdichterische Wahrheit für die Dichtung selber zwar nicht ganz irrelevant wird, aber doch zurücktritt, und sich der Dichter eine neue imaginäre Welt der Dichtung schafft, so muß sich ihm alle Sprache von ihrem ursprünglichen Ort in der Wirklichkeit ablösen, um neu, nämlich symbolisch verwendbar zu werden. Ist die Sprache der Dichter erst einmal frei geworden, über bestimmte Sprachbereiche zu verfügen, so ist die Rückbindung an die Realität der entlehnten Sprachwelt zwar assoziativ und memoriell bedeutend, aber nicht mehr hinsichtlich ihrer bedeutungsmäßig fixierten Realität. Jede Art von Metaphorik — und als eine Möglichkeit dieser ist sprachliche Säkularisierung zu fassen — entrückt die Wörter ihrer gewöhnlichen Fixiertheit. Bezeichnungsfunktion und Bedeutung werden durch den metaphorischen Gebrauch unterschieden und in ein neues Verhältnis gesetzt.[12] Das Leiden Werthers verweist zwar auf die Passion Christi und bringt durch Anspielung und Zitation zwischen diesem — freilich nicht einfach innerweltlich, sondern gerade an den Grenzen der Endlichkeit entstehenden — Leiden und jenem Urbild eine Annäherung zustande, die aber weder Konkurrenz noch Ersatz bzw. Verdrängung des Urbildes meint. Es ist wahrscheinlich innerhalb unserer Kultur gar nicht möglich, ernsthaft vom menschlichen Leiden zu sprechen, ohne auf das Urbild, das diesem Leiden seine umfassende Wahrheit gegeben hat, zurückzugreifen, sei es auch unbewußt. Aber der Gebrauch religiö-

---

[11] Vgl. L. W. Kahn, Literatur und Glaubenskrise, 1964.
[12] Vgl. H. P. Bayerndörfer, Poetik als sprachtheoretisches Problem, Diss. Tübingen 1967, S. 226 ff.

ser Sprache, die Hinweise auf die christliche Tradition und Bibelan-
klänge werden nicht mehr von ihrem eigenen Ort und aus ihren eigenen
Bedeutungen heraus verstanden, also als Verkündigung und als Selbstausdruck des Glaubens, ebensowenig wie umgekehrt als Aufforderung zum Unglauben, sondern sie haben ihren kunstimmanenten
Sinn.

Es gibt in der Gegenwart ein vergleichbares literarisches Phänomen,
das ebenfalls immer wieder zu allzu realitätsgebundenen Fehldeutungen
verführt, das ist die literarische Aufhebung des Sexualtabus. Auch hier
wird eine bestimmte Sprachwelt, die zuvor anderen gehörte — nämlich
den Individuen als „Intimität" und den Fachsprachen der Medizin und
Sexualwissenschaft — von den Dichtern in Besitz genommen und in
Kunstwerke einbezogen. Auch hier ist das Mißverstehen, als plädiere
der Dichter für bestimmte sexuelle Verhaltensweisen, als setze er Normen oder schaffe andere ab, das geläufige Verhalten nicht nur des Publikums, sondern auch der Kritik. Der symbolische Verweisungscharakter
wird verkannt, indem man die entsprechenden Stellen unmittelbar be-
urteilt, ohne den Kontext und seine Tendenz zu bedenken. Verkannt
wird auch, daß die Freiheit der Dichter, sich Sprachräume anzueignen,
die von der Realität besetzt sind oder gar von bestimmten Institutionen
bewacht werden, nur als eine progredierende existiert; die bereits er-
rungene, verwendbar gewordene sprachliche Freiheit zum metaphorischen Gebrauch ist uninteressant, die ästhetische Freiheit besteht im
Prozeß ihrer wachsenden Weltaneignung.

Historische Begrenztheit der Säkularisierung

Säkularisierung stellt eine Stufe jener wachsenden Weltaneignung
dar, darum ist an ihrer historischen Begrenzung festzuhalten und die
Ausweitung des Begriffs zu einem jederzeitigen zu kritisieren. Albrecht
Schöne und Wolfgang Binder z. B. setzen den Begriff literaturwissen-
schaftlich-systematisch an und enthistorisieren ihn weitgehend. Schöne
nennt Säkularisation einen „Umsetzungs- oder richtiger Ausstrah-
lungsprozeß, der zwar sehr verschiedene Formen annehmen kann, als
Grundvorgang aber möglich war und möglich sein wird, seitdem es den
Bereich religiösen Sprechens, solange es Bibel, Gesangbuch, Liturgie

und Predigt gibt und die Möglichkeit zur Freisetzung religiös gebundener Substanzen"[13].

Binder spricht von der „empirischen Säkularisationsgrenze, die wir zwischen Evangelium, Credo, Dogma, Kirche, Liturgie und Gesangbuch auf der einen, und Dichtung, Kunst, Philosophie, Staat und Gesellschaft auf der anderen Seite ziehen"[14]. Aber läßt sich eine solche Grenze empirisch fixieren? Sie kann zunächst nur den gesellschaftlichen Ort des Vorkommens von biblischer, kultischer oder allgemein religiöser Sprache beschreiben und stellt darin eine sprachsoziologische, nicht eine literarische Unterscheidung her. Literarisch wird diese Grenze immer wieder aufgehoben; sie kann nicht statisch, an vermeintlichen, d. h. dogmatisierten Substanzen abgelesen werden, sondern muß jeweils historisch ermittelt und als veränderlich begriffen werden. Die Klage über Verweltlichung ist schließlich so alt wie das Christentum selber. Schon die Bibel ignoriert die behauptete Grenze. Im Musenalmanach 1797 äußerten sich Goethe und Schiller heiter-programmatisch über einen „feindlichen Einfall" in biblischen Worten zum Xenienkampf. „Fort ins Land der Philister, ihr Füchse mit brennenden Schwänzen/ Und verderbet der Herrn reife papierne Saat!"[15] Eine Kriegsgeschichte aus dem Buch der Richter (Ri 15, 3 ff.) wird in den literarischen Gegenwartskampf übertragen; so säkular die Sprache ist, so ist doch hier nichts säkularisiert worden, sowenig wie man bei den Bibelzitaten, mit denen Nikita Chruschtschow seine Reden zu würzen pflegte, von Säkularisation sprechen kann.

Wichtiger ist allerdings ein anderer Einwand gegen die behauptete „empirische Säkularisationsgrenze", die bei Binder durch eine vorausgesetzte „logische" Grenze gestützt und ontologisiert wird, ein Einwand, der aus einem Verständnis von Kunst stammt, das sich der versuchten Grenzziehung widersetzt. Das bedeutende Beispiel einer solchen ästhetischen Anschauung, die Liturgie und Dichtung nicht nach ihrem sozialen Ort unterscheiden will und kann, bietet Klopstocks

---

[13] Schöne, S. 247 ff.

[14] W. Binder, Grundformen der Säkularisation in den Werken Goethes, Schillers und Hölderlins, in: ZfdPh 83, 1964 Sonderheft zur Tagung dt. Hochschulgermanisten 1963 in Bonn, S. 52.

[15] Fr. Schiller, Sämtliche Werke, Hanser-Ausg., I, S. 261, 43.

Dichtung, und zwar gerade wegen der Zwischenstellung, die sie einnimmt. Gerhard Kaiser hat diese Übergangsposition beschrieben: zwischen der älteren religiös gebundenen Dichtung, die in einer Art von
Selbstbescheidung „vorgegebene Wahrheiten exemplifizieren will",
und der neuen Kunst seit Goethe, die auf ein „unübersetzbares, in sich
autonomes ästhetisches Sinn- und Beziehungsgefüge" zielt. Klopstock,
an der Schwelle zur neuen Dichtung, interpretiert die Welt, aber er
schafft keine neue imaginäre Welt der Dichtung. Die Grenze zwischen
Geistlichem und Weltlichem, die die Kunst auf die eine, Religion auf die
andere Seite bringt, hat für ihn offenbar nicht existiert. Dichtung ist ihm
Religion, und so selbstverständlich ihm noch die außerkünstlerische
Sinngebung der Kunst ist, so hoch setzt er doch die Dichtung an: Nicht
der Theologe, sondern der Dichter ist der wahre Priester. Klopstock hat
sich gegen die Grenzwächter auf beiden Seiten, die ihm ihr Land ver-
wehrten, behauptet. Die Orthodoxie mißtraute der Dichtung, soweit
sie nicht unmittelbar zum kirchlichen Gottesdienst gehörte, sie orientierte sich tatsächlich an der „empirischen Säkularisationsgrenze".
Gottsched aber auf der säkularen Seite hielt die Offenbarung als Stoff
der Poesie für ungeeignet. Klopstocks Synthese gründete in einem Verständnis von Religion, das sich weniger an Theologie und ihren Systemen als an Frömmigkeit und ihrem poetischen Selbstausdruck orientierte. „Es giebt Gedanken, die beynahe nicht anders als poetisch ausgedrückt werden können; oder vielmehr, es ist der Natur gewisser Gegenstände so gemäß, sie poetisch zu denken, und zu sagen, daß sie zuviel
verlieren würden, wenn auf eine andere Art geschähe. Betrachtungen
über die Allgegenwart Gottes gehören, wie mich deucht, vornämlich
hierher." [16] Eine konsequente Trennung von Poesie und Glauben läßt
sich nicht mit den Voraussetzungen dieser Dichtung vereinbaren.

Ein weiterer Einwand gegen die behauptete jederzeit mögliche Säkularisierung sei hier genannt, ihr Verlust an Relevanz. Gerade wenn man
empirisch-soziologisch fragt, dann kann man sich keinen Täuschungen
über die zunehmende Unwichtigkeit der Säkularisierung religiöser
Sprache hingeben. Säkularisierung war einst emanzipative sprachliche
Leistung, die neue Ausdrucksmöglichkeiten gewann. Aber schon seit

---

[16] F. G. Klopstocks Oden, ed. Muncker/Pawel, 1889, Bd. I, S. 122, Anm.
Vgl. Kaiser, a. a. O., S. 345 f.

der Mitte des 19. Jahrhunderts sinkt das Niveau der säkularisierten religiösen Metaphernbildung über Konvention und Banalität bis zum Kitsch. Das läßt sich überdeutlich an dem bedeutenden Anteil religiöser Sprache in der Lyrik des deutschen Expressionismus darstellen. Die Verzweiflung und „Verheißung" der expressionistischen Generation hat sich durchaus religiös ausgesprochen. Es ist eine nicht auf eine singulare Religion begrenzte synkretistische Menschheitsreligion, synkretistisch auch im Sprachschatz, dem nun tatsächlich das religiöse Erbe der Menschheit verfügbar geworden ist. Gerade in dieser Freiheit aller Bezüge ist die provozierende Kühnheit älterer Säkularisation verschwunden. Das nur literarisch, kaum mehr biographisch durch christliche Erziehung oder Begegnung angeeignete Material liegt als Angebot parat; um so weiter es von seinem Ursprung entfernt ist, um so mehr hat es sich vergeistigt, sublimiert und aller Konkretion entledigt. Die tragenden Wörter expressionistischer Religiosität sind darum auch weniger biblisch als allgemein religiösen Ursprungs (Seele, Welt, Erlösung, Verheißung, ewig, heilig, Schöpfung, Strom der Gnade u. a. m.). Walter Hasenclever besingt den Tod einer Frau mit den Schlußworten „Erlöste Seele, geliebte Seele/Schwester unser/ Die Heimat ist da!"[17] Die Anspielung auf das Vaterunser gibt hier einen austauschbaren, nicht weiter präzisierbaren Stimmungshintergrund her. Paul Zech weicht ein sozialkritisches Gedicht, das die Arbeit von „Sortiermädchen" in einer metallverarbeitenden Fabrik schildert, durch religiöse Sentimentalität auf. „Manchmal bricht ein Lied, das sich dem Radgeräusch verflicht,/ aus den Munden, die an Fäulnis der Gebisse kranken.../ bricht ein Lied — und du, Maria, hörst es nicht?"[17] Johannes R. Becher benutzt religiöse Metaphern in mitunter unerträglicher Häufung, ohne daß die Arbeit älterer Säkularisation erkennbar würde; mühelos fügen sich die leergewordenen Bilder und Sprachhülsen einem schranken- und gedankenlosen Gefühl ein. Einige Passagen aus der ›Hymne auf Rosa Luxemburg‹ lauten: „O Würze du der paradiesischen Auen:/ Du Einzige! Du Heilige! O Weib! — ... Zauberisches Gezweig an Gottes Rosen-Öl-Baum.../ Du Himmelstrost im Höllen-Schmerz!.../ Notschrei Jeremias.../ Blanke unschuldsvolle/ Reine jungfrauweiße/ Taube (Glau-

---

[17] Zitiert nach K. Pinthus, Menschheitsdämmerung, Ein Dokument des Expressionismus, 1920, Rowohlts Klassiker, 1959, S. 318, 56, 285 ff.

benssaft/ Ob Tribünen-Altar schwebend Hostie hoch." Manieristischer
Schwulst mit direkten Anleihen an barocke Dichtung ersetzt die An-
verwandlung und Aneignung der in religiöser Sprache aufbewahrten
Schätze. Das Gedicht schließt mit einer postfiguralen Deutung, die als
religiös-säkularer Kitsch kaum mehr zu überbieten ist: „Durch die Welt
rase ich —:/ Den geschundenen Leib/ Abnehmend vom Kreuz/ In wei-
cheste Linnen ihn hüllend/ Triumph dir durch die Welten blase ich:/
Dir, Einzige!! Dir, Heilige!! O Weib!!" [17] Sprachgeschichtlich geurteilt
ist dieses Absinken kein Zufall. Es bedarf keiner dichterischen Kühnheit, um über eine Sprache, die keinen Sitz mehr im Leben hat, poetisch
zu verfügen. Die Provokation, die durch die Verwendung religiöser
Metaphern entsteht, ist so gering, daß ihr durch Menge aufgeholfen
werden muß. Den ästhetischen Platz, den vormals die eroberte, provozierende religiöse Sprache einnahm, den nimmt jetzt die für den poetischen Umkreis neu einbezogene wissenschaftliche und technische Sprache ein, wie sich z. B. bei Gottfried Benn zeigen läßt. Im Verlauf der
literarischen Entwicklung wird daher die Kategorie der Säkularisierung
immer weniger anwendbar, gerade auch für eine vorwiegend ästhetisch orientierte Fragestellung.

Zur Kritik des Begriffs

Bei der Übernahme des Säkularisationsbegriffs in die Literaturwissenschaft sind die in der allgemeinen Begriffsgeschichte angelegten Tendenzen mit übernommen worden. Der Begriff wurde zunehmend wertfrei. Die ältere geistesgeschichtliche Fragestellung, wie sie z. B. Dilthey,
Unger oder auch Korff repräsentieren, ist mit Hilfe des Säkularisierungsbegriffs eher umgangen als aufgenommen worden. Die Frage,
welche religiöse Haltung der Autor eines Textes einnimmt, wurde abgelöst durch die Unterscheidung religiös geprägter Sprache in einem
Kunstwerk. Der Fragehorizont ist nicht mehr „religio", sondern ihre
sprachliche Verwertbarkeit im ästhetischen Gegenstand. Die Frage der
Legitimität oder Illegitimität trat als unwissenschaftlich immer mehr
zurück, wie es sich z. B. in der Entwicklung der Fragestellung von Herbert Schöffler zu Albrecht Schöne zeigt. Säkularisierung ist nun „nichts
anderes als die metaphorisch konsequente Einsetzung nichtreligiöser

Gehalte in religiös präformierte Aussagen bzw. Aussagensysteme"[18].
Die Kategorie wird übernommen um ihrer analytischen Fähigkeit willen, sie antwortete auf die Frage: woher. Indem aber die Auseinandersetzung über die Legitimität und Wertung zurücktritt, verliert die Kategorie auch an heuristischer Kraft, und die Feststellung der geistlichen
Herkunft erstarrt zum Endpunkt, über den nicht hinausgefragt wird.
Das Woher wird wichtiger als das Wozu, die Genese aufschlußreicher
als die Funktion. Aber in der Literaturwissenschaft ist ein wertfreier
Begriff jeweils auch einer, der das Geschäft der literarischen Kritik auf-
gibt zugunsten bloß „dienender" Interpretation. Eben dahin ist es mit
dem stumpf gewordenen Instrument „Säkularisierung" gekommen: Es
vermag nicht mehr kritisch zu leisten, was z. B. noch bei Schöffler in
Fortführung einer stärker weltanschaulich fragenden Untersuchung angelegt war. Die ideenpolitische und die theologisch-ideologische Polemik, die die kritisch-unterscheidende Kraft des Begriffs ausmachten,
sind ihm genommen. Die einfache Reduktion auf das christliche Erbe,
das nicht weiter hinterfragt wird, formalisiert auch diese Tradition und
übersieht ihre Spannungen und Kämpfe. Die Einwände gegen den lite-
raturwissenschaftlichen Begriff der Säkularisierung lassen sich wie folgt
zusammenfassen:

1. Der Begriff ist wertfrei geworden und daher unbrauchbar für literarische Kritik.

2. Er wird von seinem geistesgeschichtlichen Ursprung abgelöst,
enthistorisiert und als jederzeit möglicher Vorgang nivelliert.

3. Was genetisch Säkularisierung heißt, müßte funktional als Sakralisation beschrieben werden.

Es kommt darauf an, anstelle des wertfreien, enthistorisierten und
funktionslosen Begriffs das Verhältnis von religiöser und dichterischer
Sprache, von Theologie und Dichtung als eine doppelte Bewegung
sichtbar zu machen: Die Verweltlichung des religiösen ist zugleich Vergeistlichung des weltlichen Gutes, und wo die weltliche Aneignung
ausbleibt, da ist auch die einseitige Entweltlichung als bloßes Dekor
überflüssig. In Bechers Hymnus auf Rosa Luxemburg wird zwar von
Jeremia bis zur Beweinung Christi alles säkularisiert, aber nichts angeeignet, nichts realisiert. Die Geste der Kreuzabnahme bleibt lyrische

[18] Lübbe, a. a. O., S. 133.

Pose, ohne Beziehung zum Gegenstand. Wenn dagegen der Melder bei
Faulkner sich seiner Offiziersachselstücke entäußert, um Anteil am
wirklichen Leben zu gewinnen, so stammt dieser Gestus aus der religiösen Tradition, vermittelt sie aber ins Gegenwärtige. So wie Jesus den
reichen Jüngling auffordert, alles zu verkaufen (Lk 18, 22), wie er selber
sich entäußerte seiner göttlichen Gestalt und Knechtsgestalt annahm
(Phil 2), oder wie Franziskus, der vor seinem Vater und dem Rat der
Stadt sich seiner Kleider entäußerte — so verhält sich, gänzlich säkular,
der Melder. Die Übertragung des religiösen Grundgestus in das Front-
milieu ist Säkularisierung wie Sakralisation. Die heilige Geschichte wird
neu gespielt, sie ist nicht beendet. Die Säkularisationsgrenze, die geistliche von weltlicher Entäußerung zu trennen versucht, wird ad absurdum
geführt.

Damit deutet sich die theologisch begründete Kritik des Begriffs an.
Jede Fragestellung, die vom geistlichen Besitzstand ausgeht — ist dies
„noch" im Raum des Glaubens, nicht „schon" außerhalb? Ist dieser Gebrauch der Bibel „legitim" und nicht bereits „weltlich"? — kann kaum
als theologische, eher als kirchliche Fragestellung angesehen werden.
Eine theologische Fragestellung, die nicht an der Selbstsicherung interessiert ist, müßte fragen, inwieweit die religiöse Sprache den um sie be-
reicherten Text interpretiert. „Es gibt keinen Ort, an den ich in diesem
Augenblick lieber gehen würde, als dieses Zimmer 307. Seymour hat
einmal gesagt, daß alles, was wir unser ganzes Leben lang tun, nur darin
besteht, von einem Fleckchen geheiligten Bodens zum nächsten zu gehen. Hat er denn nie unrecht? Aber jetzt ins Bett. Rasch. Rasch und be-
dächtig." [19] Daß das Zimmer 307 „geheiligter Boden" ist, läßt sich unter
der Sprachkategorie „Säkularisation" nicht fassen. Die Anspielung auf
die Geschichte von Moses Berufung (Ex 3, 5) bleibt zurückgenommen
und von einer Distanz im Kontext umklammert. Aber auch ohne diese
Ironisierung ist in diesem Stil jede Unterscheidung von profaner und
sakraler Sprache gefallen. Gerade darin identifiziert sie sich mit der religiösen Tradition, deren Sprachkraft sich daran bewährte, Welt zu integrieren. Wie anders sollte Predigt, Lied, religiöse Selbstaussage verfahren, da sie doch den Lebensstoff der Menschen, zu denen und für die sie

---

[19] J. D. Salinger, Hebt den Dachbalken hoch, Zimmerleute, ro-ro-ro
Bd. 1015, Hamburg 1968, S. 136.

spricht, ausdrückt, und darin immer schon säkular spricht. Da vom Standpunkt des absoluten Ernstes aus alles irdische Reden „säkular" ist und die Unterschiede zwischen frommer und unfrommer, sakraler und profaner, eigentlicher und metaphorischer Sprache kein Recht haben, so ist eine empirische Säkularisationsgrenze entweder tatsächlich ein soziologischer Begriff ohne theologische Bedeutung oder, wenn sie auf eine logische Säkularisationsgrenze zurückgeführt wird, ein dem Glauben widersprechender Gedanke. Das Ewige ist nicht absolut gedacht, wenn es eine Säkularisationsgrenze duldet, wenn es Profanes aus sich ausschließt. Dieser im Deutschen Idealismus entwickelte Gedanke von der „schlechten Unendlichkeit" (Hegel), die ihre Begrenzung an der Endlichkeit findet, ist auch in der Debatte um Idealismus und Christentum, die die zwanziger Jahre bewegt hat, nicht widerlegt worden.[20] Bei aller dort versuchten entschiedenen Trennung von Christentum und Kultur bleibt die beiden gemeinsame Sprache zu wenig berücksichtigt; die Sprache der Theologie wurde auf die des 16. Jahrhunderts und seiner Problemlösungen begrenzt, und die Diastase wurde theologisch verklärt. Aber daß in der Theologie schlechte Unendlichkeit zur Herrschaft kam, hat Dichter wie Döblin, Kafka, Faulkner, Thomas Mann nicht daran gehindert, das theologisch Gemeinte anders und neu zu realisieren.

---

[20] Vgl. G. Fricke, Der Kampf um den deutschen Idealismus und sein Ende, N. Jb. f. Wiss. u. Jugendbildung, 1932.

II

SÄKULARISMUS
ALS ZIVILISATIONSKRITISCHE KATEGORIE

Die Furche 16 (1930), S. 384—405.

DER KAMPF
GEGEN DEN SÄKULARISMUS

Von Karl Heim

Der Säkularismus als radikale Diesseitsgesinnung wird gewöhnlich auf zwei Ursachen zurückgeführt. Die erste Ursache ist das Weltbild des geschlossenen Kausalzusammenhanges, dieses Ergebnis der vor allem durch Newton begründeten Physik, die auch in die höheren Schulen der Missionsländer eingedrungen ist. Unter dem Eindruck der unerbittlichen Gesetzmäßigkeit des Weltgeschehens erscheint der Gottesglaube nur noch wie ein Rest aus dem weltanschaulichen Museum unserer Vorfahren. Das Weltgeschehen ist berechenbar geworden, also bedarf es keines persönlichen Weltlenkers mehr. Fritz Mauthner kann sein vierbändiges Werk über die Geschichte des Atheismus im Abendland (1918) mit dem Satz beginnen: Gott ist gestorben. Es ist Zeit, seine Geschichte zu schreiben.

Die zweite Ursache, sagt man, ist das technische Zeitalter, in dem wir stehen, die Technisierung und Industrialisierung der ganzen Erdoberfläche. Die eisernen Räder, mit denen der Mensch die Erde zu beherrschen glaubt, haben alle Metaphysik erbarmungslos zermalmt.

Nun sind diese beiden Ursachen sicher daran schuld, daß sich die heutige Diesseitsgesinnung wie eine Epidemie über die Erde verbreitet hat, etwa wie gewisse Wohnungsverhältnisse im Hafenviertel von Hamburg schuld daran waren, daß die Cholera, nachdem sie einmal eingeschleppt war, sich rasend schnell verbreitete. Aber das Dasein der unheimlichen Krankheit ist durch diese äußeren Verhältnisse in keiner Weise erklärt. Wenn wir die Krankheit bekämpfen wollen, müssen wir die beiden Fragen scharf auseinanderhalten: die Frage, was der letzte Grund der Krankheit selbst ist, einerlei, ob ein Mensch oder Millionen von ihr befallen sind, und die andere Frage, wodurch die Verbreitung der Krankheit befördert wird.

Daß der Säkularismus als solcher seinen tiefsten Grund weder in der modernen Physik hat noch im technischen Zeitalter, das sehen wir an zwei Tatsachen:

1. Säkularismus hat es längst vor der modernen Physik und dem Maschinenzeitalter gegeben. Schon Demokrit, Epikur und Lukrez, der kurz vor Jesus gelebt hat (gest. 55 v. Chr.), sind Säkularisten gewesen. Das Lehrgedicht des Lukrez ›De rerum natura‹, das Goethe so hoch schätzte, ist ein Dokument einer schon ziemlich hoch entwickelten Diesseitsgesinnung. „Nachdem das menschliche Leben schnöde unterdrückt lag unter der Last der Religion, die ihr Haupt vom Himmel her zeigte und schauerlich anzusehen den Sterblichen drohte, hat es zuerst ein griechischer Mann, ein Sterblicher, gewagt, sich entgegenzustellen, den weder die Tempel der Götter noch Blitze, noch das drohende Krachen des Himmels gebändigt haben." „Man mag ja meinethalben das Meer Neptun und das Getreide Ceres nennen und den Namen Bacchus mißbrauchen, anstatt die Flüssigkeit beim rechten Namen zu nennen, wenn man es nur in Wirklichkeit unterläßt, seinen Geist mit der schnöden Religion zu beflecken." Ähnliche Ausführungen finden sich auch bei dem Spötter Lukian.

2. Aber noch wichtiger ist eine zweite, ebenso bekannte Tatsache. Gerade die eigentlichen Entdecker und Begründer des physikalischen Weltbildes und der kausalen Berechenbarkeit der Welt, die Männer wie Kepler, Galilei, Descartes, Newton, sind durch die mathematischen Gesetze, die ihnen als die Urformeln des Weltgeschehens aufgegangen waren, keineswegs zum Säkularismus geführt worden. Sie wurden durch den Kausalmechanismus, den sie entdeckten, nicht einen Augenblick in ihrem Schöpferglauben erschüttert. Und das war nicht etwa Atavismus, also ein Rest religiöser Tradition, den sie gewohnheitsmäßig noch beibehielten. Ganz im Gegenteil. Durch die Zahlen, durch die mathematisch ausdrückbaren Naturgesetze, in denen sich ihnen das Weltgeheimnis enthüllte, wurden sie von einer neuen Seite her zu einer tieferen Ehrfurcht vor Gott geführt (vgl. Kepler ›De harmonice mundi‹). Die einfachen mathematischen Verhältnisse, die nach den Keplerschen Gesetzen allen kosmischen Bewegungen ihre Bahnen vorschreiben, waren dem großen Astronomen gerade der unwiderleglichste Beweis dafür, daß eben gerade kein Zufall die Welt beherrscht, sondern daß ein denkender Geist hinter dem Ganzen steht. Descartes, ein überzeugter Christ aus dem Kreis von Port Royal, hat im Zusammenhang mit seinen

philosophisch-mathematischen Unterweisungen die Königin Christine von Schweden, die Tochter Gustav Adolfs, zum katholischen Gottesglauben bekehrt. Auch für Newton war das Gravitationsgesetz ein Beweis für das Dasein eines denkenden Schöpfers. Ähnlich steht es bei vielen von den großen Erfindern, die das technische Zeitalter heraufgeführt haben. Hanns Lilje führt in seiner Schrift über das technische Zeitalter als ein Beispiel aus der Gegenwart den Erfinder der Heißdampflokomotive, Schmidt, an, dessen Erfindung in allen Weltteilen Eingang gefunden hat. Seine Erfindung gewann er nicht auf rationalem Wege, sie kam als Vision über ihn, die ihm nach seiner festen Überzeugung Gott schenkte. Hinterher erst wurde das Geschaute berechnet und stellte sich dann als mathematisch richtig heraus. Oswald Spengler konnte darum den Gedanken aussprechen: Der ganze Säkularismus, d. h. die Loslösung des mathematisch-mechanischen Weltbildes vom Gottesglauben, sei nichts weiter als eine Alterserscheinung, die im Spätherbst jeder großen Kultur auftritt und ihr Ende ankündigt. Auf der Höhe der Kultur bestehen beide Weltaspekte, der religiöse und der kausale, in gleicher Stärke nebeneinander. Die Seele hat noch die Kraft, die beiden Formensprachen, in denen sich die Wirklichkeit darstellt, zugleich zu sprechen und zu verstehen. Die kausale Naturnotwendigkeit auf der einen Seite und die christliche Lehre von der Alleinherrschaft des göttlichen Willens, wie sie sich im Prädestinationsdogma ausdrückt, auf der anderen Seite sind nur zwei verschiedene Ausdrucksformen für dieselbe Schicksalsnotwendigkeit. Erst die greisenhaft gewordene Kulturseele hat nicht mehr die Kraft, die Einheit beider Gesamtbilder zu erfassen. So bröckelt beides auseinander. Die religiöse Beseelung tritt zurück, und das entseelte Naturbild des Säkularismus bleibt als „corpus mortuum" übrig. Wir werden den Optimismus nicht teilen, mit dem der Säkularismus hier nur als vorübergehende Alterserscheinung jeder sterbenden Kultur aufgefaßt wird. Wir werden ihn ernster nehmen müssen. Aber soviel ist jedenfalls deutlich: Der eigentliche Grund des Säkularismus kann nicht die neuere Physik und die Technisierung des modernen Lebens sein, soviel diese Dinge auch zur Verbreitung der Sache beigetragen haben. Der Grund der ganzen Erscheinung liegt tiefer.

Was ist der tiefste Grund des Säkularismus? Wenn wir diese Frage beantworten wollen, müssen wir von einer Tatsache ausgehen, auf die in der Besprechung der Frage immer wieder hingewiesen wurde. Der

Säkularismus tritt zwar auf einer gewissen Vorstufe im Endstadium der polytheistischen Religionen auf (von Demokrit bis Lukian), in seiner reifen Gestalt aber erst auf dem Boden der christlichen Kultur des Abendlandes. In den hochentwickelten außerchristlichen Kulturen, z. B. der indischen oder chinesischen, sind die Denk- und Lebensformen so bis ins Letzte hinein vom religiösen Glauben getragen, aus dem sie erwachsen sind, daß sofort das ganze Kulturgebilde stirbt, wenn man die transzendente Voraussetzung wegnimmt. Wie die Glieder eines Körpers absterben, wenn das Herz stillsteht, so können diese Kulturgebilde kein Eigenleben führen, wenn sie nicht vom Herzblut der Religion durchströmt werden. So ist es beim Lebensstil der vedischen Kultur. So ist es mit dem Konfuzianismus des alten China oder mit der Zenkultur in Japan, ihren Gärten, ihren Bauten und ihrer Malerei. Dasselbe gilt auch von der altägyptischen Kultur. Arbeitermassen, von denen wir uns heute keine Vorstellung machen können, haben hier mit einer Technik ohnegleichen monumentale Bauwerke geschaffen, die ihren Sinn nur im Jenseits haben. Alle diese außerchristlichen Kulturwelten konnten keinen Säkularismus aus sich herausetzen, keine vom Jenseits gelöste Weltkultur. Wenn ihr religiöses Herz stillstand, so starben sie ab. Nur im christlichen Abendland, in einer Kultur, die bis weit über das Mittelalter hinaus von der Kirche beherrscht war, also im Schatten der Bibel erwuchs, hat sich der Mensch und die Welt vom Schöpfer losgerissen und versucht, ein Eigenleben zu führen, ohne daß die ganze Kultur an dieser Lösung vom Mutterboden gestorben wäre. Im Gegenteil, losgerissen vom Gottesglauben, schien diese Kultur wie von einer hemmenden Last befreit, besonders seit der Renaissance und dem Siegeslauf der Erfahrungswissenschaften, getragen von technischen Erfindungen, immer mächtiger aufzublühen und wuchs als Weltanschauung und Lebenshaltung zu einem in sich geschlossenen und imponierenden Gebilde heran, das geradezu missionarische Kraft hatte und welterobernd in die Gebiete der alten, außerchristlichen Kulturen einbrach, um diese im ersten Anlauf über den Haufen zu werfen. Der ganze Säkularismus von Indien, China und Afrika ist ja doch nur ein Ableger der abendländischen Kultur. Es ist ein losgerissenes Stück der ursprünglich christlichen Kultur des Abendlandes. Dieses losgerissene Stück rollt nun wie eine Lawine zu Tal und bricht verheerend, alles zertrümmernd in die Welt der übrigen Kulturen ein.

Diese Tatsache müssen wir im Auge behalten, wenn wir den Ursprung und das Wesen des Säkularismus verstehen wollen. Er ist in seiner jetzigen Gestalt im Schatten der Bibel entstanden, in der Einflußsphäre der biblischen Anschauung von dem Verhältnis zwischen Gott, Mensch und Welt. Wie war das möglich? In allen außerbiblischen Religionen (den Islam rechne ich dabei nicht mit, da er ja seinem letzten Ursprung nach auf den alttestamentlichen Gottesglauben zurückgeht) besteht immer irgendein Identitätsverhältnis zwischen Gott und kreatürlicher Welt. Zunächst werden die Naturgewalten, die uns tragen und bedrohen, selbst unmittelbar als Götter angebetet. Dann mündet die Frömmigkeit in den mystischen Glauben ein: das Sein, an dem wir mit allem Seienden teilhaben einfach dadurch, daß wir sind, ist selbst das Ewige und Absolute. Wir brauchen also nur hinter alle Vereinzelungen und Individualisierungen, in die sich dieses Sein differenziert hat, zurückzugehen, dann stehen wir unmittelbar im Ewigen und sind eins mit dem Absoluten. Im Gegensatz zu dieser Grundhaltung aller außerbiblischen Religionen, die von der Einheit des göttlichen und kreatürlichen Seins ausgeht, sieht die Bibel das Verhältnis von Gott und Kreatur in einem anderen Licht. In dem Hymnus, mit dem der erste Timotheusbrief (I. Tim 6, 16) schließt, wird Gott angerufen als der König aller Könige und Herr aller Herren, *der allein Unsterblichkeit hat*. Also Gott allein hat Ewigkeit, die ganze Kreatur, wir Menschen genauso wie jede Pflanze und jeder Stein, hat im Gegensatz zu Gott nur Zeit. Die ganze κτίσις (Schöpfung) steht unter der φθορά (Vergänglichkeit). Das bedeutet aber, wenn wir es existentiell fassen: Wir Geschöpfe besitzen immer nur das Sein dieses Augenblicks, wir haben nur das Jetzt. Das vergangene Sein besitzen wir nicht mehr („Was vergangen, kehrt nicht wieder"). Auch die Erinnerung ist ja nur etwas Gegenwärtiges. Und das kommende Sein besitzen wir noch nicht. Die Vergangenheit haben wir nicht mehr in unserer Gewalt, nicht einmal unsere bisherigen Bewußtseinserlebnisse. Denn jeder fallende Ziegelstein oder jeder Sturz vom Rad kann alle unsere Erinnerungen von dem gestrigen Tage zerschlagen. Das Zukünftige haben wir noch nicht in unserer Gewalt. Es ist eine bloße Möglichkeit. Das einzige, was wir haben, ist also der Übergangspunkt, auf welchen fortwährend die Zukunft zukommt, um „kaum gegrüßt, vorüber" als Vergangenheit unseren Händen wieder zu entgleiten. Wir leben also ganz von der Hand in den Mund. Wir sind zusam-

men mit der ganzen Kreatur völlig abhängig von der Macht, die uns von
Augenblick zu Augenblick dieses Sein neu gibt, es uns für einen Augenblick leiht, um uns das Geliehene sofort wieder zu nehmen. Diese
Macht ist der Schöpfer, der allein wahres Sein, d. h. Unsterblichkeit hat,
und es darum auch allein geben kann. So entsteht das Verhältnis zwischen Gott und Kreatur, das z. B. Ps 104, Vers 34 geschildert ist: „Ver-
birgst du dein Antlitz, so erschrecken sie; du nimmst weg ihren Odem,
so erschrecken sie und werden wieder zu Staub. Du sendest aus deinen
Odem, so werden sie geschaffen, und du erneuerst das Antlitz der
Erde!" Unsere kreatürliche Existenz besteht also darin, daß wir von
Augenblick zu Augenblick durch den Krafthauch Gottes (ruach), der
ununterbrochen ausströmt, das Dasein neu erhalten. Sobald dieser Anschluß an den Kraftstrom auch nur einen Augenblick aufhört, sinken
wir ins Nichts zurück. Damit ist aber ein Verhältnis zwischen Gott und
Kreatur gegeben, das völlig verschieden ist von der Identität des göttlichen und kreatürlichen Seins, die in allen außerbiblischen Religionen
angenommen wird. Gott ist allgegenwärtig, er ist an jeder Stelle, in jedem Stein, in jeder Fliege als der, der ihnen jeden Augenblick das Sein
gibt: „In ihm leben, weben und sind wir." Aber diese Allgegenwart
Gottes hat nichts mit Identität zu tun. Das ewige Sein Gottes bleibt an
jeder Stelle außerhalb des Seins der Kreatur. Gott behält sein Dasein in
seiner Hand. Gottes Sein und das geschöpfliche Sein bleiben exklusiv
gegeneinander. Sobald die Kreatur Gott naht und den Versuch macht,
in ihm unterzutauchen und mit ihm eins zu werden, kommt sie an den
elektrisch geladenen Draht, der sie, sobald sie ihn berührt, wieder zu-
rückschleudert in ihre Endlichkeit. Die Anfechtung ist nach Kierkegaard das Mittel, durch das sich Gott dem Zugriff und der vertraulichen
Annäherung gerade des frömmsten Beters, der mit ihm eins werden
möchte, immer wieder entzieht. Gott bleibt darum für das kreatürliche
Auge notwendig unsichtbar und unvorstellbar. Ihn sehen heißt sterben.
Das Götterbild ist die Ursünde des Menschen. Es ist die Verwechslung
der beiden Seinsarten, die einander ausschließen. Dieser Gedanke ist in
den außerbiblischen Religionen unverständlich. Für sie ist alles
Vergängliche ein Gleichnis für die letzte Einheit der Gegensätze. Ge-
rade der Buddhismus hat das Götterbild liebevoll geduldet und gepflegt.
   Halten wir an der biblischen Anschauung vom Verhältnis zwischen
Gott und Kreatur fest, so befinden wir uns mit der ganzen Schöpfungs-

welt in einer überaus peinlichen und demütigenden Lage. Wir empfangen unser Sein jeden Augenblick neu von einer Macht, die ganz jenseits von uns steht, die darum für uns unbegreiflich und undurchdringlich ist, über die wir weder mit unserem Erkennen, noch mit unserem Wollen verfügen. Diese abnorme und demütigende Situation ist nach der Bibel nicht unsere letzte und wahre Bestimmung. Sie ist ein Interim, ein Zwischenstadium zwischen zwei Zuständen, zwischen einem Urstand, einer ursprünglichen Gemeinschaft mit Gott, aus der wir mit der ganzen Welt herausgefallen sind, den wir uns darum auch nicht einmal mehr vorstellen können, und einem Endzustand, dem die ganze Kreatur entgegenharrt, in welchem die Knechtschaft der Vergänglichkeit, also der Zeitlichkeit aufgehoben sein wird, einem Zustand, von dem wir uns ebenfalls noch keinerlei Vorstellung machen können. Wir sind so vollständig in diesem gottentfremdeten Zustand, er macht so sehr unser ganzes Sein aus, daß wir nicht einmal imstande sind, diesen Zustand zu sehen und uns seiner bewußt zu werden, sowenig das Auge sich selber sehen kann. Es müßte außer sich selbst sein und Abstand von sich selbst gewinnen, um sich selbst zu sehen. Wir können darum auch nicht von uns aus erkennen, daß wir in einem gefallenen Zustand, also in einem Zwischenstadium zwischen Urstand und Ende sind. Das alles geht uns erst in dem Augenblick auf, da Gott von sich aus mit uns in Verbindung tritt. Das kann aber in der Lage, in der wir sind, nur dadurch geschehen, daß Gott von außen an uns herankommt, also auf autoritativem Wege, in einer Weise, gegen die sich alles in uns aufbäumt, weil uns dabei unsere abnorme Lage in peinlicher Weise zum Bewußtsein kommt, unsere Abhängigkeit von einer Macht, mit der wir nie identisch werden können. Diese peinliche Lage wird dadurch beleuchtet, daß Gott von außen her, also auf dem Wege des Wortes und der Offenbarung, an uns herantritt. Weil sich der Mensch gegen dieses Nahen Gottes von außen her aufbäumen muß, das ihm seinen gefallenen Zustand zum Bewußtsein bringt, so ist mit dem Wort Gottes immer das Kreuz gegeben, der Kampf bis aufs Blut, in welchem die Menschheit dieses Nahen Gottes ablehnt.

Damit sind nun die Voraussetzungen gegeben, aus denen der Säkularismus mit einer gewissen Notwendigkeit entsteht. Denn Gott ist wohl einerseits der allgegenwärtige, von dem jedes Ding sein Sein immer neu empfängt, und doch steht er andererseits ganz außerhalb des kreatürlichen Seins der Weltelemente. Diese haben ihm gegenüber ein Eigensein. Das liegt in dem biblischen Begriff „Welt". Die Welt steht Gott, dem Schöpfer, als zweites außergöttliches Sein gegensätzlich gegenüber. Zwischen beiden gibt es keinen Identitätspunkt. Vielmehr besteht zwischen beiden ein schroffes Entweder-Oder. Wir können nur entweder Gott lieben oder die Welt. Wer Gott liebt, der liebt die Welt eben damit nicht. „Wißt ihr nicht, daß die Freundschaft der Welt (φιλία τοῦ κόσμου) Feindschaft gegen Gott ist?" (Jak 4, 4). Wer der Welt Freund sein will, ist eben damit Gottes Feind geworden. Schon damit erhält die Welt und alles, was in ihr ist und geschieht, ein Eigengewicht gegenüber Gott, das die außerbiblischen Religionen nicht kennen. Die Sorge dieser Welt erstickt das Wort. (Mt 13, 12). „Was hülfe es dem Menschen, wenn er die ganze Welt gewönne?" (Mt 16, 26). „Die Kinder der Welt sind klüger denn die Kinder des Lichtes" (Lk 16, 8). „Demas hat diese Welt liebgewonnen" (2 Tim 4, 10). In allen derartigen Worten wird also nicht etwa bloß die Sünde schlechter Menschen, von denen ein störender Einfluß ausgeht, zu Gott in Gegensatz gesetzt. Auch nicht bloß die Menschheitsgeschichte, nein, auch der ganze Kosmos mit allen Prozessen der Tier- und Pflanzenwelt, der Gestirnwelt, die er in sich schließt, wird Gott gegenüber zusammengenommen und erhält im Gegensatz zu ihm ein Eigengewicht. Die Welt wird gleichsam in die eine Wagschale gelegt, Gott mit dem unendlichen Gewicht seines Daseins liegt auf der anderen Wagschale. Zwischen beiden wird eine Entscheidung gefordert. Wenn die eine Wagschale in die Höhe geht, so muß die andere in die Tiefe sinken. Schon durch dieses exklusive Entweder-Oder-Verhältnis, das zwischen beiden Realitäten besteht, durch das Ausgeschlossensein jedes Identitätspunktes wird es also vom biblischen Standpunkte aus möglich, ja es erscheint geradezu als die eine sehr ernsthafte Möglichkeit, die vor jedem Menschen steht, sich für den Kosmos und gegen Gott zu entscheiden.

„Freundschaft der Welt" ist der biblische Ausdruck für Säkularismus. Es besteht also die Möglichkeit, von Gott und der ganzen Ewigkeitsfrage zu abstrahieren, sie als einen „ideologischen Überbau" (Marx) anzusehen und den Versuch zu machen, ein Kind dieser Welt (υἱὸς τοῦ αἰῶνος τούτου) zu sein, „die Welt zu lieben und was in der Welt ist" (1 Joh 2, 15), also, wie wir heute sagen würden, in der in sich ruhenden Endlichkeit zu leben.

Damit haben wir also zunächst ein Entweder-Oder zwischen zwei Möglichkeiten: Eigenwert der Welt und Absolutheit Gottes. Und dieses Entweder-Oder ist im Neuen Testament nicht bloß ein Entweder-Oder zwischen zwei menschlichen Lebenswegen. Der Mensch ist vielmehr nur der Exponent eines kosmischen Willens. Auf der einen Seite steht die Geltung des Schöpfers, auf der anderen Seite die Liebe des Kosmos zu sich selbst („die Welt hat das Ihre lieb"). Unsere menschliche Selbstliebe ist also nur der menschliche Ausdruck der Liebe, mit der die ganze gefallene Schöpfung sich selbst liebt.

Aber nun müssen wir noch eine weitere Aussage machen. Die erste der beiden Möglichkeiten, die Entscheidung für Gott, kann die Welt nicht aus sich selbst heraus vollziehen. „Der Kosmos liegt im Bösen." Er kann sich selbst nicht daraus befreien. Die Entscheidung für Gott, die Rückkehr zum Ursprung ist nur dadurch möglich, daß Gott sie möglich macht, indem er „den Kosmos liebt" und seinen Sohn in ihn hineingibt. Solange Gott die Welt nicht zu sich zurückholt, ist für diese also nur die zweite Möglichkeit vorhanden. Sie wird durch ihr eigenes Schwergewicht unaufhaltsam in die Gottesferne hinuntergezogen wie eine Lawine, die sich von dem Ort gelöst hat, an dem sie ursprünglich war. Wenn sich aber die Welt in dieser zweiten Richtung bewegt, in der Gott entgegengesetzten Dimension, und wir Menschen diese Bewegung mitmachen, also ἐχθροί (Feinde) sind, wie Paulus Röm 5 sagt, dann ist immer nur ein Umstand vorhanden, der diese Haltung fortwährend in Frage stellt und erschwert, nämlich die Tatsache, die auch das „Weltkind" dunkel fühlt als Hemmung und Fragezeichen: Das ist die Tatsache, daß wir Geschöpfe ganz und gar zeitlich sind. Wir besitzen ja, wie gesagt, immer nur das Jetzt („Könnt ich zum Augenblicke sagen: Verweile doch, du bist so schön"). Die Zukunft haben wir noch nicht, die Vergangenheit ist unseren Händen entglitten. Das ist das eigentümliche Grenzgefühl der Kreatur. Wenn darum die Welt und wir mit ihr in der Bewegung gegen Gott stehen und in uns selbst Ruhe finden wollen, so ist das nur dadurch möglich, daß wir versuchen, diese Grenze der Kreatur zu überschreiten, die an unsere Abhängigkeit erinnert, und das peinliche Hindernis zu überwinden, das darin liegt, daß wir nur diesen Augenblick besitzen. Wie kann das geschehen? Offenbar nur dadurch, daß die Welt sich die Suggestion gibt, daß sie ohne Gott etwas besitze, das in sich selbst ewig sei, daß sie also ohne den ununterbrochenen Zustrom von dem Schöpfer her imstande sei, den Augenblick zu überdauern, also durch sich selbst zu sein. Nur wenn das gelingt, gibt es eine in sich ruhende Weltwirklichkeit, und der Schöpfer, der uns das Leben einhaucht, läßt sich als überflüssiger „ideologischer Überbau" abheben. Mit dem Versuch der Welt, sich eine eigene Ewigkeit zu geben und dadurch vom Schöpfer frei zu werden, beginnt erst der eigentliche Säkularismus. Hier nimmt er dämonische Form an und wird zu einem positiven, gegen Gott gerichteten Unternehmen. Denn die Welt will damit für sich selbst die Ewigkeit in Anspruch nehmen, die Gott allein besitzt. Sie will also Gott entthronen und selbst göttlich sein.

Der Versuch, ohne Gott ein Sein zu gewinnen, das durch sich selbst Dauer hat, geht naturgemäß in zwei Richtungen. Denn die kosmische Wirklichkeit hat ja immer zwei Pole: Ich und Welt, Bewußtsein und Wirklichkeit. Damit sind dem Säkularismus die beiden Richtungen vorgezeichnet, die er einschlagen muß, um sein Ziel zu erreichen. Es wird auf der einen Seite versucht, im Bewußtsein, in der geistigen Hemisphäre der Welt ein Element zu finden, das ohne Gott nur durch sich selbst aus eigener Kraft den Augenblick überdauert. Das ist das Ich, das in einer Synthesis Zukunft und Vergangenheit umfaßt und so über den Wechsel der Zeit erhaben ist. So entsteht der Glaube an das ewige Ich, an die Seele, die ihre Ewigkeit in sich selber trägt. Das ist die erste, platonische Form des Säkularismus. Mit diesem Säkularismus stieß die Botschaft der Apostel in der ersten Periode der Weltmission zusammen. Der Auferstehungsbotschaft trat die σοφία τοῦ κόσμου (Weisheit der Welt) entgegen, der Glaube, daß die Seele durch sich selbst weiter existiert. Von diesem Glauben aus erschien die Botschaft von der Schöpfertat der Auferweckung, durch die wir allein weiterexistieren können, wie eine vollendete Torheit. Der griechische Mensch machte hier den ersten großen Versuch, im Gegensatz zu Gott in sich selbst eine Sicherung zu finden gegenüber dem Strom des Vergehens, der ihn hinunterreißen wollte. Der griechische Seelen- und Unsterblichkeitsglaube ist also kein positiver Anknüpfungspunkt für die missionarische Botschaft von der Auferstehung, sondern das große Hindernis für das Verständnis des Evangeliums. Im Idealismus Fichtes hat sich dieser Versuch des Ich, in sich selbst die Ewigkeit zu finden, noch einmal in ihrer ganzen bestrikkenden Dämonie wiederholt und ist in voller Wucht mit der Botschaft des Neuen Testamentes zusammengestoßen. Das sieht man an der über-

legenen Kritik, mit der Fichte in der „Anweisung zum seligen Leben"
den Schöpferglauben und den Endglauben der Bibel behandelt.

Seit den vierziger Jahren des 19. Jahrhunderts ist der platonische Unsterblichkeitsglaube im Bewußtsein der gebildeten Welt im großen und
ganzen erloschen. Aber der Ansatz dazu ist immer noch da. Er lebt immer noch in der Logik und Psychologie unserer Universitätsphiloso-
phen fort. Das menschliche Ich erscheint hier immer noch als ein ruhender Pol in der Erscheinungen Flucht, ein fester Mittelpunkt, der im
Wechsel der Vorstellungen identisch bleibt und dadurch das Denken
ermöglicht. In Wahrheit zeigt ja jeder Fall von Amnesie bei Gehirnver-
letzung, daß ich selbst nicht die Kraft habe, auch nur zwei Sekunden mit
mir selbst identisch zu bleiben, also nur solange, als nötig ist, um ein Urteil zu vollziehen oder eine Rechenaufgabe zu machen. Ich kann nur dadurch meine Erinnerungen vom gestrigen Tag mit meinem heutigen
Bewußtsein zu einer Einheit zusammenfassen, daß mich der Schöpfer
von Sekunde zu Sekunde über dem Abgrund des Nichts hält, in das
mein Sein fortwährend hinunterstürzt. Wenn das nicht geschieht, fällt
mein Bewußtsein sofort auseinander, zerstäubt und zerrinnt „wie Sand,
der durch die Finger rinnt" (Rilke). Das weiß jeder, der die Nacht des
Wahnsinns kennt.

Aber der Unsterblichkeitsglaube, also der Glaube an das autonome
Ich, das Gottes nicht bedarf, um den Augenblick zu überdauern, ist nur
die eine Form des dämonischen Säkularismus, und zwar eine Form, die
heute im ganzen der Vergangenheit angehört. Daneben steht die andere
Form dieses positiven Gegenunternehmens gegen Gott, die mit dem
Aufschwung der Naturwissenschaft in den Vordergrund trat und unser
technisches Zeitalter beherrscht. Man versucht heute kaum mehr, im
menschlichen Bewußtsein ein ewiges Element zu finden, wohl aber in
der gegenständlichen Wirklichkeit. Was die große Blütezeit der natur-
wissenschaftlichen Forschung und Technik, die mit Kopernikus, Galilei und Newton begann, mit dem Schöpferglauben der Bibel in Widerspruch setzte, das waren nicht die neuen Tatsachen, die zutage kamen,
und die Gesetze, die entdeckt wurden. Wirkliche Tatsachen und durch
Beobachtung festgestellte Regeln, unter denen das Geschehen steht,
können nie den Schöpfer in Frage stellen. Sie können nur eine falsche
Vorstellung korrigieren, die man sich bisher vom Walten dieses Schöpfers gemacht hat. Denn im biblischen Schöpferglauben liegt ja gerade

das Bewußtsein, daß der Schöpfer unbegreiflich ist. Wir können seinen Willen nie auf eine Formel bringen. Jedes Bild, das wir uns von seinem Walten machen, bedarf also der fortwährenden Korrektur durch neue Tatsachen. Für Darwin wurde durch seine Entdeckung der Schöpferglaube keinen Augenblick erschüttert. Er glaubte nur, das Bild revidieren zu müssen, das er sich vom Walten dieses Schöpfers bisher gemacht hatte, als ihm aufging, daß Gott in wenige Urarten einen Lebenskeim hineingelegt hat, der imstande ist, den ganzen Reichtum der Arten aus sich zu entwickeln. Auch für Newton wurde der Schöpfer nur größer, als er sah, daß die einfache Formel des Gravitationsgesetzes das Verhältnis aller Körper im Weltall beherrscht. Selbst wenn sich alle Wunder nach Naturgesetzen erklären ließen, die auch sonst gelten, so würde damit der Schöpfer keinen Augenblick in Frage gestellt. Es würde sich nur herausstellen, daß Gott bei seinem Wirken bestimmte Regeln einhält, die er ein für allemal festgesetzt hat. Für das Alte Testament ist darum das Naturgesetz nicht etwa ein Einwand gegen die Wirklichkeit Gottes, sondern der Ausdruck der unwandelbaren Treue des Schöpfers, der uns Menschen dadurch das Leben ermöglicht, daß er konstante Ordnungen einhält. So heißt es nach der Sintflut: „Fortan sollen, solange die Erde steht, nicht aufhören Saat und Ernte, Frost und Hitze, Sommer und Winter, Tag und Nacht." Nach dem Prophetenwort will Gott seinem Volk ebensowenig die Treue brechen, als Sonne und Mond ihren Lauf ändern. Also Tatsachen und beobachtete Gesetze können nie den Schöpferglauben erschüttern, wenn er einmal da ist. Der Widerstreit entsteht nur dort, wo der Mensch über die Erfahrung hinausgeht und seine Beobachtungen durch eine dogmatische Konstruktion unterbaut. Und hier, bei dieser metaphysischen Substruktion, wird nun der dämonische Versuch gemacht, das Naturgeschehen aus Elementen aufzubauen, die in sich selbst die Kraft haben, den Augenblick zu überdauern, die also durch sich selbst ewig sind. Die Erfahrung zeigt nichts Dauerndes, sondern einen stetigen Fluß, eine fortwährende Wandlung aller Erscheinungen. Alles fließt. Das Ganze ist ein Vergehen.

Diesen Eindruck, der ohne Gott zur Verzweiflung führen muß, sucht man zu überwinden, indem man eine Konstruktion vornimmt. Man legt dem Fluß des Geschehens ein Substrat unter, das durch sich selbst dauert. Ludwig Klages hat in seinem Werk ›Der Geist als Widersacher der Seele‹ gezeigt: Sobald der Begriff der Dauer und des Dauernden auftritt, wird vom Geist aus seinen Bedürfnissen heraus etwas in die Natur hineininterpretiert, was sie nicht enthält. So entsteht das Dogma von der Erhaltung der Substanz, deren wechselnde Gestalt das Naturgeschehen sei. Nach Kants Kritik der reinen Vernunft ist dieser Glaube aus dem Bedürfnis entstanden, im Wechsel der Zeit ein beharrendes Substrat zu haben, das in sich selbst ruht. Die einfachste Form des Substanzglaubens ist der ältere Atomismus. Schon in der Antike bei Demokrit und Epikur ist die Atomlehre eine Kriegserklärung gegen den Gottesglauben, ein Versuch, die Furcht vor dem Weltgeheimnis zu bannen. „Nichts existiert als die Atome und der leere Raum, alles übrige ist Meinung." Das Weltgeschehen erscheint als eine beständige Umlagerung von Körperchen, die unzerstörbar, also durch sich selbst ewig sind. Die Materie hat also hier die Eigenschaft bekommen, die nach der Bibel nur Gott hat. Der Materialismus ist Weltvergötterung. Im 19. Jahrhundert löst sich dann der ganze Begriff der Materie auf. Der Stoff ist seit J. R. Meyer und Ostwald nur eine Form von Energie. Aber sobald dem Menschen diese erste rein materialistische Grundlage seines Diesseitsglaubens genommen wird, sucht er sich sofort eine zweite. Der Glaube an ein dauerndes Substrat des Weltgeschehens, in dem sich die Welt eine dämonische Selbständigkeit Gott gegenüber anmaßt, nimmt eine neue Form an. Es entsteht das Dogma von der Erhaltung der Energie als einem kosmischen Gesetz. Als Arbeitshypothese hat dieses Prinzip natürlich sein volles Recht. Sobald aber aus dieser Arbeitshypothese eine Aussage über das Universum gemacht wird, ist die Beobachtung überschritten und eine metaphysische Behauptung aufgestellt. Das hat am deutlichsten der Petersburger Physiker Chwolson in seiner Kritik von Haeckels ›Welträtsel‹ gezeigt. Nun wird das Energiequantum, das sich weder vermehren noch vermindern läßt, zu einer Größe, die durch sich selbst dauert. Der dämonische Charakter des kosmischen Gesetzes von der Erhaltung der Energie wird an seiner Konsequenz deutlich. Zum ersten Hauptsatz der Thermodynamik tritt sofort der zweite, das sogenannte Entropiegesetz. Aus diesem ergibt sich eine gegen die Bibel gerichtete naturwissenschaftliche Eschatologie. Das in sich ruhende Energiequantum des Kosmos führt durch Zerstreuung der Energie dem Eistod entgegen, in dem alles Leben und alle Bewegung zum Stillstand kommt. Das ist die Eschatologie des säkularistischen Weltbildes.

Der Säkularismus der modernen Technik, die alle Weltteile erobert hat, beruht nicht auf ihren technischen Erfolgen als solchen. Diese könnten an sich, wie es bei Graf Zeppelin oder beim Erfinder der Heißdampflokomotive der Fall war, nur zur Ehrfurcht vor dem Schöpfer führen, der so große Möglichkeiten in die Welt hineingelegt hat. Der Mensch bringt ja diese Kräfte nicht hervor. Er löst sie nur aus, indem er durch immer neue Experimente der Natur ihr Geheimnis ablauscht. Der Ingenieur und Techniker ist also nur der Handlanger Gottes. Er stellt sich in den Dienst des göttlichen Schöpfungswerkes. Er spannt das Segel auf, um das kleine Fahrzeug der menschlichen Existenz vom Winde der göttlichen Schöpferkraft treiben zu lassen. Wenn die moderne Technik Säkularismus erzeugt, so kommt das nur daher, weil hinter die Technik und ihre Arbeit der dämonische Glaube tritt, daß die Materie bzw. das Energiequentum durch sich selbst ewig ist und sich aus eigener Kraft erhält. Dieser Glaube an ein ewiges Substrat, das hinter dem vergehenden Sein dieser Welt steht, ist genau so wie der Unsterblichkeitsglaube eine dämonische Gegenbewegung gegen den Schöpfer.

Diese materialistische oder energetische Metaphysik kommt natürlich nur in besonderen Fällen, auf geistigen Höhepunkten, wie z. B. in Haeckels ›Welträtseln‹ oder in Ostwalds Naturphilosophie deutlich zum Bewußtsein. Der populäre Säkularismus ist eine Lebensstimmung, die unbewußt von dieser Metaphysik getragen wird. Gerade als Lebensrichtung von unphilosophischen, entkirchlichten Massen, die alle philosophische Spekulation als Ideologie ablehnen, also als praktischer Materialismus ist die Bewegung am stärksten. Nach Kierkegaard wird das Fleisch, also die Sinnlichkeit des Menschen dadurch, daß sie gegen Gott gerichtet ist, auf eine besondere Art Geist, nämlich als dämonische Leugnung des Geistes. Der Bolschewismus ist vielleicht der religiöse Fanatismus der russischen Volksseele, aber mit negativem Vorzeichen, nämlich als Rasen und Wüten gegen den Geist in jeder Form. Die konsequenteste Form des Säkularismus besteht darin, daß der Mensch klar einsieht, daß er nur den Augenblick besitzt, aber nun alles tut, um diesen Augenblick in seiner ganzen Fülle auszuschöpfen. So entsteht der wahnsinnige Kultus des Augenblicks, wie wir ihn im Vergnügungstaumel des übermüdeten Großstädters haben, der sich nur noch berauschen und vergessen will.

Wenn dies der letzte Sinn des Säkularismus ist, wie ist der Kampf

gegen ihn zu führen? Es hat sich herausgestellt: Der Säkularismus ist die
Form, in der die gefallene Welt sich in dämonischer Weise selbst an die
Stelle Gottes zu setzen sucht, von dem sie doch jeden Augenblick ihr
Sein empfängt. Solange wir in dem Zwischenzustand zwischen Urfall
und Ende stehen, wird es diese Bewegung immer geben. Ja, sie wird sich
nach der Schrift noch steigern und sich zuletzt in einer antichristlichen
Weltmacht zusammenballen. Vielleicht stehen wir schon am Anfang
dieser letzten Entwicklung. Aber wenn wir das sehen, so bedeutet das
keineswegs, daß wir uns fatalistisch in die Lage schicken und den Rück-
zug antreten. Genau das Gegenteil ist der Fall. Wir stehen hier vor dem
Frontangriff der antichristlichen Macht. Das ruft uns zum Einsatz aller
unserer Kräfte auf. Was können wir tun? Geistige Prozesse lassen sich
im allgemeinen nicht dadurch überwinden, daß man versucht, das Rad
der Entwicklung zurückzudrehen, also ein früheres Stadium wiederherzustellen, in dem die Bewegung noch nicht vorhanden war. Die
Krankheit kann vielmehr nur dadurch überwunden werden, daß sie
zum Ausbruch kommt. Der Säkularismus kann nur dadurch besiegt
werden, daß er an seinen eigenen Konsequenzen zugrunde geht und unter seinen eigenen Auswirkungen zusammenbricht. Und diesen Prozeß
können wir beschleunigen, indem wir der heutigen Welt durch unser
Zeugnis den Sinn des ganzen Prozesses zum Bewußtsein bringen. Die
säkularistische Bewegung, die im Zeitalter der Naturwissenschaft und
Technik entstanden ist, steht ja nur dort in ihrer Jugendkraft und
Maienblüte, wo Völker, die vorher ein mythologisches Naturbild und
eine primitive Lebensweise hatten, plötzlich wie mit einem Schlage mit
dem kausalmechanischen Weltbild und zugleich mit allen Errungenschaften der modernen Technik beschenkt werden. Sie sind wie von
einem Strom von Licht übergossen und glauben, ein neues Zeitalter sei
angebrochen, in dem der Mensch das Räderwerk der Natur durchschaut
und dadurch Herr der Erde und Herr seines Schicksals geworden ist.
Aber dieser Frühling des Säkularismus, der bei uns durch Schriften wie
Büchners ›Kraft und Stoff‹ oder Haeckels ›Welträtsel‹ bezeichnet ist und
der nun in anderen Weltteilen noch einmal eine Nachblüte erlebt, ist ja
nur das erste Stadium. Bei uns lebt dieses erste Stadium da und dort noch
in Arbeiterkreisen fort. Aber in den führenden Schichten der Bildung,
deren Gedanken dreißig Jahre später auch in die Arbeiterschaft hinun-
tersickern, ist es längst vorüber und hat einer tiefen Ernüchterung Platz

gemacht. Zunächst sind alle Grundlagen der alten materialistischen und energetischen Physik heute ins Schwanken geraten. Die absoluten und in sich selbst ruhenden Größen und Maßstäbe, mit denen die Physik gearbeitet hatte, sind einer nach dem andern relativiert worden. Dieser Relativierungsprozeß hat durch Einstein einen gewissen Abschluß erreicht. Nicht nur der konstante Körper und das konstante Energiequantum haben sich aufgelöst. Sogar der absolute Raum und die absolute Zeit, die Newton noch als selbstverständlich vorausgesetzt hatte, sind relative Gebilde geworden. Es ist nichts mehr übriggeblieben, was durch sich selbst ist. Alle Maßstäbe gelten nur von einem bestimmten Standpunkt aus. In der Natur ist nichts Ewiges mehr, kein in sich ruhendes Substrat, das dem Wechsel der Zeit gegenüber Dauer hätte, also nichts, was Gott entgegengesetzt werden könnte. Dieser Relativismus, weit entfernt, ein Hindernis des Glaubens zu sein, ist der Wegbereiter für das Wiedererwachen des biblischen Verständnisses unserer menschlichen Lage. Denn der Relativismus, der alle Denk- und Lebensgebiete ergriffen hat, ist ja gar nichts anderes als das Eingeständnis des Menschen, daß er ganz Zeit ist und nichts in sich und um sich sieht, das dauern könnte, daß also alle absoluten Gebilde, die er dem Fluß des Geschehens unterlegt, nur notwendige Fiktionen sind, die er willkürlich voraussetzt, um existieren zu können.

Aber diese Wandlung des physikalischen Naturbildes, in welcher wir mitten inne stehen, ist ja bis jetzt nur einem kleineren Kreise von Gebildeten zugänglich. Viel stärker sind die praktischen Lebenseindrücke, die das technische Zeitalter in seinem zweiten Stadium hat reifen lassen. Die ungeheure Entfaltung der Maschinentechnik, die auf den primitiven Menschen wie ein Wunder wirkt und ihm den Eindruck macht, als habe der Mensch nun den Sinn seines Daseins gefunden und sich die ganze Erde untertan gemacht, hat im reiferen Stadium gerade die entgegengesetzte Wirkung. Gerade die Maschinentechnik bringt dem Menschen der reiferen Kultur die Sinnfrage, die über seinem Leben steht, in ihrer ganzen Ungelöstheit zum Bewußtsein. Der berühmte Erfinder Diesel sagt: „Wenn man von der Technik unsere Erlösung oder sittliche Wunderwerke erwartet, so ist diese Hoffnung eine Art von modernem Götzendienst." „Ob die ganze Sache einen Zweck gehabt hat", sagt er am Schluß seines Lebens, „ob die Menschen dadurch glücklicher geworden sind, das vermag ich heute nicht mehr zu entscheiden." Der große

Erfinder steht also am Ende seines Schaffens vor der ungelösten Sinnfrage. Gerade wenn wir uns nach dem Schöpfungswort die Erde untertan gemacht haben und im Besitz alles dessen sind, was die Welt bieten kann, stehen wir viel deutlicher als der primitive Mensch vor der Frage: Wozu dies alles? Ist nicht alles eitel und Haschen nach Wind? Im ›Prediger Salomo‹ erwacht ja diese Frage eben gerade nicht bei einem armen Menschen, der von den Gütern dieser Erde ausgeschlossen ist, sondern im Herzen eines Königs, der auf der Mittagshöhe des Lebens steht und alles zur Verfügung hat, Häuser, Weinberge, Lustgärten, Teiche, Knechte und Mägde, Sänger und Sängerinnen und die Wonne der Menschen und allerlei Saitenspiel. Also gerade im Besitz aller Schätze, die diese Welt bieten kann, geht ihm die Erkenntnis auf, daß diese Welt in sich selbst keinen Sinn hat.

Dazu kommt noch etwas Weiteres. Gerade die Technik des heutigen Industriezeitalters hat Hunderttausenden die Sinn-Entleerung ihrer Alltagsarbeit gebracht. Sie hat, wie Oswald Spengler sagt, den Satanismus der Maschine entfesselt. Der Mensch ist zum Sklaven der überpersönlichen Macht geworden, von der er sein Glück erwartet hatte. Das Maschinen-Zeitalter hat jedem, der sehen kann, die Augen dafür geöffnet, daß in der Welt, sobald sie sich von Gott löst und des Schöpfers vergißt, dämonische Mächte enthalten sind, die lebenzerstörend wirken, sobald sie losgelassen sind. Die Dämonie des Wirtschaftslebens hat rücksichtslose Gewaltmenschen erzeugt, die über Leben und Gesundheit von Tausenden kalt hinwegschreiten. Die Technik hat das dämonische Bedürfnis des Menschen ausgelöst, das besonders beim Kraftfahrer zutage kommt, über alles menschliche Maß hinauszugehen und mit der Lebensgefahr zu spielen. Erst im Zeitalter der modernen Industrie haben wir ganz verstehen gelernt, warum Jesus den Mammon als eine satanische Macht bezeichnet.

Wir können also nichts tun, als den Prozeß beschleunigen, der bei uns schon in vollem Gange ist, während er in den anderen Weltteilen erst begonnen hat, den Übergang aus dem ersten Stadium der Begeisterung in das zweite Stadium, in dem gerade unter dem Eindruck der technischen Errungenschaften die Sinnfrage, die Frage nach Gott noch viel elementarer erwacht, als das in ruhigeren Zeiten der Fall war. Auch heute ist die Lage ähnlich wie in der Zeit der Urgemeinde, in der die Götterdämmerung über die altgriechische Götterwelt hereingebrochen

war und das Sterben dieser Götter begonnen hatte. Damals haben die
Boten Jesu diesen Auflösungsprozeß zunächst befördert. Sie wurden als
ἄθεοι, d. h. als Atheisten verklagt. Sie entgötterten die Welt, um Raum
für den lebendigen Gott zu schaffen. So müssen wir auch heute als Christen zunächst auf die Seite derer treten, die die Welt entgöttern, und allen Versuchen entgegentreten, die die Welt und die Menschen machen,
um die Ewigkeit und Absolutheit, die Gott allein zukommt, für sich in
Anspruch zu nehmen. Wir müssen also mit der relativistischen Bewegung gehen.

Aber wenn im heutigen Menschen der Prozeß der Entgötterung und
Entseelung der Welt und des Menschenlebens zu Ende gekommen ist
und mitten im Relativismus die Ewigkeitsfrage mit nie geahnter Kraft
erwacht ist, dann tritt neben diese negative Aufgabe die viel größere positive. Es gilt heute wie damals, mitten in die entgötterte Welt das Kreuz
Christi hineinzustellen und mit neuen Zungen von der Versöhnungstat
Gottes zu zeugen, von der aus allein für die dämonisch zerrissene
Menschheit Heilung möglich ist und durch welche allein die technische
Weltbeherrschung sinnvoll wird als Teilnahme an Gottes Schöpfungswerk und Mittel zu seiner Verherrlichung. Dieses Zeugnis muß aber so
ausgesprochen werden, daß es in der heutigen Welt verstanden werden
kann.

Wo die Christusbotschaft auf Menschen einer primitiven Kulturstufe
stößt, kann sie einfach durch ihre religiöse Kraft wirken. Es braucht
kein in sich geschlossenes Lebensprogramm und keine durchgeführte
Weltanschauung dahinterzustehen. Denn auf der anderen Seite steht ja
nur eine primitive Mythologie, die durch die heutige Wissenschaft erschüttert ist. Der Missionar kommt als Pionier einer überlegenen Kultur
und hat schon dadurch ein Übergewicht. Anders ist die Sache, wenn uns
auf der ganzen Erdoberfläche eine einheitliche Gesamtposition gegenübersteht, ein in sich geschlossener Säkularismus, der mit der ganzen
heutigen Naturwissenschaft und Technik vertraut ist. Ihm können wir
nur gegenübertreten mit einer Position, die ebenso geschlossen und allseitig durchgeführt ist wie die des Gegners und die genauso wie er mit
dem ganzen Material der heutigen Weltkenntnis arbeitet. So wird die
Christengemeinde heute vor eine neue Aufgabe gestellt. Wir brauchen
ein biblisches Lebensprogramm, eine Sozialethik, die alle Fragen des
menschlichen Zusammenlebens, die durch das Zeitalter der Industrie

brennend geworden sind, ins Licht der Bibel stellt. Diese Forderung wird ja in unserer Zeit immer wieder erhoben. Aber das ist nicht genug. Wir brauchen noch etwas mehr, nämlich eine biblische Philosophie, eine Philosophie des Glaubens, gegenüber der Philosophie des Unglaubens, eine Welt- und Lebensdeutung vom Kreuze her.

Wenn man in der Kirchengeschichte zurückschaut, so kann man die heutige Lage nur mit der Lage der Kirche zur Zeit Augustins vergleichen, als die nahe Erwartung der Wiederkunft Christi zurücktrat und die Kirche zum erstenmal vor der Aufgabe stand, sich von den Grundgedanken der Bibel aus mit den Lebens- und Denkformen der abendländischen Kultur auseinanderzusetzen, ohne dabei irgend etwas von der herben Salzkraft der Christusbotschaft zu verlieren. Um diese Aufgabe zu erfüllen, brauchen wir nicht nur das Zeugnis des Geistes und der Kraft, das zu allen Zeiten das erste und wichtigste bleibt, sondern auch eine Denkarbeit, die im Glauben geschieht. Denn darüber kann ja gar kein Zweifel bestehen, der historische und naturwissenschaftliche Horizont der biblischen Schriftsteller war enger als der Gesichtskreis unserer heutigen Weltkenntnis. Wir rechnen mit Siriusweiten und Jahrmillionen, während die biblischen Schriftsteller sich nur im Rahmen von wenigen Jahrtausenden der Erdgeschichte bewegen. Es gehört zur Knechtsgestalt, die Gott aus Erbarmen annahm, daß er bei der Offenbarung in das begrenzte Weltbild der Menschen hinabstieg, die die Offenbarung empfangen sollten. Wir haben die Aufgabe, den Inhalt des Gotteswortes, ohne irgend etwas davon zu verlieren oder daran zu ändern, auf das erweiterte Weltbild der Gegenwart zu übertragen, so wie ein heutiger Musiker etwa die Aufgabe hat, ein Musikstück Beethovens, das ursprünglich für ein Spinett des 18. Jahrhunderts komponiert war, ohne irgend etwas an seinem musikalischen Gehalt zu ändern, auf ein heutiges Orchester zu übertragen.

So stellt der Welteroberungszug des Säkularismus die Gemeinde Christi vor eine neue gewaltige Aufgabe. Alle Kräfte des Antichristentums ballen sich zu einer Einheitsfront zusammen. Das Zeichen der Kirche steht auf Sturm. Eine letzte Geisterschlacht bereitet sich vor. Eine große Stunde ist gekommen. Vielleicht ist es die letzte Stunde. Möge die große Stunde ein Geschlecht finden, das die Zeichen der Zeit erkennt und bereit ist, dem Feind entgegenzugehen und mit Christus zu leiden, zu sterben und durch Sterben zu siegen!

Herder-Korrespondenz 2 (1948), S. 231—234.

GEGEN DEN SÄKULARISMUS

Hirtenbrief der katholischen Bischöfe der USA

Die *Bischöfe der Vereinigten Staaten von Amerika* erließen bei ihrer Zusammenkunft in der Katholischen Universität von Amerika in Washington im November 1947 durch den Verwaltungsausschuß der NCWC (National Catholic Welfare Conference) die folgende Kundgebung:

Kein Mensch kann Gott vernachlässigen und zugleich eine menschliche Rolle in Gottes Welt spielen. Leider aber gibt es viele Menschen, und ihre Zahl steigt täglich, die praktisch leben, ohne anzuerkennen, daß dies Gottes Welt ist. Die meisten von ihnen leugnen Gott nicht. Bei formellen Anlässen erwähnen sie vielleicht sogar seinen Namen. Nicht alle von ihnen würden die Behauptung unterschreiben, daß alle sittlichen Werte rein aus menschlichen Übereinkünften stammten. Aber sie verabsäumen, das Bewußtsein von ihrer Verantwortlichkeit Gott gegenüber in ihrem Denken und Handeln als Einzelne und Glieder der menschlichen Gesellschaft zu verwirklichen.

Das ist es im wesentlichen, was wir mit Säkularismus meinen. Es ist die Lebensanschauung, die sich zwar nicht unter Ausschluß des Geistigen auf das Materielle beschränkt, aber doch auf das Menschliche, wie es hier und jetzt ist unter Ausschluß der Beziehung des Menschen zu Gott hier auf Erden und im Jenseits. Der Säkularismus oder der praktische Ausschluß Gottes aus dem menschlichen Denken und Leben ist die Wurzel der Schwierigkeiten der heutigen Welt. Er war der fruchtbare Boden, in dem solche sozialen Ungeheuerlichkeiten wie der Faschismus, der Nazismus und Kommunismus Wurzel fassen und wachsen konnten. Er trägt mehr als andere dazu bei, unser christliches Kulturerbe zu verderben, das die verschiedenen Möglichkeiten des menschlichen Lebens zu einer Einheit zusammengefügt und Gott gibt, was Gottes ist. Jahrhundertelang hat die christliche Kultur mit der dem Menschen eingeborenen Neigung zum Bösen gekämpft. Die Ideale des Christentums sind niemals völlig verwirklicht worden, genauso wie die Ideale unserer Unabhängigkeitserklärung und unserer Verfassung im amerikanischen politischen Leben niemals vollständig verwirklicht worden sind. Deshalb können diese Ideale doch weder ignoriert noch verworfen werden.

Zweifellos haben die Christen oft darin versagt, ihrer Verantwortlichkeit zu genügen, und sie haben durch ihre Fehler es nicht verhindert, daß häßliche Auswüchse die Einrichtungen ihrer Kultur verunstaltet haben. Aber dort, wo sie trotz ihrer Verfehlungen an ihren christlichen Idealen beharrlich festgehalten haben, ist doch der Weg zu einer wirksamen Reform und zu einem wirksamen Fortschritt offengeblieben. Man kann aber bestimmt das Versagen und die Sünden der christlichen Völker nicht dadurch heilen, daß man ein gottgemäßes Leben durch den Säkularismus, die göttliche Wahrheit durch menschliche Einfälle, den gottgegebenen Maßstab für Recht und Unrecht durch von Menschen geschaffene Mittel ersetzt. Dies ist Gottes Welt, und wenn wir eine menschliche Rolle in ihr spielen wollen, müssen wir uns zuerst auf die Knie werfen und demütigen Herzens den Platz Gottes in seiner Welt anerkennen. Dies tut der Säkularismus nicht.

Der einzelne

Der Säkularismus hat auf den einzelnen die Wirkung, daß er ihn blind macht für seine Verantwortlichkeit gegen Gott. Alle Rechte, alle Freiheiten des Menschen rühren letzten Endes aus der Tatsache, daß er eine menschliche, von Gott nach seinem eigenen Bild und Gleichnis geschaffene Person ist. In diesem Sinn ist er „von seinem Schöpfer mit gewissen unabdingbaren Rechten begabt". Weder die Vernunft noch die Geschichte bieten irgendeine andere feste Grundlage für die unabdingbaren Rechte des Menschen. Als Gottes Geschöpf erkennt der Mensch allgemein und am wirksamsten seine persönliche Verantwortlichkeit, nach seiner eigenen sittlichen Vervollkommnung zu streben. Nur das deutliche Bewußtsein der persönlichen Verantwortlichkeit gegen Gott entwickelt in der Seele des Menschen das rettende Gefühl seiner Sündhaftigkeit. Ohne eine tiefbegründete Überzeugung vom Wesen der Sünde kann menschliches Gesetz und können menschliche Übereinkünfte den Menschen niemals zur Tugend führen.

Wenn der einzelne in der Verborgenheit seines persönlichen Lebens nicht anerkennt, daß er Gott für sein Denken und Handeln Rechenschaft geben muß, so fehlt ihm die einzige Grundlage fester sittlicher Werte. Der Säkularismus beseitigt diese Verpflichtung, Gott Rechenschaft abzugeben, als eine praktische Überlegung im Leben des Menschen und beraubt ihn so des Gefühles seiner persönlichen Schuldhaftigkeit vor Gott. Er rechnet mit keinem Gesetz, das über dem vom Menschen geschaffenen Gesetz steht. Redlichkeit, Anstand und Schicklichkeit sind nach seinem Sittenkodex die Normen des menschlichen Handelns. Er verwischt oder wischt sogar jenes adelige und bezeichnende Menschenbild aus, das uns das christliche Evangelium zeichnet. Nach der göttlichen Offenbarung ist der Mensch ebenso der Sohn Gottes wie das Geschöpf Gottes. Er ist zur Heiligkeit berufen, und die höchsten Werte des Lebens stehen mit den Dingen der Seele im Zusammenhang. „Denn was nützte es dem Menschen, wenn er die ganze Welt gewänne, aber Schaden litte an seiner Seele? Was will der Mensch für seine Seele eintauschen?"

Der Säkularismus zitiert vielleicht manchmal diese Worte Christi, aber niemals in ihrem vollen christlichen Sinn. Deswegen verdirbt der Säkularismus die edelsten Bestrebungen im Menschen, die durch das Christentum gepflanzt und gefördert worden sind. Leider sind viele, die sich noch immer als Christen bekennen, schon von dieser Verderbnis angesteckt. Die größte sittliche Katastrophe unseres Zeitalters besteht darin, daß einer wachsenden Zahl von Christen dieses Gefühl der Sündhaftigkeit fehlt, weil die Verantwortlichkeit gegenüber Gott nicht länger als bewegende Kraft in ihrem Leben wirkt. Sie leben in Gottes Welt, ohne an ihn als ihren Schöpfer und Erlöser zu denken. Das unbestimmte Bewußtsein Gottes, das sie vielleicht noch behalten haben, ist ohnmächtig, in ihrem täglichen Leben als bewegende Kraft zu wirken. Die sittliche Wiedergeburt, die, wie alle anerkennen, absolut notwendig für den Aufbau einer besseren Welt ist, muß damit beginnen, daß der einzelne zu Gott und zu dem Bewußtsein seiner Verantwortlichkeit gegenüber Gott zurückgebracht wird. Dies kann der Säkularismus seinem Wesen nach nicht tun.

Die Familie

Der Säkularismus hat in der Familie größtes Unheil gestiftet. Selbst die Heiden sahen in der Ehe und der Familie etwas Heiliges. Ihre Heiligkeit ist nach der christlichen Lehre so erhaben, daß sie mit der mystischen Einheit von Christus und seiner Kirche verglichen wird. Der Säkularismus hat den Ehevertrag dadurch herabgewürdigt, daß er ihn seiner Beziehung zu Gott und damit seines geheiligten Charakters beraubt hat. An die Stelle, die im christlichen Denken der Wille Gottes und das Wohl der Gesellschaft einnehmen, hat er den Willen und die Bedürfnisse des Ehemanns und der Ehefrau gesetzt.

Eine säkularisierte Pseudowissenschaft hat Praktiken popularisiert, die die Natur verletzen und der menschlichen Fortpflanzung ihre Würde und ihren Adel rauben. So ist an die Stelle heilsamer Selbstzucht im Leben der Familie ein selbstsüchtiges Suchen nach Lust getreten.

Der Säkularismus hat die Festigkeit der Familie als einer göttlichen Einrichtung vollständig untergraben und hat bewirkt, daß die Ehescheidungsprobleme in unserem Lande den größten Umfang von allen Ländern der westlichen Welt angenommen haben. Indem er Gott aus dem Familienleben entfernt hat, hat er die grundlegende erzieherische Institution der Gesellschaft ihres mächtigsten Mittels beraubt, die Seele des Kindes zu formen. Die öffentlichen Gewalten und die Presse betonen ständig, wie schwierig bei uns das Problem der Jugendlichen-Kriminalität ist. Von allen Seiten hört man die Forderung, daß etwas geschehen müsse. Unsere tiefe Überzeugung ist es, daß nichts in dieser Hinsicht geschehen wird, wenn wir nicht dem Übel an die Wurzel gehen und das Unheil einsehen, das der Säkularismus in der Familie angerichtet hat. Vergeblich werden wir öffentliche Gelder in riesigem Maße für erzieherische Zwecke und für Freizeitgestaltung ausgeben, wenn wir der von Gott verordneten Festigkeit der Familie und der Heiligkeit des Heimes nicht mehr Raum in unserem Denken geben.

Gott hat die menschliche Familie entworfen und ihr ihre grundlegende Verfassung gegeben. Wenn der Säkularismus diesen Entwurf und diese Verfassung verwirft, so verletzt er damit den ganzen Aufbau der Gesellschaft. Eine künstliche Begrenzung der Familie durch unsittliche Verhütungspropaganda, eine zynische Nichtbeachtung des edlen Sinnes der Geschlechtlichkeit, eine sechzigfache Steigerung der Scheidungszahl während des vergangenen Jahrhunderts und ein weitverbreitetes Versagen der Familie, ihre erzieherischen Aufgaben zu erfüllen, sind die schrecklichen Übel, die der Säkularismus unserem Lande gebracht hat. Welche Hoffnung für eine wirksame Heilung dieser Übel besteht, wenn die Menschen Gott nicht in das Familienleben zurückbringen und die Gesetze achten, die er für diese grundlegende Zelle der menschlichen Gesellschaft gemacht hat?

Erziehung

Auf keinem Gebiete des gesellschaftlichen Lebens hat der Säkularismus mehr geschadet als auf dem Gebiete der Erziehung. In unserem Lande haben die Säkularisten sehr rasch verstanden, die vor einem Jahrhundert eingeschlagene Politik, den Religionsunterricht aus dem Lehrplan unserer Gemeinschaftsschulen zu entfernen, für ihre eigenen Zwecke auszubeuten. Mit einer wachsenden Zahl denkender Amerikaner erblicken wir in dieser Politik eine voreilige und kurzsichtige Lösung des sehr schwierigen erzieherischen Problems, dem sich die öffentliche Gewalt in einer Nation gegenübersieht, die religiös gespalten ist. Aber man darf nicht vergessen, daß die ursprünglichen Befürworter dieser Politik in keiner Weise beabsichtigten, die Bedeutung der Religion für die Erziehung der Jugend herabzusetzen. Die Säkularisten jedoch machen sich diese Politik, die als ein praktischer Ausweg unter schwierigen Verhältnissen gedacht war, unberechtigterweise zu eigen und machen sie zum Ausgangspunkt ihrer Pädagogik. Sie schließen Gott ausdrücklich aus der Schule aus. Unter ihnen gibt es viele, die nachsichtig lächeln, wenn der Name Gottes erwähnt wird, und die Erstaunen darüber ausdrücken, daß ererbte Illusionen so langes Leben haben. Andere begnügen sich damit, Gott in die innersten Räume des privaten Lebens einzuschließen.

Bei der Erziehung von Kindern und der Bildung der Jugend wirkt Unterlassung ebenso stark wie positives Handeln. Eine Pädagogik, die Gott ausläßt, hat notwendigerweise eine Lebensauffassung zur Folge, in der Gott entweder keine Stelle hat oder im strengsten Sinn Privatangelegenheit des Menschen ist. Es gibt einen großen Unterschied zwischen einer praktischen Übereinkunft, die den ordentlichen Religionsunterricht der Familie und der Kirche überläßt, und der säkularistischen pädagogischen Theorie, die absichtlich und bewußt die Religion aus dem Erziehungsplan ausschließt. Das erstere, das unter gewissen Bedingungen als praktische Maßnahme öffentlicher Politik, wenn auch widerwillig, geduldet werden kann, kann tatsächlich dazu führen, die Notwendigkeit religiöser Erziehung und Bildung zu unterstreichen und die Leiter der öffentlichen Schulen dazu zu ermutigen, mit der Familie und der Kirche zusammenzuarbeiten, um sie zu ermöglichen. Das andere aber greift den lebendigen Mittelpunkt unserer christlichen Kultur selber an und zielt praktisch auf einen Menschen ab, der kein Gefühl für seine persönliche und soziale Verantwortlichkeit Gott gegenüber hat.

Der Säkularismus bricht mit unserer geschichtlichen amerikanischen Tradition. Wenn Eltern Schulen bauen und unterstützen, in denen ihre Kinder in der Religion ihrer Väter erzogen werden, handeln sie voll und ganz im Geiste dieser Tradition. Die Säkularisten beschneiden die Rechte der Eltern und verleihen dem Staat die oberste Gewalt auf dem Gebiete der Erziehung. Sie weigern sich, die gottgegebene Rolle anzuerkennen, die die Eltern bei der Erziehung ihrer Kinder spielen. Gott ist aber eine unentrinnbare Tatsache, und man kann keinen sicheren Lebensplan entwerfen, wenn man unentrinnbare Tatsachen nicht beachtet. Unsere Jugendprobleme würden nicht so schwierig sein, wenn die Rolle Gottes im Leben bei der Erziehung der Kinder betont würde. Unsere demokratischen Einrichtungen würden in Zukunft weniger gefährdet sein, wenn der Säkularismus unser pädagogisches Denken nicht so tiefgehend beherrschte.

Die Welt der Arbeit

Wirtschaftliche Probleme spielen eine große Rolle in der sozialen Unruhe und Verwirrung unserer Zeit. Wissenschaftler der verschiedensten Schulen suchen nach einer Formel für ein gesundes Programm wirtschaftlicher Reform. Ihr gemeinsames Ziel ist eine heilsame soziale Ordnung, die in einem vernünftigen Umfange das Eigentumsrecht begründet, Familien mit einem angemessenen Einkommen versorgt und das öffentliche Wohl schützt. Die christliche Lehre von der sozialen Ordnung verwirft das Postulat unerbittlicher wirtschaftlicher Gesetze, die die immer wiederkehrenden Zyklen der Prosperität und der Depression festlegen. Sie gibt die Schuld für die Unfestigkeit unseres sozialen Aufbaues dem Versagen der Menschen und nicht blinden und unkontrollierbaren ökonomischen Kräften. Sie umgeht nicht die offenbare Tatsache, daß in unserem Wirtschaftsleben etwas grundlegend Unrechtes ist, und erblickt im Säkularismus mit seiner Verachtung Gottes und der Gesetze Gottes einen mächtigen Faktor, der zur Schaffung der sittlichen Atmosphäre beigetragen hat, die das Anwachsen dieses Übels so sehr begünstigt hat. Ein bedeutender moderner Volkswirtschaftler hat ja sehr nachdrücklich an die Tatsache erinnert, daß „die Wirtschaftsgesetze in 150 Jahren in einer Welt, die sich von aller christlichen Verpflichtung und allem christlichen Fühlen entfernt hatte, entwickelt und als eiserne Notwendigkeiten postuliert worden sind". Er fügt hinzu: „Das frühe 19. Jahrhundert war erfüllt von einer Wirtschaftslehre und Praxis, die, sich auf ihre eigene Notwendigkeit und Unwandelbarkeit berufend, den Forderungen des christlichen Fühlens und der christlichen Lehre zuwiderlief, wobei nur noch in begrenztem Maße ein Gefühl für ihr Auseinanderklaffen und noch weniger ein Gefühl des Unrechts vorhanden war."

Gott schuf den Menschen und machte ihn zum Bruder seiner Mitmenschen. Er gab den Menschen die Erde mit all ihren Reichtümern, damit sie zum Besten aller gebraucht und entwickelt würden. So ist alle Arbeit, welcher Art sie auch sei, eine soziale Funktion, und persönlicher Nutzen ist nicht der alleinige Zweck des wirtschaftlichen Handelns. Nach der christlichen Tradition hat das Individuum das Recht auf eine angemessene Vergütung für seine Arbeit, das Recht, Privateigentum zu erwerben, und das Recht auf ein vernünftiges Einkommen aus produktiv investiertem Kapital. Der Säkularismus entfernt Gott aus dem wirtschaftlichen Denken und vermindert dadurch die Würde der menschlichen Person, die von Gott mit unabdingbaren Rechten begabt und ihm Rechenschaft für ihre aufeinander abgestimmten individuellen und sozialen Verpflichtungen schuldig ist. So ging zum Schaden des Menschen und der Gesellschaft das von Gott eingerichtete Gleichgewicht in den wirtschaftlichen Beziehungen verloren.

Nach christlicher Lehre ist die Arbeit des Menschen keine Ware, die gekauft und verkauft werden kann, und jedes Wirtschaftsunternehmen ist eine wichtige soziale Funktion, in der Eigentümer, Betriebsleiter und Arbeiter für das gemeine Wohl zusammenarbeiten. Wenn die Nichtbeachtung seiner Verantwortung gegenüber Gott den Eigentümer vergessen läßt, daß er nur Verwalter ist und daß das Privateigentum eine soziale Funktion hat, dann entsteht jener unsinnige wirtschaftliche Individualismus, der über Millionen Elend bringt. Hilflose Arbeiter werden ausgebeutet, halsabschneiderischer Wettbewerb, antisoziale Marktpraktiken folgen. Wenn die Menschen in den Arbeiterorganisationen die richtige soziale Perspektive verlieren, die das Gefühl der Verantwortlichkeit Gott gegenüber gibt, so sind sie nur zu leicht geneigt, nur den Sieg ihrer eigenen Gruppe zu verfolgen und die Eigentumsrechte zu mißachten. Die christliche Anschauung vom Wirtschaftsleben unterstützt die Forderung nach einer Organisation des Unternehmertums, der Arbeiterschaft, der Landwirtschaft und der freien Berufe unter Förderung, aber nicht Kontrolle der Regierung, die in gemeinsamem Bemühen soziale Konflikte vermeidet und die Zusammenarbeit für das gemeinsame Wohl fördert. Wenn diese freie Zusammenarbeit nicht zustande kommt, so muß schließlich die öffentliche Gewalt angerufen werden, um in gewissem Maße die wirtschaftliche Ordnung aufrechtzuerhalten. Oft jedoch überschreitet sie die gerechten Grenzen ihrer Macht, das wirtschaftliche Handeln auf das Gemeinwohl hinzulenken.

In dem äußersten Falle, wo der marxistische Kommunismus die Regierung übernimmt, beseitigt er das private Eigentum und errichtet einen totalitären Staatskapitalismus, der weit unerträglicher ist als die schwerwiegenden Übel, die er zu heilen vorgibt. Es sollte heute sicherlich offenbar sein, daß das Heilmittel für unsere wirtschaftlichen Übelstände weder in einer Rückkehr zum Individualismus des 19. Jahrhunderts noch in marxistischen Experimenten liegt. Wenn wir den Säkularismus aufgeben und unser wirtschaftliches Denken in der christlichen Wahrheit vollziehen, so dürfen wir hoffnungsvoll für eine wirtschaftliche Zusammenarbeit im Geiste echter Demokratie arbeiten. Seien wir auf der Hut vor allen, die Gott aus der Fabrik und vom Marktplatz verbannen und die solide Grundlage der Brüderlichkeit bei Eigentümern, Betriebsleitern und Arbeitern zerstören.

Die internationale Gemeinschaft

In der internationalen Gemeinschaft kann es nur ein einziges wirkliches Band gesunden gemeinsamen Handelns geben, das Naturrecht, das sich auf Gott, seinen Urheber, beruft und seine Autorität von ihm ableitet. Es gibt im internationalen Leben objektives Recht und objektives Unrecht. Zwar ist positives menschliches Recht, das auf Verträgen und zwischenstaatlichen Übereinkünften entsteht, notwendig. Aber selbst diese Verträge müssen mit dem gottgegebenen Naturrecht übereinstimmen. Wenn vielleicht auch etwas für eine Nation richtig erscheint, so kann es doch nicht geduldet werden, wenn es dem göttlichen Gesetz von Recht und Unrecht zuwiderläuft. In der internationalen Gemeinschaft ist diesem Gesetz heute öffentlicher, weitgehender und unheilvoller zuwidergehandelt worden als jemals zuvor in den christlichen Jahrhunderten. Empörende Verbrechen gegen schwache Nationen werden im Namen nationaler Sicherheit verübt. Millionen von Menschen in vielen Nationen sind in den Klauen politischer Sklaverei. Die Religion wird verfolgt, weil sie für die Freiheit vor Gott eintritt. Die grundlegendsten Menschenrechte werden mit äußerster Rücksichtslosigkeit durch eine systematische Entwürdigung des Menschen von seiten blinder und despotischer Führer verletzt. Einzelheiten dieser traurigen und ekelhaften Geschichte dringen durch den Wall der Zensur, der die Polizeistaaten umgibt.

Die Menschen sehnen sich nach Frieden und Ordnung, aber die Welt steht am Rande des Chaos. Es ist bezeichnend, daß gottlose Kräfte sie dahin gebracht haben. Nazismus und Faschismus und der japanische Materialismus liegen unter den Trümmern einiger der schönsten Städte der Welt begraben, die zu regieren oder zu ruinieren sie geschworen hatten. Der atheistische Kommunismus, der eine Zeitlang durch die Naziaggression gegen Rußland zu einem Bündnis mit den demokratischen Nationen gekommen war, steht heute klar und deutlich als diejenige Macht da, die mit Gewalt und Tücke die Herstellung einer gerechten Rechtsordnung in der internationalen Gemeinschaft verhindert. Jeder kann das klar sehen. Aber nachdenkende Menschen sehen ebenso, daß der Säkularismus, der Jahre hindurch die von Gott gelegten Grundlagen des sittlichen Gesetzes unterminiert hat, einen schweren Teil der Verantwortung für das Elend der heutigen Welt trägt.

Der Säkularismus, der Gott aus dem Menschenleben verbannt, ebnet den Weg für die Annahme gottloser umstürzlerischer Ideologien, während die Religion, die Gott im menschlichen Leben behauptet, der eine, alle anderen überragende Widersacher der totalitären Tyrannei gewesen ist. Die Religion ist ihr erstes Opfer gewesen, denn Tyrannen verfolgen das, was sie fürchten. Daher ist der Säkularismus, der alle praktischen religiösen Einflüsse im heutigen Leben der Menschen und der Nationen auflöst, tatsächlich nicht das offenste, sondern im wahren Sinn das heimtückischste Hindernis eines Wiederaufbaus der Welt im Rahmen von Gottes Naturrecht. Es bestünde mehr Hoffnung für einen gerechten und dauernden Frieden, wären die Führer der Völker wirklich überzeugt, daß der Säkularismus, der Gott nicht beachtet, ebenso wie der kämpferische Atheismus, der ihn durchaus leugnet, keine gesunde Grundlage für ein festes internationales Abkommen darstellt, das einen dauernden Respekt für Menschenrechte oder für die Freiheit unter dem Gesetze voraussetzt.

In den dunklen Zeiten, die vor uns liegen, dürfen wir nicht wagen, der säkularistischen Philosophie zu folgen. Wir müssen unserer historischen christlichen Kultur treu bleiben. Wenn alle, die an Gott glauben, diesen Glauben in ihrem eigenen Arbeitsleben praktisch ausüben würden, wenn sie darauf achten würden, daß ihre Kinder von diesem Glauben durchtränkt und zur Beobachtung von Gottes Lebensweg erzogen würden, wenn sie über die wirklichen Meinungsverschiedenheiten, die sie leider trennen, auf die gemeinsame drohende Gefahr schauen würden, wenn sie sich standhaft weigern würden, dem gemeinsamen Feinde zu erlauben, aus diesen Verschiedenheiten zum Schaden der gesellschaftlichen Einheit Kapital zu schlagen, so würden wir vielleicht beginnen, einen Weg aus dem über uns hängenden Chaos zu sehen. Der Säkularismus kann kein gültiges Versprechen für die Verbesserung der Zustände unseres Landes oder der Welt abgeben.

Während unserer Lebenszeit ist er die Brücke gewesen zwischen einem verfallenen Sinn für die christliche Kultur und den revolutionären Kräften, die das heraufgeführt haben, was vielleicht die schwerste Krise der ganzen Geschichte ist. Das tragische Übel ist nicht, daß unsere christliche Kultur nicht länger fähig wäre, Frieden und vernünftige Wohlfahrt herbeizuführen, sondern daß wir dem Säkularismus erlauben, die christliche Wahrheit vom Leben zu trennen. Die Tatsache Gottes und die Tatsache der Verantwortlichkeit der Menschen und der Nationen Gott gegenüber sind oberste Wirklichkeiten, die nachdrücklich Anerkennung in einer wahrhaft realistischen Lebensordnung des einzelnen, der Familie, der Schule, des wirtschaftlichen Handelns und der internationalen Gemeinschaft fordern.

Tübinger Theologische Quartalschrift 130 (1950), S. 166—175.

DER NEUZEITLICHE SÄKULARISMUS

Von Franz Xaver Arnold

Säkularismus ist jene Welt- und Lebensanschauung, welche die Beziehung des Menschen und der innerweltlichen Kultursachgebiete zu Gott leugnet. Er ist in allen seinen Schattierungen, vom politischen Machiavellismus der Renaissance bis zum Totalitarismus jüngster Zeit, gekennzeichnet durch eine im Denken, Wollen und Handeln der menschlichen Gesellschaft sich aussprechende reine Diesseitigkeit. Mensch und Welt, alle Bereiche menschlichen Daseins, von der Ehe bis zum Gemeinschaftsleben der Völker, werden ihrer metaphysischen Bindung an Gott und gottgegebenen Ordnung entkleidet. Der Öffentlichkeitsanspruch der Religion wird in Abrede gestellt, der absoluten Eigengesetzlichkeit der weltlichen Kulturgebiete das Wort geredet. Nicht eine religiös fundierte Ethik gilt hier, sondern nur der Gesichtspunkt des Erfolgs und des Nutzens oder bestenfalls eine von der christlichen Moral verschiedene Kulturethik.

Geistesgeschichtlich gesehen ist der neuzeitliche Säkularismus das Ergebnis der kritischen Zersetzung jenes abendländischen Ordogedankens, der die Vielheit des Seienden in seinem Bezug zueinander wie zum letzten Grund und Ziel des Universums sehen lehrt. Von Aristoteles grundgelegt, vom Neuplatonismus weiter ausgeführt, wurde diese Ordnungslehre, die trotz verschiedener, ja gegensätzlicher gedanklicher Prägung europäisches Gemeingut blieb bis zu Dante, Leibniz, Goethe und Hegel, von der christlichen Antike aufgegriffen und nach vielfältigen Versuchen einer Klärung seitens patristischer und frühmittelalterlicher Denker im Hochmittelalter vor allem durch Thomas von Aquin systematisch ausgebaut.

Das Ganze des Seins — so lehrt der große Ordnungsphilosoph — gestaltet sich unter Wahrung und Einbeziehung aller seiner Seinsbesonderungen zu *einem* „Kosmos" oder „ordo", der in abgestuftem Sein sich rundet und das Wie seines Werdens und Bestehens als ewiges, in Gott gründendes Gesetz (lex aeterna) in sich trägt. Im Sinne nicht mehr griechischer, sondern christlicher Metaphysik wird der Ordo des zueinander hingeordneten Seienden vom hl. Thomas auf den persönlichen Weltschöpfer hin- und zurückgeführt. Der „Deus principium et finis" ist Ausgang und Ende alles Seins. Dadurch eben findet es seine Ordnung. Ordnung ist somit für Thomas ihrem Wesen nach nichts anderes als Relation (S. theol. I, q. 116 a. 2 ad 3); und zwar reale, nicht bloß gedachte, konstruierte oder erfundene, sondern vorgefundene Beziehung, dem Geist des Menschen nicht nur, wie Gogarten, Emil Brunner u. a. wollen, „durch den Glauben", sondern durchaus mit den Kräften der humanen Vernunft (syntheresis, lex naturae) greifbar.[1] Eine Beziehung ist diese Ordnung, die zum Sein der Träger hinzukommt und das Verschiedene im Sinne des Aufeinanderbezogenseins eint. Eine *Seins*ordnung also ist gemeint, ein Bezogensein des auf Grund seines Soseins aufeinander Bestimmten, das sein eigenes Sein hat und mit seinen Beziehungsrelaten eine Einheit aus Mannigfachem bildet.[2] Diese Ordnungsbezogenheit gibt und läßt jedem Seinsbereich *seinen* Sinn und Rang; sie sichert die Hierarchie und Harmonie, d. h. die geordnete Einheit alles Seienden. Dieser Ordnungsgedanke bildet die Grundlage der mittelalterlichen „Einheitskultur".

Allein, jene Einheitskultur hatte in dem Augenblick, als ihr Spiegelbild, die thomistische Ordolehre, fertig dastand, ihren Höhepunkt nicht nur erreicht, sondern auch schon überschritten; und zwar nicht nur in der damaligen geschichtlichen Wirklichkeit, sondern, was mehr ist, auch schon in der Theorie. Lehrten doch neben Thomas an den Hohen Schulen in Paris bereits Männer, deren Ideen mit der christlichen Grundlehre von der einen Wahrheit in Wissen und Glauben unvereinbar waren. Die säkularistische Denkrichtung des hauptsächlich an der damaligen Pariser Artistenfakultät entstandenen und gepflegten *Averroismus* hat den engen Bund, in dem bislang Theologie und Philosophie vereint waren, gesprengt und die absolute Autonomie der Philosophie proklamiert. Die zersetzende Wirkung dieses Denkens zeigte sich

---

[1] Otto Schilling, Lehrbuch der Moraltheologie I, München 1928, S. 94 ff.

[2] Theodor Steinbüchel, Die philosophische Grundlegung der katholischen Sittenlehre I, 2, Düsseldorf 1939, S. 10 ff. — Hans Meyer, Thomas von Aquin. Sein System und seine geistesgeschichtliche Stellung, Bonn 1938, S. 328 ff.

schon im 14. Jahrhundert bei Johann von Jandun und Marsilius von Padua, dessen ›Defensor pacis‹ das revolutionärste staatspolitische Werk des späten Mittelalters, aus der Lehre von der doppelten Wahrheit bereits die entsprechenden säkularistischen Folgerungen für das Verhältnis von Kirche und Staat wie für das Verhältnis von Recht und Staat gezogen hat, und zwar im Sinn der Unterordnung der Kirche unter die absolute Staatsomnipotenz und im Sinn der positivistischen Leugnung eines vor- und überstaatlichen Rechts.

Eine weitere entscheidende Erschütterung erfuhr der Ordogedanke alsbald durch jene einflußreiche Denkrichtung des *Ockhamismus*, deren Begründer der englische Franziskaner W. von Ockham war. Dieser kritische Denker spricht dem menschlichen Geist die Fähigkeit ab, das objektive Sein wirklich zu erfassen. Die Allgemeinbegriffe gelten ihm nur als „nomina", nicht aber als Ausdruck objektiver Sachverhalte. Diese erkenntnistheoretische Grundhaltung mit ihren Konsequenzen für Metaphysik und Theologie, Psychologie und Ethik wurde in Verbindung mit den Aufbrüchen auf allen Kulturgebieten der Ausdruck eines neuen Ethos und einer neuen Gesamtweltanschauung. Ockhams am Einzelding orientierter Empirismus führte in Verbindung mit dem Nominalismus zur Auflösung der Harmonie zwischen Wissen und Glauben, zur Lehre von der zweifachen Wahrheit, zur Zersetzung der thomistischen Synthese von Natur und Übernatur, von sittlichem Naturgesetz und positiv-göttlicher Willenssetzung und damit zum Moralpositivismus. Zugrunde liegt jener extrem voluntaristisch geprägte Gottesbegriff, der die Bindung Gottes an einen im göttlichen Wesen begründeten Ordo leugnet. Konnte nach Thomas die göttliche Allmacht nie ohne Gottes Weisheit, Gerechtigkeit und Güte in Kraft treten, so führt bei Ockham die Überbetonung des Willens gegenüber dem Verstand zur Vorstellung des vom Wesen Gottes gelösten göttlichen Willkürwillens (potentia absoluta)[3]. Damit war die Weltidee von der Wesenheit Gottes in jeder Richtung abgelöst, der innere Zusammenhang der Welt mit Gott und mit einer metaphysischen Weltordnung aufgehoben oder doch wenigstens reduziert. Das Fundament des scholastischen Ordogedankens kam ins Wanken. Die feste Orientierung im

[3] Franz Xaver Arnold, Die Staatslehre des Kardinals Bellarmin, München 1934, S. 13 ff.

Geistesleben war verloren; Welt und Mensch waren aus ihrer zentralen Bindung herausgerissen.

Die angeführten säkularistischen Auflösungsversuche, tatkräftig gefördert durch des Averroes Begünstigung am sizilianischen Hof Friedrichs II. wie durch Ockhams Bundesbruderschaft mit Ludwig dem Bayern, hatten die Bahn frei gemacht für jene kopernikanische Wende von Gott zum Menschen, die sich an der Wende zur Neuzeit durchsetzt, die kennzeichnend wird für die Kulturbewegungen der Renaissance und des Humanismus und die dann nach der Unterbrechung durch das konfessionelle Zeitalter erneut die Epoche des Barock, der Aufklärung und der „Deutschen Bewegung" prägt. „Der Mensch in der Mitte, dieses Grundproblem macht die Jahrhunderte der Renaissance, des Barock, der Aufklärung zu *einem* Zeitalter des Humanismus" (Günther Müller),[4] der Anthropozentrie im Gegensatz zur mittelalterlichen Theozentrik. Der Mensch, nicht mehr Gott, stand in der Mitte dieser auf sich selbst gestellten Welt; und zwar ein Mensch, der auf sich selbst steht und sich selbst genügt, der autonome Herrenmensch der Renaissance und des aufgeklärten Rationalismus. Das „regnum hominis" tritt an die Stelle des „regnum Dei". Unter diesen Umständen war die Verweltlichung nicht nur des Denkens (Descartes), sondern auch der übrigen Lebensgebiete auf die Dauer nicht mehr aufzuhalten. Schritt für Schritt wird fortan die Gottbezogenheit von Politik, Recht, Staat, Gesellschaft, Wirtschaft, Ehe, Familie und Erziehung in Frage gestellt. Unabhängigkeit von der Moral wird zum Grundsatz des politischen, wirtschaftlichen und kulturellen Handelns.

Der erste, der aus dem Geist der Renaissance heraus den Gesamtbereich der *Politik* von ihrer ethischen Substanz grundsätzlich löst, eine Politik jenseits von Gut und Böse anerkennt und zur Norm erhebt, war der Florentiner *Machiavelli* (1469—1517). Jeder metaphysischen Begründung von Staat, Recht und Politik abhold, stellt er das Recht der Macht über die Macht des Rechts und den politischen Nutzen über die Heiligkeit der Verträge: „Ein kluger Staatsmann darf seine geschworenen Eide nicht halten, wenn solche Treue seinen Interessen zuwider ist." Selbst die Religion wird säkularisiert und nationalisiert, ja der Staatsraison dienstbar gemacht als ein Mythus, geeignet, die ungebilde-

---

[4] Günther Müller, Geschichte der deutschen Seele, Freiburg 1939, S. 139 ff.

ten Massen zu vereinheitlichen und zusammenzukitten; schlimmste Perversion der Religion.

Möglicherweise noch überboten wird solche Säkularisierung von Staat, Recht und Politik durch den Engländer *Thomas Hobbes* (1588—1679). Sein staatstheoretisches Werk ›Leviathan‹ begründet den Staat nicht mehr metaphysisch, sondern allein aus dem freiwilligen Vertrag der Individuen, der den ursprünglichen „Krieg aller gegen alle" abgelöst habe. Der Wille des Staatsoberhaupts, in dem das Volk zu personaler Existenz gelangt, gilt als der vereinigte Wille aller einzelnen, als die alleinige Rechtfertigung und Quelle von Gesetz und Recht: „Auctoritas, non veritas facit legem." Diese Absolutheit gilt auch gegenüber der Religion; sie kann nur als willkürliche Staatseinrichtung geduldet werden. Bereits hier ist der Staat absolut, totalitär, vergottet. — Hundert Jahre später wandelt der Franzose *Rousseau* (1712—1778), dessen ›Contrat social‹ im Wesentlichen an Hobbes anklingt, in anderem aber — speziell durch das optimistische im Gegensatz zum pessimistischen Menschenbild eines Hobbes — ihm scharf widerspricht, dessen absolutistische Theorie in die demokratische Volkssouveränitätslehre ab; den staatstheoretischen Säkularismus aber hat er mit Hobbes gemein. Durch sein pädagogisches Hauptwerk ›Emile‹ endlich wurde Rousseau zum Wegbereiter der dann durch die Philanthropisten weitergetragenen *naturalistischen Erziehungslehre*. Inzwischen war seit *Hugo Grotius, Pufendorf, Thomasius* u. a. längst auch das Naturrecht aus dem Zusammenhang mit dem Schöpfer und der „lex aeterna" gelöst und durch das säkularisierte *rationalistische Naturrecht* der Aufklärung abgelöst, das dann im 19. Jahrhundert auf dem Umweg über das historische Rechtsdenken vom *Rechtspositivismus* verdrängt wurde.

Vom Staats- und Rechtsdenken her dringt der neuzeitliche Säkularismus seit der zweiten Hälfte des 18. Jahrhunderts in den Bereich der *Volkswirtschaft* ein. Deutliche Ansätze dazu finden sich bereits bei *Adam Smith*, dem „Vater der Nationalökonomie". Zugrunde liegt das „religiöse" Bekenntnis jener Zeit zum deistischen Rationalismus, der Gott und Welt völlig auseinandergerissen und die Welt zu einer Angelegenheit der Menschen unter sich gemacht hat. Der *Liberalismus* lehrt den aus dem freien Spiel der Kräfte sich von selbst ergebenden Einklang von Selbstinteresse und Allgemeininteresse. Die Wirtschaft lebt nach „rein ökonomischen", nicht aber zugleich nach sittlichen Gesetzen. Die

Folge war jene hemmungslos individualistische Wettbewerbswirt-
schaft, welche die soziale Seite von Eigentum, Arbeit und Wirtschaft
vergaß und um die Mitte des 19. Jahrhunderts den großen Gegenspieler
und Kritiker des Kapitalismus auf den Plan rief: den *Marxismus*, der den
bürgerlichen Atheismus als „Erbmasse der Bourgeoisie" in die Welt des
historischen Materialismus herübergenommen hat und der seinerseits
aus dem Ethos eines säkularisierten Messianismus lebt.

Das folgerichtige Ergebnis des skizzierten Säkularisierungsprozesses
ist die soziale, politische und kulturelle Ausweglosigkeit und Zerklüftung der heutigen Welt. Das moderne Europa, hervorgegangen aus der
Auflösung der mittelalterlichen Christenheit, im 16. Jahrhundert religiös gespalten durch die deutsche Reformation, im 18. Jahrhundert im
Namen der allverbindenden Vernunft verweltlicht durch die Aufklärung, im 19. Jahrhundert auseinandergebrochen in eine Vielheit gegensätzlicher Nationen, ist säkularisiertes Abendland, der „Kadaver der
mittelalterlichen Christenheit" (Maritain). Ähnlich ist im Zug der fortschreitenden Verweltlichung auch der russischen Seele aus dem absolutistischen, zaristisch geführten orthodoxen Kirchentum das bolschewistische Sowjetrußland hervorgewachsen, seitdem dieser Staat vom
verweltlichten Messianismus einer revolutionären Intelligenz ergriffen
wurde.

So steht hinter der politischen und sozialen Tragödie Deutschlands,
Europas und der Welt letztlich ein religiöses Trauerspiel. „Es ist auffallend", so bemerkt der französische Sozialist Proudhon († 1865) in seinen
›Bekenntnissen eines Revolutionärs‹, „daß wir im Hintergrund unserer
politischen Fragen letzten Endes stets auf die Theologie stoßen." „In
der Art und Weise, wie die Menschen und Völker den Namen Gottes
ausgesprochen haben und aussprechen, haben wir" — so meint der spanische Staatsphilosoph Donoso Cortes vor hundert Jahren — „die Erklärung für den Aufstieg und Niedergang der Reiche, für die großen
Wandlungen der Geschichte." Den tiefsten Grund der sozialen Zerklüftung und der politischen Entzweiung der modernen Welt erblickt der
englische Kulturkritiker Christopher Dawson darin, „daß die Religion
gespalten und dadurch selbst eine trennende Macht geworden ist. Schon
bevor die europäische Zivilisation verweltlicht wurde, war das
Christentum gespalten... Den ideologischen Streitigkeiten, die die
moderne Welt spalten, liegen die theologischen Streitigkeiten zugrun-

de, die während der letzten Jahrhunderte materiellen Fortschritts nicht beachtet wurden"[5]. Die religiöse Trennung der Ostkirche von der Kirche des Westens hat zu einer scharfen politischen und kulturellen Trennung des östlichen und des westlichen Europas entscheidend beigetragen. Die konfessionelle Entzweiung der westlichen Welt aber hat deren politische Aufspaltung und Zerklüftung und insofern die Ohnmacht Europas maßgebend mitverschuldet.[6] Daß dem religiösen Zerfall der moralische, ja schließlich der politische und physische Niedergang folgen werde, haben klare Köpfe schon vor hundert Jahren vorausgesagt. Bereits der geistvolle französische Schriftsteller und Staatsmann François Auguste Chateaubriand hatte, als er sich im Jahre 1848 zum Sterben legte, die Vision von „dem zwischen Amerika und Rußland eingekeilten Europa", dem er nichts Gutes prophezeite.[7] Wenige Jahre später aber, im Jahre 1850, also genau vor einem Jahrhundert, hat der erwähnte spanische Staatsmann Donoso Cortes (1849 Gesandter in Berlin, † 1853 in Paris) folgende Prognose gestellt: „Wenn die Revolution in Europa die stehenden Heere wird zerstört haben, wenn die sozialistischen Revolutionen den Patriotismus in Europa werden ausgetilgt haben, wenn im Osten Europas die große Gefahr der slawischen Völker sich vollzogen haben wird, wenn es im Okzident nur noch zwei Armeen geben wird, die der Plünderer und die der Geplünderten, dann wird die Stunde Rußlands schlagen, dann wird Rußland, Gewehr im Arm, ruhig in unserem Vaterland auf- und niederschreiten können, alsdann wird die Welt dem größten Strafgericht anwohnen, welches die Geschichte verzeichnet hat."[8] Es ist das Gericht über den neuzeitlichen Säkularismus und über die selbstmörderische Politik des säkularisierten Europa. Stehen wir diesem Vorgang machtlos und ohne Hoffnung gegenüber?

Auf diese Frage gibt ein, wie uns scheint, ungemein wichtiges Buch

---

[5] Christopher Dawson, Gericht über die Völker, deutsch bei Benziger: Einsiedeln und Zürich 1945, S. 35 ff.

[6] Näheres darüber in meiner Schrift: Zur christlichen Lösung der sozialen Frage, Stuttgart ²1949, S. 22 ff.

[7] Wetzer und Weltes Kirchenlexikon, Freiburg 1884, Bd. III, Artikel ›Chateaubriand‹, Spalte 107.

[8] Donoso Cortes und F. J. Buß, Zur katholischen Politik (1850), S. 31 und 46. — Der Staat Gottes, eine katholische Geschichtsphilosophie von Donoso Cortes, übersetzt von L. Fischer (1933), S. 67 ff.

eine beachtenswerte und aufrüttelnde Antwort: In seinem großangeleg-
ten, weite Horizonte umgreifenden Werk ›*Diagnose unserer Gegenwart*‹ [9] unternimmt der durch seine ›Genealogie der Wirtschaftsstile‹
(1941) und durch sein Werk ›Das Jahrhundert ohne Gott‹ (1948) bekannte Ordinarius der Volkswirtschaftslehre, zugleich Direktor des Instituts für Wirtschafts- und Sozialwissenschaft an der Universität Münster, *Alfred Müller-Armack,* den Versuch, die Gegenwart wissenschaftlich zu analysieren und kritisch zu überprüfen. Als Nationalökonom
und Religionssoziologe überschreitet er die vom geschichtlichen Erkennen des Historismus bisher gemiedene Schwelle zur Gegenwart.
Gestützt auf die Ergebnisse einer geistesgeschichtlich orientierten Soziologie, auf Religions-, Staats- und Wirtschaftssoziologie, verarbeitet
dieser Forscher vor allem Gedankenmotive, die wir der neuerdings erheblich ausgestalteten philosophischen Anthropologie, der Vertiefung
der Geschichtstheorie und der jüngsten Gesellschaftswissenschaft verdanken, um „die Gegenwart in eine wissenschaftlich und methodisch
bedachtsam geführte Reflexion einzubeziehen". Im Gegensatz zu einer
Geschichtswissenschaft, welche die methodisch-wissenschaftliche Betrachtung auf die Vergangenheit beschränkte und die Gegenwart einer
rationalen Durchdringung für unzugänglich hielt, wird hier die lebendige Gegenwart selbst zum Gegenstand einer methodisch geführten
Forschung gemacht. Und zwar erklärt der Verfasser das Wesen unserer
Zeit wenig durch die äußeren ökonomischen und soziologischen Bedingungen, die sie aus der Vergangenheit herübernahm. Müller-Armack
glaubt vielmehr unsere Epoche in ihrer Tiefe *geistig* bestimmt, und eben
diesen durch alle Züge der Zeit, durch die Positionen des Glaubens, der
weltlichen Kultur, des Menschen, der Kunst, der Wissenschaft, des Exi-
stenzproblems und der sozialen Konstellation durchschimmernden
Geist der Gegenwart sucht er aufzuzeigen. Das Unverwechselbare unseres Augenblicks besteht, das ist das Ergebnis dieses ungemein frucht-
baren Buches, darin, daß wir den totalen, d. h. den alle Lebensgebiete
ergreifenden Zusammenbruch einer säkularisierten Epoche erlebt haben. Die Erfahrung eines Jahrhunderts hat die Illusionen über die Möglichkeit einer rein weltlichen Kultur, wie sie das 19. Jahrhundert zu

---

[9] Alfred Müller-Armack, Diagnose unserer Gegenwart. Zur Bestimmung unseres geistesgeschichtlichen Standorts, Gütersloh 1949.

erreichen suchte, zunichte gemacht. Wir stehen den Massenideen und -idolen jener Zeit, die im Kern einen Glaubensersatz zu bieten versuchten, mit letzter Skepsis gegenüber. Der Säkularismus und seine Kulturform, das Prinzip des 19. Jahrhunderts, ist fragwürdig geworden. Das aus den Beengtheiten des 19. Jahrhunderts sich losringende Denken des 20. Jahrhunderts vollzieht daher längst wieder die Wende zur Einheit der geistigen Richtung und damit die Grundlegung neuer Fundamente und einer neuen Denkrichtung. Nicht mehr im Nihilismus, so sehr dieser weiterhin eine Gefahr bleibt, sondern im Heraufkommen dieses neuen Geistes liegt, so meint unser Autor, die wahre Position unserer Zeit. Die Wirklichkeit dieser neuen geistigen Haltung war die Kraft und die Überzeugung derer, die der geistigen Tyrannei zu widersprechen wagten und wagen. Sie gab und gibt ihnen das Wissen, eine geistige Welt gegenüber der Finsternis zu vertreten, und machte sie immun, den Zusammenbruch des politischen Nihilismus und die militärische Niederlage zu überleben. Die kritische Auflösung des Ordogedankens geht dem Ende zu. Die Kraft des Geistes und damit die Bedeutung des einzelnen wird wieder neu gesehen. Im Gegensatz zu dem Glauben an die Allmacht überpersönlicher Kräfte, der die eigene Verantwortung ganzer Epochen entlastete und den Boden bereitete für eine Bewegung, die dieses Mittel überpersönlichen Denkens virtuos handhabe, wird hier kraftvoll bezeugt und betont, daß *in jedem Augenblick der Geschichte die aus früherer Zeit vorbereitete Entwicklung der Geschichte abgebrochen werden kann durch eine höchst lebendige Entscheidung,* die Wahrheit und Irrtum, Mut, Feigheit, Liebe und Haß in höchstem Maße umschließt.

Soll das Chaos und die moralische Anarchie, in der Europa und die Welt sich seit langem verzehren, gemindert oder gar gewendet werden, so kann das nur geschehen durch diese *Entscheidung,* durch die Kraft jenes *Geistes* und jenes *Glaubens,* dessen Ordnungs- und Gemeinschaftsidee den einzelnen und die Familie, den Staat und die Wirtschaft, die Volks- und die Völkergemeinschaft aus der Diktatur der Massenidole löst und sie wieder an Gott bindet. Einen anderen Weg, um die auseinanderstrebenden Egoismen sozialer, politischer, kultureller und nationaler Art einigermaßen zu überwinden, gibt es nicht.

Erkenntnis und Glaube 1, Berlin 1950, S. 15—38.

ZUR ÜBERWINDUNG DES SÄKULARISMUS IN DER WISSENSCHAFT

Von Friedrich Karl Schumann

Die Schwierigkeit unseres Themas liegt einmal in der *Vordergrunds-unschärfe* und *Hintergrundstiefe* einer Chiffre wie *„Säkularismus"*, andererseits darin, daß die abgründige Problematik des Wissenschafts-begriffs darin mitangeschnitten ist. Der Ausdruck „Säkularismus" ist, soweit ich zu sehen vermag, nicht innerhalb der deutschen Geistigkeit geprägt und in Umlauf gesetzt worden, sondern gehört ursprünglich in anglo-amerikanische Horizonte.[1] Fragt man ganz vorläufig nach sei-nem Sinn, so sieht man sich an Konzeptionen wie „Säkulum", „Aion", „Kosmos", „Welt" verwiesen und damit an Wortgebilde von weitaus-ladender Mächtigkeit; die Schwierigkeit, sie zu behandeln, besteht aber nicht sosehr in der schweren Übersehbarkeit ihres Bereichs als vielmehr darin, daß sie wohl immer mehr den Charakter von Chiffren als den von Begriffen gehabt haben, daß sie ein Gemeintes mehr in großem Kontur umrissen als mit inhaltlicher Deutlichkeit ausgeprägt haben. Ja, es be-steht Grund zu der Frage, ob derartige Worte überhaupt jemals etwas anderes als eben — Chiffren bedeuten können. Mit der Frage nach der Krise der Wissenschaft aber ist die ganze Fragwürdigkeit gegenwärtigen Daseins aufgerissen und unser Thema in den Strudel von Diskussionen hineingezogen, die schon fast bis zum Überdruß immer neu angelaufen und oft genug ohne greifbares Ergebnis ausgelaufen sind. Trotz solcher entmutigenden Vorerwägungen bleibt der Eindruck, daß unser Thema

[1] Er wurde in begrenzten Umlauf gesetzt durch das Buch des Engländers I. Holyoake, Secularism. The Practical Philosophy of the People, 1854, und be-zeichnet dort einfach einen freidenkerischen Gegensatz zum Christentum. Erst die Weltmissionskonferenzen haben dem Ausdruck dann eine weitere Verbrei-tung gebracht, und im Zusammenhang damit trat das Phänomen ans Licht, das der Ausdruck heute bezeichnet.

eine echte Frage einschließt, „echt", sofern es sich dabei um mehr als bloß das Verhältnis von Wortbedeutungen handelt, „Frage", sofern das Gemeinte sich uns wirklich auferlegt und von uns Entscheidung fordert.

I

Wir versuchen zunächst zu sehen, was mit dem Wort „Säkularismus" gemeint ist. Es wird sich zeigen, daß das vielgenannte Phänomen nicht eben leicht zu fassen und ziemlich komplexen Charakters ist. Soviel ich sehe, ist es zu einem „terminus" geworden besonders anläßlich einer neuen Situation, welcher sich die christliche Mission seit etwa einem halben Jahrhundert mit zunehmender Deutlichkeit bewußt wurde. Sie merkte, daß sie es bei den zu missionierenden Völkern nicht mehr nur mit deren angestammter Religion als Gegenmacht zu tun hatte, sondern mit Auswirkungen und Rückspiegelungen von Gedankenmächten, die, innerhalb der Christenheit entstanden, aber zum christlichen Glauben im Gegensatz stehend, ihren Weg zu den „Heiden" gefunden hatten und dort nun der christlichen Verkündigung entgegenwirkten. Die Erscheinung wurde erst nach und nach in ihrer tiefen Grundsätzlichkeit erkannt. Sie stellte etwas bisher noch nie Dagewesenes dar und versetzte die christliche Mission in eine völlig neue Lage, deren Schwierigkeit wuchs mit der Klarheit, mit der sie erkannt wurde. Die christliche Mission war „Heidenmission" gewesen; jetzt waren auf einmal die Heiden nicht mehr Heiden.[2] Die Heiden hatten bisher in ihrer Religion gelebt und hatten in ihr der christlichen Verkündigung widerstrebt. Diese ihre Religion war — in einem sehr vorläufigen Sinn — ein Verhältnis zu einem „Überweltlichen" gewesen, dem das Christentum *sein* „Überweltliches" entgegensetzte. Jetzt dagegen bemächtigten sich dieser Heiden Gedanken und Haltungen, welche die alte Religion ebenso wie den Christusglauben eben wegen deren vermeintlich gemeinsamer „Überweltlichkeit" ablehnten und im Gegensatz dazu ein Verharren in so etwas wie einer reinen „Innerweltlichkeit" bedeuteten. Für

---

[2] Die Situation war in begrenztem Umfang schon immer dagewesen bei der im neunzehnten Jahrhundert erneuerten „Judenmission", war dort aber in ihrer Grundsätzlichkeit nicht erkannt worden.

dieses gewöhnte man sich, den Ausdruck „Säkularismus" zu gebrauchen.

Damit war der christlichen Mission aber nicht etwa nur ein zweiter Gegner neben der alten Religion erstanden. Das Besondere war vielmehr dies, daß ihr hier inmitten der Heidenwelt eine Gedankenmacht entgegentrat, die nicht nur tatsächlich inmitten der Christenheit entstanden war, sondern, wie wir gleich sehen werden, nur innerhalb der Christenheit und auf Grund christlicher Voraussetzungen entstehen konnte — eine Gedankenmacht also, die zwar sich der Seelen der Heiden bemächtigte, von ihnen aber niemals eigentlich begriffen und verstanden werden konnte.[3] Die Schwierigkeit, ins Begriffliche erhoben, war ja offenbar die: Dem Heiden trat etwas entgegen, was ihm als Gegensatz zu dem erschien, was er bisher als „Überweltliches" empfunden hatte. Die Selbstauffassung dieses ihm entgegentretenden „Innerweltlichen" war aber ursprünglich an einem ganz anderen Verständnis des „Überweltlichen", eben dem christlichen, orientiert gewesen. Was man unter „überweltlich" versteht, das hängt ja offenbar zusammen mit dem, was das Wort „Welt" umfaßt. Nun hatte aber eben das christliche Verständnis des „Überweltlichen" allererst ein Verständnis von „Welt" begründet, gegen das nunmehr in der Christenheit die neue „Innerweltlichkeit" sich wandte, das aber dem Heiden in seinem eigentlichen Sinne gar nicht erschlossen war. Das mag zunächst als Hinweis auf die Verwickeltheit des Problems genügen, zugleich aber deutlich machen, daß die Frage des Säkularismus weder mit dem Begriffspaar „heilig–profan", noch gar mit dem Gegensatz von „transzendent–immanent" zu erheben ist. Mit dem ersten nicht, weil ihn auch das ursprünglich heidnische Denken kennt, mit dem zweiten nicht, weil er nur rein formal und wesentlich auf die erkenntnistheoretische Fragestellung eingeschränkt ist.

Suchen wir uns der Frage nach Wesen und Ursprung des Säkularismus noch von einer anderen, geschichtlichen Überlegung her zu nähern. Luthers Werk unterliegt bis heute unter dem Gesichtspunkt dieser Fragen sehr entgegengesetzter Beurteilung. Es handelt sich dabei wesentlich um seine Unterscheidung von „geistlich" und „weltlich", der er

---

[3] Es wäre eine der wichtigsten Aufgaben der Missionstheologie, einmal möglichst umfassend „säkularistische" Äußerungen von Heiden zu sammeln und unter dem obigen Gesichtspunkt systematisch zu analysieren.

ja selbst eine sehr grundsätzliche Bedeutung zugemessen hat. Nun wird er bald dafür gepriesen, daß er den „weltlichen" Bereichen erst gegenüber falscher Vergeistlichung ihre rechte Ehre und Würde gegeben habe, was für das Recht z. B. in hohem Maße gilt,[4] in ihrem „weltlichen" Charakter liegt für Luther in der Tat Sinn und Wirkung von Größen wie „Oberkeit" und „Recht" beschlossen. Andererseits wird Luther — auch gerade heute wieder — darum getadelt, daß er eben diese „weltlichen" Bereiche durch seine Unterscheidung veräußerlicht, entseelt, ihrer Tiefe beraubt habe und dadurch der Urheber dessen geworden sei, was man heute „Säkularismus" nenne und als die eigentliche Gefahr unserer gesamten Kultur, ja unseres Daseins zu erkennen beginne. Von der Sache her wird zu sagen sein, daß sowohl dieses Lob wie dieser Tadel Luthers unangebracht sind. Sein Preis als des Begründers der „modernen" Kultur vor allem deshalb, weil diese zwar auf einer bestimmten Unterscheidung von „geistlich" und „weltlich" beruht, die aber gerade nicht Luthers Unterscheidung ist. Das moderne Staatsdenken z. B. glaubt eine Unterscheidung von „geistlich" und „weltlich" als allgemein einleuchtende handhaben und praktizieren zu können, während Luthers Unterscheidung von ihren Glaubensvoraussetzungen letztlich nicht ablösbar ist und ohne diese nur mißverstanden werden kann: Was „Welt" heißt, das kann nur im „Geist" verstanden werden. Deshalb kann eigentlich nur „christliche" Obrigkeit — immer in dem Maße, in dem sie „christlich" heißen kann — einen Unterschied von „geistlich" und „weltlich" richtig handhaben, es kann aber nicht ein religionsloser Staat diesen Unterschied einfach übernehmen, ohne ihn zu verkehren. Andererseits ist eben deshalb Luthers Verständnis von „weltlich" ein völlig anderes als das des modernen Säkularismus; der Tadel Luthers als des Urhebers dieses Säkularismus ist also ein Irrtum. Der moderne Säkularismus geht nämlich eigentlich zurück auf eine ihm vorausliegende falsche Vermengung von „geistlich" und „weltlich" und auf eine pseudo-christliche Vergeistlichung des Weltlichen und ist teils Konsequenz aus ihr, teils Rückschlag gegen sie. Diese falsche Vergeistlichung des Weltlichen sah und bekämpfte Luther bei den Schwarmgeistern seiner Zeit. Diese vermaßen sich z. B. nach ihrem Verständnis

---

[4] Vgl. meine demnächst erscheinende Abhandlung ›Luthers Verständnis des Rechtes‹.

der „nova lex Christi" das öffentliche, politische Wesen zu gestalten (Münster!). Dieser Vergeistlichung des Weltlichen hat Luther in vollem Bewußtsein ihrer Tragweite seine Unterscheidung entgegengesetzt. Der moderne Säkularismus beruht auf einer ursprünglichen, sich christlich verstehenden Vermengung von „geistlich" und „weltlich", bei der anfangs das „Geistliche" das „Weltliche" bestimmte, dann aber — und auf Grund davon! — das Weltliche immer deutlicher das mit ihm vermengte Geistliche entweder aufsaugte (durch die bekannte „säkularistische" Umdeutung z. B. der christlichen Liebe in Wohlfahrtsfürsorge), oder aber es in einem vom Weltlichen her umrissenen Bereich einschließt und isoliert („christliches Ghetto"). Indem Luther mit grundsätzlicher Klarheit sich der schwarmgeistigen Vermengung von „geistlich" und „weltlich" und der aus ihr folgenden Vergeistlichung des Weltlichen entgegenwarf, ist er der erste und größte Bekämpfer der sie ablösenden Verweltlichung des Geistlichen und damit — nicht der Vater, sondern — der geistesmächtigste Gegner des modernen Säkularismus. Dieser wird also nur verstanden, wenn er begriffen wird als Verweltlichung des Geistlichen in Ablösung einer christlich gemeinten, aber nicht genuin christlichen Vergeistlichung des Weltlichen. Diese letztere ist weder identisch mit dem Sakralismus der Antike noch mit der indirekten mittelalterlich-katholischen Vergeistlichung der weltlichen Bereiche, sondern ist spezifisch schwarmgeistig. Und dieses Schwarmgeistertum eben ist der Keimboden aller spezifisch modernen politischen und Kulturideologien.

Das bedeutet aber nichts anderes, als daß das, was wir heute „Säkularismus" nennen, ein im christlichen Bereich erwachsenes Mißverständnis der genuin christlichen Unterscheidung von „geistlich" und „weltlich" ist. Dieser „Säkularismus" ist also wesentlich nicht „Neuheidentum", nicht Rückkehr zu ursprünglichem Heidentum. Er ist von diesem, sooft und nachdrücklich er sich auch auf es berufen mag, abgründig unterschieden und war nur auf christlichem Boden möglich. Das wird im folgenden noch konkreter deutlich werden. Gewiß hat dieser Säkularismus sich vielfach genährt aus Gedankenmächten, die ihm z. B. aus der Antike zuströmten; man denke an die Wiederbelebung mythologischer Vorstellungen und stoischer und epikureischer Ideen in der Gesellschaft des sechzehnten bis achtzehnten Jahrhunderts. Aber wie wenig gerade diese „mythologischen" Erinnerungen mit dem echten Mythos der Antike zu tun hatten, das sehen wir heute mit zunehmender Klarheit; es wird mit Stoa und Epikur kaum wesentlich anders stehen. Gerade dem modernen Säkularismus ist die Antike grundsätzlich verschlossen, weil er sein Verhältnis zu ihr nicht kennt. Er hat mit ihr kaum soviel zu tun wie eine geweißte Sandsteinminerva in einem Barockpark mit der Parthenos der Akropolis. Der moderne Säkularismus ist also wesentlich nicht Erneuerung eines Heidentums, sondern christliche Ketzerei, genau wie der Islam nicht eine nichtchristliche Weltreligion, sondern christliche Härese war.

Worin aber besteht jene christliche Härese?

Das Heidentum kennt sehr wohl den Unterschied von „profan" und „heilig". Wir sagten oben schon, daß „profan" etwas anderes bedeutet als „säkular". Eben weil es „Säkularität" nur im Bereich des Christentums gibt. Alles „Heidentum", die natürliche Daseinsverfassung des Menschen, kennt einen Kreis des Alltäglichen, dem Menschen Ausgelieferten und Verfügbaren, das aber irgendwie und irgendwo umschlossen ist von einer heiligen Grenze, dem ὅρος. Diese Grenze ist aber nicht etwa Raumgrenze, so daß man das Profane herausschneiden und für sich haben könnte ohne das „Heilige". Vielmehr durchdringt das Heilige alles „Profane", inmitten des Profanen sich selbst seine Grenze ziehend. Das Alltäglichste ist einerseits „profan", ausgeliefert, handhabbar und verfügbar, andererseits ist gerade es „heilig" und „bewahrt". „Sakralen" Charakter hat in diesem Sinne das Verhältnis der Geschlechter, die Familie als Ehe und Eltern-Kind-Verhältnis, der Stamm, die Völker, das „imperium".[5] Dem Verhältnis „heilig–profan" entspricht das antik-heidnische Verhältnis von Gottheit und Mensch: Die Gottheit ist dem Menschen überhöhend seinsverwandt.

Diese relative Grenze zwischen Gottheit und Mensch wird nun im christlichen Glauben in die Nicht-Endgültigkeit versetzt. An die Stelle des heidnischen Verhältnisses Gottheit–Mensch tritt das christlich verstandene Verhältnis Gottes, der der Schöpfer ist, zu seinem Geschöpf. Dies Verhältnis aber war nur im persönlichen Glauben, der Gott den Schöpfer wirklich „meinen Schöpfer" sein läßt, erfaßbar und zu bewah-

<hr>

[5] In welch hohem Maße das römische „imperium" von seinen gebildetsten Würdenträgern bis in die spätesten Zeiten als sakral empfunden worden ist, kann man sich etwa an Macrobius' ›Saturnalien‹ deutlich machen.

ren. Wo nicht dieser Glaube selbst leitend war, mußte das Verhältnis „Schöpfer–Geschöpf" notwendig *mißverstanden* werden, und aus solchem Mißverständnis wuchs die christliche Härese, die wir meinen.[6] Sie hat zwei Aspekte, von denen der eine leicht in den anderen übergeht. Entweder fällt der Akzent auf Gott, dann erscheint Gott zwar im Verhältnis zu den Heidengöttern des Polytheismus als der in seiner Einheit und Seinsfülle weit Übermächtige, aber heimlich wird dabei sein Verhältnis zur Welt doch wieder nach der heidnischen Analogie weitergedacht; die Übernahme der christlichen Vollmächtigkeit Gottes unter Vernachlässigung seiner Schöpfer-Überweltlichkeit führt zu einer bisher nie erreichten Vergöttlichung des Weltlichen, einem Pan-Theismus, wie er etwa besonders deutlich in der Renaissance-Philosophie Giordano Brunos greifbar wird. Daraus kann aber leicht der zweite Aspekt entstehen: Der Akzent fällt auf das Weltliche. Dieses Weltliche ist vom christlichen Glauben her „entgöttert", aber diese Entgötterung — die Schiller in seinen „Göttern Griechenlands" als Entleerung empfand — wird hier als neue Selbstmächtigkeit des Weltlichen und Natürlichen verstanden, das von der Gottheit her nur noch Erhöhung und Verklärung, aber keine Begrenzung mehr empfängt; nicht mehr die alte, heidnisch-antike, denn diese gilt als von dem neuen Gottesglauben überwunden; nicht eine neue, denn eine solche ist nicht möglich, wo der christliche Schöpferglaube nicht in seinem ursprünglichen Sinn ergriffen ist. Das Weltliche empfängt eine heimliche, neue Dämonie, gerade weil man an die alten Dämonen nicht mehr zu glauben wähnt und sie als erledigt betrachtet. Dies ist auch der eigentliche Ursprung der modernen technischen Welt, die nur im christlichen Bereich entstehen konnte.[7] So geht eine radikale, sich christlich wähnende Vergöttlichung und „Vergeistlichung" des Weltlichen, wie wir sie bei den Schwarmgeistern vor uns haben, über in die radikale Verweltlichung, die alles „Geistliche" in sich aufsaugt und die wir eben „Säkularismus" zu nennen pflegen. Daraus ergibt sich weiter, daß das eigentliche Kennzeichen dieses Säkularismus nicht die Vernachlässigung oder Einschränkung des

---

[6] Es ließe sich wohl zeigen, daß sie letztlich christologische Irrlehre ist, d. h. in dem falschen Verständnis des in Christus gesetzten Verhältnisses von Gott und Menschheit wurzelt. Darauf kann hier nicht eingegangen werden.

[7] Vgl. meine Schrift ›Vom Geheimnis der Schöpfung‹, Gütersloh 1937.

Geistlichen ist; ein nüchterner skeptischer Agnostizismus z. B. ist nicht eigentlich „säkular", wie es ihn denn auch zu allen Zeiten gegeben hat. Das eigentliche Kennzeichen des modernen Säkularismus, der aus der schwarmgeistigen Vergeistlichung des Weltlichen hervorgegangen ist, besteht vielmehr darin, daß das *Weltliche die bisherigen Funktionen des „Geistlichen" zu übernehmen beansprucht*.[8] Gegenüber den schwarmgeistigen Urhebern dieses Säkularismus hatte Luther unter „weltlich" gerade das verstanden, was nur für das irdisch-zeitliche Dasein des Menschen von Bedeutung ist; „geistlich" hatte er demgegenüber das genannt, was das Verhältnis des ganzen Menschen zu Gott als seinem einzigen Heil betrifft.[9] Nun aber versteht sich das „Weltliche" als die eigentliche Wirklichkeit, welche die bisherigen Funktionen des Geistlichen *übernimmt*. Dieses „Weltliche" will jetzt „das Heil" bringen und setzt immer neue Heilslehren aus sich heraus, die für die säkularisierte Moderne charakteristisch sind. Dieses „Weltliche" will aber jetzt auch das Innerste des Menschen durchdringen und bestimmen: Der Totalitätsanspruch des Politischen ist ein besonders offenbarer Zug des Säkularismus, wie denn auch die ihn latent in sich tragende moderne Staatsidee säkular im kennzeichnenden Sinn ist; auch sie wurzelt im Schwarmgeistertum: wenn das öffentliche Wesen, der Staat, aus dem Innersten des Menschen, z. B. der Vernunft, hervorgeht, dann ist es auch nicht mehr als recht und billig, daß der ausgebildete Staat auch in dies Innerste hineinregiert und über es verfügen will; wie könnte er darauf verzichten, sich seines Ursprungs vorsorglich zu versichern?

[8] In einer Einleitung zu der Erklärung, die Reinhold Niebuhr, van Dusen, Horton u. a. m. am 16. 7. 1948 gegen ein amerikanisches Gerichtsurteil in Schulfragen in ›Christianity and Crisis‹ veröffentlicht haben, schreibt John C. Bennett, „Die am weitesten verbreitete Form des aggressiven Säkularismus (den jenes Urteil fördert)... ist die Tendenz, die Institutionen und Grundanschauungen amerikanischer Demokratie in eine Religion oder einen Religionsersatz umzuwandeln..."

[9] Die Grenze zwischen „geistlich" und „weltlich" lag daher für Luther darin, daß Jesus Christus als das fleischgewordene Wort Gottes das einzige Heil „für uns" ist. Das seinsmäßig-endgültige Verhältnis von „geistlich" und „weltlich" — nach dem z. B. die Theosophie (Oetinger, Baader, Schelling) fragt — ist *hier*, „in statu viae", nicht auszumachen, sondern bleibt eschatologisch offen.

II

Es hat sich uns also ergeben, daß der moderne Säkularismus ein aus dem Christentum erwachsenes Phänomen ist, das aus dem christlichen Bereich heraus sich in das von der gleichfalls christlich erwachsenen technischen Zivilisation berührte Gebiet des Heidentums übertragen hat. Was das für die dortige Situation bedeutet, kann hier nicht ausgeführt werden. Wir haben hier weiter zu fragen: was ist auf Grund des bisher Erkannten unter Säkularismus in der Wissenschaft zu verstehen?

Wir sahen, die eigentliche Voraussetzung des Säkularismus besteht darin, daß das heidnische Gott-Welt-Verhältnis heimlich, gewiß oft unabsichtlich, in den christlichen Gottesglauben eingetragen worden ist und hier das in diesem gesetzte neue Verhältnis von Schöpfer und Geschöpf verdeckte. Es werden dabei folgende drei Momente besonders gegenwärtig sein müssen:

1. Die im christlichen Glauben gesetzte Überweltlichkeit Gottes und der Seinsgegensatz des Schöpfers zum Geschöpf kommt dann nicht mehr zum Bewußtsein, ebensowenig aber das, was ich die „Offenheit" der Gott-Welt-Beziehung nennen möchte, d. h. die Tatsache, daß von Gott her nicht eine systematische Einheit der geschöpflichen Welt gewonnen werden kann;

2. daß das christlich verstandene Gott-Welt-Verhältnis nur in Jesus Christus als dem fleischgewordenen Wort Gottes erschlossen, christlicher Schöpferglaube also schon immer Glaube an Jesus Christus ist, wird hier gleichfalls übersehen;

3. es wird der Blick dafür verschlossen, daß also die seinsmäßig endgültige Einsicht in das Verhältnis Gottes zur geschöpflichen Welt eschatologisch aussteht und in der jetzigen Seinsverfassung („Aion") nicht zu vollziehen ist.

Daraus ergibt sich zunächst, worin wir „Säkularismus" in der Wissenschaft *nicht* zu sehen haben. Vorher wird es nötig sein, sich kurz darüber zu verständigen, was in unserem Zusammenhang das Wort „Wissenschaft" bedeuten soll. Karl Jaspers hat in seiner Schrift ›Die Idee der Universität‹ [10] Wissenschaft in einem engeren und in einem weiteren Sinne unterschieden. Die Wissenschaft im engeren Sinn, die

---

[10] S. 14 ff.

spezifisch moderne „nova scientia", ist ihm der Zusammenhang von Objekterfassung, der durch die drei Momente gekennzeichnet ist:

a) *Exaktheit* im Sinne einer konsequenten Befragung der Objekte nach gedanklichem Entwurf, der seinerseits wieder an Hand der Erfahrung der Objekte geprüft wird, in diesem Sinn also *zwingende Allgemeingültigkeit,*

b) neue *Universalität* im Sinne einer durch nichts a priori einzuschränkenden Unbegrenztheit des Bereichs solcher Forschung,

c) Eingrenzung des wissenschaftlichen Denkens auf die „Erscheinung des Seins" unter gleichzeitiger Freigabe eines ganz anderen Sinnes von Denken.

Dieser andere Sinn von Denken konstituiert dann das, was Wissenschaft in weiterem Sinne heißen kann. Sie ist der Bereich des Denkens, das nicht mehr Objekterfassung ist, sondern begrifflich strenge Daseinserhellung.

Ohne hier auf die Problematik der Jasperschen Unterscheidung eingehen zu können, wollen wir uns allgemein dahin verständigen, daß uns das Wort „Wissenschaft" hier die beiden Bereiche des engeren und des weiteren Sinnes umfassen soll. Dies scheint nötig, um zu vermeiden, daß uns der Bereich unserer Themafrage sich in hindernder Weise einengt. Wissenschaft bezeichnet also für uns das Gebiet der sog. Naturwissenschaften wie der sog. Geisteswissenschaften und umfaßt auch die Philosophie sowohl als Grundlagenforschung wie als Daseinserhellung.

Das Wesentliche des Säkularismus in der Wissenschaft darf nun nach dem bisher Gesagten *nicht* gesehen werden:

1. in der strengen Exaktheit des Verfahrens der Objekterfassung auf den dafür in Betracht kommenden Gebieten als solchen; denn diese Exaktheit gehört nach allem, was wir in der Wahrheitsbindung sagen können, einfach — mindestens mit — zur richtigen Erkenntnis der so zugänglichen Objekte; so gehört z. B. auch der Versuch, die Lebenserscheinungen nach mechanischen Prinzipien, also wesentlich aus physikalisch-chemischer Gesetzlichkeit zu erklären, an sich — wenn er nicht von vornherein dogmatisch diktiert ist! — zur echten Forschungsaufgabe der Naturwissenschaft; denn nur dadurch, daß dieser Versuch soweit wie irgend möglich getrieben wird, kann das Eigentümliche, eben das Nichtmechanistische des Bios erhoben werden;

2. darf Säkularismus in der Wissenschaft nicht gleichgesetzt werden

mit dem Mangel an philosophischer Begründung, Durchleuchtung und Leitung; zwar ist ein großer Teil der Wissenschaft des neunzehnten Jahrhunderts zugleich säkularistisch und philosophisch mangelhaft gegründet. Aber dies „zugleich" darf nicht dazu verführen, hier Identität des Phänomens zu finden. (Gewiß war die Medizin des neunzehnten und zwanzigsten Jahrhunderts — mit wenigen rühmlichen Ausnahmen — im ganzen philosophisch einfach ahnungslos und zugleich stark säkularistisch; aber die philosophische Neubegründung der Naturwissenschaft, welche der Neukantianismus erarbeitete, trug selbst stark säkularistische Züge.)

3. darf Säkularismus in der Wissenschaft nicht einfach gleichgesetzt werden mit sog. Immanenzdenken, wenn auch wiederum z. B. im Positivismus säkularistische Haltung und Immanenzorientierung weithin Hand in Hand gehen. Denn der Gegensatz „immanent-transzendent" ist rein formal-erkenntnistheoretisch orientiert, während es sich beim Säkularismus um ein material bestimmtes Phänomen handelt; deshalb könnte weiterhin auch eine Wissenschaft, die sich in irgendeinem Sinn ihres Transzendenzmoments durchaus bewußt ist, doch als säkularistisch anzusprechen sein; schließlich darf

4. Säkularismus nicht mit Rationalismus gleichgesetzt werden. Dieser Ausdruck ist ja überhaupt in seinem Sinne schwankend, je nach dem Gegensatz, an dem er orientiert ist. Versteht man Rationalismus erkenntnistheoretisch als Gegensatz zu Sensualismus, so ist natürlich daran zu erinnern, daß ein erkenntnistheoretischer Sensualismus geschichtlich meist viel enger mit dem Säkularismus verbunden war als der Rationalismus, der z. B. im Deutschland des achtzehnten Jahrhunderts eine der wirksamsten antisäkularistischen Mächte gewesen ist. Versteht man aber Rationalismus als Gegensatz zu Irrationalismus, so wäre zunächst zu sagen, daß es innerhalb der Wissenschaft einen Irrationalismus nicht geben kann, da Wissenschaft von der „ratio", dem λόγος als dem Prinzip klarer Begrifflichkeit lebt, und ferner, daß ein ausgesprochener Irrationalismus durchaus säkularistisch sein kann.[11]

---

[11] Derjenige, der wohl am frühesten und am tiefsten das Phänomen erkannt hat, das wir heute „Säkularismus" im Denken nennen, ist J. G. Hamann. Es ist deshalb der entscheidende Mangel des sonst so wertvollen Werkes von R. Unger, Hamann und die Aufklärung, Halle ²1925, daß es Hamann wesentlich unter dem

Worin ist nun aber positiv der Säkularismus in der modernen Wissenschaft zu sehen? Die oben vollzogenen Ablehnungen bedeuten die Unmöglichkeit mancher bequemen Antwort auf die Frage. Wir versuchen, uns der richtigen Antwort auf dem Wege einer geschichtlichen Überlegung zu nähern. Die sehr kunstvolle Aufeinanderbeziehung des Geistlichen und des Weltlichen, welche der mittelalterliche Katholizismus vermittelst der Kategorie der Überformung der Natur durch die Gnade hergestellt hatte, ist durch das reformatorische Verständnis von Gnade zerbrochen worden. Seit Anfang der Kirche hatte nun in immer neuen Ansätzen eine andere Beziehung von „geistlich" und „weltlich" sich gemeldet, welche ich die gnostische Vergeistlichung des Weltlichen nennen möchte (Neuplatonismus, Mystik, Nik. Cusanus). Sie drängte nun im Zusammenhang mit der Reformation — aber nicht von ihr bestimmt — im Spiritualismus und Schwarmgeistertum der Reformationszeit in sehr entschiedenen Ausgestaltungen an die Oberfläche. Gemeinsam ist allen Formen dieser Erscheinung die Absicht, alles Weltliche vom Geistlichen her als Einheit zu begreifen und zu ordnen („nova lex Christi"; «voir tout en Dieu» bei Malebranche). Sie gipfelt schließlich in den universalistischen Systemen des deutschen Idealismus. An dem reformatorischen Verständnis des Verhältnisses von „geistlich" und „weltlich" ist diese ganze vielgestaltige Bewegung nicht orientiert. Sie setzt aber nun auch in der Wissenschaft jene Gegenbewegung aus sich heraus, von der wir oben gesprochen haben. Und diese Gegenbewegung wird im Bereich der Wissenschaft weithin herrschend.[12] Das „Weltliche", der Bereich des Allgemein-Zugänglichen, Sichtbaren, Wägbaren, Erfahrbaren setzt sich zur Wehr gegen seine Spiritualisierung. Und im Zusammenhang damit werden jene Methoden entwickelt,

---

Gesichtspunkt eines Kämpfers für den Irrationalismus gegen den Rationalismus der Aufklärung sieht. Damit wird — bei allem Reichtum des Werkes im einzelnen — der Zugang zum Verständnis Hamanns versperrt. Vgl. die ausgezeichnete Arbeit von Erwin Metzke, J. G. Hamanns Stellung in der Philosophie des achtzehnten Jahrhunderts, Schriften d. Königsberger Gelehrten Gesellschaft, 1934.

[12] Der vielerörterte Zusammenbruch des deutschen Idealismus (Hegel/Feuerbach) ist vielmehr das kontinuierlich gleitende Sichdurchsetzen dieser Gegenbewegung.

die in hohem Maße eine bisher nicht mögliche erkennende Erfassung dieses Erfahrbaren ermöglichen und sich durch diesen Erfolg rechtfertigen. Sie führen zunächst zur „nova scientia" der exakten Naturwissenschaft nach mathematischer Methode (Infinitesimalrechnung), finden aber besonders im neunzehnten Jahrhundert ihre Ergänzung in der Erfassung des Geschichtlichen nach dem Prinzip der Analogie.[13] Von der gnostischen Spiritualisierung der Welt, im Gegensatz zu der sie sich entwickelt hatte, übernimmt aber nun diese Wissenschaft der strengen Methodik des Erfahrbaren ihrerseits wieder einen Totalitätsanspruch: Wie dort alles Weltliche vergeistlicht werden sollte, so soll jetzt alles Geistliche verweltlicht werden, d. h., es soll nur insoweit Erkenntnis- und Existenzbedeutung besitzen, als es sich von der Methodik der Allgemeingültigkeit im Erfahrbaren erfassen läßt. Das führt aber dann dahin, daß das Geistliche, das im Glauben Ergriffene, aus dem Bereich des für die Erkenntnis relevanten Wirklichen ausgeschieden und — mit spürbarer Inkonsequenz — in den Bereich des nur persönlich Bedeutungsvollen (vielleicht als solches Unentbehrlichen) verwiesen wird.[14] Und die Durchsetzung *dieses* Anspruches ist es, wie ich glaube, allein, was man als Säkularismus in der Wissenschaft bezeichnen kann. Dieser besteht also nicht sowohl in der Ausbildung und Durchsetzung jener Methoden der exakten Allgemeingültigkeit und Analogie, die vielmehr notwendig zu jedem echten Erkenntnisprozeß hinzugehören, als vielmehr in dem Anspruch, vermittelst dieser Methodik endgültig den abschließbaren Bereich des Wirklichen abstecken zu können. Der Säkularismus in der Wissenschaft ist also darin zu sehen, daß die durch relativen Erfolg gerechtfertigten Methoden der exakten Wissenschaft als Objekterfassung ihren noëtischen Erfolg als ontische Entscheidung setzen und

[13] Der Gegensatz zwischen der exakten Naturwissenschaft und dieser modernen Historie, wie er besonders von Wilhelm Dilthey und Heinrich Rickert herausgearbeitet worden ist, ist also nur relativ auf dem Hintergrund einer weitgehenden Übereinstimmung und Entsprechung.

[14] Der Versuch, das im Glauben Ergriffene durch eine transzendentale Erfahrungstheologie als Wirkliches zu retten, wie er mit der Methodik des Neukantianismus zu Anfang dieses Jahrhunderts in verschiedener Weise unternommen wurde, hat sich selbst als unmöglich erwiesen, doch wäre die kritische Verfolgung seines Weges gerade heute wieder aufschlußreich für das damals dabei Übersehene.

das von ihnen Erfaßte mit dem Wirklichen überhaupt identifizieren
wollen. Da diese ihre Methoden aber am vorfindlich Seienden ausgebildet wurden, so bedeutet dieser Anspruch weiter, daß das im christlichen
Gottesglauben erschlossene Nichtvorfindliche nicht Wirklichkeitscharakter habe. Auch im Bereich der Wissenschaft wendet sich so ursprünglich christliche Irrlehre gegen den Bestand des christlichen Glaubens. Der säkularistische Wirklichkeitsanspruch wandte sich gegen die
auf Mißverständnis des christlichen Gottesgedankens ruhende gnostische Spiritualisierung des Geschöpflichen. Dieser Widerspruch war nur
möglich auf Grund der christlichen Freigabe einer *relativen* Selbständigkeit dieses Geschöpflichen, die aber nun zu einer absoluten Selbständigkeit als des allein Wirklichen gesteigert wird. Auch der Säkularismus in der Wissenschaft lebt also von einer Mißdeutung christlicher
Position, nämlich des im christlichen Glauben gesetzten — eschatologisch ausstehenden — Verhältnisses von Schöpfer-Sein und geschöpf-
lichem Sein. Seine Überwindung müßte also durch Geltendmachung
des *richtigen* Verständnisses dieses Verhältnisses erreicht werden, soweit es ein solches Verständnis und eine für die Wissenschaft relevante
Geltendmachung desselben geben kann.

III

Aber warum reden wir überhaupt von „Überwindung" des Säkularismus in der Wissenschaft? Tun wir es etwa deshalb, weil wir zu sehen
glauben, daß das Christentum so etwas wie eine Steigerung seines Kre-
dits in der Weltöffentlichkeit verzeichnen könne und auf Grund dessen
Anlaß habe, nunmehr seinerseits gewisse Ansprüche an die Wissenschaft anzumelden oder aus allzulanger Defensive ihr gegenüber zur
Offensive überzugehen? Eine solche Auffassung könnte nur als
pfäffisch bezeichnet werden, und sie würde ihre nur konjunkturmäßig
begründeten (nicht sachlich-kritisch durchgeprüften) Ansprüche auf so
etwas wie eine christliche Programmwissenschaft (bis hin zur Forderung einer christlichen Logarithmentafel) bald genug durch Lächerlich-
keit ad absurdum führen. Die Dinge liegen anders. Schon *Hamann* hat
die Gefahr gesehen, daß das zu seiner Zeit vorherrschende Erkenntnis-
verfahren „aus einer allgemeinen Wissenschaft des Möglichen zu einer

allgemeinen Unwissenheit des Wirklichen" auszuarten anfange.[15] Die
Lage scheint mir die zu sein, daß dieser Ausartungsprozeß auf allen Gebieten der Wissenschaft als solcher offenkundig geworden ist, selbst
und gerade in der Naturwissenschaft; daß das Wirkliche in dem es
erdrückenden Panzer der Wissenschaft sich reckt und dieser Panzer in
allen seinen Fugen zu krachen beginnt. Wenn heute spontan und oft
ohne jede Verbindung der verschiedenen Forschungsgebiete untereinander überall die Probleme der Grundlagenforschung aufbrechen und
dadurch weithin bereits eine geradezu unheimliche Lage eingetreten ist,
so kann man diese kaum mehr anders kennzeichnen als damit: Das
Wirkliche selbst revoltiert gegen die Verengung, in die es eben durch das
säkularistische Diktat über die Wirklichkeitsgrenze gepreßt wird. Es
handelt sich also nicht darum, daß von außen — etwa von der Kirche —
her an die Wissenschaft Forderungen herangetragen würden auf Aus-
merzung „untragbar" gewordener Säkularismen, sondern darum, daß
die Krisis gesehen und weiterhin aktiviert wird, in welche die Wissenschaft selbst in ihrem Gesamtumfang durch den Säkularismus hineinge-
führt worden ist. Ihre heutige Krisis ist wesentlich die des säkularistischen Wirklichkeitsverständnisses.

Daraus ergibt sich wiederum zunächst, worin eine Überwindung des
Säkularismus in der Wissenschaft *nicht* gesucht werden kann. Es ist
nach allem Gesagten deutlich, daß es sich nicht um die Aufrichtung
eines neuen Sakralismus handeln darf, dessen endliche Überwindung
zugunsten einer nüchternen Wissenschaft gerade aus christlichem Verständnis heraus durchgesetzt werden muß und nur aus ihm heraus
durchgesetzt werden kann.[16] Das νήφειν des Neuen Testamentes darf

---

[15] Werke II, 243; vgl. Metzke, a. a. O., S. 78.

[16] Es handelt sich hier ziemlich genau um dieselbe Grenzlinie, wie sie zwischen J. J. Bachofens Verständnis der antiken Mutterreligionen und deren einsei-
tiger Deutung und Erneuerung durch Ludwig Klages verläuft. Bei Klages läuft
alle wissenschaftliche Deutung zuletzt auf die Propagierung eines neuen Sakralismus des Mütterlichen hinaus — und er ist innerhalb der klassischen Philosophie der Gegenwart nicht ohne Nachfolge geblieben —, bei Bachofen dagegen
geht es um echtes kritisches Verständnis einer vergangenen Daseinshaltung in der
klaren Erkenntnis, daß sie so nicht wiederherstellbar ist, es sei denn vielleicht um
den Preis der Zerstörung unserer gesamten geistigen Kultur. Die Grenzlinie ist
dadurch bestimmt, daß Bachofen bewußt als Christ die antike Religion er-

und muß sich auch auf die Wissenschaft erstrecken. Nur so wird sie vor der ihr heute drohenden Gefahr neuer Mythologisierung bewahrt werden können.

Damit ist zugleich schon gesagt, daß es sich bei der Überwindung des Säkularismus in der Wissenschaft überhaupt nicht um die Propagierung eines Irrationalismus handeln kann; denn der heute auf allen Gebieten aufschießende Irrationalismus ist ja nur ein Symptom der Krise, in welche die Wissenschaft selbst geraten ist. Es kann sich aber weiter auch nicht um die Forderung einer christlichen Programmwissenschaft und schließlich nicht um die immerhin ernster zu nehmende Möglichkeit einer christlichen Gnosis handeln; vielmehr: wenn der Säkularismus entstanden ist aus einem Mißverständnis des christlich erschlossenen Verhältnisses von „geistlich" und „weltlich", so wird gegen ihn eben das ursprünglich christliche, am tiefsten und klarsten in der Reformation erschlossene Verständnis dieses Verhältnisses geltend zu machen sein. Wir haben gesehen: Der christliche Glaube hatte die heidnische Grenze zwischen profan und heilig aufgehoben, diese alte Grenze wurde also unwirksam, die neue aber wurde in grundsätzlich klarer Sicht nicht allgemein wirksam, und so kam es dazu, daß die entdämonisierte und dadurch verfügbar gewordene vorfindliche Wirklichkeit einen säkularen Totalitätsanspruch erheben und weithin durchsetzen konnte. Es würde also gelten, die Krisis dadurch zu überwinden, daß das christliche Verständnis von „geistlich" und „weltlich", anders ausgedrückt, das im christlichen Glauben gesetzte Verhältnis von Gott und Weltwirklichkeit zur Geltung gebracht würde. Aber damit stehen wir nun eben erst vor der entscheidenden Schwierigkeit, denn — es war ausdrücklich hervorgehoben — das reformatorische Verständnis von „geistlich" und „weltlich" ist nicht vom Glauben ablösbar und als neutrale Formel zu handhaben; und das christliche Verständnis des Verhältnisses von Gott und Weltwirklichkeit ist nicht ein kategoriales Schema — wie etwa Kausalität, Wechselwirkung u. a. —, das dem Glauben entdeckt wäre, das aber, einmal entdeckt, unabhängig von ihm als Erkenntnisprinzip zur

forscht, während Klages das nicht nur ablehnt, sondern auch nicht wahrhaben will, daß das Christsein von entscheidender Bedeutung für das Verständnis anderer Religiosität ist. Das Verhältnis Bachofen—Klages hat also paradigmatische Bedeutung für das oben Gesagte.

Verfügung stünde. Daß Gott der Schöpfer ist, das heißt in christlichem Verständnis eben nicht, daß Gott die „prima causa" der Welt ist, sondern es bedeutet, daß es *kein* kategoriales Schema gibt, das das Verhältnis von Gott und Welt zum Ausdruck brächte.[17] *Wie aber* kann es dann so etwas wie eine „Wissenschaft aus Glauben" geben?

Die Frage ist vielleicht dadurch verdunkelt worden, daß sie oft zu abstrakt gestellt wurde, nämlich als Frage nach dem Verhältnis von Glaube und Wissenschaft. Stellen wir sie also konkret: Was bedeutet dem als Christen glaubenden Forscher die ihm im Glauben erschlossene Wirklichkeit für seine wissenschaftliche Forschung? Die überlieferte Antwort war entweder die: Ist er wissenschaftlicher Forscher, so kann er nicht als Christ glauben, und ist er gläubiger Christ, so kann er nicht wissenschaftlicher Forscher sein (dies die Antwort des extremen Säkularismus) — oder aber: Glaube und wissenschaftliche Forschung können in derselben Person zwar nebeneinander bestehen, haben aber sachlich keinerlei Beziehung aufeinander. Beide Antworten sind uns unzulänglich geworden, sofern wir verstanden haben, daß Glaube nicht das Produkt eines — vielleicht unantastbaren — persönlichen Entschlusses bedeutet, sondern die Erschlossenheit einer Daseinslage, die, einmal erschlossen, die gesamte Existenz und die innerhalb ihrer erfolgende Tätigkeit mitträgt und mitbedingt. Dann ist aber für den Glaubenden in seinem Glauben ein Innesein von Existenz und Wirklichkeit beschlossen, von dem er in keiner seiner Beziehungen zur Wirklichkeit mehr grundsätzlich absehen kann, weil es sein Wirklichkeitsbewußtsein überhaupt mitkonstituiert. Wer also im Glauben an Jesus Christus an den lebendigen Gott als den Schöpfer der Welt glaubt, dem ist eben darin ein bestimmtes, freilich auch in gewissem Sinn „ausstehendes" Verständnis der Weltwirklichkeit als Geschöpflichkeit erschlossen, das für alle Erkenntnis relevant ist; es bedeutet einmal, daß das Sein alles Weltwirklichen kein in sich selbst gründendes Sein ist, daß ihm also auch nicht eine aus ihm selbst fließende Einheit zukommt und daß das in ihm sich meldende Sinngefüge sich nicht in sich selbst zusammenschließt, sondern verweisenden Charakter hat. Es bedeutet aber weiter, daß das Verhältnis Gottes zur Welt zwar ontisch das diese Welt in ihrem

---

[17] Dies bedeutet eben die Unmöglichkeit einer christlichen Gnosis als Wissenschaft im Sinn ihrer glaubensmäßigen Illegitimität.

Sein Begründende, daß es aber nicht ontologisch analysierbar, in Analogie innerweltlicher Seinsstruktur aufhellbar ist. Das bedeutet dann weiter, daß noëtisch für den jetzigen Seinsstand des erkennenden Menschen zwischen Gott und dem Weltsein eine Diskontinuierlichkeit besteht, welche für die Erkenntnisse des Weltseins eine relative Unbegrenztheit freigibt. Damit ist allererst eine echte Freiheit der Forschung bezüglich des Weltwirklichen erreicht, die für sie alle Abhängigkeit von metaphysischen Spekulationen aufhebt. Diese sind nämlich dadurch ausgeschlossen, daß das umfassende Verhältnis zwischen Schöpfer und Schöpfung während der Dauer des im Glauben erkannten Seinsstandes des gefallenen Menschen eschatologisch aussteht, also nicht — wie eine metaphysische oder dialektische Einheitsspekulation — den Gang der Erforschung der Weltwirklichkeit belasten und binden kann. Darin wurzelt dann auch weiter, daß kein Ergebnis der in diesem Sinne *eschatologisch* kritischen Wirklichkeitsforschung je eine Instanz gegen den christlichen Glauben an Gott den Schöpfer bedeuten kann.

Nun ist gewiß dies Verständnis des Gott-Welt-Verhältnisses — und damit des Verhältnisses „geistlich-weltlich" —, wie es im Glauben sich erschließt, in seiner Tiefe und Fülle und besonders in seiner existentiellen Funktion von eben diesem Glauben nicht ablösbar. Aber daneben darf doch der Tatbestand nicht übersehen werden, der zwar vielleicht nicht begründbar, wohl aber aufweisbar ist, daß sich auch für das Verständnis des Nichtglaubenden ein gewisser Sinn des im Glauben Erschlossenen abschattet. Darauf beruht ja überhaupt jede Mitteilbarkeit des im Glauben Ergriffenen in einer allgemeinen Sprache, also letztlich die christliche Verkündigung selbst, und diese Mitteilbarkeit gründet ihrerseits wieder darin, daß der Glaube Glaube an ein Wort als ein sinnvoll Mitteilbares ist. Das kann hier nicht weiter ausgeführt werden.[18] Die gleich anzuführenden Beispiele machen jedenfalls deutlich, daß das im Glauben erschlossene Wirklichkeitsverständnis auch dem Nichtglaubenden sich nicht einfach als sinnloses Abrakadabra bietet, sondern von ihm als seinsrelevant und sinnhaft vernommen werden kann, auch wenn für ihn eine existentielle Entscheidung damit nicht verbunden ist.

---

[18] Vgl. meinen Beitrag zum Deutschen Sammelband zur Vorbereitung des Weltkirchentages von Amsterdam, S. 87 ff. „Von der rechten Ordnung des Volks- und Völkerlebens".

Das heißt, daß auch der Nichtglaubende das Wirklichkeitsverständnis des christlichen Glaubens sich mindestens als ernsthafte Möglichkeit in den Blick bringen kann. Das genügt aber zur Möglichkeit einer Erkenntnis- und Forschungsgemeinschaft, ohne welche ja Wissenschaft nicht sein kann. Keine äußerlich sichtbar darstellbare Gemeinschaft wird je — nach christlicher Erkenntnis — nur aus Glaubenden bestehen können, da der Glaube in seiner Vollfunktion sich nie als feststellbares Faktum und soziologisches Datum bietet. Wenn aber auch der Nichtglaubende das Gott-Welt-Verhältnis des Glaubens und das mit ihm gesetzte Wirklichkeits- und Existenzverständnis sich als ernstzunehmende Möglichkeit vorzuhalten vermag, so ist eine Erkenntnisgemeinschaft möglich, in welcher das Offenhalten dieser Möglichkeit sich sowohl als heuristischer wie als kritischer Grundsatz auswirken kann. Das aber würde genügen, um neue Erkenntnismöglichkeiten freizugeben, die bisher etwa durch säkularistische Vorurteile verdeckt waren. So könnte eine unverstellte Nähe und unverkrampfte Haltung zur Wirklichkeit zurückgewonnen werden, deren Verlust die Folge des säkularistischen Vor-Urteils über das Wirkliche war und die Krisis der gegenwärtigen Wissenschaft und Menschenwelt herbeigeführt hat.

An drei Beispielen mag das noch deutlicher werden: an der Frage des *Menschseins,* am Problem der *Geschichte* und am *Zeitproblem.*

Die Frage des *Menschseins* ist in der heutigen Theologie, Philosophie, Medizin[19] und Naturwissenschaft völlig neu aufgebrochen. Es kann dabei kein Zweifel sein, daß die Einsichten der Existentialphilosophie in die wesentliche Endlichkeit des Menschseins, seine Geworfenheit, seine Verfaßtheit in der Sorge und seine Verfallenheit an das Ausstehende jedenfalls geschichtlich im Zusammenhang mit dem christlichen Verständnis des Menschseins — ob man „christliche Anthropologie" sagen darf, bleibt fraglich — gewonnen sind, wie es bei Luther, Pascal, Hamann und Kierkegaard besonders tief erschlossen ist.[20] Nun ist ein sol-

---

[19] Hier besonders wichtig die Untersuchungen von Viktor von Weizsäcker ›Der Gestaltkreis‹, Leipzig 1946, ›Gestalt und Zeit‹, Halle 1942 und ›Arzt und Kranker‹, Leipzig 1941.

[20] Wie greifbar Grundkonzeptionen der heutigen Existentialphilosophie schon bei Pascal vorliegen, dafür mag hier nur ein Zitat aus den ›Pensées‹ angeführt werden: «Notre âme est jetée dans le corps, où elle trouve temps, dimen-

ches Auffassen des Menschseins, wie es heute in der Existentialphilosophie vorliegt, ohne Zweifel in dem oben besprochenen Sinne ablösbar
von der Glaubenshaltung, der es sich zum ersten Male erschlossen hat,
und ist dann auch anderer Wendung fähig, wie sie ganz deutlich bei
Martin Heidegger und Jean Paul Sartre vorliegt. Auf jeden Fall liegt aber
dann ein Beispiel dafür vor, wie fruchtbar das Ernstnehmen des im
christlichen Glaubensverständnis Erschlossenen als Möglichkeit auch
für wissenschaftliche Forschung sein kann. Man kann wohl sagen, daß
die wissenschaftliche Frage des Menschseins so lange trivial war und
blieb, wie man glaubte, für wissenschaftliche Erkenntnis von der Sicht
des christlichen Glaubens vom Menschsein absehen zu können. Tiefe
hat die wissenschaftliche Erforschung des Menschseins erst wieder in
dem Maße gewonnen, wie sie den christlichen Aspekt des Menschseins
auch für sich wieder ernst nahm. Dabei wird man sich bei der Frage der
Ablösbarkeit nicht so schnell beruhigen dürfen. Ohne Zweifel ist sie in
gewissem Sinne möglich, aber eben doch nur relativ. Es bleibt vor allem
zu fragen, ob das Ablösbare nun für sich systematisierbar ist, ohne seinen Sinn eben dadurch wieder zu verlieren oder zu verkehren, und weiter, ob die auf diesem Wege angebahnte Analyse des Menschseins fähig
ist, ihrerseits wieder eine ontische Haltung zu tragen und existentielle
Bedeutung zu gewinnen im *Gegensatz* zu der Glaubenshaltung, von der
aus sie sich allererst erschlossen hatte. So einfach liegen die Fragen jedenfalls nicht, daß man den christlichen Glauben dann nur als das historische Vehikel betrachten könnte, vermittelst dessen zum ersten Mal die
neuen Einsichten sich erschlossen hätten, das aber nun für ihre weitere
Ausarbeitung belanglos wäre. Die Frage ist verwickelter, vielleicht aporiehaft: Muß die so gewonnene Sicht nicht den Charakter eines Konturs
behalten, der offenbleiben muß nach der Seite hin, von der her er
ursprünglich entworfen ist?

Bei dem Problem der *Geschichte,* der vielleicht kennzeichnendsten
Chiffre modernen Bewußtseins, werden ähnliche Zusammenhänge zu

sions; elle raisonne là-dessus, et appelle cela nature, nécessité» (Léon Brunschvicg, Oeuvres de Blaise Pascal, publiées suivant l'ordre chronologique, Paris
1908, fr. 233, p. 141). Vgl. dazu die Studie von Peter Brunner, „Pascals Anschauung vom Menschen", in: „Imago Dei". Beitr. z. theologischen Anthropologie.
Gustav Krüger zum 70. Geburtstag dargebracht, Gießen 1932, S. 111 ff.

erwägen sein. Geschichtsschreibung als Aufzeichnung von irgendwelchen irgendwie aufzeichnenswerten Memorabilien hat es gewiß zu allen Zeiten auch außerhalb des christlichen Bereichs gegeben. Und echt pragmatische Geschichtsschreibung hat die Antike in nie übertroffener Reife erreicht. Aber das alles betraf doch nur sozusagen die Außenansicht des Fragenkomplexes, den wir heute etwa mit dem Ausdruck „Geschichtlichkeit des Daseins" bezeichnen. Und eben dieser Fragenzusammenhang scheint mir den Denkern der Antike weithin verdeckt geblieben zu sein. Die erste Thematisierung dieser Fragen ist doch wohl Augustins ›De civitate Dei‹, wo auf Grund des *christlichen* Offenbarungsereignisses die Gerichtetheit der ganzen Geschichte, welche das Schicksal des einzelnen radikal in sich befaßt, ergriffen ist. Die Zusammenhänge um den Ursprung des modernen Historismus, denen insbesondere Wilhelm Dilthey und Ernst Troeltsch nachgesonnen haben, scheinen mir noch keineswegs genügend erhellt: Steht nicht säkularistisches Mißverstehen des Offenbarungsereignisses in Jesus Christus am Anfang des modernen Historismus? Zugleich ist uns über seine noëtische hinaus die existentielle Bedeutung des Historismus, seine daseinsgefährdende Gewalt in einer Weise aufgedrängt, die Dilthey und Troeltsch kaum, schon eher Max Weber geahnt hat. Der Radikalisierung der Frage der Geschichte, die uns auferlegt ist, werden wir kaum anders gerecht werden können, als in neuem, noch nie vollzogenem Erwägen dessen, an dem die Geschichtlichkeit des Daseins allererst der Menschheit aufgegangen ist, des Ereignisses der Gottesoffenbarung in Jesus Christus: Was hat dies Ereignis mit der Wahrheit des Menschseins zu tun? Was heißt — in Leibnizens Terminologie — «vérité de fait», und gibt es außer diesem Ereignis überhaupt in einem letzten Sinn noch andere «vérités de fait»? Denn «vérité de fait» bedeutet doch nicht nur richtigen Bericht über ein Geschehnis, sondern Wahrheit des Menschseins, die im Sich-Ereignen und Sich-Vollziehen ausbricht. Wie verhalten sich in dem Geflecht der Geschichte die drei Stränge, die ich einmal bezeichnen möchte mit „Gestalt",[21] „Ereignis" und „Begegnung"[22]? Es

---

[21] Vgl. meine Studie ›Gestalt und Geschichte‹, Halle ²1945.

[22] „Begegnung" wird hier etwa in dem Sinn verstanden, wie ihn Theodor Litt in seiner Schrift ›Der deutsche Geist und das Christentum — vom Wesen geschichtlicher Begegnung‹, Leipzig 1938, herausgearbeitet hat.

könnte förderlich sein, endlich einmal nicht mehr von einer Geschichts-
idee oder Geschichtskonzeption her zu fragen, ob innerhalb von ihr
Raum für Offenbarung sei, sondern einmal zu untersuchen, inwieweit
es erst von der Offenbarung in christlichem Sinne her das gibt, was wir
heute unter Geschichte verstehen.

Und schließlich das Problem der *Zeit*. Ist es zuviel gesagt, wenn man
formuliert, daß die Krisis der Wissenschaft heute eine Krisis des Zeit-
verständnisses oder des Inneseins von Zeit ist? Ist es ein Zufall, daß auch
„Säkularismus" ein Zeitbegriff ist? Die Zusammenhänge werden auch
hier dadurch gekennzeichnet, daß das Denken der Antike das Thema
der Zeit kaum ergriff, wiewohl der griechische Mythos ihm die Frage
darbot, daß aber im Zusammenhang mit der christlichen Offenbarung
die großartige Zeitmythologie der Gnosis erwächst und daß der christliche Denker Augustin die Zeit zuerst zum philosophischen Thema
macht.[23] Wiederum war das eben vom neutestamentlichen Kerygma her
unumgänglich: Die Offenbarung, die es bezeugt, bestimmt und erschließt Zeit in einer neuen Weise, und daher ist das Neue Testament
voll von Spuren des so bestimmten Inneseins von Zeit;[24] dahin gehören
die Umprägungen der Aion-Vorstellung, die ursprünglich wohl überall
zyklischen Charakter hat, aber eben diesen im Neuen Testament verliert, der Gedanke des πλήρωμα τοῦ χρόνου[25], insbesondere aber die
Zeitanschauung des Johannesevangeliums (μένων, νῦν, Tempusge-
brauch) und der Apokalypse. Immer wieder ist das, was sich hier vom
Offenbarungsereignis her als Innesein von Zeit erschließt, mythologisch überdeckt worden,[26] und auch der Historismus der Moderne ist
eben nichts anderes als eine solche säkular gewordene mythologisie-
rende Verdeckung, unter der schließlich der Gedanke der Offenbarung
überhaupt verschwinden mußte. Es ist kennzeichnend genug, daß — zu

[23] Conf. XI, 10 ff.

[24] Vgl. dazu einstweilen die im Grundsätzlichen freilich nicht voll zulängliche
Arbeit von Gerhard Delling, Das Zeitverständnis des Neuen Testaments, Gütersloh o. J.

[25] Eine eingehende biblisch-theologische und systematische Untersuchung
darüber wäre dringend erforderlich und könnte weittragende grundsätzliche
Einsichten erschließen.

[26] Auch das, was wir „Biblizismus" zu nennen pflegen, stellt weithin eine solche Überdeckung dar.

Beginn der Krisis der heutigen Wissenschaft um die Jahrhundertwende — das lange Übersehene sich zuerst innerhalb der selbst reichlich historisch säkularisierten Theologie meldet darin, daß von ihr der eschatologische Charakter des Evangeliums wieder neu entdeckt wird. Nicht viel später wird in der Relativitätstheorie die moderne Physik daran gemahnt, daß sich in ihr das Zeitproblem doch nicht wie in der klassischen Mechanik durch das Raumsymbol „t" eliminieren lasse, und die Atomphysik hat diese Mahnung vertieft. Von allen Seiten her bricht das Fragen nach der Zeit auf als Symptom dafür, daß das Zeitalter offenbar sich neigt, in welchem das Innesein der Zeit von der Offenbarung her zunächst mythologisch und dann säkularistisch verdeckt war. Die Krisis unserer Kultur, damit aber auch Richtung und Antrieb unserer wissenschaftlichen Arbeit ist nachgerade auf allen Gebieten dadurch bezeichnet, daß wir neu gefragt sind nach dem Verhältnis von Zeit und Ewigkeit.

III

DAS PROBLEM DER SÄKULARISIERUNG
IN DER KONTINENTALEN EVANGELISCHEN THEOLOGIE

Paul Tillich, Gesammelte Werke, Bd. IX, Stuttgart: Evangelisches Verlagswerk 1967, S. 82—88 (Original-titel: Religion and Culture, in: The Protestant Era, Chicago: University of Chicago Press 1948; auf deutsch zuerst erschienen in: Der Protestantismus, Stuttgart: Steingrüben 1950).

RELIGION UND KULTUR

Von PAUL TILLICH

Ein Vortrag über „Religion und Kultur" stellt den Vortragenden zunächst vor das Problem, daß er im Rahmen einer kurzen Abhandlung
eigentlich den Inhalt von wenigstens zwei Büchern — einer Religionsphilosophie und einer Kulturphilosophie — darstellen müßte. Da
dies nur in der Form einer abstrakten und wenig überzeugenden Zusammenfassung geschehen könnte, will ich mich auf einen Hauptbegriff
beschränken, nämlich den der theonomen Kultur, und diesen Begriff in
einer Art autobiographischer Rückschau vom Ende des Ersten Weltkrieges bis zum Ende des Zweiten entwickeln und daran einige systematische Analysen über den theonomen Charakter von Symbolen
anfügen.

Als wir aus dem Ersten Weltkrieg heimkehrten, bemerkten wir eine
tiefe Kluft zwischen kultureller Revolution und religiöser Tradition in
Mittel- und Osteuropa. Die lutherischen und die römisch- und grie-
chisch-katholischen Kirchen verwarfen die kulturelle und (mit einigen
Ausnahmen im römischen Katholizismus) die politische Revolution.
Sie verwarfen sie als den rebellischen Ausdruck einer profanen Autonomie. Die revolutionären Bewegungen andererseits lehnten die Kirchen als Ausdruck einer transzendenten Heteronomie ab. Für diejenigen unter uns, die geistig mit beiden Seiten verbunden waren, war es
klar, daß diese Situation unerträglich und auf die Dauer sowohl für die
Religion als auch für die Kultur verhängnisvoll sein mußte. Wir hielten
es für möglich, diese Kluft zu schließen, teils durch Bewegungen wie
den religiösen Sozialismus, teils durch eine neue Interpretation der gegenseitigen Immanenz von Religion und Kultur. Indessen hat die Geschichte gezeigt, daß es für einen solchen Versuch zu spät war, als daß er
zu jener Zeit noch erfolgreich hätte sein können. Es erwies sich als unmöglich, den ideologischen Säkularismus und den mechanistischen

(nicht marxistischen) Materialismus der Arbeiterparteien zu zerbrechen. Die alte Garde siegte über uns und über die Jugend ihrer eigenen
Bewegungen. Im religiösen Bereich steinigten uns nicht nur die konservativen Vertreter des „Christentums der herrschenden Klasse" — wir
wurden auch durch jene dynamische Theologie angegriffen, die hier
„Neo-Orthodoxie" genannt wird und die prophetische Kräfte mit einer
unprophetischen Loslösung von der Kultur verbindet – auf diese Weise
die Kluft bejahend und vertiefend. Unser Versuch wurde vereitelt, aber
wir haben die Niederlage nicht anerkannt und werden sie nicht anerkennen, soweit die Wahrheit unserer Konzeption in Frage steht. Denn
den Gedanken, den ein konsequenter Pragmatismus schwer vermeiden
kann — daß der Sieg als Wahrheitsbeweis genommen wird —, lehnen
wir ab.

Die wechselseitige Zusammengehörigkeit von Religion und Kultur
versuchte ich zum erstenmal in einer Vorlesung herauszustellen, die ich
in Berlin unmittelbar nach dem Ende des Krieges hielt unter dem Titel
›Die Idee einer Theologie der Kultur‹. Sie war geschrieben mit dem Enthusiasmus jener Jahre, in denen wir glaubten, daß ein neuer Anfang,
eine neue Periode der radikalen Verwandlung, eine Erfüllung der Zeit
oder, wie wir es mit einem neutestamentlichen Ausdruck nannten, ein
„kairos" über uns gekommen sei, trotz Zusammenbruch und Elend.
Wir teilten allerdings nicht das Gefühl vieler amerikanischer religiöser
und weltlicher Humanisten der zwanziger Jahre, wir glaubten nicht,
daß das Reich Gottes mit Frieden, Gerechtigkeit und Demokratie erreicht sei. Wir erkannten sehr früh jene dämonischen Strukturen der
Wirklichkeit, die in jüngst vergangener Zeit von allen denkenden Menschen hierzulande erkannt wurden. Aber wir sahen auch eine neue
Chance: einen Augenblick trächtig von schöpferischen Möglichkeiten.
Der Zusammenbruch der bürgerlichen Kultur in Mittel- und Osteuropa
schien den Weg für eine Wiedervereinigung von Religion und Kultur zu
ebnen. Das war es, was wir erhofften und wofür der religiöse Sozialismus kämpfte, und dem versuchten wir eine philosophische und theologische Grundlage zu geben. Die Idee einer theonomen Kultur schien
diesem Ziel adäquat zu sein, sie wurde das Prinzip der Religions- und
der Kulturphilosophie, welche die Kluft von beiden Seiten her auszufül-
len versprachen.

Die Kirchen hatten die säkularisierte Autonomie der modernen

Kultur verworfen, die revolutionären Bewegungen hatten die transzendente Heteronomie der Kirchen verworfen. Beide hatten etwas verworfen, von dem sie letztlich selber lebten, und dieses Etwas ist die Theonomie. Die Worte Autonomie, Heteronomie und Theonomie beantworten die Frage des „nomos" oder des Lebensgesetzes auf dreifach verschiedene Art: Die Autonomie behauptet, daß der Mensch als der Träger der universalen Vernunft die Quelle und das Maß der Kultur und Religion sei, daß er sein eigenes Gesetz sei. Die Heteronomie behauptet, daß der Mensch, unfähig, der universalen Vernunft gemäß zu leben, einem Gesetz unterworfen werden muß, das ihm fremd und das höher ist als er. Die Theonomie behauptet, daß das höhere Gesetz zur gleichen Zeit das innerste Gesetz des Menschen selbst ist. Es wurzelt im göttlichen Grund, der des Menschen eigener Grund ist: Das Lebensgesetz transzendiert den Menschen, obwohl es zur gleichen Zeit sein eigenes Gesetz ist. Indem wir diese Begriffe auf die Beziehung von Religion und Kultur anwandten, nannten wir den Versuch, die kulturellen Formen des persönlichen und sozialen Lebens ohne Bezug auf etwas Letztes und Unbedingtes zu schaffen, sondern nur den Forderungen der theoretischen und praktischen Rationalität zu folgen, autonome Kultur. Eine heteronome Kultur dagegen unterwirft die Formen und Gesetze des Denkens und Handelns den autoritären Kriterien einer Religion oder einer politischen quasi-Religion, sogar um den Preis der Zerstörung der rationalen Strukturen. Eine theonome Kultur jedoch drückt in ihren Schöpfungen etwas aus, das uns unbedingt angeht, einen transzendenten Sinn, nicht als etwas ihr Fremdes, sondern als ihren eigenen geistigen Grund. Religion ist die Substanz der Kultur und Kultur die Form der Religion. Dies war die präziseste Formulierung der Theonomie.

Mit diesen begrifflichen Unterscheidungen war es möglich, eine theonome Analyse der Kultur zu schaffen, eine „Theologie der Kultur" sozusagen, die ihren theonomen Grund nicht nur da zeigt, wo er deutlich zutage liegt, wie in den archaischen Perioden der großen Kulturen und dem frühen und hohen Mittelalter unserer westlichen Kultur, sondern auch in jenen Perioden, in denen die Heteronomie siegreich war, wie im Spätmittelalter und in der arabischen und protestantischen Orthodoxie und sogar in den autonomen oder säkularisierten Epochen wie im klassischen Griechenland, der Renaissance, der Aufklärung und dem neunzehnten Jahrhundert. Keine kulturelle Schöpfung kann ihren religiösen Grund oder ihre rationale Formung verbergen. Gegen die kirchliche Heteronomie kann immer aufgezeigt werden, daß alle Riten, Doktrinen, Institutionen und Symbole eines religiösen Systems eine religiöse Kultur konstituieren, die aus der umgebenden allgemeinen Kultur abgeleitet ist — aus ihrer sozialen und ökonomischen Struktur, ihren charakteristischen Zügen, ihren Meinungen und ihrer Philosophie, ihren sprachlichen und künstlerischen Ausdrucksformen, ihren Komplexen, Traumata und Sehnsüchten. Man kann zeigen, daß, wenn eine solche besondere religiöse Kultur andersdenkenden oder fremden Kulturen aufgezwungen wird, sie dann nicht jene letzte Gültigkeit hat, die den Anspruch auf die Herzen der Menschen rechtfertigt, sondern etwas Vorläufiges und Bedingtes ist, das aber religiöse Ausschließlichkeit für seine Forderungen in Anspruch nimmt. Die thomistische Philosophie ist genau wie das protestantische Persönlichkeits-Ideal ein vergänglicher Ausdruck religiöser Kultur, beide aber haben keinen Anspruch auf Ausschließlichkeit und Endgültigkeit. Und das gleiche gilt von den griechischen Begriffen im Dogma der Kirche, von der feudalen Ordnung in der römischen Hierarchie, von den patriarchalischen Sitten des Luthertums, von den demokratischen Idealen des Sekten-Protestantismus und sogar von den kulturellen Traditionen, die z. B. in der biblischen Sprache und dem biblischen Weltbild zum Ausdruck kommen. Das theonome Denken steht Seite an Seite mit der autonomen Kritik, wenn sich derartige Formen der religiösen Kultur absolut setzen.

Für unsere Situation aber war und ist eine andere Aufgabe der theonomen Analyse der Kultur wichtiger: zu zeigen, daß in der Tiefe jeder autonomen Kultur etwas eingeschlossen liegt, das uns unbedingt angeht, etwas Unbedingtes und Heiliges. Die Aufgabe besteht darin, den Stil einer autonomen Kultur in all ihren charakteristischen Ausdrucksformen zu entziffern und deren verborgene religiöse Bedeutung zu finden. Dies unternahmen wir mit allen möglichen Hilfsmitteln der historischen Forschung und der vergleichenden Interpretation und mit nachfühlendem Verständnis, und wir taten es mit besonderem Bemühen bei solchen Kulturstadien, die, wie z. B. das späte neunzehnte Jahrhundert, völlig säkularisiert waren. Die autonome Kultur ist säkularisiert in dem Maße, in dem sie ihren letzten Bezug, ihre Sinnmitte, ihre geistige Substanz verloren hat. Die Renaissance war ein Schritt hin zur Autonomie, aber noch in der geistigen Kraft des unverbrauchten mittelalterlichen Erbes. Die Aufklärung verlor rasch ihre prostestantische und sektiererische Substanz und wurde in einigen, wenn auch nicht in vielen Ausdrucksformen, vollkommen säkularisiert. Das späte neunzehnte Jahrhundert zeigt mit seiner Unterwerfung unter das technische Schema des Denkens und Handelns die charakteristischen Merkmale einer äußerst entleerten und säkularisierten Autonomie in einem vorgeschrittenen Stadium der Auflösung. Aber selbst hier war die religiöse Substanz, ein Rest von etwas Letztem, spürbar und ermöglichte die flüchtige Existenz einer solchen Kultur. Aber stärker als in der sich auflösenden bürgerlichen Autonomie war der religiöse Bezug in den Bewegungen wirksam, die oft mit einer prophetischen Leidenschaft gegen diese Situation protestierten. Auch da konnte die theonome Analyse so verwickelte Erscheinungen entziffern wie die der visionären Zerstörung des bürgerlichen Idealismus und Naturalismus in Kunst und Literatur durch den Expressionismus und Surrealismus. Sie konnte den religiösen Hintergrund der Rebellion der vitalen und unbewußten Seite der menschlichen Persönlichkeit gegen die moralische und intellektuelle Tyrannei des Bewußtseins zeigen, sie konnte den quasi-religiösen fanatischen und absolutistischen Charakter der Reaktionen des zwanzigsten Jahrhunderts gegen das neunzehnte deuten. Solche Analysen konnten vorgenommen werden, ohne daß die „organisierte Religion" einbezogen wurde (die Kirchen waren nur ein Teil des Gesamtbildes), und sie richteten sich entscheidend auf das religiöse Element, das in all diesen antireligiösen und antichristlichen Bewegungen verborgen war und ist. In allen liegt etwas von letzter und unbedingter Bedeutung, etwas absolut Ernstes und darum Heiliges, selbst wenn es in profanen Worten ausgedrückt wird.

Auf diese Weise überbrückt die „Theologie der Kultur" die Kluft zwischen Religion und Kultur — die Religion ist dann mehr als ein System spezieller Symbole, Riten und Emotionen, die auf ein höchstes Wesen gerichtet sind. Religion ist unbedingtes Angegangensein, ist der Zustand des Ergriffenseins von etwas Unbedingtem, Heiligem, Absolutem. So verstanden gibt sie jeder Kultur Sinn, Ernst und Tiefe und schafft aus dem kulturellen Material eine eigene religiöse Kultur. Der Gegensatz zwischen Religion und Kultur wird reduziert auf die Dualität von religiöser und weltlicher Kultur mit unzähligen Übergängen dazwischen. So repräsentieren z. B. die revolutionären Bewegungen etwas

Unbedingtes, ein religiöses Prinzip, das zwar verborgen, aber doch in ihnen wirksam ist. Die lutherischen Kirchen z. B. repräsentieren eine besondere kulturelle Epoche, in der sich etwas Unbedingtes, ein religiöses Prinzip, offen und unmittelbar manifestiert. Beide sind religiös und beide sind zugleich kulturell. Warum dann ein Unterschied? Die Antwort kann nur sein: Weil das Reich Gottes noch nicht gekommen ist, weil Gott noch nicht „alles in allem" ist, was auch immer dieses „noch nicht" meinen mag. Wenn ich gefragt werde, was der Beweis für den Sündenfall der Welt ist, pflege ich zu antworten: die Religion selber, nämlich eine religiöse Kultur neben einer weltlichen Kultur — ein Tempel neben einem Rathaus, das Abendmahl des Herrn neben einem täglichen Abendessen, das Gebet neben der Arbeit, Meditation neben Forschung, „caritas" und „eros". Aber wenn auch diese Dualität niemals in Zeit, Raum und Geschichte überwunden werden kann, so ist es doch ein Unterschied, ob diese Dualität in eine nicht zu überbrückende Kluft vertieft wird, wie in den Perioden, in denen Heteronomie und Autonomie miteinander kämpfen, oder ob die Dualität als etwas erkannt wird, das nicht sein sollte und das fragmentarisch, sozusagen durch Antizipation, in einer theonomen Periode überwunden werden kann. Der „kairos", den wir nahe herbeigekommen wähnten, war das Kommen eines neuen theonomen Zeitalters, das die zerstörerische Kluft zwischen Religion und Kultur beseitigen sollte.

Aber die Geschichte ging einen anderen Weg, und die Frage nach Religion und Kultur kann nicht einfach mit den Begriffen Autonomie, Heteronomie, Theonomie beantwortet werden. Ein neues Element ist in das Bild hineingekommen — die Erfahrung des Endes. Etwas davon erschien schon nach dem Ersten Weltkrieg, aber wir fühlten es noch nicht in seiner schrecklichen Tiefe und ungeahnten Absolutheit. Wir sahen mehr auf den Anfang des Neuen als auf das Ende des Alten. Wir vergegenwärtigen uns nicht den Preis, den die Menschheit für das Kommen einer neuen Theonomie zu bezahlen hat, wir glaubten noch an Übergänge ohne Katastrophen. Wir sahen nicht die Möglichkeit von Endkatastrophen, wie die wahren Propheten, die Unheilspropheten, sie ankündigten. Deshalb hatte unsere theonome Deutung der Geschichte einen leichten Anflug von Romantik, wenn sie auch jeden Utopismus zu vermeiden suchte. Sie ging zu Ende, weil das Ende selbst wie ein Blitzschlag vor unseren Augen erschien, und nicht nur unter den Ruinen von

Mittel- und Osteuropa, sondern auch im Überfluß dieses Landes wurde es gesehen. Herrschte nach dem Ersten Weltkrieg die Stimmung eines neuen Anfangs vor, so nach dem Zweiten Weltkrieg die Stimmung des Endes. Heute ist eine „Theologie der Kultur" vor allem eine Theologie des Endes der Kultur, nicht in allgemeinen Ausdrücken, sondern in einer konkreten Analyse der inneren Leere fast all unserer kulturellen Ausdrucksformen. Wenig ist in unserer heutigen Kultur übriggeblieben, das nicht einem sensiblen Geist der Gegenwart ein Vakuum fühlbar machte — das Fehlen von Letztgültigkeit und substantieller Macht in Sprache und Erziehung, in Politik und Philosophie, in der Entwicklung der Persönlichkeit und im Leben der Gemeinschaft. Wer von uns hat noch nie einen Schock durch diese Leere erfahren, wenn er die traditionelle oder untraditionelle weltliche oder religiöse Sprache brauchte, um sich verständlich zu machen, ohne daß es ihm gelungen wäre, und hat sich dann Schweigen gelobt, nur, um es einige Stunden später zu brechen? Das ist symbolisch für unsere ganze Kultur. Man gewinnt oft den Eindruck, daß nur solche kulturellen Schöpfungen Größe besitzen, in denen die Erfahrung der Leere ausgedrückt ist, denn sie kann machtvoll nur zum Ausdruck gebracht werden, wenn sie auf einem Fundament ruht, das tiefer ist als alle Kultur, das unbedingt ist, auch dann, wenn es die Leere bejaht, selbst die der religiösen Kultur. Wo dies geschieht, kann das Vakuum der Auflösung ein Vakuum werden, aus dem heraus Schöpfung möglich ist, eine „heilige Leere" sozusagen, die die Qualität des Wartens, eines Noch-nicht, eines Von-obenher-gebrochenseins in all unsere kulturelle schöpferische Tätigkeit hineinbringt. Das ist kein leerer Kritizismus, wie radikal und gerechtfertigt ein solcher Kritizismus auch sein möge. Es ist kein Schwelgen im Paradoxen, das ein Hinuntersteigen zum Konkreten verhindert. Es ist kein zynisches „Ohne mich" mit seiner letztlich geistigen Unehrlichkeit, es ist einfaches kulturelles Handeln aus der Erfahrung der heiligen Leere heraus und durch sie bestimmt. Dies ist der Weg – vielleicht der einzige Weg –, auf dem unsere Zeit eine theonome Einheit zwischen Religion und Kultur erreichen kann.

Eines muß klar erkannt werden: Die Erfahrung des Endes untergräbt die Idee der Theonomie in keiner Weise. Im Gegenteil, sie ist deren stärkste Bestätigung. Zwei Ereignisse mögen dies illustrieren. Das erste ist die Wendung Karl Barths von einer Theologie der radikalen Distanz zur Kultur — sei es weltlicher oder religiöser — zu einer ebenso radikalen Teilnahme am Kampf gegen ein dämonisch verzerrtes kulturelles System. Barth hat sich plötzlich vergegenwärtigt, daß Kultur niemals indifferent sein kann, wenn es um das Letzte und Unbedingte geht. Wenn die Kultur aufhört, theonom zu sein, wird sie zunächst leer, dann fällt sie, wenigstens eine Zeitlang, unter dämonische Herrschaft. Die Forderung nach einer reinen Sachkultur ist unehrlich oder eine Illusion und überdies noch eine verhängnisvolle Illusion. Dies führt zu dem zweiten Ereignis, auf das ich Bezug nehmen will: den Wechsel der Haltung zur Kultur in Amerika. Es war wahrhaft symbolisch für den Zusammenbruch unserer weltlichen Autonomie, als die Atomwissenschaftler ihre Stimme erhoben und das Ende predigten — nicht bedingungslos, sondern unter Heilsbedingungen, die die heutige Menschheit kaum willens ist zu erfüllen. Es war und ist ein Symptom der veränderten Stimmung, wenn einige dieser Männer und andere mit ihnen, Staatsmänner, Erzieher, Psychologen, Physiker, Soziologen, ganz zu schweigen von Künstlern und Dichtern, deren Visionen unsere kulturelle Katastrophe schon lange vorwegnahmen — wenn diese Menschen nach Religion schreien als der erlösenden Macht unserer Kultur. Sie tun es oft in der häßlichen und falschen Phraseologie, die die Bewahrung der Kultur durch die Religion fordert, als wenn die Religion ein Werkzeug zu höherem Zweck sei. Aber selbst in dieser unangemessenen Form wird das Ideal einer theonomen Kultur transparent.

Friedrich Gogarten, Verhängnis und Hoffnung der Neuzeit, Stuttgart: Evangelisches Verlagswerk 1953,
S. 99—103 und 137—143 (in diesem Band S. 181—189) und ders., Der Mensch zwischen Gott und Welt,
Stuttgart: Vorwerk ²1956, S. 139 ff. (in diesem Band S. 189—192).

DIE VERGESCHICHTLICHUNG
DER MENSCHLICHEN EXISTENZ ALS VORAUSSETZUNG
FÜR DEN PROZESS DER SÄKULARISIERUNG

Von FRIEDRICH GOGARTEN

Die Vergeschichtlichung der menschlichen Existenz

Es geht in der Säkularisierung um die Forderung des Freiseins des Menschen der Welt gegenüber und des Herrseins über sie, die eine Folge der im Glauben ergriffenen Freiheit des Sohnes für den Vater ist und durch die die mythische Welt abgelöst wird durch die geschichtliche. Mit dieser Forderung wird die Welt säkularisiert. Das heißt: Sie ist für den, der diese Forderung vernimmt und für den darum das „Alles ist erlaubt" gilt, nicht mehr die von den „vielen Göttern und Herren" (1 Kor 8, 5) durchwaltete und beherrschte Welt. Diese Götter und Herren sind für ihn entmächtigt; die *Stoicheia* der Welt sind armselig und ohnmächtig geworden. Die Welt und alles, was in ihr ist, ist nun etwas, so können wir sagen, Natürliches. Sie ist nur Welt, säkulare Welt.

Aber nicht nur mit der Welt geschieht das. Mit dieser Forderung des Freiseins und Herrseins, insofern in ihm das Tun des Menschen geschehen soll, hat sich dasselbe ereignet. Diese Forderung und diese Freiheit werden geleitet von der Vernunft des Menschen. Damit sind auch sie säkular geworden. Zwar stammt diese Forderung, wie wir gesehen haben, aus der von Gott gewirkten und darum nur im Glauben zu ergreifenden Freiheit des Sohnes. Aber sie kommt eben immer nur von dort her, und der Glaube muß, um Glaube zu bleiben, darüber wachen, daß diese Forderung nicht so verstanden wird, als gehe sie auf diese Freiheit und begründe sie. Diese Forderung geht und sie darf nur gehen auf das Freisein und Herrsein der Welt gegenüber, insofern sie durch das Tun des Menschen geleistet werden können. Diese Leistung ist immer nur in bezug auf dies und das möglich, niemals aber in bezug auf das Ganze, also nicht auf das Heil des Menschen und der Welt. Und wie es in bezug

auf dies und das als mögliches gefordert ist, das ist je und je eine Sache
der vernünftigen Entscheidung, zu der die Vollmacht dem Menschen
mit jenem „Alles ist erlaubt" überantwortet ist. Gibt es hier ein göttliches Gebot — und das gibt es in der Tat, denn die Forderung kommt ja
her von der nur durch den Glauben zu erfüllenden Forderung, daß wir
Gottes Söhne und in der Sohnschaft bleiben sollen —, dann lautet es hier
so, daß er, der Mensch, mit seiner Vernunft je und je erkennen soll, wie
er im irdischen Wandel, mit seinen „Gliedern", wie Paulus sagt, über
die er vernünftig verfügen kann und soll, in bezug auf dies und das die
Freiheit und Herrschaft über die Welt ausüben soll, auf daß er Zuträg-
liches tue.

Weil diese Forderung herkommt von der des Sohnseins des Menschen
und des Schöpfungseins der Welt, die im Glauben als von Gott verwirklichte ergriffen wird, weil diese Forderung demnach ihren Grund hat in
dem Heil, das heißt, in der von Gott vollbrachten Ganzheit des Menschen und der Welt, darum erhält der unter ihrem Gebot stehende
Wandel des Menschen, sein Wissen um sich und das Besorgen seines
Seins und des Seins der Welt, wie es im irdischen Wandel vollzogen
werden soll, eine Richtung auf das Ganze sowohl seines Menschseins
wie auch des Seins der Welt, insofern sich sein Leben in ihr ereignet.
Damit wird die Existenz des Menschen zur geschichtlichen. Sein Leben
und seine Welt hören also auf, mythisch zu sein und werden geschichtlich. Denn Geschichte wird eben durch die beiden Momente konstituiert, die das Wesen dieser aus dem christlichen Glauben folgenden Forderung der Freiheit gegenüber der Welt ausmacht. Das eine ist, daß der
Mensch die Verantwortung für sein Leben, dessen Gestalt und Verlauf
und für die Gestalt seiner Welt übernimmt. Und das andere Moment ist,
daß diese Verantwortung in jener oben angedeuteten eigentümlichen
Weise von dem Wissen um das Ganze sowohl des menschlichen Lebens
wie der Welt bestimmt ist. Es ist, so können wir sagen, ein Wissen in der
Weise des Fragens: Diese Verantwortung weiß fragend von diesem
Ganzen. Wir pflegen dieses Ganze heute zumeist als Sinn des Lebens
und der Welt zu bezeichnen. Die Verantwortung, die das zweite konsti-
tuierende Moment der Geschichte ist, fragt also nach dem Sinn. Und sie
kommt, solange sie geschichtlich ist, weder aus diesem Fragen heraus
noch über es hinaus. Unterließe sie es, bliebe sie nicht geleitet von der
Frage nach dem Ganzen, begnügte sie sich mit der Verwirklichung der

Freiheit und Herrschaft der Welt gegenüber, wie sie in bezug auf dies und das von ihr gefordert wird, so hörte sie auf, geschichtlich zu sein, und es verwandelte sich ihr die Geschichte in einen technisch vollzogenen Prozeß und wäre nicht mehr Geschichte. Meinte diese Verantwortung dagegen, über die Frage hinauszusein und den Sinn des Lebens und der Welt erkannt zu haben, dann hätte sie ebenfalls die Geschichte und damit die Geschichtlichkeit der menschlichen Existenz und der Welt verfehlt. Denn in beiden Fällen hätte sie sich der Zukunft versagt, aus der als der für unser Denken und Tun schlechthin unzugänglichen und immer neu auf uns zukommenden allein Geschichte sich je und je ereignet.[1]

Es liegt auf der Hand, daß die Säkularisierung und die Vergeschichtlichung der menschlichen Existenz und der Welt, in der sich diese so ereignet, wie sie bereits als eine Folge des neutestamentlichen Glaubens nachzuweisen ist, sehr anders aussieht als das, was wir heute so nennen. Es ist darum die Frage zu stellen, ob diese beiden Weisen der Säkularisierung sich etwa so zueinander verhalten wie der Keim einer Pflanze zu ihrer ausgereiften Gestalt. Auf jeden Fall wird man sagen müssen, daß beide ihren Ursprung im christlichen Glauben haben. Und die Problematik, die mit ihnen verbunden ist und die unser heutiges Denken bis in seinen tiefsten Grund beunruhigt, stammt aus ihrem ungeklärten Verhältnis zu dem christlichen Glauben.

Bei beiden hat es den Anschein, als ob mit ihnen das Ende dieses Glaubens gekommen sei, und als ob die Unruhe und Verwirrung, die sie in unser Denken und Weltverhältnis gebracht haben, nur dann zu beheben sei, wenn diese endlich von dem christlichen Glauben losgelöst werden, der sie nicht mehr zu tragen vermag. Nun ist zwar die Säkularisierung, mit der, wie wir uns eben klargemacht haben, die Vergeschichtlichung der menschlichen Existenz und der Welt, in der sie gelebt wird, geschieht, eine nachchristliche, das heißt, durch den christlichen Glauben hervorgerufene Erscheinung. Wenn sie jedoch zum mindesten mit ihrem Ansatz, wie wir nachzuweisen versucht haben, zum Wesen dieses Glaubens gehört, und zwar dergestalt, daß dieser ohne sie, also ohne die Säkularisierung der sogenannten Werke nicht wäre, was er ist, nämlich

[1] Vgl. hierzu mein Buch ›Der Mensch zwischen Gott und Welt‹, Heidelberg 1952, vor allem den Abschnitt ›Geschichte‹, S. 424 ff.

rechtfertigender Glaube, dann bedeutet diese Nachchristlichkeit der
Säkularisierung keineswegs, daß ihr der Zerfall des christlichen Glaubens vorausgeht oder dieser in ihr sein Ende erfährt. Vielmehr besagt
diese Nachchristlichkeit, daß die Säkularisierung genauso, wie das
schon ihrer keimhaften, noch nicht ausgereiften Gestalt gegenüber der
Fall war, auch nun, nachdem sie ausgereift ist, für den Glauben eine
Aufgabe ist, die er um seiner selbst willen, nämlich um Glaube bleiben
zu können und nicht so etwas wie eine christliche Gesetzesreligion zu
werden, bestehen muß.

Die erste Bedingung für das Bestehen einer Aufgabe ist, daß sie entschlossen in ihrem vollen Umfang und in ihrer ganzen Schwierigkeit erkannt wird. Das bedeutet in unserm Fall die Erkenntnis, daß die Säkularisierung, nachdem sie seit dem Beginn der sogenannten Neuzeit in
Gang gekommen ist, heute die ganze Existenz des Menschen ebenso wie
seine Welt ergriffen hat. Sie scheint die umfassendste Wirkung des
christlichen Glaubens auf das menschliche Leben zu sein. Denn sie betrifft nicht nur den Christen, sondern auch den Nichtchristen. Der umfassende Charakter dieser Wirkung wird am deutlichsten in der Tatsache, daß durch sie die menschliche Existenz mitsamt ihrer Verfassung
geschichtlich geworden ist in dem Sinn, wie wir die Geschichte bestimmten. Dadurch ist das Problem der Geschichte und der Geschichtlichkeit zur dringendsten und umfassendsten Frage der Existenz und
der Welt des Menschen geworden.

Wie umfassend diese Vergeschichtlichung die menschliche Existenz
ergriffen hat und wie tief sie in deren ganze Verfassung eingedrungen ist,
das wird nicht zuletzt sichtbar in der Tatsache, daß durch sie auch das
Christentum zu einer geschichtlichen Erscheinung geworden ist. Jedenfalls ist diese Tatsache für unsere Frage nach der Säkularisierung als
einem theologischen Problem das wichtigste Ereignis in dieser Vergeschichtlichung. Denn in ihm ist das Christentum selbst säkularisiert
worden, und es drängt sich uns infolgedessen von neuem die Frage auf,
ob die Säkularisierung, obwohl sie ursprünglich eine Folge des christlichen Glaubens ist, in ihrem weiteren Verlauf nicht doch zu seinem
Zerfall und Ende führt. Diese Frage müßte unweigerlich bejaht werden,
wenn das, was wir Christentum zu nennen pflegen, und der christliche
Glaube ein und dasselbe wären. Es ist dann jedenfalls deutlich, daß die
Aufgabe, die dem christlichen Glauben mit der Säkularisierung gestellt

ist und die er um seiner selbst willen bestehen muß, angesichts dieser Säkularisierung und Vergeschichtlichung des Christentums ihre größte Dringlichkeit und Schwierigkeit hat.

Säkularisierung und Säkularismus

Wir müssen hier von dem Unterschied zweier grundverschiedener Arten der Säkularisierung sprechen. Ohne diese Unterscheidung ist der eigentümliche Vorgang, der sich in ihr ereignet, nicht zu verstehen und ebensowenig die Aufgabe, die dem christlichen Glauben mit ihr und insbesondere mit der Gestalt gestellt ist, die sie im Verlauf der Neuzeit mehr und mehr angenommen hat. Wir bezeichnen die eine Art der Säkularisierung als die, die im Säkularen bleibt. In ihr hält man es aus, daß die Welt „nur" Welt ist; man erkennt in ihr nicht nur die Grenze der Vernunft, die dieser damit gesteckt ist, daß ihr zwar der Gedanke des Ganzen als der höchste, der ihr möglich ist, zu denken aufgegeben ist, daß sie aber die Frage, vor die sie damit gestellt ist, nicht zu beantworten vermag und daß sie mit diesem Gedanken über ein fragendes Nichtwissen nicht hinauskommt. Man bleibt in dieser Art der Säkularisierung bei dem Gebrauch der Vernunft dieser ihr nicht von außen, sondern in ihrem eigenen Wesen gesteckten Grenzen in der größten Wachsamkeit gewärtig. Die andere Art der Säkularisierung — sie ist es, an die man heute bei diesem Wort für gewöhnlich denkt — bezeichnet man am besten als Säkularismus. Sie entsteht, wenn jenes fragende Nichtwissen dem Gedanken der Ganzheit gegenüber nicht durchgehalten wird. Man gibt dann entweder das Nichtwissen oder die Frage preis. Demgemäß kann der Säkularismus in sich wieder zwei verschiedene Gestalten annehmen. Meint man auf die Fragen, die das Ganze angehen, eine Antwort geben zu können, dann entsteht der Säkularismus der Heilslehren oder Ideologien, die in der Neuzeit in großer Zahl, eine nach der anderen und viele nebeneinander, entstanden sind und nach deren Anweisungen man das Heil, also das Ganze, meint verwirklichen zu können und zu sollen. Man behauptet kaum zuviel, wenn man sagt, daß es nichts von einiger Bedeutung im menschlichen Leben gibt, das nicht in solchen Ideologien zum Träger für den Sinn des menschlichen Lebens und der Geschichte erklärt worden ist. Die allermeisten dieser Heilslehren haben verdientermaßen nur eine ephemere Bedeutung gehabt. Andere dagegen haben geschichtliche Wirkung und Macht erlangt. Das sind solche, in denen diejenigen Mächte sich zum Wort meldeten, die in epochaler Weise das geschichtliche Leben bestimmten. Meint man dagegen, jene Fragen, die das Ganze angehen, beiseite lassen zu müssen, da man sie doch nicht beantworten kann, dann entsteht der Säkularismus, der latent oder offen jede Frage für nutzlos und unsinnig erklärt, die über das bloß Sichtbare und Greifbare hinausgeht. Man bezeichnet diese Art von Säkularismus neuerdings als Nihilismus.

Wenn, wie wir nachzuweisen versucht haben, die Säkularisierung die notwendige und legitime Folge des christlichen Glaubens ist, so ergibt sich die Frage, in welchem Verhältnis der Säkularismus zu diesem Glauben steht. Und wenn, wie es den Anschein hat, der Säkularismus eine Entartung der Säkularisierung ist, dann werden wir auch fragen müssen, ob die Entartung ihre Ursache darin hat, daß der Glaube der Aufgabe, die ihm der Säkularisierung gegenüber gestellt ist, nicht gerecht geworden ist. Wenn das, was wir bisher über die Säkularisierung gesagt haben, auch nur einigermaßen richtig ist, dann kann diese Aufgabe auf keinen Fall den Sinn haben, daß der Glaube die Säkularisierung irgendwie zurückhalten und von außen her beschränken müßte. Das Verhältnis zwischen dem Glauben und der Säkularisierung kann jedenfalls solange, als sie beide bleiben, was sie ihrem Wesen nach sind, niemals den Sinn haben, daß sie sich gegenseitig den Bereich streitig machen, der der ihre ist. Meinte der Glaube, der Säkularisierung etwas von dem, was sie ergriffen hat, vorenthalten zu müssen, so hörte er damit auf, Glaube zu sein. Und umgekehrt: machte sich die Säkularisierung daran, das, was des Glaubens ist, für sich in Anspruch zu nehmen, so bliebe sie nicht in der Säkularität, sondern würde zum Säkularismus. Die Aufgabe, die der Glaube der Säkularisierung gegenüber hat, wäre demnach die, ihr dazu zu verhelfen, daß sie in der Säkularität bleibt. Diese Aufgabe kann er aber auf keine andere Weise erfüllen als so, daß er selbst Glaube bleibt. Er bleibt, wie wir sahen, Glaube, indem er unablässig zwischen Glaube und Werk, zwischen der göttlichen Wirklichkeit des Heils und der irdisch-weltlichen Bedeutung alles menschlichen Tuns unterscheidet.

Dem entspricht aber auf der anderen Seite, daß, wenn es die Säkularisierung nur im Glauben gäbe, die Säkularisierung des irdischen Wandels und damit der Weltgeschichte nicht echt wäre und daß die in dem „Alles ist erlaubt", das sie bedeutet, erschlossene und dem menschlichen Tun überantwortete Entscheidungs- und Urteilsmacht über das Zuträgliche und Unzuträgliche nicht die Möglichkeit echter geschichtlicher Entscheidung wäre, und daß auch die Freiheit, zu der der Glaubende berufen ist, in bezug auf die er aber zusehen soll, daß sie nicht dem „Fleisch" eine Gelegenheit werde, sich des Menschen und seiner Entscheidungen zu bemächtigen (Gal 5, 13), keine wirkliche Freiheit wäre. Wohl ist das „Alles ist erlaubt", wie wir noch einmal wiederholen möchten, in der unendlich tiefen und hintergründigen Bedeutung der mündigen Sohnschaft, der „alles" als Erbe gehört, allein dem Glauben erschlossen, und nur diesem ist die Begründung des „Alles ist euer" zugänglich, die so lautet: „Ihr aber seid Christi, Christus aber ist Gottes" (1Kor 3, 21 ff.). Gerade deshalb aber ist diese Freiheit der Welt gegenüber, nachdem sie einmal erschlossen ist, für den Menschen nicht nur eine Möglichkeit seiner Vernunft, von der er nach Belieben oder nur unter bestimmten Voraussetzungen Gebrauch machen darf, sondern sie ist zu der Forderung geworden, der er in der Erkenntnis der Geschichtlichkeit seines Lebens und seiner Welt mit seiner Vernunft gehorchen muß.

Allerdings ist das Ganze, wie es in dieser säkularisierten Forderung erscheint, nun nicht mehr das des Sohnseins und des Schöpfungseins, wie es im Glauben als von Gott verwirklichtes Heil ergriffen wird. Denn es ist im Unterschied zu diesem nicht ein verwirklichtes, sondern immer nur gefordertes. Es bleibt ein gefordertes nicht nur, insofern im irdischen Wandel seine Verwirklichung nie vollbracht wird, sondern auch in dem Sinn, daß seine Erkenntnis immer nur gefordert bleibt. Es kann also niemals das von der Vernunft im irdischen Wandel je und je zu Leistende von diesem Ganzen her erkannt werden. Meinte man, es doch in diesem Sinn erkennen zu können, dann bedeutete das, daß aus ihm, nämlich aus dem Heil der Sohnschaft und des Schöpfungseins, ein Gesetz würde, das auf die einzelnen Fälle anzuwenden wäre und wodurch man dann seine Verwirklichung von Fall zu Fall vorwegnehmen könnte. Hier wäre aus dem Ganzen ein Ideal gemacht, mit dem man sich der Zukünftigkeit verschlösse, aus der allein sich echte Geschichte ereignet.

Das Verhältnis zwischen dem Glauben und der Säkularisierung ist demnach so, daß es den Glauben nicht gibt ohne die Säkularisierung des Verhältnisses des Glaubenden zur Welt. Wohl aber gibt es die Säkularisierung, nachdem die ihr entsprechende Freiheit des Menschen der Welt gegenüber erschlossen ist, auch ohne den Glauben. Allerdings tritt dann an die Stelle des Glaubens und der von ihm ergriffenen göttlichen Wirklichkeit des Heils eine andere Gestalt dieses Ganzen. Denn die Vernunft, die, ihre Grenzen wahrend, diesem Ganzen gegenüber im fragenden Nichtwissen bleibt, vermag es als vom Menschen gefordertes, das er mit seinem vernünftigen Tun besorgen soll, nicht anders zu erkennen als angesichts der schlechthinnigen Rätselhaftigkeit des Abgrundes der Zukünftigkeit, die sie durch kein in ihren, der Vernunft, Grenzen bleibendes Vorwegnehmen der Zukunft aufhellen kann. Aus dieser der Vernunft unzugänglichen Rätselhaftigkeit der Zukünftigkeit heraus ist das Leben des Menschen ebenso wie das Geschehen der Welt einem unaufhörlichen Wandel ausgesetzt, der entsprechend dem Wesen der Zukünftigkeit, die Ende und Anfang setzt, immer beides bedeuten kann: den Zerfall der jeweils gewonnenen Gestalt oder neues Gestaltwerden. Und die Vernunft, die in ihren Grenzen bleibt, weiß, daß ihr nie eindeutig erkennbar sein kann, ob der von ihr besorgten Geschichte in diesem Wandel das eine oder das andere bevorsteht.

Es wird hier deutlich, was es bedeutet, daß, wie wir vorhin sagten, die Säkularisierung im Unterschied zum Säkularismus säkular bleibt und daß die Vernunft in ihr mit dem höchsten Gedanken, den sie zu denken vermag, nämlich dem des Ganzen des Seienden, des Menschen und der Welt, nicht über das fragende Nichtwissen hinauskommt und der ihr damit gesteckten Grenze gewärtig bleibt. Es ist damit gesagt, daß sie sich dem von ihr nicht aufzuhellenden Dunkel der Zukünftigkeit aussetzen und ihm gegenüber die Forderung des Ganzen vernehmen muß. Die Gefahr des Zerfalls ebenso wie die Möglichkeit des neuen Gestaltwerdens, die unaufhörlich aus dem Dunkel der Zukünftigkeit auf ihn zukommen, bedrängen naturgemäß den Menschen der Säkularität in besonders hohem Maß und fordern seine Selbstbehauptung und seine Entscheidung ihm gegenüber in einer Weise heraus, wie das bei dem mythischen, von der Welt umschlossenen Menschen niemals möglich war. Denn der säkulare Mensch, das ist der seiner selbst mächtige und der für die Welt als für seine verantwortliche, mit einem Wort: Es ist der geschichtliche Mensch. Seine Geschichtlichkeit zu bewahren vermag er aber nur, indem er der Gefahr des Zerfalls der gewonnenen Gestalt und der Möglichkeit des neuen Gestaltwerdens in höchster Wachsamkeit gewärtig bleibt und in der Verantwortung dem gegenüber, was dunkel oder hell am Horizont der Zukunft heraufzieht, sich selbst behauptet. Weil der säkulare Mensch in diesem Sinn der geschichtliche ist, darum steht er aber auch immerzu vor der Versuchung, die je und je zu fällenden geschichtlichen Entscheidungen in einem einmaligen, sie alle zusammenfassenden Akte vorwegzunehmen, indem er seine Vernunft überredet, aus dem fragenden Nichtwissen dem Ganzen gegenüber herauszutreten und dieses in einer Idee zu denken, in der es ihm verfügbar wird. Dieser Versuchung ist das Geschichtsverständnis der Neuzeit mehr und mehr erlegen. Es ist, mit wenigen Ausnahmen, nicht in der Säkularität geblieben und dem Säkularismus verfallen. Das gilt freilich von der Geschichtsphilosophie in höherem Maß als von der Geschichtsforschung.

Wir haben hier den Grund dafür, warum der für das geschichtliche Denken zentrale Begriff des Ganzen sich in dem neuzeitlichen Geschichtsdenken in den eines geschlossenen Ganzen verwandelt hat, und warum dieses Denken als Geschichtsphilosophie aus dem inneren Zwang seines ursprünglichen Ansatzes und trotz der erklärten Absicht, innerhalb der Geschichte zu bleiben und die mit dieser gegebenen Probleme aus der „inneren Natur" der Geschichte zu lösen, doch die Antwort in einer übergeschichtlichen Wirklichkeit suchen muß. Und es wird daraus schließlich auch verständlich, daß dieses Denken der Geschichte, wie sie im christlichen Glauben erschlossen ist, schlechterdings nicht gerecht werden kann. Es entspricht eben nur einer Geschichte, die, weil sie sich der Zukünftigkeit verschließt, säkularistisch geworden ist und die sich selbst nur noch aus der planend vorweggenommenen Zukunft verstehen kann.

Die Säkularisierung der Welt

Wir müssen hier von einer geistigen Erscheinung sprechen, die für unser ganzes Thema von grundlegender Bedeutung ist und ohne die die eigentümliche Nähe des christlichen Glaubens zum geschichtlichen Leben nicht in ihrer ganzen Bedeutung verstanden werden kann. Es handelt sich dabei um bestimmte Einwirkungen des christlichen Glaubens auf die menschliche Existenz. Man könnte sie vergleichen mit Sedimen-

ten, Ablagerungen, wie sie in der Geologie vorkommen. Ich denke dabei also nicht an die unmittelbaren, sondern an mittelbare, nicht primä-
re, sondern sekundäre Einwirkungen, nicht an solche, die es nur in der
bleibenden Verbindung mit dem Glauben gibt, sondern die auch von
ihm gelöst weiterbestehen und die Veränderungen in dem Gefüge der
menschlichen Existenz herbeiführen, die nicht wieder rückgängig gemacht werden können. Es ist das die eigentümliche Erscheinung, die
wir mit dem Ausdruck Säkularisierung bezeichnen. Man ist auf sie aufmerksam geworden besonders durch die Untersuchungen Max Webers
›Über den Geist des Kapitalismus und die protestantische Ethik‹, in denen er zu zeigen versuchte, daß der „Geist des Kapitalismus" eine Säkularisierung insbesondere der calvinistischen Ethik ist. Wir erwähnten sie
schon, als wir über Luthers Lehre von den zwei Reichen sprachen, und
wir sagten damals bereits, man müsse zwei sehr verschiedene Arten von
Säkularisierung unterscheiden. Beide hätten ihren Grund in der Her-
auslösung des Menschen aus der Umschlossenheit von der Welt, die sich
mit dem christlichen Glauben ereignet. Spricht man heute von Säkularisierung, so meint man meist diejenige Art, bei der sich der Mensch auch
vom christlichen Glauben löst, und ist dann der Meinung, mit einer
neuen Zuwendung zu diesem müsse die Säkularisierung auch wieder beseitigt werden. Auf die andere Art der Säkularisierung, bei der der
Mensch im christlichen Glauben gebunden bleibt, ist man noch kaum
aufmerksam geworden. Man könnte sie bei Luther vor allem, aber nicht
nur in seiner Lehre von den zwei Reichen sehen. Wir haben uns das
damals klargemacht. Wir wiesen auch schon darauf hin, daß die rechte
Erkenntnis dieser Säkularisierung, die eine legitime Folge des christlichen Glaubens ist, darüber entscheidet, ob wir in der Frage nach der
rechten Stellung des Menschen zwischen Gott und Welt zur Klarheit
kommen oder nicht. Es versteht sich so gut wie von selbst, daß jene Säkularisierung nur möglich ist durch diese. Das wird deutlich, wenn man
sich klarmacht, was eigentlich in der Säkularisierung geschieht.

Wir haben gesehen, daß der Mensch sich als Person, die sich aus Gottes Wort empfängt, durch den Glauben erschlossen wird. Dieses Sich-
empfangen geschieht nicht — das sagt schon der Ausdruck „Person" —
in Passivität, nicht naturhaft, nicht magisch. Sondern es geschieht in
einem Appell an ihn als Person, und das heißt an seine Freiheit. Diese
Freiheit hat nun freilich ihren Sinn in dem Freisein für den, von dem er

sich im Glauben zum Personsein vor ihm aufgerufen weiß. Aber diese Möglichkeit des Freiseins für... schließt die Möglichkeit eines anderen Verständnisses in sich ein, nämlich der Freiheit von..., des In-sich-frei-seins. Also einer Freiheit, die nicht wie jene ihren Sinn und ihre Begründung in dem hat, für den sie frei ist, sondern in dem, der frei ist, der also in sich frei ist. Das ist dann nicht mehr die Freiheit für..., sondern die Freiheit von... Jene Freiheit für... aber wäre nicht echte, wirkliche Freiheit, die Freiheit einer Person, wenn sie nicht die Möglichkeit der Freiheit von... — und auch diese nun wieder als wirkliche Freiheit; wir könnten sie als die Freiheit der Persönlichkeit bezeichnen — in sich trüge. Nun ist die Freiheit für Gott immer auch, wie wir gesehen haben, die Freiheit von der Welt. Und in bezug auf diese Freiheit von der Welt hat der Mensch die Möglichkeit, sie zu verstehen entweder aus seiner Freiheit für Gott, in der sie ihm ursprünglich gegeben ist, oder aber aus ihr selbst. Das aber heißt aus seinem Verhältnis zur Welt. Er hat diese Möglichkeit, weil diese Freiheit ja wirkliche Freiheit ist. Ob sie, so verstanden und gebraucht, Freiheit bleibt, ist eine andere Frage, auf die wir jetzt noch nicht einzugehen brauchen. Es ist kaum nötig, ausdrücklich zu sagen, daß auch der Christ immer neu vor die Entscheidung gestellt wird, wie er die ihm im Glauben geschenkte Freiheit verstehen will. Die paulinische Paränese hat ja im Grunde nur dieses eine Thema, die Glaubenden zum rechten Verständnis ihrer Freiheit aufzurufen; sie zu ermahnen, daß sie feststehen in der Freiheit und sich nicht wieder in das Joch der Sklaverei spannen lassen (Gal 5, 1).

Daraus ergibt sich: Ist einmal durch den Glauben und die in ihm geschenkte Freiheit für Gott die Freiheit von der Welt erschlossen, dann kann diese aus sich selbst, aus ihrer eigenen Kraft und ihrem eigenen Sinn weiter bestehen. Denn es ist ja mit ihr eine echte, dem menschlichen Wesen innewohnende Möglichkeit erschlossen. Daß sie eine solche ist, zeigt übrigens zu allem Überfluß auch noch der Umstand, daß die menschliche Vernunft sie auch mit Hilfe ihrer eigenen Kräfte vernommen hat, wie vor allem wieder die Griechen gezeigt haben. Daß diese Freiheit aus der im christlichen Glauben geschenkten Freiheit für Gott einen unendlich viel tieferen und umfassenderen Sinn und eine ebenso unendlich mächtigere Leidenschaft erhält, sei hier nur nebenbei bemerkt.

Ist nun also die Freiheit des Menschen von der Welt durch den christlichen Glauben erschlossen und wird sie dann aus ihr selbst verstanden, steht der Mensch also als der seiner selbst und damit auch der Welt mächtige dieser gegenüber, ist er also nicht mehr der von der Welt umschlossene und hat darum diese nicht mehr als die ihn umgreifende ihren selbstverständlichen Sinn in sich, dann liegt auf dem Menschen die unendliche Frage, ob die Welt denn überhaupt einen Sinn hat, und wenn sie einen haben sollte, worin er dann besteht.

Diese Frage ist potentiell in demselben Augenblick da, in dem die Freiheit des Menschen von der Welt nicht mehr ihren Sinn aus der Freiheit für Gott erhält, sobald jene Freiheit also nicht mehr im Glauben begründet ist. Sie kann aber latent bleiben, wenn die Kirche die Stelle der umgreifenden Welt einnimmt, wie das während des Mittelalters der Fall gewesen ist. Verliert jedoch die Kirche diesen weltweiten Charakter und wird außerdem das Evangelium aus welchem Grunde auch immer nicht mehr gehört, — und beides geschieht seit dem Beginn der sogenannten Neuzeit in immer zunehmendem Maße —, dann bricht diese Frage, ob die Welt denn überhaupt einen Sinn hat, und wenn sie einen haben sollte, worin er besteht, mit elementarer Gewalt auf und ist nicht mehr zu unterdrücken. Diese Frage hat nicht nur theoretische, sondern eminent praktische Bedeutung. Sie ist auch nicht nur dann als Frage in Kraft, wenn sie ausdrücklich und bewußt gestellt wird. Man kann vielleicht sagen, daß sie in den meisten Fällen, wo man sich mit ihr als einer sogenannten weltanschaulichen Frage beschäftigt, gar nicht in ihrem vollen und ungeheuer schwerwiegenden Sinn verstanden wird. Sie wird da schon abgefangen und die durch sie drohende elementare Beunruhigung relativ harmlos gemacht. Viel wichtiger ist, daß und wie diese Frage das ganze praktische und theoretische Verhältnis des neuzeitlichen Menschen zu seiner Welt bestimmt.

Christliche Freiheit im Dienst am Menschen. Zum 80. Geburtstag von Martin Niemöller, hrsg. von Karl Herbert, Frankfurt: Lembeck 1972, S. 163—168.

SÄKULARISIERUNG —
THEOLOGISCHE ANMERKUNGEN
ZUM BEGRIFF EINER WELTLICHEN WELT

Von Eberhard Jüngel

Das christliche Verständnis der Obrigkeit duldet keinen „christlichen" Staat; der „christliche" Staat steht vielmehr in derselben Linie und in der gleichen Verdammnis wie irgendein anderer Staat, der über die Gewissen herrschen will und gerade so seine eigene, echte Autorität verrät und preisgibt.

M. Niemöller 1960

A. Zur Verständigung

1. Säkularisierung ist ein — nicht leicht zu übersetzendes — Fremdwort. (Tertullian betete „pro statu saeculi, pro rerum quiete, pro mora finis" Apol. 39, 2. War das Säkularisierung?) Mindestens zwei einander entgegengesetzte theologische Übersetzungsmöglichkeiten bieten sich an:

a) Säkularisierung ist ein *Akt von Verweltlichung*, der im Schema der Welt versteht, was sich so überhaupt nicht verstehen läßt.

b) Säkularisierung ist die *Folge einer Entweltlichung*, in der die Welt besser verstanden wird, als sie sich selber versteht.

2. Säkularisierung als Folge einer Entweltlichung ist der Ausgang der Welt aus ihrer selbstverschuldeten Verweltlichung.

3. Eine verweltliche Welt ist eine in sich verdoppelte Welt. Verdoppelte Welten betrügen sich selbst. Sie vereinfachen alles.

4. Der Gegensatz zur verdoppelten Welt ist nicht die vereinfachte Welt, sondern die einfache Welt, die Welt als sie selber genommen.

5. Die einfache Welt ist unerhört kompliziert. Das Komplizierte an der einfachen Welt ist, daß sie in jeder Hinsicht weltlich ist und geistlich werden kann.

6. Die einfache Welt ist darin weltlich, daß sie dem Menschen als eine Welt ohne Gott begegnen kann, ohne deshalb gottlos werden zu müssen.

7. Die einfache Welt wird darin geistlich, daß Gott sich in ihr als ihr Herr offenbart. Sie wird dadurch erst recht weltlich, insofern Gott ihr den Anspruch auf Göttlichkeit entzieht.

8. Gott offenbart sich als Herr der Welt, nicht ohne sich als Freund des Menschen und seiner Welt zu erweisen. (Vgl. dazu Luthers Predigt über den 2. Glaubensartikel von 1533: „... das wort HERr lautet hie aus der massen freundlich und ist ein lieblich, tröstlich wort... Denn er hat nicht darumb solchs alles gethan und so viel an uns gewand, uns zu erlösen, das er wolle ein solcher Herr sein, der mit uns umb gehe wie ein Tyrann, der die leut zwinget, plaget und schrecket, sondern das wir eine freundliche, helffende herschafft hetten, darunter wir mögen sicher und frey sein für aller gewalt und drengnis." — WA 37, 49, 19—28)

9. Gott offenbart sich als Freund des Menschen und seiner Welt, indem er die durch Verweltlichung verdoppelte Welt in ihr einfaches Wesen zurückbringt.

10. Weltlichkeit der Welt und Verweltlichung der Welt ist zweierlei.

11. Wer von Weltlichkeit und Verweltlichung der Welt reden will, muß wissen, was unter Welt zu verstehen ist. Die Welt – was ist das?

B. Zum Wesen der Welt

12. „Welt" (abstractive et systematice) ist die *Möglichkeit*, ihr Wesen oder ihr Unwesen zu verwirklichen.

13. „Welt" (concretive et existentialiter) ist die Verwirklichung entweder ihres Wesens oder ihres Unwesens.

14. Das Wesen der Welt *wird* von Gott verwirklicht.

15. Das Unwesen der Welt *verwirklicht sich.*

16. Das Unwesen der Welt kann sich nur verwirklichen, insofern Gott das Wesen der Welt verwirklicht.

17. Das Wesen und Unwesen der Welt sind nicht ein gutes bzw. böses Etwas, sondern die von Gott bejahte bzw. verneinte Weise der Welt, Welt zu sein.

18. Das als Welt verwirklichte Wesen der Welt (Schöpfung) setzt das

Unwesen der Welt als das Ausgeschlossene aus sich heraus, gibt aber eben damit die Möglichkeit der Verwirklichung dieses Unwesens frei.

19. Das sich als Welt verwirklichende Unwesen der Welt setzt das Wesen der Welt voraus und sich in dieses hinein.

20. Das Wesentliche im Unwesen der Welt ist die Selbstidentifikation des Unwesens der Welt mit dem Wesen der Welt.

21. Das als Welt verwirklichte Wesen der Welt läßt die Welt *vor Gott* existieren.

22. Das als Welt sich verwirklichende Unwesen der Welt läßt die Welt *„wie Gott"* existieren.

C. Zur religiösen Welt

23. Die „wie Gott" existierende Welt schließt die Existenz Gottes nicht aus, sondern ein.

24. Die „wie Gott" existierende Welt rechnet mit Gott so, wie sie mit sich selbst rechnet. Sie redet und schweigt von Gott so, wie sie von sich selber redet und schweigt.

25. Indem die Welt mit Gott in der Weise der Welt rechnet, existiert sie *religiös*.

26. In der religiös existierenden Welt hat das Unwesen der Welt sich mit dem Wesen der Welt identifiziert und so sein Unwesen verwirklicht.

27. Die religiös existierende Welt rechnet mit Gott und mit der Welt, „etsi deus daretur."

28. In der religiös existierenden Welt behauptete sich das Wesen der Welt gegen das sich mit ihm identifizierende Unwesen der Welt, insofern die „wie Gott" existierende Welt vom *Glauben Israels* als Welt vor Gott behauptet wurde.

D. Zur Krisis der religiösen Welt

29. In Jesus Christus existiert Gott vor der Welt als Gott für die Welt, indem er das Unwesen der Welt auf sich nimmt und es von der Welt zu nehmen verheißt.

30. Die Weltlichkeit Gottes in Jesus Christus ist die Krisis der religiös existierenden Welt und so die Unterscheidung des Wesens vom Unwesen der Welt.

31. Die Unterscheidung des Wesens der Welt vom Unwesen der Welt wird in der Welt anschaulich in der Unterscheidung der Kirche Jesu Christi von der Welt.

32. Das vom Unwesen der Welt unterschiedene Wesen der Welt wird verwirklicht, indem sich die Welt in der Kirche Jesu Christi zu ihrem Schöpfer und Erlöser bekennt. Die ihr Wesen verwirklichende Welt bleibt von dem Drang des Unwesens der Welt nach Selbstverwirklichung bedroht.

33. Die von der Kirche unterschiedene Welt existiert mit der Spannung zwischen ihrem eigenen Wesen und ihrem eigenen Unwesen.

E. Zu der von der Kirche unterschiedenen Welt

34. Die von der Kirche unterschiedene Welt kann existieren, indem sie *mit sich selbst* rechnet, „etsi deus non daretur".

35. Indem die von der Kirche unterschiedene Welt *mit sich selbst* rechnet, „etsi deus non daretur", existiert sie *weltlich*.

36. In der weltlich existierenden Welt behauptet sich das Wesen der Welt gegen das in Jesus Christus vom Wesen der Welt unterschiedene Unwesen der Welt.

37. Die von der Kirche unterschiedene Welt kann existieren, indem sie *mit Gott* rechnet, „etsi deus non daretur". Wird mit Gott gerechnet, „etsi deus non daretur", dann wird in dieser Verneinung Gottes Gott wie ein Stück Welt behandelt.

38. Indem die von der Kirche unterschiedene Welt *mit Gott* rechnet, „etsi deus non daretur", rechnet die Welt mit Gott wie mit einem Stück Welt. Die Verneinung Gottes macht *keineswegs religionslos*.

39. In der trotz ihrer Weltlichkeit religiös existierenden Welt behauptet sich das Unwesen der Welt gegen das in Jesus Christus vom Unwesen der Welt unterschiedene Wesen der Welt.

40. Die von der Kirche unterschiedene Welt ist eine religionslose Welt, insofern sie mit sich selbst rechnet, „etsi deus non daretur".

41. Die von der Kirche unterschiedene Welt gibt sich als religionslose Welt, insofern sie mit Gott rechnet, „etsi deus non daretur".

42. Die weltlich existierende religionslose Welt ist der kontradiktorische Gegensatz zur religiös existierenden Welt.

43. Die sich religionslos gebende Welt ist ein konträrer Gegensatz zur religiös existierenden Welt. ˙

44. Der konträre Gegensatz eines religiösen Sachverhalts bleibt ein religiöser Sachverhalt.

45. Die sich religionslos gebende Welt existiert penetrant religiös.

46. Die von der Kirche unterschiedene Welt *kann* nicht weltlich existieren, ohne mit der Welt zu rechnen, „etsi deus non daretur".

47. Die von der Kirche unterschiedene Welt *will* nicht weltlich existieren, ohne mit Gott zu rechnen, „etsi deus non daretur".

48. Die von der Kirche unterschiedene Welt kann mit sich selbst nur rechnen, „etsi deus non daretur", wenn sie mit Gott *nicht* rechnet, „etsi deus non daretur".

49. Rechnet die von der Kirche unterschiedene Welt mit Gott, „etsi deus non daretur", so rechnet sie im Grunde mit sich selbst als Gott.

50. Die sich nicht religionslos gebende religiöse Welt existierte wie Gott.

51. Die sich religionslos gebende religiöse Welt existiert als Gott.

F. Zu der von der Welt unterschiedenen Kirche

52. Die Weltlichkeit der Welt verdankt sich der die Existenz der Kirche gewährenden Weltlichkeit Gottes. Die die Existenz der Kirche gewährende Weltlichkeit Gottes unterscheidet die Kirche von der Welt.

53. Die von der Welt unterschiedene, aber in der Welt existierende Kirche wahrt die der Welt gewährte Weltlichkeit, indem sie

a) die Welt mit sich selbst rechnen läßt, „etsi deus non daretur";

b) die Welt mit Gott nicht rechnen läßt, „etsi deus non daretur".

54. Die von der Welt unterschiedene, aber in der Welt existierende Kirche wahrt die der Welt (von Gott) gewährte Weltlichkeit, indem sie

a) das Gesetz,

b) das Evangelium predigt.

55. Die von der Welt unterschiedene, aber in der Welt existierende

Kirche kann das Gesetz nur predigen, weil sie das Evangelium verkündigt. Die Kirche kann die Welt also nur deshalb mit sich selbst rechnen lassen, „etsi deus non daretur", weil das Evangelium die Welt mit Gott nicht rechnen läßt, „etsi deus non daretur".

56. Das Evangelium verkündigt Gott weder als den, den „es gibt", noch als den, den „es nicht gibt", sondern als den, der sich gibt, indem er sich für die Welt in den Tod gibt.

57. Indem sich Gott für die Welt in den Tod gibt, gibt er sich selbst dem Unwesen der Welt preis. Gottes Selbstpreisgabe ist nicht Gottes Selbstaufgabe.

58. Gott gibt sich der Welt, um sich die Welt als Kirche zu nehmen.

59. Indem Gott sich die Welt als Kirche nimmt, gibt er der Welt ein neues Wesen.

60. Das neue Wesen der Welt ist die Kirche.

61. Die Kirche ist als das neue Wesen der Welt die von Gott in die Kehre gerufene und gebrachte Welt.

62. In der Kirche kehrt sich die Welt zu Gott.

63. Indem die Kirche als Welt in der Kehre existiert, bringt sie in der Kraft des Evangeliums Gott vor die Welt und in der Kraft des Gebetes die Welt vor Gott.

64. Indem die Kirche als Welt in der Kehre existiert, richtet sich das Unwesen der Welt gegen das neue Wesen der Welt. Die Kirche als das neue Wesen der Welt bleibt dem Unwesen der Welt ausgesetzt, aber nicht ausgeliefert.

65. Als Welt in der Kehre ist die Kirche von der Welt unterschieden.

66. Die Kirche ist von der Welt nur insofern unterschieden, als sie auf die Welt bezogen ist.

67. Sie ist nur insofern auf die Welt bezogen, als sie sich mit der Welt nicht identifiziert.

68. Eine mit der Welt identisch gewordene Kirche hat aufgehört, Welt in der Kehre und also Kirche zu sein.

69. Eine mit der Kirche identisch gewordene Welt wäre das Reich Gottes auf Erden.

70. Die Kirche ist nicht das Reich Gottes auf Erden.

IV

THEOLOGIE „NACH DEM TODE GOTTES" — SÄKULARISIERUNG ALS INNERTHEOLOGISCHES PROBLEM

Dorothee Sölle, Stellvertretung. Ein Kapitel Theologie nach dem „Tode Gottes", Stuttgart: Kreuz-Verlag
1965, S. 175—184.

CHRISTUS VERTRITT GOTT BEI UNS

Von Dorothee Sölle

Der Tod Gottes und die Vorläufigkeit Christi

Christus vertritt uns nicht nur vor Gott, sondern gleichermaßen vertritt er Gott bei uns. Diese Repräsentanz Gottes in Christus ist zwar im Lauf der Tradition immer wieder dogmatisch aufgeschlüsselt und theologisch reflektiert worden, aber ausschließlich unter Gesichtspunkten, die in Gott ihren Ausgang nahmen. Gott teilt sich selbst in Christus mit, er erschließt sich selbst in Christus. Das eigentliche Subjekt dieses unter den Stichworten „Offenbarung" und „Inkarnation" reflektierten Ereignisses ist Gott: Er handelt; und der Gedanke, daß Christus Gott vertritt und an seiner Stelle für uns handelt, ist zwar im Neuen Testament überwältigend bezeugt, er hat aber unter dem Gesichtspunkt der Stellvertretung keine dogmatische Entfaltung gefunden. Stellvertretung blieb auf den an unserer Stelle handelnden und leidenden Christus beschränkt, die Vertretung, die der an Gottes Stelle handelnde und leidende Christus leistet, blieb unreflektiert.

Eine christologische Dimension war verschüttet. Die Ursache für dieses Fehlen ist vermutlich im mehr oder weniger selbstverständlichen Theismus der bisherigen Theologie zu suchen. Solange Gott „lebt" und Menschen sagen können: „Und ein Gott ist! Ein heiliger Wille lebt!" fehlt die theologische Nötigung, die Repräsentanz Gottes in Christus als Stellvertretung eines Abwesenden zu bedenken. Denn lange genug wurde Gott erfahren als das Unmittelbare schlechthin, gewisser noch als das eigene Ich. Alle bisher bekannten Formen der christlichen Religion setzen ein unmittelbares Verhältnis zu Gott voraus und sind daher in dem Augenblick bedroht, wo Gott als moralische, politische und naturwissenschaftliche Arbeitshypothese unnötig geworden ist. Sie werden ausgehöhlt in dem Augenblick, da Schicksalsschläge den Menschen nicht mehr naturhaft unvermittelt treffen, und von der Zeit an, da die

urtümliche Erfahrung, daß der Mensch an die Mächte der Natur ausgeliefert ist, durch Medizin, Welthandel und eine mindestens der Theorie
nach rationale Planung politischer Veränderungen zurückgedrängt und
abgeschwächt wird. Die Religion wird ausgehöhlt, weil Gott in der
technisierten Welt mit wachsender Geschwindigkeit Terrain verliert. Es
entsteht der Eindruck, als sei Gott arbeitslos geworden, weil ihm die
Gesellschaft einen Lebensbereich nach dem andern abnimmt. Man kann
sagen, daß im Zuge der westeuropäischen Aufklärung die Selbstverständlichkeit Gottes für die ganze Welt zerstört wird. Unmöglich
geworden ist der naive Theismus, das unmittelbare kindliche Verhältnis
zum Vater droben überm Sternenzelt, unmöglich auch die unmittelbare
religiöse Gewißheit, was freilich nicht dazu verführen sollte, vom Ende
der Religion überhaupt zu sprechen. Jede metaphysische „Setzung"
Gottes, die das „größte neuere Ereignis: daß Gott tot ist" (Nietzsche)
nicht bemerkt, weil sie sich simpel darauf beruft, daß Gott lebendig sei,
bleibt der Privatheit bestimmter religiöser Anlagen oder Erfahrungen
verhaftet.

Erst in dieser Lage des Bewußtseins im nachtheistischen Zeitalter
kann der Gedanke, daß Christus den abwesenden Gott bei uns vertritt,
sein Gewicht gewinnen. Erst wenn die Selbstverständlichkeit Gottes
dahin ist, leuchtet das Wunder Jesu von Nazareth auf: daß ein Mensch
Gott für andere in Anspruch nimmt, indem er ihn vertritt. Die Herausforderung, die der Tod Gottes darstellt, kann auf zwei verschiedene
Weisen beantwortet werden, ähnlich wie andere Verluste, die wir erfahren: Entweder man nimmt Gottes Abwesenheit als seinen Tod und
sucht oder schafft sich Ersatz, oder aber man nimmt seine Abwesenheit
als eine Möglichkeit seines Seins für uns. Unbesetzt bleibt die Rolle
Gottes in keinem Falle. Es ist evident, wie die Gesellschaft mittels ihrer
Rationalität und Lebenstechnik im weitesten Sinn des Wortes hervor-
ragende Funktionen des früheren Gottes übernommen hat und wie sie
durchaus in der Lage ist, diese einst von Gott getragenen Funktionen zu
erfüllen, vermutlich in einigen Bereichen, wie Welterklärung, Kran-
kenheilung, Katastrophenschutz, eher besser als der so oft vergeblich
angeflehte Gott von einst. Ebenso evident ist aber die Lückenhaftigkeit
des Gottesersatzes, den die Gesellschaft bietet. Sie vermag ein immer
wieder neu überschießendes religiöses Bedürfnis, das nach Sinn und
Wahrheit des Lebens, nach Identität der Person und nach dem Reich

dieser Identität fragt, nicht zu befriedigen. Diese bleibende Fraglichkeit einer absurden Situation zwischen Sinnlosigkeit und Sinnverlangen nötigt uns zu der Inkonsequenz: daß Gott vertreten werden muß. Die Abwesenheit Gottes kann verstanden werden als eine Weise seines Seins für uns. In diesem Fall ist man darauf angewiesen, daß einer den unersetzlichen Gott vertritt. Damit verschiebt sich Nietzsches Aussage, daß Gott tot sei, zu einem „Gott muß vertreten werden" — ein Gedanke übrigens, der Nietzsche, der von den „Häutungen Gottes" zu reden weiß, nicht so fern liegt. Gott muß vertreten werden heißt: Gott ist — jetzt — nicht da. Es klingt unseren den naiven Anthropomorphismen entwöhnten Ohren einigermaßen anstößig, wenn wir von Gott sagen, daß er krank, verreist oder unfähig sei. Aber so absurd ist solche Rede nicht, weil sie, ähnlich wie Bubers Ausdruck von der „Gottesfinsternis", die Herausforderung annimmt, die darin liegt, daß Gott jetzt, in dieser Weltzeit, nicht gegenwärtig und unmittelbar zu erfahren ist.

Christus vertritt den abwesenden Gott, solange dieser sich nicht bei uns sehen läßt. Vorläufig steht er für Gott ein, und zwar für den Gott, der sich nicht mehr unmittelbar gibt und uns vor sein Angesicht stellt, wie es die religiöse Erfahrung früherer Zeiten als erlebt bezeugt. Christus hält diesem jetzt abwesenden Gott seine Stelle bei uns offen. Denn ohne Christus müßten wir dem Gott, der sich nicht zeigt und der uns verlassen hat, „kündigen", wir hätten keinen Grund, weiter auf ihn zu warten oder ihn nicht für tot zu erklären. Wir könnten unser Einverständnis aussprechen, Ersetzbare zu sein, wir könnten uns nach Analogie von Maschinenteilchen in der Gesamtstruktur der Gesellschaft verstehen. Wenn in Christus nicht das Bewußtsein der unteilbaren Freiheit aller aufgegangen wäre — und Freiheit ist der neutestamentliche Name für Identität —, so könnte die Frage nach der Identität verstummen, die der Stellvertreter Gottes doch so gestellt hat, daß sie nun nicht mehr überhört werden kann. Weil Christus eine neue Art dazusein in der Welt aufgebracht hat, darum kann Hoffnung nicht mehr aufgegeben werden — die Stellvertretung Christi ist ihre transzendentale Ermöglichung.

Angesichts ihrer aber ist das, was Nietzsche den „Tod Gottes" genannt hat, „daß die obersten Werte sich entwerten", in der Tat nur Tod seiner Unmittelbarkeit, Tod seiner ersten unvermittelten Gestalt, Auf-

lösung einer bestimmten Gottesvorstellung, die das Bewußtsein vollzieht. Darum hat es Christus nicht nötig, Nietzsches Wort vom Tode
Gottes zu widersprechen im Sinne eines naiven Gottesbewußtseins —
und wo der Dialog zwischen Christen und Nichtchristen ein stumpf-
sinniges Hin und Her von affirmativer und negativer Behauptung ist, da
ist es jedenfalls nicht Christus, der so redet. Sagen, daß Gott „sei", ist
keine Antwort auf die neuzeitliche Herausforderung, eben weil Nietzsche nicht sagt: Gott ist nicht. Sein toller Mensch verkündigt nicht die
Allerweltsweisheit eines Atheismus, der positivistisch etwas über die
Existenz oder Nichtexistenz eines himmlischen Wesens feststellen zu
können glaubt. Schreiend läuft der tolle Mensch herum im Gegensatz zu
den vielen Vernünftigen. „Ich suche Gott." Es geht Nietzsche sowenig
wie dem christlichen Glauben um Gott, wie er „an sich" ist: der ist als
vorfindlicher Gegenstand des Bewußtseins tot; es geht ihm um den
Gott, der für uns und mit uns lebt. Der tolle Mensch beklagt die evi-
dente Unwirksamkeit Gottes und denkt nicht daran, seine Unwirklich-
keit festzustellen. Diese Unwirksamkeit aber wird dort ernst genommen und aufgehoben zugleich, wo einer im Bewußtsein ihrer, wenn
auch in der Hoffnung, die diesem Bewußtsein Widerstand entgegen-
setzt, für Gott eintritt. Wo der Unwirksame — vorläufig — vertreten
wird, da sind die Erfahrungen vom Todes Gottes und der Glaube an die
Auferstehung Christi miteinander gegenwärtig, um über das, was wirklich ist, zu streiten.

Es ist nicht wahr, daß diese beiden Erfahrungen einander ausschlös-
sen. Nicht kontradiktorische Gegensätze sind sie, sondern solche, die
sich dialektisch vermitteln lassen in eine neue Einheit, eine Theologie
nach dem Tode Gottes. Es gibt Menschen genug, die beiden Erfahrungen, der vom Tode Gottes und der vom Leben Christi, ausgesetzt sind
und die beiden standzuhalten versuchen. Wer sie zu einer Entscheidung
zwischen diesen beiden zwingen will — mit den Mitteln angeblicher
Logik, herkömmlicher Tradition, kirchlicher Theologie —, der betreibt
das Geschäft des Positivismus, er verrät die, die in dieser doppelten
Erfahrung sind, an die selbstgewisse Gemütlichkeit derer, die es genau
wissen: Es gibt keinen Gott, und Christus ist tot — oder aber, schlimmer, an jene, die es ebenso genau wissen: Gott ist, und darum lebt auch
Christus. Christus aber ist nicht Ersatzmann des gestorbenen Gottes,
sondern Stellvertreter des Lebendigen, für den eben das gilt, was wir für

den Menschen in Anspruch nehmen: daß er unersetzlich, aber vertretbar sei. Denn Gott hat sich noch nicht vollständig innerweltlich ausgesprochen und seine Sache nicht so abgegeben, daß er überflüssig geworden wäre. Identität steht noch aus — wäre es anders, so ersetzte Christus nur den vergangenen Toten. Aber Jesus von Nazareth hat Gott die Zukunft offengehalten, indem er ihm „vorlief"; und eben dies ist das Geschäft Christi bis heute: Vorläufer Gottes zu sein.

Dies geschieht aber nicht nur da, wo von Gott und Christus die Rede ist, also nicht nur da, wo Christus expliziert, verkündigt und gefeiert wird. Viel weiter als das Bewußtsein von Christus reicht sein Sein, größer als die Kirche ist sein Reich. Denn da Christus es gewagt hat, den abwesenden Gott vorläufig zu vertreten, darum ist nun Christus überall dort impliziert, wo ein Mensch an der Stelle Gottes handelt oder leidet. Was bedeutet das, an der Stelle Gottes handeln und ihn vertreten? Es bedeutet, für die unersetzliche Identität von anderen so einzustehen, daß es ihnen möglich bleibt, identisch zu werden. Vorläufigsein heißt vorlaufen zu den Menschen hin, bevor Gott sie erreicht hat — aber damit er sie erreiche. Eben das hat Christus getan, aber nicht exklusiv. Der vorläufige Christus ist zugleich der implizierte Christus, der größere, der die Grenzen der Aussage über ihn, die Grenzen der „praedicatio directa", überschritten hat. Es gibt eine anonyme Christlichkeit in der Welt, die sich selber nicht als christlich weiß und die sich nicht auf Christi Namen und Auftrag beruft, die aber dennoch in stellvertretender Vorläufigkeit Christi Sache tut. Dieser anonymen oder „latenten Kirche" (P. Tillich) gegenüber hat die verfaßte Kirche die Funktion der Bewußtseinsbildung: Sie soll die Selbstverständigung des Glaubens betreiben, Rechenschaft ablegen und die Selbstdarstellung des Glaubens — als vorläufiges Eintreten für Gott — bedenken, fördern und vollziehen.

Man mag einwenden, daß in diesem Zusammenhang der Ausdruck „Christus" zu einer Chiffre oder Metapher geworden ist, die für anderes gutsteht, eben für das „Neue Sein" (Tillich) als die unersetzliche Identität.

Was den Ausdruck „Chiffre" anlangt, so enthält er nicht weniger als das ältere Wort Botschaft oder auch Evangelium: Nachricht an jemanden über etwas. Und in der Tat ist Christus die Nachricht an die Welt über das wirkliche Leben. Die Frage, die sich heute an den christlichen

Glauben richtet, wäre, ob diese Chiffre endgültig aufgeschlüsselt, entziffert und somit erübrigt werden kann. Das könnte allerdings nur der Fall sein in einer Welt, die diese Nachricht nicht mehr braucht, weil sie sie als Information zur Kenntnis genommen und verarbeitet hat. Solange dies nicht der Fall ist, ist die Entschlüsselung noch nicht vollständig gelungen. Man kann sagen, daß in einer unmenschlichen Welt der Name Christi eine nichtauflösbare Chiffre, eine „absolute Metapher" darstellt, die anders als die klassische Metapher nicht gebunden ist durch die Analogie zwischen Sache und Bild. Weit entfernt von einer „adaequatio rei", entstammt sie weniger einem Vergleich als einem Sprung. Wir vollziehen die Anschauung der Liebe Christi in der Tat nicht oder nur in geringen Spuren „per analogiam" irgendwelcher vorfindlicher Erfahrungen, wohl aber „via negationis". Die absolute Metapher „Christus" enthält diese Negation aller „gottlosen" Verhältnisse, sie enthält das Versprechen der Identität in ihrer stellvertretenden Vorläufigkeit.

Die Chiffre „Christus" ist die Weise, in der Jesus lebendig bleibt bis an der Welt Ende — als das Bewußtsein derer, die Gott vertreten und ihn in Anspruch nehmen füreinander. Der implizite Christus ist dort gegenwärtig, wo sich diese stellvertretende Inanspruchnahme ereignet. Denn nicht nur Christus vertritt Gott in der Welt, auch seine Freunde und Brüder vertreten Gott, indem sie ihm — und das heißt zugleich denen, die ihn brauchen — Zeit lassen.

Dorothee Sölle, Politische Theologie. Auseinandersetzung mit Rudolf Bultmann, Stuttgart: Kreuz-Verlag 1971, S. 9—14.

VON DER EXISTENZIALEN
ZUR POLITISCHEN THEOLOGIE: DIE FRAGESTELLUNG

Von DOROTHEE SÖLLE

In einer Taufansprache aus dem Mai 1944 schrieb Dietrich Bonhoeffer folgende Sätze über die kommende Generation: „Denken und Handeln wird für euch in ein neues Verhältnis treten. Ihr werdet nur denken, was ihr handelnd zu verantworten habt. Bei uns war das Denken vielfach der Luxus des Zuschauers, bei euch wird es ganz im Dienste des Tuns stehen."[1]

Ist diese Prophezeiung in Erfüllung gegangen? Haben wir wirklich ein neues Verhältnis von Denken und Handeln, von Theorie und Praxis gefunden? Hat sich nicht gerade das theologische Denken von dieser Notwendigkeit dispensiert? Welche Praxis hat es entwickelt? Was hat es aus der Praxis, auch aus der fehlgeschlagenen, gelernt? Bonhoeffer zitiert in diesem Zusammenhang ein Wort Jesu aus der Bergpredigt: „Es werden nicht alle, die zu mir sagen: Herr, Herr! in das Himmelreich kommen, sondern die den Willen tun meines Vaters im Himmel" (Mt 7, 21) — ein Wort, das man als Theologe nur unter der selbstkritischen Frage hören kann, ob nicht alle Theologie ein „Herr-Herr-Gerede" ist, das gerade die Funktion hat, vom Tun des Willens Gottes abzulenken. Bleibt die Theologie nicht trotz aufrichtiger Bemühungen um Weltlichkeit weiter in dem elfenbeinernen Turm ihres Herr-Herr-Sagens?

Die Antwort auf diese Frage wird in unserer Generation gegeben werden müssen; das theologische Programm, das ihr entspricht, heißt „Politische Theologie", und zwar eine, die sich nicht als Teilbereich, sondern als wesentliche theologische Fragestellung versteht. Dieses Buch [›Politische Theologie‹] ist ein Versuch, an dem neuen Programm zu arbeiten, und zwar in kritischer Auseinandersetzung mit der Theo-

[1] D. Bonhoeffer, Widerstand und Ergebung, München 1954, S. 203.

logie Rudolf Bultmanns. Es ist zugleich ein Versuch, Rechenschaft abzulegen über die eigene theologische Herkunft und sie in Beziehung zu
setzen zu den nächsten Schritten auf dem neuen Weg, der Glauben und
Handeln besser vermitteln will. Die Auseinandersetzung wird in Anknüpfung und Widerspruch mit dem Denken Bultmanns geführt, aber
nicht nur aus biographisch-zufälligen Gründen. Vielmehr scheint mir
der Schritt von der existenzialen zur politischen Theologie in der Konsequenz des Bultmannschen Ansatzes selber zu liegen. Sicher gibt es
heute verschiedene Ausgangspunkte und Wege, die zu einer politischen
Theologie führen; politisches Engagement der Christen ist im Umkreis
des theologischen Denkens Karl Barths fast selbstverständlich. Die Akzente verlagern sich aber, je nachdem ob man von der Offenbarung, von
der Verheißung oder von einem hermeneutischen Zirkel, der die Situation und den Fragehorizont ausdrücklich einbezieht, ausgeht. Möglicherweise ist gerade das historisch-kritische Bewußtsein prädestiniert
dafür, politisch-kritisches Bewußtsein zu entwickeln,und die in der
Entmythologisierungsdebatte geschärfte kritische Rationalität könnte
für eine politische Theologie wichtig werden, weil sie diese vor der ihr
innewohnenden Neigung, die Realität utopisch zu überspringen, bewahren kann.

Gerade das aber ist umstritten. Gibt es überhaupt eine Brücke zwischen existenzialem und politischem Denken? Schließen existenziale
und politische Interpretation des Evangeliums einander nicht aus? Haben sie Gemeinsamkeiten, ist ihre theologische Abfolge notwendig? In
welchem Verhältnis steht Bultmanns hermeneutischer Ansatz zu einer
politischen Theologie, sowohl zu der in Ansätzen entwickelten wie zu
einer möglichen künftigen? Wie verhalten sich historische Kritik und
Ideologiekritik zueinander, im Problembewußtsein, in der Fragestellung, in den angewandten Methoden und schließlich in den Ergebnissen? Wie kommen wir von einer Theologie, deren wichtigste Tätigkeitswörter „Glauben" und „Verstehen" sind, zu einer, die Glauben
und Handeln zum Thema macht?

Die religionssoziologische Untersuchung von Goldschmidt/Spiegel
›Der Pfarrer in der Großstadt‹ (1969) kommt zu dem Ergebnis, daß
Anhänger der Theologie Bultmanns unter den Pfarrern stärker auf politische Meinungsbildung der Gemeinde und öffentliche Verantwortung
des Glaubens drängen als kirchliche Funktionäre ohne eine solche oder

mit konservativer theologischer Bindung. Wie ist dieses Datum zu interpretieren? Sucht man nach dem gemeinsamen Dritten, das historisch-kritische Theologie und politisches Bewußtsein miteinander verbindet, so ist beiden gemeinsam ein positives Verhältnis zur Aufklärung, zum „Ausgang des Menschen aus seiner selbstverschuldeten Unmündigkeit" (Kant). Wenn wir davon ausgehen, daß Aufklärung als der Prozeß dieses Ausgehens unteilbar ist, d. h., daß sich bestimmte kritische Fähigkeiten des Menschen die Gegenstände ihrer Anwendung nicht vorschreiben lassen, dann entstammt das politisch aufgeklärte Bewußtsein demselben kritischen, rationalen Geist, dem auch theologische Aufklärung sich verdankt.

Unter einem positiven Verhältnis zur Aufklärung ist nicht eines zu verstehen, das sich den Folgen gegenüber blind stellt und das jene dialektischen Umschläge verharmlost, die neue, andere Knechtschaft gerade dort produzieren, wo ein Schritt aus bisheriger Unfreiheit heraus gelang. Das Risiko, das Aufklärung mitbringt, muß vielmehr bewußt und immer wieder aufs neue übernommen werden, auch und gerade in der Theologie. Der Preis der Mündigkeit bleibt hoch: Zerstörung überkommener Bindung, Verunsicherung und Zweifel, Isolierung und Enttäuschung. Daß er gezahlt werde, ist für einen aufgeklärten Christen wie zum Beispiel Lessing eine Frage des „Zutrauens" zu der Wahrheit, die keine autoritativen Stützen von außen braucht. Der nichtaufgeklärte, der furchtsame Christ „kann es mit seiner Religion herzlich gut meinen, nur müßte er ihr auch mehr zutrauen" [2], nämlich, daß sie sich in der kritischen Prüfung von überflüssigen Zutaten reinige und als Wahrheit erweise. Aufklärende Kritik ist keine beliebige, sondern eine notwendige Methode, solange Befreiung, Emanzipation das Ziel ist. Dieses Ziel wird in den methodischen Schritten der Kritik — der Aufklärung — vorweggenommen, auch dann, wenn wir erkennen, daß die Dialektik des Fortschritts das Ziel selber immer wieder entrückt. Daß bisher Befreiung nicht erreicht worden ist, spricht nicht gegen sie; auf keinen Fall

---

[2] G. E. Lessing, Zur Geschichte und Litteratur. 4. Beitrag, 1777. Vgl. auch Lessing, Anti-Goeze, 1778: „Wie? Weil ich der christlichen Religion mehr zutraue als Sie, soll ich ein Feind der christlichen Religion sein? Weil ich das Gift, das im Finstern schleicht, dem Gesundheitsrate anzeige, soll ich die Pest in das Land gebracht haben?"

kann diese Tatsache ein Alibi hergeben für diejenigen, die theologische Aufklärung zu einer bloß textkritischen Methode instrumentalisieren und sie von politischer isolieren wollen.

Historische Traditionskritik und soziologische Institutionenkritik gingen in der Frühzeit der Aufklärung Hand in Hand.[3] Die Bibel zu kritisieren, hieß zugleich, die Herrschaft des Klerus anzugreifen. „Oder meinen Sie auch, Herr Hauptpastor, daß es gleichviel ist, was die Verständigen im Verborgenen glauben, wenn nur der Pöbel fein in dem Gleise bleibt, in welchem allein ihn die Geistlichen zu leiten verstehen? Meinen Sie?"[4] Emanzipation bedeutet Kritik der Tradition und ihrer Hüter. Aber trifft diese emanzipative Tendenz des kritischen Bewußtseins auch für die Theologie Rudolf Bultmanns zu? In welchem Verhältnis steht sie zur allgemeinen Aufklärung? Gehört Bultmanns Denken in die Bewegung der neuzeitlichen Emanzipation des Menschen von unbegriffenen, sei es noch mythisch erfahrenen, sei es mythologisch verklärten Mächten hinein? Und, falls wir diese Frage für das aus der historisch-kritischen Methode erwachsene Programm der Entmythologisierung bejahen können, wie steht es mit der existenzialen Interpretation, stellt sie einen Schritt auf dem Wege aus der selbstverschuldeten Unmündigkeit heraus dar? Wird sie nicht heute vielfach als ein Unternehmen angesehen, das die autoritätshörigen und autoritären, die irrationalen und dezisionistischen Tendenzen unserer Gesellschaft unterstützt hat, als ein Instrument der Gegenaufklärung? An Bultmanns wie an jede Theologie ist die Frage zu stellen, ob sie tendenziell die Menschen liebesfähiger macht, ob sie Befreiung des einzelnen und der Gesellschaft fördert oder verhindert, das ist das Verifikationskriterium, um mich wissenschaftstheoretisch, oder der Beweis des Geistes und der Kraft (1 Kor 2, 4), um mich biblisch auszudrücken. Diese Frage stellt sich für Bultmanns Theologie als die nach ihrer Offenheit für eine politische Theologie.

---

[3] Vgl. J. Moltmann, Existenzgeschichte und Weltgeschichte. EvKom 1968/1, S. 13 f.

[4] G. E. Lessing, Anti-Goeze, 1778.

Paul M. van Buren, Reden von Gott — in der Sprache der Welt, Zürich-Stuttgart: Zwingli-Verlag 1965, S. 179—186 (Originaltitel: The Secular Meaning of the Gospel. Based on an analysis of its language, New York: Macmillan 1963).

SÄKULARES CHRISTENTUM

Von Paul M. van Buren

Ein Christ, der selber ein säkularer Mensch ist, kann das Evangelium säkular verstehen, indem er es als Ausdruck einer historischen Perspektive sieht. Diese Feststellung stellt eine Empfehlung dar, den Säkularismus auf bestimmte Weise zu verstehen. Unsere Studie beschreibt einen Weg, der von jemand eingeschlagen werden kann, der eine gewisse empiristische Haltung einnimmt, von der wir annehmen, daß sie heutzutage von Christen des Westens in hohem Maße geteilt werden kann. Wir haben weder darauf gedrängt, daß dieser Weg eingeschlagen werde, noch geleugnet, daß es andere Alternativen gibt. Ein Christ, der diese Stellungnahme nicht teilt oder nicht zugeben will, daß sie die seine ist, wird unsern Vorschlag kaum anziehend finden. Er mag fühlen, daß die Art empiristischer Grundlage, die wir für die Sprache des Glaubens aufgezeigt haben, im Zusammenhang mit dem Glauben inadäquat oder gar ungehörig sei. Würden wir seine Einstellung eine „religiösere" nennen als die unsrige, so könnten wir den Weg, den wir eingeschlagen haben, als den Weg säkularen Christentums bezeichnen.

Wenn wir sagen, das moderne Denken sei säkular, so lenken wir die Aufmerksamkeit auf gewisse Eigentümlichkeiten der heutigen Denk- und Redeweise. Wir haben nicht behauptet, daß unsere Denkweise besser oder schlechter sei als diejenige der Antike. Was dies betrifft, ist es unsere Absicht, beschreibend und nicht doktrinär zu sein, wenn wir das moderne Denken säkular nennen. In England war der Säkularismus in der Mitte des letzten Jahrhunderts eine neue Idee, die oft mit Enthusiasmus als Lösung des Problems menschlichen Irrtums und Unwissens verfochten wurde. Er wurde von den Verteidigern der Orthodoxie und der Tradition als Atheismus bekämpft, doch war dies eine irrtümliche Bezeichnung: Für George Jacob Holyoake und die englischen Säkularisten handelte es sich lediglich um Agnostizismus im Hinblick auf „jenseitige" Kräfte und Wesen. Für den wahren Säkularisten war der Atheismus ebenso wie der Theismus eine anmaßende Lehre ohne Fundament.[1] Heute allerdings neigen wir nicht dazu, den Enthusiasmus der Säkularisten des 19. Jahrhunderts, den sie in ihren Debatten mit den verbissenen Traditionalisten gezeigt haben, zu teilen. Die Traditionalisten sind heute weniger gut verschanzt; Säkularismus in irgendeiner Form ist heutzutage zu weit verbreitet, als daß er noch solche Leidenschaftlichkeit wecken könnte. Was aber wichtiger ist, ist die Tatsache, daß wir über das Wesen des Säkularismus weniger Gewißheit haben. Ist es wirklich eine Beschreibung, wenn wir die Welt säkular nennen? Wenn ja, ist es doch eine sehr ungenaue. So wie wir den Ausdruck verwenden, ist Sorge um Menschen, die Überzeugung, daß das Leben, in bestimmter Weise gelebt, lebenswert ist, und Wertschätzung menschlicher Beziehungen mit säkularem Denken vereinbar. Wenn aber ein sowjetischer Astronaut feststellt, er habe im Weltraum Gott nicht angetroffen, so weisen wir diese Bemerkung als dumm, als Ausdruck einer Komponente der sowjetischen Ideologie, die uns im Westen ganz einfach als anachronistisch erscheint, von uns. Unsere empiristische Haltung läßt uns diese Feststellung auf eine Weise ablehnen, wie wir etwa die Feststellung, daß Menschen bloß Maschinen seien, nicht zurückzuweisen für nötig fänden. Es verdient festgehalten zu werden, daß Holyoake genau gleich reagiert hätte. Wenn wir daraus schließen, daß unser Säkularismus dem englischen des letzten Jahrhunderts ähnlich ist, dann müssen wir zugeben, daß auch wir nicht nur eine Beschreibung geben, wenn wir die Welt und uns selber „säkular" nennen. Wir sind der Meinung, daß es heute möglich ist, in bezug auf „jenseitige" Kräfte und Wesen einen Agnostizismus zu vertreten, daß aber Menschen von Bedeutung seien, daß wir in einer Welt der Ich-Du-Beziehung leben, wobei keines von beiden dem „Es" oder gar dem „Er" völlig assimilierbar ist. Wir behaupten, daß Bubers Unterscheidungen wichtiger seien als

---

[1] Siehe G. J. Holyoake, The Origin and Nature of Secularism, London: Watts 1896. 1853 und in den folgenden Jahren leitete Holyoake vor den Augen der kirchlichen Opposition eine Bewegung, die einen „neuen" agnostischen Humanismus propagierte, den er „Säkularismus" nannte. Seine Absicht war deutlich die, die moderne Welt anzuerkennen, nicht eine neue Lehre zu verkünden, doch war Holyoakes Säkularismus ohne Zweifel voller Bindungen, humanistischen wie empiristischen. Es war ebensosehr eine Lehre wie diejenige seiner kirchlichen Opponenten.

diejenigen von Zeit und Ewigkeit, Unendlichem und Endlichem und viele andere, an denen den Christen eines andern Zeitalters gelegen war. Auf diesen Unterschied zwischen uns und unsern Vorfahren möchten wir die Aufmerksamkeit lenken, wenn wir von säkularem Christentum reden.

Wenn wir uns zu säkularem Christentum bekennen, so machen wir auch auf den „diesseitigen" Aspekt des Evangeliums aufmerksam. Wir haben es getan, indem wir das empirische Fundament der Sprache des Evangeliums und des Christlichen Glaubens untersucht haben, ebenso wie ihre Funktion, wenn sie von Menschen gebraucht wird, um ihr Verständnis der Welt auszudrücken und weiterzugeben, in einer Zeit, wo von Aussagen darüber, „wie die Dinge sind", erwartet wird, daß sie in gewisser Beziehung stehen zu der Menschen Erfahrungen miteinander und mit Dingen. Es wird also sichtbar, daß nicht nur unser Verständnis des Säkularismus unser Verständnis des Evangeliums, sondern auch unser Verständnis des Evangeliums unsern Gebrauch des Wortes säkular beeinflußt hat.

Wir haben eine gewisse Sprachanalyse angewendet, weil diese Methode die empiristische Einstellung widerspiegelt, die uns für säkulares Denken charakteristisch erscheint. Es ist eine Methode, die uns die Möglichkeit gibt, zu sagen, was wir sagen wollen, die uns aber auch daran erinnert, daß wir für die Mißachtung sprachlicher Logik den Preis einer Verwirrung bezahlen müssen. Diese Methode weist darauf hin, daß wir, wenn wir einmal diese Logik erkannt haben, gewisse Dinge nicht mehr sagen möchten. Wir haben versucht, diese Methode konsequent anzuwenden, ohne Ausdrücke zu gebrauchen, über die wir nicht logisch Rechenschaft ablegen können.

Die Sprachanalyse stellt die Funktion der Sprache gerade in jenem Bereich dar, auf den die moderne Theologie mehr Licht fallen lassen möchte, nämlich die Welt, in die sich der „durchschnittliche" Christ gestellt sieht. Theologen, denen die Wichtigkeit, die „Relevanz" des Evangeliums für gewöhnliche Gläubige in ihrem gewöhnlichen Leben und ihrer gewöhnlichen Arbeit ein Anliegen ist, sollten für eine analytische Methode, die so häufig gewöhnlichen Sprachgebrauch in Anspruch nimmt, besonderes Verständnis haben. Ihre funktionelle Begriffsdefinition stimmt überein mit dem Funktionalismus eines technischen Zeitalters. Durch funktionelle Sprachanalyse werden die verschiedenen empirischen Wurzeln verschiedener theologischer Aussagen aufgezeigt und Möglichkeiten des Verständnisses scheinbar jenseits der Erfahrung liegender Aspekte der Sprache des christlichen Glaubens vorgeschlagen. In dieser Weise ist die Sprachanalyse ein wertvolles Werkzeug zum säkularen Verständnis des Evangeliums.

Unsere Studie ist Übersetzung im weitesten Sinne des Wortes, geht aber, indem sie sich mit gewissen Hauptproblemen beschäftigt, darüber hinaus, da diese Entscheidungen über die Lokalisierung des Zentrums der Theologie mit sich bringt. Bei der Behandlung von Ogdens Frage nach dem Kern des Evangeliums — ob er im Bereich der Theologie oder der Christologie liege – sagten wir, wenn die Frage so gestellt werde, seien wir verpflichtet, die Christologie zum Kern zu wählen, von dem aus das Evangelium säkular verstanden werden könnte. Diese Wahl ist durch die weitere Untersuchung bestätigt worden.

Soll die Sprache des Evangeliums so analysiert werden, daß logischer Sinn und Funktion deutlich werden, so erweist sich die Geschichte Jesu von Nazareth dafür als unerläßlich; wird sie in den Hintergrund gedrängt, so mag der Glaube zwar eine gewisse Perspektive darstellen, die aber entweder ganz und gar unhistorisch ist, oder auf einem andern Stück Geschichte basiert. Der Protestantismus hat diese beiden Alternativen gekannt und kennt sie noch immer. Man braucht nicht weit zu gehen, um Spielarten des Christentums zu finden, welche entweder gar keine Verbindung mit der Geschichte und den Dingen dieser Welt haben, wobei „Religion" zur „Privatsache" wird, oder die auf nationale Geschichte und Nationalbewußtsein aufgebaut sind. Die im amerikanischen Protestantismus anzutreffende (durch die Untersuchungen von Soziologen bestätigte), weitverbreitete Verwechslung des sogenannten "American Way of Life" mit dem christlichen Glauben ist ein deutliches Zeichen dafür. Die Annahme vieler westlicher Christen, daß sie antikommunistisch sein müssen, weil der Kommunismus offiziell atheistisch sei, spiegelt eine Haltung wider, welche Gefahr läuft, den Kontakt mit der Geschichte Jesu von Nazareth zu verlieren. Die Auseinandersetzung scheint sich um nationale, politische und wirtschaftliche Überzeugungen zu drehen, aber der Einfluß der historischen Perspektive des Glaubens geht in der Konzentration der Aufmerksamkeit auf die sinnlose Auseinandersetzung über den Atheismus unter. Eine der Möglichkeiten, die Krise des Protestantismus in unserer Zeit zu charakterisieren, ist die, daß Individualismus und Nationalismus sich zusammengetan haben, um die Geschichte von Jesus und Ostern als bestimmendes Fundament der christlichen Perspektive von ihrer Stelle zu rücken.

Andrerseits gäbe es ohne Ostern kein Evangelium. Die klassische Christologie betonte eher die göttliche „Natur" Christi vor der menschlichen. Das bedeutet, wie wir gesehen haben, daß sich der Christ nicht einfach entschlossen hat, sich auf die Geschichte Jesu zu verpflichten, sondern daß er von dieser Geschichte ungeachtet seiner selbst erfaßt worden ist. Eine „Jesusologie", ein Versuch, den historischen Jesus zum Anfang und Ende des Glaubensfundamentes zu machen, trägt nicht nur der historischen Erkenntnis nicht Rechnung, daß Jesus sich weigerte, irgendwelche Ansprüche für sich selber zu stellen, sondern bringt, was weit bedeutsamer ist, einen Verzicht auf Ostern mit sich. Das Resultat wäre also nicht das säkular verstandene Evangelium, da das Evangelium die österliche Verkündigung von Jesus von Nazareth ist. Nachdem also erwiesen ist, daß Jesus für das Evangelium unerläßlich ist, muß auch festgehalten werden, daß eine Geschichte Jesu ohne Ostern kein Fundament für den christlichen Glauben sein kann. Steht aber Ostern im Mittelpunkt des Bildes, können wir sagen, daß der Sinn des Evangeliums im Bereich des Historischen und Ethischen, nicht im Metaphysischen oder Religiösen zu finden ist.

Die Entscheidung, das Evangelium als säkulare Christologie zu interpretieren, enthüllt aber eine deutliche Frage: Wenn auch die traditionelle Theologie eine historische, intentionelle und ethische Dimension hat, umfaßt sie nicht bedeutend mehr als dies? Wo ist, wie Prof. Ramsey von einem Rezensenten gefragt worden ist, der transzendente Gott des klassischen Christentums? Haben wir nicht die Theologie zur Ethik reduziert? Unsere Antwort geben wir in Form einer andern Frage: Was wäre denn in einem säkularen Zeitalter dieses „Mehr"? Gerade unsere Unfähigkeit, irgendwelche empirische sprachliche Verankerung für dieses „Mehr" zu finden, ist es, die uns zu unsrer Interpretation geführt hat. Wenn dies eine Reduktion des Gehalts der Theologie ist, so ist es diejenige Reduktion, die in der Moderne auf manchen Gebieten vollzogen worden ist. Astrologie ist z. B. auf Astronomie „reduziert" worden; aus dem Studium der Gestirne haben wir die kosmologische oder metaphysische Theorie von ihrem Einfluß auf das menschliche Leben verbannt. Alchimie ist durch rigorose Befolgung einer empiristischen Methode zu Chemie „reduziert" worden. In der Renaissance wurden die metaphysischen Ideen und Absichten der mittelalterlichen Malerei aufgegeben, und es blieb „bloßes" Kunstwerk zurück. Auf fast jedem Gebiete menschlichen Wissens ist der metaphysische und kosmologische Aspekt verschwunden und das Streitobjekt auf das Menschliche, Historische und Empirische „beschränkt" worden. Die Theologie kann dieser Tendenz nicht entfliehen, wenn sie ernstzunehmende moderne Denkweise sein soll, und eine solche „Reduktion" des Gehaltes braucht in der Theologie nicht mehr bedauert zu werden als in der Astronomie, der Chemie oder der Malerei. Um es noch einmal in traditionellen Ausdrücken zu sagen: Hat denn nicht die orthodoxe Theologie gelehrt, daß Gott sein Herz an den Menschen gehängt hat und gekommen ist, um dem Menschen zu begegnen und ihn zu lieben auf die einzige Weise, in der Menschen von Liebe wissen oder reden können, nämlich als Mensch und auf menschlicher Ebene? Läßt denn ein solcher Gott nicht erkennen, daß er möchte, die Menschen hörten auf, nach den Wolken zu spähen und gehorchten Gottes Willen, indem sie sich eine Existenz nach menschlichem Bilde ausdenken — namentlich nach dem Bilde des Menschen, in dem Gott alles gesagt hat, was er zu Menschen zu sagen hat?

Es kann eingewendet werden, wir hätten unsere ganze Zeit damit vertan, von der Freiheit des Menschen zu reden, während es dem Apostel Paulus zuerst um die Herrlichkeit Gottes gegangen sei. Worin besteht denn aber genau der Unterschied? Was heißt denn, es gehe jemandem um die „Herrlichkeit Gottes", und wie kann einer, dem daran gelegen ist, erkannt werden? Nach Paulus selbst ist alles Licht, das zur Erkenntnis der „Herrlichkeit Gottes" verhelfen könnte, auf dem Angesicht Christi zu finden (2 Kor 4, 6). Wir pflichten dem bei, daß von der „Herrlichkeit Gottes" nur in Ausdrücken Christi gesprochen werden kann. Sich jene „Herrlichkeit" angelegen sein lassen, bedeutet, sich diesen Menschen angelegen sein lassen. Der Umstand, daß sich die Sprache unsrer Interpretation von Jesus und Ostern von derjenigen des Paulus unterscheidet, schließt nicht die Möglichkeit aus, daß dasselbe gemeint ist.

Wir gelangten zu unsern Ergebnissen, indem wir die Sprache des Evangeliums in ihrem Verhältnis zur Sprache verschiedener Arten menschlicher Erfahrung untersuchten. Wenn zwischen der Sprache des

Evangeliums und derjenigen, durch die wir aussagen, daß wir von einem menschlichen Wesen geliebt werden, keine Verwandtschaft erlaubt ist, sollten wir alle Hoffnung aufgeben, je zu verstehen, was das Evangelium meint. Sprachen haben nun einmal ihre Ähnlichkeiten, und indem wir diese sowie deren Grenzen feststellen, können wir dazu kommen, die Sprache der Theologie zu verstehen. Das Verifikationsprinzip zeigt, daß theologische Aussagen, welche in einem empirischen Zeitalter ohne Sinn sind, wenn sie als direkte empirische Feststellungen über die Welt verstanden werden, sich trotzdem als solche erweisen können, welche eine Funktion und einen Sinn haben als Ausdruck einer historischen Perspektive mit weitreichenden empirischen Konsequenzen im Leben eines Menschen. In der letzten Analyse wird ein Baum an seiner Frucht erkannt. Wenn auch über die Dynamik der Freiheit und die Wirkung eines befreiten Menschen auf andere Menschen noch manches unbekannt sein mag, ist doch von dieser Wirkung genug bekannt, um angeben zu können, was der Christ meint, wenn er sagt, daß er das ganze Leben im Lichte der Osterbotschaft über Jesus sehe.

Ein weiterer Vorzug unserer Methode liegt darin, daß sie eine säkulare Interpretation des Christentums hervorgebracht hat, die nicht sektiererisch ist. Die Analyse der Sprache klassischer Christologie und einiger der hauptsächlichen Dogmen des christlichen Glaubens verbindet unsere Interpretation mit der langen Geschichte der christlichen Theologie. Man ist in einem säkularen Zeitalter versucht, diese Tradition wie soviel sinnlose Metaphysik auszuschalten; es zu tun, würde aber die Möglichkeit gerechter Interpretation des vollen Evangeliums gefährden. Der Weg, den wir dem säkularen Christen in einer säkularen Welt aufgezeigt haben, ist deutlich und breit genug, um dem ganzen Evangelium auf der ganzen Strecke Raum zu bieten. Wenn wir auch eingeräumt haben, daß unsere Interpretation einer Reduktion des christlichen Glaubens auf seine historischen und ethischen Dimensionen gleichkommt, so nehmen wir doch für uns in Anspruch, daß wir nichts Wesentliches aufgegeben haben. Dieser Anspruch steht und fällt mit dem Zusammenhang unsrer Interpretation mit Ostern.

Wir möchten den Gläubigen, der Flews Ansicht teilt — daß als bloßer „Blick" verstandener Glaube gar nicht christlich ist — daran erinnern, daß seit der Begegnung des Petrus mit Cornelius und der Debatte über die Aufnahme der Heidenchristen in die nur jüdische Urgemeinde durch die ganze Geschichte christlichen Denkens und Lebens hindurch es mehr als eine Möglichkeit gegeben hat, die Substanz des Evangeliums auszudrücken. Wir könnten auch darauf hinweisen, daß die Christen einst von mißverstehender, aber religiöser Kultur als Atheisten bezeichnet wurden. Wer den Eindruck hat, unsere Interpretation sei zu radikal, der möge sich daran erinnern, daß uns in unserer Zeit nicht alle Alternativen zur Verfügung stehen. Was aber sonst angeboten wird, ist sogar noch weniger attraktiv, sei es nun ein sektiererischer Säkularismus, der wesentliche Komponenten des Evangeliums übersieht und uns einen Glauben ohne Christus oder einen Christus ohne Jesus vorschlägt, oder sei es ein betont orthodoxer, aber sinnloser Glaube, der sich weigert, in die säkulare Welt einzutreten. Der Weg, den wir gegangen sind, ist zugegebenermaßen bedingt durch die besondere Haltung, in der wir diese Untersuchung begonnen haben. Er hat uns aber zu einer Interpretation geführt, die für ein säkulares Christentum die ganze Tradition des Glaubens in Anspruch nehmen kann.[2]

---

[2] Das in diesem letzten Abschnitt enthaltene Plädoyer wird geschickt und ausführlicher von J. A. T. Robinson in seinem Buch ›Honest to God‹, London: SCM Press 1963, entwickelt, welches ich vor dem Druck zu lesen das Vorrecht hatte. Es ist zu hoffen, daß der dort vertretene Geist offener und ehrlicher Forschung in der Theologie in der Periode, in die wir jetzt eintreten, die Oberhand gewinnen möge, einer Periode, in der die Christen ein säkular verstandenes Evangelium zu entdecken haben. Bischof Robinson ist mit mir der Meinung, daß diese Entdeckung von einer radikalen Überprüfung der theologischen Methode abhängt. Der Unterschied zwischen unsern Vorschlägen zur Lösung des gemeinsamen Problems rührt von unsern verschiedenen Methoden her. Die meine ist dadurch gekennzeichnet, daß ich die Christologie, nicht die Theologie zum Ausgangspunkt gewählt und Sprachanalyse als Werkzeug verwendet habe. Hätte Bischof Robinson die Reihenfolge seiner Kapitel ›der Grund unseres Seins‹ und ›der Mensch für andere‹ umgekehrt und sich über die Ausdrucksweise in beiden Bereichen mehr Gedanken gemacht, so wären unsere Schlußfolgerungen noch ähnlicher, als sie ohnehin sind.

Harvey Cox, Stirb nicht im Warteraum der Zukunft, Stuttgart: Kreuz-Verlag, 1968, S. 167—185. (Übersetzt aus dem Amerikanischen für den Kreuz-Verlag von Werner Simpfendörfer; Originaltitel: On Not Leaving It to the Snake, New York: Macmillan 1964.)

WARUM DAS CHRISTENTUM SÄKULARISIERT WERDEN MUSS

Von HARVEY COX

Das unschuldige Wort „säkular" ist das Opfer eines langen Prozesses kultureller Abwertung geworden. Es verdient Rehabilitierung.

Der Begriff „säkular" stammt vom lateinischen Wort „saeculum", worunter entweder eine sehr lange Zeit oder eine Epoche, ein „Weltalter" verstanden wird. Als solches ist es neutral und enthält in keiner Weise den Sinn von etwas Bösem oder Negativem. Trotzdem hat man schon in den ersten christlichen Jahrhunderten das Wort „säkular" gebraucht, um *dieses* Weltalter oder *diese* Welt als einer anderen oder späteren Welt entgegengesetzt zu kennzeichnen. Später wurde der Begriff „säkular" verwendet, um jene Institutionen und Tätigkeiten zu kennzeichnen, die sich außerhalb der Kontrolle einer zunehmend mächtigen Kirche stellten. Noch später wurden sogar Priester, die in der Alltagswelt statt in den religiösen Orden dienten, „säkulare" Priester genannt, und dieser Sprachgebrauch herrscht vielerorts noch. Das erklärt, warum der Vorgang als „Säkularisation" bezeichnet wurde, wenn Eigentum kirchlicher Kontrolle entzogen oder Schulen und Krankenhäuser vom Staat übernommen wurden.

So stecken hinter dem Gebrauch der Worte „säkular" und „säkularisieren" und hinter den unbehaglichen Untertönen, die sie für viele religiöse Menschen haben, mindestens zwei sehr fragwürdige Voraussetzungen: die eine heißt Jenseitigkeit, die andere heißt Klerikalismus. Jenseitigkeit meint, daß es irgendwo eine andere Welt gibt, die höher, heiliger oder sakraler ist als die säkulare Welt, in der wir alle leben. Diese Annahme hat wenig gemein mit dem hebräischen Glauben, wenn man von einigen apokalyptischen Abschnitten absieht. Die jüdischen Schriften lehren, daß *diese* Welt die Welt ist, die Gott geschaffen hat, die er liebt und die er zur Vollendung bringt. Eine gewisse Jenseitigkeit kann man im Neuen Testament finden, aber selbst da wird die andere Welt nicht als ein Ort gesehen, sondern als ein neues Weltalter, als eine neue Zeit, die schon jetzt — zu unserer Zeit — begonnen hat. Die Vorstellung zweier Welten, von denen die „säkulare" einen minderen Status einnimmt, stammt nicht aus dem biblischen Denken, sondern im wesentlichen aus persischen und hellenistischen Philosophien, die das kulturelle Klima des Mittelmeers in den ersten Jahrhunderten des kirchlichen Lebens formten. Es gibt wenig, was in unserer Zeit für dieses Denken spricht, und es bewirkt lediglich, daß der biblische Glaube durch eine bestimmte Weltanschauung, die ihm fremd ist, belastet und die Menschen, die in der wissenschaftlichen Mentalität des 20. Jahrhunderts aufgewachsen sind, verwirrt werden.

Die zweite oder auch die klerikale Voraussetzung verwendet den Begriff „Säkularisierung" im negativen Sinn dazu, um den Vorgang zu beschreiben, daß kirchliche Organisationen ihres Eigentums oder ihrer Vorrechte beraubt werden. Diese Kritik setzt voraus, daß die Kirche tatsächlich einen bestimmten, ihr innewohnenden Anspruch auf soziale Privilegien, Macht und Besitz hat. Sie betrachtet die gegenwärtige irdische Schwachheit der Kirche als unnormal und beklagenswert. Sie sieht ihr Ideal in jenen Jahrhunderten, in denen die Kirche die Zivilisation des Westens organisierte und einte, eine Situation, die heute kaum wiederzugewinnen ist.

Wer der „Säkularisierung" im Sinne dieser zwei Grundbedeutungen widersteht, das heißt, wer dem Verschwinden der Jenseitigkeit und der Reduzierung der zeitlichen Macht der Kirche widersteht, verteidigt damit unbewußt Voraussetzungen, die viele nachdenkende Christen heute in Frage stellen. Es ist unsere zunehmende ökumenische Glaubensüberzeugung, daß es *diese* Welt ist, die Gott erneuert und erlöst, daß es unsere eigene Geschichte ist, in der Gott handelt, und daß der endliche Triumph Gottes, auf den die Bibel ausschaut, die Vollendung dieser Welt und keiner anderen sein wird. Desgleichen sind wir zunehmend froh darüber, zu erleben, wie die Kirche von Pomp und äußerem Schein befreit wird, die ihr ein kostspieliges zeitliches Prestige verschafft haben. Der Nachdruck, den sowohl die kirchlichen Verlautbarungen des Weltkirchenrates wie der Dokumente des Zweiten Vatikanischen Konzils auf die dienende Kirche legen, beweist diese Tatsache. Der „Triumphalismus" ist weggelegt. Die Christen sehen sich jetzt mehr und mehr als das „Volk Gottes", das berufen ist, dieser Welt zu dienen, und nicht als eine Gruppe privilegierter Individuen, die für das Heil in der anderen Welt ausersehen sind.

Wenn ich den Begriff „Säkularisierung" verwende, bedeutet er für mich *sowohl* den Interessenverlust des Menschen an anderen Welten, woraus eine zunehmende Intensivierung des Interesses an dieser Welt folgt, als *auch* die neu sich entwickelnde Rolle der Kirche als Minderheit und Diener statt als Mehrheit und Herr. Vielen gibt diese Bewegung: weg von der Jenseitigkeit und weg von einer kirchlich regierten Gesellschaft, Anlaß zur Klage. Dagegen wende ich mich. Fraglos stellt das die Theologie vor schwere Probleme, aber es gibt ihr auch noch nie dagewesene neue Möglichkeiten. Darüber hinaus glaube ich nicht, daß sich diese beiden Bewegungen voneinander trennen lassen. Jenseitigkeit war teilweise die Sakralideologie einer kirchlich regierten Gesellschaft. Ihr hierarchisches Bild vom Kosmos legte der Kirche eine mächtige Schlüsselrolle in diesem Kosmos bei, so daß sie natürlicherweise ein besonderes Interesse daran hatte, dieses Bild im Denken der Menschen zu erhalten.

Eine neue Theologie für eine säkulare Gesellschaft wird sich nur herausbilden, wenn die Kirche ihren zurückgegangenen zeitlichen Status akzeptiert und alles Sehnen nach einer rosigeren Vergangenheit fahren läßt.

Die positive Möglichkeit der Säkularisierung

Als das Buch ›Stadt ohne Gott?‹ nachgewiesen hat, daß die Säkularisierung, abgesehen von den Problemen, die sie schafft, enorme positive Möglichkeiten für den Menschen enthält, schreckte und ärgerte das viele traditionell religiöse Menschen. Ich habe jedoch auch festgestellt, daß dieser Säkularisierungsprozeß teilweise auf die Wirkung des biblischen Glaubens auf die Zivilisation zurückzuführen ist. Diese Feststellung hat viele nichtreligiöse Menschen geärgert und viele religiöse fast noch mehr beunruhigt als die positive Überprüfung der Säkularisierung selbst.

Es ist einigermaßen überraschend, daß die Behauptung einer Verbindung zwischen biblischem Glauben und Säkularisierung einen solchen Aufruhr verursachen konnte. Der Gedanke war keineswegs neu. Er ist schon vor einigen Jahren von Friedrich Gogarten in seinem Buch ›Ver-

hängnis und Hoffnung der Neuzeit — die Säkularisierung als theologisches Problem‹ ausgesprochen worden. In diesem wichtigen Werk sagt
Gogarten: „Die Säkularisierung erreicht heute ihren Höhepunkt, und
dennoch stammt unser Denken darüber immer noch aus Voraussetzungen, die entweder nichts von dieser Säkularisierung wissen oder eine falsche Vorstellung von dem haben, was darin stattgefunden hat und wo
ihre Wurzeln liegen. Wir können offensichtlich von ihr nur lernen, was
hier gelernt werden muß, wenn wir verstehen, daß Säkularisierung unbeschadet dessen, was sich in der neueren Zeit aus ihr entwickelt hat,
eine legitime Konsequenz des christlichen Glaubens ist."

Gogarten argumentiert, das Christentum rufe den Menschen aus der
Abhängigkeit heraus, weg vom Kreislauf der Natur mit ihren Halbgöt-
tern, Sakralkönigen und in Ekstasen offenbarten Wertvorstellungen. Es
ruft ihn zu reifer und rationaler Verantwortung für diese Welt. So beginnt das Christentum einen Prozeß der „Säkularisierung", der auch die
Entzauberung der Natur einschließt. Diese Prozesse bilden umgekehrt
die Grundlage für unsere zeitgenössische säkulare Zivilisation. Ohne
die Entsakralisierung politischer Strukturen wäre echter sozialer Wandel unmöglich. Monarchen, die von Gottes Gnaden regieren, und heilige Regime geben sich selbst nicht dem Wandel preis. Ohne die Entzauberung der Natur, das heißt ihre Verwandlung von einem Wohnort
der Dämonen in ein Feld menschlicher Verantwortung und menschlicher Feier, werden sich Wissenschaft und Kunst in ihrer modernen
Form nie entwickeln können. Alfred North Whitehead hat einmal
nachgewiesen, daß die Kombination von christlichem Schöpfungsglauben und Evolution scholastischer Philosophie den Grund für die
moderne Wissenschaft gelegt hat. Seine Position unterstützt die Sache
derer, die die Säkularisierung der Welt nicht als massiven Abfall vom
Glauben sehen, sondern vielmehr als einen weiteren Schritt in der geschichtlichen Beziehung von Christentum und Kultur. Die Säkularisierung ist die „Entfatalisierung der Geschichte". Sie legt die Verantwortung für das, was demnächst geschieht, klipp und klar in die Hände des
Menschen.

Was soll die Theologie angesichts der Säkularisierung unserer Welt
tun? Drei verschiedene Antworten haben sich auf diese Frage in unserer
Zeit entwickelt. Die erste Gruppe von Theologen könnte man die
„Ausputzer" nennen. Sie würden am liebsten das Christentum so weit

zurückschneiden, daß es in die Voraussetzungen dessen paßt, was sie für die moderne wissenschaftliche Weltanschauung halten. Paul van Buren und die sogenannten „Gott-ist-tot"-Theologen Thomas Altizer und William Hamilton sind kennzeichnend für diese Gruppe. Ihre Lösung bereitet mir eine doppelte Schwierigkeit.

Erstens können wir nie volle Klarheit darüber gewinnen, was „die" moderne wissenschaftliche Weltanschauung ist. Der moderne wissenschaftliche Humanismus muß sich mit verschiedenen Formen der phänomenologischen Philosophie und mit einer großen Vielfalt im marxistischen Revisionismus auseinandersetzen, wenn er eine zuverlässige Weltanschauung bieten will. Auch bedeutet die wissenschaftliche Methode für viele der überaus anspruchsvollen Wissenschaftler nichts anderes als eine Handhabe, um Modelle von begrenztem Umfang zu verwenden, und sie behaupten deshalb nicht, eine „Weltanschauung" zu bieten.

Zweitens ist diese Lösung unkritisch und unhistorisch. Sie setzt voraus, daß die Lehren des Christentums einen gegebenen und unwandelbaren Inhalt haben, daß ihre Bedeutung historischer Entwicklung nicht unterworfen ist und daß man sie deshalb entweder festhalten oder abschaffen muß. Es ist bezeichnend, daß Altizer zum Tod Gottes von einem vorgefaßten Interesse an der orientalischen Mystik kommt, Hamilton von einer Liebe zu Karl Barth und van Buren von einer Bindung an die kritische Sprachphilosophie. Aus keinem Grund konnte man erwarten, daß diese Männer den radikal geschichtlichen und entwicklungsmäßigen Charakter der christlichen Lehre begreifen könnten. Diese Denker haben sich deshalb einer Art umgekehrten Fundamentalismus schuldig gemacht. Der „Gott", der „tot" ist, ist der Gott eines sehr traditionellen und sehr orthodoxen christlichen Theismus.

Auf dem entgegengesetzten Flügel stehen jene Theologen, die glauben, man müsse das Christentum in seiner klassischen philosophischen Behausung halten, sei sie scholastisch, idealistisch oder sonst wie. Es sind die „Bewahrer". Ein ausgezeichnetes und gut durchdachtes Beispiel für ihre Arbeit kann man in Mascalls Buch ›Die Säkularisierung des Christentums‹ finden. Merkwürdigerweise sind sich die Theologen dieser Art mit den „Ausputzern" in dem einig, was die „wesentlichen" Komponenten des Christentums sind; doch im Gegensatz zu den Modernisten entscheiden sie sich dafür, sie zu verteidigen, statt sie abzuschaffen. Sie beide stimmen in dem überein, was „Gott" bedeutet, aber die Ausputzer sagen, er sei tot, während die Bewahrer sagen, er „existiert". Aus dem Bewahren folgt natürlich immer ein gewisses Aufbewahren, und Aufbewahrung verhindert weiteres Wachstum. Um also ihren Anspruch zu begründen, kritisieren die Bewahrer nicht nur die Ausputzer, sondern auch die, die sich an der weiteren Entwicklung der Lehre und ihrer Neu-Interpretation engagiert haben.

Die dritte Gruppe von Theologen umfaßt alle diejenigen, die das Christentum aus einer historischen oder entwicklungsmäßigen Perspektive betrachten. Sie bestreiten den Gedanken, den sowohl die Ausputzer wie die Bewahrer vertreten, daß es ein zeitloses und unwiderrufliches „Wesen" des Christentums gibt. Sie verstehen es vielmehr als eine Bewegung von Menschen, als eine Kirche, die sich mit einer Erinnerung und einer Vision durch die Geschichte bewegt und sich auf dem Wege auf unendlich vielfältige kulturelle und soziale Formen einläßt. Unter den Katholiken war es John Henry Newman in seinem Essay über die Entwicklung der christlichen Lehre, der zum ersten Mal das Konzept der Lehrentwicklung erfolgreich anwandte, aber seither ist es von Karl Adam, Hans Küng, Leslie Dewart und Bernhard Lonergan verwendet worden. Eine verwandte Vorstellung unter den Protestanten ist der Gedanke, daß alle Texte und Lehren sich in einem Kontext historischer Bedingungen befinden und nicht voll verstanden werden können, wenn dieser Kontext übersehen wird.

Sowohl die Idee einer Entwicklung der Lehre als auch die der historischen Kritik wurde, als sie zum ersten Mal auftauchte, von den konservativen Theologen angegriffen und wird immer noch vielerorts mit Mißtrauen betrachtet. Trotzdem geben jetzt die meisten Theologen zu, daß ein genaues Verständnis religiöser Wahrheit eine Kenntnis ihres Sitzes im Leben verlangt. Aber selbst dort, wo die historisch-kritische Methode angewendet wird, stolpert man oft, wenn man den nächsten logischen Schritt im Prozeß vollziehen soll. Bei diesem Schritt sieht man nicht nur die Vergangenheit, sondern auch die Gegenwart als Feld der Lehrentwicklung. Man sieht die gegenwärtige Form einer Lehre als Zwischenstufe ihrer Entwicklung auf etwas anderes zu. Mallarmé hat einmal gesagt, es sei die Aufgabe eines Autoren, „den Worten des Stammes eine reinere Bedeutung zu geben". Entgegen der Hoffnung der Positivisten, für jedes Wort eine einheitliche Bedeutung zu finden, sind

Worte lebendig. Ihr Sinn ist immer ein Produkt sowohl ihres früheren Gebrauchs als auch ihrer gegenwärtigen Verleiblichung. Das trifft noch mehr auf Lehren zu. Die Nuancen der Bedeutung und der Sprache wandeln sich in einer lebendigen religiösen Gemeinschaft ständig, und Theologen müssen diese Wandlungen aufmerksam verfolgen. Deshalb finden sie sich nicht nur damit beschäftigt, Lehren zu erhellen, sondern sie auch zu entwickeln und den Symbolen der Gemeinschaft eine „reinere Bedeutung" zu verschaffen.

Ich selbst ordne mich in die dritte Gruppe der oben gegebenen Klassifizierung gegenwärtiger theologischer Ansätze ein. Ich lehne jede Behauptung als Reduktion ab, daß wir einfach einige klassische christliche Lehren abschaffen sollten, weil sie archaische Überreste der Vergangenheit seien. Doch lehne ich ebenso nachdrücklich den Gedanken ab, daß wir sie in der Form verteidigen müßten, in der wir sie überkommen haben. Konkret würde ich behaupten, daß eben die fehlgeleitete Anstrengung, die das Christentum in der einen oder anderen seiner klassischen Formen verteidigt (und die Konservativen unterscheiden sich recht hitzig voneinander darin, was *die* klassische Form sei), unbewußt den Atheismus schafft, den sie zu vermeiden sucht. Der Atheismus ist immer der Schatten einer bestimmten Form des Theismus. Die meisten Atheisten einschließlich derer, die immer noch Christen sein wollen, bestreiten genau jenes konventionelle Bild Gottes, das orthodoxe Theologen so nachdrücklich zu verteidigen suchen.

Von der Säkularisierung der Theologie

Wie geht es dann aber angesichts dieser Sicht der historischen Entwicklung mit der Theologie in einem Zeitalter der Säkularisierung weiter? Säkularisieren bedeutet, daß die Welt menschlicher Geschichte jetzt den Horizont abgibt, in dem der Mensch sein Leben begreift. So ist es die Aufgabe der Theologie, die Lehren biblischen Glaubens neu zu durchdenken und zu entwickeln, um diesem modernen Empfinden zu entsprechen. Natürlich wird dies ein risikovolles Unternehmen sein, aber das war auch der tapfere Versuch der frühchristlichen Apologeten, mit den Denkformen des Späthellenismus zurechtzukommen. Nicht weniger war es die großartige Leistung des Thomas, der den biblischen

Glauben mit der aristotelischen Tradition verbunden hat. Auch wenn wir jetzt mitten in einer Reaktion stehen, die sich gegen die Art wendet, wie die deutschen Theologen des 19. Jahrhunderts in der Umgebung des philosophischen Idealismus gearbeitet haben, so glaube ich doch, daß künftige Generationen der Theologiegeschichtler auch ihre Arbeit als brillante Leistung würdigen werden.

Bei manchen Theologen ist es heute modern, die jahrtausendealte Allianz des Christentums mit der hellenistischen Philosophie zu beklagen. Gewiß muß zugegeben werden, daß dieses Bündnis einen theologischen Bezugsrahmen geschaffen hat, der in den folgenden Jahren unzählige Probleme aufgeworfen hat. Trotzdem hat der Hellenismus das „Saeculum" der frühen Kirche geformt. Wenn das Christentum vermeiden wollte, einfach eine neue jüdische Sekte zu werden, dann mußte es in die einzig schöpferische „lingua franca" eingehen, die ihm in den frühen Jahrhunderten seiner Entwicklung zur Verfügung stand, und das war die hellenistische. Es ist ebenso billig wie unproduktiv, die Hellenisierung der Kirche aus der sicheren Distanz des ausgehenden 20. Jahrhunderts zu kritisieren. In vieler Hinsicht war die Synthese brillant. Unsere Aufgabe heute ist es, weder jene Synthese fortzusetzen noch sie schlechtzumachen. Vielmehr geht es darum, einen neuen Ausdruck des biblischen Glaubens in den kulturellen Kategorien unserer Tage zu schmieden. Dabei werden wir entdecken, daß ein Studium der Apologeten, des Thomas, der Reformatoren und der Theologie des 19. Jahrhunderts nicht nur lohnend, sondern unerläßlich ist. Wir untersuchen diese klassischen theologischen Leistungen jedoch nicht, um ihren spezifischen Inhalt zu fördern, sondern um ihre Methode zu lernen, die immer darin bestand, den Geist ihrer Zeit äußerst ernst zu nehmen, sich darauf mit Wonne einzulassen. Paul Tillich eröffnet seine große ›Systematische Theologie‹ mit der Feststellung, daß die Theologie, die etymologisch von „theos" (Gott) und „logos" (Sinn) abgeleitet ist, zwei grundlegende Bedürfnisse befriedigen muß: Sie muß die Wahrheit über Gott sagen und muß zugleich in die zeitliche Situation hineinsprechen. Das haben die großen klassischen Theologen immer getan, und damit haben sie ein Vertrauen in die geistige Kraft des Evangeliums und seine Fähigkeit, eine Kultur umzuformen, demonstriert, das den konservativen Theologen von heute vollständig zu fehlen scheint.

Wie setzen wir aber die konkrete Arbeit an, die Theologie in Richtung auf die notwendige „säkulare Phase" in Bewegung zu bringen? Zunächst müssen wir unserer theologischen Grundlage gewiß sein. Es gibt drei entscheidende theologische Einsichten, die die Grundlage für eine positive Haltung gegenüber unserer modernen Welt und gegenüber dem Prozeß der Säkularisierung bilden. Sie korrespondieren den drei „Personen" der klassischen Trinitätslehre.

Die erste ist die, daß der Gott der Bibel nicht nur in und durch religiöse oder sakrale Institutionen wirkt, sondern durch Ereignisse, die wir „säkular" nennen könnten. Die Befreiung der Israeliten aus der ägyptischen Fron, die Eroberung des verheißenen Landes, die Niederlage und das Exil der Juden und ihre Befreiung aus der Gefangenschaft sind Beispiele dafür. In der Tat ist in diesem Sinn das Leben Jesu säkular, und es wurde ihm nur deshalb apokalyptische oder sakrale Bedeutung zugemessen, weil es durch verschiedene Prismen hindurch betrachtet worden ist. Die Kreuzigung war ein säkulares Ereignis. In den vergangenen Jahren galt es als eine Binsenwahrheit, zu sagen: Gott handelt in der Geschichte. Wenn aber Gott noch lebt und wirkt, dann führt uns die Logik dieser Position zu dem Versuch, sein Handeln in unserer gegenwärtigen Geschichte zu erkennen, und das bedeutet, daß wir es in säkularen Ereignissen suchen.

Die zweite klassische Lehre, die uns dazu nötigt, diese Welt voll ernst zu nehmen, ist die Lehre von der Inkarnation. In Christus enthüllt sich Gott als der, der für den Menschen da ist, im Schmerz und im Blut der Erde ebenso wie in ihren Geselligkeiten und Freuden. Man kann die Inkarnation nicht nur als eine isolierte Episode im Leben Gottes verstehen. Sie bedeutet, daß Gott der Eine ist, der voll und ganz im Leben der Menschen anwesend ist, daß Gott unser „Saeculum" todernst nimmt. Eine Kirche, die sich nicht mit der Welt in derselben grundlegenden Solidarität identifiziert, die Gott geübt hat, verrät ihre Mission.

Die dritte theologische Grundlage einer säkularen Theologie hängt mit der traditionellen Lehre vom Heiligen Geist zusammen und zielt mehr auf die Interpretation der Lehren als auf eine Entdeckung des Handelns Gottes in der säkularen Welt. Ihre Behauptung ist, daß unsere verschiedenen überkommenen Lehren sich beim Bemühen der Kirche entwickelt haben, zu verschiedenen Zeitaltern der Weltgeschichte zu sprechen. Ein rechtes Verständnis dieser Lehren wird also nur erreicht, wenn wir uns an der Fortsetzung dieser Mission unter veränderten Verhältnissen engagieren. Die traditionelle Theologie lehrt, daß der Heilige Geist den Glaubenden den wahren Sinn der Bibel offenbart. Jedoch haben verschiedene Generationen von Christen dieselben Texte in gegensätzlicher Weise ausgelegt. Wir sehen also, daß der Sinn eines Textes oder einer Lehre weder festgelegt noch abgeschlossen ist. Sinn entsteht, wo wir versuchen, Positionen, die in der Vergangenheit eingenommen wurden, im Licht veränderter Bedingungen mit Sinn zu erfüllen. Denen, die im Glauben an Gottes Handeln in der Welt teilnehmen, an dem, was Theologen gelegentlich die „missio dei" genannt haben, offenbart der Heilige Geist stets neue Bedeutungen und Nuancen der klassischen Lehren. In diesem Sinne hat der berühmte Pastor Robinson den Pilgervätern bei ihrer Ausfahrt nach Neuengland erklärt: „Gott hält noch neue Wahrheit bereit, damit sie aus seinem heiligen Wort hervorbreche."

Wenn Gott in der Welt säkularer Ereignisse am Werk ist und wenn die Verantwortung seines Volkes darin besteht, sein Handeln zu entdecken, dann erfordert das *eine Theologie des Säkularen*. Wenn die Inkarnation ein weltliches Zentrum für die theologische Arbeit behauptet, dann müssen wir *in säkularen Begriffen denken*. Wenn die Bedeutung der klassischen Lehren nicht auf ewig festgelegt ist, sondern der Interpretation offensteht, die neue Probleme in der Geschichte beleuchtet, dann benötigen wir dazu *eine säkulare Theologie*.

Das heißt nicht, daß die Kirche einfach jede neue Auslegung ihrer Lehren akzeptieren müsse. Kontinuität ist genauso ein Element in der geschichtlichen Entwicklung. Aber eine Theologie, die eine bestimmte sakralisierte Weltanschauung (sei sie neuplatonisch, thomistisch-aristotelisch oder idealistisch) mit der entscheidenden biblischen Botschaft vermischt, ist dem Untergang geweiht. Aber es dürfte kaum genügen, nur der Verteidigung antiquierter Glaubensvorstellungen ein Ende zu machen. Theologen müssen auch das Wagnis eingehen, neue Vorstellungen zu entwickeln, Ausdrucksformen des Glaubens, die die Empfindung und die « manière d'être » unserer Zeit benützen. Bevor ich dazu übergehe, zu zeigen, wie eine solche Neukonzipierung in einem Bereich der Lehre, nämlich dem der Ekklesiologie, vor sich gehen könnte, möchte ich zwei weitere Bemerkungen voranschicken.

Gelegenheit für eine zeitgenössische Theologie

Zunächst hat der moderne Theologe einen bestimmten Vorteil gegenüber den Apologeten, weil er in einer Welt arbeitet, die im Zentrum ihres Bewußtseins schon sichtlich von biblischen Themen beeinflußt ist. Wie wir gesehen haben, drücken Theologen dies manchmal in dem Anspruch aus, daß „Gott in der Welt und nicht nur in der Kirche wirkt". Man kann diesen gleichen Gedanken auch soziologisch ausdrücken, wenn man die historischen Quellen solcher modernen Phänomene wie der wissenschaftlichen Technologie, der Sozialrevolutionen ausgebeuteter Völker, des modernen Mißtrauens gegenüber geschlossenen Weltanschauungen und dem Verlangen sogar der einfachsten Leute nach einem Anteil am Entscheidungsprozeß ihrer Gesellschaften aufdeckt. Alle diese Bewegungen entspringen teilweise dem Einfluß des Christentums auf die Welt. Wir haben schon den Zusammenhang zwischen Christentum und moderner Wissenschaft bemerkt, wie ihn Whitehead erkannt hat, auch wenn seine traurige Geschichte in Fällen wie Galilei und Darwin zeigt, wie weit sich die Kirche von den Konsequenzen ihrer eigenen Botschaft entfernen kann. In seinem Buch ›Christentum in der Weltgeschichte‹ (Stuttgart-Berlin: Kreuz-Verlag 1966) zeigt Arend van Leeuwen die Rolle, die das Christentum dadurch gespielt hat, daß es den Samen des gegenwärtigen sogenannten Erwachens in den afrikanischen und asiatischen Ländern gesät hat. In seinem Buch ›Die Revolution der Heiligen‹ verfolgt Michael Walzer die Ursprünge der radikalen Politik und die Idee der partizipatorischen Demokratie zurück bis zu den englischen Puritanern.

Die Tatsache, daß so viele Bewegungen unserer gegenwärtigen Welt aus biblischen Anstößen kommen, bedeutet, daß der moderne Theologe einer ganz andersartigen Herausforderung gegenübersteht als der, der sich die Kirche durch die hellenistische Philosophie und durch die mittelalterliche Wiederentdeckung des Aristoteles gegenübersah. Seine Aufgabe sollte also leichter sein. Aber sie wird sogar schwieriger, ja unmöglich gemacht, wenn er weiterhin an alten philosophischen Beziehungssystemen festhält. Wenn diese philosophische Position die Scholastik oder ein anderes Derivat klassischer, griechischer Philosophie ist, dann wird er sogar in einer noch schwierigeren Lage sein, weil die große theologische Aufgabe heute heißt, dem Wandel einen Sinn abzugewinnen, während die Griechen dazu neigten, die Wirklichkeit in Begriffen des ewigen Seins zu sehen.

Meine andere Beobachtung hinsichtlich der Methode, die bei der Herausarbeitung einer heutigen Theologie eine Rolle spielt, bezieht sich auf den Pluralismus und das intensive Geschichtsbewußtsein unserer Zeit. Es gibt heute nicht eine einzige umfassende Weltanschauung, die alles bestimmt wie das universelle Ansehen des Aristotelianismus oder des Idealismus. Von daher werden wir vermutlich nie mehr eine einzige Theologie besitzen. Wir haben einen bewußten Pluralismus von Theologen zu erwarten. Einige Theologen werden im Rahmen der verschiedenen modernen Formen des Marxismus arbeiten, andere mit der Phänomenologie und dem Existentialismus, während andere sich wiederum der systematischen Denkweisen bedienen, die sich, von den Sozialwissenschaften herkommend, mit Mensch und Gesellschaft beschäftigen. Aber dieser Pluralismus theologischer Ansätze sollte uns nicht beunruhigen. Das zweite Kennzeichen unserer Zeit ist ihr Bewußtsein für den vorläufigen und historisch bedingten Charakter alles Denkens, auch der Theologie. Kein Theologe in der Schule historischer Entwicklung glaubt, daß er die endgültige Theologie schreibt oder daß seine Art die einzige ist, in der modernen Welt zu reden. Diese besondere Form der Selbsttäuschung bleibt im wesentlichen den Ausputzern und den Bewahrern vorbehalten. Es gibt deshalb eine gewisse Freiheit und Bereitschaft, heute Risiken im theologischen Schreiben auf sich zu nehmen, denn wenn man dadurch auch viele Menschen ärgert, ist das doch ein Beitrag zur Lebendigkeit und Kraft des theologischen Gesprächs.

Von der Säkularisation der christlichen Botschaft

Was würde es bedeuten, die Botschaft der Kirche heute zu säkularisieren? Hören wir auf die Fragen, die die Menschen von heute am nachdrücklichsten stellen, dann entdecken wir, daß es gewöhnlich nicht die kosmologische Sinnfrage ist, sondern Fragen menschlicher Bedeutung und ethischer Werte. Trotz der Säkularisierung und des Verlustes irdischer Gewalt in der Kirche erwarten die Menschen von ihr, daß sie ethische Modelle und Leitlinien bietet, und sind enttäuscht, wenn sie das nicht leistet. Tenor und Stil der Kritik an der Kirche in einer bestimmten

Zeit zeigen oft indirekt, wonach die Menschen hungern und was sie nicht vom Christentum bekommen, welches Brot sie wollen, wo die Kirche einen Stein bietet. In vergangenen Jahrhunderten haben die Kritiker die Kirche wegen ihrer moralischen Laxheit scharf angegriffen, dann war es ihre Unscheinbarkeit, dann war es ihre geistige Schwäche. Heute greifen jedoch die hervorragendsten Kritiker die Kirche deshalb an, weil sie darin versagt, Entscheidendes zu den großen moralischen Fragen unserer Zeit zu sagen oder etwas beizutragen.

Die Marxisten haben sie beschimpft dafür, daß sie den Krieg und die wirtschaftliche Ungerechtigkeit gesegnet hat. Dunkelhäutige Menschen haben sie schlecht gemacht, weil sie die Rassendiskriminierung unterstützt. Rolf Hochhuth hat sie in seinem Stück ›Der Stellvertreter‹ dafür kritisiert, daß sie nicht zur Verteidigung der Juden während der Zeit des Hitler-Terrors angetreten ist.

Trotz der Zugespitztheit dieser Kritiken ist an ihnen bedeutsam, daß die Menschen es überhaupt für wert befinden, sie zu äußern. Sie erwarten offensichtlich ein Wort von der Kirche zu den moralischen Tagesfragen und sind böse, wenn es nicht kommt. Es treten mehr Menschen aus der Kirche aus wegen ihrer vorsichtigen Haltung zu bestimmten Fragen als deswegen, weil sie Mühe haben, das Glaubensbekenntnis zu sprechen.

Manche Theologen mögen natürlich diese Konzentration auf das Ethische beklagen und die Behauptung aufstellen, sie verdecke die „Wahrheitsfrage". Ich glaube kaum, daß ihre Befürchtung gerechtfertigt ist in einer Zeit, die sich selbst politisch und ethisch versteht. Die Botschaft der Kirche muß dieses Profil übernehmen. Wir kommen zur „Wahrheitsfrage" heute *durch* die ethische Frage hindurch. Tatsächlich liegt hier genau der Punkt, wo das ganze Problem dessen, was „Wahrheit" bedeutet, und dessen, was „Glauben" heißt, ins Blickfeld kommt. Für Theologen, die in einer scholastischen Vorstellung der Wirklichkeit erzogen sind, ist Wahrheit eine Qualität, die Feststellungen anhaftet und einem objektiven Wesen korrespondiert. Für das säkulare Empfinden ist Wahrheit Valuta, Gewicht, von experimenteller Bedeutung. Das Evangelium ist wahr, weil es zuverlässig ist. Ein Christ sein heißt nicht, Lehrsätzen Glaubwürdigkeit zusprechen, sondern unter einem Volk leben, dessen Erinnerungen und Hoffnungen menschliche Erfahrungen erleuchten und ein Gefühl für Richtung schaffen. Ich möchte behaupten, daß diese letzte Schau der Wahrheit, weit davon entfernt, ein übler Verrat am Glauben zu sein, faktisch dem hebräischen Wahrheitsgedanken, der „Emet", viel näher kommt als mancher abstrakte Entsprechungsbegriff dessen, was es für etwas bedeutet, wahr zu sein.

Eine säkulare Interpretation des Evangeliums muß ethisch sein, und in unserer kooperativ organisierten Welt bedeutet das, daß sie politisch und weltlich sein muß. Wenn Dietrich Bonhoeffer gesagt hat, daß die Kirche in ihrer Predigt nie allgemein sein darf, sondern immer spezifisch sein, also *dieses* Programm unterstützen und *diesen* Krieg bekämpfen muß, dann fragte er faktisch nach einer säkularen Interpretation des Evangeliums. Wenn er später, kurz vor seinem Tode, forderte, daß wir uns um eine „nichtreligiöse Interpretation" des Evangeliums bemühen müßten, dachte er sehr wahrscheinlich an diese politisch-säkulare Interpretation.

Zu behaupten, daß die säkulare Bedeutung des Evangeliums heute ethisch-politisch sein muß, heißt nicht, daß es in der Form moralischer Prinzipien weitergegeben werden müsse. Es bedeutet vielmehr, daß die Kirche ihr Leben so neu ordnen muß, daß Christen zusammenkommen können, um miteinander darüber zu beraten, was Gott jetzt in der säkularen Welt tut, so daß sie freudig an dieser säkularen „Mission Gottes" teilnehmen können. Das gegenwärtige Handeln Gottes kann nur erkannt werden, wenn Menschen den Bericht darüber vernehmen, was er in der Vergangenheit tat, und die Hoffnung dessen feiern, was er für die Zukunft versprochen hat. So kommt eine Art von Gottesdienst in der säkularisierten christlichen Kirche zustande. Es könnte wohl sein, daß wir dabei die Wiederbelebung einiger Formen erleben, die die allerersten Christen verwendeten: Versammlungen, die mehr Familienmahlzeiten glichen als massiven rituellen Darbietungen. Deshalb ist die gegenwärtige liturgische Erneuerung in der Kirche zwar auf dem richtigen Weg, wird aber noch einen sehr weiten Weg zu gehen haben. Wenn wir die Lebensformen der Kirche untersuchen, ist es wichtig, zu begreifen, daß keine von ihnen an sich sakral ist. Alle Lebensformen der Kirche sind historisch bedingt, von der Kirche ausgeformt in Antwort auf die Notwendigkeit, ihre Mission zu leben und ihre Botschaft gegenüber den nachkommenden Generationen zu formulieren. Wenn die traditionellen Theologen einen fatalen Fehler begehen, indem sie das Christentum mit der einen oder anderen seiner früheren Ausdrucksformen identifizieren, dann unterläuft uns allen ein ähnlicher Irrtum, wenn wir die Kirche identifizieren mit einer bestimmten historischen Lebensform. Doch gehen die Modernisten gleichermaßen fehl, die die „institutionelle Kirche" loswerden wollen. Die Kirche braucht eine Form, einen institutionellen Ausdruck. Dennoch: keine Form ist ewig. Dinge wie Gemeinden, die auf wohnungsmäßiger Nähe basieren, eine hauptberufliche Pfarrerschaft, Landeskirche, Kirchenleitungen und Konfessionen sind nur spezifische Formen kirchlichen Lebens, von denen jede beseitigt werden kann, wenn ein besseres Instrument der Dienstbarkeit gefunden wird.

Der Test der Dienstbarkeit

Worin aber besteht der Test der Dienstbarkeit einer bestimmten kirchlichen Institution? Heute müssen wir jede einzelne Form des kirchlichen Lebens daraufhin befragen: Verstärkt oder hindert diese Sitte, dieses Muster, die Fähigkeit von Christen, in kritischer Solidarität mit der säkularen Welt zu leben? Nur wenn sie in einer solchen Solidarität leben, können Christen das Handeln Gottes für den Menschen in der Welt erkennen und bezeugen.

Was aber ist die Quelle der Kritik bei der „kritischen Solidarität" der Christen mit der Welt? Damit stehen wir vor dem letzten und schwierigsten Problem, das eine säkulare Theologie ins Auge fassen muß: dem Problem dessen, was Theologen gewöhnlich die „Transzendenz" nannten. Eine der am häufigsten wiederholten Kritiken an Theologen, die — wie ich selbst — die Jenseitigkeit und Kirchlichkeit des Christentums ablehnen, lautet, daß wir angeblich jede Dimension der Transzendenz verlieren und restlos in der natürlichen Welt als solcher absorbiert werden. Einige Kritiker behaupten, wir würden jenen unerläßlichen Ansatzpunkt auslöschen, von dem aus die gegenwärtige Welt gerichtet und verwandelt werden könnte, daß wir zu „Ich-auch"-Theologen würden. Wo ist der Punkt des kritischen Ansatzes in einer zuverlässigen Theologie des Säkularen?

Ehe ich auf diese kritische Frage eingehe, ist es wichtig, hervorzuheben, daß die traditionellen Theologen, die diesen Angriff vorantragen, vor dem gleichen Problem stehen. Sie glauben, daß der „übernatürliche" Bereich oder irgendeine zeitlose Wahrheit diese kritische Perspektive vermittelt, aber in Wirklichkeit sind die übernatürlichen Theologien jedes Mal in eine reine Sakrallegitimierung bestimmter Weltanschauungen abgerutscht. Noch öfters haben Kirchen die Gesellschaft nicht von jenseits der Geschichte kritisiert, sondern von einem Standpunkt aus, der hinterdrein kam, von der Perspektive einer vergangenen Zeit aus, in der die Position der Kirche oder die Werte, die sie für richtig hielt, gesicherter erschienen. Obwohl die traditionellen Theologien eine *formale* Quelle kritischer Perspektiven besitzen, bieten sie in Wirklichkeit oft weniger echte Transzendenz, als ihre Vertreter zugeben.

Trotzdem bleibt das Problem für den Theologen des „Saeculums" bestehen: Was ist die Quelle der Transzendenz, ohne die jede Theologie ihre kritische und erneuernde Schau verliert? Amos Wilder hat folgendes geschrieben: „Wenn wir heute irgendeine Transzendenz haben sollen, auch eine christliche Transzendenz, muß sie in und durch das Säkulare bestehen... Wenn wir Gnade finden sollen, dann muß sie in der Welt gefunden werden und nicht darüber. Das feine Firmament der überirdischen Wirklichkeit, das bis ins 18. Jahrhundert eine geistige Heimat für die Seelen der Menschen geboten hat, ist zusammengebrochen."

Was ist aber eine Transzendenz, die „in und durch das Säkulare besteht"? Wir können die Vergangenheit nicht sakralisieren. Das Jenseits ist dahin. Die „Tiefen"-Sprache Tillichs erweist sich als nichts anderes als eine neue räumliche Bildersprache mit den gleichen Problemen, die die jenseitige einmal hatte. Was aber weist uns in unserer geschichtlichen Existenz auf das Transzendente? An welchem Punkt in seinem Leben wird der Mensch von etwas berührt, das ihn fordert, das ihn zur Rechenschaft zieht, das seiner manipulativen Kontrolle nicht unterworfen ist?

Theologen von heute haben begonnen, diese Frage mit dem Begriff der „Zukunft" zu beantworten. Der entschwindende Augenblick, in dem alles, was war und ist, vor dem steht, was sein wird — das ist der Punkt, wo das Transzendente den säkularen Menschen trifft. Hier empfindet er unendliche Möglichkeiten, die Notwendigkeit der Entscheidung, die Wirklichkeit von Hoffnung und Geheimnis. In dieser Hinsicht wie in vielen anderen ist der säkulare Mensch, dessen Zukunftshorizont die Geschichte selbst ist, dem biblischen Menschen viel

näher als dem „klassischen Christen". Die jüdischen Schriften beziehen
sich auf Gott immer wieder als auf den, der kommt, auf den Gott der
Verheißung, der vorangeht. Die erste Christenheit hatte eine radikal
zukunftsgerichtete Orientierung. Der Punkt der Verantwortung lag für
die junge Kirche nicht in einer heiligen Vergangenheit, sondern in einem
kommenden Reich. So sehen auch die Theologen des säkularen Heute
die Geschichte als unbedingt offen. Transzendenz wird eher zeitlich als
räumlich, und die Kirche wird als der Teil der Welt gesehen, der schon
in der Wirklichkeit lebt, auf die sie hofft. Wie der Schreiber des He-
bräerbriefes sagt: „Glaube ist die Zuversicht dessen, das man hofft."

Politisch ausgedrückt bedeutet das, daß die Kritik der Kirche an der
Gesellschaft radikal statt konservativ wird. Ihre Schau wird nicht von
dem geformt, was verlorengegangen ist, sondern von dem, was noch
sein kann. Sie fordert den Menschen dazu auf, nicht zu einer verlorenen
Religiosität zurückzukehren, sondern vorwärtszugehen, auf eine echte
Säkularität zu. Indem sie nach einer echten Säkularität verlangt im Gegensatz zu unechten Formen der Säkularität, stellt die Kirche die Bega-
bung jeder bestimmten säkularen Gesellschaft mit Letztlichkeit oder
Endgültigkeit in Frage. Säkularität, die gegenüber der Zukunft geschlossen ist, ist schon sakral geworden, und das mag auch der Grund
sein, warum die Theologen des Säkularen, angefangen von Gogarten,
eine scharfe Unterscheidung zwischen Säkularität und Säkularismus
gemacht haben. Wo der Prozeß der Säkularisierung stehengeblieben
oder an einem bestimmten Punkt fixiert ist, wird er zum Säkularismus,
zu einer geschlossenen Weltanschauung, die umgekehrt aufgebrochen
werden muß.

So hängt die Frage, ob wir heute eine zuverlässige säkulare Theologie
entwickeln können, daran, ob die Theologen die Eschatologie wieder
aufzugreifen vermögen und sie aufs neue für das Leben der Kirche
zentral machen können, wie sie es am Anfang ihres Lebens war. Eschatologie hat „mit den letzten Dingen" oder mit der Zukunft zu tun.
Die Theologen behandeln sie im allgemeinen als Nebensache. Der
römisch-katholische Theologe Karl Rahner freilich nennt heute das
Christentum „die Religion der absoluten Zukunft", und der protestantische Theologe Gerhard Sauter erklärt, daß die „ontologische Priorität
der Zukunft" die einzigartige Komponente im biblischen Glauben sei.
Es ist auch meine Überzeugung, daß die Eschatologie ganz entschei-

dend ins Zentrum der Theologie gehört, daß alle Lehren zu sehen sind im Lichte des Glaubens, der eine bedingungslos offene säkulare Zukunft sieht, für die der Mensch restlos verantwortlich ist. Wenn alle Dogmen und Institutionen der Kirche in diesem Lichte gesehen werden, wird unsere Aufgabe als Theologen klarer. Sie besteht weder darin, den Glauben zu verkürzen, noch darin, ihn zu bewahren, sondern darin, ihn zu interpretieren und ihn für die nachfolgenden Epochen neu auszulegen. Heute heißt das, daß wir das riskieren müssen, was der ermordete Dietrich Bonhoeffer gefordert hat: „weltlich von Gott zu reden".

Harvey Cox, Stadt ohne Gott? Stuttgart: Kreuz-Verlag 1971, S. 10–24, 289 f. (Aus dem Amerikanischen für den Kreuz-Verlag übersetzt von Werner Simpfendörfer; Originaltitel: The Secular City. Secularization and urbanization in theological perspective, New York: Macmillan 1965.)

DIE EPOCHE
DER SÄKULAREN STADT

Von HARVEY COX

Die Heraufkunft einer urbanen Zivilisation und der Zusammenbruch der traditionellen Religion sind die beiden bestimmenden Kennzeichen unserer Zeit und zwei eng miteinander verknüpfte Bewegungen. Die Urbanisierung verändert von Grund auf die Art, wie Menschen zusammen leben, und ist in ihrer gegenwärtigen Gestalt nur möglich geworden durch die wissenschaftlichen und technischen Fortschritte, die ihrerseits dem Abbau traditioneller Weltanschauungen entsprangen. Die Säkularisierung, eine gleichermaßen epochale Bewegung, markiert den Wechsel in der Art, wie Menschen ihr Zusammenleben begreifen und verstehen. Sie ist erst entstanden, als die kosmopolitische Wirklichkeit des Stadtlebens die Relativität der Mythen ans Licht brachte, die einmal fraglos schienen. Die Art, wie Menschen miteinander leben, beeinflußt in höchstem Maß die Art, wie sie die Sinnfrage des Lebens beantworten und umgekehrt. Dörfer und Städte werden entworfen als Reflexion auf das Bild der himmlischen Stadt als Heimat der Götter. Einmal so entworfen, bestimmt wiederum das Muster der Polis die Art und Weise, in der die nachfolgenden Generationen das Leben erfahren und die Götter in Blick bekommen. Gemeinschaften und die Symbole, unter denen solche Gemeinschaften leben, beeinflussen sich gegenseitig. Heute steht die säkularisierte Großstadt sowohl als Muster unseres Zusammenlebens da wie als Symbol unseres Weltverständnisses. Wenn die Griechen den Kosmos als eine ins Unendliche ausgeweitete Polis begriffen, wenn der mittelalterliche Mensch ihn als ein unendlich vergrößertes Feudalschloß sah, so begreifen wir heute das Universum als die Stadt des Menschen. Es ist ein Feld menschlicher Entdeckung und Bemühung, aus dem die Götter geflohen sind. Die Welt ist zur Aufgabe des Menschen geworden und ist seiner Verantwortung übergeben. Der moderne Mensch ist Kosmopolit. Die Welt ist seine Stadt geworden, und seine Stadt hat sich zur Welt erweitert. Der Prozeß, der dies in Szene gesetzt hat, wird von uns Säkularisierung genannt.

Was heißt Säkularisierung? Der holländische Theologe C. A. van Peursen vertritt die These, daß damit gemeint sei die Befreiung des Menschen „zunächst von einer religiösen, dann aber auch von einer metaphysischen Kontrolle über sein Denken und seine Sprache"[1]. Es geht also darum, daß die Welt religiöse und quasi-religiöse Selbstverständnisse los wird. Alle geschlossenen Weltanschauungen werden gesprengt, alle supranaturalen Mythen und geheiligten Symbole zerbrechen. Es geht um die „Entfatalisierung der Geschichte", über die Entdeckung des Menschen, daß ihm die Welt überlassen ist und er nicht länger das Glück oder die Furien dafür verantwortlich machen kann, was er mit ihr macht. Säkularisierung geschieht, wenn der Mensch seine Aufmerksamkeit von den jenseitigen Welten ab- und dieser Welt und dieser Zeit zuwendet (Saeculum = „das gegenwärtige Zeitalter"). Dietrich Bonhoeffer hat das Phänomen 1944 das „Mündigwerden des Menschen"[2] genannt.

Bonhoeffers Aussagen wirken auf manche merkwürdigerweise immer noch schockierend. Dabei hat er lediglich den Versuch unternommen, eine späte theologische Interpretation dessen zu geben, was von Dichtern und Schriftstellern, von Soziologen und Philosophen schon seit Jahrzehnten entdeckt worden war. Die Ära der säkularisierten Stadt ist keineswegs charakterisiert durch Antiklerikalismus oder durch fieberhaften antireligiösen Fanatismus. Antichristlicher Eifer ist heute schon ein Anachronismus, weshalb auch die Bücher von Bertrand Russell eigentlich mehr komisch als kühn anmuten und die antireligiöse Propaganda der Kommunisten manchmal den Eindruck erweckt, als

---

[1] Professor van Peursens Bemerkung ist zitiert aus einem vervielfältigten Bericht, den Professor Charles West nach einer Konferenz zusammengestellt hat, die im ökumenischen Institut Bossey/Schweiz im September 1959 stattfand. Sie findet sich im Abschnitt I des Anhangs. Mehr über van Peursens Arbeiten siehe Kapitel III. [Anhang u. Kap. III: Harvey Cox, Stadt ohne Gott? Stuttgart 1971].

[2] Dietrich Bonhoeffer, Ethik. Zusammengestellt und herausgegeben von Eberhard Bethge, München 1963; ders., Widerstand und Ergebung. Briefe und Aufzeichnungen aus der Haft, hrsg. von Eberhard Bethge, Siebenstern-Taschenbuch 1, München-Hamburg 1964.

wollten sie den Glauben an einen jenseitigen Gott zerstören, den man ohnedies schon längst zur Ruhe gesetzt hat.

Die Kräfte der Säkularisierung sind gar nicht speziell daran interessiert, die Religion zu verfolgen. Die Säkularisierung umgeht und unterwandert einfach die Religion und wendet sich anderen Dingen zu. Sie hat die religiösen Weltanschauungen relativiert und sie damit unschädlich gemacht. Religion ist zu einer Privatsache geworden. Man hat sich damit abgefunden, daß sie das besondere Vorrecht oder eben der Standpunkt einer bestimmten Person oder Gruppe ist. Die Säkularisation hat das fertiggebracht, was Scheiterhaufen und Verbannung nicht gelungen ist: Sie hat nämlich den Gläubigen davon überzeugt, daß er unter Umständen nicht recht haben könnte, und sie hat dem Fanatiker klargemacht, daß es noch wichtigere Dinge gibt, als für den Glauben zu sterben. Die Götter der traditionellen Religionen leben zwar noch als private Fetische, als Patronatsherren gleichgesinnter Gruppen, aber im öffentlichen Leben der säkularisierten Metropole spielen sie keine wesentliche Rolle mehr.

Natürlich gibt es Ereignisse und Bewegungen, die für einen Augenblick die Frage aufwerfen, ob es der Säkularisierung wirklich gelungen sei, die Götter der traditionellen Religion zu entthronen. Die Selbstverbrennung eines buddhistischen Mönches, das Aufkommen fanatischer Sekten, wie der Soka Gakkai in Japan, das Phänomen der schwarzen Moslems in den USA und gar die neue Kraft des römischen Katholizismus — das alles scheint die Vermutung nahezulegen, daß die schon veröffentlichten Nachrufe auf die Religion etwas voreilig gewesen seien. Beim genaueren Zusehen wird sich jedoch herausstellen, daß diese Erscheinungen gar nicht begriffen werden können, abgesehen von den schnell fließenden säkularen Strömungen in der modernen Welt. Denn diese Strömungen drücken sich entweder in quasi-religiöser Form aus oder verlassen religiöse Systeme zu einem derartigen Anpassungsprozeß, daß sie radikal verändert werden und den Säkularisierungsvorgang nicht mehr wirklich bedrohen können. So ist zum Beispiel die Wiederbelebung der antiken orientalischen Religionen lediglich ein Ausdruck der nationalistischen, politischen Ansprüche von Völkern, die zwar veraltete Symbole beibehalten, aber sie für überaus moderne Zwecke gebrauchen. Pluralismus und Toleranz sind Kinder der Säkularisierung. Sie repräsentieren die Entschlossenheit einer Gesellschaft, sich und ihren Bürgern keine Weltanschauung aufzwingen zu lassen. Jene Bewegungen innerhalb der römisch-katholischen Kirche, die im Zweiten Vatikanischen Konzil einen Höhepunkt erreicht haben, zeigen eine wachsende Bereitschaft, für die Wahrheit von allen Seiten offen zu werden. Wo einst ein geschlossenes System stand, bricht der Pluralismus durch.

Das Zeitalter der säkularisierten Stadt, eine Epoche, deren innere Einstellung sich rapid bis in die letzte Ecke der Welt ausbreitet, ist ein Zeitalter der völligen „Religionslosigkeit". Es lassen sich die Fragen der Moral oder des Lebenssinns nicht länger durch religiöse Regeln oder Ritualien beantworten. Für manche ist Religion ein Hobby, für andere das Zeichen einer nationalen oder völkischen Eigenart, für andere vielleicht sogar ein ästhetisches Vergnügen. Für immer weniger Menschen aber ist sie ein schlüssiges und beherrschendes System persönlicher, allgemeiner Werte und Wahrheiten. Zwar wird oft gesagt, unser modernes Zeitalter habe seine säkularen Religionen, seine politischen Heiligen und seine profanen Tempel. In gewisser Weise stimmt das auch. Aber wenn man zum Beispiel Nazismus oder Kommunismus „Religionen" heißt, dann verdunkelt man einen ganz bezeichnenden Unterschied zwischen diesen Bewegungen und den traditionellen Religionen. Es verdunkelt auch die Tatsache, daß der Nazismus die Menschen auf ein längst vergangenes Stammesdenken zurückwarf und daß der Kommunismus jeden Tag stärker säkularisiert wird und von daher immer weniger als Religion angesprochen werden kann.

Die Bemühung, säkulare und politische Bewegungen unserer Zeit als religiös zu deklarieren, weil es einem ein Alibi dafür verschafft, an der eigenen Religion festzuhalten, ist eine von vornherein verlorene Schlacht. Die Säkularisierung ist im Gang, und wenn wir überhaupt unsere Zeit verstehen und auf sie eingehen wollen, müssen wir lernen, sie in ihrer unaufhaltsamen Säkularisierung zu lieben. Wir müssen — so hat es Bonhoeffer ausgedrückt — lernen, von Gott säkular („weltlich") zu reden und eine nichtreligiöse Interpretation biblischer Begriffe vornehmen. Es ist niemand damit geholfen, wenn wir an unseren religiösen und metaphysischen Versionen des Christentums hängenbleiben in der törichten Hoffnung, daß eines Tages Religion und Metaphysik wieder ein Comeback feiern werden. Sie werden im Gegenteil zu Randerscheinungen werden, und das bedeutet, daß wir uns jetzt auf die neue Welt der säkularisierten Stadt einzulassen haben. Der erste Schritt dieses Einlassens besteht darin, daß wir einige ihrer besonderen Kennzeichen studieren. Ehe wir damit beginnen, muß noch genauer gefragt werden, was jener andere Schlüsselbegriff meint, mit dem wir die innere Einstellung unserer Zeit beschrieben haben — nämlich den der Urbanisierung.

Wenn Säkularisierung der Sache nach das Mündigwerden des Menschen meint, dann beschreibt der Begriff der Urbanisierung den Kontext, in dem sich diese Mündigwerdung vollzieht. Hier ist die Gestalt der neuen Gesellschaft angesprochen, die ihren besonderen kulturellen Stil entwickelt. Bei dem Versuch, den Begriff der Urbanisierung zu definieren, stoßen wir auf die Tatsache, daß die Soziologen sich selber nicht darüber einig sind, was er eigentlich meint. Klar ist immerhin so viel, daß Urbanisierung nicht nur ein quantitativer Begriff ist. Es geht hier nicht einfach um die Frage der Bevölkerungsgröße oder Bevölkerungsdichte, auch nicht um geographische Ausdehnung oder um eine bestimmte Verwaltungsform. Zugegeben — einiges im modernen urbanen Leben wäre nicht möglich ohne jene gigantische Bevölkerungskonzentration auf engstem Raum. Trotzdem bezieht sich der Urbanisierungsprozeß nicht einfach auf die Stadt. Vidich und Bensman haben in ihrer Untersuchung über die ›Small Town in Mass Society‹[3] gezeigt, wie Mobilität, ökonomische Konzentration und die Massenkommunikation auch das letzte Bauerndorf in das Gewebe der Urbanisierung einbezogen haben.

Urbanisierung bezeichnet die Struktur eines Gemeinschaftslebens, für das Widersprüchlichkeit und Unterschiedlichkeit der Traditionen wesentlich sind. Sie bezeichnet eine Unpersönlichkeit, in dem sich die funktionalen Beziehungen vervielfachen. Sie meint den Tatbestand, daß ein hohes Maß an Toleranz und Anonymität an die Stelle traditioneller, moralischer Sanktionen und langfristiger Verpflichtungen getreten ist. Zentrum des urbanen Lebens ist menschliche Kontrolle, rationale Planung, bürokratische Organisation, und dieses Zentrum sitzt nicht einfach in Washington, London, New York oder Peking, es ist allgegenwärtig. Die Metropolis des technischen Zeitalters schafft die unabdingbaren sozialen Voraussetzungen für eine Welt, in der die Macht

[3] Arthur J. Vidich — Joseph Bensman, Small Town in Mass Society, Garden City, N. Y. 1958.

traditioneller Religion geschwunden ist, für das, was wir den säkularen Stil genannt haben.

Das Zeitalter der säkularen technologischen Stadt hat wie alle vorausgegangenen Epochen einen eigenen charakteristischen Stil — seine besondere Art des Verstehens und des Sich-zum-Ausdruck-Bringens, seinen besonderen Charakter, der alle Daseinsaspekte färbt. Wie zum Beispiel die Dichter und Architekten, die Theologen und die Liebhaber des 13. Jahrhunderts an einer gemeinsamen Kultursubstanz teilhatten, so haben wir heute teil an einem ganz bestimmten Maß stillschweigender Voraussetzungen. Die schnurgeraden Alleen und die beschnittenen Hecken in den Gärten des 18. Jahrhunderts drückten einen Stil aus, dem man in der deistischen Theologie und in der neoklassischen Literatur jener Zeit wiederbegegnet — genauso macht sich unsere säkulare urbane Kultur in unserer Forschung, in unserem künstlerischen Schaffen und in unseren technischen Errungenschaften bemerkbar.

Der französische Philosoph Maurice Merleau-Ponty (1908—1961) bezieht sich auf denselben Tatbestand, wenn er von einer besonderen «manière d'être» spricht. Er sagt: „Wenn sich also Philosophie und Film decken, wenn Reflexion und Technik der Arbeit in einer gemeinsamen Sinngebung übereinkommen, dann hängt das damit zusammen, daß der Philosoph und der Regisseur eine ganz bestimmte Lebensart (manière d'être) haben, eine bestimmte Weltanschauung, die die einer Generation ist."[4] [...]

Es muß jetzt darum gehen, noch genauer zu beschreiben, was wir meinen, wenn wir von einer säkularen Epoche reden. Dazu könnte es hilfreich sein, wenn wir sie mit zwei anderen kulturellen Epochen vergleichen, die eine andere Art menschlicher Gemeinschaft zur Darstellung brachten. Um des Vergleichens willen benützen wir ein etwas hergeholtes Wort, nämlich das der „Technopolis". Es steht hier, um die Verbindung technologischer und politischer Komponenten zu signalisieren, auf deren Grundlage der neue kulturelle Stil in Erscheinung getreten ist. Obwohl es sich um einen künstlichen Begriff handelt, kann er doch die Tatsache ins Bewußtsein rücken, daß die moderne säkulare Metropolis nicht möglich war, ehe die modernen technischen Voraus-

---

[4] Maurice Merleau-Ponty, Sens et non-sens, Paris 1948, S. 309. Übersetzung des Autors [und des Übers.].

setzungen dafür geschaffen wurden. Das moderne Rom oder das moderne London sind mehr als vergrößerte Ausgaben ihrer augusteischen oder viktorianischen Vorgänger. Der Punkt wird einmal erreicht, an dem quantitative Entwicklungen in qualitativen Wechsel umschlagen, und dieser Punkt ist in der urbanen Entwicklung erst erreicht worden, nachdem die wissenschaftliche Revolution des modernen Westens stattgefunden hatte. Manhattan ist ohne Erfindung der Stahlkonstruktion und des elektrischen Fahrstuhls nicht denkbar. „Technopolis" steht für eine ganz neue Art menschlicher Gemeinschaft. Daß wir einen Neologismus verwendet haben, mag uns allerdings darauf hinweisen, daß sie noch nicht voll verwirklicht ist.

In Gegensatz zur „Technopolis" sollen nun, völlig willkürlich, zwei frühere epochale Stile herausgegriffen und in ihren entsprechenden charakteristischen Sozialformen skizziert werden: Der Stamm und die Stadt.

Die Stile oder Perioden des Stammes, der Stadt und der Technopolis sind keineswegs einfach aufeinanderfolgende Erscheinungen. Sie schließen sich aber auch nicht gegenseitig aus. Wenn das moderne Paris auch nicht einfach eine vergrößerte Ausgabe des mittelalterlichen Paris ist, sollte man doch auch seine Diskontinuität nicht übertreiben. Lewis Mumford hat gezeigt, daß die Wurzeln der modernen Stadt bis in die Steinzeit zurückreichen.[5] Unsere moderne Metropolis ist erst möglich geworden, nachdem der technische Fortschritt einige Probleme gelöst hat, die bis dahin eiserne Grenzen für die Größe von Städten gesetzt haben. Umgekehrt hat die technische Metropolis in einem gewissen Sinn lediglich das in Stahl und Glas, in Rhythmus und personeller Ausstattung aktualisiert, was embryonal schon in Athen und Alexandria angelegt war. Gleichermaßen ist das Stammestum nicht einfach eine historische Kategorie. Auch heute finden wir Völker in Afrika oder im südlichen Pazifik, die noch in der Stammesexistenz leben, und wir kennen Einwohner in New York City mit einer stammesartigen Mentalität. Daneben gibt es die städtische Kultur als eine Art Übergang vom Stamm zur Technopolis — in und um das urbane Zentrum herum. Ihre Reste üben auf alle diejenigen Einfluß aus, deren Jugend durch kleine Städte

[5] Lewis Mumford, The City in History, New York 1961; vgl. besonders Kap. 1—3.

und ländliche Wertordnungen bestimmt war, und bei wem trifft das nicht zu? Bis zu einem bestimmten Grad sind wir allen stammesartig, städtisch und technopolitisch orientiert, aber der technopolitischen Kultur gehört die Zukunft. Unter dieser Voraussetzung soll eine Betrachtung der Grundzüge dieser drei epochalen Stile erfolgen.

Beim Eintritt des Menschen in die Geschichte findet er sich bereits als soziales Wesen vor, das in einer kollektiven Gruppe lebt. Welchen Zwecken auch immer die verschiedenen Sozialkontrakttheorien von Rousseau oder Hobbes gedient haben mögen, der Person zum Recht zu verhelfen, wir sehen sie heute als reine Fiktion, als Sozialmythen, die in der Geschichte so gut wie keinen Grund haben. Der Stamm ist der Rahmen, in dem der Mensch Mensch wird.

Er repräsentiert ein System der blutsmäßigen und verwandtschaftlichen Bande, und der Mensch im Stamm feiert diese familiäre Solidarität, indem er die Lieder der gemeinsamen Vorfahren seines Volkes singt. So werden unter afrikanischen Pygmäen, unter australischen Buschmännern, bei den amerikanischen Indios — also überall dort, wo Überbleibsel stammesmäßiger Struktur bewahrt worden sind, die verehrungswürdigen Vorfahren, die oft halbgöttlicher Natur sind, rituell im Wein, im Tanz und in der Ballade beschworen.

Stammesartige Gemeinschaften und primitive Völker haben den modernen Menschen immer wieder fasziniert. Vermutlich fing es an mit der Neugier über die Anfänge menschlicher Gesellschaften, speziell unter den französischen Philosophen, die statt einer theologischen eine rationale Lesart von der Entstehung des Menschen zu entwickeln gedachten. Dieses Interesse wurde genährt durch die Entdeckung und Forschung der angeblich unterzivilisierten Völker Nordamerikas und des Südpazifik. Der romantische Mythos vom edlen Wilden markiert eine enthusiastische Phase dieser Faszination. Erst jetzt ist sie in die Wissenschaft der kulturellen Anthropologie übergegangen.

Mit der Stammesgemeinschaft steht vor uns eine Stufe der menschlichen Sozialentwicklung, die verschiedentlich als totemistisch, präliterarisch, primitiv und sogar wild oder vorlogisch beschrieben worden ist. Die Vielzahl dieser Begriffe macht das Problem deutlich, weil sie ja beschreibende und abwertende Kennzeichnungen umfassen und auch Begriffe enthalten, die ganz einfach verschiedene Aspekte im Leben von Völkern kennzeichnen, die uns in zunehmendem Maße von der moder-

nen Technopolis entfernt zu sein scheinen. Aber nicht ein Begriff, nicht
einmal der Begriff stammesmäßig, beschreibt ihre Wirklichkeit genau.
Man denke zum Beispiel an Clyde Kluckhohns Navaho,[6] an W. Lloyd
Warners schwarzen australischen Murngin,[7] an Bronislaw Malinowskis
„Torbriand Islanders"[8] — obwohl alle diese Völker in einem gewissen
Sinn primitiv sind, unterscheiden sie sich ungeheuer voneinander.

Hinzu kommt, daß seit den Studien von Frazer, Taylor und Dürk-
heim in zunehmendem Maße deutlich geworden ist, daß nicht nur die
primitiven Gemeinschaften sich sehr stark voneinander unterscheiden,
sondern daß auch innerhalb dieser Gemeinschaften viel größere personale Verschiedenheiten entdeckt werden konnten, als die Gelehrten das
ursprünglich annahmen. Paul Radin hat eine spätere Generation daran
erinnert, daß man zum Beispiel in jeder Gemeinschaft einige finden
kann, die ihre Religion ernster nehmen als andere. Er drückt das so aus:
Es gibt immer den einfachen Pragmatiker, der den Wunsch hat, daß
seine Religion „funktioniert". Aber daneben gibt es auch den „Prie-
ster-Denker", der Glaubensinhalte systematisiert und ordnet.[9]

Einen Konsensus allerdings haben die modernen anthropologischen
Untersuchungen erbracht. Er besagt, daß Religion und Kultur einer
Gesellschaft nicht abgesehen von ihrem wirtschaftlichen und sozialen
Kontext untersucht werden können. Religion ist eingebettet in Lebensformen und Institutionen, längst ehe sie bewußt kodifiziert wird, und
jeder Wandel der sozialen und wirtschaftlichen Muster bringt einen religiösen Umbruch mit sich. Paul Radin sagt: „Keine Wechselbeziehung
ist klarer und konstanter als die zwischen einem bestimmten wirtschaftlichen Gesellschaftsstandard und dem Charakter der übernatürlichen
Wesen, die vom Stamm als Ganzem oder vom religiös bestimmten
einzelnen postuliert werden."[10]

Als der Mensch seine Werkzeuge und Techniken wechselte, als er

[6] Clyde Kluckhohn hat einige Bücher und Artikel über die Navaho-Kultur
veröffentlicht. Vgl.: The Navaho (mit Dorothea Leighton), Harvard University
Press, 1946.
[7] W. Lloyd Warner, A Black Civilization, New York 1958.
[8] Bronislaw Malinowski, Magic, Science and Religion, Garden City, N.Y.
1954.
[9] Paul Radin, Primitive Religion, New York 1957.
[10] Ebd., S. 192.

Produktion und Verteilung der Lebensgüter anders einrichtete, wechselte er auch seine Götter. Stammesmäßige, städtische und technopolitische Existenz stellen zunächst einmal verschiedene Formen sozialer, ökonomischer und politischer Gemeinschaft dar. Insofern symbolisieren sie aber dann auch verschiedene religiöse oder glaubensmäßige Systeme. Das ist der Grund, warum stammesartige Gemeinschaften bei allen Eigentümlichkeiten doch bestimmte Züge gemeinsam haben.

Das Leben im Stamm wächst aus verwandtschaftlichen Bezügen. Er stellt in Wirklichkeit nichts anderes dar als eine ausgeweitete Familie, eine Gruppe, in der durch Tradition vorgeschrieben ist, wie die Beziehung zu jedem Menschen, den man vermutlich während seines Lebens zu Gesicht bekommt, in der richtigen Weise geordnet wird. Stammesmäßige Gemeinschaften sind einheitlich und in sich geschlossen. Ein ausgedehnter Kontakt mit der Außenwelt muß zerstörerisch wirken, aber genau das passiert jedem Stamm früher oder später. Unsere klein gewordene Erde hat keinen Versteckplatz mehr für den edlen Wilden. Die Ölquellen löschen unsere indianischen Reservatgebiete aus, und die Industrialisierung erobert Afrika. Vermutlich sind wir die letzte Generation, in der es noch möglich ist, primitive Völker direkt zu studieren.

Das stammesmäßige Leben muß also als Prozeß begriffen werden und nicht als statische Kategorie. Der Stamm repräsentiert jene Stufe, in der der Mensch vom Glauben an Geister und Dämonen zu einem Glauben an Götter kommt, wo er von Zaubersprüchen und Beschwörungen zum Gebet findet, wo an die Stelle der Schamanen und Zauberer die Priester und Lehrer treten, wo Mythos und Magie der Religion und der Theologie weichen. Dies alles ereignet sich aber erst, wenn die ökonomische Struktur der Gemeinschaft eine Gruppe bewußter religiöser Spezialisten ermöglicht. Solange alle Kräfte an die primitive Selbsterhaltung gewendet werden müssen, bleibt für eine Kodifizierung keine Zeit. Das Verhältnis zwischen den mythischen Helden oder Gottheiten bedarf auch keiner Definition, solange niemand Fragen stellt oder solange man nicht anderen Stämmen mit anderen Gottheiten begegnet. Wo der Stamm auf dem Weg zu einem mehr seßhaften Leben ist, treten das Lager, das Dorf, die Stadt ins Blickfeld.

Der Übergang vom Stamm zur Stadt bezeichnet einen der entscheidenden Durchbrüche in der menschlichen Geschichte. Er wird am klarsten signalisiert im Aufkommen der griechischen Polis. Die Polis erschien, als kriegerische Horden und rivalisierende Häuser sich da und dort zusammentaten, um eine neue Art der Gemeinschaft zu bilden, und der Respekt gegenüber ihren Gesetzen und Göttern trat an die Stelle der elementaren Verwandtschaftsbeziehungen, die zuvor das Feld beherrschten. Die Stammesgottheiten verschwanden, und eine neue Religion entstand, die sich oft an einem gemeinsamen göttlichen Vorfahren orientierte. In seiner klassischen Studie ›La cité antique‹[11] weist der französische Gelehrte Fustel de Coulanges schon im letzten Jahrhundert nach, daß die Gründung der Polis eine religiöse Tat war. Es wuchs ein neuer Kult, und seine Götter waren gewaltiger als jene Stämme, die die Gemeinschaft einmal formten. Bürger der Stadt zu sein, hieß Glied einer neuen Kultusgemeinschaft zu sein, die sich häufig um halbgöttliche Gründerpersönlichkeiten wie Äneas formierte.

Immerhin wühlte der Loyalitätskonflikt zwischen Familie, Sitte und Stadtgesetz, zwischen Blutsbanden und der unpersönlichen Rechtsprechung der Stadt die Seele des antiken Griechen tief auf. Sophokles' Antigone projiziert diesen Konflikt auf die Bühne. Wir beobachten in dieser Tragödie den Kampf zwischen der Notwendigkeit, Ordnung und Gleichheit in einer entstehenden Polis aufzurichten — Symbolfigur dafür ist König Kreon — und jenen tieferen Banden des Blutes, die Antigone verkörpert. Antigone fühlt, daß sie ihren Bruder bestatten muß, diesen Polyneikes, der während eines Aufstands gegen die Polis gefallen war. Kreon hatte angeordnet, daß Polyneikes als Verräter unbestattet liegen bleiben müsse, eine Beute der Hunde und der Geier. In jenem tragischen Widerspruch zwischen Familie und Polis prallen Antigone und Kreon aufeinander. Der Ausgang ist für beide katastrophal. Auch wenn das Schauspiel immer wieder als Darstellung einer Auseinandersetzung zwischen Religion und Gottesgesetz (Antigone) und der Tyrannei und Menschengesetzen (Kreon) interpretiert und gedeutet wird, haben die Athener, die seine ersten Zeugen wurden, mehr dahinter gesehen. Ihnen wurde klar, daß sie die Reproduktion des qualvollen Kampfes vor sich hatten, der in ihrer eigenen Brust tobte, des Kampfes, bei dem Götter und Wertvorstellungen auf beiden Seiten standen.

---

[11] Numa Denis Fustel de Coulanges, The Ancient City, Garden City, N.Y. 1956; Vgl. Teil III, Kap. 3—5.

Sophokles' Antigone kündigt den schmerzhaften Übergang einer Kultur vom Stamm zur Stadt an, eine Metamorphose, deren schreckliche Eröffnung und seelenbedrohende Verunsicherung nur verglichen werden kann mit dem heutigen Übergang von der Stadt zur Technopolis.

Der Stamm war Familie in Großform. Seine Wurzeln reichten zurück in eine gemeinsame mythologische Vergangenheit, und seine Glieder waren in den Banden des gemeinsamen Blutes zusammengeschlossen. Der Stamm bescherte allen seinen Gliedern einen unangezweifelten Platz und eine klare Identität. Er beantwortete fast alle großen Fragen des Menschseins: Heirat, Besitz, Lebensziele, beinahe schon ehe sie überhaupt sich stellten. Die Stammestradition gab die Antworten. Die Tradition, mag sie nun getanzt, gesungen oder in Masken und Figurinen geschnitten worden sein, bot einen reichen, vielfältigen und vor allem vollständigen Katalog von Vorbildern, Wertordnungen und Wertmaßstäben.

Das Stammesglied ist eigentlich kein personales Ich in unserem modernen Sinn. Nicht sosehr lebt es in einem Stamm, vielmehr lebt der Stamm in ihm. Es ist ein subjektiver Ausdruck des Stammes. Es findet sich selbst vor in einem geschlossenen System von festen Meinungen, und hier ist kein Platz für einen transzendenten Standpunkt oder gar für kritische Distanz.[12]

Mensch und Natur, Tiere und Gottheiten, sie alle zusammen bilden einen geschlossenen Lebensprozeß, dessen Sinn sozusagen unmittelbar unterhalb der Oberfläche schwimmt und irgendwo in einem Augenblick magischer oder religiöser Überwältigung hervorbrechen kann.

Das Aufkommen des Geldes und die Entwicklung des Alphabets liefern zwei wesentliche Bestandteile bei dem umwälzenden Schritt vom Stamm zur Stadt. Beides sind Werkzeuge der Befreiung von traditionell vorgeschriebenen Beziehungen und erweitern die Möglichkeit menschlichen Kontakts in enormem Maß. Wenn einer Brot gegen ein Schaf einhandeln muß, ist er darauf angewiesen, jemand zu finden, der sowohl Brot hat als auch Wolle oder Schaffleisch will. Das Spektrum der Möglichkeiten ist klein, und es ist verständlich, daß hier die Tradition stark

---

[12] Zur Diskussion über den Gegensatz zwischen „kompakten" und „differenzierten" Symbolsystemen vgl. Eric Voegelin, Order and History, Baton Rouge, Louisiana 1956, Bd. I: Israel and Revelation, S. 1—11.

wirkt. Schafzucht und Brotbacken wird vom Vater auf den Sohn vererbt. Ökonomische Kontakte und familiäre Verhaltensmuster werden sich nicht verändern. Wer aber ein Schaf verkaufen und Brot mit Geld kaufen kann, ist sofort ein mobilerer und unabhängigerer Unternehmer. So läutete das Klingeln der Münzen das Ende der stammesmäßigen Lebensweise ein und bezeichnet den Beginn einer unpersönlichen rationaleren Lebensart.

In dem Maße, in dem das Schreiben sich entwickelt, wird die Abhängigkeit des Menschen vom Schaman oder Orakel untergraben. Er bekommt jetzt die Möglichkeit, Dokumente selbständig zu untersuchen. Bücher und Schriftrollen kommen in Umlauf und werden außerhalb des geheimnisvollen Zirkels am heiligen Feuer geprüft, wo man dem Geschichtenerzähler jede Silbe abzunehmen hatte und wo man sich seiner traditionell bestimmten Rolle unterwerfen mußte, wenn man etwas über die Welt erfahren wollte. Das Schreiben macht den Zugang zur Information von Personen unabhängig.

Wiederum ist der ökonomische Rahmen bedeutsam. Die Kunst des Schreibens kam als Hilfsmittel des Handels auf, wurde dann aber sehr schnell zu einer Möglichkeit, Wissen und damit Macht zu erlangen. So hatte das Schreiben politische und religiöse Konsequenzen. Kontakt mit „draußen", mit Ideen und Möglichkeiten, deren man innerhalb des Stammes nicht ansichtig wurde, wurde zum Schlüssel für die Entwicklung städtischer Kultur. Es war immer noch schwierig, aber nicht mehr unmöglich, daß Fremde Teil der Stadt wurden. Lewis Mumford hat völlig recht: Glied des Stammes wurde man ausschließlich durch den Zufall von Geburt und Blut, während die Stadt zu einem Ort wird, wo Fremde Mitbürger werden können.[13]

Dieses aus „Gästen und Fremdlingen" zu „Mitbürgern und Hausgenossen"-Werden erinnert natürlich an Ausdrücke, die im Zentrum der neutestamentlichen Botschaft stehen (vgl. Epheser 2). Es legt eine vernünftige Begründung nahe, warum die frühe Kirche von allem Anfang eine stammeszerstörende Bewegung war, in der es „nicht mehr Jude noch Grieche" gab, und warum sie sich am schnellsten in Städten und Marktplätzen ansiedelte. Wir werden darauf noch einmal zurückkommen, aber in unserem Zusammenhang wird die interessante Frage wach,

[13] Lewis Mumford, a.a.O.

warum nicht einmal die historische griechische Polis jemals die Ideale des städtischen Lebens voll verwirklicht hat. Sie ist nie ganz offen oder ganz universal gewesen. Sie blieb immer zum Teil vom Stamm bestimmt. Athen und Rom hatten es noch nötig, die Fiktion aufrechtzuerhalten, daß alle ihre Bürger aus den Lenden eines gemeinsamen Ahnen stammen würden. Beide übersahen, daß eine universale Bürgerschaft sich mit Sklaverei und Imperialismus nicht vertrug. Tatsächlich gibt es zwei Gründe, warum Athen nie eine Stadt oder Metropole im heutigen Sinn geworden ist, warum es nie die bevölkerungsmäßige Größe, die Vielfalt, die Anonymität, die unübersehbare Weite der modernen Großstadt gewonnen hat. Der erste Grund liegt darin, daß diese Faktoren einfach nicht möglich waren, bevor die moderne wissenschaftliche Technik die Voraussetzungen dafür geschaffen hatte. Der zweite Grund jedoch ist der, daß die Universalität und radikale Offenheit des Christentums noch nicht auf dem Plan waren, um die Überreste des Stammesdenkens hinwegzufegen. Fustel de Coulanges glaubt, den griechischen und römischen Städten habe der universale Gott des Christentums gefehlt. Die Antiken, so sagt er, „haben sich Gott nie als einmaliges Wesen vorgestellt, das sein Handeln der ganzen Welt zuwendet. Religion war absolut Lokalangelegenheit, Spezialität jeder Stadt" [14].

Das Fehlen dieses Totalanspruchs des Evangeliums erhielt die antiken Städte bis zu einem gewissen Grad im Stammesdenken. Erst als das christliche Zeitalter begann, konnte die Idee einer umfassenden Metropolis geboren werden, und auch dann brauchte es fast zweitausend Jahre, bis sie zustande kam. „Das Christentum," so fährt Fustel de Coulanges fort, „war eben nicht die Hausreligion einer Familie, die Nationalreligion einer Stadt oder einer Rasse, es gehörte weder einer Kaste noch einer Vereinigung; von seinen Anfängen an bezog es sich auf die gesamte Menschheit." [15]

Antigone ist jene tragische Figur, die den schmerzhaften Übergang vom Stamm zur Stadt markiert, von verwandtschaftlichen zu bürgerlichen Pflichten. In gewissem Sinne repräsentiert Sokrates eine vergleichbare Tragik im Übergang von der Polis zur Kosmo-Polis, von den Göttern der Stadt zur universalen Gemeinschaft der Menschheit. Er hat

---

[14] Fustel de Coulanges, a.a.O., S. 151.
[15] Ebd., S. 391.

die „Götter der Stadt" nicht verworfen, wie ihm seine Ankläger vorhielten. Er hat sich lediglich geweigert, sie mit unkritischem Ernst hinzunehmen. Er sah durchaus, daß sie ihren Platz hatten, aber eben nur einen begrenzten und vorläufigen Platz. Seine Hinrichtung macht im Grunde deutlich, daß Athen sich der Entwicklung von der provinziellen Polis zur universalen Metropolis versagt hat.[16]

Vielleicht ist nun deutlich, daß das, was wir „die Stadt" nannten, selber nur ein Übergang ist zwischen dem Stamm und der Technopolis, zwischen zwei Formen kommunalkollektiven Lebens, zwischen dem vorliterarischen Menschen, der seine Höhle ausmalte, und dem nachliterarischen Menschen des Elektronengehirns. Es gibt auffallende Analogien zwischen dem stammesmäßigen und dem technopolitischen Leben. Und für die marxistische Theorie ist auch die „bourgeoise Periode" (die in Wirklichkeit das Zeitalter des Stadtbewohners meint) nichts anderes als ein langer konfliktgeladener Übergang vom primitiven Kommunismus zum sozialistischen Kommunismus. Für die meisten von uns kann freilich die städtische Kultur nicht einfach als Übergang abgetan werden. Sie ist ein Teil von uns. Das Zeitalter der Städte gab uns Buchdruckerkunst und Bücher, rationale Theologie, wissenschaftliche Revolution, Kapitalismus und Bürokratie. Es bescherte uns noch vieles andere, aber dies sind die Begriffe, die Max Weber in seiner Charakterisierung unseres Zeitalters unter dem Stichwort der „Rationalisierung"[17] zusammengefaßt hat. Speziell im calvinistischen Puritanismus, der in vieler Hinsicht die prototypische Religion unseres Zeitalters war, sah Weber das klassische Beispiel dessen, was er die „Routinierung des Charismas" genannt hat. Dies sind zugleich jene Aspekte, die den schärfsten Kontrast zwischen Stamm und Technopolis zeigen. Der Schaman ist das Symbol des Stammesmenschen. Er tanzt und singt seine Religion. Der Puritaner oder vielleicht sogar der Yankee ist sein Gegenstück im Rahmen der Stadtkultur. Der städtische Mensch denkt über das Wort nach und hört es gepredigt. Der Stamm-Mensch verschmilzt mit seinem Dämon und seiner Gruppe. Der städtische Mensch ist ein diskretes Indivi-

---

[16] Maurice Merleau-Ponty, Eloge de la philosophie, Paris 1953, S. 48—57.

[17] Max Weber, Die protestantische Ethik. Eine Aufsatzsammlung. hrsg. von Prof. Dr. Johannes Winckelmann, Leiter des Max-Weber-Archivs der Universität München, Siebenstern-Taschenbuch 53/54. München–Hamburg 1965.

duum, das Robinson Crusoe liest. Die Götter des Stammes-Menschen tanzen mit ihm in der Nacht sinnlicher Ekstase. Der Gott des städtischen Menschen ruft ihn aus einer unendlichen Ferne an, damit er nüchtern im Tageslicht der Selbstdisziplin arbeite. Dieser Vergleich mag den städtischen Menschen ärmlich und abstoßend erscheinen lassen. Aber wir sollten mit ihm nicht allzusehr ins Gericht gehen, denn zunächst einmal hat er selten das Image erfüllt, das wir von ihm entworfen haben, und dann war er immerhin der, der die technopolitische Zivilisation vorbereitet hat. Ohne ihn hätte sie nie begonnen.

V

DAS PROBLEM DER SÄKULARISIERUNG IN DER NACHKONZILIAREN KATHOLISCHEN THEOLOGIE

THEOLOGISCHE REFLEXIONEN
ZUM PROBLEM DER SÄKULARISATION

Von KARL RAHNER

I

Wenn in einer *theologischen* Reflexion Wirklichkeit und Begriff dessen bedacht werden soll, was mit „Säkularisation" gemeint ist bzw. was
darunter verstanden werden muß, wenn diese Wirklichkeit richtig gesehen werden soll,[1] dann ist zuerst festzustellen, daß der Begriff „Säkularisation" geschichtlich und sachlich zunächst und wesentlich eine Beziehung zur *Kirche* als gesellschaftlicher Größe bedeutet, nicht primär
zu Gott, seiner Heilsgnade und deren Geschichte in der Welt. Man kann
zwar in der deutschen Sprache zwischen „Säkularisation", „Säkularisierung" und „Säkularismus"[2] unterscheiden und unter letzterem Wort
das — auch nochmals vielschichtige und vieldeutige — Phänomen der
„weltlich und profan gewordenen Welt", des Selbstverständnisses der
Welt *ohne* Bezug auf Gott in Theorie und (vor allem) Praxis verstehen.
Aber es ist von der Geschichte des Begriffes „Säkularisation" her und
auch aus sachlichen Gründen richtiger und sachgemäßer, vom Begriff
der „Säkularisation" auszugehen im Sinne eines Wachsens von „Welt"
(als Schöpfung des Menschen) und deren wachsender Selbständigkeit
und Distanzierung gegenüber der Kirche als gesellschaftlicher Größe in
der Welt. Dabei ist es von vornherein freilich in einer eigentlich theologischen (nicht kirchenrechtlichen) Überlegung unerheblich, ob eine
solche „Säkularisation" durch staatliche, zwangsmäßige Enteignung

---

[1] Vgl. zum Begriff die Arbeit von H. Lübbe, Säkularisation, Freiburg 1965;
dort wird eine ausdrückliche begriffsgeschichtliche Entwicklung gegeben, auf
die eindringlich verwiesen sei.

[2] Zu diesen Stichworten vgl. E. Hegel, Säkularisation, in: LThK IX, Freiburg
²1964, S. 248 ff.; A. Auer, Säkularisierung, in: LThK IX, S. 253 ff.

kirchlichen materialen Vermögens geschah oder durch staatliche Aufhebung oder Behinderung kirchlicher Organisationen (wie Orden, Vereine usw.). Das Entscheidende an diesem Begriff ist für uns die Distanzierung der „Welt" von der „Kirche", die wachsende Distanzierung
zwischen „sacerdotium" und „regnum", die wachsende Profanität der
Welt im Vergleich zu Epochen, in denen Religion als Institution und
gesellschaftliches Leben, also „Kirche" und „Welt" eine homogene
Einheit bildeten.

Diese „Säkularisation" oder Weltlichkeit in bezug auf die Kirche darf
nicht einfach identifiziert werden mit einer a-theistischen Profanität der
Welt.[3] Denn nicht nur gibt es einerseits eine „Religiosität",[4] die sich
nicht gruppensoziologisch oder kirchlich formiert. Auch die — kirchlich gesehen — säkularisierte Welt steht nämlich unter dem allgemeinen
Heilswillen Gottes, ist von seiner Gnade durchdrungen und ist von daher gar nicht in der Lage, absolut a-theistisch zu sein, selbst wo sie sich
in der Dimension der Reflexion so interpretiert; sie setzt also selbst
Heils- und Offenbarungsgeschichte noch fort, ob sie es reflex weiß und
zugibt oder nicht. Das zeigt sich am radikalsten in der Tatsache, daß
auch ein eigentlicher Atheist „bonae fidei" in der Dimension des
reflexen Begriffs noch das Heil erlangen, also Gnade und Glauben
besitzen kann.[5]

Natürlich hängen trotz dieser Unterscheidung zwischen „Säkularisation" als Ent-kirchlichung und „Säkularisierung" als versuchter a-thei-
stischer Profanität diese beiden Wirklichkeiten miteinander zusammen.
Wo in Umfang und Weise die Entkirchlichung der Welt eine bestimmte
Gestalt annimmt, erhält sie die Tendenz auf eine a-theistische Profanität
hin, kann sie von einer solchen ausgehen und eine solche bewirken oder
fördern.

Wir möchten uns hier[6] in bewußter Bescheidung auf den Begriff der

---

[3] Dazu K. Rahner, Wissenschaft als „Konfession"? in: Schriften zur Theologie III, Einsiedeln [7]1967, S. 455—472; ders., Der Mensch von heute und die Religion, in: Schriften zur Theologie VI, Einsiedeln 1965, S. 13—33; ders., Heils-
wille, allgemeiner in: Sacramentum mundi II, Freiburg 1968.

[4] Vgl. Handbuch der Pastoraltheologie II/1, Freiburg 1966, S. 228 ff., 253 ff.

[5] Vgl. K. Rahner, Atheismus und implizites Christentum, in: Schriften zur
Theologie VIII, Einsiedeln 1967, S. 187—212.

[6] Vgl. die Arbeiten des Verfassers in ›Sendung und Gnade‹, Innsbruck [4]1966,

„Säkularisation" als Ent-kirchlichung beschränken, soweit dies bei dem Zusammenhang der beiden genannten Begriffe möglich ist. Wir sind uns dabei bewußt, daß wir damit das radikalere Thema übergehen. Wir sprechen also nicht direkt vom atheistischen Weltverständnis in seinen mannigfaltigen Formen, von der „Welt ohne Religion" (Barth, Bonhoeffer), von der „Gott-ist-tot"-Bewegung (Altizer, Hamilton, van Buren usw.), von der „nicht-religiösen Interpretation biblischer Begriffe" (Bonhoeffer, Ebeling), von der „weltlichen Welt" als solcher (Metz), von der „Mündigkeit" der Welt, insofern diese einer Diastase zwischen Welt und Kirche auch schon vorausliegt usw. Auch hinsichtlich des so eingeschränkten Vorhabens ist es nur möglich, *einige*, nicht aber alle Einzelthemen zu behandeln, die mit der so begrenzten Thematik an sich gegeben sind. Wir formulieren unsere Überlegungen in fünf kurzen Thesen, denen die jeweilige Interpretation folgt. Als letzter Teil des Ganzen sei es erlaubt, eine Folgerung aus den anderen Thesen vorzutragen, die das begrenzte Thema doch wieder auf die Profanität der Welt im allgemeinen und auf die Existenzweise des Christen in ihr ausweitet (vgl. These V, Abschnitt VI).

Wir setzen bei unseren Überlegungen voraus, worüber in den letzten Jahren schon viel geschrieben worden ist und was teilweise auch weit in die Frage des Säkularismus und der Säkularisierung hineinreicht. Wir haben also hier nicht zu sprechen von dem biblischen und theologischen Begriff der „Welt" in dessen Dialektik von bloß „kreatürlicher", nicht zu „numinisierender", guter Schöpfungswirklichkeit, die vom Menschen in eigener Arbeit „hominisiert" und so „vollendet" werden soll als seine auf ihn bezogene „Umwelt"; wir kommen also auch nicht zurück auf die Sündigkeit der „Welt" als „dieser Aion", der abgelöst werden soll vom „kommenden Äon" des „Reiches Gottes". Wir setzen als bekannt voraus, daß es eine berechtigte, geschichtlich langsam sich vollziehende Weltlichwerdung der Welt aus der Dynamik des Christentums selbst heraus gibt, auch wenn sich die konkrete Christenheit und die Kirchen oft gegen diesen Prozeß aus einem epochal verknöcherten Weltverständnis heraus gesträubt haben. Damit ist also nicht nur der

S. 13—47; Handbuch der Pastoraltheologie II/1, S. 222 ff., 234 ff., 242 ff., 267 ff.; II/2, S. 35 ff., 40 ff., 42 ff., 208 ff., 228 ff., vgl. auch J. B. Metz, ebd., S. 239—267.

grundsätzliche, „an sich" immer gegebene Unterschied zwischen „Welt" (Gesellschaft, Staat) und „Kirche" im Sinne Leos XIII. gegeben, sondern auch gesagt, daß dieser Unterschied selbst noch einmal eine Geschichte hat in Theorie und Praxis, die auf eine wachsende Verdeutlichung dieses Unterschiedes und so auf eine wachsende Selbstfindung der unterschiedenen Größen in sich und in ihrem gegenseitigen Verhältnis zueinander hinstrebt.[7] Wir können nicht handeln von dem grundsätzlichen Verhältnis zwischen christlicher Hoffnung auf das „Reich Gottes", das Gott selbst in Selbstmitteilung als die absolute Zukunft ist, und der Zukunft, die die innerweltliche Hoffnung des Menschen in dessen Kampf gegen alle Selbstentfremdung sich setzt und schöpferisch entwirft.[8]

II

Unsere erste These lautet: *Es gibt einen in der Geschichte der Kirche oft vorhandenen, falschen Integralismus, demgegenüber die Säkularisation ein echt christliches Recht hat.*

Dieser Satz sagt zwar vieles aus, was eigentlich zum Inhalt dessen gehört, was wir eben als Voraussetzungen unserer Überlegungen bezeichnet haben; wir müssen aber hier besonders auf den Begriff und das Wesen des „Integralismus" eingehen, weil dieser als unreflektierte Einstellung und Mentalität auch heute in der Kirche nicht einfach ausgestorben ist und darum von der Kritik dieses Begriffes und der damit gemeinten Sache her ein legitimes Wesen von „Säkularisation" mit seinen durchaus praktischen Konsequenzen deutlicher erfaßt werden kann. Bei dem Begriff „Integralismus" kommt es uns nicht auf das historische Phänomen an, das als antimodernistische Gruppe in den letzten Jahren

---

[7] Literatur zum Thema vgl. im ›Handbuch der Pastoraltheologie‹ II/2, S. 203—207.

[8] Dazu K. Rahner, Marxistische Utopie und christliche Zukunft des Menschen, in: Schriften zur Theologie VI, S. 77—88; vgl. K. Rahner, Fragment aus einer theologischen Besinnung auf den Begriff der Zukunft, in: Schriften zur Theologie VIII, S. 555—560; Zur Theologie der Hoffnung, a.a.O., S. 561—579; Über die theologische Problematik der „Neuen Erde", a.a.O., S. 580—592.

Pius' X. eine Rolle in der Kirchengeschichte unter der Führung von Msgr. U. Benigni spielte, auch nicht auf ähnliche konkrete Tendenzen nach dem Zweiten Weltkrieg («intégrisme» als Gegensatz zum «progressisme» in Frankreich, „Rechtskatholiken" im Gegensatz zu „Linkskatholiken" in Deutschland usw.). Hier beschäftigt uns nur das Wesen einer Sache, die man „Integralismus" (aber auch anders) nennen kann, weil sie eine bestimmte Deutung des Verhältnisses der Kirche zur Welt meint (in Kultur, Wissenschaft, Gesellschaft und Staat), das jede Art von „Säkularisation" verwirft. Integralismus in dem hier gemeinten Sinn ist die theoretische oder (unreflex) praktische Haltung, derzufolge das Leben des Menschen von allgemeinen, von der Kirche verkündigten und in ihren Ausführungen überwachten Prinzipien aus eindeutig entworfen und manipuliert werden könne.

Ein solcher Integralismus setzt stillschweigend voraus, daß die Praxis des Menschen nur die Exekution seiner Theorie in einer für eine solche Exekution genügend durchschaubaren und sich willig fügenden Materie der Welt und ihrer Geschichte sei; er verkennt also die Unableitbarkeit der „praktischen Vernunft" als einer Sinnerfassung, die nur innerhalb der tätigen und hoffenden Freiheitsentscheidung selbst gegeben sein kann; er setzt voraus, daß die Kirche in einem — wenigstens für alles Gewichtige immer genügenden — Besitz dieser Prinzipien sei, leugnet also eine echte geschichtliche Dogmen- und Theologieentwicklung mindestens auf dem Gebiet der Handlungsprinzipien. Der Integralismus impliziert insgeheim auch die Meinung, daß dort, wo von den allgemeinen Prinzipien des Evangeliums und des „Naturrechtes" aus kein eindeutig als berechtigt feststellbarer Widerspruch gegen eine bestimmte Handlungsweise erhoben werden kann, dieses Handeln von sich und seinem Wesen her schon so „profan" sei, daß es darum auch schon sittlich irrelevant sei und als Heils- bzw. Unheilstat nicht mehr in Frage komme. Da die Kirche aber die Verkündigerin und Interpretin dieser so verstandenen Prinzipien ist, ist sie für den Integralismus die eindeutige Lenkerin der Welt, wenigstens de jure, hinsichtlich ihres Anspruchs.

Dieser Integralismus ist auch noch nicht überwunden, wenn man mit Leo XIII. bis Pius XII. betont, daß die Kirche die relative Eigenständigkeit der Welt, des Staates und der Kultursachgebiete anerkenne und sich auf diese Dimensionen des menschlichen Daseins nur eine Kompetenz

„ratione peccati" zuschreibe. Denn es sind[9] zwei Fragen hinsichtlich der Lehre einer solchen „potestas indirecta" oder „directiva" der Kirche gegenüber der Welt richtig zu beantworten, damit der Integralismus wirklich als überwunden gelten kann:

Erstens: Ist durch die Grenzziehung des sittlich Erlaubten gegenüber dem Unsittlichen, also durch die „ratio peccati", für die Kirche die Möglichkeit gegeben, das hier und jetzt Gesollte für die „Welt" konkret zu bestimmen? Oder beläßt eine solche Grenzziehung, wenigstens grundsätzlich, einen offenen Raum verschiedener Möglichkeiten, innerhalb dessen die Welt autonom und in eigener Verantwortung entscheidet, ohne daß darum der Inhalt der konkreten Entscheidung schon in sich „human" unbedeutend oder auch nur sittlich irrelevant würde? Die Frage ist im zweiten Sinne zu beantworten, ohne daß dies hier näher begründet werden soll[10] und obwohl der Integralismus bei verbaler Aufrechterhaltung der Lehre von der „potestas indirecta" oder „directiva" der Kirche die Frage stillschweigend im ersten Sinne beantwortet und so eben doch „indirekt" eine wirkliche manipulierende Herrschaft der Kirche, mindestens als Anspruch, über die Welt statuieren kann. Es sei nur darauf hingewiesen, daß es ein falsches Vorurteil ist zu meinen, dasjenige an einer freien Handlung, das nicht mehr von allgemeinen Prinzipien her bestimmbar sei, sei darum auch schon sittlich irrelevant, es gäbe mit anderen Worten *nur* Erkenntnis des Sittlichen als solchen aus allgemeinen Prinzipien, es gäbe keine „Logik" einer Individualethik.[11]

---

[9] Dabei muß hier zunächst davon abgesehen werden, daß in einer solchen Theorie der Kirche faktisch auch zuwenig zuerkannt wird, wie gleich noch zu zeigen sein wird.

[10] Vgl. dazu K. Rahner, Grenzen der Amtskirche, in: Schriften zur Theologie VI, S. 499—520; Zur Problematik des Begriffs „kirchlich" in diesem Zusammenhang vgl.: Handbuch der Pastoraltheologie II/2, S. 211—214; zur Sache selbst vgl. auch K. Rahner, Praktische Theologie und kirchliche Sozialarbeit, in: Schriften zur Theologie VIII, S. 667—688.

[11] Vgl. dazu K. Rahner, Das Dynamische in der Kirche, Freiburg ³1965; Über die Frage einer formalen Existentialethik, in: Schriften zur Theologie II, S. 227—246; Schriften zur Theologie VI, S. 521—544; Löscht den Geist nicht aus, in: Schriften zur Theologie VII, S. 77—90; Zur theologischen Problematik einer Pastoralkonstitution in: Schriften zur Theologie VIII, S. 613—636.

Zweitens: Es ist zu fragen, ob eine weitere, stillschweigende Voraussetzung des Integralismus richtig ist, nämlich die, daß man wisse, was man tun müsse, wenn man — eben durch die Kirche und ihre Erklärung „ratione peccati" — wisse, was man *nicht* tun dürfe. Durch ein Nein der Kirche, das als möglich und berechtigt nicht bezweifelt werden soll, ist aber in Wirklichkeit nicht auch schon eo ipso und grundsätzlich ein konkretes, positives Konzept dessen angeboten, was man tun kann und soll.

Das mag in vielen einfachen und übersehbaren Fällen einer individuellen Alltagsmoral so sein, ist es aber nicht grundsätzlich und erst recht nicht in der „politischen" Ethik großer gesellschaftlicher und geschichtlicher Ereignisse. In ihnen wird die „Welt" trotz der von der Kirche verwalteten „ratio peccati" ganz anders sich selbst überantwortet, als ein Integralismus meint. Der unüberwindliche „casus perplexus" wird hier aus einer moraltheologischen Subtilität unter Umständen eine blutige ernste Sache, aus der die theoretische Moraltheologie mit ihren abstrakten Begriffen und Quaestiones disputatae nicht heraushilft und wo die Welt nochmals von der Kirche alleingelassen werden muß. Kein Papst und kein Konzil haben zum Beispiel *konkret* sagen können, wie man konkret und effektiv aus dem Teufelskreis des atomaren Gleichgewichts des Schreckens herauskommt oder der planetarischen Bevölkerungsexplosion begegnet. Lösungen, die hier und jetzt getroffen werden müssen, müssen „an sich" getroffen werden mit Respektierung aller immer gültigen Prinzipien; aber diese geben noch keine konkrete Lösung her. Und es bleibt im Grunde immer noch die Frage, ob jene durch die Prinzipien der Kirche bezeichneten, asymptotisch in geschichtlicher (individueller und kollektiver) Entwicklung „grundsätzlich" anzustrebenden und „an sich" verpflichtenden Ziele auch schon in jedem geschichtlichen Augenblick realisierbar sein müssen oder ob man — auch darum wissend — unter Umständen hinter ihnen zurückbleiben, darin zwar „materiell", aber nicht formell sündigen könne und gerade so hier und jetzt das Bestmögliche erreiche.[12]

Wie es auch mit der Beantwortung dieser Frage bestellt sein mag, welche die Geschichtlichkeit des Menschen erst ernsthaft in die sittliche

---

[12] Vgl. zu dem ausgesprochenen Prinzip vorläufig: Handbuch der Pastoraltheologie II/1, S. 152 ff. (mit Hinweisen).

Aufgabe einbringt, es zeigt sich aus den angestellten Überlegungen, daß die Kirche das „Humane" und auch das je jetzt fällige Sittliche in der Welt gar nicht eindeutig determinieren kann und darauf auch noch gar keinen Anspruch erhebt, wenn sie die Verbindlichkeit ihrer Prinzipien betont, die im Grunde immer Grenzziehungen bedeuten. Die Kirche ist gar nicht und will gar nicht sein die integrale Manipulation des Humanen und Sittlichen in der Welt; sie ist nicht das Ganze davon, sondern ein Moment in diesem Ganzen, das grundsätzlich vom Wesen her schon „pluralistisch" ist aus der konkreten geschichtlichen Situation, die nicht adäquat durchreflektierbar ist, aus den Prinzipien des Evangeliums, des recht verstandenen „Naturgesetzes" *und* aus der konkreten je einmaligen und doch auch so unter einem sittlichen Anspruch stehenden Entscheidung. Die gesollte und geglückte Einheit dieser pluralen Momente in der konkreten Tat steht nicht noch einmal unter dem Spruch der Kirche, sondern Gottes allein. Warum z. B. meidet sonst die Kirche ein sittliches Urteil über die Vietnam-Politik der USA? Wenn sie es fällen könnte, müßte sie es auch tun.

Ein kirchlicher Integralismus ist nicht nur nie praktisch durchführbar gewesen, er ist prinzipiell falsch. Das alles zusammen bedeutet aber: Die Kirche entläßt von sich selbst her dauernd die Welt in ihre „Weltlichkeit" und eigene Verantwortung — nicht nur die Exekution, sondern auch der Findung der Imperative ihrer Entscheidung —, obwohl dieses Weltliche als solches darum *nicht* aufhört, *sittliche* Relevanz zu haben und *heilsbedeutsam* zu sein. Dieses Weltliche ist nicht das profane und in sich gleichgültige „Material", „an dem" nur christliches Tun realisiert wird, sondern auch (nicht: *das*) christliches Tun selber, das nicht integralistisch von der Kirche verwaltet werden kann. Die Kirche gibt bei dieser von ihr selbst vorgenommenen „Säkularisation" der Welt die Gnade Gottes, ihre Prinzipien und ihre letzten Horizonte mit, aber getan wird dieses Humane und Christliche von der Welt selbst auf ihrem eigenen Boden und in eigener Verantwortung.[13]

---

[13] Zum Verhältnis von Kirche und Welt vgl. grundsätzlich K. Rahner, Kirche und Welt, in: Zehn Jahre Katholische Akademie in Bayern, hrsg. von der Katholischen Akademie in Bayern, Würzburg, S. 9—27.

III

Die *zweite These* heißt: *Die berechtigte Säkularisation der Welt bedeutet die ganz neue Aufgabe der Kirche, in ihr selbst als ganzer und in den einzelnen Gemeinden eine neue kirchliche Integration zwischen den Gläubigen selbst zu schaffen.* Der zweite Satz will nur eine kleine, aber in sich nicht unwichtige Folgerung für eine neue Aufgabe der Kirche in ihrem eigenen Bereich ziehen. Die Kirche als Gesamtsumme der Gläubigen und die Menschengruppen um den einzelnen Altar sollen Gemeinde sein. Sie sind es aber nicht schon bloß durch die formale Rechtsstruktur der Kirche samt dem gemeinsamen Bekenntnis des Glaubens und durch die gemeinsame Feier der Liturgie allein, auch wenn diese Liturgie im Mysterium der Eucharistie auf das Werden der Gemeinde in sakramentaler Kraft hinzielt.[14] Eine solche auch soziologisch integrierte Gemeinde konnten die Kirche und die kirchliche Ortsgemeinde früher relativ ohne besondere Anstrengung darum sein, weil die christliche Gemeinde (mit ihren spezifisch kirchlichen gemeindebildenden Momenten: Rechtsstruktur, Bekenntnis, Kult) schon vom profanen Bereich her eine sozial integrierte Gruppe voraussetzen könnte: eine alle gleich verpflichtende Kultur; eine staatlich homogene Gesellschaft, die nicht pluralistisch war; ein selbstverständlich gemeinsames Ethos über abstrakte Moralprinzipien hinaus; d. h. (kurz) all das, was eine stabile und homogene Gesellschaft begründete, den Einzelnen in sie integrierte, ihm Grenzen anwies und ihm entlastende Sicherheit bot.

Diese Situation wirkte sich auch auf die spezifisch kirchlichen Momente der kirchlichen Gemeinde aus: Das gemeinsame Bekenntnis war auch eine gesellschaftliche Selbstverständlichkeit; die formale Autorität des Amtes in der Kirche war dadurch entlastet; der Kult wurde auch erfahren als sakrale Überhöhung der Einheit der profanen Gemeinde. Heute ist das anders. Früher brachte die „Welt" von sich aus schon we-

---

[14] Vgl. dazu K. Rahner, Das neue Bild der Kirche, in: Schriften zur Theologie VIII, S. 329—354, bes. 333 ff.; Die Gegenwart des Herrn in der christlichen Kultgemeinde, a. a. O., S. 395—408; Über die Gegenwart Christi in der Diasporagemeinde nach der Lehre des Zweiten Vatikanischen Konzils, a. a. O., S. 409—425 (jeweils mit Lit.).

sentliche Grundlagen in die „Kirche" mit. Die Gesellschaft, die heute in die Kirche zieht und dort Gemeinde erst bilden soll, ist „säkularisierte" Welt auch in dem Sinne, daß sie nicht mehr so ohne weiteres das Substrat kirchlicher Gemeindebildung liefert: Sie ist pluralistisch in ihren Weltbildern; sie ist zusammengesetzt aus Menschen, von denen kein einzelner mehr über das Ganze des Wissens, der Kultur und der Antriebe auf Zukunft hin verfügt, die im Ganzen der Gesellschaft gegeben sind; trotz der breiten Zunahme der Bildung aller, der Masse der Informationen und der Intensität der Kommunikationsmedien ist das Ganze der Gesellschaft in ihrem Bestand unübersichtlicher, schwerer steuerbar und in der Richtung auf die Zukunft undeutlicher; kurz: die Gesellschaft ist weniger integriert mit all den Folgen, die dies für den Einzelnen und für die Gesellschaft selbst hat. Dadurch erwächst der Kirche aber für die Arbeit an der Erfüllung ihres eigenen Auftrags eine ganz neue Aufgabe. Sie muß selbst schaffen, was sie früher voraussetzen konnte als gesellschaftliches, „natürliches" Substrat ihrer eigenen Gemeindewerdung.

Damit ist freilich gerade *nicht* gemeint, daß sie diese säkularisiert-pluralistische Welt, auch nur soweit sie in die Kirche selbst immer neu einbezogen werden muß, zurückverwandeln müsse in jene frühere homogene Gesellschaft, die ihre Integration schon zur Kirche mitbrachte. Würde die Kirche dies versuchen — und die Versuchung ist immer da und groß —, würde sie selber ein Ghetto bilden und religionssoziologisch von sich aus anstreben, bald eine „Sekte" zu sein. Sie muß auch *innerhalb* der Kirchenmauern selbst eine „offene Gesellschaft" bleiben, ja noch viel mehr werden; sie darf keine „negative Selektion" betreiben, indem sie aus der säkular-pluralistischen Welt — unreflex, aber wirksam — nur Menschen einer bestimmten gesellschaftlichen und kulturellen Prägung anzusprechen, zu erreichen und zu gewinnen sucht; sie muß für Konformisten *und* Nonkonformisten, für Menschen verschiedenster politischer Tendenzen, für Philosophen verschiedenster Konzeptionen, für «catholiques de droite» und «de gauche» usw. Platz haben; sie muß mit diesem Pluralismus anti-integralistisch fertig werden, ja sie muß lernen, dies als Positivum zu sehen und zu leben.

Aber das heißt nun eben wiederum nicht, daß es keine Aufgabe der Integration höherer Ordnung hinsichtlich dieses bleibenden geistigen und gesellschaftlichen Pluralismus in der Kirche gäbe. Würde diese

Aufgabe nicht gesehen und erfüllt, dann würde die Kirche eine „Sekte" zur Befriedigung bloß individualistischer religiöser Bedürfnisse und erst recht wieder bloße „Amtskirche" von Klerikern werden;[15] diese allein würden ja diese religiösen Bedürfnisse befriedigen, und die Gläubigen könnten — weil unintegrierte Menge — nur die Empfänger des Heilshandelns der Kirche sein trotz aller ideologischer Beteuerung, sie seien mehr: weithin der faktische Zustand der Kirche. Die Kirche würde nicht imstande sein, eine *Welt*verantwortung und einen *Welt*auftrag als *Kirche* zu erfüllen.

Aber was ist und wie ist diese „Integration" der Kirche als Gemeinde herzustellen, wenn sie nicht die Homogenisierung der pluralistischen Welt nach dem Rezept eines innerkirchlichen Integralismus, auch nicht die Restitution des früheren Integrationsgrades der kirchlichen Gesellschaft, noch ein bloß ideologisch-frommer Überbau sein darf („wir *sind* schon Leib Christi")? Das ist eine schwer zu beantwortende Frage. Es könnte:

erstens zur Beantwortung dieser Frage nach einer noch kaum gesehenen Aufgabe der Kirche hingewiesen werden auf alle soziale Arbeit für die (neue) Integration der Gesellschaft, die die Kirche zusammen mit der gleichen sozialen Arbeit tut, tun sollte und könnte, die die profane Gesellschaft in dieser Absicht unternimmt.[16] Man könnte sagen: eben diese Arbeit muß die Kirche, obschon sie scheinbar ganz profan ist, vor allem einmal ihren eigenen getauften Gliedern gegenüber tun, also zum Beispiel Kindern, Heranwachsenden, Alten usw. gegenüber, die je nach ihrer Art in die Gesellschaft integriert werden und Ort und Sicherheit finden müssen;

zweitens hier in diesem Zusammenhang für eine echte Demokratisierung in der Kirche plädiert werden; dieses Wort sagt ja, richtig verstanden, in der profanen Gesellschaft nicht sosehr „Befreiung" von irgendwelchen Zwängen, sondern ist das Stichwort für Institutionen, Verhaltensmuster, Leitbilder, Spielregeln usw., die ausgebildet werden müssen, damit eine pluralistische und auch so bleibende Gesellschaft doch

---

[15] Außer dem schon in Anm. 10 zitierten Aufsatz ›Grenzen der Amtskirche‹ vgl. besonders K. Rahner, Vom Sinn des kirchlichen Amtes, Freiburg 1966.

[16] Näheres in meinem Beitrag ›Praktische Theologie und kirchliche Sozialarbeit‹, in: Schriften zur Theologie VIII, S. 667—688.

eine — *Gesellschaft* sei und nicht ein radikal desintegrierter Haufen von Menschen und Interessengruppen; „Demokratisierung" in der Kirche brauchte dementsprechend gar nicht verstanden zu werden als Kampfwort gegenüber der Vollmacht des hierarchischen Amtes in der Kirche, sondern als Stichwort für die Integration derjenigen säkularpluralistischen Gesellschaft in der Kirche, die deren heutiges bleibendes Substrat bei der Kirchenbildung ist;[17]

drittens auf das hingewiesen werden (als auch in diesem Zusammenhang gültig), was in unserem folgenden dritten Satz noch von einer ganz neuen Funktion der Kirche als ganzer auf die profane Gesellschaft hin zu sagen sein wird.

Doch davon muß, wie gesagt, in einem neuen Abschnitt unserer Überlegungen gesprochen werden. Das bisher zu dem Thema des zweiten Satzes Gesagte ist zwangsläufig sehr abstrakt, weil einerseits die hier angezeigte Aufgabe, die mit der säkularisierten Gesellschaft für das innere Leben der Kirche gegeben ist, noch kaum gesehen ist und weil anderseits praktische „pastoraltheologische" Vorschläge aus Mangel an Raum und Kompetenz nicht gemacht werden können.

IV

Die *dritte These* sei folgendermaßen formuliert: *Gegenüber der von der Kirche selbst in ihre pluralistische säkulare Situation entlassenen Gesellschaft hat die Kirche, gerade weil sie diese Gesellschaft nicht integralistisch, doktrinär und rechtlich, in ihren konkreten Entscheidungen manipulieren kann, eine ganz neue Aufgabe, die man vielleicht als „prophetisch" qualifizieren könnte;* das aber hat zur Voraussetzung jene neue kirchlich-gesellschaftliche Formation des Kirchenvolkes, die schon in der II. These zur Erwägung kam. Der Satz ist dunkel, er muß erklärt werden.

Die Säkularisation, die in der ersten These theologisch erhellt werden sollte, scheint zunächst und auf den ersten Blick eine weitgehende Inkompetenz der Kirche der Welt gegenüber zu besagen: Die Kirche kann

---

[17] Konkretes dazu in ›Vom Dialog in der Kirche‹, in: Schriften zur Theologie VIII, S. 426—444.

zwar „ratione peccati" gewisse Grenzziehungen vornehmen, sie kann allgemeine Normen verkündigen, aber sie kann — gegen alle Tendenz eines subkutanen Integralismus — weder mittels ihrer, freilich gültigen, Doktrin noch mittels ihres Hirtenamtes (als „potestas iurisdictionis") konkret die Geschichte der säkularisierten Welt manipulieren. Ist nun mit diesen negativen Bestimmungen das wirkliche Verhältnis zwischen Kirche und säkularisierter Welt voll bestimmt? Kann die Kirche nur als „Gnade" und durch die einzelnen Christen als solche mittels der Kraft der Gnade und der „Mentalität" des Evangeliums in diesen Christen einen weiteren Einfluß auf die Gestaltung der säkularisierten Welt erreichen?

Ich glaube, daß diese Frage auch im Zweiten Vatikanischen Konzil nicht klar beantwortet worden ist — weder in der Kirchenkonstitution ›Lumen Gentium‹ noch im Dekret über das Laienapostolat ›Apostolicam Actuositatem‹, auch nicht in ›Gaudium et Spes‹ —, weil die Tätigkeit der Kirche dort, wo sie nicht Tätigkeit der einzelnen Christen wird, doch noch zu sehr als *doktrinäre* Hilfe gesehen wird, also als „Prinzipienvermittlung", wenn auch die Vorstellung der oft beschworenen „Zusammenarbeit" der Kirche mit allen Menschen guten Willens und ihren gesellschaftlichen Institutionen in eine andere Richtung weist.[18]

Unser dritter Satz will eine Antwort auf die eben gestellte Frage geben: Die Kirche als Kirche kann mehr als Beratung der Welt durch Verkündigung ihrer Prinzipien und mehr als bloße „Mitarbeit", die praktisch doch nur durch die Arbeit der einzelnen Christen in den profanen Institutionen geschehen könnte — unbedeutende Ausnahmen zugestanden.

Um zu sehen, was positiv gemeint ist, muß zunächst folgendes bedacht werden. In einer gut funktionierenden, demokratisch-pluralistischen Gesellschaft hat jede ihrer informellen und formellen Gruppen Absicht und Recht, sich in den doch immer unvermeidlichen Gesamtentscheidungen der ganzen Gesellschaft auszuwirken mit allen Mitteln,

---

[18] Zum Thema vgl. ausführlicher: Zur theologischen Problematik der „Neuen Erde", in: Schriften zur Theologie VIII, S. 580—592; Zur theologischen Problematik einer „Pastoralkonstitution", in: Schriften zur Theologie VIII, S. 613—636 und ›Praktische Theologie und kirchliche Sozialarbeit‹, in: Schriften zur Theologie VIII, S. 667—688.

die berechtigt sind, angefangen von der Diskussion über Propaganda bis
zur legitimen Verwendung der eigenen Macht. Voraussetzung ist immer, daß eine solche Gruppe im Hinblick auf solche Entscheidungen
der Gesellschaft als ganzer und auf sie hin eine „Meinung" über das hier
und jetzt zu Tuende hat. Ein solches konkretes „Aktionsprogramm"
selbst ist ein sehr komplexes Gebilde und doch im praktischen „Willen"
der Gruppe eine Einheit: Es enthält in seinem Wesen Momente rationalen, reflektierten, an der Realität selbst gemessenen Kalküls über das
Sachgemäße, mit dem man durch *Belehrung* die anderen zu gewinnen
sucht; solches „Rationale" gibt es sowohl hinsichtlich des zu erreichen-
des Zieles als auch der sachgemäßen Mittel zu dessen Erreichung. Aber
ein solches „Aktionsprogramm" einer Gruppe enthält über das reflex-
rational Begründbare hinaus immer auch ein Moment schöpferischer
Phantasie, ist „Kreation", die das „Utopische" zur Möglichkeit macht,
ist Entscheidung der geschichtlichen Freiheit, die aus vielem Möglichen
und Denkbaren — vielleicht sehr unreflex — eines auswählt, dieses will
und durchzusetzen sucht; sie schafft Geschichte und erleidet sie nicht
nur; all das geschieht in der unableitbaren Praxis, die ihre eigene
Evidenz hat und sie nicht adäquat von der theoretischen Vernunft
bezieht.

Eine solche Gruppe in der säkular-pluralistischen Gesellschaft kann,
darf und soll auch die Kirche sein. Die pluralistische Gesellschaft kann
selber der Kirche eine solche Absicht nicht verbieten. Denn nur eine absolut totalitär strukturierte Gesellschaft kann den Willen haben, gesellschaftliche Gruppen nur als Ausgliederungen und Funktionen einer Gesellschaft gelten zu lassen, die totalitär und autoritär von einem einzigen
Punkt aus legitimiert und gesteuert wird. Eine pluralistisch-„offene"
Gesellschaft, die ihre Kräfte nicht wie ein „geschlossenes System" von
einem Punkt aus erst in ihr Recht setzt, kann nichts a priori gegen eine
frei sich immer neu bildende Glaubensgemeinde mit einer solchen Absicht haben, vorausgesetzt — und das *ist* vorausgesetzt —, daß sie die
„Spielregeln" einer solchen Gesellschaft und des Zustandekommens
ihrer Entscheidungen und ihrer „Praxis" einhält.[19]

---

[19] Zum Vorgang der Willensbildung in der heutigen Gesellschaft vgl. K. Rahner, Über den Dialog in der pluralistischen Gesellschaft, in: Schriften zur Theologie VI, S. 46—58.

Die Kirche darf aber eine solche Absicht haben. Ob sie dazu imstande ist, wie sie dazu fähig sein kann, welche gesellschaftliche Einheit sie haben und auf welche Weise sie eine solche selber bei sich bilden muß, um überhaupt „Subjekt" einer solchen Absicht sein zu können, das steht jetzt zunächst noch nicht zur Diskussion. Es ist hier auch noch nicht gefragt, wie weit es ihr effektiv gelingen mag, diese Absicht in der profanen Gesellschaft zu verwirklichen, nämlich *ihr* „Aktions-Programm" ganz oder teilweise zum Handlungsprinzip der profanen Gesellschaft zu machen. Es wird auch nicht unterstellt, daß ein solches Aktionsprogramm von vornherein und im ersten Ursprung *nur* das der „expliziten Christen" sein könne. Gottes Gnade kann auch anderen dasselbe Programm inspirieren. Aus theologischen Gründen darf und soll die Kirche eine solche Absicht, ein solches Aktionsprogramm haben, — wenn sie es fertigbringt. Sie hat einen Auftrag an die Welt; sie ist nicht für sich da, sondern ist das Grundsakrament des Heiles der *Welt*;[20] sie soll der Sauerteig der Welt sein; Welttat der Christen und das Wirken ihres Heiles sind nicht material adäquat unterschiedene Regionen ihres Handelns, sondern — wenigstens teilweise — zwei Aspekte eines und desselben Daseinsvollzugs der Christen; dieser Vollzug aber geschieht wesentlich in Interkommunikation und gesellschaftlich konkreter Raumzeitlichkeit der Geschichte; die Kirche ist als „sichtbare" eine konkrete, geschichtlich-gesellschaftliche Größe, die — selbst wenn sie es nicht wollte — notwendig Auswirkungen auf die Ganzheit der Gesellschaft hat, und zwar solche, die nicht nur von ihrem „ewigen" Wesen ausgehen, sondern auch von ihrer freigesetzten, unvermeidlich konkreten Gestalt, Auswirkungen, die die Kirche verantworten muß; die Kirche als solche hat faktisch eine solche gewollte — über Doktrin und Tat des Einzelchristen hinausgehende — Einwirkung auf die Welt ausgeübt, und es kann sich angesichts dieses Tatbestandes im Ernst nicht darum handeln, daß die Kirche diesen Einfluß jetzt prinzipiell aufgeben solle, um sich in die „Sakristei" zurückzuziehen, sondern es geht um die Fra-

---

[20] Grundsätzliches dazu bei K. Rahner, Kirche und Sakramente, Freiburg ²1963, S. 11—22; Konziliare Lehre der Kirche und künftige Wirklichkeit christlichen Lebens, in: Schriften zur Theologie VI, S. 479—498; Das neue Bild der Kirche, in: Schriften zur Theologie VIII, S. 329—354, bes. 337 ff.; Handbuch der Pastoraltheologie I, Freiburg 1964, S. 118—142.

ge, *wie* heute gegenüber der säkularen Welt die Kirche diesen legitimen Einfluß gestalten könne.

Diese Andeutungen müssen hier für die These der Legitimität und Forderung eines solchen Einflusses der Kirche auf die Welt genügen, über die Belehrung durch die Prinzipien und über die Einzeltat der Christen hinaus. Worauf es hier mehr ankommt, ist

erstens der Versuch, das genauere Wesen dieses Einflusses einigermaßen zu bestimmen, und dies nicht nur, wie bisher, negativ, und

zweitens die Frage, wie die Kirche selbst in ihrer konkreten Struktur und in der Mentalität ihrer Glieder sein müsse, damit sie einen solchen Einfluß auf die säkulare Gesellschaft tatsächlich ausüben kann.

Um etwas zur Beantwortung der ersten Frage beizutragen, ist es empfehlenswert, zunächst etwas auf die Eigenart mancher Enzykliken Johannes' XXIII. (›Mater et Magistra‹, ›Pacem in Terris‹), der Enzyklika Pauls VI. ›Populorum Progressio‹ und vor allem der pastoralen Konstitution ›Gaudium et Spes‹ des Zweiten Vatikanum zu reflektieren. Worin besteht die Eigenart dieser Dokumente? Soviel Grundsätzliches und Immergültiges, „Doktrinäres" sie mit Recht und notwendig enthalten, ihre wahre Sinnspitze, das Aufregende und den reinen Theoretiker „Schockierende" an ihnen liegt in ihrer Absicht, die man zunächst mit der Sprache des Zweiten Vatikanums als „pastoral" bezeichnen kann. Aber dieses „Pastorale" wäre unterschätzt und in seinem Wesen verkannt, wollte man darunter bloß „praktische" Konsequenzen verstehen, die man — wenigstens beim Blick auf die gegebene Weltsituation — mit Sicherheit zwingend aus den allgemeinen Prinzipien ableiten könnte. Die Sinnspitze liegt deutlich in „Imperativen", in Akzentsetzungen, in einer geschichtlichen Programmatik, die die Welt zu Entscheidungen aufruft. Das ergibt sich ja auch daraus, daß die Analyse der Gegenwartssituation selbst, die doch dieses „Pastorale" mitbegründet, weder ein Datum der Offenbarung ist noch so einfach zu bewerkstelligen ist, daß sie die „Situation" als „factum brutum", an dem niemand zweifeln kann, hinstellen könnte, sondern unauflöslich in jenen Zirkel des praktischen Handelns hineingehört, in dem Erkenntnis der Situation und geschichtliche Reaktion eine Einheit bilden und sich *gegenseitig* bedingen.[21] Die Forderung z. B. einer „Super-UNO"[22] oder der

---

[21] Zu den theologischen Schwierigkeiten der Analyse der Gegenwartssitua-

Bildung eines Welthilfsfonds für die unterentwickelten Völker in ›Populorum Progressio‹ sind gewiß Forderungen erhabener, auch sachlich
sehr gut rechtfertigbarer Ziele, aber zweifellos nicht etwas, was man als
„conclusio theologica" aus der Offenbarung für jeden zwingend ableiten kann, so daß jeder Christ diese Forderung annehmen *müßte*. Es sind
vielmehr Aktions-Programme mit Entscheidungscharakter, Setzungen
der praktischen Vernunft in deren Unableitbarkeit aus dem reinen „in-
tellectus principiorum"; es sind Entscheidungen, in denen die Kirche
nicht einfach bloß eine Exekution ihrer Prinzipien konzipiert, sondern
eine bestimmte, unableitbare Gestalt der konkreten Realisation dieser
Prinzipien *will* und als eine konkrete Gruppe in dieser pluralistischen
Gesellschaft mit diesem Willen auf die säkulare Gesellschaft einwirkt.

Die Findung dieses Imperativs an die Gesellschaft kann beim Wesen
der Kirche nur als „prophetisch" qualifiziert werden, was alle anderen
Momente einer solchen Findung, wie sie sonst bei einer Entscheidung
von gesellschafts-politischer Relevanz vorkommen, nicht ausschließt,
sondern in sich begreift. Eine pastorale „Weisung" ist somit, wo sie ihr
letztes Wesen ganz findet, die *prophetische* Weisung der Kirche als geschichtlich letztlich unableitbare Entscheidung, und zwar auf die säkulare Welt hin.[23] Natürlich gilt dies nur hinsichtlich dessen, was die Kirche dieser säkularen Welt *zu ihrem Heil* abfordern kann. Aber das ist
keine Frage.

Die Frage ist nun aber — das ist die zweite der eben gestellten Fragen —,
ob die Kirche in ihrer konkreten Verfaßtheit das Subjekt sei, das als
eine der Gruppen der säkular-pluralistischen Welt auch nur mit einiger
Aussicht auf Erfolg ein solches Programm an die Welt adressieren kann.
Diese Hoffnung kann ja nicht (bloß) darin begründet sein, daß das Aktions-Programm in sich in etwa einleuchtend sei oder daß andere Grup-

tion vgl.: Handbuch der Pastoraltheologie II/1, S. 181—187; Zur theologischen
Problematik einer Pastoralkonstitution, in: Schriften zur Theologie VIII,
S. 613—636; Die praktische Theologie im Ganzen der theologischen Disziplinen, in: Schriften zur Theologie VII, S. 133—149.
    [22] Vgl. dazu ›Gaudium et Spes‹, Nr. 84.
    [23] Zum Begriff der prophetischen „Weisung" vgl.: Zur theologischen Pro-
blematik einer Pastoralkonstitution, a.a.O., S. 613—636, bes. 615 ff., 618 ff.,
622 ff.

pen dieselbe Parole ausrufen. Die Schwierigkeit dieser Hoffnung und die Aussicht eines effektiven Einflusses der Kirche auf die säkulare Welt ist doppelt: Einerseits hat die Amtskirche, die hierin vom Wesen der Kirche her nicht viel mehr sein kann — das aber auch sein muß — als der *Herold* eines prophetischen Antriebes, der sonst in der Kirche gegeben ist, oder höchstens *eines* der möglichen Einfallstore ihres geschichtsmächtigen Geistes, diese Amtskirche hat der Welt gegenüber nur soviel „Autorität" und bewegenden Einfluß, als dieser, in tausend Weisen, der Gruppe „Kirche" zukommt; anderseits kann die Amtskirche ihre Gläubigen nicht kraft ihrer formalen Lehrautorität oder Jurisdiktionsgewalt verpflichten, diesen prophetischen Imperativen zu folgen, die die Amtskirche ergehen läßt.[24] Die Kirche als Volk Gottes muß mit diesen prophetischen Imperativen der Amtskirche „mitgehen", sollen diese eine effektive Wirkung auf die säkulare Gesellschaft haben. Hier zeigt sich nun, daß die Kirche grundsätzlich etwas anderes ist und praktisch immer mehr etwas anderes werden muß als die Institution der Wahrheit der theoretischen Vernunft mit der Addition der entsprechenden notwendigen Konsequenzen, der Verwaltung der Sakramente und dem administrativen Apparat. Sie muß vielmehr die Institution der Wahrheit der praktischen Vernunft sein, deren „Einsicht" und Tat auch zur Institution gehört, die sich die Offenbarung Gottes geschaffen hat; sie ist das wandernde Gottesvolk, das seine eschatologische Hoffnung den Strukturen des weltlichen Lebens einprägen soll und will, durch die konkrete Richtung dieser Wanderung, die auf den Karten der theoretischen Offenbarung nicht schon im vornherein fixiert ist; sie soll und will auch den Gang der säkularen Welt mitbestimmen, ohne diesen Gang doktrinär oder gar integralistisch bestimmen zu können.

Aber wieviel ist in der Kirche noch zu tun, damit diese Aufgabe mit der notwendigen Wirksamkeit erfüllt werden kann! Es wäre eine „politische Theologie" grundsätzlicher Art zu entwickeln, das heißt die

---

[24] Schon innerkirchlich gibt es dazu analoge Phänomene: Die Kirche kann z. B. die Ablässe empfehlen, aber was würde das Ablaßdogma des Tridentinum real für eine Bedeutung haben, wenn eine überwiegende Mehrheit der Gläubigen von ihrer „sancta et iusta libertas filiorum Dei" (so Paul VI. in der Apostolischen Konstitution ›Indulgiarum Doctrina‹ vom 1. 1. 1967, Nr. 11) Gebrauch machen würde, keine Ablässe zu gewinnen?

Theologie (als Inhalt) im ganzen und die Ekklesiologie im besonderen auf ihre gesellschaftspolitische und geschichtsbildende Bedeutung zu entwickeln und so die individualistische Verkürzung der Offenbarung auf das Heil des einzelnen allein zu überwinden. Es wäre eine „Mentalität" in den Gläubigen zu entwickeln, die die Amtskirche nicht vor das Dilemma stellt, entweder lehrverbindliche Aussagen zu machen oder „uninteressant" zu sein, sondern bereit ist, „prophetische" Impulse ernst zu nehmen, geschichtlich freie Haltungen sich anzueignen, Willensbildungen, nicht bloß Meinungsbildungen mitzutragen. Es wäre im Amt — und zwar nicht nur in Hinsicht auf spezifisch religiöse Dinge, z. B. wie neue Andachten usw. — die Bereitschaft zu entwickeln, *prophetische* Impulse in der Kirche aufzunehmen, denn sosehr diese meist nur über das kirchliche Amt auf die Kirche als ganze und so auf die Welt hin wirklich effizient werden, so entstehen sie nicht notwendig, sondern selten erstmals gerade bei den Amtsträgern. Es wäre jene innerkirchliche gesellschaftliche Integration zu fördern, von der von einer anderen Seite her schon in der II. These die Rede war, und die der Kirche erst gesellschaftspolitisch zu einer Wirkung verhelfen kann.

V

Unsere *vierte These* heißt: *Das Verhältnis der Kirche zur säkularen Welt fordert heute im Rahmen der „praktischen Theologie" die Konstitution und den Ausbau einer eigenen theologischen Disziplin*, die wir vorläufig einmal und in Ermangelung eines besseren Wortes „*praktisch-ekklesiologische Kosmologie*" nennen wollen.

Was ist gemeint? Es ist zunächst ein Wort über die „praktische Theologie" zu sagen, die man gewöhnlich — auch im Zweiten Vatikanischen Konzil — „Pastoraltheologie" nennt,[25] weil diese „Kosmologie" von vornherein als eine Teildisziplin der „praktischen Theologie" zu verstehen ist.[26] „Praktische Theologie" ist weder eine bloße Sammlung „prak-

---

[25] Vgl. meinen Beitrag ›Die praktische Theologie im Ganzen der theologischen Disziplinen‹, in: Schriften zur Theologie VIII, S. 133—149 (dort Hinweise auf weitere Literatur).

[26] Vgl. zu diesem Begriff einer „praktischen Kosmologie" auch noch die Stu-

tischer" Maximen, die sich aus Dogmatik, Moraltheologie und Kirchenrecht von selbst ergeben, noch viel weniger bloß solcher Richtlinien, die für die „pastorale" Arbeit des Seelsorgeklerus wichtig sind. „Praktische Theologie" ist vielmehr eine eigenständige Wissenschaft, weil ihr Gegenstand und ihre Methode nicht einfach von den „systematischen Disziplinen" der Theologie bezogen werden können. Sie fragt in methodisch-reflexer Weise nach dem je jetzt möglichen und geforderten Selbstvollzug der ganzen Kirche in *allen* Dimensionen der Kirche, nicht nur im Bereich und durch die Tat des Klerus. Sie ist darum von anderen Disziplinen ekklesiologischer Fragestellungen verschieden, weil diese nur nach dem durch die Offenbarung gegebenen bleibenden Wesen und den Wesensstrukturen des Selbstvollzugs der Kirche fragen können oder — so das Kirchenrecht — das „ius conditum" und seine Geschichte, nicht aber in genügender Weise das „ius condendum" bedenken. Um diesen je jetzt fälligen Selbstvollzug der Kirche zu erfassen, der weit über die Exekution der bleibenden Prinzipien und des „ius humanum" der Kirche hinausgeht, bedarf es einer theologischen Analyse und Deutung der inneren und äußeren Gegenwartssituation der Kirche. Gerade weil diese Analyse nicht von einer anderen theologischen Disziplin geleistet werden kann und weil hier ein ganz eigenartiger Gegenstand der Theologie vorliegt — er ist nicht „geoffenbart"! —, somit also auch eine eigene theologische Methode gefordert wird, die nicht einfach bloß die der profanen Soziologie, der Zeitgeschichte, der Kulturkritik usw. ist, *darum* ist die „praktische Theologie" eine theologische Disziplin von echter Ursprünglichkeit und Eigenart, auch wenn sie alle anderen theologischen Disziplinen voraussetzt. Das muß hier für die Wesensbestimmung der „praktischen Theologie" genügen.

Innerhalb dieses aktuellen Selbstvollzuges der Kirche nimmt nun das Verhältnis der Kirche zur säkularen Welt, insofern es nicht bloß in seinem immer gültigen Wesen, sondern auch nicht minder als je jetzt zu realisierendes gefunden werden muß, zwar nicht den einzigen, aber doch einen so bedeutenden Platz ein, daß es eigens, genau und methodisch richtig in der praktischen Theologie zu bedenken ist. Es kann schon aus den allgemeinen Gründen der Selbständigkeit der praktischen

die ›Praktische Theologie und kirchliche Sozialarbeit‹ und unten bes. 276 ff. sowie K. Rahner, Schriften zur Theologie VIII, S. 668 ff.

Theologie heraus nicht in anderen theologischen Disziplinen behandelt werden, denn dieses Verhältnis ändert sich durch die Veränderung der säkularen Welt *als* der Situation der Kirche; diese Situation selbst kann aber nicht Gegenstand der systematischen theologischen Disziplinen sein, auch kann ihre Erkenntnis bei der Komplexheit dieser Situation gerade *nicht* mehr aus der bloßen vorwissenschaftlichen Erfahrung der einzelnen bezogen werden. Dazu kommt, daß dieses Verhältnis prophetischen Entscheidungscharakter an sich trägt, also gar nicht als bloße Kombination von theoretischer Ekklesiologie und Situationserkenntnis allein verstanden werden kann.

Diese Lehre von dem je jetzt aufgegebenen Verhältnis der Kirche zur Welt als Teil der praktischen Theologie hat aber keinen Namen, und daher kommt es, daß diese namenlose Aufgabe der Theologie auch gar nicht deutlich genug gesehen und in ihrer Bedeutung bzw. Dringlichkeit gewürdigt wird. Diese Aufgabe ist nicht identisch mit der christlichen „Sozialwissenschaft", denn diese bedenkt die fundamentalen Strukturen der profanen Gesellschaft (in Wirtschaft, Recht, Staatsverfassung usw.), wie sie nach christlichen Prinzipien sein *sollten*.[27] Diese Lehre ist auch nicht einfach ein Stück der dogmatischen Ekklesiologie, da diese höchstens — wenn sie es nur täte! — die bleibenden Strukturen des Verhältnisses der Kirche zur Welt behandeln kann. Diese Lehre ist auch nicht identisch mit der „Politischen Theologie", wie sie als heute dringend J. B. Metz[28] fordert, denn diese bedenkt die gesellschaftlichen Implikationen und die gesellschaftliche Relevanz, die der Offenbarung, der Lehre und Hoffnung des Christentums überhaupt und bleibend immanent sind, nicht aber das aktuell seinsollende Verhältnis der Kirche zur gerade jetzt gegebenen weltlichen Welt. Diese von uns postulierte Lehre hat wirklich keinen Namen und hat darum auch fast noch keine Existenz in der Kirche und in der Theologie. Man sieht es sofort, wenn man an ›Gaudium et Spes‹ denkt und dabei der Versuchung widersteht, das darin Gesagte auf bloßes „Dogma", „Moraltheologie" und „Sozialwissenschaften" zu reduzieren, sondern wenn man versucht, das „Pro-

---

[27] Vgl. dazu W. Weber, Kirchliche Soziallehre, in: E. Neuhäusler–E. Gössmann, Was ist Theologie? München 1966, S. 244—265 (Lit.).

[28] Vgl. dazu zusammenfassend J. B. Metz, Verantwortung der Hoffnung, Mainz 1968.

phetische" in ihr zu sehen und sich *dann* fragt, welche theologische Disziplin sich eigentlich dieser „Pastoralkonstitution" als ganzer und in ihrer Eigenart annehmen soll. Man kann keine nennen, weil die postulierte theologische Disziplin keinen Namen hat und so sich noch gar nicht ausdrücklich zu einer eigenen Disziplin konstituiert hat. In Ermangelung eines besseren Namens sei diese gesuchte Teilwissenschaft der praktischen Theologie „praktisch-ekklesiologische Kosmologie" genannt, zugleich mit der Hoffnung, daß man in dem Wort „Kosmologie" den biblischen Sinn von κόσμος heraushört und niemand diese Kosmologie mit der gleichlautenden Disziplin der „Naturphilosophie" verwechseln wird.

Eine solche „Kosmologie" hätte heute eine fast unermeßliche Aufgabe. Wir meinen immer naiv, wir wüßten, in welcher Welt wir leben, wir würden ihre Strukturen kennen, ihre Desintegration, ihre Ideologien, ihre Hoffnungen und Antriebe, die Koexistenz der verschiedenen geschichtlichen Schichten, die urzeitlich gleichzeitig in ihr gegeben sind. Wir glauben unbekümmert, wir wüßten, wie die Menschen sind, an die sich die Kirche in ihrer spezifisch religiösen Mission, aber auch darüber hinaus in ihrem Beitrag zum innerweltlichen Wohl und Gedeihen der Gesellschaft und deren Zukunft wendet. Wir kennen diese Menschen nicht oder höchstens eine durch unsere eigene kirchlich-spätbürgerliche Mentalität ausgesonderte Gruppe dieser Menschen. Man muß nur einmal den Tonfall, die Perspektiven und die thematischen Selektionen in kirchenamtlichen Äußerungen beachten und sich fragen, welcher *Menschen* Ohr diese Aussagen erreichen können, dann sieht man, daß die Kirche trotz guten Willens den Menschen von heute nicht wirklich genügend kennt.[29]

Es wäre in dieser Kosmologie unübersehbar vieles vom heute geforderten Verhältnis der Kirche zur säkularen Welt zu bedenken. Die unmittelbar religiöse Mission der Kirche gehört gewiß nicht zu *diesem* Teil der praktischen Theologie. Diese Kosmologie hätte aber dennoch genug über das Verhältnis Kirche—Welt zu überlegen. Gewiß sind viele Einzelthemen aus diesem Fragenkreis im theologischen Gespräch — alle

---

[29] Könnte man z. B. sonst so unbefangen heute noch vom „Feuer" des Purgatoriums sprechen, wie Paul VI. es in seiner jüngsten Apostolischen Konstitution ›Indulgentiarum Doctrina‹ noch getan hat?

jene, die im zweiten Teil von ›Gaudium et Spes‹ behandelt werden und
die ja immer auch eine Aufgabe der Kirche der Welt gegenüber implizie-
ren. Aber sind damit alle Einzelthemen erfaßt? Gibt es nicht andere,
deren baldige Dringlichkeit vorauszusehen wäre? Gibt es nicht viele
solche Einzelthemen, zu denen die Kirche faktisch nur Stellung nimmt
mit einem theoretischen und äußerlich dialektischen „einerseits-ande-
rerseits", ohne einen *konkreten* Imperativ als prophetische Weisung zu
wagen, oder auf die die Kirche nur mit einem so schüchtern und theologisch verklausulierten Imperativ antwortet, daß er unweigerlich überhört wird, ja sogar — so scheint es manchmal — mit der geheimen
Hoffnung formuliert wird, *daß* er überhört werde, man also ein Alibi
habe und doch nirgends anstoße.

Eine solche wissenschaftliche Kosmologie kann zwar solche Imperative selber nicht setzen, aber sie könnte solche vorbereiten und das wis-
senschaftlich-kritische *und* konkret ermunternde Gewissen für sie sein;
sie könnte in der Kirche das Bewußtsein wachhalten, daß diese selbst
deswegen noch lange nicht eine bloße Organisation zur Befriedigung
individueller religiöser Heilssorge allein ist, weil sie keine integralistische Manipulation der Welt ist und sein darf, sondern auf diesem hier
gemeinten Gebiet die säkulare Welt als *freie* Partnerin eines offenen
Dialogs wissen muß, ja sich selber als echten *Teil* dieser säkularen Welt
erkennt, der an der von Gott allein autark gesteuerten Geschichte der
Welt als innergeschichtlicher mitwirkt, aber darin nicht einfach *die*
Repräsentantin Gottes ist.

VI

Wir haben bisher in methodischer Beschränkung jene „Säkularisation" zu bedenken gesucht, in der die *Kirche und die Welt* in eine größere, epochal bedingte Diastase treten und so neu ein positives Verhältnis
zueinander suchen müssen, das weder „Integralismus" noch bloß negative Distanz und kritische Funktion der Kirche an der Welt ist. Es sei
aber zum Schluß doch noch gestattet, das Thema etwas auszuweiten auf
die Unterscheidung von „säkularer" Welt und der „Gnade", für die die
Kirche nur wirksames Zeichen ist, ohne dadurch schon mit ihr identisch
zu sein. Wir betrachten somit die „Welt" als weltliche nicht mehr in ihrer Unterschiedenheit und Bezogenheit auf Kirche und umgekehrt,

sondern sie in sich selbst. Wir wollen aber die Fragen über die „Weltlichkeit" der Welt, die wir schon am Anfang als grundsätzlich beantwortet ausgeklammert haben, nicht nochmals aufnehmen, sondern über diese — immer und epochal — weltliche Welt eine etwas vertiefende und weiterführende theologische Aussage zu machen versuchen, welche alte theologische Daten ins Spiel bringt, die in der Schultheologie uninteressant und glanzlos geworden zu sein scheinen, in unserem Zusammenhang aber wieder ursprüngliche Bedeutung und ihr Gewicht erhalten.

Wir formulieren daher unsere V. These folgendermaßen:

Die konkupiszent-pluralistische Situation, die mit der säkularen Welt gegeben ist, und das unreflektierte Sicheinlassen auf diese Situation ist nicht schon „an sich" Sünde, sondern bedeutet in allen Dimensionen des menschlichen Daseinsvollzugs, auch der gnoseologischen, *die Voraussetzung und den Daseinsraum eines agonalen und von der Schuld* (der Gottvergessenheit) *bedrohten menschlichen Daseins des Christen, das als bleibendes vom Christen angenommen und realistisch ausgehalten werden muß ohne eine integralistische Ideologisierung dieser Welt.*

Um zu verstehen, was mit diesem Satz gemeint ist, sind zunächst ein paar Worte über die „Konkupiszenz" des Menschen im theologischen Sinn des Wortes zu sagen.[30] „Konkupiszenz" sagt, richtig verstanden, einen inneren Pluralismus des Menschen in allen seinen Dimensionen und Antrieben, und zwar einen solchen, der vom Menschen als reflexpersonales Freiheitswesen nie adäquat und radikal in die *eine* Entscheidung der Freiheit (für oder gegen Gott) hineinintegriert werden kann. Diese unaufhebbare „Desintegriertheit" zeigt sich in allen Dimensionen des menschlichen Selbstvollzugs, nicht nur im sittlichen Handeln im engeren Sinn, sondern auch in der Dimension der Erkenntnis, die immer auch als solche „Praxis" ist; sie kommt in der „Desintegriertheit" des Todes und des Lebens als „prolixitas mortis" zur bittersten und unverhüllten Erscheinung. Diese innere „sarkische" Desintegriertheit und

---

[30] Zu diesem Begriff der Konkupiszenz vgl. bes. K. Rahner, Zum theologischen Begriff der Konkupiszenz, in: Schriften zur Theologie I, Einsiedeln ⁷1964, S. 377—414; Gerecht und Sünder zugleich, in: Schriften zur Theologie VI, S. 262—276; J. B. Metz, Konkupiszenz, in HthG I, München 1962, S. 843—851.

die bleibende Unmöglichkeit, sie zu überwinden,[31] wären aber verkannt, wollte man sie auffassen als „innere" Zuständlichkeiten, die an der Haut des Menschen enden. Der Mensch ist ein offenes, dauernd mit der Welt kommunizierendes „System", er ist immer schon in die Welt entäußert, sie ist in ihm, er in ihr, und was wir die „Umwelt" des Menschen nennen, ist der Mensch selbst in seiner raumzeitlichen Entäußertheit, in der er er selber ist, sich genommen und diese Andersheit seiner selbst in Identität mit anderen teilend. Die „konkupiszente", „innere" Verfaßtheit des Menschen und die Verfaßtheit seiner Welt entsprechen sich notwendig. Was „Konkupiszenz" also eigentlich ist, läßt sich darum eher an der Welt ablesen als durch eine „psychologische" Introspektion des Menschen in sich selbst hinein. Diese Konkupiszenz hat ihre Geschichte eben als Geschichte des Aushaltens und des immer nur unvollendbaren Überwindens dieser Desintegration. Die Aussagen der traditionellen Theologie über die „Konkupiszenz" lassen sich also durchaus berechtigterweise lesen als Aussagen der Theologie über die säkulare Welt, die als Raum-Zeit-Spielraum und verlängerte Leibhaftigkeit des Menschen genau dieselben Eigentümlichkeiten grundsätzlicher und epochaler Art an sich trägt wie die „innere" Konkupiszenz des Menschen: die Pluralität der Wirklichkeiten und ihrer Dimensionen; ihre Desintegration; die bleibende, wenn auch immer asymptotisch zu überwindende Unmöglichkeit für den Menschen, diesen Pluralismus von einem vom Menschen selbst her beherrschbaren Einheitspunkt aus zu überwinden; die Geschichtlichkeit und Endlichkeit dieses konkreten Pluralismus und der Versuche seiner Integration (unter eine einzige Idee, eine einzige Repräsentanz der Macht usw.).

Die Aussagen der Theologie über die Konkupiszenz sind somit schon Aussagen der theologischen Deutung der Welt. Die Deutung der Welt durch den Christen und damit seines Verhältnisses zu ihr kann daher den theologischen Aussagen über die Deutung der Konkupiszenz entnommen werden. Wir heben daher die drei grundlegenden Aussagen des Trienter Konzils über die „Konkupiszenz" hervor und lesen sie als Aussagen über die säkulare Welt.

---

[31] Das schließt natürlich nicht aus, sondern ein, daß die geschichtliche Ausrichtung des Daseins immer auf die totale Integration aktiv angelegt sein muß, aber als auf ein innerweltlich nur asymptotisch erreichbares Ziel.

Erstens: Der nicht-integrierte Pluralismus der menschlichen Wirklichkeit, „Konkupiszenz" genannt, und somit der säkularen Welt ist
nicht schon „an sich" Sünde, sondern heilsgeschichtliches, nach vorne
„offenes" Stadium auf eine Integration hin, die erst in der Vollendung
des Menschen und des „Reiches Gottes" gegeben sein wird. Diese „Un-
schulderklärung" ist nicht so selbstverständlich und bedeutungslos, wie
es auf den ersten Blick zu sein scheint. Wir brauchen, um das zu sehen,
gar nicht auf heterodoxe Weltdeutungen wie Gnostizismus, Manichä-
ismus usw. zu blicken, die ja auch im faktischen Christentum ein unter-
schwelliges, wenn auch nicht theoretisch reflektiertes Dasein fristen,
wenigstens in bezug auf bestimmte und epochal wechselnde Einzel-
dimensionen des menschlichen Daseins. Leugnungen dieser „Schuld-
losigkeit" brauchen überhaupt nicht thematisch vollzogen zu werden,
sie werden im unreflektierten Vollzug des Daseins *gelebt*. Wo einem bestimmten Lebensraum und Lebensstil als *dem* eigentlich „christlichen"
vor je anderen von vornherein ein Vorzug gegeben wird, z. B. dem „einfachen und bescheidenen Leben", dem Leben, das sich nicht auf „gefährliche" Gelehrsamkeit einläßt, einem „puritanischen" Leben des
Mißtrauens gegen das Geschlechtliche und gegen den heiteren „Lebens-
genuß"; überall wo bestimmte Möglichkeiten des Lebens von vornherein als verdächtig und eigentlich für einen Christen nicht „passend" gelten: das Soldatsein (früher!), das Leben des Politikers und des politischen Engagements (als „schmutziges Geschäft"), des Schauspielers
und des Künstlers überhaupt usw., da ist eine solche unthematische
Leugnung des unschuldigen Pluralismus der Welt heimlich am Werk.
Man sucht dem nichtintegrierten Pluralismus der Welt zu entgehen, indem man gewisse Dimensionen — als menschlich oder christlich nicht
„in Frage kommend" — von vornherein ausschließt; man sucht das Leben zu ver-ein-fachen, um die Last des nicht-integrierten, „konkupiszenten" Pluralismus nicht aushalten und durchtragen zu müssen; man
kann aber so nur vereinfachen, wenn man das Ausgeschiedene und so
die Komplexität der pluralen Welt als mit Recht abzulehnende, „schuldige" Welt betrachtet. Die Pastoralkonstitution ›Gaudium et Spes‹ (Nr.
25) sieht deutlich den Unterschied, der obwaltet zwischen den Störungen (perturbationes), die mit der unvermeidlichen „Spannung" (tensio)
der wirtschaftlichen, politischen und sozialen Wirklichkeiten gegeben
sind, *und* den Störungen, die aus der Schuld kommen. Wo der Mensch

die ersten „Störungen" und Spannungen selbst schon als „sündig" erklärt, unternimmt er ein geheimes Entlastungsmanöver, weil dann die Objektivationen seiner Schuld gar nichts anderes und Neues dieser sündigen Welt hinzufügen, ja selbst nur *deren* Ausdruck sind.

Zweitens: Die Konkupiszenz ist dem Menschen „ad agonem" auferlegt. Wir können übersetzen: Die plural-säkulare, nichtintegrierte Welt des Menschen ist keine Stätte des „Friedens" im Genuß einer – bei „gutem Willen" schnell hergestellten — integrierten, in sich zur Harmonie „versöhnten" Welt, sondern der Raum eines „agonalen" Daseins des Menschen.[32] Dieser Agon zielt gewiß auf ein Ziel, nämlich auf die Integration aller Wirklichkeit in der vollendeten Liebe Gottes „von Angesicht zu Angesicht", aber auf ein Ziel, das hier in dieser Zeit nie adäquat erreichbar ist, immer uns vorausliegt und dadurch immer den Raum neuer Möglichkeiten eröffnet. Dieser „Agon" fordert aber zunächst, daß er überhaupt angenommen wird, „viriliter", sagt das Trienter Konzil. Er wird aber nicht akzeptiert, wenn der Mensch sich im Grunde weigert, die nicht-integrierte Pluralität seines Daseins und der Antriebe dieses Daseins, in die er immer schon hineinversetzt ist, anzunehmen und auszuhalten. Er übernimmt z. B. die gnoseologisch-konkupiszente Situation seines Daseins nicht, wenn er den offenen Streit seiner plural verschiedenen, aufeinander nicht reduzierbaren Erfahrungs- und Erkenntnis„quellen" zugunsten eines „Systems" opfert, in dem irgendeine „Wissenschaft" — und sei es auch Theologie oder Metaphysik — einfach über die anderen herrschen will, ohne sich in einem „offenen Dialog" von ihnen in Frage stellen und geschichtlich wandeln zu lassen; das wäre eine Universalwissenschaft, die alle Erkenntnis aller Schulen aufsaugen und integrieren wollte und sich davor fürchtet, daß sie nicht alles weiß, die nicht überrascht werden will vom wirklich „Unerhörten" einer fremden Erkenntnis, für die sie, ohne sich selbst zu wandeln, keinen Ort im eigenen System vorgesehen hat, obwohl doch in Wahrheit auch der „Areopag" des Geistes eine „offene Gesellschaft" mit einem immer labilen Gleichgewicht der Kräfte ist.

Der Agon im Medium der konkupiszent-pluralen und nicht schon

---

[32] Zu diesem Begriff des Friedens vgl. meine Studie ›Der Friede Gottes und der Friede der Welt‹, in: Schriften zur Theologie VIII, S. 689—707 (dort auch weitere Lit.).

versöhnten Welt wird nicht angenommen, wenn man sich nicht ermächtigt glaubt, „Interessen", Freuden, Vorentscheidungen zu haben, die noch nicht durch die Kritik und Auswahl einer explizit religiösen, „übernatürlichen" Motivation adäquat hindurchgegangen sind. Der „Agon" in der säkularen Welt ist nicht angenommen — obwohl er natürlich als verleugneter und verdrängter bleibt und gerade so gefährlicher wird —, wenn man das unübersichtliche Leben in Erbitterung über seine „Zerrissenheit" eigensinnig hart „christlich" durchkonstruieren will, als ob seine wirre Kakophonie durch uns selbst hier und jetzt zur Harmonie aufgelöst werden müßte in einem — jetzt nicht von der Kirche, sondern — vom Christen selbst manipulierten Integralismus eigener Macht und eigenen Rechtes.

Drittens: „Konkupiszenz" sagt Antrieb zur Schuld („ad peccatum inclinat": DS 1515). Es ist hier nicht der Ort, das ganze Verhältnis der Konkupiszenz und so der pluralen, nichtintegrierten Welt nach allen Seiten zu bedenken, nach Ursprung („Erbsünde") und Folgen (persönliche Schuld und deren weltliche Objektivationen individueller und kollektiver Art). Nur auf eines sei aufmerksam gemacht, weil es zum Thema der „Welt" unmittelbar gehört. Wir brauchen das Wissen um das, was die Schuld ist, die uns in der konkupiszenten Welt bedroht, nicht anderswoher zu beziehen, es ergibt sich aus der konkupiszentweltlichen Situation selbst. Schuld ist gerade das Nichtbestehen und das Nichtaushalten dieser Situation der privaten oder öffentlichen Dimension des Menschen. Es ängstigt den Menschen, keinen verfügbaren absoluten Fixpunkt zu haben in der integrierten Instabilität des offenen Systems des menschlichen Daseins; er wagt es nicht, sich loszulassen in die Unverfügbarkeit der einzigen Einheit dieser unintegrierten Ganzheit des Pluralen, die nach rückwärts: in den verborgenen Anfang, nach vorwärts: in die ungeplante Zukunft, nach oben: in die Unbegrenztheit der Transzendenz und nach unten: in die dunkle Faktizität des Materiellen offen ist. Aus dieser „Todesangst" (Hebr 2, 15) heraus wird in der Theorie oder (und) in der Tat irgendeines der Momente der nichtintegrierten, pluralen Welt absolut gesetzt, das heißt selbstherrlich und angsthaft zugleich zum einen und beherrschbaren Bezugspunkt der angemaßten autonomen Integration der Welt gemacht. Es geschieht dies theoretisch in dem, was (schlechte) „Ideologie" ist, und praktisch in dem, was man schlicht Sünde heißt. Insofern nun aber das theoretische und praktische Tun des Menschen selbst wieder ein Stück der Welt ist und die ursprüngliche Freiheitsentscheidung des Menschen sich notwendig vollzieht im anderen der leibhaftigen und gesellschaftlichen Objektivationen dieser Freiheit, obwohl diese in jene nicht schlechthin eingeht und darum ihre Objektivationen vieldeutig bleiben, wird durch eine *solche* „Integration" die Welt selbst verändert, sie wird die „Welt der Sünde", „dieser Äon" im biblischen Sinn. Die objektiven Verhältnisse sind von den Auswirkungen der Sünde betroffen.[33]

Weil der Mensch, solange die von Gott zu gebende Integration der Welt nicht gegeben ist, immer — wenn auch „frei" — in irgendeiner, wenn auch *wesentlich* verschiedenen Weise dem Druck der nichtintegrierten Welt nachgibt[34] und weil die eindeutig „richtende" Scheidung zwischen dem schuldlos konkupiszenten Pluralismus der Welt und der durch Schuld ihr eingeprägten Desintegration — Schuld als Pseudointegration ist Verstärkung der Desintegration — nochmals eine Weise der selbstherrlich angemaßten Integration wäre, da man dann genau wüßte, „woran man sich halten muß" als dem — in sich versöhnten — Guten, darum ist die säkulare Welt die von uns nicht manipulierbare Einheit pluraler Wirklichkeiten, die unscheinbar ineinanderliegen: Welt als gute plurale Schöpfung; Welt als plurale berechtigte Tat des Menschen; Welt als Objektivation der Schuld des Menschen, der selbstherrlich die Welt integralistisch „in Ordnung" bringen will.

Die säkulare pluralistische Welt ist die „Welt", wie sie die Schrift kennt. Die pluralistische Welt kann dies gerade sein, weil sie *Geschichte* ist und nicht statisches „System". Diese säkulare Welt ist damit aber auch genau die Welt, wie sie der Christ erwartet, tut und erleidet von seinem eigensten, christlichen Selbstverständnis her, das die Welt nicht ideologisch-integralistisch verfremdet, sondern sie sieht, wie sie ist. Damit ist das Ende dieser theologischen Reflexionen zum Problem der Säkularisation zu einer ganz einfachen und für den Christen unverlier-

---

[33] Vgl. dazu auch ›Gaudium et Spes‹ Nr. 25.

[34] Dies geschieht auf doppelte Weise: Durch pseudointegralistische Verabsolutierung eines Moments der Welt in radikaler Freiheit („schwere Sünde") oder durch freie Verzögerung der Dynamik auf eine doch immer aufgegebene, *werdend* und asymptotisch anzustrebende echte Integration der Welt („läßliche Sünde"). Beide Weisen können im konkreten Vollzug natürlich nie mit eindeutiger Sicherheit voneinander unterschieden werden.

baren Wahrheit zurückgekehrt. Es ist also — trotz der Unterschiede, die unser Leben manchmal bis ins Innerste zu bedrohen scheinen — die selbe „Welt", die Gott so sehr liebte, daß er sie selbst annahm und für sie sein Leben hingab.[35] Lebt der Christ von dieser Mitte seines Glaubens her, dann kann er auch die säkulare Welt bestehen und ihr in der rechten Weise zu Diensten sein.

---

[35] Von hier aus wären die Notwendigkeit und der konkrete Auftrag der evangelischen Räte näher darzustellen, vgl. K. Rahner, Kirche und Welt, in: Zehn Jahre Katholische Akademie in Bayern, Würzburg 1967, bes. S. 22—24; Über die evangelischen Räte, in: Schriften zur Theologie VII, Einsiedeln 1966, S. 404—434.

Heinz Robert Schlette, Veränderungen im Christentum, theologia publica 12, Olten-Freiburg: Walter-Verlag 1969, S. 117—130. Zuvor bereits erschienen in: H. J. Schultz, Hrsg., Kontexte, Bd. 4, Stuttgart-Berlin: Kreuz-Verlag 1967, S. 51—58.

WIRD DIE WELT CHRISTLICHER?

Anzeichen einer strukturalen Homogenität

Von Heinz Robert Schlette

Der aufgeklärte Zeitgenosse weiß und kann wissen, welche Probleme die heutige Menschheit beunruhigen. Es sind ungeheuere, bislang nicht geahnte Probleme, aber auch altbekannte, die sich in neuen, bedrohlichen Größenordnungen präsentieren. Wir wollen keinen Katalog all dieser Probleme zusammenstellen, denn hier interessiert etwas anderes: Hat es angesichts der Fülle der uns vital bedrängenden Schwierigkeiten, deren praktische und auch theoretische Lösung oft nicht einmal von fern sichtbar ist, überhaupt irgendeinen respektablen Sinn, danach zu fragen, ob die Welt christlicher wird? Ist dies nicht eine Spezialfrage, mit der sich die Christen, denen an ihrer Selbsterhaltung gelegen ist, beschäftigen mögen? Ja, lenkt die Frage nicht von den wahren Problemen einer mondialen Gesellschaft ab? Ist es nicht menschlicher und ist es nicht auch christlicher, sich mit den Bedingungen des Friedens, der Bekämpfung des Hungers, der Kindersterblichkeit, des Analphabetismus, des Terrors, der sozialen Ausbeutung, mit der Entkolonialisierung zu befassen, als die abstrakte Frage zu stellen, ob die Welt christlicher wird? Und wenn man sich für einen Augenblick auf diese Frage einließe, obwohl es wichtigere und für das Los der Menschheit aktuellere Fragen gibt — wird dann nicht sogleich evident, daß man sie nur mit Nein beantworten kann? Spricht denn irgend etwas dafür, daß „die Welt", also die Menschheit und unsere Geschichte im ganzen, so wie sie sich heute darbieten, christlicher würde?

Die Statistiken trügen; die Religionszugehörigkeit ist weithin (und keineswegs nur in Europa) eine Sache der Konvention und des kulturellen Erbes geworden; sofern christlicher Glaube auf Überzeugung beruht, sofern er bewußt reflektiert und angenommen wird, ist er nur noch die Sache einer Minorität. Nicht nur das „Christentum" als Ganzes stellt gegenüber der nichtchristlichen Menschheit eine Minorität dar, sondern auch die gläubigen Christen innerhalb des gesamten „Corpus christianum", falls man von einem solchen noch sprechen kann. Aber nicht nur der Glaube, von dem man zugeben mag, daß er sich der Meßbarkeit und Nachweisbarkeit entzieht, sondern erst recht das christliche Leben, die christliche Praxis scheint erschlafft zu sein. Die sozialen Ungerechtigkeiten, die Revolutionen und Kämpfe, die Verobjektivierung des Menschen durch die moderne Großbürokratie und Sozialindustrie, die ideologischen Verballhornungen von Worten wie Frieden, Freiheit, Demokratie sowohl auf der politischen Linken wie auf der Rechten, die bekannten Gefährdungen der Kriegs- und Friedenstechnik, der allgemeine Status der Kriminalität, nicht zuletzt die großen und kleineren Ärgernisse, die die Christen selbst bereithalten und vieles andere sonst erlauben es nicht, zu sagen, die Welt, wie sie sich uns im zu Ende gehenden 20. Jahrhundert zeigt, sei im Begriffe, christlicher zu werden.

Aber diese Beobachtungen und dieses Urteil sind längst nicht mehr neu und überraschend. Die nichtchristliche Kritik, von welcher Seite sie auch ausgeht, hat immer wieder beanstandet, daß trotz des göttlichen Anspruchs der Christen und trotz einer nahezu zweitausendjährigen Chance das Antlitz der Erde keineswegs zum Christlichen, soll sagen: zum Besseren hin erneuert worden sei. Und die Christen haben auf diesen Vorwurf stereotyp wiederholt, es sei falsch, derlei hochgeschraubte Erwartungen an sie zu richten; auf ein so ausgelegtes Christlicher-Werden der Welt komme es gar nicht an, „auch wir" seien Sünder und so fort. Das ganze Problem pflegt in einem trostlosen Zirkel der Argumente hängenzubleiben.

Es bedarf keiner langen Erklärung, daß diejenigen, die heute die Frage „Wird die Welt christlicher?" erneut aufwerfen oder anregen, sie nicht in jener Vordergründigkeit verstehen. Auch wird niemandem, der die Frage zu stellen wagt, daran gelegen sein, Weissagungen feilzubieten. Es liegt auf der Hand, daß unsere Frage die Zukunft von Welt und Christentum unmittelbar betrifft; aber man kann sinnvollerweise eine Antwort nur insofern erwarten, als sich aufgrund unserer Kenntnis der Geschichte und der Gegenwart Strukturen und Entwicklungen ermitteln lassen, die über das bloß subjektiv Vernehmbare hinaus Gültigkeit beanspruchen dürfen und müssen. Das bedeutet aber, daß das so Erkennbare und Erkannte eben nicht nur die Christen interessieren wird, auch nicht nur die Theologen, sondern daß es sich hier um ein Thema handelt, das als eine kultur-, sozial- und geschichtsphilosophische Problematik von allgemein humanistischem Interesse ist. Dies muß mit aller Deutlichkeit erklärt werden, vor allem gegenüber den Vertretern nichtchristlicher Humanismen, nichtchristlicher Religionen, des Marxismus, insbesondere auch des positivistischen und liberalen Denkens, welche vielfach schon die Fragestellung als suspekt empfinden und hinter ihr irgendeine apologetische Absicht vermuten. Es ist also notwendig, sich von pro- und antichristlichen Vorurteilen freizumachen, um überhaupt zu begreifen, auf welche Weise hier gefragt wird und welche Bedeutsamkeit dem sich ergebenden Resultat beizumessen ist.

Von einem Christlicher-Werden der Welt kann nicht im existentiellen, religiösen oder gar moralischen Sinne gesprochen werden, wohl aber in einem formalen oder strukturalen Sinne. Davon ist heute bereits so häufig die Rede, daß die neue Phraseologie schon wieder unerträglich zu werden beginnt. Versuchen wir aber trotzdem, uns zu vergegenwärtigen, worin die „Entdeckung" liegt, die die neuere Theologie beider Konfessionen gemacht hat. Sobald etwas Neu-Entdecktes klar vor Augen liegt, gewinnt man bisweilen den Eindruck, so ungewöhnlich und sensationell sei das neu Gefundene ja nun auch nicht, im Grunde sei es nur selbstverständlich, daß es so ist, wie man es jetzt erkannt hat. In ebendieser Lage befindet man sich, wenn man von jener „Entdeckung" spricht, die der Theologie in ihrer jüngsten Phase vergönnt gewesen sei.

Bisher sahen beide Theologien in der sich vom Christentum emanzipierenden Neuzeit vorwiegend einen Erweis menschlicher Empörung gegen die göttliche Offenbarung, welche für die Theologen und die Kirchen ein außerhalb der Diskussion stehendes, gültiges Faktum zu sein schien, dem man sich lediglich zu unterwerfen habe. Das Mißtrauen der Christen gegen das Natürliche, das Vernünftige, nicht von der Gnade Erleuchtete, das in eigener menschlicher Initiative Geleistete und Erworbene, gegen das „Ungetaufte", wie man sagt, das eben bloß Weltliche dominierte auf der ganzen Linie. Nicht nur im Widerstand gegen „Sozialismus" und „Kommunismus", sondern auch gegen das, was man „Liberalismus" nannte und also mit einem sehr schillernden, kaum definierbaren Begriff bezeichnete, war man sich auf christlicher Seite weitestgehend einig.

Die Entdeckung aber, die stattfand, bedeutet nun keineswegs, daß
man über Nacht bereit geworden wäre, für weiß zu halten, was vorher
als schwarz gegolten hatte. Solche Kehrtwendungen wären nicht nur
unglaubwürdig, sondern auch unmotiviert; man kann auch beim besten
Willen niemandem zumuten, das Unchristliche an der Neuzeit künftig
nicht mehr zur Kenntnis zu nehmen und insbesondere zu ignorieren,
daß die neuzeitliche Entwicklung sich in starkem Maße explizit nicht-
und antichristlich gerierte und auch in diesem Sinne verstanden werden
wollte. Die Entdeckung will also nicht diese Tatbestände leugnen und
mit christlichen Parolen überkleben, sie zeigt vielmehr die all jenen
historischen Vorgängen zugrundeliegende denkgeschichtliche Entwicklung auf und erweist ebendiese Entwicklung als einen geschichtlichen Prozeß, der noch keineswegs zu Ende ist. Sprechen wir konkreter:
Die „Entdeckung" liegt darin, daß die Theologie begreift, wie christliche Grundstrukturen in die Geschichte des menschlichen Sich-Verhal-
tens zur Welt eingedrungen sind und sich dort zu ihrer eigenen Explizi-
tät brachten. Genauer gesehen handelt es sich nicht einmal um „christliche", sondern um biblische, besser noch: um hebräische Strukturen.
Die das gesamte Weltverständnis vorgängig bestimmende Denkform
oder Formalstruktur, die sich in verschiedenen Einzelstrukturen darstellen läßt, hat man im Vergleich mit dem Denken und der Kultur der
Griechen erforschen und freilegen können. Die mögliche Aufzählung
einzelner Strukturen, in denen sich die eine fundierende, einheitliche,
formal-christliche Denkform ausfächert, sagt demjenigen, der nicht in
geschichtlicher und kultureller Überschau zu denken vermag, zunächst
recht wenig, ja sie kann wie eine Enttäuschung wirken; die zu nennen-
den Strukturen sind ja für uns zu kruden Selbstverständlichkeiten erstarrt. Im übrigen wird man sich historisch erinnern, daß die Durchsetzung dieser Strukturen im Laufe der Jahrhunderte keineswegs durch das
Christentum und seine amtliche Vertretung geschehen ist, sondern im
Gegenteil gerade durch die von den Christen verketzerten und verfolgten Kräfte der als gottfeindlich und aufrührerisch empfundenen Neuzeit. Was wundert's, daß nicht wenige bei der neuen theologischen
Interpretation der Neuzeit eine ideologische Intrige wittern?

Die Strukturen, die aus der einen biblisch-hebräischen Denkform zu
entwickeln sind, lassen sich in diesem Rahmen nur stichwortartig charakterisieren. Der biblische Schöpfungsglaube — damit dürfen wir bei

einer zusammenschauenden Betrachtung beginnen — ermöglicht als Prinzip die Heraufkunft dessen, was man heute Weltlichkeit der Welt nennt; der Schöpfungsglaube „entgöttert" die Welt, tritt also jedem Pantheismus und jeder Art von Kosmos-Mythologie entschieden entgegen und erweckte bereits früh den Eindruck des „Atheismus"; obwohl seine Relevanz den Christen heute zumeist allzu wenig bewußt ist, bildet der Schöpfungsglaube das Fundament, auf dem die weiteren formal-christlichen Strukturen aufruhen und von dem her sie verständlich gemacht werden können. Nicht erst die neutestamentlich-eschatologische Befreiung von numinosen Mächten und Gewalten läßt die Weltlichkeit der Welt hervortreten, sondern im Prinzip bereits der Schöpfungsglaube; das zeigt sich deutlich an der antimythischen Tendenz der biblischen Schöpfungsberichte. Zum Sinn der Schöpfung im biblisch-hebräischen Verständnis gehört, daß jeder einzelne Mensch in seiner Singularität von dem erschaffenden Gott gewollt und zu einer verantwortlichen Existenz gerufen ist; das bedeutet, daß zu den formal-christlichen Strukturen die Gleichheit, Freiheit und Verantwortlichkeit aller einzelnen Menschen zu zählen ist und vor allem eben auch das Einzel-Sein überhaupt, oder anders gesagt: die Subjektivität und die „Würde" aller, wenngleich diese sich nur in jenem größeren Bezug realisieren können, für den wir Begriffe wie Gemeinschaftlichkeit, Gesellschaftlichkeit, Intersubjektivität, Kommunikation, Geschichtlichkeit verwenden. Wir nennen diesen Grundzug des Menschseins, der bald unter dem vorherrschenden Gesichtspunkt der Singularität der einzelnen, bald unter dem der Sozialität bestimmt wird, in der Regel die Personalität und verstehen diese Bezeichnung dann im Sinne der neueren, inzwischen in mancher Hinsicht schon wieder überholten Philosophie des Personalismus. Diese Rede ist oft so geläufig, daß man vergißt, welche philosophische und politisch-soziale Ungeheuerlichkeit behauptet wird, wenn man die Einzigartigkeit, Würde und Werthaftigkeit jedes einzelnen Menschen als Prinzip anerkennt.

Es ist hier nicht möglich, im einzelnen den Zusammenhang und die Einheit der formal-christlichen Strukturen aufzuzeigen; deswegen sei es erlaubt, eine dritte Struktur ziemlich unvermittelt noch anzufügen, obwohl es sehr reizvoll wäre, die Verbindungen zu dem bisher Erörterten darzulegen: gemeint ist die Geschichte als solche, die sich gründet in der sich in Freiheit und Endlichkeit manifestierenden Geschichtlichkeit der

Menschen. Die Formalstruktur der Geschichte hat selbst wieder weitere Implikationen, von denen vor allem die Einmaligkeit und Unwiederholbarkeit des Geschehenden zu erwähnen ist sowie insbesondere auch das prinzipiell irreversible Sich-Erstrecken auf Zukünftigkeit, auf ein Ende, ein Novum, das noch nicht da ist, das überhaupt nicht in irgendeiner uns entzogenen Transzendenz doch schon „fertig" ist, sondern im Gang der Geschichte — und das heißt zum mindesten: immer auch durch die Aktion der freien Menschen — erst hervorgebracht, pro-duziert wird.

Wir müssen uns hier auf diese wenigen Andeutungen beschränken. Daß die ihrer historischen Genese nach hebräischen Formalstrukturen Weltlichkeit, Freiheit, Personalität, Sozialität, Geschichtshaftigkeit samt allen ihren Implikationen unsere heutige Weise zu denken und uns sozial, rechtlich, politisch, zivilisatorisch darzustellen, von vornherein prägen, kann man schwerlich bestreiten. Daß es sich hier keineswegs um Selbstverständlichkeiten handelt, wird man sogleich erkennen, wenn man diese Strukturen mit denen des nichtchristlichen, genauer: des hinduistischen und buddhistischen Asien vergleicht — mag schon der Vergleich mit den Griechen vielen als unaktuell und geschichtlich überholt erscheinen. Unsere Frage „Wird die Welt christlicher?" verwandelt sich jetzt in die These: Die formal-christliche Strukturalität breitet sich, unabhängig von der christlichen Gläubigkeit im religiös-existentiellen Sinne, immer mehr aus; die Entwicklung, die wir beobachten, spricht dafür, daß eine strukturale Homogenität entsteht, die formal christlich ist; in diesem Verstande — und nur so — darf man behaupten, daß wir im Prozeß einer strukturalen Verchristlichung der Welt begriffen sind und daß somit in der Tat die Welt in der hier gemeinten Weise „christlicher" wird.

Diese These wird auf manchen, vor allem auf Nichtchristen, triumphalistisch und apologetisch wirken. Aber sie ist es keineswegs, und sie ist auch nicht aus solchen Überlegungen hervorgegangen. Die Nichtchristen müssen die Geduld aufbringen, zuzuhören, was die von Christen vorgetragene These von der strukturalen Verchristlichung meint; denn diese These hat politisch-kulturelle, humanistische Konsequenzen, die für jedermann, der sich um ein kritisches geschichtliches Selbstverständnis bemüht, ungeachtet seiner persönlichen religiösen Zustimmung oder seiner „Weltanschauung", von Wichtigkeit sind.

Die formal-christlichen Strukturen werden — das gilt es zu beachten

— nicht primär durch die Christen und die Kirchen verbreitet. Es gab und gibt ja Christentum, in dem jene Strukturen noch keineswegs explizit geworden sind, das vielmehr noch von numinosen und mythischen Strukturen geprägt ist, wie es bis ins Mittelalter und noch darüber hinaus die Regel war. Umgekehrt sehen wir, daß die formal-christlichen Strukturen losgelöst vom christlichen Glauben selbst übernommen und reflektiert werden, ja daß sie eine Selbständigkeit und Mächtigkeit erlangen können, die vor aller bewußten Reflexion und Aneignung schon wirksam ist; ebendies läßt sich an der nichtkirchlichen und nichtchristlichen Neuzeit erkennen. Der hier beschriebene Vorgang geschieht heute vermittels der Ausbreitung eines Weltverhältnisses und eines Lebensstils, die von Technik und Wissenschaft bestimmt sind und mit (westlichem) Positivismus ebenso konform gehen können wie mit dem Marxismus-Leninismus. In all diesen Kräften und Tendenzen, die offenkundig dabei sind, die Welt mehr und mehr zu prägen, sind formale Strukturen am Werk, die eindeutig die christlichen oder aber die hebräischen sind: Man steht der Welt als Welt, das heißt: als Stoff, Material oder Bestand gegenüber, als konkretem, unmythischem Seienden; man fordert die Welt in Arbeit, Wissenschaft und Technik heraus, um sie zu beherrschen und sich dienstbar zu machen; dabei wachsen Hoffnungen und Befürchtungen, ein intensives Zukunftspathos, dessen Friedenserwartung nur verstanden werden kann auf der Grundlage von Gleichheit, Freiheit und Solidarität aller, das heißt aller einzelnen, die miteinander, in gesellschaftlicher Verfaßtheit, ihr weltliches Geschick und somit ihre Zukunft gestalten wollen. „Das neuzeitliche Weltverständnis", so sagt es Johannes B. Metz, „ist in einem fundamentalen Sinne zukunftsorientiert; es hat deshalb nicht primär kontemplativen, sondern operativen Charakter." Die Ansichten über die geeignetsten Mittel und Wege sind vielfach geteilt; aber die vorgängige formale Struktur, in der wir als neuzeitliche Menschen, und sofern wir dies sind, leben, denken und hoffen, ist dieselbe.

Damit ist unsere These vorgestellt und charakterisiert, doch dürfte es nützlich sein, noch auf einige von vielen jetzt möglichen Fragen und Einwänden kurz einzugehen; ich greife das Nächstliegende heraus. Was ist damit gewonnen — so könnte man fragen —, wenn wir wissen, daß die Welt formal christlicher wird; ist das nicht im Grunde bloß eine historische Auskunft, die eben auch nur historisch richtig und interessant sein mag, im übrigen aber ziemlich belanglos ist und, wie man sagt, „platonisch"? Nun, diese Frage scheint mir durchaus berechtigt und nützlich zu sein. Unsere These will sagen, daß wir ein Gefälle der geschichtlichen Entwicklung erkennen und daraus Folgerungen für das Zusammenleben der Menschheit abzuleiten vermögen; es geht also nicht um allein Historisches, sondern um die Kenntnis der realen Geschichte, in die wir hineingestellt sind. Freilich ist es für die heute aktuelle Problematik einer weltweiten Friedensordnung und eines damit korrespondierenden Humanismus theoretisch betrachtet relativ gleichgültig, daß die Formalstruktur unserer Geschichte nun gerade mehr und mehr die christlich-hebräische wird; wichtiger ist hier primär die Erkenntnis einer im Werden begriffenen Homogenität überhaupt und nicht so sehr deren kategorial-historische Abkünftigkeit. Insofern aber die sich ankündigende Homogenität nie rein „transzendental" und nie total leer und inhaltslos erfahren wird, vielmehr gerade als eine formal christliche erkannt werden kann, wird ebendiese Feststellung für unsere Geschichte doch äußerst bedeutsam, nicht zuletzt deshalb, weil nur in einer kategorialen Bestimmung des Geschichtsverlaufs auch die Möglichkeit liegt, Anhaltspunkte für die Kritik und die realistische prospektive Betrachtung in die Hand zu bekommen. Des weiteren ist darauf hinzuweisen, daß die Christen selbst aufgrund der hier skizzierten denk- und kulturgeschichtlichen Diagnose ein anderes, besseres Verhältnis zu der neuzeitlichen Entwicklung gewinnen können; das wird heute bereits von vielen als eine notwendige Korrektur begrüßt, ja bisweilen als eine Befreiung empfunden. Den Nichtchristen interessiert allerdings die Aufgeklärtheit über seine eigene Formalstruktur zunächst wesentlich weniger als die konkreten Konsequenzen, mit denen er aufgrund ebendieser Struktur zu rechnen hat. Die offenkundig recht unterschiedlichen Reaktionen auf die theologische „Entdeckung" der christlichen Formalstruktur zeigen deutlich, daß die formale Verchristlichung der Welt keinerlei apologetischen Wert besitzt; denn die Konstatierung, daß wir uns in diesem Prozeß einer Verchristlichung oder besser: Hebraisierung befinden und eben nicht in dem einer formalen Buddhisierung oder Hinduisierung, bedeutet für die Nichtchristen nicht mehr als eine für ihr Selbstverständnis erhellende Beobachtung über die geschichtlich-kulturelle Wirkmächtigkeit der jüdisch-christlichen Mentalität.

Es sei noch ein anderer Einwand erwähnt, den man nicht selten hört: Ist es denn überhaupt historisch richtig, von einer formalen Verchristlichung zu sprechen; wird, wenn man so redet, nicht die Rolle der Griechen und Römer allzusehr unterschätzt? Man weiß doch, in welchem Maße die Kultur und das Denken und zuvörderst die Sprache des Abendlands von den Griechen und Römern abhängen. Unsere sogenannte humanistische Bildung hat ihre Wurzeln weit mehr in der nichtchristlichen Antike als in der biblisch-hebräischen Welt. Und war es nicht die griechische Philosophie, die den Weg zu den modernen Wissenschaften geschichtlich vorbereitet hat? Finden wir nicht in der Antike eine Fülle von Erkenntnissen über den Menschen, die Natur, die Sprache, die Gesetze, die Demokratie, das richtige Leben und Handeln? Steht hier nicht der Mensch eindeutig im Mittelpunkt des Interesses? — Wir sagen Überflüssiges, wenn wir betonen, daß Hinweise und Bedenken dieser Art nicht unbegründet sind; sie deuten auf Geschehenes und Gewesenes hin, das — in der Symbiose mit Christlichem, aber auch ohne sie — nach wie vor wirksam ist. Zugleich aber liegt dem gewichtigen Einwand, der mit diesem Rekurs auf die Antike erhoben wird, ein Mißverständnis zugrunde. Die formal-christliche Struktur, wie wir sie erst heute sich aus der Larve des Mythischen emanzipieren sehen, betrifft das fundamentale Verhältnis und Verhalten zur Wirklichkeit im ganzen, den Horizont, die Weise, in der man vor allem einzelnen immer schon denkend ansetzt und sich in der Welt orientiert. Es wird nicht bestritten, daß Griechen und Römer zu Einsichten gelangten, die die Christen mit geschichtlichem Recht übernehmen konnten und in manchem vielleicht heute noch bejahen können; aber es wird behauptet, daß der Horizont ein anderer geworden ist, wo sich die formal-christliche Struktur in geschichtliche Öffentlichkeit vermittelt hat. Dieses Geschehen freilich wird man nicht ignorieren können, zumal wenn man bedenkt, daß der bei Griechen und Römern philosophisch und mythologisch nie überwundene Pantheismus eine letzte Freigabe der Welt an den Menschen und des Menschen an die Welt verhinderte. Die Entdivinisierung und die damit eintretende formale Hominisierung kann, wie Metz dargelegt hat, nur als die geschichtliche Explikation der hebräisch-christlichen Grundkonstellation im Weltverständnis überhaupt begriffen werden. Bei dieser These darf also unter keinen Umständen übersehen werden, daß die hier gemeinte Hominisierung als eine geschichtlich-formale Bestimmung aufzufassen ist und eben nicht als eine inhaltlich-materielle; denn daß Griechen und Römer (und nicht nur sie) über das Menschsein als solches und über die Welt reflektiert haben, ist eine Tatsache, die nicht des Nachweises bedarf. Das Problem liegt darin, wie sie dies getan haben, und wenn man diese Frage untersucht, kommt man nicht daran vorbei, daß Griechen und Römer nicht in jenem Horizont reflektierten, der sich als das Resultat der christlichen Vermittlungsgeschichte zu erkennen gibt und insofern eine Veränderung der Welt im ganzen heraufführte.

So scheint die strukturale Homogenität, von der die Rede war, zwar für unsere Kultur und Geschichte insgesamt höchst illustrativ zu sein, vielleicht in vielem auch nützlich, da sie die künftige Gestalt der Welt betrifft, aber es bleibt jetzt doch eine gewisse Enttäuschung zurück, und zwar vor allem deshalb, weil die Feststellung der biblisch-christlichen Herkunft der modernen Denkform auf die Nichtchristen durchaus nicht aufregend und inspirierend wirkt, sondern von ihnen allenfalls als historische Marginalie am Rand der neuzeitlichen Entwicklung gelten gelassen wird. Dies haben wir als Christen nüchtern zur Kenntnis zu nehmen; würden wir uns darüber wundern, daß es so ist, so könnte dies ein Zeichen dafür sein, daß wir insgeheim doch damit gerechnet hätten, die „Entdeckung" vermöchte die Nichtchristen zu einem größeren existentiellen Interesse an der christlichen Botschaft selbst zu veranlassen.

Für den Christen aber wird es nicht müßig sein, darüber nachzudenken, ob er als Glaubender nicht in der Beobachtung, daß sich die Welt zunehmend formal hebraisiert oder verchristlicht, ein Zeichen erblicken darf, das wie eine scheue Geste auf das Recht der christlichen Hoffnung hindeutet, auf jene Hoffnung, die ja nicht nur den Christen zugesprochen ist, sondern die Welt als ganze, als zukünftige umgreift. Wenn Geschichtstheologie überhaupt einen legitimen Sinn haben soll, dann müssen wir uns fragen, ob nicht in der aufgewiesenen und weiter zu reflektierenden Paradoxie — strukturale Verchristlichung der Welt und gleichzeitig Schwund der existentiellen Christlichkeit — ein Wink zu sehen ist, der uns andeutet, auf was und auf wen wir hoffen dürfen — und worauf nicht.

Nachtrag Juni 1979

Es kann nicht überraschen, daß man sich nach der Lektüre eines vor zwölf Jahren erstmals publizierten Artikels fragt, ob man nicht manches zu korrigieren oder zurückzunehmen hat. So bin ich mir dessen bewußt, daß nicht wenige Entwicklungen der letzten Jahre (z. B. das neue Interesse an Religion und Meditation, Innerlichkeit und Irrationalismus, das Erstarken des Islam, die Resonanz auf den Papst aus Polen) der hier vertretenen These von der Ausbreitung der hebräisch-christlichen Formalstruktur und insofern der Säkularisierung zu widersprechen scheinen. Trotzdem — ich bin nicht bereit, die „Aufklärung" für eine bloße Episode der europäischen Geschichte zu halten, und vermag von der heutigen, sogenannten religiösen Erneuerung eine Überwindung des säkularen Bewußtseins weder zu erwarten noch zu erhoffen.

Aber ich möchte deutlicher als früher hervorheben, daß der Prozeß der Säkularisierung (im oben gemeinten Sinn) als ein sehr langfristiger anzusehen ist, bei dem jene Rückfälle nicht ausbleiben, ohne die Dialektik nur rationalistisch verstandener Progreß wäre. Deshalb bin ich auch der Ansicht, daß jene Religiosität, die sich nach alter Art einerseits auf Heiligkeitserfahrungen berufen zu dürfen meint und andererseits von ihrer politischen und gesellschaftlichen „Funktion" zu leben trachtet, sich gegenüber dem philosophisch-kritischen Bewußtsein als immer unvermittelter erweist.

Auch müßte, würde man das Thema noch einmal behandeln, sehr ernst darüber nachgedacht werden, daß im Zuge der Säkularisierung jene heute vielfach diskutierten, unsere gesamte Existenz bedrohenden Probleme entstanden sind. Carl Amery hat schon 1972 von den „gnadenlosen Folgen des Christentums" gesprochen. Zwar sehe ich nicht ein, daß die Ambivalenz der hebräisch-christlichen Formalstruktur dem Christentum schlechthin angelastet werden kann, aber es ist zweifellos dringend erforderlich, den Eindruck zu korrigieren, als geriete man vom biblischen Denken über „Welt" und „Geschichte" aus undifferenziert auf die Seite von Wissenschaft und Technik und als hätte man zum Thema Ökologie theologisch und philosophisch nichts zu sagen...

H. R. S.

Stimmen der Zeit, Bd. 182, Jg. 93 (1968), S. 388—398.

SÄKULARISIERUNG
ALS FRAGE AN DIE THEOLOGIE

Von OTTO SEMMELROTH SJ

Wir sind gewohnt, mit dem Begriff Säkularisierung ein Geschehen recht materieller und der Kirche feindseliger Art zu verbinden. Mit dem Westfälischen Frieden begann, was dann im Zuge der Französischen Revolution im Reichsdeputationshauptschluß von 1803 vollendet wurde; die Fürsten, die ihre linksrheinischen Besitzungen abtreten mußten, wurden durch der Kirche entrissene und in diesem Sinn säkularisierte Güter schadlos gehalten. Was heute theologisch mit Säkularisierung gemeint ist, bewegt sich im geistigen Bereich der Frage nach dem Verhältnis von Kirche und Welt. Soviel Fragwürdiges in der menschlichen Haltung sich damit allerdings verbindet, so erwächst das theologische Thema „Säkularisierung" doch weithin einem ehrlichen Bemühen um eine offenbarungsgemäße Deutung sowohl der Kirche wie der Welt wie vor allem des Verhältnisses beider zueinander.

Etwa seit dem Ende des Zweiten Weltkriegs gibt es, zunächst im protestantischen, in etwas anderer Weise aber auch recht stark im katholischen Bereich eine Theologie der Säkularisierung. Von Amerika her wurde dem durch die sogenannte „Gott-ist-tot-Theologie" ein verschärfter Akzent gegeben. Man kann aber vielleicht auch sagen, die Theologie vom Tod Gottes mache nur ausdrücklich, was die Theologie der Säkularisierung voraussetzt. Denn diese ist in ihren schärfsten Ausprägungen ein Begraben Gottes in die Welt und die Mitmenschlichkeit hinein, sie schließt also ein, daß Gott irgendwie als tot angesehen wird.

Mit der Säkularisierung, wie sie heute verstanden und vertreten wird, ist ein weithin berechtigtes Anliegen gemeint. Anderseits wird man doch dem Vorbehalt des Neutestamentlers Heinz Schürmann zustimmen: „Das pneumatische Gegenüber der Glaubenden zum Kyrios läßt sich nicht reduzieren auf ‚Mitmenschlichkeit' und die Christusbotschaft entsprechend nicht auf eine Theologie des ‚Seid nett zueinander‘."[1]

Im folgenden sollen einleitend einige Antriebskräfte skizziert werden, die das komplexe Phänomen der Säkularisierung bestimmen. Im zweiten Teil wird versucht, die Säkularisierungstheologie aus ihrer geistigen Herkunft zu charakterisieren. Der dritte Teil soll mit einigen kritischen Überlegungen und Hinweisen abschließen.

Antriebskräfte zur Säkularisierung

1. Die Darstellung der verschiedenen geschichtlichen und aktuellen Komponenten, die das Phänomen der Säkularisierung so komplex erscheinen lassen, sei mit einem Zug begonnen, der auf den ersten Blick sehr am Rand zu liegen scheint, nämlich mit dem, was wir im Bereich des kirchlichen Lebens mit „Verweltlichung" zu bezeichnen pflegen. Daß ein vom Glauben der Kirche geprägtes Leben sich immer wieder der Welt im johanneisch-paulinischen, pejorativen Sinn zuzuwenden versucht ist, scheint zwar eine Frage der praktischen christlichen Lebensgestaltung, nicht aber der grundsätzlichen theologischen Deutung des Verhältnisses von Kirche und Welt, von christlichem Glauben an Gott und empirisch bestimmtem Wirken in der Welt zu sein. Aber immer wieder hat die praktische These der Verweltlichung die spiritualistische Antithese der Weltfeindlichkeit herausgefordert, so daß die Theologie der Säkularisierung sich geradezu als Synthese im Zug dieser Dialektik dartun kann.

Auch in seiner eigenen Sinnrichtung hat jener Trend zur Welt hin, den wir als Verweltlichung bezeichnen, die Säkularisierungsgeistigkeit unserer Tage gefördert und zum Zuge kommen lassen. Verweltlichung ist die praktische Leugnung der wesentlichen Zweidimensionalität menschlicher Existenz, das heißt der Ausrichtung auf die Welt und des gleichzeitigen Stehens vor Gott, ist der simplifizierende Versuch, das menschliche Dasein eindimensional zu leben. Dieser rein praktische Versuch drängt zum ideologischen Überbau, wenn er vor dem mensch-

[1] H. Schürmann, Neutestamentliche Marginalien zur Frage der „Entsakralisierung", Der Seelsorger 38, 1968, S. 38—48; 89—104. Zitat: S. 98.

lichen Gewissen bestehen will. Es ist kein Zweifel, daß die Säkularisierungsideologie unserer Zeit — auch ohne das, was dahintersteht, einfachhin schlechtmachen zu wollen, muß man das wohl sagen — weithin den Eindruck eines solchen ideologischen Überbaus über eine Praxis macht, der die Zweidimensionalität menschlicher Existenz fremd oder kompliziert erscheint.

2. Zu diesen Faktoren aus dem praktischen Bereich kommen solche aus dem mehr grundsätzlichen, theologischen Bereich. Wir betrachten sie am besten von den beiden Seiten her, die in der ganzen Frage miteinander konkurrieren, dem Bemühen um ein gereinigtes Gottesbild und um eine Entsakralisierung der Welt.

a) Es gibt eine Tendenz zur Säkularisierung, die auf die ausdrückliche Gottesaussage um Gottes selber willen meint verzichten zu müssen. Diese säkularisierende Anonymisierung Gottes glaubt ein zu anthropomorphes Bild Gottes und ein zu ehrfurchtsloses Umgehen mit Gott wie mit einem verfügbaren Gegenstand korrigieren zu müssen. Das geht bis zu der Behauptung, ein kategoriales Sprechen über Gott sei unmöglich. Nun wird man gewiß festhalten, daß Gott mit keiner kategorialen Aussage so eingefangen wird, wie er ist. Aber er hat sich schließlich selbst in die kategorialen Aussagen seiner prophetischen Offenbarung bis zur Menschwerdung in Jesus Christus entäußert. In solcher Entäußerung setzt sich Gott selbst der Gefahr aus, daß Menschen, die eifersüchtiger über die Göttlichkeit Gottes wachen als Gott selbst, Gott fremd werden. Der Purismus des Sprechens von Gott, wie man ihn heute antrifft, will das Dilemma nicht mitmachen, in das Gott selbst sich stellt, wenn er Menschen in einer Welt schafft, und „in der Offenbarung aus überströmender Liebe die Menschen anredet wie Freunde und mit ihnen verkehrt, um sie in seine Gemeinschaft einzuladen und aufzunehmen" [2].

b) Mehr noch als von der Reinigung des Gottesbildes her glaubt sich der theologische Säkularismus vom Glauben an Christus bestätigt, insofern er die Welt entsakralisiert habe. Durch den Glauben an Christus und sein Werk ist die Welt und das menschliche Verhältnis zu ihr von der Vorstellung eines von guten oder bösen dämonischen Kräften erfüll-

---

[2] Zweites Vatikanisches Konzil, Dogmatische Konstitution ›Dei Verbum‹, Art. 2.

ten und geleiteten Weltgeschehens befreit worden. Es geschah eine Entzauberung der Natur. Christus verkündet eine vom Vatergott erschaffene und von seiner Vorsehung durchwaltete Welt, in die hinein der Sohn Gottes als Unterpfand der Weltliebe des Vaters Mensch geworden ist. So hat Christus die Menschen in eine entsakralisierte Welt hinein befreit und selbst den Grund für eine gewisse Säkularisierung gelegt. Joachim Friese erinnert daran, daß „seit langem in Publikationen zur Frage der Säkularisation auf die Tatsache aufmerksam gemacht wird, daß die bisher erste und einzige säkularisierte Welt nur auf dem Boden der Christenheit entstanden ist,"[3] und daß „der christliche Glaube an den außerweltlichen Gott zugleich der Unglaube gegenüber den göttlichen Mächten der Welt ist"[4]. Und auf die Frage: „Ist also die moderne säkularisierte Welt als illegitimes oder als legitimes Kind des Christentums zu bezeichnen?" gibt er die Antwort: „Die Haltung des säkularisierten Menschen ist gekennzeichnet durch seine Souveränität gegenüber Welt und Natur ... Voraussetzung zu dieser Haltung, die antiken Menschen nur ausnahmsweise möglich war, ist, daß irgendwer oder irgend etwas ihn aus der religiösen Bindung an die göttlich-kosmischen Mächte befreit hat ... Die Befreiungstat Christi hat einen doppelten, ambivalenten Sinn: Sie befreit den Menschen von allen religiösen Bindungen, denen er unterlag, und sie bindet wiederum den Menschen an Christus, den Befreier, dem der Gläubige von nun an immer verpflichtet bleibt."[5] Johann B. Metz bestätigt diese Auffassung aus katholischer Sicht. Er spricht von der „Wahrheit des Christusereignisses, derzufolge durch die Fleischwerdung Gottes das Fleisch erst ganz als ‚Fleisch', als Erde, als weltliche Welt, und Gott erst ganz in seiner transzendenten Weltüberlegenheit erscheint"[6].

[3] J. Friese, Die säkularisierte Welt. Triumph oder Tragödie der christlichen Geistesgeschichte, Frankfurt 1967, S. 26.
[4] Ebd., S. 27.
[5] Ebd., S. 54 f.
[6] J. B. Metz, Zur Theologie der Welt, Mainz–München 1968, S. 28.

Charakterisierung aus der geistigen Herkunft

Nach diesen kurzen Hinweisen auf gewisse Antriebskräfte des Phänomens der Säkularisierung soll nun dieses Phänomen aus seiner geistigen Herkunft charakterisiert werden. Bei aller Gemeinsamkeit der theologischen Weltzuwendung in der evangelischen und katholischen Theologie muß es doch auf verschiedenem ideengeschichtlichen Hintergrund gesehen werden.

Es zeigt sich Gemeinsamkeit in der These, daß die Säkularisierung nicht, wie viele meinen, gegen den christlichen Glauben erfolgt, sondern gerade Konsequenz und Verwirklichung des christlichen Glaubens sei. So sagt etwa Friedrich Gogarten, die Säkularisierung sei ein Vorgang, „der sich ganz folgerecht aus dem Wesen des christlichen Glaubens ergibt". „Eben in dieser Säkularisierung ereignet sich der erste gewaltige Ansatz zu einer Gestaltung der Welt und ihrer Wirklichkeit aus den Kräften des christlichen Glaubens, freilich mit all den Gefahren und Irrtümern, ohne die so etwas nicht möglich ist."[7] In frappierender Übereinstimmung damit stellt Johann B. Metz als katholischer Theologe der Theologie die Aufgabe: „Die Theologie hat freizulegen, daß und wie dem geschichtlich unumkehrbaren epochalen Ansatz der neuzeitlichen Verwaltung der Welt der christliche Anfang nicht entfallen, sondern echt geschichtlich wirksam ist,"[8] was er dann mit folgender These beantwortet: „Die Weltlichkeit der Welt, wie sie im neuzeitlichen Verweltlichungsprozeß entstanden ist und in global verschärfter Form uns heute anblickt, ist in ihrem Grund, freilich nicht in ihren einzelnen geschichtlichen Ausprägungen, nicht gegen, sondern durch das Christentum entstanden; sie ist ursprünglich ein christliches Ereignis und bezeugt damit die innergeschichtlich waltende Macht der ‚Stunde Christi' in unserer Weltsituation."[9]

In diesem Punkt also besteht eine erstaunliche Gemeinsamkeit. Aber der verschiedene Ausgangspunkt bestimmt doch die mehr protestantische Säkularisierungstheologie anders als die katholische, was beide

[7] F. Gogarten, Verhängnis und Hoffnung der Neuzeit. Säkularisierung als theologisches Problem, Stuttgart ²1958, S. 8.

[8] Zur Theologie der Welt, S. 14.

[9] Ebd., S. 16 f.

nicht gegeneinanderstellt, sondern zu wichtiger Ergänzung führt. Man könnte die verschiedenen Bewegungsrichtungen, die in beiden Theologien zur Welt hingeführt haben, vielleicht von seiten der protestantischen Theologie mehr als „Freiheit zur Welt"[10] und auf seiten der katholischen Theologie mehr als „Freilassung der Welt" kennzeichnen — wobei die Zueignung beider Richtungen zur evangelischen bzw. katholischen Theologie nicht allzu exklusiv genommen werden darf.

1. In der *protestantischen* Nachkriegstheologie verbindet sich der Beginn des Bemühens um die Theologie der Säkularisierung vor allem mit Namen wie Paul Tillich, Friedrich Gogarten, Dietrich Bonhoeffer. Sie alle haben schon Jahre vorher theologisch bedeutsame Arbeiten geleistet. Gogarten ist eigentlich bekannter geworden durch seine ursprüngliche Verbindung mit Karl Barth und der entstehenden dialektischen Theologie. Er gründete mit Barth und Thurneysen im Jahr 1922 die Zeitschrift der dialektischen Theologie ›Zwischen den Zeiten‹. Seine bedeutenden Beiträge zur Säkularisierungstheologie hat Gogarten in seiner dritten Schaffensperiode nach dem Zweiten Weltkrieg geleistet.[11] Es mag an der Belastung seiner dem Nationalsozialismus und den Deutschen Christen verhängnisvoll positiv zugewandten Vergangenheit liegen, daß diese Arbeiten der Nachkriegszeit nicht ganz die Beachtung gefunden haben, die ihrer wahren Bedeutung entsprochen hätte.

Bei Dietrich Bonhoeffer spiegelt sich geradezu in seiner eigenen theologischen Entwicklung die plötzliche Wandlung der evangelischen Theologie aus einem der Welt nicht gerade günstigen Erbe zur Welt hin. In seinen jüngeren theologischen Jahren empfand sich Bonhoeffer einigermaßen schockiert, als er bei einem Studienaufenthalt im Union Theological Seminary in New York 1930/31 erfahren mußte, wie wenig der amerikanische Protestantismus von der Theologie, wie sehr er dagegen vom Social Gospel bestimmt war. Diese Hinwendung des amerikanischen Protestantismus zum sozialen Engagement war praktische

[10] So der Titel des Buches von A. V. Bauer, Freiheit zur Welt. Weltverständnis und Weltverhältnis des Christen nach der Theologie Friedrich Gogartens, Paderborn 1967.

[11] Vgl. vor allem: Die Kirche in der Welt, Heidelberg 1948; Der Mensch zwischen Gott und Welt, Stuttgart 1952; [3]1956; Verhängnis und Hoffnung der Neuzeit. Säkularisierung als theologisches Problem, Stuttgart 1953; [2]1958.

Hinwendung zum Innerweltlichen, aber keine Theologie der Säkularisierung. Man wird aber nicht fehlgehen mit der Annahme, daß sich hier
ein Einfluß vorbereitete, der Bonhoeffer in der Zeit seiner Gefangenschaft in Berlin-Tegel — sein Biograph Eberhard Bethge setzt die Zäsur
im April 1944 an [12] — zu seiner These von der „mündig gewordenen
Welt" führte, der eine „nichtreligiöse oder weltliche Interpretation", ja
wie er auch sagt, „eine religionslose Interpretation des Christentums"
gegeben werden müsse. So gab er der Arbeit, mit der er sich in der Zelle
von Tegel zu befassen begann, den Arbeitstitel: „Nichtreligiöse Interpretation in einer mündig gewordenen Welt". Seit Bonhoeffers Zeiten
ist dann die Säkularisierungstheologie im protestantischen Raum weitergegangen, wobei ganz sicher das Moment des Religionslosen sich
zwar auf Bonhoeffer zu stützen meint, sein eigenes Anliegen aber weithin überrollt hat.

Die Eigenart dieser vor allem im protestantischen Raum beheimateten Theologie der Weltlichkeit ist vom glaubens- und geistesgeschichtlichen Erbe des lutherischen Denkens bestimmt. Der Hintergrund, auf dem sich die Weltzuwendung der protestantischen Nachkriegstheologie der allgemein geistes- und lebensgeschichtlich längst erfolgten Säkularisierung theologisch annimmt, ist das reformatorische,
vor allem lutherische Erbe einer Trennung von Glaube und Welt. Die
reformatorische Theologie hat im Zeichen der „Nacht der Sünde" eine
negative Haltung gegenüber der Natur und der Welt entwickelt. Aus
dem lutherischen Sündenverständnis der Zerstörung der menschlichen
Natur und ihres Verhältnisses zur Welt gestaltete sich das lutherische
Geisteserbe gegenüber der Welt skeptisch, negativ oder doch so, daß
Glaube und Welt, christliches und weltliches Leben in eine gewisse
Zweiheit, in zwei Reiche auseinanderfielen (wenn auch Luther selbst
wohl die zwei Reiche nicht so dualistisch verstanden hat). Eine Hinwendung zum Wirken in den Bereichen der Welt entsteht nicht in innerer Einheit mit theologischer Deutung, sondern mehr unter Aufgabe
der theologischen Weltdeutung. Die Tendenz zur praktischen Tat
und zum sozialen Evangelium im amerikanischen Protestantismus ist
daher nicht theologisch begründet, sondern geht praktisch neben

---

[12] E. Bethge, Dietrich Bonhoeffer — Christ — Zeitgenosse, München 1967,
S. 965.

der Theologie her. Die Theologie der Säkularisation setzt hier eine Korrektur.

2. Im *katholischen* Raum betont die Säkularisierungstheologie zwar zum Teil ähnliche Gesichtspunkte wie die protestantische, aber vom geistesgeschichtlichen Erbe her ist die Bewegung zu einer Theologie der Welt im katholischen Raum doch einigermaßen anders bestimmt. Es handelt sich hier nicht so sehr darum, daß die Theologie freigegeben wird zu einem Ja zur Welt — obwohl auch dieses Moment in der katholischen Welt-Theologie, vor allem bei Metz, nicht fehlt. Was aber, gerade auch im Zusammenhang mit den Bemühungen, die sich in der Konzilskonstitution ›Gaudium et Spes‹ niedergeschlagen haben, die katholische theologische Hinwendung zur Welt vor allem kennzeichnet, ist eine Freigabe der Welt, der innerweltlichen Existenz- und Lebensbereiche, aus einer integralistischen direkten Beherrschung durch Glaube und Kirche.

Natürlich kennt auch die katholische Tradition die Bedrohtheit der Welt und des Menschen in ihr durch die Sünde. Sie weiß um das, was Schoonenberg die Sünde der Welt genannt hat, von der der Mensch situiert ist.[13] „Unser christliches Verhältnis zur Welt ist wahrhaft kein unbefangenes und kein fraglos optimistisches."[14] Aber in der katholischen Tradition wirkt diese Betrachtung einigermaßen anders als in der protestantischen. Hat die katholische Theologie doch immer am bleibenden Bestand von Natur und Welt auch im Gefolge der Sünde, an der Bedeutung der Kreatur und der Welt für das Verhältnis des Menschen zu Gott, am sittlichen Anspruch auch der „Natur" als Spiegel und Ausdruck des göttlichen Schöpferwillens festgehalten. Diese Position schien dann sehr leicht auch das Verhältnis des Menschen zur Welt recht unmittelbar in die überwachende und führende Kompetenz der amtlichen Kirche zu stellen, was dann einen gewissen Höhepunkt erlangte im antiliberalistischen Integralismus der letzten Jahrhundertwende, den Oswald von Nell-Breuning prägnant charakterisiert als „einen religiösen Totalitarismus, der aus dem Glauben (allein) die Antwort auf alle Fragen des privaten und öffentlichen Lebens entnehmen will, folgerecht den verschiedenen Kultursachbereichen nicht nur die absolute, sondern auch

[13] P. Schoonenberg SJ, Theologie der Sünde, Einsiedeln 1966, S. 115—141.
[14] Metz, a. a. O., S. 41.

eine relative Eigenständigkeit abspricht und sie (oder mindestens die Betätigung der Gläubigen in diesen Bereichen) grundsätzlich der ‚potestas directa' der Kirche unterstellen will" [15].

Eine solche Haltung, die die echte und bleibende Zwei-Einheit von Heil und Welt nicht recht wahrhaben will und eine Art Theokratie anstrebt, wie sie nicht einmal das Alte Testament gemeint hat — H. Renckens glaubt die Säkularisation auch als Thema des Alten Testaments aufweisen zu können [16] —, hat im Lauf der Geschichte zu Fehlentscheidungen mit weitreichenden Folgen geführt. Das Zweite Vatikanum hat darauf eindringlich hingewiesen: „Deshalb sind gewisse Geisteshaltungen, die einst auch unter Christen wegen eines unzulänglichen Verständnisses für die legitime Autonomie der Wissenschaft vorkamen, zu bedauern. Durch die dadurch entfachten Streitigkeiten und Auseinandersetzungen schufen sie in der Mentalität vieler die Überzeugung von einem Widerspruch zwischen Glauben und Wissenschaft." [17] Wer geschichtlich zu denken und die Kirche als geschichtliche Wirklichkeit ernst zu nehmen bereit ist, wird solche Entwicklungen und Geschehnisse, aber auch die Erkenntnis und Anerkennung ihrer Irrtümlichkeit als geschichtlich notwendige Durchgänge auf dem Weg zur Selbstverwirklichung der Kirche zu betrachten wissen.

Hier bedeutet die katholische Säkularisierungstheologie, die sich auch im zweiten Vatikanischen Konzil niedergeschlagen hat, Freigabe der innerweltlichen Sachbereiche in ihre vom Konzil ausdrücklich so genannte Autonomie. „Wenn wir unter Autonomie der irdischen Wirklichkeiten verstehen, daß die geschaffenen Dinge und auch die Gesellschaften ihre eigenen Gesetze und Werte haben, die der Mensch schrittweise erkennen, gebrauchen und gestalten muß, dann ist es durchaus berechtigt, diese Autonomie zu fordern. Das ist nicht nur eine Forderung der Menschen unserer Zeit, sondern entspricht auch dem Willen des Schöpfers. Durch ihr Geschaffensein selber nämlich haben alle Einzelwirklichkeiten ihren festen Eigenstand, ihre eigene Wahrheit,

---

[15] Lexikon für Theologie und Kirche, ²V, Freiburg 1960, S. 717.

[16] H. Renckens SJ, Säkularisation und Altes Testament, Bijdragen 27, 1966, S. 412—421.

[17] Zweites Vatikanisches Konzil, Pastoralkonstitution ›Gaudium et Spes‹, Art. 36.

ihre eigene Gutheit sowie ihre Eigengesetzlichkeit und ihre eigenen Ordnungen, die der Mensch unter Anerkennung der den einzelnen Wissenschaften und Techniken eigenen Methode achten muß."[18]

Säkularisierung: ja oder nein?

Haben wir nun also zur Säkularisierung ja oder nein zu sagen? Zu dieser Frage wollen die folgenden kritischen Bemerkungen weder Ablehnung noch schlechthinnige Bejahung dessen, was mit dem Anliegen der Säkularisierung verbunden ist, bedeuten, vielmehr die Berechtigung zugleich mit der Gefährdung darstellen.

1. Das Verhalten des Christen zur Welt ist begründet im Glauben an das Geschaffensein und Geschaffenwerden der Welt durch Gott. „Der Schöpfungsglaube gibt die Welt in ihrer Weltlichkeit frei und führt grundsätzlich zur Welterhellung, Weltaufklärung und Weltverfügung."[19]

Die im biblischen Sechs-Tage-Werk bezeugte Gutheit der Welt ist nicht nur Gutheit im Sinn sittlicher Qualifikation: nichts Geschaffenes ist in sich sittlich minderwertig. Sie ist auch keine rein physisch-objektive Gutheit; diese ist im Gegenteil hinreichend problematisch, da jeder erfährt, wieviel physisch Schlimmes, Schmerzliches, Übles ihm aus den Dingen der Welt widerfährt. Die Gutheit, die der Schöpfungsglaube der Welt zuschreibt, kann man vielleicht eine personale Gutheit nennen. Sie besteht darin, daß „Welt" keine bloß dingliche Vielheit von Sachen oder objektiven Geschehnissen ist. Der Schöpfungsglaube deutet jene „paradoxale Immanenz des Transzendenten", von der Paul Tillich spricht, in dem Sinn, daß die Welt nicht nur Wirkung, sondern Ausdruck ist: Wirkung des Schaffens und ständigen Durchwirkens der Welt durch ein personales Wesen, das sich zudem im Wort seiner Offenbarung nicht als anonyme, apersonale Kraft, sondern als personale Macht bezeugt hat. Zu ihm kann also der Mensch in der sachlichen Vielheit und den Ereignissen der Welt Du sagen. Gott hat die Menschen mit dem Auftrag, sich

---

[18] Ebd.
[19] J. Peitz, Säkularisiertes Denken — Präambel des Glaubens? Theologisch-praktische Quartalschrift 116, 1968, S. 113—120. Zitat: S. 117.

die Erde untertan zu machen, in die Welt hinein entlassen. Der Inhalt dieses Auftragworts Gottes klingt dem Menschen aus der Welt, in der er steht, entgegen, gerade da, wo es die Strukturen und Gesetzmäßigkeiten der innerweltlichen Sachbereiche sind. Sind sie doch vom Schöpfergott der Welt eingestiftet. Sie befolgend darf der Mensch sich von Gott angeredet und aufgerufen wissen. Insofern ist der Unterschied von Sakral und Profan wirklich fragwürdig; aber nicht deshalb, weil es keine Sakralbereiche gäbe, sondern deshalb, weil auch die Welt nicht in dem Sinn profan ist, als wäre sie nicht Bereich der dienenden Begegnung mit Gott.

So ist „Welt" nicht die bloße Sammlung der Dinge und Sachverhalte um uns her. Welt ist diese Sachwelt mit einer zweifachen personalen Beziehung: der Beziehung zu Gott, der sie für den Menschen bereitet und ihm als Auftrag übergeben hat, und der Beziehung zum Menschen, der die sachlich-menschliche Umwelt durch seine Entscheidungen zur Geschichte machen soll. „Welt" ist also, gerade auch im biblischen Verständnis, nicht sosehr eine kosmologische, sondern eine anthropologische Wirklichkeit.

Was wir als Säkularisierung vollziehen können, ja müssen, ist das Ja zur Welt als Welt. Das bedeutet eine gewisse Entsakralisierung, aber nicht so, als wenn die Welt und der menschliche Dienst in Befolgung der innerweltlichen Eigengesetze nichts mit Gott zu tun hätte. Entsakralisierung vielmehr in dem doppelten Sinn: daß die Dynamik der Welt nicht dämonischen Sakralkräften zugeschrieben, sondern die Welt als sie selbst freigesetzt wird; und daß zweitens Welt und Gott nicht identifiziert, sondern Welt gerade in ihrem Nicht-Gott-Sein anerkannt wird. Anderseits wird Säkularisierung gerade durch die Anwesenheit Gottes in der Welt möglich und begründet, die drei Momente umfaßt: Das Eintreten der Welt aus dem Nichtsein zum Sein am Anfang; dies aber nicht deistisch verstanden, als wenn göttliches Schaffen sich an die von ihm begründete Welt abgegeben hätte, sondern bleibendes Wirken Gottes in der Eigendynamik der Welt einschließlich ihrer Entwicklung; und schließlich Dasein Gottes in der Welt, insofern die der Welt eigenen Strukturen, Möglichkeiten, Gesetzmäßigkeiten vom Schöpfergott eingestiftet und daher sein ständiger Anspruch an den Menschen sind, der sie erforschen, befolgen, auswerten und eben auch darin Gott begegnen soll.

2. Dieses Ja zu einer gewissen Säkularisierung darf nun aber nicht bestimmte Gefahren übersehen, die ihr innewohnen. Dabei sei ausgegangen von den beiden Bewegungsrichtungen von Säkularisierung, von denen bereits gesprochen wurde.

a) Der neuen Weltzuwendung einer Theologie, die eine dualistische Trennung von Glaube und Welt zu korrigieren sucht, wohnt die Gefahr inne, die Kirche und das von ihr vertretene Gottesverhältnis so in der Welt aufgehen zu lassen, daß sie praktisch aufhört Kirche zu sein: Säkularisierung unter Aufhebung der eschatologischen Verkündigung durch das Sein und Handeln der Kirche in der Welt.

Ihre schärfste Ausprägung findet diese Gefahr da, wo man Gott als kategorial zu erfassende Wirklichkeit hat sterben lassen in die Mitmenschlichkeit oder in den Weltdienst hinein. Da wird doch wohl ignoriert, daß wir Menschen unser personales Leben in zwei Dimensionen ausdrücklich machen müssen: Das Umgehen mit der Welt entsprechend den ihr eingestifteten Eigengesetzlichkeiten als ausdrücklicher Gegenstand unserer Beachtung enthält das Du Gottes tatsächlich, aber unthematisch in sich. Es gibt aber Zeiten und Räume, in denen die du-hafte Begegnung mit Gott die Richtung unseres Denkens, Wollens und Tuns ausdrücklich bestimmt, während die Welt unthematisch und mehr unterbewußt mit einbezogen ist. Es darf nicht als Dualismus verschrien werden, daß beide Dimensionen menschlicher Existenz bei aller lebendigen Verbundenheit doch immer eine gewisse Zweiheit des ausdrücklichen Vollzugs bleiben müssen. Das gläubige Bewußtsein, in der Befolgung der weltlichen Eigengesetzlichkeiten tatsächlich Gott zu folgen und zu dienen, kann nicht lebendig bleiben, wenn nicht auch in der Besonderheit bestimmter Zeiten und Orte die betende Du-Anrede an Gott vollzogen wird. Umgekehrt soll die du-hafte Ausrichtung auf Gott dem Menschen jene Verwandtschaft und Vertrautheit mit Gott geben, die ihn in der Welt die Spur Gottes wittern und sein weltliches Wirken, insofern es weltgemäß ist, als Gehorsam gegen Gott vollziehen läßt.

Mit dem Genannten hängt dann auch das heute so starke In-Frage-Stellen des geistlichen Amtes in der Kirche zusammen: Daß das Amt eben als geistliches, sakramental mitgeteiltes Amt den Dienst „in persona Christi" und die nicht nur funktionale, sondern auch existentielle und zuständliche Darstellung des eschatologischen, also über das Welthafte hinausweisenden und hinausführenden Sinnes der Kirche zu realisieren hat; daß die kirchliche Gemeinde eben geistlich-eschatologische Gemeinde und daher nicht einfach nach Art einer zivilen innerweltlichen Gemeinde zu deuten ist, innerhalb deren es unter anderen auch die geistliche Funktion gibt.

Mit der wenn auch weithin berechtigten Säkularisierung verbindet sich die Gefahr einer Drangabe der eschatologischen Andersartigkeit der Kirche gegenüber der Welt. Säkularisierung verbirgt vielleicht doch nicht selten ein Sich-nicht-wohl-Fühlen in jener gewissen Fremdheit in der Welt, die mit der Sendung gegeben ist, der Welt und ihren Menschen die Nicht-Endgültigkeit ihrer Existenz zu verkündigen. Die notwendige Solidarität mit den Menschen und ihrem Elend darf über der angestrengten Bemühung, die Menschen und ihre Welt über ihr augenblickliches Elend in eine bessere Welt zu führen, nicht aus dem Auge verlieren, daß auch dieses Ziel kein endgültiges ist. Die berechtigte Faszination, die vom sozialen Engagement ausgeht, bedeutet hier eine echte Gefahr. Auch bei der jüngsten Vollversammlung des Ökumenischen Rates der Kirchen in Uppsala vom 4. bis 19. Juli hat sie gewirkt. „In der Thematik stand vom ersten Tag an die Weltverantwortung der Christen weit im Vordergrund. Die Fragen nach der sozialen Gerechtigkeit, der gesellschaftlichen und wirtschaftlichen Entwicklung beherrschten die Diskussion so sehr, daß eigentlich theologische Probleme fast vollständig zurücktraten. Die Sektionsberichte wirken überall dort, wo sie sich mit theologischen Fragen befassen, merkwürdig blaß ... Der Vorrang der auf die Welt bezogenen Fragen ist unübersehbar ... In Uppsala wurden allerdings auch die Grenzen jedes kirchlichen Handelns sichtbar. Auf die Entscheidungen in Politik und Wirtschaft haben die Kirchen keinen ernst zu nehmenden Einfluß. So überzeugend die Forderungen sind, auf die sich die Delegierten in ihren Schlußberichten einigten, wie sollen sie durchgesetzt werden? ... Hier wird die Problematik der Wahrnehmung des christlichen Weltauftrags sichtbar, und man fragt sich, ob der eigentliche Beitrag der Kirchen nicht auf einem anderen, ihnen spezifisch eigenen Gebiet liegt, nämlich in dem Versuch, die Mentalität zu ändern." [20]

b) Soviel zu Krisenpunkten in der Säkularisierung, insofern eine neue

---

[20] W. Seibel SJ, in einem Bericht über die Tagung im Bayerischen Rundfunk am 24. Juli 1968.

Hinwendung zur Welt einem gegenüber der Welt grundsätzlich reservierten Erbe oder einer gegenüber der Aufklärung und dem Liberalismus sich einigelnden Gettohaltung entgegengesetzt wird. Aber auch die Säkularisierung im Sinn der Freisetzung der innerweltlichen Sachbereiche aus einer integralistischen Potestas directa der Kirche in die ihnen eigene Autonomie verlangt die Beachtung gewisser kritischer Momente.

Als Gefahr droht hier vor allem der Versuch einer zu vereinfachenden Grenzziehung zwischen Glaube und Kirche einerseits und Welt anderseits. Auf Grund der Neuentdeckung oder neuen Anerkennung der innerweltlichen Eigengesetzlichkeiten gibt man sich leicht der Meinung hin, man könne die Grenze zwischen den Aufgaben- und Zuständigkeitsbereichen der Kirche als geistlicher Gemeinde und denen der Welt einfach ziehen ohne Beachtung von Gebieten, in denen sich beide Kompetenzen nicht nur berühren, sondern überschneiden.

Zunächst haben wir zu bedenken, daß wir weder von der Welt noch von Glaube und Kirche rein objektiv sprechen. Es handelt sich immer um den Menschen mit seinen Beziehungen zu dem ihn schaffenden Gott und zu der Wirklichkeit, der er eingestiftet ist. Welt bedeutet den Menschen, insofern er im Wirken nach den innerweltlichen Eigengesetzen Gott verantwortlich gegenübersteht. Da aber nun die Kirche eben diesen Menschen in seiner Beziehung zu Gott zu besorgen hat, ist sie nicht so einfach aus der Weltlichkeit des Menschen herauszuhalten. Nicht als wenn sie dem Menschen die Normen für die Verwirklichung der innerweltlichen Sachbereiche zu geben hätte; wohl aber hat sie in den Menschen das Bewußtsein zu wahren, daß sie in der Welt als einem von Gott bestimmten Bereich stehen, also Weltdienst als Dienst vor Gott zu realisieren haben. Hier kann es durchaus geschehen, daß die aus dem Naturgesetz — dieses sowohl als physisches wie als sittliches verstanden — erkannte Forderung Gottes, wie sie der Wissenschaftler im Ernst seines Umgangs mit der Welt erarbeitet, mit Normen, wie sie die Kirche als Folgerung aus dem Gotteswort oder als Schutz für seine Bewahrung glaubt festhalten zu müssen, in tragischen, auf dem faktischen Irrtum einer oder beider Seiten beruhenden Gegensatz treten kann.

Zweitens darf die anti-integralistische Freigabe der Welt an ihre Weltlichkeit nicht übersehen lassen, wie viele Grenzbereiche es gibt, in denen sowohl die Welt ihre Eigengesetzlichkeit wie auch die Kirche kraft ihrer Sendung mehr als eine „Norma negativa" geltend zu machen hat. Diese Überschneidungsbereiche entstehen dadurch, daß es sich eben in beiden Bereichen um den Menschen handelt und daß das gnadenhaft-übernatürliche Heil, das die Kirche zu besorgen hat, zwar eigentlichst durch das innerkirchliche Wort und Sakrament vermittelt wird, aber doch bereitet und bewahrt wird durch das Einwirken auf den Menschen, wie es in Schule, menschlichem Gemeinschaftsleben, sozialem Engagement, Kultur und Kunst usw. ausgeübt wird.

Drittens gibt es eine Reihe von Wirksamkeiten, die früher einmal in direkterer Weise als heute Ausübungsweisen des Christlichen waren, während sie heute einen sehr viel weltlicheren Aspekt bekommen haben. Krankenhäuser und Wohlfahrtseinrichtungen waren in früheren Jahrhunderten unmittelbare Konkretisierungen christlicher Caritas, während sie heute sehr weltliche Bereiche sind, bei denen man fragen kann, ob die Kirche sie nicht mehr als bisher an die Welt abgeben sollte, während sie selbst die beseelende, ihrer Sendung entsprechende seelsorglich missionarische Funktion in diesen Bereichen ausüben sollte. Das nämlich ist der Gesichtspunkt, der auch hier vor allzu vereinfachender Grenzziehung warnen muß: Solche Institutionen sind in besonderer Weise Mittel und Wirkbereich des missionarischen Auftrags der Kirche und rufen daher die Sorge der Kirche in besonderer Weise auf.

Besonders stark wirkt die Gefährdung dort, wo der einzelne Träger des geistlichen Amtes der Kirche in Funktionen gestellt ist, die ihrer Natur nach weltliche Berufsaufgaben darstellen, aber um der missionarischen Aufgabe willen als deren Wurzelgrund, Ausgangsbasis und Mittel übernommen werden, so daß der betreffende Mensch in Personalunion weltliche und kirchlich-geistliche Aufgaben als Beruf ausübt. Sosehr oder gerade weil der Trend heute recht stark in die Richtung einer solchen Doppelung geht, wird man sich ernstlich fragen müssen, ob eine ernst zu nehmende Verwirklichung von beiden nicht eine Überforderung des menschlichen Einsatzes bedeutet. Die Kirche wird ihr geistliches Amt vornehmlich dadurch in den Dienst des kirchlichen Weltauftrags stellen müssen, daß es in der geistlichen Leitung, deren vornehmste und zentrale Gestalt der Dienst des Gotteswortes und des Sakraments ist, die Gemeinde und die einzelnen Menschen formt, die aus der innerkirchlich vermittelten Gottbegegnung zu Menschen wurden, die weltliche Berufsaufgaben als Gehorsamsleistung gegen Gott auszuüben fähig und bereit sind.

Es liegt im Ganzen der Verwirklichung einer recht verstandenen Säkularisierung ein breiter Bereich des Ermessens, in dem Gebrauchsanweisungen kaum gegeben werden können. Die positiven wie die kritischen Aspekte dessen, was Säkularisierung heißt, wollen dabei in gleicher Weise ernst genommen werden.

Concilium 5 (1969), S. 547—552. (Übersetzt aus dem Französischen für die Zeitschrift ›Concilium‹ von Karlhermann Bergner.)

SÄKULARISIERUNG:
MYTHEN, REALITÄTEN UND PROBLEME

Von Joseph Comblin

In den letzten zehn Jahren hat sich in den Beziehungen zwischen der katholischen Kirche und der Welt etwas geändert. Aber was ist das, was sich geändert hat? Sind es die realen Beziehungen zwischen der Kirche und der Welt, oder ist es die Vorstellung, die wir uns von diesen Beziehungen machen? Gegenwärtig stehen wir unter einem starken Druck von seiten der Theorie der Säkularisierung. Doch dieser Druck macht uns mißtrauisch. Meint „Säkularisierung" Tatsachen, oder nur eine Theorie, wenn nicht gar einen neuen Mythos?

Wenn wir tatsächlich die gegenwärtigen Wandlungen im Lichte des Evangeliums beurteilen wollen, so müssen wir von vornherein zwischen zwei Fragen unterscheiden: Was meint das Evangelium zu dem, was in unseren Tagen wirklich zwischen Kirche und Welt geschieht? — und was sagt das Evangelium zu unserer Art, das darzustellen, was geschieht?

Manche glauben, es habe sich in den Beziehungen zwischen Kirche und Welt nichts Wesentliches gewandelt; die Wandlung betreffe nur die Vorstellungen; für die Christen von heute sei ein anderes Bild ihrer Beziehungen zur Welt maßgeblich geworden. Doch dieses neue Bild, so sagen sie, sei ebenso falsch und tendenziös wie das alte und unter dem Einfluß der Ideologien zustande gekommen; hinter den ideologischen Änderungen gehe die Kirche weiter ihren gleichen Weg, unbeirrbar an ihren grundlegenden Verhaltensweisen festhaltend.

Die Leute, die dies sagen, können ein sehr starkes Argument zu ihren Gunsten geltend machen. Sie stellen fest, daß zwar viel diskutiert wird, die alten Institutionen aber immer noch, bisweilen unter neuen Namen, da sind und weiter tun, was sie vor Beginn der Auseinandersetzungen getan haben. Vor allem sind es immer die gleichen, welche die maßgeblichen Entscheidungen treffen. Man spricht zwar nicht mehr von „den

Schäflein", sondern von „der Laienschaft". Man sagt nicht mehr „Apostolat", sondern man spricht von „Dialog". Es ist nicht mehr die Rede von „Gehorsam", statt dessen spricht man von „Kompromiß". Es heißt nicht mehr „die Welt erobern für Christus", sondern „der Welt dienen". Doch was man tut, ist nach wie vor das gleiche. In der Stunde der Wahrheit sieht man, daß sich in Wirklichkeit nichts geändert hat.

Andere glauben, was wir erleben, sei nur eine taktische Änderung im Rahmen einer sich immer gleichbleibenden Strategie. Seit Leo XIII. sei die Kirche sich immer mehr klar darüber geworden, daß sie zur Sicherung der Präsenz und des Fortbestandes ihrer Institutionen in der Gesellschaft nicht mehr mit ihren traditionellen Verbündeten rechnen kann. Sie werfe daher Ballast ab, um die Sympathien neuer sozialer Schichten zu erwerben, in der Hoffnung, sie werde neue Verbündete und neue Werkzeuge für ihre Politik in der Welt finden. Sie nehme gewisse „demokratische" Formen an, um gewisse niedere Schichten der Gesellschaft, namentlich die Kleinbürger, zu überzeugen. Die Katholische Aktion sei eine Etappe in dieser taktischen Entwicklung gewesen; der konziliare Dialog stelle eine zweite dar. Alles übrige sei Rationalisierung und Theorie.

Wir glauben dagegen, daß in Wirklichkeit mehr geschieht als dies. Doch von da bis zur Annahme der Theorie, die Säkularisierung sei die getreue Darstellung der Tatsachen, ist es noch weit.

Man möchte uns glauben machen, wir erlebten gegenwärtig eine Anerkennung und Hinnahme des Phänomens der Säkularisierung durch die Kirche. Das sei die Tiefenströmung der gegenwärtigen Stunde. Doch ein solches Verständnis der Dinge erfordert eine kritische Prüfung. Zweifellos müssen wir den Erfolg dieser Theorie anerkennen: Es ist ein Zeichen der Zeit, daß sie die Tendenz zeigt, sich durchzusetzen. Doch Erfolg ist noch kein Argument. Wie sieht also die Wirklichkeit aus?

1. Vor dem Konzil

Um den ganzen Umfang der Wandlungen im Verständnis der Beziehungen zwischen Kirche und Welt zu ermessen, brauchen wir nur irgendeine von den Sozialenzykliken nachzulesen, die vor ›Summi Pontificatus‹ Pius' XII. liegen. In ihnen findet man stets und ständig das idealisierte Bild der mittelalterlichen Christenheit, wie es aus der Vorstellungswelt der Romantiker (Novalis) erwachsen ist, und das Denkschema von der fortschreitenden Auflösung dieser Christenheit unter den immer kühneren Angriffen Satans: vom Protestantismus bis zum Atheismus (de Maistre, de Bonald, Balmes). Die heutige Geschichte ist nach dieser Auffassung Fortsetzung und Folgeerscheinung eines von Luther verursachten Abfalles.

Die Kirche, so sagt noch Pius XII. in seiner Antrittsenzyklika, „hatte Europa einen geistigen Zusammenhalt gegeben; durch das Kreuz gebildet, geadelt und kultiviert, war es zu einem solchen Grad zivilisatorischen Fortschrittes gelangt, daß es andere Völker und andere Kontinente lehren und unterweisen konnte. Doch nachdem sie sich einmal von dem unfehlbaren Lehramt der Kirche gelöst hatten, sind viele der getrennten Brüder schließlich so weit gekommen, daß sie das zentrale Dogma des Christentums, die Gottheit des Erlösers, umstürzten und so die Bewegung der geistigen Auflösung beschleunigen." Mit anderen Worten: Das Glück der Gesellschaft ist von der Anerkennung des unfehlbaren Lehramtes des Papstes abhängig. Wenn dieses Fundament einmal verworfen ist, kann nichts mehr den Sturz von einem Unheil ins andere, bis hin zum endgültigen Verfall aufhalten; wir haben im übrigen auf diesem Weg bereits eine Stufe des Abstieges erreicht, die sich so deutlich erkennen läßt, daß nur Blinde die Schrecken des verhängnisvollen Absturzes übersehen können: „Die Ängste der Gegenwart sind eine Apologie des Christentums, wie sie eindrucksvoller nicht gedacht werden kann."

In ›Divini Redemptoris‹ ging Pius XI. von dem gleichen Denkschema des Abstieges aus: „Der Kampf zwischen Gut und Böse, das traurige Erbe der Ursünde, wütete in der Welt weiter; der alte Versucher hat niemals aufgehört, durch seine trügerischen Verheißungen das Menschengeschlecht zu täuschen. Daher ist im Laufe der Jahrhunderte eine Erschütterung auf die andere gefolgt, bis hin zur gegenwärtigen Revolution, die bereits entfesselt ist, und, so kann man sagen, fast überall zu einer ernsten Bedrohung wird und an Umfang und Heftigkeit alles übertrifft, was man in der Vergangenheit an Verfolgungen der Kirche erlebt hat. Ganze Völker stehen vor dem Absturz in eine Barbarei, die schlimmer ist als jene, unter der vor der Ankunft des Erlösers der größte Teil der Welt lebte. Diese drohende Gefahr — ihr werdet es bereits verstanden haben, ehrwürdige Brüder — ist der bolschewistische und atheistische Kommunismus, der die soziale Ordnung umstürzen und die christliche Zivilisation bis auf ihre Fundamente untergraben will." Bei einer solchen Konzeption ist die Welt als solche passiv. Sie ist nur der Einsatz, um den es in dem tausendjährigen Kampf zwischen Satan und Kirche geht. Die Gefahr ist bedrohlich, denn Satan hat eine Anzahl eindrucksvoller Siege errungen. Die Kirche ist es, welche die Zivilisation bewirkt und die soziale Ordnung erhält. Durch die Zerstörung der Kirche reißt Satan die Welt in die Katastrophe. Doch wer erkennt nicht, daß diese Konzeption viel mehr die Kategorien der griechisch-römischen politischen Philosophie als das Christentum des Neuen Testaments wiedergibt? Die Antithese zwischen Zivilisation (Ordnung) und Barbarei, das Verständnis der Religion als Fundament der sozialen Ordnung — das sind typisch griechisch-römische Ideen. In diesen Enzykliken machen die Päpste dem modernen Menschen gegenüber die gleichen Einwände und Bedenken geltend, die Celsus seinerzeit den ersten Christen entgegenhielt.

Man nahm die Entchristlichung und Säkularisierung als schmerzliche, aber nicht zu leugnende Tatsache hin. Sie war die Folgeerscheinung all der Irrtümer, die Satan den Häretikern und modernen Philosophen eingegeben hatte. Die Aufgabe der Kirche in der heutigen Welt war also ein Kampf gegen diese Kräfte der Zerstörung mit dem Ziele einer Rückkehr zur Situation des Mittelalters.

Im 19. Jahrhundert war dieser Kampf als Verteidigungskampf, als heroischer Widerstand aufgefaßt worden. „Mole sua stat" (= sie widersteht durch ihr physikalisches Beharrungsvermögen) erklärte in der ersten seiner Kanzelreden in Notre Dame in Paris der große Lacordaire von der Kirche. Im 20. Jahrhundert kommt mit der Katholischen Aktion bereits der Gedanke an eine Rückeroberung auf: Es geht darum, die soziale Herrschaft des Königs Christus wiederherzustellen. Selbst der von Maritain vertretene Plan einer profanen statt einer sakralen Christenheit bedeutete keine grundlegende Änderung der Perspektiven. Es ging nach wie vor darum, die Welt Christus zu „weihen" («consacrer»), indem man sie zur gehorsamen Anerkennung seiner Oberherrschaft veranlaßte. Was sich änderte, waren nur die Mittel: Man verzichtete auf eine Erneuerung des Heiligen Reiches und Kaisertums in den neukatholischen Staaten und glaubte, die Wiedereroberung mit den Mitteln der

Demokratie bewerkstelligen zu können. Während der ganzen Dauer dieses geschichtlichen Vorganges hörte man keinen Augenblick auf, die Welt als gestaltlose, passive Materie zu verstehen, die nur darauf wartete, durch den Einfluß des Christentums, des einzigen in Rechnung gestellten aktiven Faktors, gestaltet und geordnet zu werden. Die Geschichte wurde unerschütterlich nach dem Denkschema des Sturzes und Wiederaufstieges verstanden.

2. Nach dem Konzil: Neue Theorien

Nach dem Konzil wandelte sich die herrschende Ausrichtung. Zweifellos bedeutete diese Wandlung keinen totalen Bruch mit der Vergangenheit. Das neue Verständnis war bereits während der Vorbereitungsphase des Konzils vorhanden, und die alte Auffassung wird heute noch von einer Minorität verfochten. Nur das Verhältnis der Kräfte hat sich umgekehrt.

Das christliche Denken geht nunmehr von der Anerkennung der Eigenwerte und Eigendynamik der Welt aus. Diese ist nicht mehr allein gestaltlose Materie, bestimmt, durch die Kirche ihre Form zu erhalten. Man neigt sogar dazu, ihr einen Wert zuzuerkennen, der so ist, daß manche darin ein „implizites" (Schillebeeckx) oder „anonymes" (Rahner) Christentum erblicken. Es geht nicht mehr darum, die Welt zu erobern, sondern mit ihr in den Dialog einzutreten. Anstatt ihre Rechte auf die Welt zu behaupten, bekennt die Kirche sich als Dienerin an der Welt. Die Verkündigung der Autonomie, der Freiheit und des Pluralismus der Welt bringt das Motiv der Diaspora (Rahner) mit sich, in der die Christen in der Form des Zeugnisses, der Präsenz oder der Verdeutlichung und Sichtbarmachung wirken. Die Entchristlichung erhält einen positiven Sinn. Sie bedeutet das Ende der Gegenreformation, das Ende der Konstantinischen Ära, das Ende der Christenheit oder der etablierten Kirche. Wir werden aufgefordert, selbst im Atheismus und Kommunismus positive Elemente zu entdecken. Das sind die geläufigsten Themen des neuen Verständnisses der Beziehungen zwischen Kirche und Welt.

Viele aber gehen noch weiter und wollen diese Themen in die allgemeine Theorie der Säkularisierung einbeziehen. Diese Theorie wirkt sich im übrigen sehr häufig auf die Darstellung jedes einzelnen dieser eben genannten Themen aus. Daher wollen wir uns fragen: Was ist von der Theorie der Säkularisierung als Interpretation der gegenwärtig in den Beziehungen zwischen Kirche und Welt zu beobachtenden Wandlungen zu halten?

Es ist seltsam zu beobachten, wie die großen idealistischen Systeme vom Anfang des 19. Jahrhunderts heute noch die Formen unseres Weltverständnisses beherrschen. Wenn H. Cox die Säkularisierung als Anbruch des pragmatischen Zeitalters definiert, welches das religiöse und metaphysische Denken verdrängt, so greift er damit nur auf Comtes „Dreistadiengesetz" zurück. Wenn er, im Gefolge von Gogarten, behauptet, die Säkularisierung lege die Verantwortung für die Formung der menschlichen Werte in die Hände des Menschen selbst, so erkennen wir darin die Stimmen Fichtes und Hegels. Sollte der Erfolg der Säkularisierungstheorie wirklich nichts anderes sein als eine reichlich späte Entdeckung des Reizes der idealistischen Philosophien durch die traditionellen christlichen Kreise, nichts anderes als das Ende der Zensur, welche die Monolithenhaftigkeit des Thomismus über das christliche Denken ausgeübt hat?

Wie A. J. Nijk[1] bemerkt hat, ist zu der Gogartenschen Theorie von der Säkularisierung nur wenig hinzugekommen. An ihn müssen wir uns also halten, wenn wir uns ein Urteil über den Wert dieser interpretatorischen Theorie bilden wollen. Bekanntlich ist die Säkularisierung bis Gogarten als eine dem Christentum abträgliche Bewegung betrachtet worden. Seit Gogarten beginnt man, sie als positiv anzusehen. Was ist hier geschehen? Haben wir es mit einer Neuentdeckung zu tun oder mit einem Trugbild?

Zweifellos ist ein Anteil von Täuschung darin enthalten. Die „kopernikanische Wende" Gogartens gründet sich auf eine nicht ganz einwandfreie Identifizierung: Gogarten identifiziert die drei Attribute des authentischen Glaubens der dialektischen Theologie mit den drei Grundthesen der idealistischen Philosophie Fichtes und Hegels. Auf diese Weise wird das Christentum Barths und Bonhoeffers schließlich mit dem Hegels identifiziert.

Einerseits werden wir aufgefordert, im Anschluß an den — von Barth

[1] Vgl. A. J. Nijk, Secularisatie, Rotterdam 1968, S. 71.

und Bonhoeffer neu interpretierten — Luther anzuerkennen, daß das authentische Christentum 1. Glauben ohne Religion (ohne religiöse Erfahrung und ohne Pietismus); 2. Schwachheit Gottes (ohne Christenheit und ohne Establishment) und 3. Weltlichkeit der Welt (ohne Klerikalismus und ohne Sakralisierung) ist. Dieses echte Christentum wird als identisch mit den drei Komponenten des Idealismus erklärt: 1. „Entmythologisierung"; 2. Kommen des Reiches des Geistes ohne Gesetz; 3. „Vergeschichtlichung" des Menschen als Schöpfer seines Geschickes. Das heißt, Gogarten stellt folgende Gleichungen auf: Religion + Christenheit + Sakralisierung = Mythos + Legalismus + fehlende Geschichtlichkeit. Und folglich: Glaube = Idealismus = Säkularisierung. Das Wort „Säkularisierung" bezeichnet zugleich die Bewegung der Geschichte, wie von den philosophischen Systemen des Idealismus beschrieben ist, und die Bildung des authentischen Glaubens.

Wenn diese Geschichtsauffassung einmal angenommen ist, verfällt man nur zu leicht der Versuchung, Bestätigungen in den Tatsachen zu suchen. Dann wendet man sich um Hilfe an die Religionssoziologie. Man isoliert Fakten, die man als Phänomene der Entchristlichung bezeichnet, und betrachtet sie als für unsere Epoche wahrhaft repräsentativ: Es sind die Erscheinungen eines Nachlassens der religiösen Praxis und des sinkenden Einflusses der Kirche auf die Gesellschaft, wie man sie in gewissen Bereichen feststellen kann.

Und schließlich braucht man, damit die Theorie vollständig wird, sie nur noch mit der Erklärung zu verknüpfen, die gewisse Soziologen für das Phänomen geben, das man Entchristlichung nennt, das heißt: das Entstehen der industriellen und städtischen Gesellschaft. So gelangt man dann zu der Schlußgleichung: Säkularisierung = authentischer Glaube = Idealismus = Entchristlichung = industrielle und städtische Gesellschaft.

3. Was sich in der Welt gewandelt hat

Wenn die Realität wirklich dieser Theorie entspricht, begreift man den neuen Optimismus angesichts der gegenwärtigen Situation. Die gleichen Tatsachen, die noch vor wenigen Jahren als Zeichen größten Unheiles für die Kirche und der drohenden Katastrophe für die Welt galten, sind nun mit einem Mal Zeichen der Hoffnung auf eine günstige Zukunft.

Denn wenn alles dieser Theorie gemäß verläuft, haben wir eine Synchronisierung zwischen dem Weg der Kirche und dem Weg der Geschichte: Wir stehen in der Stunde der Geschichte. Wenn sich alles so abspielt, ist die Säkularisierung eine große Chance für das Christentum, und die Entchristlichung ist eine ganz und gar ermutigende Erscheinung. Man könnte sich geradezu fragen, ob diese allzuschöne Theorie nicht aus dem Bedürfnis geboren ist, Sicherheit und Zuversicht inmitten der Unsicherheiten einer Übergangszeit wiederzufinden.

Im übrigen sieht man von Anfang an, welche grundlegende Einwände diese Theorie der Säkularisierung auf den Plan ruft. Zunächst einmal lebt sie aus dem Geist einer keineswegs einwandfreien Eschatologie — der Joachims von Fiori —, wenn sie von der Zeit der Geschichte das Kommen eines echten Christentums erwartet. Im übrigen dispensiert sie, wenn sie der Geschichte die Aufgabe der Reform der Kirche überläßt, die Christen von der harten und niemals vollendeten Aufgabe, gegen die Sünden und Fehler ihrer Institutionen zu kämpfen. Und schließlich beläßt sie, wenn sie das „nachchristliche" Zeitalter verkündet, der kirchlichen Institution nur noch einen außerordentlich beschränkten Platz. Aber schauen wir vorerst, ob die Realitäten die Theorie wirklich bestätigen, und ob die christliche Offenbarung ihr den nötigen Rückhalt bietet.

Die Wandlungen in der Haltung der Kirche sind ausgelöst oder halten sich für ausgelöst durch die Wandlungen in der Welt. Aber was hat sich in der Welt gewandelt?

Man sagt uns, wir erlebten ein neues Phänomen: die Vergeschichtlichung des Menschen, die zweierlei einschließe — einerseits die Entsakralisierung, andrerseits den Aufstieg des Menschen, der Schöpfer seiner selbst ist. An dieser Stelle müssen wir, zusammen mit Audet[2], die trügerischen Einmischungen moderner Versionen des Prometheusmythos' bloßlegen. Denn man muß von Mythos sprechen, wenn man sich die Entsakralisierung als Ergebnis eines Kampfes des Profanen um die Emanzipation vom Sakralen (sacré) vorstellt, so als sei die Welt in ihrer Frühzeit eines Tages ganz in das Sakrale eingetaucht und als habe die

[2] Vgl. J.-P. Audet, La revanche de Prométhée, RB 73, 1966, S. 5—29.

Geschichte in einem dauernden Kampf bestanden, in dem das Profane, einen nach dem anderen, alle Wirklichkeitsbereiche der Macht des Sakralen (sacré) entrissen habe. In Wirklichkeit hat es niemals eine vollständig sakralisierte Welt gegeben, und nichts beweist, daß es jemals eine vollständig entsakralisierte Welt geben wird. Ebenso hat es niemals eine rein urtümliche, primitive Mentalität gegeben, und es wird niemals eine rationale Mentalität im Reinzustand geben.

Es läßt sich absolut nicht einsehen, wie oder weshalb die Industrialisierung und Urbanisierung diese totale Wandlung eines total Sakralen in ein völliges Nichts an Sakralität bewerkstelligen sollten. In Wirklichkeit vollzieht sich gegenwärtig, wie an jeder Wende der Zivilisation, eine Verschiebung des Sakralen und des Profanen. Das Sakrale ändert seine Ansatzpunkte. Es ist keineswegs erwiesen, daß es verschwindet, und was die Bibel anbetrifft, so stimmt es wohl, daß sie uns zeigt, daß die Offenbarung eine Anzahl Entsakralisierungen *im Verhältnis zu den alten Religionen des Vorderen Orients* enthält: Es sind die drei berühmten: Entzauberungen (M. Weber) der Natur, der Politik und der Moral (H. Cox). Doch die Bibel zeigt uns in keiner Weise die Geschichte einer Menschheit, die an ihren Anfängen vollkommen sakralisiert, und deren Geschichte ein andauernder Kampf um Entsakralisierung gewesen wäre. Der Mensch ist, ganz im Gegenteil, von Anfang an zugleich profan und religiös.

Das eigentliche Problem liegt darin, die neuen Formen der Sakralität zu entdecken, welche die neue Zivilisation hervorbringt.

Das gleiche gilt für den „homo creator". Die neuen technischen Mittel und Methoden unserer Zeit bilden kein absolut Neues. Es hat auch zu Anbeginn der Menschheit niemals einen vollkommen passiven Menschen gegeben, der einen Kampf darum geführt hätte, aktiv zu werden. Es gibt keinen Übergang von reiner Heteronomie zu reiner Autonomie. Es gibt eine Wandlung in der Technik und in der Autonomie. Vom Tage der Schöpfung an verläuft die Entwicklung des Menschen kontinuierlich. Es gibt keinen Kampf um die Eroberung einer Autonomie, die von Anfang an gegeben war.

Was die Entmythisierung anbetrifft, so macht man sie selbst zu einem Mythos, wenn man sich an den Anfängen der Menschheit eine rein mythische Mentalität vorstellt. Der Mensch hat zu allen Zeiten Mythos und Wissenschaft miteinander vermischt und wird dies zweifellos auch zu allen Zeiten tun. Was sich verschiebt, sind die Grenzen zwischen beiden. Der Mythos verschwindet auf der einen Seite, um auf der anderen Seite aufzutauchen. Die Bibel beseitigt den Mythos nicht: Sie umreißt ein bestimmtes Verhältnis zwischen dem unaussprechlichen Gott und dem mythischen Ausdruck. Ihre Sprechweise wirkt wie eine Entmythisierung, wenn man sie mit gewissen anderen vergleicht, oder wie eine Mythisierung im Vergleich zu gewissen Ablehnungen.

An dritter Stelle weiß man wohl, wie sehr die Kritik an der Gesetzesmoral und der Aufruf zur Herrschaft der Freiheit des Geistes Themen sind, welche die „Meister des Argwohns und Mißtrauens" (Ricœur), Nietzsche, Marx, Freud, auf ihre Weise variiert haben. Danach, so sagt man, ist es unmöglich geworden, unbefangen und kritiklos zu glauben. In Wirklichkeit aber bezieht sich die erbarmungslose Kritik der letzten Jahrhunderte vor allem auf die Funktion als Wächterin der Moral und sozialen Ordnung, welche die Kirche übernommen hatte, als sie in die Struktur der römischen Gesellschaft eintrat, und als die Geistlichkeit es übernahm, in dieser Gesellschaft eine Rolle wahrer Mandarine zu spielen. Was unhaltbar geworden ist, ist die Rolle, welche die Religion in der römischen Gesellschaft spielte, deren Grundstrukturen vor gar nicht langer Zeit noch unangetastet waren. Im übrigen besteht zu allen Zeiten ein Zusammenspiel von Gesetz und Freiheit des Geistes nach einem bestimmten Verhältnis, und das Christentum hat seine spezifische Form, in der es dieses Verhältnis versteht.

Kurzum, man kann sich fragen: Ist das, was in der Welt geschieht, nicht ganz einfach — 1. eine Verschiebung der Grenzen zwischen dem Sakral-Mythischen und dem Profan-Wissenschaftlichen, hervorgerufen durch die neue städtische und industrielle Zivilisation, und — 2. das Ende der römischen Gesellschaft und der Rolle, die darin die Religion zu spielen hatte?

Was die Entchristlichung anbetrifft, in der man den Beweis für die Säkularisierung erblicken möchte, so weiß man sehr wohl, wie umstritten ihre Fakten sind. Die amerikanischen Soziologen bestreiten ganz allgemein die als Entchristlichung bezeichneten Phänomene. Die Vergleiche mit anderen Epochen unter dem Aspekt der religiösen Praxis und des Einflusses des Glaubens auf das Leben sind sehr instruktiv: So scheint es keineswegs, als sei im Mittelalter die Teilnahme an den Sakramenten größer gewesen, als sie heute ist. Auch hier lassen sich verschiedene Änderungen beobachten, aber keineswegs der Übergang von einer Anhängerschaft an die Kirche zu einer Entkirchlichung. Zweifellos geht es den Kirchen, deren Tod man seit langem ankündigt, noch recht gut.

4. Was hat sich in der Kirche gewandelt?

Ja, was hat sich in der Kirche tatsächlich gewandelt? Kann man sagen, daß wir uns auf einen Glauben ohne Religion zubewegen? Es ist nicht zu leugnen, daß gewisse Formen der Frömmigkeit und religiösen Erfahrung eindeutig im Rückgang begriffen sind. Doch kann man sich fragen, ob wir nicht in den charismatischen Gemeinden, die sich als die Zukunftsform der Kirche betrachten, andere Arten von religiöser Erfahrung, von Pietismus, von mystischer Sinnenbeteiligung neu entstehen sehen. In dem, was man „personalen" Glauben nennt, liegen manche Elemente von „Religion" neben echtem Glauben. Der Glaube liegt jenseits der Religion, löst sich aber nicht vollkommen von ihr. Auf jeden Fall genügt die Entsakralisierung keineswegs, um den echten, wirklichen Glauben zu bringen. Um den Glauben zu bekommen, genügt es nicht, daß man die Religion zerstört. Heute wie zu allen Zeiten erwächst der Glaube aus der Verkündigung des Evangeliums. Die Verkündigung des Evangeliums in der heutigen Welt ist aber kein Problem, das sich ganz allein schon durch die Tatsache der Säkularisierung löst. Sie ist — ebenfalls wie zu allen Zeiten — eine Herausforderung an die Apostel.

Auch den Tod der Christenheit und den Anbruch einer neuen, rein profanen Welt, in der Gott sich in seiner ganzen Schwachheit darstellt, verkündet man schon seit langem. Doch wenn die Christenheit eine Art Mischung von Kirche und Kultur ist, so wird sie weiter existieren: Ihre konstituierenden Elemente sind die christliche Auffassung von der Familie und von der Erziehung. Auch die Versuchung, um geistlicher Ziele willen beherrschenden Einfluß auf die Politik der Völker zu bekommen, existiert noch, wenn auch unter neuen Formen. Die politische Rolle, die Cox der Kirche zuweist, ist nicht mehr die der Mandarine, sondern die der „Intellektuellen" in der Industriegesellschaft, und diese Rolle reicht vollkommen aus, um neue, sehr anfechtbare Formen von Christenheit zu schaffen.

Und schließlich müssen der Wunsch nach Reinheit des Christentums und die Schwachheit Gottes nicht notwendig in die Diasporasituation führen. Die Kirche hat stets die Versuchung gekannt, kleine Gemeinden am Rande der Gesellschaft zu schaffen: Entsprechende Gemeinden von heute (Gemeindekirche) greifen den Gedanken und Plan der Mönche früherer Zeiten auf. Wenn aber das Christentum die Welt umwandeln will, so muß es zugleich von ihrer bleibenden Mehrdeutigkeit ausgehen und versuchen, sie aus ihr herauszubringen. Eine ständige Herausforderung! Die Säkularisierung löst das Problem nicht. Heute wie zu allen Zeiten trifft die Kirche — unter neuen Formen — auf die ewig an sie gerichteten Herausforderungen.

Hüten wir uns, diese Änderungen in mythischer Weise zu deuten! Wir erleben weder einen Sturz noch die Geburt eines neuen Menschen. Was wir erleben, ist der Untergang einer bestimmten Zivilisation: der griechisch-römischen, und mit ihr einer bestimmten Rolle der Religion und mit ihr der Geistlichkeit als Kaste der Mandarine. Was wir erleben, ist die Geburt einer neuen Gesellschaft: der industriellen und städtischen, was zu einer Verlagerung des Mythischen führt. Doch besteht kein Anlaß, diese Vorgänge zu den Denkschemata der idealistischen Philosophie in Beziehung zu setzen. Indem man die Theorie der Säkularisierung verkündet, spricht man nur in modernen Begriffen den alten Traum Joachims von Fiori aus: die Erwartung, die Geschichte werde das Christentum reinigen und von sich aus vollbringen, was eigentlich Herausforderung und Aufgabe für jede Christengeneration ist.

Das Gefährliche an dieser Eschatologie ist, daß sie Sicherheit einflößt; und diese falsche Sicherheit, dieser Optimismus der Zukunft gegenüber könnte zu einem der Gründe für die Schwäche der postkonziliaren geistigen Bewegung werden. Eine weitere Gefahr bestände darin, daß sie das Suchen und Forschen auf dem Gebiet der Pastoral entmutigt. Man rechnet damit, daß die Geschichte für uns handelt und sucht nicht ernsthaft genug nach Mitteln und Methoden, in der neuen Gesellschaft Fuß zu fassen: Es fehlen uns missionarische Planungen.

Johann B. Metz, Umwege zu einer praktischen Fundamentaltheologie, in: ders., Glaube in Geschichte und Gesellschaft. Studien zu einer praktischen Fundamentaltheologie, Mainz: Matthias-Grünewald-Verlag 1977, S. 22—25.

DIE SÄKULARISIERUNGSTHEOLOGIE ALS NEUE FORM DER APOLOGETIK

Von JOHANN B. METZ

Hier soll indes eine andere Entwicklung der apologetischen Theologie betont werden. Nachdem die neuscholastische Front in der neueren Theologie erfolgreich durchbrochen und die Auseinandersetzung mit dem neuzeitlichen Denken vorbehaltlos wiederaufgenommen worden war, rückte auch die Aufklärung wieder ins Zentrum theologischen Interesses. Und zwar in Form eines Verdachts: daß diese durch Idealismus und Romantik bzw. deren Erben in Phänomenologie, Existentialismus und Personalismus gerade noch nicht hinreichend bewältigt sei. Diese sowohl in der Tübinger Schule wie in der jüngeren Theologie entweder vergessene oder verdrängte Problemstellung begann nun die fundamentaltheologische Aufgabenstellung mitzuprägen.

Das, was da unabgegolten blieb und in vieler Hinsicht unerörtert, zumindest unbewältigt bis heute, ist der seit der Aufklärung akute Problembereich einer nichtidealistischen Kritik an Metaphysik und Christentum. Diese Kritik erschüttert gegenwärtig in den verschiedensten Varianten positivistischer oder marxistischer Religionskritik die Grundlagen der Theologie und der Religion überhaupt.[1]

Zunächst jedoch suchte man der in der Aufklärung zu historischem Bewußtsein ihrer selbst gekommenen Autonomie von Vernunft und Welt in der sogenannten „Säkularisierungsthese" gerecht zu werden. Die Säkularisierungstheologie muß in diesem historischen Durchgang durch die Problemgeschichte der Fundamentaltheologie besonders beachtet werden, nicht nur, weil sie sich quer durch die Konfessionen erstreckt und insofern die erwähnte ökumenische Dimension der neuen Apologetik unterstreicht, sondern vor allem, weil sie — nach den eben

---

[1] Vgl. dazu Metz/Moltmann/Oelmüller, Kirche im Prozeß der Aufklärung, Mainz/München 1970.

besprochenen Theologien transzendentaler, existentialer oder persona-
listischer Provenienz — diejenige gegenwartstheoretische Figur der
jüngeren Theologie darstellen dürfte, die am meisten diskutiert wurde
und in der einen oder anderen Weise wohl auch die relativ größte Zustimmung erhielt.

Da ist einmal jene Version der Säkularisierungstheologie, in der das
Christentum nicht als Opfer oder Kontrahent, sondern als Urheber der
Säkularisierungsprozesse erscheint; in der z. B. Inkarnation, Annahme
der Welt durch Gott in seinem Sohn, gerade als radikalste Freigabe der
Welt an sie selbst interpretiert wird, so daß geradezu das Inkarnations-
prinzip zum Säkularisierungsprinzip wird.[2] Christlicher Glaube gibt
hier die Welt an sie selbst frei, entläßt sie aus den unmittelbaren normativen Ansprüchen der religiösen Traditionen und bewirkt so ihre fundamentale Säkularität.[3] Er bezahlt dies mit einer eigentümlichen Weltlosigkeit. Verbunden bleibt er mit diesen Prozessen der Weltwerdung
nämlich nur dadurch, daß er sie wirkungsgeschichtlich mitkonstituiert
hat.

In ›Zur Theologie der Welt‹ nahm ich meine eigenen, in diese Rich-
tung zielenden Überlegungen nochmals auf; bereits im selben Band aber
wurde die Kritik an dieser Säkularisierungsthese durch eine politische
Theologie der Welt ausdrücklich formuliert. Gefragt wurde, ob die
Säkularisierungsthese in der eben beschriebenen Form tatsächlich zur
Konstitution theologischer Vernunft in den Verhältnissen der Neuzeit
führt oder ob sie nicht vielmehr deren Auflösung bzw. privatistische
Beliebigkeit initiiere; ob dort, wo die Weltlosigkeit des Glaubens gera-

---

[2] Ich habe diese Auffassung erstmals in meinem Aufsatz ›Weltverständnis im
Glauben. Christliche Orientierung in der Weltlichkeit der Welt heute‹, in: Geist
und Leben 35, 1962, S. 165—184, entwickelt. Vgl.: Zur Theologie der Welt,
S. 11—45. Ähnliche Auffassungen werden in den theologischen bzw. religions-
philosophischen Arbeiten von K. Rahner, H. Fries und H. R. Schlette vertreten.

[3] F. Gogarten hat diese Säkularisierungsthese bereits in seinem Buch ›Verhängnis und Hoffnung der Neuzeit. Die Säkularisation als theologisches Problem‹, Stuttgart 1958, anhand der reformatorischen Unterscheidung von Gesetz
und Evangelium entwickelt und dabei die vielzitierte Unterscheidung zwischen
Säkularisierung und Säkularismus eingeführt. Vgl. auch die im Anschluß an Gogarten und Bonhoeffer entwickelte Säkularisierungsthese von H. Cox, besonders
in: Stadt ohne Gott, Stuttgart ⁵1969.

dezu die Voraussetzung von Säkularisierung sei, nicht zwangsläufig die bestimmte, kritisch-befreiende Kraft des Christentums im Verhältnis zu Geschichte und Gesellschaft vergessen oder doch wenigstens verborgen werde. So gewann die These der neueren politischen Theologie (für mich) zunehmende Plausibilität: daß ein rigoros weltlos konzipierter Glaube in den Verdacht gerät, durch seine privatistische Isolierung zur ideologischen Überhöhung oder zur symbolischen Paraphrase *jedes* geschichtlich-gesellschaftlichen Prozesses der Welt werden zu können; daß er eine ad-hoc-Konstruktion zur Bewältigung der Gegenwart sei, ohne auch nur das Geringste zu ihrer wirklichen Veränderung beitragen zu können; daß seine mutige Weltlichkeit im Grunde nichts anderes als eine neuerliche Form der Immunisierung des Christlichen darstelle, d. h. schlechte Apologetik im sublimsten Sinne des Wortes.[4]

Im Unterschied zu dieser Form von Säkularisierungstheologie entwickelte sich aus den Traditionen liberaler Theologie des 19. Jahrhunderts eine andere — eben liberale — Version einer „Theologie der Welt", die weit über die Anhänger einer traditionellen „liberalen Theologie" hinaus bis jetzt vor allem im Protestantismus Verbreitung hat.[5] Für sie gilt als christlich, was im Zuge der Aufklärung und ihres „kritischen Zeitalters" als vernünftig angesprochen wird. Das christliche und theologische Interesse wird hier identisch mit den historisch greifbaren neuzeitlichen Interessen an Emanzipation, Mündigkeit, Freiheit. Das Christliche besteht in der Affirmation der neuzeitlichen Prozesse selbst. Säkularisierung wird als Christianisierung gefaßt.

Diese forsche Vorwärts-Apologetik führt (und führte bereits!) m. E.

---

[4] Ohnehin dürfte verständlich sein, wieso eine „Theologie der Welt" unter dem Primat der Säkularisierungsthese für ein bestimmtes Kirchenverständnis akzeptabler ist als die kritische Form der politischen Theologie: Besteht im Verein mit jener doch die Möglichkeit, die nicht selten heimlich ersehnte Emigration der Kirche aus der Gesellschaft zu betreiben und den Glauben im leicht zu verteidigenden Getto zu etablieren: unangefochten durch die Einreden einer weltlich gewordenen Welt. Indes, „Reinheit" der Verhältnisse und Zuständigkeiten ist keine christliche oder gar biblische Kategorie. Biblisch ist sie eher eine „Pilatuskategorie": eine Kategorie der Beschwichtigung.

[5] Die theologisch-argumentativ anspruchsvollste Figur dieser Art von Säkularisierungsthese findet sich in der sogenannten Christentumstheorie T. Rendtorffs.

zur Selbstauflösung theologischer Vernunft in die abstrakt-emanzipatorische Vernunft der Neuzeit. Ihr Credo beruht auf der Kanonisierung der faktischen Entwicklung und der tatsächlichen Tendenzen der neuzeitlichen Aufklärungsgeschichte. Die theologische Bewältigung der Aufklärung scheint hier in nichts anderem zu bestehen als in dem nun endlich zugelassenen Triumph der Aufklärung über das kirchliche Christentum, d. h. seiner Ersetzung durch sie.

Daß es eine innere Dialektik von Emanzipation, Aufklärung und Säkularisierung gibt, daß die Aufklärung also Probleme aufgeworfen hat über das hinaus, was sie selbst zum Problem erhoben, als Frage auf die Tagesordnung gepreßt und zu reflektieren vermocht hat, wird kaum gesehen. Zugegeben allerdings: es ist dies eine schwierige, auch in der neueren politischen Theologie nicht von Anfang an präsente Erkenntnis. Sie zu formulieren ist eines der wichtigen Ziele dieses Bandes.

VI

SÄKULARISIERUNG
ALS THEMA DER RELIGIONSSOZIOLOGIE

Diakonie zwischen Kirche und Welt, hrsg. von Chr. Bourbeck und H.-D. Wendland, Hamburg: Furche-Verlag 1958, S. 37—52.

DIE SÄKULARISIERUNG ALS SOZIOLOGISCHES PROBLEM

Ein Beitrag zur Frage nach der Kirche in der modernen Gesellschaft

Von DIETRICH VON OPPEN

Die Frage

Die große Entwicklung der modernen Gesellschaft, die vor etwa anderthalb Jahrhunderten begonnen hat und nach den europäischen Völkern auch die andern Völker der Welt in einen großen Umwandlungsprozeß gezogen hat, scheint in unserer Zeit in ein neues Stadium getreten zu sein. In der ersten Phase dieses Vorgangs kam ein Unerwartetes, Neues über die Menschen, es bahnten sich Entwicklungen an, die im ganzen Umfang damals niemand ahnte, die man immer nur zum Teil ergreifen konnte; die entstehende neue Welt mußte mühsam nach ihrer Form suchen. Überall mußten neue Sozialformen erfunden werden, und von diesen Erfindungen war das ganze neunzehnte Jahrhundert erfüllt: das Vereinswesen, der industrielle Kleinbetrieb, dann der industrielle Großbetrieb, die Gewerkschaften, die Genossenschaften, die Interessenverbände verschiedenster Art. Das alles waren gänzlich neue Formen des Zusammenlebens, die aus im Augenblick drängenden Notwendigkeiten aufschossen, aber in ihrem ganzen Strukturzusammenhang zunächst gar nicht begriffen werden konnten. Darum war die ganze damalige Welt bis zum Bersten erfüllt von Spannungen mannigfacher Art. Am tiefsten hat sich von ihnen der Klassenkampf dem Gedächtnis der Mit- und Nachwelt eingegraben.

Aus mancherlei Anzeichen können wir annehmen, daß diese moderne Welt — zumindest in den älteren Industrievölkern — heute dazu übergeht, ihre eigentliche, vielleicht dauerhafte Gestalt auszubilden. Um nur einige Stichworte anstelle einer ausführlichen Begründung dafür zu geben: Die Bevölkerungszahl beginnt zu stagnieren nach den Jahrzehnten der riesenhaften Vermehrung; an die Stelle von „Bewegun-

gen" mit ihren Ideologien und theoretischen Programmen tritt eine
Tendenz zur Versachlichung; die Industrie ist bereits aus ihrer expansi-
ven Phase — Ausbau durch Vermehrung der Arbeitsplätze — übergegangen zu ihrer intensiven Phase, in der die Leistung durch Erhöhung
der Produktivität der einzelnen Arbeitskraft gesteigert wird; Reformbe-
strebungen wie etwa die Bemühung um die Sozialreform vermögen
nicht mehr zu grundsätzlichen Neuordnungen durchzudringen, weil
das neue Organisationsgefüge in sich bereits eine bemerkenswerte Kraft
der Beharrung entwickelt. Die genannten Erscheinungen, deren Reihe
verlängert werden könnte, hängen untereinander eng zusammen und
haben auch sonst weitreichende Auswirkungen. Insgesamt legen sie die
Vermutung nahe, daß nach einer Epoche stürmischen Aufbaus nunmehr eine andere des Ausbaus treten will, in der der Mensch sich in seinem neuen Gehäuse dauerhaft einrichten will und kann. Daß diese
Phase im Zeichen einer besonderen politischen Unruhe und Gefährdung steht, braucht dem nicht zu widersprechen. Im Gegenteil: wie
später noch zu zeigen sein wird, steht die Gesellschaftsordnung selbst
auch und gerade bei den alten Industrievölkern des Westens unter einer
außerordentlichen Gefährdung; diese gehört — widerspruchsvoller-
weise — geradezu zum Charakter einer ausgebildeten modernen Gesellschaft.

Wo man sich aber anschickt, sich in einer neuen Sozialverfassung auf
Dauer einzurichten, muß die Frage nach den Grundlagen dieser Verfassung gestellt werden. Auf welchen Fundamenten sind ihre Ordnungen
errichtet, oder auf welchen Fundamenten können sie errichtet werden?
Diese Frage geht jeden an, der bewußt und verantwortungsvoll sein Leben und sein Zusammenleben mit seiner Umwelt ordnen will. Die Frage
gehört aber auch zu denen, die die Aufmerksamkeit der Kirche in besonderem Maße erregen müssen. Denn der Ort der Kirche ist zuerst bei
den Grundlagen eines Zeitalters. Die Grundlagen, das ist das Endgültige und Unverfügbare, und das Endgültige und Unverfügbare ist auch
das, was die Kirche vertritt.

Bei den Grundlagen hat die Kirche auch gestanden, als das Abendland
im Mittelalter gefestigte Formen ausbildete, die über Jahrhunderte das
Leben der Völker begleitet und geformt haben. In der ersten Phase der
Industrialisierung aber, in der Zeit der großen Umbrüche, der „Bewegungen" und Neuorientierungen, hat die Kirche diese Position nicht

halten können und ist immer mehr an den Rand der Gesellschaft geraten — so sehr, daß man schließlich von einem „Ghetto-Dasein" der Kirche gesprochen hat. Das Wort hat nicht so unrecht, wenn man bedenkt, daß ein Ghetto eine Form ist, in der man auf verengtem Raum vor allem um die Bestandserhaltung bemüht ist. Und die Bestandserhaltung der Kirche ist unzweifelhaft die eine große Leistung der Kirche in den vergangenen hundert Jahren.

Die andere große Leistung hat sie eben in ihrer Stellung „am Rande" der Gesellschaft vollbracht: die große Hilfeleistung für Unzählige, die durch den großen schmerzvollen Umwälzungsprozeß selbst an den Rand der Gesellschaft geschleudert wurden: alle die Gestrauchelten, Gescheiterten, Gefangenen, Gefährdeten, Flüchtigen, Verfolgten, Verletzten, Verarmten. Der große Umbruch hat die Menschen in bis dahin unbekannten Scharen in diese Schicksale gestürzt, und herkömmliche Formen der Hilfeleistung reichten nicht mehr aus. Da haben die Kirchen in vorderster Reihe gestanden, wo es galt, wiederum neue Formen zu erfinden — wie das ja zu der Zeit allenthalben geschah — um der Not zu steuern. Das Werk, zu dessen hundertjährigem Bestehen diese Festschrift erscheint, ist, wie die ganze Innere Mission selbst, eine der bedeutendsten unter diesen Neuschöpfungen [das Evangelische Johannesstift Berlin-Spandau].

Trotzdem war es mit den Aufgaben der Kirche in der Welt im Grunde unvereinbar, daß die Frage nach den Grundlagen der Sozialverfassung ihr so lange vielleicht nicht gerade aus dem Blick geraten war, aber doch ohne klare Antwort geblieben ist. Denn noch einmal: der Ort der Kirche ist zuerst bei den Grundlagen. Heute jedenfalls muß die Frage aufgenommen werden. Und von ihrer Lösung hängt es ab, ob die Kirche überhaupt wieder aus dem Ghetto-Dasein am Rande loskommen und in die Mitte des Lebens treten kann.

Die Säkularisierung der alten Institutionen

Wo die Frage nach den Grundlagen einer Sozialordnung gestellt wird, ist man zunächst zurückverwiesen auf die Frage nach den früheren Fundamenten und nach dem Grund für deren Schwinden. Die Vorstellung dessen, was eine solche Grundlage überhaupt ist und wie sie wirkt, kann nur auf diesem Wege gebildet werden. Und ferner wird auf diesem Wege geklärt, in welcher geschichtlichen Situation wir gegenwärtig stehen, was wieder die Voraussetzung dafür ist, daß sinnvoll für die Zukunft gearbeitet werden kann.

Dieser geschichtliche Rückblick führt aber geradeswegs zu dem bekannten großen Vorgang, den man die Säkularisierung der Welt genannt hat. Und mit diesem Begriff sowie der Vorstellung einer alten, nichtsäkularisierten Welt sind wir unmittelbar bei der Stellung der Kirche an den Fundamenten früheren Lebens und ihrer Wirksamkeit dort.

Unser Volksleben und das der anderen christlichen Völker — von den übrigen sei hier abgesehen — hat viele Jahrhunderte, im Ganzen ein volles Jahrtausend auf sehr festen Fundamenten gestanden. Es waren christlich gelegte, christlich geprägte Fundamente: die großen dauerhaften Institutionen des Mittelalters und der frühen Neuzeit, bis ins neunzehnte Jahrhundert hinein. Sie sind heute zerbrochen, vergangen, zerronnen, auf ihnen stehen wir nicht mehr und können wir nicht mehr stehen. Der Prozeß dieses Vergehens war der Prozeß der Säkularisierung. Was ist darunter zu verstehen, und wie geschah das? Was sind nichtsäkularisierte Institutionen?

Die nichtsäkularisierte Institution ist die geheiligte, die geweihte Institution. Wir haben davon heute außer der Kirche selbst nur noch eine einzige, die als geweiht gelten kann: die Familie. Von unseren weltlichen Ordnungen kann nur noch die Familie vor dem Altar begründet werden und kann nur noch die Familie von der gottesdienstlichen Feier durch ihre wichtigsten Phasen geleitet werden.

Es gab aber Zeiten, als auch andere, ja alle Institutionen in und aus der Verbindung mit dem Altar lebten. Als letztes hat sich das Bündnis von „Thron und Altar" gelöst, das ein Nachfahre des „Heiligen Römischen Reiches" war. Aber es war nur die letzte der Reihe von Institutionen, die das Bündnis kannten und es dann lösten. Die geschlossene Markgemeinde hat tausend Jahre um ihren Altar der Dorfkirche als um das Zentrum ihres durchgegliederten Lebens gestanden. Die Zunft hatte ihren Heiligen und besaß meist einen eigenen Nebenaltar in der Stadtkirche; ja sie hat ihren Weg oft gar nicht einmal begonnen als ein Zusammenschluß von Handwerkern zu beruflichen Zwecken, sondern als religiöse Bruderschaft. Auch die genossenschaftlich verfaßte Stadt hatte als Zentrum ihres Lebens die Hauptkirche mit dem Altar des Stadtheiligen;

man denke nur an die Bedeutung von San Marco für die Republik Vene-
dig. Die Deckung von Glauben und Institution ging freilich im Volks-
glauben als dem Nachfahren vorchristlicher Glaubensformen weiter als
im dogmatischen Lehrgebäude der Kirchen, wo die Transzendenz des
christlichen Glaubens mehr Raum hatte.

Worin besteht nun der Unterschied zwischen einer geheiligten und
einer säkularisierten Institution? Der Unterschied ist der gleiche wie
zwischen heiligen Dingen und einer profanisierten Dingwelt. In den
heiligen Dingen aller Religionen — Steinen, Quellen, Bäumen, Bezir-
ken, Gebäuden, Bildern usf. — erscheint das Heilige der Welt als
Macht, Kraft, als Wirklichkeit schlechthin; sie vermitteln die Verbindung zum eigentlich Wirklichen.[1] Das bedeutet aber zweitens, daß sie
als Selbstzweck in sich ruhen und nicht für profane, außer ihnen
liegende Zwecke verfügbar sind. Und drittens heißt das, daß sie eine
Wirkung ausüben, die den Menschen als Ganzen existentiell erfaßt und
einordnet.

Erst die Profanisierung aller Dinge in unserer Umwelt, das Abstreifen
des heraushebenden Charakters des Heiligen von ihnen, hat die moderne Technik möglich gemacht; das technisch-zweckhafte Umgehen
mit der Dingwelt war nicht möglich, solange überall heilige Dinge dem
zweckhaften Zugriff entzogen waren. Unter starken Spannungen vollzieht sich heute, vielfach gewaltsam, diese Profanisierung in den jungen
Industrieländern der Welt im Kampfe mit den überlieferten Religionen.

Genau entsprechend verhält es sich mit den Institutionen. Die geweihte Institution trug in sich eine unfaßbare Macht, und sie war im sozialen Raum das eigentlich Wirkliche; sie war das Reale, nicht das in ihr
befaßte Individuum. Darum war sie auch primär Selbstzweck. Sie
konnte wohl sekundär viele praktische Zwecke aufnehmen und verfolgen, aber ihnen verdankte sie weder ihr Dasein noch ihren Sinn. Auch
war sie nicht zur besseren Verfolgung der praktischen Zwecke beliebig
verfügbar, d. h., sie war wesentlich traditional verfaßt. Und als Ort der
eigentlichen menschlichen Wirklichkeit bezog sie ihre Mitglieder als
ganze Menschen in sich ein und wies ihnen existentiell ihren Ort zu. Die
Menschen *waren*, was sie in ihrer Institution, ihrem „Stande" waren,
und deren Ehre und Sitte waren ihre eigene Form.

[1] Vgl. M. Eliade, Das Heilige und das Profane, Hamburg 1957.

Die säkularisierte Institution ist dagegen nicht mehr im strengen Sinne „wirkliche" Institution, sondern sie ist Organisation. Der unbedingte Charakter ist ihr genommen, sie ist nicht mehr in sich ruhender Selbstzweck, sondern sie ist primär Zweckgebilde. Von ihren Zwecken, und das heißt leicht wechselnden Zwecken, wird sie bedingt und geprägt, und nach ihrem Bedürfnis ist ihre Form grundsätzlich verfügbar. In die Organisation ist der Mensch zweckhaft einbezogen, und das heißt teilhaft, nicht mehr existentiell als ganzer Mensch. Die Wesensveränderung im tiefsten Grunde, die mit dem Schritt von der Heiligkeit zur Weltlichkeit der Institutionen geschehen ist, hat die Form und Wirksamkeit der Institutionen bis zum Letzten und Äußerlichsten verwandelt.

Die Kirche und die Säkularisierung

Entscheidend wichtig für das heutige und künftige Verhältnis der Kirche zur modernen Sozialwelt muß aber folgendes sein: Die Säkularisierung unserer Institutionen war zweifellos ein Absterben alter christlich-kirchlicher Formen, ein Lösen aus tragenden christlichen Bindungen. Die institutionellen Fundamente des Zusammenlebens im Mittelalter waren christliche Fundamente. Und doch ist ihre Zerstörung nicht das Werk unchristlicher, widerchristlicher Kräfte, sondern das Werk des christlichen Glaubens selbst. Die Säkularisierung ist in ihrem Grunde nicht der Abfall vom christlichen Glauben, sondern sie ist seine Frucht.

Diesen Zusammenhang hat Fr. Gogarten herausgearbeitet, auf den hier ausdrücklich verwiesen sein soll. Sein diesen Fragen gewidmetes Buch ›Verhängnis und Hoffnung der Neuzeit‹[2] heißt im Untertitel: ›Die Säkularisierung als theologisches Problem‹. Der vorliegende Aufsatz ist ein skizzenhafter Versuch, sie parallel dazu als soziologisches Problem zu umreißen. Gogarten zeigt den Vorgang von dem Paulus-Wort her auf: „Alles ist erlaubt, aber nicht alles ist zuträglich." Wie sehr das Wort den hier aufgezeigten Zusammenhang trifft, läßt noch deutlicher Luthers Übersetzung erkennen, wo es in für uns altertümlicher, aber sehr tiefdringender Weise heißt: „Ich habe es alles Macht..." Die

[2] Stuttgart 1953.

christliche Freiheit entmächtigt die innerweltlichen Erscheinungen, sie verlieren ihre heilige Macht und Wirklichkeit, und die Macht liegt fortan bei dem Glaubenden, der sie selbst aus dem Glauben hat. Und in einer sehr eigentümlichen Weise ist diese Machtverlagerung verbunden mit dem Begriff der Zweckhaftigkeit: „... aber nicht alles ist zuträglich." Wo die traditionalen, innerweltlich-heiligen Mächte ihre ordnende Kraft verlieren, wo der Glaubende frei gesetzt ist zu eigenem Handeln, da gibt die Norm nicht mehr die Tradition und auch nicht die Willkür, sondern die Sachlichkeit. Die sachgerechte Entscheidung darüber, was „zuträglich" ist, ist in seine Hand gelegt. In dem Paulus-Wort ist die christliche Freiheit, die die alten innerweltlichen heiligen Mächte überwindet, in einer Formel von höchster Prägnanz verdichtet.

Dieses ungeheure Aufreißen von Grundlagen und Ordnungen der Menschen aber brauchte lange Zeit, bis es sich verwirklichte, und so hat denn auch das christliche Mittelalter selbst diese Freiheit erst am Rande vollzogen. Das Mittelalter kannte noch geweihte Dinge, geweihte Institutionen und hat an ihnen seine Festigkeit gehabt. Wieweit sich das Mittelalter auch schon von vorchristlichen Sozialordnungen unterschied, kann hier nicht verfolgt werden; tatsächlich haben die christlichen Institutionen nicht die Starrheit gehabt wie die anderer Völker. Die christliche Freiheit war in ihnen bereits keimhaft angelegt.

Mächtig konnte sie daher in Renaissance und Reformation hervorbrechen. Luthers ganzes Werk kreiste um die „Freiheit eines Christenmenschen", und mit seinem Berufsbegriff hat er den entscheidenden Schritt aus den mittelalterlichen Institutionen hinaus getan. Er hat den Beruf, d.h. das irdische Tun, ausschließlich „auf die Erde verwiesen" und „aus dem Himmel hinausgefegt" und hat damit die Lösung des modernen Menschen aus geheiligten traditionalen Bindungen und seine Freisetzung zu sachlichem Handeln angebahnt.[3]

An dieser Stelle muß auf die doppelte Fragestellung verwiesen werden, unter der die „Sachlichkeit" heute für uns steht. Unsere moderne Welt steht und fällt mit ihr, ihre gesamte technisch-organisatorische Welt ist darauf abgestellt, daß in ihr sachlich gehandelt wird. Geschichtlich war die Voraussetzung der Sachlichkeit die christliche Freiheit. Es entsteht also erstens die Frage: Kann die Sachlichkeit für ihren weiteren

---

[3] Vgl. G. Wingren, Luthers Lehre vom Beruf, München 1952, S. 21 ff.

Bestand auf diese Voraussetzung verzichten? und zweitens: Wie müssen christliche Glaubensform und Denkweise beschaffen sein, daß sie dem sachlichen und nicht mehr traditionalen Zeitalter entsprechen? Zur Zeit ist die Kluft noch groß zwischen einer noch weitgehend traditionalen christlichen Glaubensform und dem von ihr selbst heraufgeführten sachlichen Zeitalter.

Luther hat mit seiner evangelischen Freiheit die Menschen in ihre überlieferten ständischen Ordnungen ganz neu gestellt, d. h., er hat ihr Verhältnis zu ihnen säkularisiert. Zunächst waren es noch die gleichen Bauernschaften, die gleichen Städte wie vordem, nur über ihnen formte sich der moderne Territorialstaat neu. Und von ihm ausgehend bildete sich dann im Laufe der Neuzeit das säkularisierte Gefüge auch in seinen Formen um. Die ihrer Weihe entkleideten, vom Staate ausgehöhlten ständischen Institutionen wurden Anfang des 19. Jahrhunderts in wenigen Jahrzehnten aufgelöst, und an ihre Stelle traten dann die besprochenen „Organisationen", die nun auch strukturell der Tatsache entsprechen, daß die Ordnungen äußeren Zwecken dienen und nicht mehr im Kern Selbstzweck, nicht mehr geweiht sind. Sie sind zweckrational aufgebaut und für zweckmäßige Veränderungen grundsätzlich jederzeit verfügbar. Und sie betreffen jeweils nur einen Teil des Lebens ihrer Mitglieder, sprechen diese daher nicht mehr in ihrer ganzen Existenz an. Andersartig stehen in dieser neuen Umwelt nur mehr die Kirche und die Familie. Auch sie haben im allgemeinen Umbruch ihre Form bedeutend verändert und tun es noch, aber im Kern sind sie beide noch Institutionen der alten „wirklichen" Art. Sie enthalten als Substanz eine unverfügbare Wirklichkeit, die als Selbstzweck in sich selbst ruht, und hängen daher in ihrem Bestand nicht von wechselnden Zwecksetzungen ab. Und sie meinen nicht nur Teile des Menschseins, sondern den ganzen Menschen. Um sie herum aber entwickelte sich unter den neuen Formen die unübersehbare Mannigfaltigkeit und Beweglichkeit der modernen Sozialwelt, der Sozialwelt, in der nicht nur grundsätzlich, sondern auch praktisch alles möglich ist; die zwei letzten Menschenalter haben das mehr erfahren, als ihnen lieb ist.

Kirche und Familie, früher Kerne einer ihnen strukturell entsprechenden Umwelt, suchen beide heute noch nach dem richtigen Verhältnis zu einem nunmehr strukturell andersartigen Sozialgefüge um sie herum.

Grundlagen der modernen Sozialwelt

Wo aber im öffentlichen Leben alles möglich, wo nichts fest und unbezweifelbar ist an Formen und Ordnungen, da steht die Frage auf: „Worauf gründet der Mensch dieser modernen Sozialwelt sein Leben? Wo findet er einen unbezweifelbaren Anknüpfungspunkt dafür, wie er sein Leben führen soll und kann? Oder ist alles einem fließenden Belieben anheimgestellt?"

Die alten Institutionen waren selbst unbezweifelbare und lange unbezweifelte Grundlagen gewesen, im Kern unverfügbar, existentiell ganz tragend, und das Handeln bis ins einzelne hinein praktisch anweisend und regelnd. Wenn die Kirche sie weihte, so sprach sie nur aus, was war. Und daß sie sie weihte, war ihre Aufgabe. Denn der Ort der Kirche ist bei den Grundlagen des Lebens.

Darum muß sie heute wieder fragen: „Wo sind die Grundlagen?" Damit fragt sie nach ihrem Ort im Gefüge der modernen Sozialwelt. Wo ist das Unverfügbare, Unbezweifelbare, das den ganzen Menschen existentiell Betreffende, das Handeln unverbrüchlich Bestimmende in der aufgeteilten, beweglichen Organisationswelt von heute? Hier allein, wenn überhaupt, kann die Kirche den Ansatz finden, um das fehlende richtige Verhältnis zur modernen Welt herzustellen.

Von *einer* solchen Grundlage war schon die Rede: Es ist die Institution der Familie, die noch heute im alten Sinne Institution ist. Es ist kein Zufall, daß die Familie die einzige Sozialform ist, die bis heute — zumindest bei ihrer Begründung und an ihren großen Wendepunkten — in einem sonst nicht mehr bekannten Maße Verbindung mit der Kirche behalten hat. Aber es hieße die Familie — die überdies in ihrer Form selbst unsicher geworden ist — überfordern, wenn man von ihr allein die Grundlegung des Lebens erwarten wollte, die sie früher zusammen mit allen anderen Institutionen geboten hatte. Es muß nach einer breiteren Grundlegung der modernen Welt gefragt werden.

Die Antwort läßt sich finden. Sie ist eine doppelte. Die erste mag überraschend klingen: Das unverfügbare Ganze, das heute unser Leben bestimmt bis in die Einzelheiten hinein, ist *die Situation*. Die Situation ist das Ganze. Die Situation ist die Konstellation aller Faktoren, die im gegebenen Augenblick das Dasein ausmachen und bedingen, vom Allgemeinsten bis zum Persönlichsten: Natur, Politik, Technik, Wirtschaft, geistiges Leben, Organisationen, Familie, alles was gegenwärtig da ist und wirkt und was aus der Vergangenheit her auf die Gegenwart wirkt und als Förderung oder Last, als Erbe oder Schuld aufgearbeitet werden soll. Dieses Ganze steht in jedem Augenblick genauso mächtig, ernst, unverfügbar und unwählbar vor uns, genauso im Ganzen tragend und einbeziehend wie früher die ernsten, geweihten Institutionen.

Und doch steht der Mensch in der Situation grundsätzlich anders als in den alten Institutionen. Damals war das Gemeinsame schlechthin entscheidend und trat in Tracht, Sitte, Mundart usw. sinnfällig hervor; das Eigene des Einzelnen war nur eine Spielart im Allgemeinen und Gemeinsamen. In der Situation aber, wie wir sie heute erleben, steht der Einzelne im Letzten und Eigentlichen einsam und allein. So wie für ihn fügen sich die Verhältnisse jetzt für keinen andern Menschen auf der Welt. Vor diesem Ganzen ist er unvertretbar.

Wohlgemerkt: im Letzten und Eigentlichen, vor dem Ganzen der Situation. Innerhalb dessen gibt es unzweifelhaft vielerlei Gemeinsames: die Belange der Belegschaft eines Betriebes, der Einwohner einer Stadt, der Kriegsversehrten, der Arbeitnehmer überhaupt, der Steuerzahler, der Bewohner eines Hauses usw., usf. Die Wahrnehmung dieser Belange ist Zweck und Aufgabe der Organisationen, d. h. der Betriebe, Verbände, Anstalten. Hier gibt es eine wichtige, tragende, im einzelnen Fall freilich immer begrenzte Stellvertretung in der Situation. Das unausweichliche Ganze aber liegt heute beim Einzelnen, in seiner besonderen Lage.

Aber noch in anderer Hinsicht steht der Mensch heute grundsätzlich anders in seiner Situation als früher in seiner Institution: Er ist von der Situation nicht so sehr bestimmt als gefordert. Die Situation legt seine Verhaltensweise nicht fest in der Art der alten traditionalen Sitte, sondern findet ihre Lösung nur im Zusammenspiel begrenzter Festlegungen mit seinen eigenen Kräften des Denkens, des Willens, der Erfindungsgabe. Der Institution war zu folgen, der Situation ist zu antworten. Und dieses ganz persönliche Antworten auf eine ganz persönliche Situation macht den modernen Menschen in einem früher unbekannten Maße zur *Person*, oder will ihn doch dazu machen. Er wird Person in dem Maße, wie er seine Situation vollzieht. Dieses personhafte Stehen aller Menschen in eigenen Situationen, dieses Personsein-Sollen ist ein grundsätzliches Neues in unserer Zeit. Und darum sind wir auch noch unsicher in dieser unserer neuen Stellung. Zu allen Zeiten hat der Mensch unverbrüchliche Institutionen gehabt, die sein Verhalten leiteten, die ihn nicht auf sich selbst stellten, sondern ihn nur als Teil ihrer selbst handeln und denken ließen; und nur wenige, seltene Einzelne gingen eigene Wege, gingen für alle neue Wege: Könige, Gründer, Erfinder, Entdecker. Erst jetzt im industriellen Zeitalter sind diese Stützen gefallen, alle Menschen sind allein ihrer eigensten Situation gegenübergestellt. Kein Wunder, daß sie noch wenig wissen, wie man damit umgeht: Wie weit reicht zur Bewältigung der Situation der Verstand, wo ist seine Grenze? Wie weit trägt das Tun, und wo beginnt das Bescheiden? Wie lange muß man warten, und wann muß man zugreifen? Es ist eine schwere Kunst zu lernen, wie man mit einer persönlichen Situation umgeht. Und man lernt es auch nie ein für allemal. Der Umgang mit der Situation ist ein bewegliches Element, das trägt, aber in dem das Gleichgewicht immer neu gefunden werden muß; nie gibt es darin ein Ruhen in fester Sicherheit. —

Das einsame Stehen in der im Letzten eigenen Situation ist aber nicht die einzige Grundlage unseres gegenwärtigen Lebens. Es ist auch nicht das Einzige, was unser Personsein fordert und bewirkt. In unaufhebbarem Widerspruch tritt daneben die andere Grundlage: *der andere Mensch*. Der Mensch bedarf des anderen Menschen, das Ich bedarf des Du. Person ist niemals ein isolierter Einzelner, sondern nur der, der dem Du begegnet.

Das Verhältnis von Mensch zu Mensch ist ja durch die Auflösung der alten Institutionen, die ein primär Gemeinsames waren, ganz anders geworden. Unsere Ordnungen leben heute nicht mehr davon, daß ein „Es" uns trägt: Die Stadt, das Dorf, die Zunft, die Herrschaft, oder was immer. Auch ein „Wir" tut es nur mehr selten, wie noch in den letzten Menschenaltern im Zeichen der großen „Bewegungen": der Arbeiterbewegung, der Jugendbewegung, der Frauenbewegung, der nationalen Strömungen. Wir sind heute darauf verwiesen, von Fall zu Fall das richtige Verhältnis zum andern zu finden und zu pflegen; unsere Ordnungen leben heute davon, daß in ihnen ein Geflecht von Ich-Du-Begegnungen immer anderer Art entsteht und lebt. Der Chef muß heute zu jedem seiner Mitarbeiter ein besonders geartetes Verhältnis entwickeln, der Kollege zu jedem seiner Kollegen, mit dem er in nähere Berührung kommt, der Nachbar mit jedem seiner Nachbarn, der Vereinsvorsitzende mit jedem seiner Vereinsmitglieder, der Lehrer mit jedem seiner Schüler usf. Denn jeder ragt ja mit einer durchaus eigenen Gesamtsituation in die jeweils gemeinsame Situation des Betriebes, der Nachbarschaft, des Vereins herein und fühlt sich nur angesprochen und gebunden, wo diese Besonderheit soweit berücksichtigt ist, wie es not tut. Nur als Person ernst genommen, fühlt der Einzelne sich heute den Ordnungen verbunden und zugehörig.

Das bedeutet nun wieder nicht, daß ständig die volle Breite der Situation des andern Menschen gesehen und angesprochen werden muß. Das würde jedes Handeln lähmen. Im Gegenteil: die Begegnungen der Menschen heute sind zunächst und vor allem situationsvermittelt, und das heißt: sachvermittelt. Sie laufen über eine gemeinsame Sache, Arbeit, Aufgabe, Dienstleistung oder was immer. Damit sind sie hochgradig versachlicht, und das personale Ich-Du-Verhältnis ist nur der tragende letzte Grund, eben die Grundlage des Miteinander. Sie wird nur mehr oder weniger sichtbar — meist sehr wenig, im ganzen aber in mannigfacher Abstufung.

Auch diese andere Grundlage unseres Handelns: die Begegnung mit dem andern Menschen, wie die moderne Zeit sie fordert, ist uns noch sehr ungewohnt und wir sind in ihrer Handhabung noch ebenso unsicher wie im Umgang mit der Situation. Auch hier sind die Grenzen schwer und immer nur von Fall zu Fall zu finden: Wo muß man gewähren lassen, und wo muß man eingreifen? Wann muß man hören, und wann ist es Zeit zu reden, und was muß man dann reden? Wo muß man den andern leiten, wo muß man ihm einen Raum der Freiheit lassen? Wo muß man helfen, und wo ist es besser, sich selber helfen zu lassen? Aus welcher Situation urteilt und handelt der andere, und sehe ich diese auch richtig? Wo muß man die Situation des andern respektieren, und wo muß man ihn in eine andere Situation bringen? Fragen über Fragen, die auch den, der sie reiflich erwogen und geübt hat, niemals in ruhige Sicherheit kommen lassen. Das Personsein vor der Situation und vor dem andern Menschen ist eine immer neue Aufgabe. Es ist an die Stelle des Lebens in geweihten, traditionalen Institutionen getreten, aber dessen stille, gleichbleibende Festigkeit kann es niemals gewinnen. Es ist viel mehr Forderung und Wagnis.

Neue Grundlagen — neue Haltungen

In den hundert Jahren und mehr, die der moderne Mensch nun schon im Zeichen der säkularisierten Zweckorganisation gelebt hat, hat er bereits zahlreiche Verhaltensweisen ausgebildet, die dieser neuartigen Lebensform entsprechen. Aus der Sache heraus hat er gelernt, mit seinen zunächst ganz fremden und ungewohnten Verhältnissen umzugehen.

Trotz aller Verhaltensunsicherheit im Einzelnen treten die neuen Verhaltensweisen heute für den aufmerksamen Beobachter deutlich hervor. Vielleicht ist auch dies ein weiterer Hinweis darauf, daß das neue Lebensgefüge sich nach den bewegten Zeiten des Übergangs dauerhafter einzuspielen beginnt. Jedenfalls gibt es wohl keinen andern Weg, an der erwünschten Stabilisierung mitzuwirken, als diese Verhaltensweisen bewußt zu machen und zu pflegen. Und dies um so mehr, als sie deutlich die Grundlagen erkennen lassen, von denen zuvor die Rede war. Die Verhaltensweisen sind ganz auf diese Grundlagen abgestellt, und von ihnen her werden sie verständlich.

Aus der Fülle dessen, was hier zu nennen wäre, sei an dieser Stelle nur kurz auf drei Haltungen hingewiesen, die dem modernen Leben eigentümlich sind und die das Gesagte deutlich machen.

Da ist als erstes die *Sachlichkeit*, jene schlichte, aber alle menschlichen Verhältnisse befestigende Fähigkeit, die Bedingungen der vorliegenden Sache zu sehen und ihnen sinngemäß zu entsprechen. Was anderes ist die „Sache" in ihrem eigentlichen Verstande als eben die Situation, das Ganze, die Gesamtkonstellation, in die hinein die jeweils gestellte Aufgabe mit tausend Fäden hineinverwoben ist? Alles hängt ja doch gerade heute noch enger und unmittelbarer mit allem zusammen als früher.

Auch fordert die Sache nur so, d. h. als ganze Situation verstanden, eine belebende, aufbauende Sachlichkeit heraus; nur so wird die kalte, unmenschliche Pseudo-Sachlichkeit vermieden, der nur die „Sache" im engsten Verstande etwas gilt, ohne Rücksicht auf den Menschen. Die Situation besteht aus Dingen und Menschen, und die situationsgerechte Sachlichkeit läßt beiden ihr Recht zukommen. Die Sachlichkeit, von deren Ursprung schon die Rede war, gehört ganz zweifellos der Welt der modernen Zweckorganisationen zu und ist hier eine der tragenden Haltungen.

Ebenso steht es mit der Haltung des *Abstandes*. Es ist auffallend, wie allgemein und wie entschieden die modernen Menschen auf den Abstand voneinander bedacht sind. Wo Menschen durch gemeinsames Wohnen oder gemeinsame Arbeit oder sonstwie dauerhaft oder flüchtig zusammengeführt sind — überall ist das sichtliche Bestreben am Werk, eine Distanz zwischen sich und den andern zu legen, die unerwünschte Vertraulichkeiten verhindert. Sieht man aber näher zu, so ist es doch nicht allein dies; sondern da ist gleichzeitig das Bestreben, auch die nötigen Brücken zu schlagen bzw. sie nicht abbrechen zu lassen. Da werden nach Möglichkeit die Kontakte gewahrt, die die Situation — da ist sie wieder! — erfordert: Die Höflichkeit, die Teilnahme, die Hilfsbereitschaft, das Verständnis. Anders ausgedrückt: in dem Wort vom „Abstand", das auch tatsächlich viel gebraucht wird, wird nicht nur der Wunsch nach größtmöglicher Entfernung laut, sondern ebensosehr auch der nach der notwendigen Nähe. Es ist also nicht der Abstand schlechthin, sondern der richtig bemessene Abstand, der gesucht wird, nicht zu weit und nicht zu nah, eben gerade so, wie es der jeweiligen Situation zukommt; darum gibt es auch kein ein für allemal gültiges Maß für den Abstand, sondern er ist immer neu zu finden, er ist eine niemals endgültig gelöste Aufgabe. Wo sie aber von Fall zu Fall richtig gelöst wird, empfinden wir den damit hergestellten richtigen Abstand als verbindend, als festigend für das in ihm verfaßte Verhältnis. Der zu geringe Abstand stößt ab, und der zu weite Abstand entfremdet; aber der richtig bemessene Abstand verbindet.

Hinter dem wechselnden Abstand als Phänomen der modernen Gesellschaft steht wieder die Auflösung der alten Institutionen. Sie hatten zwischen ihren Gliedern einen ruhigen, gleichbleibenden Abstand von wahrscheinlich geringer Variationsbreite hergestellt, und das Verhältnis war damit gesichert, daß man sicher institutionell verständigt war durch Sitte, Tracht, Brauch, Mundart usw. Unser Verhältnis zum Mitmenschen ist heute viel labiler und viel breiter aufgefächert und reicht von der unverbindlichen Fremdheit der Teilnehmer eines Großstadtverkehrs bis zur persönlichen Intimität von einer Nähe, wie sie erst die moderne Zeit kennt.

Als Drittes muß hier das *Vertrauen* genannt werden. Das Vertrauen erweist sich bei näherem Zusehen mehr und mehr als eine zentrale Kategorie der modernen Gesellschaft. Ein älterer Nationalökonom hat bereits um die Jahrhundertwende klarsichtig gesagt: Die Geschichte der modernen Wirtschaft ist die Geschichte der Entwicklung des Vertrauens. Das ist zweifellos richtig, man denke nur an die grundlegende Rolle des Kredites oder an die entscheidend auf dem Vertrauen aufgebaute Währung. Aber ebenso wie in der Wirtschaft ist auch in allen andern Lebensbereichen das Vertrauen ein spezifisches Strukturelement, das die moderne Gesellschaft zusammenhält: Jede Regierung, jeder Vereinsvorstand sind nur durch ein ausdrücklich ausgesprochenes Vertrauen für ihr Handeln legitimiert, im Recht ist ohne die Klausel von „Treu und Glauben" nicht auszukommen, und in technischer Hinsicht müssen wir ständig blindlings unser Leben der Leistung von Konstrukteuren, von Wartungs- und Bedienungspersonal anvertrauen.

Überall müssen wir uns auf Leistungen verlassen, deren Urheber unserer unmittelbaren Kontrolle entzogen sind. Der moderne Mensch ist im Kern seines Wesens tatsächlich jeder institutionellen Kontrolle entzogen, denn es gibt keine öffentlichen Institutionen mehr, die den Menschen existentiell und im praktischen Gesamtverhalten führen, formen und kontrollieren. Jede moderne Organisation kontrolliert nur Teilfunktionen, aber die jeweilige Leistung wird immer vom ganzen Menschen erbracht. Und der ist als ganzer nirgends mehr eingeordnet. Darum muß heute Vertrauen an die Stelle treten, an der früher engste Vertrautheit mit anderen und gegenseitige Überwachung stand.

Mit der kurzen Skizzierung der drei Haltungen der Sachlichkeit, des Abstandes und des Vertrauens mag es hier sein Bewenden haben. Die Reihe ließe sich noch sehr verlängern. Um nur einige Stichworte zu nennen: Die *Phantasie*, die allgemeine Notwendigkeit, sich selbständig etwas einfallen zu lassen, die jeder heute mindestens an einer Stelle seines beruflichen oder privaten Lebens ständig erfährt und die seltsamerweise eine Grundbedingung des Bestehens in der modernen Zweckwelt ist; die Mitteilungsform des *Gespräches*, die sich heute allgemein durchsetzt, nicht nur im Gedankenaustausch, sondern in jeder Art von Beratung durch den Arzt, den Rechtsanwalt, den Verkäufer usw., oder im Lehren als Lehrgespräch, oder sogar in der Arbeitsanweisung, wo Vorgesetzte und Untergebene in gleicher Weise vor hochkomplizierten Sachverhalten stehen und Anweisungen nur im Austausch festgelegt werden können usw.; die Gesellungsform des *Publikums*, wo man sich mit vielen Menschen zusammenfindet und sich doch vom Wort, Ton oder Bild ganz persönlich, ganz einsam treffen lassen kann, gerade da, wo man von seiner ganz eigenen Situation her im Augenblick empfänglich oder bedürftig ist. Jede der genannten Haltungen und Verhaltensweisen zeigt den Menschen dieser Zeit, wie er seinen modernen Verhältnissen entspricht oder doch zu entsprechen sucht: seiner Situations- und d. h. Sachgebundenheit, seiner personhaft-einsamen Stellung, seiner Begegnung mit dem andern, dem er nur gerecht wird, wenn er ihm seinen Raum der Freiheit für seine auch ganz eigene Lage läßt, und von dem er selbst ein Gleiches erwartet.

Die Kirche vor den neuen Verhältnissen

Solcherart sind Haltungen und Verhaltensweisen, die der moderne Mensch aus der Sache heraus entwickelt, d. h., er trägt seinen neuen Verhältnissen Rechnung einschließlich dessen, was wir deren Grundlagen genannt haben: dem Unausweichlichen, Unbedingten, was so und nicht anders sein Verhalten bedingt. Er ist also im Begriff, sich auf den neuen Grundlagen einzurichten, nachdem die alten vergangen sind, die unbedingten, fraglosen, geweihten Institutionen.

Nun lautet unsere ganze Fragestellung: Wie stellt sich die Kirche zu diesen ganzen neuen Verhältnissen? Und wir hatten gesagt, daß der Ort der Kirche immer zuerst bei den Grundlagen eines Zeitalters, einer Sozialverfassung ist.

Der Ort der Kirche war zur Zeit der alten, das Leben tragenden Institutionen in der Tat bei diesen Grundlagen gewesen: Sie hatte die Institutionen geweiht, der vor Gott geschworene Eid hatte viele unter ihnen begründet und war das Band gewesen, das Neueintretende mit ihrer Stadt, ihrem Herrn, ihrer Bruderschaft verband. Der christliche Glaube war es aber auch gewesen, der als transzendenter Glaube diese innerweltlichen Heiligkeiten entmächtigt, die Ordnungen säkularisiert und damit die alten Grundlagen aufgelöst hatte. So war die Wirkung der Kirche auf die damaligen Grundlagen im Ganzen eine zwiespältige gewesen: sie hatte die Ordnungen vom Glauben her gestützt, aber auch relativiert sub specie aeternitatis. Das zweite überwog bei Luther und nach Luther, und so hat die Reformation die Umbildung der Sozialwelt eingeleitet. Wie stellt sie sich nun heute zu der von ihr selbst heraufgeführten Welt?

Da dies kein theologischer Aufsatz ist, kann und soll der Gedanken-
gang nur bis zu dieser Fragestellung geführt werden. Hier muß die
Theologie das Gespräch aufnehmen und Rede und Antwort stehen.
Nur so viel sei noch vermerkt, daß bei Luther, der den entscheidenden
Durchbruch zur Lösung von den alten Institutionen getan hat, sich auch
ein erstaunliches Verständnis der modernen Verhältnisse findet. Es sei
dafür noch einmal auf das Werk von Wingren verwiesen. Hier wird sehr
deutlich, wie Luther den Menschen wohl in den Ordnungen sah, aber
doch mit der „Freiheit zu tun und zu lassen"[4], d. h., ihnen zu folgen
oder dies aus wohlerwogenen, tief verantworteten Gründen nicht zu
tun. Er sah den Menschen einsam in seiner jeweils eigenen Lage stehen,[5]
in der er im Wagnis die Entscheidung im Grunde einsam treffen mußte.[6]
Darum sah er an die Stelle der imitatio, die bis dahin im kirchlichen wie
im weltlichen Leben als traditionale Haltung das Leben beherrscht hatte, die vocatio treten, den persönlichen Aufruf; denn jede Lage ist
einzigartig.[7] Und im Zentrum der Ethik Luthers steht der lebendige
Nächste, der immer wieder in anderer Lage, mit anderen Lasten vor uns
steht, und dem in jeweils neuer Weise begegnet werden muß.[8] So entstand, was die tatsächliche, praktische Form des Handelns angeht, eine
sachlich, menschlich, räumlich und zeitlich geschmeidige und doch feste Ethik, die der sozialen Wirklichkeit des sechzehnten Jahrhunderts
weit voraneilte, die aber genau der Wirklichkeit des zwanzigsten Jahrhunderts entspricht; und das ist kein Zufall, denn diese Wirklichkeit
heraufzuführen hat die Reformation entscheidend mitgewirkt.

Aber mit dem Blick auf die Ethik ist noch nicht genug gesagt über das
Verhältnis der Kirche zur modernen Welt. Es bleibt als Letztes noch
dies zu sagen, und es ist schon früher darauf hingewiesen worden: Die
Ruhe und Festigkeit, die die alten Institutionen dem Leben gaben, kann
die moderne Welt nicht wieder gewinnen. Das „Heilige Reich" und die
in ihr Kirchspiel gebettete Markgenossenschaft haben tausend Jahre bestanden. Dem wird die moderne mobile Welt nichts Vergleichbares an

[4] Wingren, S. 71.
[5] Wingren, S. 190.
[6] Wingren, S. 113.
[7] Wingren, S. 113.
[8] Wingren, S. 41 ff.

die Seite stellen können. Das Leben auf den modernen Grundlagen in den modernen Formen ist — so sagten wir schon — viel mehr Forderung und Wagnis, als es das Leben in den alten Institutionen war. So muß es immer labil, immer aufs höchste gefährdet bleiben. Darum ist es kein Widerspruch, daß unser Leben sich heute, wo die industrielle Welt sich vielleicht auf Dauer einrichtet, den tiefsten äußeren und inneren Gefährdungen gegenübersieht: Sie gehören zu dieser Welt.

Die Kirche sollte am wenigsten davor erschrecken. Denn der christliche Glaube hat dies Zeitalter heraufgeführt, und wenn das Zeitalter sich nun als im tiefsten erschüttert erweist, so ist der Glaubende daran zu erinnern, daß ihm eben dies klar vorausgesagt wurde. Man hat es nur lange Zeit vergessen. Das Durchdringen der christlichen Entmächtigung der innerweltlichen Heiligkeiten macht die Welt nicht geradlinig besser, sondern muß sie in ihre tiefste Krise stürzen. Denn die alten heiligen Ordnungen und Dinge waren „haltende Mächte", die dem Leben Führung und Form gaben. Die Säkularisierung als soziologisches Problem bedeutet den Verlust uralter tragender Formen und das Erwachsen neuer tragender Kräfte. Aber das ist eine Krise auf Tod und Leben.

Kölner Zeitschrift für Soziologie und Sozialpsychologie, Sonderheft 6, 1962, S. 65—77.

BEMERKUNGEN ZUR SÄKULARISIERUNGSTHESE IN DER NEUEREN RELIGIONSSOZIOLOGIE

Von Joachim Matthes

I

Die Kritik, die Thomas Luckmann an der neueren Religionssoziologie — insbesondere in Deutschland — geübt hat, gipfelt in den beiden Thesen, daß die Religionssoziologie nur ungenügend in der soziologischen Theorie verankert sei, und daß die — historisch zentrale — Problematik der Säkularisierung und ihrer strukturellen Voraussetzungen, wie sie etwa von Friedrich H. Tenbruck behandelt worden ist, nicht die sozial-theoretisch zentrale Frage der Religionssoziologie sein könne [vgl. Th. Luckmann, Neuere Schriften zur Religionssoziologie, KZS 12/2, 1960, S. 315—326].

Es ist bemerkenswert, daß diese Thesen auf keinen explizit vorgetragenen Widerspruch gestoßen sind, daß sich wohl aber in den letzten Jahren eine zunehmende Unsicherheit in der deutschen Religionssoziologie im Blick auf ihre theoretische Orientierung bemerkbar macht. Es scheint, als ob ein Abschnitt in der Entwicklung der neueren Religionssoziologie in Deutschland an sein Ende gekommen ist, dem in der Tat mit Luckmann eine gewisse Verengung seines soziologisch-theoretischen Ansatzes zu attestieren ist, ohne daß freilich bisher eine zureichende methodologische und theoretische Bilanzierung dieses Entwicklungsabschnittes erfolgt wäre. Für diesen Umstand mag es viele Gründe geben, die höchst unterschiedlicher Natur und im ganzen außerordentlich komplex sind. Sicher aber dürfte sein, daß das von Luckmann ausgesprochene Ungenügen der allgemeinen soziologisch-theoretischen Verankerung der neueren deutschen Religionssoziologie inzwischen stärker ins Bewußtsein getreten ist und sich sowohl in einem gewissen Rückgang der ohnehin nur mangelhaft entwickelt gewesenen empirischen religionssoziologischen Forschung wie in gelegentlichen

Versuchen äußert, sich der theoretischen Verankerung der Religionssoziologie wieder in stärkerem Maße zu vergewissern.

Als ein Beitrag dazu muß sicherlich der Versuch Friedrich Fürstenbergs aufgefaßt werden, drei Leithypothesen religionssoziologischer Forschung herauszuarbeiten.[1] Er unterscheidet zwischen der *Kompensationsthese*, der *Integrationsthese* und der *Säkularisierungsthese* und sieht die erstere bezogen auf die mikro-soziologische Ebene, die zweite auf die makro-soziologische und die dritte auf die des sozialen Wandels. Mit dieser Unterscheidung soll offensichtlich nicht nur ein Abriß der wissenschaftsgeschichtlichen Ablösung von Leithypothesen durch andere in der Religionssoziologie gegeben werden; vielmehr will Fürstenberg zugleich einige Fixpunkte im Hypothesenpluralismus gegenwärtiger religionssoziologischer Forschung markieren. Freilich: „Die Auseinandersetzung mit dieser dritten Grundfragestellung (der Säkularisierungsthese: d. Verf.) der Religionssoziologie hat der modernen, vorwiegend empirischen religionssoziologischen Forschung wohl den nachhaltigsten Impuls gegeben."

Die Ausbildung der Säkularisierungsthese als Leithypothese religionssoziologischer Forschung wird von Fürstenberg zurückgeführt bis auf die Anfänge „seelsorgerlicher und sozialethischer Auseinandersetzungen der kirchlichen Praktiker mit den sozialen Problemen der Industrialisierung", die sich bereits im 19. Jahrhundert in vielfältigen Formen der Materialsammlung niederschlugen, so etwa in den moralstatistischen Untersuchungen A. von Oettingens, in den Erhebungen von F. Le Play und seiner Schüler, in den monographischen Auswertungen von Arbeiterbefragungen bei Dehn und Piechowski. „Kernproblem dieser Studien war der fortschreitende Abfall weiter Bevölkerungskreise von der Kirche bzw. ihre Indifferenz gegenüber religiösen Fragestellungen. Diese Tendenz wurde als Säkularisierungsthese besonders durch Max Weber wissenschaftlich formuliert." Ohne Zweifel ist die bahnbrechende Anwendung soziographischer Methoden in der

[1] Dieser Versuch wurde von Fürstenberg auf dem dritten Europäischen Kolloquium zur Soziologie des Protestantismus (23. bis 26. 5. 1961, Berlin) vorgetragen (vgl. den Bericht in Heft 4/1961 der KZS) und in seinem Artikel ›Religionssoziologie‹ in der RGG[3] schriftlich formuliert. Die folgenden Zitate stammen aus letzterem.

Religionssoziologie durch Gabriel Le Bras und seine Schule ebenso an der Säkularisierungsthese orientiert gewesen wie die nach 1945 in Westeuropa in breiterem Umfange in Gang gekommene kirchen- und kirchgemeindesoziologische Forschung. Es komme, so folgerte Fürstenberg in seinem Referat auf dem dritten Europäischen Kolloquium zur Soziologie des Protestantismus, darauf an, nun die Ergebnisse der neueren empirischen Forschung in der Religionssoziologie erneut mit der Säkularisierungsthese zu konfrontieren und diese dabei theoretisch zu überarbeiten. Begriffe wie „Entkirchlichung" und „Entchristlichung" seien vorläufige Ersatzbegriffe für die Ausarbeitung des Bezugsrahmens der Säkularisierungsthese und bedürften dringend einer Präzisierung unter sozial-theoretischen Gesichtspunkten.

II

Die Begriffe Säkularisierung und Säkularisation haben in ihrer jahrhundertelangen Geschichte differente philosophische und theologische Deutungen erfahren. Auf sie ist hier im einzelnen nicht einzugehen. Es dürfte sicher sein, daß der Begriff Säkularisation in dem zugespitzten Sinne einer Diastasierung von „geistlich" und „weltlich" (gleich säkular) zum ersten Male im Zusammenhang der Einziehung kirchlichen Vermögens bei den Vorverhandlungen zum Westfälischen Friedensvertrag (1646—1648) gebraucht worden ist.[2] Lange Zeit ist er in seiner Verwendung auf den kirchenrechtlichen, später kirchengeschichtlichen Bereich beschränkt geblieben, um dann allmählich auch in den Zusammenhang universalgeschichtlicher Deutungsversuche einzutreten, von denen wiederum Impulse auf die theologische Interpretation des Begriffes ausgingen, bis hin zu der profiliertesten neueren Deutung des Phänomens der Säkularisation bei Friedrich Gogarten.[3] Es bedürfte einer gründlichen begriffsgeschichtlichen Untersuchung, um die Einflüsse der mit den Begriffen Säkularisierung und Säkularisation as-

[2] S. Reicke, Art. ›Säkularisation‹, in: Die Religion in Geschichte und Gegenwart (RGG), 1961, Bd. V, Sp. 1280—1288. Reicke bezieht sich bei dieser Angabe präzis auf J. G. von Meiern, Acta Pacis Westphalicae publica, II, 15 § 14.

[3] Vor allem in: Verhängnis und Hoffnung der Neuzeit, Stuttgart 1953.

soziierten Vorstellungen auf die aufkommende (ältere) Soziologie und ihre Theorien der Gesellschaft zu verfolgen. Hier soll ohne detaillierteren Nachweis die These vertreten werden, daß die in der neueren religionssoziologischen Forschung (in Deutschland seit 1945, in Frankreich etwa seit Le Bras) mehr implizit als explizit entwickelte Säkularisierungsthese als Forschungshypothese keinen primären Zusammenhang mit der historiographischen, geschichtsphilosophischen und theologischen Tradition ihres Begriffes im engeren Sinne hat.

Noch bei M. Weber ist der Begriff der Säkularisierung nicht zu verstehen ohne den unmittelbaren Zusammenhang mit seiner universal angelegten Theorie der gesellschaftlichen Differenzierung und Rationalisierung, und ganz Ähnliches gilt etwa von der Verwendung des Begriffes "secular" in der Soziologie Howard Beckers.[4] Demgegenüber geht die neuere Kirchen- und Kirchgemeindesoziologie, insbesondere aber die entfaltete Soziographie der «pratique religieuse» von einer als Säkularisierung bezeichneten Art generalisierter Erfahrung aus, die weder auf ihre universalen Zusammenhänge noch auf ihre sozial-theoretisch bedeutsamen Implikationen reflektiert, sondern lediglich soziographisch multipliziert wird. Der Inhalt dieser generalisierten Erfahrung ist in der Tat „der fortschreitende Abfall weiter Bevölkerungskreise von der Kirche, bzw. ihre Indifferenz gegenüber religiösen Fragestellungen" (Fürstenberg), oder die von dieser Wahrnehmung provozierte Frage nach der sozialen Natur des nach dem „Abfall" verbliebenen Restes an Kirchlichkeit. Es ist Fürstenberg zuzustimmen, wenn er die Ursprünge *dieser* Säkularisierungsthese in den „seelsorgerlichen und sozialethischen Auseinandersetzungen der kirchlichen Praktiker mit den sozialen Problemen der Industrialisierung" sieht; man wird ihm jedoch nicht folgen können, wenn er *diese* Säkularisierungsthese in einen ungebrochenen Zusammenhang mit dem Säkularisierungsbegriff bringt, wie er etwa in dem universal angelegten religionssoziologischen Denkansatz von M. Weber beschlossen ist.

---

[4] Im Glossar zu der deutschen Ausgabe einiger Schriften H. Beckers (Soziologie als Wissenschaft vom sozialen Handeln, Würzburg 1959) wird treffend vermerkt (S. 380): „Ein Wertsystem, das sein Träger willig oder sogar begierig macht, Wandel zu akzeptieren, wird ‚säkular' genannt. Der Begriff umfaßt also viel mehr als die oft gehörte Bedeutung ‚nicht geistlich', ‚weltlich', ‚profan'."

Nun ist nicht zu verkennen, daß die hier als in einer unreflektierten und generalisierten Grunderfahrung wurzelnd gekennzeichnete Säkularisierungsthese in der neueren Entwicklung der Religionssoziologie die Basis für einen gewissen Durchbruch zu methodologischer Präzisierung und zur Ausbildung empirischer Forschungsmethoden abgegeben hat. Diesem ihren Gewinn gegenüber der vorwiegend historiographischen Orientierung der älteren Religionssoziologie stellt sich jedoch allmählich ihre andere Wirkung in den Weg: daß sie nämlich einerseits die Reichweite der sozial-theoretischen Erklärungsmöglichkeiten für kirchliche und religiöse Wandlungen auf die mit der Industrialisierung (oder der sogenannten „industriellen Arbeitswelt") gegebenen Faktoren beschränkt, und daß sie andererseits die Skala der in der religionssoziologischen Forschung einzusetzenden Variablen auf einige wenige Muster kirchlichen Verhaltens reduziert und damit Gefahr läuft, die ganze Variationsbreite soziokultureller Vermittlungen des „religiösen Faktors" aus dem Blick zu verlieren. In der neueren Religionssoziologie, soweit sie Kirchensoziologie ist, zeichnet sich deutlich der Punkt ab, an dem die Funktion der ihr zugrundeliegenden Säkularisierungsthese (als einer generalisierten Grunderfahrung) von der eines Vehikels empirisch-methodologischer Neuorientierung umschlägt in die einer sozialtheoretisch nicht mehr vertretbaren Einengung der Reichweite empirischer religionssoziologischer Forschung. Es scheint, als ob bereits heute nicht mehr davon geredet werden kann, daß von *dieser* Säkularisierungsthese aus eine breite, universal orientierte empirische Forschung entwickelt werden kann.

III

Die bisher in Deutschland vorliegenden soziologisch-theoretischen Versuche, diesem latenten Zirkel der Säkularisierungsthese in der neueren Religionssoziologie zu entkommen, weisen mehr deren eigene Begrenztheit als die Möglichkeiten ihrer theoretischen und empirischen Differenzierung und Verifizierung aus.

Dietrich von Oppen, der sich ausdrücklich der *soziologischen* Problematik der Säkularisierung zuwendet [vgl. D. von Oppen, Die Säkularisierung als soziologisches Problem; in diesem Band S. 331 ff.], bemüht sich offensichtlich um einen universalen Denkansatz, der die historische Dimension des Säkularisierungsprozesses nicht zugunsten einer einseitig soziographischen Darstellung nur gegenwärtiger Verhältnisse vernachlässigt. Doch zeigt sich bald, daß sich die angestrebte Universalität des theoretischen Ansatzes nicht durchhalten läßt, wenn dieser von Anbeginn jenes begrenzte Element der Säkularisierungsthese unreflektiert in sich aufnimmt, das wir bereits als generalisierte Grunderfahrung kennzeichneten, und das von Oppen mit der Formel vom neuzeitlichen „Ghetto-Dasein" der Kirche, von ihrer gesellschaftlichen „Rand"-Existenz belegt. Sofort zieht sich die als universal intendierte Deutung der Säkularisierung zusammen auf die Behauptung *eines* totalen und durchgreifenden geschichtlich-gesellschaftlichen Umbruches zwischen Mittelalter und Neuzeit, auf den — bei verbaler Anerkennung der Vielgestaltigkeit seiner Erscheinungsformen und der geschichtlichen Breite seines Ablaufes — doch letztlich alle soziologisch relevanten Erscheinungen und Situationen der Säkularisierung zu beziehen sind. So wird nicht nur der Begriff von Geschichte in einer Weise reduziert, der sowohl die philosophische wie die theologische Nachfrage herausfordert,[5] — zugleich wird auch der sozial-theoretische Begriff von Gesellschaft auf eine epochale Wesensaussage gebracht, die der empirischen Verifizierung ebenso wie der theoretischen Durchdringung enge Grenzen zieht. Wenn — wie bei von Oppen — die Säkularisierung soziologisch gefaßt wird als globaler Wandlungsprozeß von der geheiligten (und d. h. festen, dauerhaften, geordneten) *Institution* zur profanen (und d. h. mobilen, situationell bedingten, ethisch aufgegebenen) *Organisation*, dann wird *ein* Element des gemeinten sozialen Wandlungsprozesses als dessen *allgemeine Struktur* ausgegeben, und die empirische Variationsbreite der als Säkularisierung zusammengefaßten Wandlungen gerät unter das Urteil theoretischer Belanglosigkeit.[6] Das universale Schema Sakralität — Profanität reicht nicht aus für einen

[5] Vgl. zu dieser Problemstellung auch den Aufsatz von T. Rendtorff, Geschichte und Gesellschaft, in: Spannungsfelder der evangelischen Soziallehre, hrsg. von F. Karrenberg und W. Schweitzer, Hamburg 1960, S. 154—169.

[6] Dieser Einwand wird auch durch den Hinweis auf die Aufsatzform und den Ort der Veröffentlichung (in einem wesentlich sozialethisch orientierten Sammelband) nicht entkräftet werden können. Es geht hier nicht um die breite Entfaltung empirischen Materials, sondern um die Öffnung eines Denkansatzes für die Verarbeitung empirischen Materials überhaupt.

soziologischen Denkansatz, dessen Universalität nicht in einer unverbindlichen und spekulativen Aussage über epochale Zusammenhänge besteht, sondern auf die Ausarbeitung verifizierbarer Hypothesen gerichtet ist.

Tenbruck entwickelt seine Gedanken zu einer „einheitlichen soziologischen Theorie der Entkirchlichung,"[7] indem er an Ergebnisse empirischer Forschungen zum Phänomen der Kirchlichkeit anknüpft und verschiedene Indizien der Kirchlichkeit miteinander kombiniert. Im Unterschied zu dem Interesse von Oppens an einer universal angesetzten Interpretation der Säkularisierung als einem geschichtlich-gesellschaftlichen Prozeß des Umbruches geht es Tenbruck um die Entkirchlichung als einem Phänomen des sozialen Wandels. Daher kann eine Theorie der Entkirchlichung für ihn keine „monokausale Theorie" meinen, sondern „eine Bedingungskonstellation, die für unterschiedliche historische Erfüllungen und wirksame Einzelfaktoren Raum läßt". An den weiteren Ausführungen Tenbrucks zeigt sich jedoch, daß sich die empirische Breite, die mit diesem theoretischen Ansatz erschlossen zu sein scheint, sehr bald wieder zusammenzieht, indem die von ihm verarbeiteten Indizien der Kirchlichkeit *auf* die Erscheinungen eines sozialen Wandels *hin*, weniger aber in dessen *Zusammenhang* interpretiert werden. So steht am Ende der Untersuchungen Tenbrucks wiederum die reduzierte These, daß im Gefolge der Industrialisierung eine „pluralistische" Gesellschaft entstanden sei, in der die „religiösen Unterschiede konfessioneller, regionaler, weltanschaulicher und anderer Art" unverständlich geworden und in ihrer Bedeutung entwertet worden seien. „Das durch den Pluralismus bedingte Auseinandertreten von gesellschaftlicher und religiöser Identifikationsgruppe, die in der vorindustriellen Gesellschaft identisch waren, ist die Ursache eines Funktionsverlustes der Religion, der, durch den Funktionsverlust der Kirche verstärkt, sich als Entkirchlichung äußert."

Diese Wendung der Säkularisierungsthese unterscheidet sich — trotz dem bei Tenbruck anderen Denkansatz — im Ergebnis nicht wesentlich

[7] F. H. Tenbruck, Die Kirchengemeinde in der entkirchlichten Gesellschaft, in: Soziologie der Kirchengemeinde, hrsg. von D. Goldschmidt, F. Greiner, H. Schelsky, Stuttgart 1960, S. 122—132, insbes. S. 128 ff. Die folgenden Zitate sind diesem Beitrag entnommen.

von der von Oppens. Beide konvergieren in einem letztlich diastatischen Verständnis von Kirche und Gesellschaft;[8] ihre Divergenz liegt allein in den Aspekten, unter denen die Interrelationen beider Größen jeweils erscheinen: von Oppen rückt den universal-sozialgeschichtlichen, Tenbruck den Aspekt des kirchlichen Verhaltens und der Reichweite institutionalisierter Kirchlichkeit in den Vordergrund. Beiden Wendungen entgeht die der Problemstellung Kirche — Gesellschaft vorgegebene Vermittlung beider Größen,[9] deren Komplexität weder durch die Reduktion auf einen universalen geschichtlichen Umbruch noch durch die theoretische Einengung des „religiösen Faktors" auf kirchliches Verhalten und kirchliche Institutionalisierung behandelt werden kann. Es ist nicht von ungefähr, daß die Frage nach der „Verteilung" von Religion im Zusammenhang „globaler Gesellschaften"[10] nahezu völlig aus dem Blickfeld der neueren religionssoziologischen Forschung verschwunden ist. Zwar zeigen sich verstreut Ansätze zur Formulierung derart ausgerichteter Fragen,[11] doch fehlt ihnen bislang die für eine Hypothesenbildung erforderlichen Breite der in der Forschung einzusetzenden Variablen. Eine Ausbildung dieses Ansatzes könnte die an der Grunderfahrung der Entkirchlichung definierte Säkularisierungsthese etwa in der Richtung korrigieren, daß die Segmentalisierung kirchlicher Gruppen und Institutionen von einem Prozeß der Aufnahme religiöser Orientierungen in die Handlungsstrukturen „globaler Gesellschaften" und einer allmählichen Denominationalisierung der

[8] Vgl. hierzu auch den Beitrag von Peter Hendrik Vrijhof, Was ist Religionssoziologie? KZS 14, 1962, Sonderheft 6, S. 10—35, der in diesem diastatischen Verständnis des Verhältnisses von Kirche und Gesellschaft das entscheidende Merkmal der älteren Religionssoziologie sieht, das auch in der neueren Religionssoziologie noch nicht überwunden sei.

[9] Vgl. hierzu Rendtorff, a. a. O. (Anm. 5).

[10] Der Begriff „globale Gesellschaft" wird hier in Anlehnung an den Gebrauch bei R. König verstanden (Grundformen der Gesellschaft: Die Gemeinde, Hamburg 1958, insbes. S. 26, 164), der sich wiederum auf G. Gurvitch bezieht.

[11] Hier ist insbesondere auf die in den Niederlanden geführte soziologische Diskussion um die Erscheinung der weltanschaulichen und konfessionellen „Versäulung" sozialer Lebensformen zu verweisen. Vgl. neuerlich: J. P. Kruijt und W. Goddijn, Cloisonnement et décloisonnement culturels comme processus sociologiques, in: Social Compass 9/1—2, 1962, S. 63—107.

volkskirchlichen (und landeskirchlichen) Strukturen begleitet wird, deren Differenzierung und Breite weder in einer universalen „Umbruch"-Konzeption von Säkularisierung noch in einer an der Kirchlichkeit orientierten Theorie der Säkularisierung zureichend sichtbar werden kann.

Es könnte in der Tat sein, daß auf dem Gebiete der religionssoziologischen Gruppenforschung zur Zeit die größten Aussichten auf die Herausbildung eines neuen Verständnisses von Säkularisierung bestehen. Freilich bedarf es dazu in Deutschland einer gewissen begrifflichen Neuorientierung,[12] die weder bei einer phänomenologischen Typologie nach dem Kirche-Sekte-Schema (im Sinne etwa von Ernst Troeltsch) noch bei einer dogmatisch oder psychologistisch interpretierenden Theorie des Sektentums als bloßer Abweichung stehenbleibt.[13] Wenn H. Richard Niebuhr von Denominationalismus als gleichbedeutend mit Säkularisation spricht[14] und Kirche und Sekte als Grenzformen eines differenzierten denominationalen Systems der Religion ansieht, so wird man diese Aussage nicht allein im Blick auf die spezifische kirchengeschichtliche Entwicklung in den USA interpretieren dürfen. Vielmehr stellt sich auch einer kirchensoziologischen Erforschung der deutschen Nachkriegsverhältnisse durchaus die Frage, ob wir nicht längst eine ausgebildete, bislang freilich weithin verdeckt bleibende denominationale kirchliche Substruktur in Deutschland beobachten können. In seiner Untersuchung über typische Formen religiöser Gruppierungen [vgl. H. W. Pfautz, The Sociology of Secularisation. Religious Groups, American Journal of Sociology 61/2, 1955, S. 120—128] kommt Harold Pfautz unter anderem zu dem Ergebnis: "Secularization is a general social process. Not only religious but other economic and political institutions grow secular, and propositions developed in the course of study-

---

[12] Vgl. Gerhard Lenski, Die Religionssoziologie in den Vereinigten Staaten von Amerika, KZS 14, 1962, Sonderheft 6, S. 123—148; Peter Dienel, Kirche und Sekte I, ebd., S. 233—242; Walter Goddijn, OFM, Kirche und Sekte II, ebd., S. 243—253.

[13] Diese letztere einseitige Interpretation liegt nahe bei allen apologetisch ansetzenden Untersuchungen zum Sektenproblem. Siehe etwa K. Hutten, Seher, Grübler, Enthusiasten, Stuttgart 1950.

[14] Vgl. H. R. Niebuhr, The Social Sources of Denominationalism, (New York 1929) Hamden, Conn. [3]1959, insbes. S. 6, 10.

ing religious organizations may be tested on them."[15] In dieser Bestimmung erscheint die Säkularisierungsthese als das für die Religionssoziologie relevante Korrelat einer allgemeinen soziologischen Theorie der sozialen Differenzierung, in der sich „in nuce" das Problem der in ihren Elementen vermittelten Einheit der sozialen Wirklichkeit stellt. Der für die neuere Religionssoziologie problematisch gewordene Anknüpfungspunkt an die ältere Religionssoziologie (etwa eines M. Weber) tritt an dieser Stelle ebenso neu hervor, wie andererseits die Gefahr, die für die Religionssoziologie in einer unzureichend empirisch fundierten Realisierung dieses Anknüpfungspunktes liegt: Nur allzu leicht fließen die das kirchliche und theologische Denken derzeit weithin bestimmenden Vorstellungen von der unmittelbaren Konzipierbarkeit und Intendierbarkeit des Ganzen auch in ein religionssoziologisches Denken ein, das sich der Komplexität der abhängigen und unabhängigen Variablen, die es in der Erforschung seines Gegenstandsbereiches einzusetzen hat, nicht genügend vergewissert.[16]

IV

Diese wenigen Erläuterungen lassen bereits deutlich werden, daß die Ausführungen Fürstenbergs über die Säkularisierungsthese als einer Leithypothese religionssoziologischer Forschung der theoretischen Differenzierung bedürfen. Zunächst ist festzuhalten, daß der soziologische Denkansatz in geistesgeschichtlicher Hinsicht den voll entfalteten Prozeß der Säkularisierung — im allgemeinen und umfassenden Verständnis dieses Begriffes — bereits voraussetzt; und man wird ferner bedenken müssen, daß der als Säkularisierung bezeichnete geschichtliche Prozeß längst „im wesentlichen abgeschlossen ist und keine neuen Aspekte mehr hervorbringt"[17]. Wie immer auch dieser Prozeß ge-

---

[15] A. a. O., S. 128, unter Bezug auf H. Blumer, Collective Behavior, in: New Outline of the Principles of Sociology, hrsg. von A. McClung Lee, New York 1946.

[16] Dieser Einwand wird auch gegen den Versuch von Goddijn erhoben werden müssen, mit Hilfe eines nicht zureichend differenzierbaren, ganzheitlich angelegten Begriffes von „Pluralismus" eine pastoraltheologische Deutung des Sektenproblems soziologisch auszudrücken.

[17] Ich beziehe mich hier und im folgenden auf Formulierungen aus der An-

schichtsphilosophisch und theologisch gedeutet werden mag, man wird
dabei „dem Gedanken Raum geben müssen, daß die Einheit der christlichen Tradition und Lebenswelt durch eine Entwicklung, die deren
Verweltlichung mit sich brachte, nicht schon als solche prinzipiell aufgehoben" ist. Den Zugang zu dieser Einsicht wird sich eine Religionssoziologie, die sich als Teildisziplin einer empirischen Wissenschaft
versteht, immer offenhalten müssen, weil sie es primär immer mit Vorgängen der Differenzierung zu tun hat, die ohne eine theoretische Vermittlung mit dieser Einsicht nur allzu leicht als different, ja disparat erscheinen können. In der Religionssoziologie M. Webers ist diese Einsicht — mutatis mutandis — zweifellos wirksam gewesen, auch wenn
der universale Denkansatz M. Webers im ganzen noch von anderen geistesgeschichtlichen Einflüssen bestimmt gewesen ist. Von der Säkularisierungsthese, die Fürstenberg der Religionssoziologie M. Webers in
diesem Zusammenhange zuschreibt, wird jedoch die andere sorgfältig
zu unterscheiden sein, die *praktisch* aus der Primärerfahrung einer in
mancher Hinsicht schrumpfenden Kirchlichkeit seit dem Anbruch des
„Industriezeitalters" entspringt, und die *theoretisch* seit Beginn des
19. Jahrhunderts in der Theologie und im kirchlichen Denken als Auseinandersetzung um den Begriff und das Verständnis von Kirche reflektiert wird.[18] *Diese* Säkularisierungsthese, die an der Grunderfahrung
des „Abfalls weiter Bevölkerungskreise von der Kirche bzw. ihrer
Indifferenz gegenüber religiösen Fragestellungen" (Fürstenberg)
definiert und in vielfachen Variationen der positiven und negativen Reaktion auf diese Grunderfahrung durchgehalten worden ist, hat in der
jüngsten Vergangenheit, zweifellos mitbestimmt durch die Erfahrungen
aus den Grenzsituationen im Kirchenkampf der dreißiger Jahre, maß-

trittsvorlegung von T. Rendtorff (Säkularisierung als theologisches Problem,
Münster 15. 11. 1961, Neue Ztschr. f. syst. Th. 4, 1962, S. 318—339). In einer
Anmerkung verweist Rendtorff dabei auf Chr. H. Weisse, der (in: Über die Zukunft der evangelischen Kirche. Reden an die Gebildeten deutscher Nation,
1849) schon einmal „auf die Probleme der Entchristlichung und Entkirchlichung
zurücksah und meinte, im Blick auf seine gebildeten Zeitgenossen, die Schran-
ken, die dabei entstanden sind, seien bereits im Fallen".
[18] Vgl. E. Hirsch, Geschichte der neueren evangelischen Theologie, 5 Bde.,
Gütersloh 1960, Bd. V, 49. Kapitel: Der Streit um den Kirchenbegriff, S. 144 ff.

gebenden Einfluß auf den Denkansatz der kirchensoziologischen Forschung in Deutschland gewonnen. Sie hat sowohl die reduzierte „Umbruch"-These über die Säkularisierung als auch die an eng gefaßten Mustern von Kirchlichkeit orientierte Kirchgemeindeforschung hervorgetrieben, die beide — unbeschadet ihrer einzelnen Arbeitsergebnisse — sehr bald die Grenzen ihrer soziologisch-theoretischen Möglichkeiten erreicht haben.

Wenn die Religionssoziologie diese in ihrer neueren Entwicklung angelegten Grenzen durchbrechen will, wird sie sich *dieser* Säkularisierungsthese begeben müssen, — sei es, daß sie auf speziellen Forschungsgebieten (wie etwa der Erforschung religiöser Gruppierungen) neue Hypothesen und Kategorien zu entwickeln sucht, sei es, *daß sie die Säkularisierungsthese selbst zum Gegenstand der Forschung setzt.*

Wenn bisher gesagt wurde, daß die in der neueren kirchensoziologischen Forschung — mit anzuerkennendem, aber doch begrenztem theoretischen und empirischen Ergebnis — eingesetzte Säkularisierungsthese eine nur partiell reflektierte, generalisierte Grunderfahrung der neuzeitlichen geschichtlich-gesellschaftlichen Entwicklung, bezogen auf die Stellung der Kirche in ihr, aufnimmt und sie gleichsam als eine „verwissenschaftlichte Primärerfahrung" (Schelsky) handhabt, so ist damit ja zugleich gesagt, daß diese Grunderfahrung *faktisch* in der institutionellen, organisationellen und verhaltenshaften Gestaltung des kirchlich-religiösen Lebens wirksam geworden ist. Dieser Zusammenhang ist in der religionssoziologischen Forschung theoretisch zu reflektieren und in den Ansatz der empirischen Arbeit hineinzunehmen. Solange die Grunderfahrung, die sich in der Säkularisierungsthese ausspricht, nicht als solche gegenstandshaft reflektiert, sondern als Leithypothese der Forschung rezipiert wird, bleibt ein weites Feld der "varieties of religious orientation" und der sozialen Korrelate religiöser Orientierungen religionssoziologisch unbearbeitet, und die Aussagekraft der religionssoziologischen Forschung bleibt u. a. auf eine merkwürdig verkürzte Praktikabilität im Sinne einer „Überwindung der kirchengemeindlichen Enge" beschränkt. Tatsächlich verstehen sich ja z. B. zahlreiche neuere Arbeitsformen der Kirchen explizit als Resultate der Verarbeitung moderner soziologischer, insbesondere kirchensoziologischer Einsichten, — als ob sie damit gleichsam eine kirchliche Position außerhalb der gesellschaftlichen Befangenheit erreicht hätten, von der aus nun gesellschaftlich adäquate kirchliche Arbeitsformen entworfen werden könnten. Die Verschätzung der Struktur wissenschaftlichen Denkens, die in dieser Einstellung zum Ausdruck kommt, hat heute ebenso zahlreiche Erscheinungsformen wie geistes- und wissenschaftsgeschichtliche Gründe; in unserem Falle ist vor allem auf gewisse innertheologische Bedingungen ihrer Möglichkeit hinzuweisen, wie sie in dem ungeschichtlichen Verständnis von „Welt" in den Strömungen der dialektischen Theologie angelegt sind.[19] Die neuere Kirchensoziologie hat von sich aus nichts oder nur wenig dazu beigetragen, diesem in der breit entfalteten „sozialethischen Arbeit" der Kirchen grassierenden Irrtum zu wehren; sie hat sich vielmehr in der Solidarität eines spezifischen, als Leithypothese rezipierten Erfahrungsverständnisses von Säkularisierung auf die Rolle des Kirchenkritikers fixiert und sich gegenüber der sogenannten „sozialethischen Arbeit" und der theologischen Sozialethik nicht selten selbst in die Funktion einer bloßen Hilfswissenschaft hineinmanövriert. Folgerichtig hat sich denn auch in den letzten Jahren die Auffassung durchgesetzt und gehalten, als könnten die Grenzen und die positiven Möglichkeiten der Religionssoziologie bestimmt werden auf dem Boden des Gespräches zwischen Theologie und Soziologie über das Verhältnis ihrer Gegenstandsbereiche und Methoden zueinander,[20] obgleich doch die Religionssoziologie primär als eine zentrale Disziplin der Soziologie definiert werden muß, — einer Soziologie, die es, wie jede Wissenschaft, originär mit der in ihrer Geschichte vermittelten Einheit der Wirklichkeit zu tun hat. Das theoretische „Unbehagen" an dieser Selbstfrustrierung der neueren Kirchensoziologie ist von theologischer wie soziologischer Seite wiederholt, wenn auch bislang nur vereinzelt vorgetragen worden, — von soziologischer Seite kennzeichnenderweise in der Gestalt der Aufdeckung der ideologischen Züge an der neueren „sozialethischen Arbeit" und Theorie.[21]

---

[19] Im Blick auf die katholische Theologie vgl. hierzu den Beitrag von Vrijhof (siehe Anm. 12), insbes. Abschn. IV.

[20] Ebenfalls kritisch hierzu Rendtorff, Tendenzen und Probleme der kirchensoziologischen Forschung, KZS 14, 1962, Sonderheft 6, S. 191—201.

[21] Es seien hier genannt T. Rendtorff, Gesellschaftsbildende Aufgaben und Möglichkeiten der Kirchengemeinde, in: Evangelische Theologie, Heft 11, November 1959, S. 506—528, insbes. S. 524 ff., und Matthes, Ideologische Züge in der neueren evangelischen Sozialarbeit. Luther. Rundschau 10/1, 1960/61,

Da die ideologiekritische Analyse dabei ebenfalls nicht selten an eine unhistorische soziologische Kritik des sozialethischen Denkens gebunden blieb, brachte sie zwar die neuralgischen Punkte in der Sozialethik zur Sprache, konnte jedoch andererseits nicht verhindern, daß sich die Auseinandersetzung in der Sackgasse der Frage nach der „eigentlichen", der „besseren" Sozialethik festfuhr. Damit wurde nicht nur der Praxis der „sozialethischen Arbeit" nicht geholfen, sondern zugleich die Gefahr einer weiteren Verengung in der theoretischen Sicht der Probleme heraufbeschworen.

Ein Schritt aus diesem Zirkel heraus könnte getan werden, indem die religionssoziologische Forschung das weite und differenzierte Feld der nicht primär an die kirchliche Kerngemeinde gebundenen kirchlichen und religiösen Aktivitäten und organisationellen Bildungen nicht länger *auf* kritisch analysierte soziale Tatbestände *hin*, sondern im gesamtgesellschaftlichen *Zusammenhang* interpretierte (um eine bereits früher gebrauchte Formulierung zu wiederholen). Eine wesentliche theoretische Voraussetzung für diesen Schritt wäre die Abwendung von der an der Grunderfahrung von Unkirchlichkeit definierten Säkularisierungsthese als einer Leithypothese der Forschung und deren Vergegenständlichung als einer „praktischen Theorie",[22] die spätestens seit der Mitte

S. 30—55. Vgl. auch die Diskussion zu letzterem Artikel in: Lutherische Rundschau, 1960/61, Heft 3 (Nov. 1960), S. 415 ff., und Heft 4 (Februar 1961), S. 536 ff.; 1961, Heft 1/2 (Mai 1961), S. 136 ff. Eine längere Auseinandersetzung über diese Frage ist auf einer mehr praktischen Ebene geführt worden in: Die Mitarbeit, Evangelische Monatshefte zur Gesellschaftspolitik, insbes. in den Jg. 1958 (H. 2, 6, 7, 8, 9) und 1959 (H. 5, 12).

[22] Ich beziehe mich hier auf die Verwendung dieses Begriffes durch R. König (Einleitung zu: E. Durkheim, Die Regeln der soziologischen Methode. Neuwied 1961, insbes. S. 62 f.). König faßt hier die von Durkheim am Beispiel der Pädagogik entwickelte Darstellung, „wie sich der Übergang von der unmittelbaren Lebensorientierung und ihrer Vulgärerfahrung zur wissenschaftlichen Analytik im wesentlichen in vier Schichten vollzieht," zusammen und führt unter (3) aus: „Die Schicht, in der über die Erziehungskunst weiter reflektiert wird, so daß eine Art von 'praktischer Theorie' der Erziehung zustande kommt... Diese zeichnet sich dadurch aus, daß sie immer noch ausgerichtet bleibt auf mögliche Handlung. Diese Schicht ist wissenschaftslogisch besonders fragwürdig, weil sie weder Wissenschaft noch Kunst ist, sondern von beiden gleich weit entfernt bleibt..." In

des 19. Jahrhunderts als ein Phänomen des „gesellschaftlichen Bewußtseins" zahlreiche, an den neuen sozialen Tatbeständen dieser Zeit gestaltete Erscheinungsformen kirchlichen und religiösen Handelns hervorgetrieben hat und insofern ein Moment der sozialen Bewegungen seit dem Heraufkommen der „bürgerlichen" Gesellschaft geworden ist. Es liegt auf der Hand — und macht die Schwierigkeit der Realisierung dieses Ansatzes aus —, daß diese Wendung der Säkularisierungsthese nur im Vollzug einer Neuorientierung und Entfaltung der empirischen religionssoziologischen Forschung möglich ist. Ihre theoretische Darstellung reicht allein nicht aus, um sie zu rechtfertigen; und die gegenwärtigen institutionellen Beschränkungen der religionssoziologischen Forschung in Deutschland geben keinen zureichenden Boden für ihre weitere Explikation ab. Immerhin zeichnen sich jedoch einige Forschungsvorhaben ab, die Vehikel für die geforderte Wendung der Säkularisierungsthese abgeben könnten. So laufen zur Zeit Vorbereitungen für eine größere Untersuchung der Zusammenhänge zwischen den Wandlungen der sozialen Not, der öffentlichen Fürsorge und der christlichen Diakonie,[23] die schon jetzt erkennen lassen, daß die unter dem Blickwinkel der Säkularisierungsthese vielbeklagte Schrumpfung der kirchlichen Diakonie unter dem Druck der wohlfahrtsstaatlichen Entwicklung, die bereits voreilige Gesetzesinitiativen ausgelöst hat,[24] als These einer umfassenden soziologischen Analyse nicht standhalten dürfte, ohne daß damit freilich die im 19. Jahrhundert begründeten Formen der institutionellen Diakonie ohne weiters „gerechtfertigt" wären. Eine kürzlich abgeschlossene Studie über den nach 1945 im deut-

diesem Zusammenhang sei auch auf die Einleitung von H. Popitz zu Popitz, Bahrdt, Jüres und Kesting, Das Gesellschaftsbild des Arbeiters, Tübingen 1957, verwiesen, in der das Problem der „praktischen Theorie" ohne Verwendung dieses Begriffes am Beispiel der zur sozialen Orientierung entworfenen „sozialen Bildwelt" abgehandelt wird.

[23] Eine Untersuchung des Wissenschaftlichen Instituts des Diakonischen Werkes in Bonn, zunächst angesetzt im Raum Hamburg.

[24] Gemeint sind die neuen Fürsorgegesetze (Bundessozialhilfegesetz und Novelle zum Jugendwohlfahrtsgesetz), die der Bundestag 1961 verabschiedet hat und die zur Zeit Gegenstand eines Verfahrens vor dem Bundesverfassungsgericht sind.

schen Protestantismus neu entwickelten Beruf des Sozialsekretärs[25] hat
im Blick auf die Relationen zwischen Berufsmotivationen und Berufs-
handeln bemerkenswerte Parallelen zu anderen „quartären" Berufs-
gruppen zutage gefördert, die einer umfassenden Interpretation im Zusammenhang einer Soziologie der Berufe, insbesondere aber einer Soziologie der kirchlichen Berufe (z. B. des Diakons), bedürften. Es wäre
dringend zu wünschen, daß diese und ähnliche Ansätze begleitet würden von einer historisch-kritischen Untersuchung der Geschichte der
evangelisch-sozialen Bewegung und der sozialethischen Strömungen im
deutschen Katholizismus — Untersuchungen, deren Interesse nicht
auf die Ermittlung der hinter diesen Strömungen stehenden „eigentlichen" Aussagen und Bekenntnisse, sondern gerade auf ihre gesamt- und
global-gesellschaftlichen Zusammenhänge gerichtet sein sollte. Schließlich wäre die für die gegenwärtige gesellschaftspolitische Lage in
Deutschland akute, wenn auch weithin verschleierte Frage nach der
Rolle der Kirchen und kirchlicher und religiöser Gruppierungen im politischen Handlungszusammenhang in das Blickfeld der religionssoziologischen Forschung zu rücken.[26] Vieles läßt darauf schließen, daß eine
soziologische Analyse gerade dieses Problemkomplexes die in der Säkularisierungsthese sich ausdrückende Grunderfahrung erheblich korrigieren und die allgemeine sozial-theoretische Frage für die Religionssoziologie neu und am empirischen Detail formulieren würde, wie denn
„‚Religion' in der modernen Gesellschaft institutionell vorgeformt und
‚verteilt' wird" (Luckmann).

Die Religionssoziologie steht wie jede andere Teildisziplin der Soziologie vor der Schwierigkeit, jederzeit Fragestellungen für die empirische
Forschung formulieren zu können, ohne daß damit bereits die soziologische Erheblichkeit dieser Fragen wie ihrer möglicherweise zu ermit-

---

[25] Eine Untersuchung der Evangelischen Sozialakademie Friedewald. Sie
diente zunächst der internen kirchlichen Orientierung und wird nicht veröffentlicht werden.

[26] Die gleiche Forderung stellt ausdrücklich Rendtorff [vgl. Anm. 20]. Es
stehen nicht nur allgemeine Vorurteile, sondern zum Beispiel auch der Umstand
entgegen, daß wir in Deutschland keine entwickelte empirische Organisations-
soziologie haben, deren Mitwirkung bei diesem Themenkomplex unerläßlich
wäre. Siehe auch Matthes, Le pluralisme vertical en Allemagne, Social Compass
9/1—2, 1962, S. 21—38.

telnden Antworten gewährleistet wäre. Man wird der religionssoziologischen Forschung letzteres auf die Dauer nicht bestätigen können, wenn sie fortfährt, ihre Fragestellungen aus einer übernommenen Säkularisierungsthese heraus zu formulieren, die im Zusammenhang eines spezifischen konventikelhaften Selbstverständnisses kirchlicher Gruppen und Institutionen entworfen worden ist. Es wird vieles darauf ankommen, ob es der Religionssoziologie im weiteren Ausbau ihrer Forschungen gelingt, diese Säkularisierungsthese selbst als im Sinne einer „praktischen Theorie" gesamtgesellschaftlich *bedingt* und *wirksam* thematisch werden zu lassen.

Trutz Rendtorff, Von der Kirchensoziologie zur Soziologie des Christentums. Über die soziologische Funktion der „Säkularisierung", in: ders., Theorie des Christentums, Gütersloh: Gütersloher Verlagshaus Gerd Mohn 1972, S. 116—139. In diesem Sammelband wurde der Titel der Erstveröffentlichung beibehalten, in: Internationales Jahrbuch für Religionssoziologie 2, 1966, S. 51—72.

ZUR SÄKULARISATIONSPROBLEMATIK

Über die Weiterentwicklung der Kirchensoziologie
zur Religionssoziologie

Von TRUTZ RENDTORFF

Die jüngste Phase der Religionssoziologie in Deutschland ist dadurch charakterisiert, daß sie *Kirchensoziologie* ist. Schon der Begriff „Kirchensoziologie" stellt einen Terminus dar, den es in der älteren, gern als „klassisch" bezeichneten Phase der Religionssoziologie von Max Weber, Ernst Troeltsch, Max Scheler u. a. nicht gegeben hat. Das große Werk von Troeltsch über die Soziallehren der christlichen Kirchen und Gruppen[1] verwendet zwar gelegentlich den Begriff einer Soziologie der Kirche, aber nur in diesem, im Titel ausgesprochenen Sinne einer Soziologie als Soziallehre. Die Kirchensoziologie in jüngster Zeit dagegen legt ein eindeutig empirisches Verständnis der Soziologie zugrunde und ist insofern die Anwendung von Methoden der empirischen Sozialforschung auf die Kirchen. Nachdem nun inzwischen schon die Kritik an der Kirchensoziologie laut geworden ist, die ihr eine zu enge Themenstellung vorwirft, mit der die eigentliche Thematik einer Religionssoziologie gerade verfehlt werde,[2] mag es sinnvoll erscheinen, die Frage aufzuwerfen, ob und wie über die Kirchensoziologie hinaus eine breitere Thematik für die Religionssoziologie erschlossen werden kann. Die

[1] E. Troeltsch, Die Soziallehren der christlichen Kirchen und Gruppen, Ges. Schriften I, Tübingen 1912.

[2] Vgl. die Kritik von Th. Luckmann, zuerst in: Neuere Schriften zur Religionssoziologie, Kölner Zeitschr. f. Soziologie und Sozialpsychologie 12, 1960, S. 315—326; sodann in: Das Problem der Religion in der modernen Gesellschaft, Freiburg 1963. Dazu und für die folgenden Ausführungen wichtig der Aufsatz von Joachim Matthes, Die Säkularisierungsthese in der neueren Religionssoziologie, in: Probleme der Religionssoziologie, Sonderheft 6 der ›Kölner Zeitschr. f. Soziologie und Sozialpsychologie‹, 1962, S. 65 ff.

Frage soll nicht prinzipiell und spekulativ aufgeworfen werden, sondern aus einer kritischen Reflexion auf die Kirchensoziologie entwickelt werden. Die Möglichkeiten, von der philosophischen Soziologie aus über die Anthropologie auch ganz andere Fragestellungen zu entwikkeln, wird davon nicht berührt.[3] Die Erörterung soll vielmehr von der Annahme ausgehen, die Entwicklung der Religionssoziologie zur Kirchensoziologie sei der gegenwärtige Stand der Religionssoziologie, und zwar in dem Sinne, daß sich in diesem Stand der Religionssoziologie der gerade relevante Stand des Themas und Gegenstandes einer Religionssoziologie selbst Ausdruck verschafft hat. Die darüber hinausgehende Frage nach der Religionssoziologie in einem breiteren Sinne hat dann jedenfalls von der gesamtgesellschaftlichen wie religionssoziologischen Bedeutung dieses Forschungsstandes auszugehen. Dabei ist die Annahme zu machen, Religionssoziologie sei immer Soziologie der Gesellschaft überhaupt unter einem bestimmten Gesichtspunkt, unter dem sie aber durchgehend für die soziologische Erkenntnis der Gesellschaft relevant ist.[4] Dieser bestimmte Gesichtspunkt kann sein der der Religion überhaupt. Im Zusammenhang unserer Fragestellung, die einen bestimmten Forschungsstand diskutiert, kann aber dieser bestimmte Gesichtspunkt nur der der christlichen Religion oder des Christentums sein.[5] Das unterscheidet die Religionssoziologie von der Kirchensoziologie, sofern bei dieser umgekehrt ein meist unausdrückliches allgemeines Verständnis der Gesellschaft vorausgesetzt wird und nur in einem empirisch begrenzten Rahmen hinsichtlich der Kirchen zum Tragen kommt. Der hier unternommene Versuch soll sich also nur in der Weise

[3] Vgl. hierzu Luckmann, Das Problem der Religion in der modernen Gesellschaft, a. a. O. sowie: P. Berger und Th. Luckmann, Sociology of Knowledge, Sociolog. Research 47, 1963, Nr. 4, und: P. Berger und St. Pullberg, Verdinglichung und die soziologische Kritik des Bewußtseins, Soziale Welt 16, 1965, 97—112.

[4] Dabei wäre zu denken an das Vorbild der Religionssoziologie von E. Durkheim, Les formes élémentaires de la vie religieuse, Paris 1912; vgl. dazu R. König, Die Religionssoziologie bei Emile Durkheim, in: Probleme der Religionssoziologie, a. a. O., S. 36 ff.

[5] Zur Fragestellung vgl. meine Bemerkungen: Tendenzen und Probleme der kirchensoziologischen Forschung, in: Probleme der Religionssoziologie, a. a. O., S. 191 ff.

kritisch mit der Kirchensoziologie befassen, daß er deren Bezugsrahmen im Sinne einer Religionssoziologie zu verändern und zu erweitern sucht. Nicht dagegen ist beabsichtigt, die Thematik einer Kirchensoziologie überhaupt für irrelevant zu achten und durch eine gänzlich andere Fragestellung, die etwa bei einem soziologischen Begriff der Religion überhaupt ihren Ausgangspunkt zu nehmen suchte, zu ersetzen. Insofern mache ich mir das Urteil von Helmut Schelsky zu eigen,[6] daß eine moderne Religionssoziologie im soziologischen Ansatz schon einer Problemverschiebung gegenüber der älteren Religionssoziologie Rechnung zu tragen hat, indem sie die Religionssoziologie nicht unter dem Gesichtspunkt der Genealogie der modernen Gesellschaft verhandelt, sondern von dieser selbst auszugehen hat. Dabei wird man sagen dürfen, daß die empirisch arbeitende Kirchensoziologie diese Voraussetzung selbst macht, indem sie als empirische Sozialforschung das Gegebensein der gegenwärtigen Gesellschaft schon in ihrem methodischen Vorgehen, also in der vermittelten Weise soziologischer Untersuchungswege, als Rahmen ihrer Arbeit setzt. Fraglich ist nur, wie bei dieser Voraussetzung die Kirchensoziologie die Anforderungen an eine Religionssoziologie erfüllen kann, oder ob sie ihnen gegenüber zu relativer Bedeutungslosigkeit verurteilt ist.

I

Zum Leitfaden für die Erörterungen dieser Frage wird hier nun die Kategorie der *Säkularisierung* gewählt. Es ist zu untersuchen, welche Funktion die in dem Begriff der Säkularisierung zusammengefaßten Vorstellungen für Verfahren und Thematik der Religionssoziologie

---

[6] H. Schelsky, Ist die Dauerreflexion institutionalisierbar? Zum Thema einer modernen Religionssoziologie, ZEE I, 1957. Jetzt in: Auf der Suche nach Wirklichkeit, 1965, S. 250 ff. Dieser Vorstoß von Schelsky ist nach wie vor einer der wichtigsten Versuche, der Religionssoziologie thematisches Neuland zu erschließen. Vgl. auch die anschließende Diskussion in derselben Zeitschrift 1957—1959, die zu vielfachen, keineswegs zufälligen Mißverständnissen vor allem auf seiten der theologischen Gesprächspartner Anlaß gegeben hat. Ihren vorläufigen, aber unbefriedigenden Abschluß hat sie in Schelskys Beitrag ›Religionssoziologie und Theologie‹, ZEE 3, 1959, jetzt: a. a. O., S. 276 ff. gefunden.

sowohl im engsten Sinne als Kirchensoziologie wie in einem gesuchten weiteren Sinne ausüben. Gerade die Bedeutungsvielfalt, die diesem Begriff eigen ist und zu seiner Kritik geradezu herausfordert, macht ihn für diesen Zweck besonders geeignet. Dabei kann man davon ausgehen, daß der Begriff der Säkularisierung ganz global und in höchster Allgemeinheit etwas aussagen soll über Entstehungsprozeß und gegenwärtigen Zustand der modernen Gesellschaft im Verhältnis zum Christentum. Je nachdem, ob dabei spezifisch religiöse Wurzeln der gegenwärtigen Gesellschaft bezeichnet werden sollen und also die Abhängigkeit dieser Gesellschaft von ihrer Herkunft diskutiert wird, oder deskriptiv der erreichte Zustand als der einer Säkularisierung bezeichnet wird, die die Voraussetzung jeder gegenwartsbezogenen Analyse zu sein hat, übt er auch eine unterschiedliche, gegensätzliche oder widersprüchliche hermeneutische Funktion aus. Man kann z.B. sagen, daß die von Schelsky behauptete Ausgangssituation einer modernen Religionssoziologie, wie sie sich in der Kirchensoziologie etwa niedergeschlagen hat, sich auch mit dem Terminus Säkularisierung beschreiben läßt, sofern diese einen Zustand angibt, in dem es nicht mehr sinnvoll ist, Religionssoziologie allgemein zu betreiben, sondern nur in der partikularen Form der Kirchensoziologie, die es dann mit dem Restbestand an Religion zu tun hat, der nach erfolgter Säkularisierung allein noch ein empirisch gegebenes Thema darstellt. Schelskys eigene Intention liegt weniger in dieser Richtung. Genauso kann man aber auch unter dem Titel Säkularisierung die Forderung erheben, die Religionssoziologie dürfe gerade nicht Kirchensoziologie sein, weil es als ein Erfolg der Säkularisierung zu gelten habe, daß die mit einer Religionssoziologie gemeinte Sache eben nicht mehr allein oder auch nur vorwiegend unter dem Stichwort Kirche gefunden werden könne, sondern zu neuen und eigenen Bildungen geführt habe, die es soziologisch zu erheben gelte.[7] Man könnte schließlich auch, sehr viel grundsätzlicher, die These diskutieren, die moderne Gesellschaft habe die früher *religions*soziologisch dis-

---

[7] So etwa Luckmann in der oben genannten Schrift; vgl. von dems.: The Invisible Religion, 1967. Beachtlich ist auch, was F. Fürstenberg als Aufgabe religionssoziologischer Forschung vorschlägt. Vgl. seinen Beitrag zu: Max Weber und die Soziologie heute, Verhandlungen des 15. Deutschen Soziologentages, 1965, S. 245 f. über die ›Wertrationalen Grundlagen des Wirtschaftsverhaltens‹.

kutierbaren Verhaltensweisen und Orientierungen sich derart zu eigen gemacht und verändert, daß nunmehr nur eine *Soziologie der Gesellschaft überhaupt* dasjenige zu repräsentieren vermöchte, wofür die Religionssoziologie — dann genauso universal — im Blick auf frühere Gesellschaften gestanden habe. Jede dieser möglichen Auffassungen aber lebt von den Implikationen des Begriffs der Säkularisierung, der wegen seines Bedeutungsreichtums viel zu unspezifisch ist, um diese Fragen zur Entscheidung bringen zu können.

Die Verwendung des Begriffs Säkularisierung läßt sich auf zwei dominierende Bedeutungsgehalte zurückführen.

1. Säkularisierung bezeichnet das christliche Erbe, das in der Gesellschaft, in bestimmten Verhaltensweisen oder Einstellungen, realisiert und aus seinem ursprünglichen Kontext herausgelöst worden ist. Säkularisierung bezeichnet dann also *Säkularisate*.

2. Säkularisierung steht für einen Prozeß der Entchristlichung oder Entkirchlichung, in dem das Christliche durch eine Autonomisierung der Gesellschaft immer mehr beiseite gedrängt worden ist. Sie bezeichnet dann einen dichotomischen Zustand, in dem sich säkularisierte Gesellschaft und Kirchen gegenüberstehen.

Beide Bedeutungsgehalte sind hier zu berücksichtigen. Es ist dann aber zu fragen, ob und in welcher Weise die Säkularisierungsproblematik in einer für die gegenwärtige Soziologie relevanten Weise ein Thema gegenwärtig zu halten vermag, das vielleicht nur im vollen Blick auf die Widersprüchlichkeiten seiner Implikationen überhaupt entfaltet werden kann. Wir befassen uns zunächst mit der jüngsten Kritik dieses Begriffs.

Hermann Lübbe[8] hat in einer begriffsgeschichtlichen Untersuchung die „ideenpolitische" Funktion des Begriffs Säkularisierung untersucht, die mit seiner übertragenen geistes- und kulturgeschichtlichen Verwendung einsetzt. Die weitgestreute Verwendung, so zeigt sich, hängt unmittelbar mit der Ambivalenz des Begriffs zusammen, die es ermöglichte, Säkularisierung im Sinne einer *Parole* bei völlig entgegengesetzten Interessen zu gebrauchen. Der Begriff ist, in diesem ideenpolitischen Zusammenhang, ausweislich seiner Geschichte, weniger wegen der

---

[8] H. Lübbe, Säkularisierung. Geschichte eines ideenpolitischen Begriffs, München 1965.

darin zusammengefaßten Phänomene widersprüchlich, als wegen der
Möglichkeit, zu ihnen gegensätzlich Stellung zu nehmen, die er offenläßt. Es scheint dann eine Angelegenheit einer gleichsam geistespolitischen Entscheidung zu sein, auf Grund derer Freunde und Gegner der
Säkularisierung auseinandertreten. Im Zuge dieser allgemeinen Verwendung des übertragenen Begriffs der Säkularisierung — der Übertragung aus der kirchenrechtlich-politischen in die allgemeine geistes- und
kulturgeschichtliche Sphäre[9] — ist es notwendig geworden, zur Verwendung des Begriffs jeweils die ausdrückliche Erklärung hinzuzufügen, in welchem Sinne er gelten solle. Aus diesem Grunde ist es naheliegend, wenn der Begriff nun in zunehmendem Maße der Kritik ausgesetzt ist. Doch würde der völlige Verzicht auf seine Verwendung
keine sinnvolle Folgerung sein, weil er — gerade für die Religionssoziologie — den Konflikt unsichtbar machen würde, dem er seine
widersprüchliche Verwendung verdankt. Die Neutralisierung dieses
Konflikts durch seine wissenschaftliche Reflexion dagegen ist ohnehin
der einzig legitime Weg, ihn wissenschaftlich zu verwenden. Das kann
dadurch geschehen, daß er soweit soziologisch oder auch religionsgeschichtlich formalisiert wird, daß er in einem *noch einmal* übertragenen
Sinne verwendet werden kann. Diese Möglichkeit stellt sich ein, wenn
man den bestimmten geschichtlichen Prozeß, in dem seine Verwendung
auftritt oder auf den er bezogen wird, zugunsten seiner Verwendung als
allgemeiner Deutungskategorie von Prozessen sozialen oder religiösen
Wandels beiseite stellt.[10] Die Neutralisierung stellt sich dann schon einfach durch die damit einsetzende unhistorische Betrachtungsweise ein.
Allerdings wird sein Aussagegehalt für eine gegenwärtig relevante Fragestellung dabei so verdünnt, daß er nichts mehr besagt, höchstens eben
durch Rückübersetzung. Denn die spezifischen Problemkonstellationen, an denen der Begriff seinen konkreten Anhalt hat, treten bei einer

---

[9] Näheres bei M. Stallmann, Was ist Säkularisierung? Tübingen 1960.

[10] In diesem Sinne wird der Begriff verwendet in der Religionssoziologie von
J. Wach, 4. Aufl., ins Deutsche übers. 1951, ihm folgend dann bei G. Mensching,
Soziologie der großen Religionen, 1966. Allgemein soziologisch ausgearbeitet
hat ihn vor allem H. Becker, vgl. die Zusammenstellung seiner Schriften in: Soziologie als Wissenschaft vom sozialen Handeln, Würzburg o. J., vor allem aber
auch den Aufsatz: Säkularisierungsprozesse, in: Kölner Vierteljahreshefte für
Soziologie, 1932, S. 283 ff.; vgl. dazu bei Lübbe, a. a. O., S. 60 f.

solchen Verallgemeinerung gänzlich in den Hintergrund. Eine andere
Möglichkeit ist es dann aber, ohne Stellung zu nehmen, den Streit, der
sich in der widersprüchlichen Parolenverwendung ausspricht, dadurch
zu neutralisieren, daß eben die Ambivalenz des Begriffs nachgewiesen
wird. Das hat Lübbe deutlich genug getan und so selbst Stellung
bezogen.

Interessant für die Religionssoziologie ist nun aber darüber hinaus
diejenige Neutralisierung des Begriffs der Säkularisierung, die dann einsetzt, wenn sie überhaupt keine Gegner mehr findet, sondern als Voraussetzung für ein gesellschaftliches Bewußtsein und ein soziales Handeln auch im Bereich der Kirchen akzeptiert wird. Dann stellen sich
Folgen ein, die dem Begriff und dem, wofür er soziologisch dann steht,
erneutes Interesse geben müssen. Diese Situation, in der damit auch eine
für die Religionssoziologie im weiteren Sinne wesentliche Problemkonstellation entsteht, soll später erörtert werden. Sie kann nur erfaßt werden, wenn der geschichtliche und soziologische Hintergrund erläutert
wird, der solcher Verschiebung erst Kontur gibt.

Von der eben besprochenen Fragestellung ist nun auch jene Hinsicht
zu unterscheiden, die die philosophisch-theologische Tragweite der Kategorie der Säkularisierung thematisiert. Zu ihr hat sich Hans Blumenberg kritisch geäußert,[11] indem er die Säkularisierungsdiskussion als
einen Streit um Legitimität oder Illegitimität der Neuzeit analysiert hat.
Seine Analyse befaßt sich nur mit dem ersten der von uns genannten
beiden Bedeutungsgehalte. Sofern Säkularisierung die Wahrnehmung
eines ursprünglich theologischen Erbes meint durch seine Übertragung
in die Verfügung der autonomen neuzeitlichen Vernunft, ist sie ein Problem des elementaren Rechtfertigungsbedürfnisses des neuzeitlichen
Denkens, das sich im *Pro* und *Contra* zur theologischen Vorgeschichte
vermittelnd oder polemisch ausgesprochen hat. Blumenberg bringt dabei eine Umkehrung der Säkularisierungsthematik in Vorschlag, die in
ihrer subtilen Form außerordentlich erhellend sein kann und in sehr viel
gröberer Form und anderer Beziehung auch für eine religionssoziologische Fragestellung aufschlußreich sein könnte. Er gibt zu erwägen, ob

---

[11] H. Blumenberg, „Säkularisation". Kritik einer Kategorie historischer Illegitimität, in: Die Philosophie und die Frage nach dem Fortschritt, München
1964, S. 240—265; fortgeführt in: Die Legitimität der Neuzeit, 1966.

die sogenannte Säkularisierung als Wahrnehmung eines theologischen Erbes, bei dem der Erbfolger sich die Frage nach der Redlichkeit oder Unredlichkeit seiner Verwendung des Erbes stellen lassen muß, nicht in Wahrheit die philosophische Wahrnehmung solcher Aspekte und Probleme der Theologie sei, die diese aus eigener Kraft und den ihr zu Gebote stehenden Gründen gerade nicht angemessen zu lösen vermocht hat, so daß es sich nicht um *Säkularisate* handelte, sondern um die Aufarbeitung *theologischer Aporien*. Dieser Frage soll hier nicht Raum gegeben werden. Sie ist allerdings auch strukturell von Bedeutung, weil sie einen überaus eindringlichen Versuch einleitet, die Säkularisierungsproblematik als eine solche zu analysieren, die an und mit einem theologie- und philosophiegeschichtlichen Prozeß sich einstellt, ohne über dessen inneren Begründungszusammenhang ausreichend Bescheid geben zu können. Damit wird es notwendig, die Kategorie Säkularisierung als Moment an diesem Prozeß selbst zu bestimmen, ihre Funktion zu analysieren und aus ihrer Mehrdeutigkeit ein differenzierteres Verständnis des Prozesses selbst abzuleiten, das bei einer einfachen Übernahme ihres polemischen oder deskriptiven Gehaltes gerade verdeckt bleibt.

Joachim Matthes nun hat eine für die religionssoziologische Fragestellung einschlägige Untersuchung [12] zu der Frage angestellt, wie sich die Säkularisierungsthese auswirkt, wenn sie von den unmittelbar Betroffenen angeeignet und in eine „praktische Theorie" mit bestimmten Handlungsvorstellungen umgesetzt wird. Die Dialektik dieser Übertragung der schon einmal übertragenen Verwendung ist nicht nur wissenssoziologisch unmittelbar einleuchtend gemacht, sondern überhaupt als der wichtigste Schritt zu einer Weiterentwicklung der Kirchensoziologie zur Religionssoziologie im deutschen Schrifttum anzusehen. Der beste Beleg dafür ist, daß die Analyse von Matthes, die als Beitrag zu einer *innerkirchlichen* Diskussion konzipiert war, im kirchlichen Bewußtsein weitgehend nicht angenommen worden ist und wahrscheinlich auch nicht angeeignet werden kann, weil sie dessen Bezugsrahmen sprengt und vielmehr einen gesamtgesellschaftlichen Bezug im Sinne einer religionssoziologischen Fragestellung einführt, für des-

---

[12] J. Matthes, Die Emigration der Kirche aus der Gesellschaft, Hamburg 1964, vgl. ders., Religion und Gesellschaft, 1967; Kirche und Gesellschaft, 1969.

sen Explikation die Kirche, die sich selbst als aus der Gesellschaft „emigriert" deutet, — eben als Erfolg der Säkularisierung — nicht mehr der Adressat sein kann. Matthes analysiert in diesem Zusammenhang die Interessenbestimmtheit der Kirchensoziologie, die aus den Kirchen selbst hervorgegangen ist, als eine Folge des angeeigneten Säkularisierungsbewußtseins im Sinne eines vorgegebenen Zustandes, der die Vorstellung einer wesentlichen Dichotomie von Kirche und Gesellschaft erzeugt und entsprechend die Kirchensoziologie aus der Soziologie ausgliedern muß. Hier steht also der zweite der genannten beiden Bedeutungsinhalte von Säkularisierung im Vordergrund.

Schon die Analyse dieses Zusammenhanges ist aber ein Schritt zur Religionssoziologie, wenn man für diese nun nicht wieder die soziologische Definition eines Wesens der Religion sich zuschreibt, sondern den gesamtgesellschaftlichen Zusammenhang der Äußerungen der *gegebenen* Religion thematisiert. Die Veränderung und damit Erweiterung des Fragehorizontes, die Matthes eingeleitet hat, ist so für das Thema einer Religionssoziologie im gegenwärtigen Stande maßgeblich, weshalb hier auch ausdrücklich darauf Bezug genommen wird.

Zusammenfassend läßt sich sagen: Der gegenwärtige Stand der kritischen Diskussion des Begriffs Säkularisierung und seiner verwandten Vorstellungen ist dadurch gekennzeichnet, daß dabei nicht der mit diesem Begriff als vorgegeben anzusehende Prozeß selbst erörtert wird, sondern die mit diesem Begriff erzeugte Sicht dieses Prozesses. Dieser Stand der Diskussion, in dem der Begriff überhaupt zum ersten Male einer genaueren wissenschaftstheoretischen Reflexion unterworfen wurde, kann nun aber dahin ausgeweitet werden, ob und was durch ihn auch über den Stand des Problems selbst ausgesagt werden kann. Es wäre hier die Annahme zu prüfen, daß gegenwärtig ohnehin nur die *Folgen* des Prozesses der Säkularisierung mit all seinen Implikationen von Bedeutung sind, die Einsicht in seine Abgeschlossenheit sich geltend macht, wofür auch die theologischen Rezeptionsversuche sprechen würden.[13] Ob die Folgen aber *wirklich* Folgen sind, oder ob sich

---

[13] Der interessanteste und wohl auch wirksamste Versuch dieser Art findet sich im Werk F. Gogartens, vgl. bes.: Verhängnis und Hoffnung der Neuzeit. Die Säkularisierung als theologisches Problem, Stuttgart 1953. Dazu meinen

der ganze Zuschnitt der Fragestellung nicht dadurch verändert und sie erst auf ihr gegenwärtig bedeutsames Niveau verlagert — das ist die Frage, der im Zusammenhang der Religionssoziologie nachgegangen werden soll. Dafür mag es dienlich sein, auf die sinnvollen Möglichkeiten der Kategorie der Säkularisierung zur Erklärung eines historisch-soziologischen Prozesses zurückzublicken, um aus deren Grenzen zu lernen.

II

Max Webers religionssoziologische Untersuchungen [14] waren bekanntlich von dem Interesse geleitet, die spezifischen Bedingungen, die die okzidentale wissenschaftliche und kapitalistische Kultur ermöglicht haben, zu erforschen. Die produktive Kategorie, die den Leitfaden seiner Kapitalismusstudie abgibt, ist jedoch nicht die der Säkularisierung, sondern die der Rationalisierung. Eine der Bedingungen in diesem Zusammenhang ist das, was Weber als den „Geist" des Kapitalismus bezeichnet hat, dessen präzise Fassung in der Zurückführung auf „ethisch gefärbte Maximen der Lebensführung" oder eben als eine Wirtschaftsgesinnung auftritt; [15] diese Gesinnung selbst ist dann aber der Transformationspunkt, an dem eine Übertragung einer spezifisch religiösen Haltung in ein kapitalistisches Erwerbsstreben rekonstruiert werden kann. Wie immer nun die historisch-soziologische Diskussion dieser Grundthese Max Webers bestätigend oder widerlegend verlaufen ist, die These selbst hat unmittelbar einen rein innerwissenschaftlichen Stellenwert, insofern ihr Aussagegehalt an die Bedingungen ihrer historischen Erforschbarkeit gebunden bleibt, also nur über eine wissenschaftsmethodische Reflexion erschlossen werden kann. Gleichwohl drängt sie faktisch über diese Bedingungen hinaus, was Weber selbst

Aufsatz ›Säkularisierung als theologisches Problem‹, Neue Zeitschr. f. Syst. Theol. 4, 1964, S. 318—339.
[14] Ich beziehe mich hier nur auf die Abhandlung: Die protestantische Ethik und der Geist des Kapitalismus, Ges. Aufs. zur Religionssoziologie 1, 1920/21, [4]1947; separat erschienen 1934. Die Religionssoziologie in ›Wirtschaft und Gesellschaft‹ bleibt hier außer Betracht.
[15] A. a. O., S. 33.

deutlich gesehen und ausgesprochen hat. Denn was Weber eben als den „Geist" des Kapitalismus bezeichnet, ist, als historische Kategorie, doch sogleich „einer der konstitutiven Bestandteile des *modernen* (kursiv von mir) kapitalistischen Geistes, und nicht nur dieses, sondern der modernen Kultur: die rationale Lebensführung auf Grundlage der Berufsidee, geboren aus dem Geist der christlichen Askese"[16]. Die Konfrontation dieser Geburt mit der Gegenwart speist sich nun aber aus sehr viel allgemeineren Quellen, als es die historisch-soziologische Methodik ist. Schon in der einführenden Diskussion der Kategorie „Geist" des Kapitalismus schirmt sich Weber dagegen ab, „daß für den *heutigen* Kapitalismus die subjektive Aneignung dieser ethischen Maxime... (als) Bedingung der Fortexistenz" der kapitalistischen Wirtschaftsordnung zu behaupten sei.[17] In dieser Spannung zwischen der konstitutiven Bedeutung des „Geists" für den modernen Kapitalismus und der Unabhängigkeit des heutigen Kapitalismus von demselben „Geist" tritt die Ambivalenz auf, die im übrigen für die Säkularisierungsdebatte kennzeichnend ist. Diese Feststellung gilt trotz der Tatsache, daß Weber jedenfalls in diesem Zusammenhang nicht explizit von Säkularisierung spricht.[18] Daß diese Widersprüchlichkeit durch den Faktor der „subjektiven Aneignung" ins Spiel kommt, ist später noch zu erörtern. Hier soll es jetzt darum gehen, daß Weber selbst bei seiner Untersuchung massiv von *der* Voraussetzung der „heutigen kapitalistischen Wirtschaftsordnung" geleitet ist, die er als einen „ungeheuren Kosmos" definiert, in den der einzelne hineingeboren wird und der für ihn, wenigstens als einzelnen, als faktisch „unabänderliches Gehäuse, in dem er zu leben hat", gegeben ist.[19] Auf denselben Ton ist auch der Schluß dieser Abhandlung gestimmt, wo von dem „überwältigenden Zwange" dieses Triebwerkes gesprochen wird, in das der einzelne hineingeboren wird, von dem „Verhängnis", das aus der Wirtschaftsordnung „ein stahlhartes Gehäuse" werden ließ, eine „zunehmende und schließlich

[16] A. a. O., S. 262.

[17] A. a. O., S. 367 f.

[18] A. a. O., über den angesichts seiner Bedeutung für das Problem sehr sparsamen Gebrauch des Begriffs Säkularisierung informiert H. Lübbe, a. a. O. Vgl. auch meine Bemerkungen über die Säkularisierungsthese bei Max Weber in: Max Weber und die Soziologie heute, (Anm. 7) a. a. O., S. 241 ff.

[19] Weber, a. a. O., S. 37.

unentrinnbare Macht".[20] Diese Metaphern sind bei Weber[21] nicht als solche reflektiert, sondern als unmittelbarer Ausdruck einer offenbar ebenso unmittelbaren Gegenwartserfahrung gemeint.[22] Sie erzwingt jene Konfrontation zwischen dem Geist des Kapitalismus und seinen Folgen und reduziert sie zugleich auf eine ausdrücklich nur historische. Nur aus dieser gegenwärtig erzwungenen Konfrontation aber wird die Funktion der historischen Genealogie, die Weber dargestellt hat, verständlich: weil „der moderne Mensch im ganzen selbst beim besten Willen nicht imstande zu sein pflegt, sich die Bedeutung, welche religiöse Bewußtseinsinhalte auf die Lebensführung, die Kultur und die Volkscharaktere gehabt haben, so groß vorzustellen, wie sie tatsächlich gewesen sind."[23] Die Erinnerung an diese Bedeutung in Gestalt historisch-soziologischer Forschung ist denn auch als die indirekte Form einer Distanzierung von einer direkten Übernahme des Erbes des kapitalistischen Zwangssystems anzusehen. Diese Distanzierung kann sich methodisch nur so aussprechen, daß wissenschaftlich gesehen eine doppelte Betrachtungsweise immerhin „möglich" ist. Die historische Dimension formuliert eine Alternative zu realer Abhängigkeit. Tatsächlich aber behält die erdrückende Selbstverständlichkeit des gegebenen „siegreichen Kapitalismus" die Überhand. Das Fazit der Weberschen Untersuchungen ist deshalb, daß das Interesse, das die Untersuchung in Gang gesetzt hat, in „das Gebiet der Wert- und Glaubensurteile" aus-

---

[20] A. a. O., S. 203 f.

[21] Aufschlußreich ist, daß auch die Untersuchungen von Ernst Troeltsch in der Deutung ihres Ergebnisses hierin mit Weber übereinstimmen. Troeltsch spricht am Ende von dem „Felsen", an dem die christlichen Sozialideale abprallen und sich erschöpft haben, von der „brutalen Wirklichkeit" und „brutalen Tatsächlichkeit" der gegenwärtigen Verhältnisse, die die christlichen Soziallehren fraglich haben werden lassen, so daß nun „neue Gedanken nötig sind, die noch nicht gedacht sind," a. a. O., S. 984 f.

[22] „Niemand weiß, wer künftig in jenem Gehäuse (sc. des Kapitalismus) wohnen wird und ob am Ende dieser ungeheuren Entwicklung ganz neue Propheten oder eine Wiedergeburt alter Gedanken und Ideale stehen werden." „Doch", so fährt Weber dann fort, „wir geraten damit auf das Gebiet der Wert- und Glaubensurteile, mit welchen *diese rein historische Darstellung nicht belastet werden soll*" (a. a. O., S. 204).

[23] A. a. O., S. 205.

weichen muß. Übersetzt man diesen Sachverhalt in soziologische Verfahrensweise, d. h. in den weiteren Gang der Religionssoziologie, dann heißt das: *Die Religionssoziologie kann sich danach nur noch als Kirchensoziologie gestalten.* Denn dieses von Weber geltend gemachte Interesse an der Distanzierung von der realen Macht des Kapitalismus hat einen ausdrücklichen Ort entweder nur als kirchliches Interesse, das sich in der Dichotomie von Kirche und Gesellschaft ausspricht. Oder es kann sich als wissenschaftliches Interesse eben nur auf die Phänomene der expliziten religiösen Verhaltensweisen richten, d. h., sich als Aufgabe einer Kirchensoziologie darstellen. Solche explizite kirchliche Religion ist dann das soziologisch legitime Forschungsobjekt, gerade weil sie nicht mehr gesamtgesellschaftlich relevant ist, sondern nur partikulare Funktion ausübt. Insofern bildet die Kirchensoziologie den problematischen Stand der Soziologie als gesamtgesellschaftlicher Theorie ab.

In anderem Zusammenhang und vielleicht weniger deutlich greifbar gilt nun aber auch für die Kirchensoziologie, daß sie sich im Schatten der scheinbar unentrinnbaren Folgen der Säkularisierung entfaltet. Der als abgeschlossen vorausgesetzte gesellschaftliche Prozeß der Säkularisierung wird hier nur anders thematisch: Er wird nicht in seinem gesamtgesellschaftlichen Ergebnis reflektiert, sondern hinsichtlich der Wirkungen, die dieser Prozeß auf das religiöse Verhalten als kirchliches wie auf die Kirchen überhaupt zeitigt. Die Kirchensoziologie muß deshalb ebenfalls sehr schnell an Grenzen ihrer Entwicklung stoßen; denn dieser Prozeß der Wirkungen kann kraft des Ausgangspunktes kein unendlicher sein, sondern nur im Rahmen der vorausgesetzten Bedingungen erfaßt werden. Eine soziologische Theorie der Entkirchlichung etwa kann zwar die Bedingungen der sogenannten Unkirchlichkeit soziologisch definieren, wie dies z. B. Friedrich Tenbruck getan hat.[24] Ganz generell läßt sich das Schema, das für die Kirchensoziologie im aporetischen Schatten Max Webers gilt, jedoch so beschreiben: Als „historischer" Ausgangspunkt fungiert ein angenommener „früherer" Zustand der Religion, in dem deren allgemeine soziale Geltung als kirchliche Religion außer Zweifel stand. Die moderne Gesellschaft ist der Endpunkt eines

---

[24] F. H. Tenbruck, Die Kirchengemeinde in der entkirchlichten Gesellschaft, in: Soziologie der Kirchengemeinde, Stuttgart 1960, S. 122—133.

Prozesses der Veränderung, in dem die Säkularisierung als weitgehender Abbau der sozialen Funktion der organisierten Religion wirksam wird.[25] Dieser Prozeß muß als ein bestimmt historischer angesehen werden, der jetzt überschaubar ist, weil er im Prinzip als abgeschlossen zu gelten hat. Doch der Endpunkt dieser historischen Konstruktion ist doch in Wahrheit der hermeneutische Ausgangspunkt, und zwar in der Definition eines Zustandes der „Religion in der modernen Gesellschaft", die neue Gesichtspunkte grundsätzlich verhindert. Die Möglichkeiten der theoretischen und empirischen Forschung sind durch dies Schema faktisch begrenzt, ein „kategorisches Gegenwartsanliegen" (Schelsky) kann sich hier nur metaphorisch bedienen. Daß in diesem Rahmen dann eine außerordentliche Differenzierung möglich ist, kann und soll nicht bestritten werden. Aber der Bannkreis der Fragestellung kann nicht durchbrochen werden. Dies Urteil gilt aber nicht erst für die Kirchensoziologie, sondern schon für die ältere Religionssoziologie, aus deren Aporien sie hervorgegangen ist.

Im Grunde spiegelt dieser Stand der Religionssoziologie im historisch-soziologischen Prozeßdenken nur wider, was als allgemeineres Problem für die Soziologie der Gesellschaft gelten kann: Die Grenzen historisch-soziologischer Globalanalysen, die als Bezugsrahmen für das Verständnis der modernen Gesellschaft deren Unterschied zu einem wie immer gearteten früheren Zustand annehmen. Dies Verfahren läßt sich in kleinerem oder größerem Maßstab variieren. Aber seine Aussagefähigkeit ist notwendig begrenzt. Für die Religionssoziologie hat dieser Bezugsrahmen auf die Dauer keine stimulierende Wirkung. Ist diese sehr grobe Einschätzung aber zutreffend, dann gilt auch die andere Konsequenz: Eine gegenwartsbezogene und gegenwartsrelevante Soziologie hat es mit der kritischen Erforschung der Wirkungen und des Wirkungszusammenhanges des erreichten „Zustandes" der Gesellschaft und dessen Aneignung im sozialen Bewußtsein zu tun; die Sicht der Herkunftsgeschichte ist nur interessant auf Grund der Funktion, die sie im Selbstbewußtsein der Gesellschaft ausübt, wie es sich in der

---

[25] A. a. O., S. 129. Der Sachverhalt ist schon von H. Becker formuliert worden, wenn er Säkularisierung bezeichnet als „die Abnahme der Bedeutung organisierter Religion als eines Mittels sozialer Kontrolle", in: Säkularisierungsprozesse, a. a. O., S. 283.

Soziologie formuliert. Damit befinden wir uns aber an der Schwelle der
von Schelsky bereits formulierten Forderung einer modernen Religionssoziologie sowie im Umkreis der von Matthes schon versuchten
Veränderung der Fragestellung. Die Säkularisierungsthese ist dann, so
können wir früher Gesagtes jetzt aufnehmen, religionssoziologisch
nicht mehr materialiter interessant, sondern als ein Moment in der Analyse der gegenwärtigen Selbstauslegung der Gesellschaft und in der Bestimmung der gesamtgesellschaftlichen Verflechtung der Religion. Nur
in diesem reflektierten Sinn kann sie Leitfaden für die Religionssoziologie sein.

III

Kehren wir nun zu der Frage einer Erweiterung der kirchensoziologischen Fragestellung im Sinne einer Religionssoziologie zurück, indem
wir versuchen, uns einer Bewegung zu vergewissern, die diese Erweiterung vom Thema der Kirchensoziologie selbst her nahelegt. In der Verbindung der wissenschaftlichen Thematik mit der Bewegung ihres Gegenstandes selbst kann und muß eine Veränderung der Thematik begründet werden.

Man könnte, etwas zugespitzt, sagen, die Säkularisierungsproblematik in der bisher zumeist diskutierten doppelten Fassung erübrigt sich
dadurch, daß die Kirchen die Allgemeinsituation der gegenwärtigen
Gesellschaft einschließlich der Säkularisierung heute auf breiter Front
zu akzeptieren unternehmen und sich als Voraussetzung ihres eigenen
Denkens und Handelns aneignen. Ja, man kann noch weitergehen und
sagen: Die kirchliche Religion versucht heute selber diejenigen Schritte
zu tun und in kirchliche Handlungsformen aufzunehmen, die unter
anderen Bedingungen als Kennzeichen von Säkularisierung gelten
konnten. In einem rapiden Prozeß der Anpassung macht sie sich
die soziologischen Urteile über Kirche und Christentum zu eigen und
sucht sich nach diesen Urteilen umzubilden. In diesem gegenwärtig zu
beobachtenden Prozeß sind beide Bedeutungsgehalte von Säkularisierung anzutreffen: sowohl im Sinne der allgemeinen Realisierung eines
bis dahin nur im kirchlichen Kontext gegebenen Gehaltes wie in dem
Sinne des Zustandes der Säkularisierung. Auf der soziologischen Ebene
steht dabei primär nicht die theologische Wahrheit oder sonstige Ange-

messenheit dieses Prozesses zur Diskussion; in erster Linie muß dabei die daraus notwendig folgende Veränderung der religionssoziologischen Thematik selbst gesehen werden. Sicher ist in der Gegenwart durch das höhere Maß der Betroffenheit die Haltung analytischer Erkenntnis nicht gerade bequem. Generell aber wird man urteilen müssen, daß es angesichts dieses Prozesses, der sich auf allen Ebenen kirchlichen Denkens und Handelns anbahnt und auch alle Kirchen, wenn auch in verschiedener Intensität, ergriffen hat,[26] das alte Schema religionssoziologischer Phasenmodelle hinfällig zu werden beginnt. Statt dessen stellt sich der Religionssoziologie die Aufgabe, den gesamtgesellschaftlichen Zusammenhang dieses gegenwärtigen Prozesses durchsichtig zu machen.

Es gibt in den Kirchen kaum noch eine Frage, bei der nicht unausdrücklich oder auch ausdrücklich die „veränderte gesellschaftliche Situation" eine konstitutive Rolle zu spielen vermag. Angefangen bei den subtilen Fragen der theologischen Hermeneutik in den Bibelwissenschaften über die Kriterien der Dogmen- und Kirchengeschichtsschreibung, Fragen der Liturgiereform und der Predigt bis hin zu dem weiten Feld der kirchlichen Praxis und den Fragen der Stellung der Kirchen zu den Lebensproblemen der heutigen Gesellschaft läßt sich diese quasi-soziologische Orientierung feststellen.

Der Rahmen dieses Aufsatzes verbietet es, in die materiale Ausführung dieses Themas einzutreten; die Materialzusammenstellung würde eine umfassende Phänomenologie dieser Vorgänge nötig machen, die heute auch schon von den Kirchen selbst in Überfülle geliefert wird. Für die Präzisierung der Fragestellung sind strukturelle Momente wichtiger. Das wohl auffallendste Merkmal dieses Prozesses ist, daß in ihm inhaltlich und der Sache nach nichts wesentlich Neues hervortritt. Sowohl die Reformbemühungen des II. Vatikanum als auch die theologische und praktische Diskussion von Handlungsreformen beider Kirchen sind von irgendwelcher Originalität weit entfernt. Inhaltlich handelt es sich um Sachverhalte, die außerhalb der Kirchen schon länger in allgemeiner Geltung stehen — wenn man etwa an sozialethische Themen

---

[26] Hier wäre natürlich eine Phasenverschiebung zwischen dem protestantischen und dem katholischen Christentum zu erheben, durch die die materiale Ausführung einen besonderen Akzent bekommt.

oder Fragen der Menschenrechte, Toleranz, der situationsgemäßen Praxis, aber auch die Reflexion auf die soziologische Bedingtheit von theologischen Aussagen im weitesten Sinne denkt. Interessant ist vielmehr nur der Grad der kirchlichen Allgemeinheit, den diese Dinge heute rasch erlangen. Dann muß man aber nach den Bedingungen fragen, die diesen Wandel, diese Ausarbeitung der „Weltorientierung" als leitendes Kriterium in den Kirchen selbst ermöglichen.

Dazu gehen wir hier von der These aus: Das gegenwärtige kirchliche Christentum aktualisiert heute nur schon lange bereitliegende Möglichkeiten kritischen theologischen Denkens und christlicher Weltorientierung, die bis dahin vom kirchlichen Christentum weitgehend an den Rand gedrängt worden waren und deshalb keine allgemeinere Geltung erlangen konnten. Die Kirchen bedienen sich heute, meist ohne sich darüber ausdrücklich Rechenschaft abzulegen, eines Reservoirs an vorgebildeten Denk- und Handlungsmöglichkeiten, die im Zusammenhang des nicht kirchlich sanktionierten Christentums schon lange durchgebildet bereitliegen, und vollziehen deshalb nicht so sehr global eine „Anpassung an die moderne Gesellschaft" überhaupt, sondern eine Rezeption von Überlieferungen desjenigen Christentums, dessen kirchliche Geltung in Deutschland seit dem Aufkommen der religiös-politischen Reaktion nach 1848 zum Stillstand gekommen ist. Diese Rezeption aber vermittelt ihnen neue Verhaltensmöglichkeiten in der gewandelten gesamtgesellschaftlichen Situation.

Ermöglicht nun wird dieser Prozeß durch jene soziologische Bedingungskonstellation, die sich mit der inzwischen viel strapazierten Kategorie des gesellschaftlichen *Pluralismus* formulieren läßt. Nun meinen wir diese Kategorie hier nicht in dem Sinne, in dem sie als gesellschaftspolitische Zauberformel angepriesen werden kann. Ihr religionssoziologischer Belang liegt darin: Die kirchliche Religion kann sich im Verhältnis zur Gesellschaft insgesamt nicht mehr in der Rolle sehen, in der sie ihre eigene Position an einem gesamtgesellschaftlich verbindlichen Geltungsanspruch mißt oder auslegen zu müssen glaubt. Sie ist offenbar dazu jedenfalls nicht mehr gezwungen. Sofern der gesellschaftliche Pluralismus, den wir der Kürze halber hier ohne nähere Begründung einführen, für die Kirchen die Notwendigkeit zu dispensieren scheint, allgemein verbindliche Orientierungen und Maximen der Lebensführung für die ganze Gesellschaft wahrzunehmen und durchzusetzen, entlastet er die Kirchen als Instanzen zur Wahrnehmung der Religion davon, ihr eigenes Selbstverständnis und ihre Handlungsvorstellungen an diesem Anspruch zu orientieren.

Damit wird aber auch die in der Säkularisierungsthese angelegte *prinzipielle* Konfrontation von „Religion und Gesellschaft" funktionslos. Die Säkularisierungsthese, verwandelt in die des Pluralismus, bietet fraglos neuen und reichen Stoff für ideologiekritische Untersuchungen. Aber zunächst einmal scheint mir der Sachverhalt selbst der zu sein, daß diese — sicher durch gesellschaftliche Veränderungen erzwungene und ermöglichte — Entlastung von totalen Zuständigkeitsforderungen an die Kirchen, die ja immer auch ihr Komplement, die Verdammung zu totaler gesellschaftlicher Bedeutungslosigkeit enthalten, erst jene Kräfte der Veränderung freizusetzen vermochte, die gegenwärtig am Werke sind. Man könnte in diesem Zusammenhang die Theorie der Entkirchlichung geradezu umkehren: Nicht die Befreiung vom sozialen Druck der Kirche, sondern die Befreiung vom sozialen Druck der Gesellschaft — im Sinne der zugemuteten kirchlichen Globalverantwortung — ist die Bedeutung, die der soziale Pluralismus für die Kirchen hat. Das ist eine Form, wie die Kirchen die Säkularisierung gleichsam beerben. Nunmehr sehen sie sich in den Stand gesetzt, in zum Teil stürmische Verbindung mit nichtkirchlichen gesellschaftlichen Kräften, Ideen, Handlungsprogrammen zu treten, weil für sie dabei nicht das Ganze auf dem Spiel steht. Man kann diesen Sachverhalt auch als eine Emanzipation der Kirchen von ihrer früheren, nun belastenden gesamtgesellschaftlichen Integration bezeichnen. Zugleich drückt sich darin eine Veränderung der Autoritätsstruktur in der neuzeitlichen Gesellschaft aus.

Allerdings, die Ambivalenz der Deutung läßt sich nicht beseitigen. Die These, die wir der Definition dieser Bedingungen im sogenannten Pluralismus vorausgeschickt haben, läßt sich nicht mit einer Interpretation dieses Pluralismus vereinbaren, die als Rechtfertigungsgrund immer wieder angeführt wird. Die veränderte Stellung der Kirchen im Pluralismus der gesellschaftlichen Formationen sei selbst die einzig angemessene Weise, wie sie ihren Auftrag, oder wie immer das innere Moment ihrer geistig-theologischen Konsistenz ausgedrückt werden mag, gegenüber einer im übrigen völlig säkularisierten Welt wahrnehmen könnten. Im Festhalten des dichotomischen Elementes der Säku-

larisierungsthese bei gleichzeitiger Rezeption der soziologischen Bedingungen des Pluralismus liegt das eigentlich ideologische Moment in
der kirchlichen Selbstverständigung, ein Moment, das allerdings keineswegs nur bei ihr selbst auftritt, sondern offenbar auch von anderen
gesellschaftlichen Positionen aus geteilt wird.[27] Gerade in der gegenwärtig grassierenden gesellschaftspolitischen Programmatik kann die
Parole des Pluralismus auch, formalisiert betrachtet, die Tendenz einer
„Verkirchlichung" der Gesellschaft anzeigen, wenn man den Begriff
Verkirchlichung einmal metaphorisch verwendet. Er träfe zu auf die
Theorie eines solchen, politisch wirksamen Prozesses der Institutionalisierung des sogenannten Pluralismus, bei dem eine Gesellschaft nicht
mehr im Horizonte der sie gemeinsam und generell betreffenden Lebensfragen definiert wird, sondern durch das Verhältnis der gesellschaftlichen Gruppen zueinander, die jede für sich einen „Auftrag" reklamieren, der ihr unvertretbares „Wesen" ausmacht. Dann steht die
wesentliche Differenz der Gruppen für das aus der Gesellschaft als ganzer ausgegrenzte Allgemeine; zwischen den Gruppen gibt es dann nur
einen kleinen oder großen „Grenzverkehr". Die ursprünglich kritische
Komponente der Kategorie Pluralismus würde so in der Tat überspielt.
Zur Analyse dieser Tendenz findet sich ein klassisches Vorbild in der
Kritik, die die Aufklärungstheologie an der Bildung der Großkirchen
geübt hat, die eben diesen Entzug der Allgemeinheit, hier: der Allgemeinheit des Christentums zugunsten des Rechtfertigungs- und Sicherungsbedürfnisses der großen Kirchengesellschaften bewußt gemacht
hat. Sofern diese Tendenz heute anzutreffen ist, wirkt sich darin das
fraglos tiefverwurzelte Säkularisierungsbewußtsein aus, dessen Träger
keineswegs allein die Kirchen sind, und das unter veränderten Bedingungen fortlebt. Es ist dann Sache religionssoziologischer Reflexion,
den Zusammenhang bewußtzumachen, wie die scheinbar progressive
und veränderungswillige Weltoffenheit der Kirchen sich im Grunde als
Prozeß der Rezeption jener neuzeitlichen christlichen, aber kirchlich

---

[27] Vgl. dazu: J. Matthes, Gesellschaftspolitische Konzeptionen im Sozialhilfeferecht, Stuttgart 1964, insbes. S. 47 ff.: Exkurs über den philosophischen und
politischen Pluralismusbegriff. — Vgl. ferner: T. Rendtorff, Kritische Erwägungen zum Subsidiaritätsprinzip, in: Der Staat, Bd. 1, 1964, wo u. a. der ideologischen Verwendung der Pluralismusthese nachgegangen worden ist.

lange Zeit verdrängten Einstellungen und Haltungen darstellt, von denen in der These gesprochen worden ist. Es könnte sein, daß erst die veränderte soziale Rolle im sog. Pluralismus die Kirchen in den Stand setzt, sich jener Überlieferungen zu bedienen, die in der Tat nicht die Stärkung der globalen und totalen Geltung der Kirche zum Inhalt hatten, sondern die Definition eines nichtkirchlichen allgemeinen Christentums. Von daher ließen sich auch die Widersprüchlichkeiten angesichts der fortwirkenden Säkularisierungsvorstellung aufdecken.

IV

Zur Erläuterung dieses Zusammenhanges muß nun noch einmal auf die Struktur der Säkularisierungsproblematik rekurriert werden, und zwar in der Fassung als — nichtkirchliche — Realisierung eines zuvor im System der Kirche wahrgenommenen religiösen Sachverhaltes. Wir waren in der Erörterung der These von Max Weber dem Gedanken noch nicht nachgegangen, daß die Problematik der kapitalistischen Wirtschaftsordnung darin bestehe, daß dessen Existenz unabhängig geworden sei von der *subjektiven Aneignung* der kapitalistischen Gesinnung. Dieses Kriterium setzt voraus, daß der Weg von der ursprünglich religiösen Struktur des Berufes zum Geist des Kapitalismus ein „Gesinnungsweg" sei. Nicht ausgesprochen ist dabei, daß dieser Transformation im Bereich subjektiver Gesinnung schon eine andere wesentliche Veränderung vorausgehen muß. Es handelt sich um die Möglichkeit, Religion eben als religiöse Gesinnung und so auch als religiöses Ethos unabhängig vom System der Kirche zu definieren, zu ergreifen und zu realisieren.

Diese Voraussetzung ist nun viel zu wenig bewußt geworden, obwohl sie religionssoziologisch von großer Tragweite ist. Einer selbständigen und sozial folgenreichen Realisierung ist eine religiöse Orientierung nämlich nur fähig, wenn ihre Geltung zuvor auch unabhängig vom kirchlichen Lehr- und Lebenssystem definiert werden kann. Diese Loslösung setzt aber schon einen einschneidenden innerchristlichen Wandel voraus, in dem die bis dahin fraglos geltende Bindung der religiösen Subjektivität an die dogmatisch und soziologisch definierten Grenzen des kirchlichen Lehr- und Lebenssystems relativiert oder sogar beiseite gestellt werden konnten. Daß die Kirche als Sammelpunkt christlicher Weltorientierung zu einem dauerhaften Thema des theologischen Denkens in neuerer Zeit geworden ist, ist bereits eine Wirkung dieses Ablösungsprozesses.[28] In seinem Gefolge ergibt sich aber eine nicht mehr einlinige, sondern durchaus spannungsreiche doppelte und häufig gegensätzliche Entwicklung nicht nur des theologischen Denkens, sondern auch der christlichen Lebens- und Handlungsorientierung. Es ist deshalb schon fragwürdig, den Ausgangspunkt der Weberschen Thesen als Modell für die religiöse Vorgeschichte der modernen Gesellschaft überhaupt zu nehmen und mit deren kirchlicher Artikulierung in eins zu setzen, wie dies gelegentlich geschieht.

Hegel hat bekanntlich in seiner Religionsphilosophie wie in anderem Zusammenhang als die wesentliche Leistung des Christentums das Prinzip der Subjektivität behauptet und damit völlig unbefangen einen Aspekt verwertet, den die so vielgeschmähte Aufklärungstheologie vor ihm überhaupt erst mühsam der kirchlichen Dogmatik abgerungen hatte. Bei Hegel ist eben dies Prinzip der Subjektivität die Transformationsstelle, über die das Christentum — über seine kirchliche Fassung hinaus — gesellschaftlich und politisch allgemein zu werden vermag. Die spätere Aufklärungstheologie war nun, anders als Hegel, nicht an dem philosophischen Prinzip der Subjektivität interessiert, sondern an dem konkreten Wirklichkeitsfeld, in dem sich ein von der Kirche emanzipiertes Christentum entfalten konnte. In diesem Zusammenhang sind Theorien entworfen worden, die die Ablösung der allein kirchlichen Gestalt des Christentums zum Inhalt haben und dabei auf die christliche Gesellschaft oder auf das „nationell gewordene Christentum", die „Christenheit als Nation" reflektierten.[29] Die christliche Emanzipation von der Kirche legte faktisch die Grundlage für die Ausbildung eines nichtkirchlichen Christentums, dem vom kirchlichen Standpunkt aus dann die Prädikate der Unkirchlichkeit[30] und der Entkirchlichung bei-

---

[28] Für eine genauere Verifikation dieser These vgl. das Buch des Verfassers ›Kirche und Theologie. Die systematische Funktion des Kirchenbegriffs in der neueren Theologie‹, 1966, ²1970.

[29] Belege im einzelnen inzwischen in dem Art. ›Christentum‹ (1967), in: Geschichtliche Grundbegriffe. Historisches Lexikon zur politisch-sozialen Sprache in Deutschland, Bd. I, 1972, S. 343—385.

[30] Die erste selbständige Untersuchung zu diesem Thema stammt von dem ra-

gelegt wurden. Darauf ist hier nicht einzugehen, so wirksam auch das Vergessen dieser Zusammenhänge für die Religionssoziologie geworden ist. Diese Emanzipation, die ihre Mitte in der Tat in der Freisetzung der religiösen Subjektivität hatte, war doch nicht in einer solchen subjektiven Gesinnung festgemacht, als deren Gegenüber eine ebenso abstrakte Objektivität der gesellschaftlichen Verhältnisse gedacht werden muß. Statt dieser Konfrontation ging es hier um eine Definition der konkreten Subjektivität, d. h. einer solchen menschlichen und sozialen Lebenswelt, deren Kriterien die der subjektiven Freiheit und Selbständigkeit waren, einer Welt, in die sie darum auch als sie selbst eingehen konnte. Die in diesem Zusammenhang entwickelte kritische Soziologie der Kirche diente deshalb nicht einer Konfrontation von „Kirche und Welt", sondern der Erschließung einer größeren und freieren Allgemeinheit des Christentums gegenüber seiner bloß kirchlichen Gestalt. Die Entbindung der religiösen und sittlichen Rationalität war der Weg, auf dem jene Verbindungen mit der politischen, gesellschaftlichen und geistigen Welt vorgebildet wurden, auf die die Kirchen heute zurückgreifen.

Dieser Prozeß enthält nun durchaus die Merkmale der Säkularisierungsproblematik in der doppelten Weise der Realisierung und der Entkirchlichung; allerdings ist er nicht bestimmt durch das wertgeladene dichotomische Grundschema. Dabei ist nun entscheidend, daß die Säkularisierung als Realisierung nicht über die subjektive Aneignung des jeweils einzelnen läuft und an sie gebunden ist. Diese Form der Aneignung ist sekundär gegenüber derjenigen Realisierung, die sich als die Erschließung einer anderen Welt- und Lebensmöglichkeit des christlichen Daseins ergibt, innerhalb deren dann die subjektive Aneignung eine andere Stellung einnehmen kann als im System der Kirche. Wenn man so will, tritt an die Stelle der Soziologie der Kirche die Soziologie des Christentums oder der christlichen Welt. Dann ist aber nicht die subjektive Aneignung das Kriterium der Realisierung, sondern die schon vollzogene Überwindung der bloß kirchlichen Gestalt des Christentums wird für die religiösen Subjekte als deren angemessener sozialer und geistiger Lebensraum bestimmbar. Die andere Frage, näm-

tionalistischen Theologen K. G. Bretschneider: Ueber die Unkirchlichkeit dieser Zeit im protestantischen Deutschland, Gotha ²1822.

lich die empirische Gegebenheit der Entkirchlichung, wird dann nur innerhalb dieses größeren Zusammenhanges aufzusuchen sein.[31]

Da diese Zusammenhänge bisher für die Religionssoziologie noch nicht bewußt geworden und bearbeitet sind, müssen wir uns hier mit Andeutungen begnügen. Jedenfalls wird, von hier aus gesehen, möglicherweise der Nachholbedarf an konkreter Aufklärung als das eigentliche Stimulans der gegenwärtigen Bewegungen in den Kirchen deutlich, d. h. die Rezeption jener Epoche des Christentums, die in dem Konfrontationsschema der Säkularisierungsthese zerrieben worden ist, weil sie weder mit dem vorgestellten Ausgangspunkt noch dem Endpunkt dieses Prozesses übereinstimmt. Die gegenwärtige Situation läßt den Schluß zu, daß sich diese außerkirchlichen sozialen und geistigen Traditionen deshalb in den Kirchen selbst durchzusetzen beginnen, weil auch die Welt sich durchsetzt, die in ihnen vorgebildet ist. Dann wäre die gegenwärtige Situation konkret zu fassen als das Ende der kirchlichen Reaktionsbewegungen der letzten 100 Jahre, ein Ende, das nunmehr das Einströmen jener als liberal gekennzeichneten Denk- und Verhaltensweisen ermöglicht, die bisher nur im kirchlichen Untergrund oder in Versuchen freier Vereinsbildung ihr Dasein haben konnten, im übrigen aber in gesamtgesellschaftliche Orientierungen eingegangen sind. Die theoretische Unvereinbarkeit des sogenannten Pluralismus mit dem dichotomischen Säkularisierungsbewußtsein zeigt jedenfalls einen Konflikt an, der deshalb der Ideologisierung offensteht, weil das Säkularisierungsbewußtsein auf eine aus ganz anderen Wirklichkeitstendenzen sich speisende Veränderung der Gesamtsituation der Kirchen auftrifft.

[31] Gerade in der fortschrittsbewußten Theologie hat man gesehen, daß das Problem der „Kirchlichkeit" eine Folge der christlichen Emanzipation von der Kirche ist. „Die Verbesserung der theologischen Lehrart hat zufällig dazu mitgewirkt, das Interesse wenigstens an der äußeren Religion zu schwächen." A. H. Niemeyer, Briefe an christliche Religionslehrer, 2. Aufl., Halle (1796) 1803, S. 246. Erst auf dem Boden einer „Abwendung von der bloß äußeren Religion" kann so die Gefahr einer „Vergessenheit aller Religion" formuliert werden (S. 247). Ins einzelne gehende, wissenssoziologisch orientierte Erwägungen zu dieser Frage auch bei J. H. A. Tittmann, Pragmatische Geschichte der Theologie und Religion in der protestantischen Kirche während der 2. Hälfte des 18. Jahrhunderts, Berlin 1805.

Im 19. Jahrhundert war Richard Rothe der wohl lebhafteste Anwalt jenes Entkirchlichungsprozesses, der doch keiner der Entchristlichung ist, weil sich darin eine Veränderung der sozialen und geistigen Struktur des — protestantischen — Christentums auszubilden begann, für die später die Begriffe des „Kultur- oder Neuprotestantismus" geprägt worden sind. Das Kriterium dieser Realisierung des Christlichen in der Übertragung von seiner bisher geltenden kirchlichen Gestalt bedeutet, wie Rothe klar gesehen hat,[32] daß damit die *rein* religiöse und insofern auch subjektive Definition nicht mehr zutrifft. Denn dieser Überschritt ist einer in die Welt der „Sittlichkeit" und ihrer objektiven sozialen und politischen Vermittlungsgestalten. Im Zusammenhang dieses Prozesses entsteht also erst diejenige Problemkonstellation, die eine Religionssoziologie nötig und sinnvoll macht, weil eben nicht mehr jene Eindeutigkeit gegeben ist und sein soll, die für das Christentum im kirchlichen System zuzutreffen schien. Bei Rothe findet sich deshalb eine mit durchaus soziologischen Einsichten gesättigte Theorie der allmählichen Abschwächung der Kirche bei gleichzeitigem Hervortreten der christlichen Welt.[33] Im Umkreis Hegels denkend, hat er dabei dem Staat zugemessen, was als Garant der nunmehr hervortretenden umfassenden Einheit der sittlichen, sozialen und politischen Welt des Christentums zu denken ist. Im Blick auf den Staat wird von Rothe hier die These aufgestellt: *Indem das Christentum sich aus der Identifizierung mit der Kirche herauslöst, vollzieht sich eine „Entsäkularisierung" des Staates und entsprechend eine zunehmende „Säkularisierung" der Kirche.* Diese

---

[32] Zu verweisen ist hier vor allem auf sein Hauptwerk ›Theologische Ethik‹, 5 Bde., 1845 ff., das eine ausführliche Auseinandersetzung mit der soziologischen Problematik des neuzeitlichen Christentums enthält, bes. Bd. 5, § 1168, aber auch Bd. 2, §424, Bd. 3, §579, Bd. 5, §1162 u. ö.

[33] A. a. O., Bd. 3, § 579, vor allem aber von dems.: Die Anfänge der christlichen Kirche und ihrer Verfassung I, 1837, S. 85 f., wo es heißt: „In demselben Verhältnis, in welchem das Christentum einen christlichen Staat, d. h. aber eben auch nur einen an und für sich vollkommenen Staat, zustande bringt, wird die Kirche überflüssig; ... in demselben Verhältnis, in welchem der Staat sich entsäkularisiert, säkularisiert sich die Kirche, tritt sie zurück ..." Dieses frühe Auftreten des übertragenen Gebrauchs von Säkularisierung korrigiert das Ergebnis von H. Lübbe, der übertragene Gebrauch setze in Deutschland erst mit der Deutschen Gesellschaft für Ethische Kultur ein. Vgl. Anm. 8.

überraschende Fassung der Säkularisierungsproblematik, die deren Folgeschema auf den Kopf stellt, ist kennzeichnend für eine Theorie, die die theoretischen und praktischen Konflikte der neuzeitlichen Veränderungen der Christentumsgeschichte nicht außer sich hat, um sie zu bewerten, sondern in sich aufzunehmen sucht, weil sie selbst demjenigen konkreten geschichtlichen Prozeß verpflichtet ist, in dem sie entstehen.

Diese Hinweise müssen hier genügen. Sie können immerhin belegen, daß unsere Thematik nicht allein an dem Verhältnis von Kirche und Gesellschaft entwickelt werden kann, aber auch nicht auf die Diskussion von subjektiver Gesinnung und objektiver gesellschaftlicher Realität zurückgenommen werden darf. Die von Schelsky inaugurierte Diskussion der Wechselwirkung von gesellschaftlicher Situation und Glaubensreflexion kann, was ihren Versuch angeht, dabei eine gesamtgesellschaftliche Problemlage zu analysieren, von hierher auf eine sehr viel breitere Grundlage gestellt werden und aus der Enge einer vermittlungssspröden Subjektivitätsproblematik herausgeführt werden.[34]

Eine ins einzelne gehende Verifikation der hier entwickelten These und der Argumente, die für sie sprechen, kann nun nicht mehr unternommen werden. Sie ist noch zu leisten. Soviel läßt sich immerhin sagen: Die Kirchensoziologie kann sich zur Religionssoziologie fortentwickeln, wenn sie die Impulse der gegenwärtigen Bewegung ihres Gegenstandes in einen weiteren theoretischen und empirischen Horizont zu stellen unternimmt. Der Zuschnitt einer solchen Fragestellung unterschiede sich von der der älteren Religionssoziologie,[35] weil sie kei-

---

[34] Eine seinem religionssoziologischen Entwurf vergleichbare Fragestellung entwickelt Schelsky selbst in seiner Abhandlung ›Der Mensch in der wissenschaftlichen Zivilisation‹, in: Auf der Suche nach Wirklichkeit, 1965, S. 439 ff. Die Subjektivitätsproblematik wird von Schelsky hier als diejenige Fassung des metaphysischen Problems dargestellt, die durch die Konfrontation mit der sich vollendenden Welt der technisch-wissenschaftlichen Zivilisation auf sich selbst zurückgeworfen ist.

[35] Es bleibt merkwürdig genug, daß Troeltsch seine historisch-soziologischen Untersuchungen mit dem 17. Jahrhundert enden läßt — jedenfalls in die hier verhandelte Problematik die neuzeitliche Entwicklung nicht eingebracht hat, der er selbst verpflichtet ist. Das hätte auch in dem Versuch von W. Kasch, Die Sozialphilosophie von Ernst Troeltsch, 1964, berücksichtigt werden müssen.

nen Anlaß mehr hätte, sich dem Banne eines absolut gesetzten Endzustandes der gesellschaftlichen Entwicklung, etwa eben als kapitalistischer Wirtschaftsordnung, zu unterwerfen, was zwar allgemein für die Soziologie nicht mehr als gültig anzusehen ist, für die Religionssoziologie aber von besonderem Belang ist. Sie würde damit auch ihr Thema aus dem Reaktionsschema herausnehmen können, in dem die Religion, wenn nicht als Ursache, dann nur als von der Gesellschaft verursachtes Verhalten vorgestellt werden kann. Die von Max Weber genannte Möglichkeit von zwei Hinsichten auf die Gesellschaft, die er als Recht seiner Religionssoziologie reklamiert hat, könnte hier erneut fruchtbar werden, indem sie mit anderem Material artikuliert wird, das schon nicht mehr aus dem Folgeverhältnis des Grundschemas genommen ist, sondern aus dem Kontext der neuzeitlichen Gesellschaft selbst.

Die kritische Bedeutung der hier nur ansatzweise entwickelten religionssoziologischen Thematik läge darin, daß die hier vorgeschlagene These keineswegs selbstverständlich im Bewußtsein der Kirche dominiert noch im zur Kirche sich verhaltenden gesellschaftlichen Bewußtsein liegt, sofern es den Pluralismus als erneute Identifizierung des Christentums mit den Kirchen deutet.[36] Religionssoziologie wäre dann nicht mehr Kirchensoziologie, aber auch nicht Soziologie von Religion überhaupt, sondern Christentumssoziologie und damit in der Tat Soziologie der Gesellschaft unter dem bestimmten Gesichtspunkt des Christentums. Die epochenscheidende Funktion der Säkularisierungsthese wird damit außerordentlich relativiert. Es tut sich hier nämlich ein Arbeitsfeld auf, das bereits diesseits dieser Scheidung liegt. Mehr als Argumente für eine solche Fragestellung aufzuzeigen, lag nicht in der Absicht dieses Aufsatzes. Daß sie sich auf eine gegenwärtig sich abzeichnende Problematik beziehen können, um deren Widersprüchlichkeit zur Sprache zu bringen, macht das Recht dieses Vorschlages aus.

[36] Die gesamtgesellschaftliche Bedeutung der kirchlichen Religion erhält sich in der breiten Zugehörigkeit zu den Großkirchen, die gleichwohl nicht identisch ist mit deren Selbstauslegung. Vgl. dazu meine Ausführungen in: Christentum außerhalb der Kirche, 1969, zur Auseinandersetzung: F. W. Kantzenbach, Das Phänomen der Entkirchlichung als Problem kirchengeschichtlicher Forschung und theologischer Interpretation, Neue Zeitschr. f. System. Theol. 13, 1971, S. 58—87.

VII

PHILOSOPHISCHE THEOLOGIEKRITIK
IM HORIZONT DER SÄKULARISIERUNGSPROBLEMATIK

Ernst Bloch, Das Prinzip Hoffnung, Frankfurt a. M.: Suhrkamp 1974, S. 1405—1417. Erste Auflage 1954.

GOTTESREICH — MENSCHENREICH

Von Ernst Bloch

Es gibt ein frommes Gefühl, wonach mehreres nicht geheuer ist. Das kann blind machen, aber es kann auch um die Ecke sehen lassen, wo anderes, ungewohntes Leben umgehen mag. Auch der Nicht-Fromme setzt, wenn er kein Plattkopf ist, nicht sein gewohntes Sein und Sehen als Maß der Dinge, die sind und nicht sind. Gar religiöses Gefühl steht schlechthin gegen das freche, selbst gegen jenes gemütlich-liberale, das sich an sich selbst erbaut und noch sein Jenseits als recht verständig und umgänglich denkt. „Ach, wie so gar nichts sind die Menschen", meint dagegen die Bibel und ist durchaus nicht menschenfeindlich. „Meine Wege sind nicht eure Wege, meine Gedanken sind nicht eure Gedanken", sagt der Bibelgott und ist hierbei durchaus nicht als Dämon dargestellt. Dieses Entlegene, ja eben dieses Grauen der *Schwelle* gehört zu jeder religiösen Beziehung, oder sie ist keine. Rudolf Otto hat von hier aus und, wohlverstanden, nur in diesem Bezug recht, wenn er das „Ganz Andere" als Zeichen des religiösen Gegenstands angibt und das „Schauernd-Numinose" als Aura des Heiligen. Der frühere Karl Barth hat von hier aus und, wieder wohlverstanden, nur als dieses Antidoton recht, wenn er den hanebüchen-illiberalen Satz verficht: „Göttliches spricht ein beständiges Nein in die Welt." Wenn er lehrt: „Die Wirklichkeit der Religion ist das Entsetzen des Menschen vor sich selbst", und: „Unendlichkeit, die wir Menschen uns allenfalls zu erdenken vermögen, ist gemessen an unserer Endlichkeit und also selbst nur unendliche — Endlichkeit" (Der Römerbrief, 1940, S. 252, 286). Das als Gott Geglaubte wird hier zwar als völlig unvermittelbarer Despotismus von menschlicher Teilnehmung („Föderaltheologie") ferngehalten, aber um diesen grotesken Preis wird auch das — „Humanum", das „Cur Deus homo", vor der Trivialität geschützt, in das es ein allzu umgänglicher Liberalismus gebracht hat. Die Kirche, sagt Barth, hat Gott fort und fort an den Menschen verraten, das ist an die Anschläge und Denkbewegungen undurchbrochener, unüberstiegener Kreatur so ruft Barth *Deus absconditus* dagegen auf als welcher mit dem Gott-Despoten nun doch nicht zusammenfällt. Religion, zuhöchst als christliche, gibt vielmehr aufgewühlte Subjektivität und ihren Anteil am Kultobjekt; Barths extrem-heteronomes Credo freilich sieht aus, als wolle er den Menschensohn als Mittler, also das Christentum selber aus dem Christentum entfernen. Aber trotz dieser ahumanen Groteske, einer, die schließlich auch einen Molochpriester nicht verhindert, ja darin bestätigt hätte, einer zu sein, trotz dieses Mißbrauchs des Tertullianischen und ursprünglich gar nicht dunkelmännischen oder durchaus irrationalistischen „Credo quia absurdum" enthält Barths Theologie eine bedeutende Mahnung. Denn sie verteidigt fanatisch ein Ehrfürchtiges und eine Sphäre, die gerade im Subjektbezug der Religion so leicht verlorengehen, bis zum faden Psychologismus oder zum Moralin-Ersatz des Bildungsphilisters hinab. Das illiberale Element der Tabu-Theologie kann und muß — nach mächtiger, ihres „Humanum" mächtiger Entgiftung — zum religiösen oder meta-religiösen Humanismus herübergezogen werden: Nicht damit dieser irrational, sondern gerade umgekehrt, damit er nicht dumm werde. Nur am „Deus absconditus" ist das *Problem* gehalten, was es mit dem legitimen Mysterium *Homo absconditus* auf sich habe. Was die Gemeinde in ihrer letzthin angemessenen Sphäre, in einer nichtpsychologisierten, nichtsäkularisierten, an Reich enthalte. So wahr es ist, daß das sogenannte „Mysterium tremendum" zur Ideologie autoritärer Reaktion tauglich sein kann und zu ihrer niederträchtigen Irratio, so sicher bildet die Unübertragbarkeit immanent-gewohnter Kategorien ein erstes Kriterium der religiösen Schicht. Wie wenig reaktionäre Irratio mit diesem Kriterium verbunden zu sein braucht, geht allein schon daraus hervor, daß es auf Dunkelmännerei und auch auf despotischen Theismus keineswegs begrenzt ist, im Gegenteil. Daher sagt der zuverlässig rationale Pantheist Spinoza: „Ferner, um auch von Verstand und Willen, welche man Gott gewöhnlich zuschreibt, hier etwas zu sagen, so muß, wenn Verstand und Wille zu Gottes ewigem Wesen gehören, unter beiden Eigenschaften gewiß etwas ganz anderes verstanden werden, als was man gewöhnlich darunter versteht; denn Verstand und Wille, welche das Wesen Gottes ausmachten, müßten von unserem Verstand und Willen völlig verschieden sein (a nostro intellectu et voluntate toto coelo differre deberent) und könnten nur im Namen sich gleich sein, nicht anders nämlich, als der Hund, das himmlische Sternbild, und der Hund, das bellende Tier, sich gleich sind" (Eth. I, Lehrsatz 17, Anm.). Und entscheidend bleibt: *Das Ganz Andere gilt auch für die schließlichen Human-Projektionen aus Religion.* Das Ganz Andere gibt auch allem, was unter Vergottung des Menschen ersehnt worden ist, erst die angemessene Abmessung der Tiefe. Das Ganz Andere gibt der Hybris des Prometheus jenen wirklichen Himmelssturm, welcher das Prometheische von der Flachheit bloßer Individualität unterscheidet und von der dürftigen Vermenschlichung des Tabu. Das Ganz Andere dringt mit seinem Abgrund in die Hybris Thomas Münzers und macht sie zur Mystik, zur aufbegehrenden, Reich erbenden: „Wie uns denn allen in der Ankunft des Glaubens muß widerfahren, daß wir fleischlichen Menschen sollen Götter werden, durch die Menschwerdung Christi, und also mit ihm Gottes Schüler sein, von ihm gelehrt und vergottet sein." So enthält dies Numinose im „regnum humanum" selber statt der entmannenden Kapitulation vor einer schlechthin heteronomen Erhabenheit und ihrem Oben, das als eines gilt, weil der Mensch nicht darin vorkommt, umgekehrt jenes selber ganz andere Ganz Andere, das nicht groß, nicht überwältigend genug von dem, was des Menschen ist, denken kann. Wonach solch mächtiges Überraschen, wenn es in die religiös bezeichneten Inhalte, die es freihalten, eindringt, diese nicht als das Erdrückende, sondern konträr als das — Wunderbare herankommen läßt. Unübertragbarkeit immanent-gewohnter Kategorien auf die religiöse Sphäre, gerade dieser Sprung macht sich als höchste Menschen-Utopie kenntlich, wenn Paulus sagt: „Das kein Auge gesehen hat und kein Ohr gehört hat und in keines Menschen Herz gekommen ist, das hat Gott denen bereitet, die ihn lieben" (1 Kor 2, 9). Das Wunderbare als das Ganz Andere in Ansehung der religiösen Objektwelt ist hier deutlich das *eigenste Freuden-Mysterium*, triumphierend im religiösen, das ist sich noch selber zum Ganz Anderen sprengenden Hoffnungsinhalt des Menschen. Und das Christentum hat zwischen der religiösen Subjektwelt und dem Tabu der bisherigen religiösen Objektseite die Vermittlung pointiert, welche hier Reich genannt wird, das Reich Gottes. Aber damit geht der Subjektseite erst recht ein Ganz Anderes in ihrem Objekt auf, nämlich das Geheimnis der Raumhaftigkeit ums höchste Objekt: Die religiöse Subjektseite wird nun auch noch mit diesem versehen, als mit dem Mysterium des

Reichs. Gott wird zum Reich Gottes, und das Reich Gottes enthält keinen Gott mehr, das ist: Diese religiöse Heteronomie und ihre verdinglichte Hypostase lösen sich völlig in der Theologie der Gemeinde auf, aber als einer, die selbst *über die Schwelle der bisherigen Kreatur, ihrer Anthropologie und Soziologie getreten ist.* Deshalb hat gerade die Religion, die das Reich Gottes mitten unter den Menschen proklamierte (vgl. Lk 17, 21), das Ganz Andere am entscheidendsten gegen den alten Adam und die alte Gewordenheit gehalten: hier als Wiedergeburt, dort als neuen Himmel und neue Erde, als Verklärung der Natur. Es ist dieser Grenzinhalt des Wunderbaren, also total Gelösten, welcher noch die beste menschliche Gesellschaft zum Mittel eines Endzwecks macht, zum Endzweck des total Gelösten, das religiös im Reich gedacht worden ist. Und dessen Unerreichtheit sich auch in der besten Gesellschaft kenntlich macht: als unaufgehobene Hinfälligkeit der Kreatur, unaufgehobene Unvermitteltheit der umgebenden Natur; — infolgedessen auch gegen allen partialen Optimismus mehrerer, aus dem *Totum der Utopie* herausgefallener Sozialutopien steht. Gewiß, das Wunschbild in sämtlichen Religionen, und wie stark erst in denen der messianischen Heraufbringung von Heimat, ist Wohnlichkeit im Dasein, aber eine solche, die das Dasein nicht in seinen bereits übersichtlichen und gleichsam lokalpatriotischen Zweckreihen begrenzt sein läßt. So daß sich Religion, *im ständigen Finalbezug zum letzten Sprung und utopischen Totum* mit allen ihren Ethisierungen und glatteren Rationalisierungen nicht erschöpft, sich selbst bei ihrem stärksten Ethisierer, bei Konfuzius, mit Moralität und Übersichtlichkeit nicht erschöpft. Wunschinhalt der Religion bleibt Wohnlichkeit im *Geheimnis* des Daseins, als einem mit dem Menschen vermittelten und seinem tiefsten Wunsch, bis zur Wunsch-Ruhe, zugeneigten: *Und je weiter gerade das Subjekt mit seinen Religions-Stiftern ins Objekt-Mysterium eines als höchstes Außen oder höchstes Oben gedachten Gottes eindringt und es überwältigt, desto mächtiger wird Mensch in Erdhimmel oder Himmelserde mit Ehrfurcht der Tiefe und Unendlichkeit geladen.* Der wachsenden Humanisierung der Religion entspricht so keinerlei Entspannung ihrer Schauer, sondern konträr: Das Humanum gewinnt nun das Mysterium eines Göttlichen, eines Vergottbaren hinzu und gewinnt es als Zukunftsbildung des Reichs, aber als des rechten. Ja diese Projektion gebrauchte und gebraucht sogar das Erhabene eines Außen und Oben, wie es vor al-

lem in Ägypten und Babylon bezeichnet worden war, trotz der buch-
stäblich heillosen Herren-Ideologie astralmythischer Überwölbung
und Statik als Erziehung zum menschhaltigen Universum und seiner
Tiefe. Mehr: die das „Humanum" einbeziehende und mit ihm kulmini-
rende Ehrfurcht braucht noch das im Sterndienst einmal besonders hoch
erfahrene, an der Größe der Natur erfahrene „Numinosum" als Kor-
rektiv, um die religiöse Gegenständlichkeit seiner selbst zu bewahren,
das ist eben, um vom Menschen nicht groß und nicht geheimnisvoll genug zu denken. So gehört überall diese Verfremdung zur Religion, auch
als einer utopisch gesehenen, als einer ganz ohne Obskurantismus gesehenen. Ihr „Obskurum" — „Der Herr hat geredet, er wolle im Dunkel
wohnen" (1 Kön 8,12) — ist nicht eines des Aberglaubens, der zu wenig
Wissen ans Schicksal gesetzt hat, sondern eines des Wissen-Gewissens,
das sich von Nicht-Geheurem in der Tiefe dauernd umgeben sieht und
es nicht anders aufgelöst, nicht anders vermittelt hofft als zum — Wunderbaren. Der Phöbus „post nubila", in dem vor allem der messianische
Glaube sein kämpfendes Licht und sein wahrhaft rotbrünstiges hatte, ist
keinerlei bereits vorhandene Konsonanz und überhaupt keine, die
schlechterdings die Wolken vernichtet hätte; sie hat ihnen nur das Hei-
matlose genommen. Solches Wissen-Gewissen als das angegebene Erbsubstrat der Religion, das ist als das Eingedenken dessen, *Hoffnung in
Totalität* zu sein, erfaßt zugleich das Wesen der Welt in ungeheurer
Schwebe, zu einem Ungeheuerlichen hin, von dem die Hoffnung
glaubt, die aktive Hoffnung betreibt, daß es ein gutes sei. Des Sinns, daß
Religion die Sphäre bezeichnet, wo die Furcht des Menschen — vor dem
Nicht-Geheuren in ihm selbst und im Weltwesen — aus tiefer Nähe, tiefer Ferne zurückhallen kann als Ehrfurcht.

Dies vorausgesetzt, drang frommes Gefühl stets in sein Oben ein.
Der Mensch will bei den Mächten dabei sein, an die er glaubt, und wenn
er sich ihnen noch so unterworfen fühlt. Wie erst dann, wenn er sich
ihnen, als aus verwandtem Stoff, vermittelt fühlt, griechisch, sodann
vor allem, im geheimeren Ebenbild, jüdisch-christlich. Die Glaubens-
stifter setzen sich selber wachsend in ihr Ganz Anderes ein, schlagen es
wachsend zum Geheimnis eines menschlichen oder mit Menschen vermittelten Inhalts. Dazu wirkt die Kraft dieser freien, der Ruf dieser an-
dächtigen *Eindringung*, das: „Ich lasse Dich nicht, Du segnest mich
denn" (Gen 32,27). Wie oft hat in dieser Eindringung der Mensch er-

kannt, daß er besser ist als seine Götter; wie mächtig sprang daraus —
nicht selbstgefällige Hausbackenheit, der emanzipierte Philister statt
Prometheus, sondern gerade das Stiftertum eines neuen *Mysteriums*.
Und das Entscheidende: auch in den weitesten astralmythischen Ge-
sichten, in Verfremdungen, die fast völlig zu apologetischen Entfrem-
dungen geworden waren und zu Ideologien eines despotisch-statischen
Oben, hat doch am utopischen Ende, und so herauspointierbar, auch
noch ein unbekannt Menschliches gesprochen, vorgesprochen, es selber
und das Unbekannte in und vor ihm. Numen, Numinosum, Mysterium, gar Nein zur vorhandenen Welt sind nie ein anderes als das *geheime Humanum* selber. Wohlverstanden: das geheime, das sich noch
verborgene, das durch den Sprung des Ganz Anderen vom bekannten
und seiner immanent-gewohnten Umwelt verschiedene. Die nie er-
schienenen Inhalte im Abgrund des Existierens erhalten im religiösen
„Ineffabile" das Zeichen, daß sie nicht vergessen und nicht zugeschüttet
werden. Sie erhalten, dezidiert in der Bibel, die allemal offen gehaltene
Hoffnung, daß ihnen eine Zeit wie ein Raum der Adäquatheit utopisch
zugeordnet ist, gedacht als Reich. Und so wenig wie das religiöse Selbst
sich mit dem kreatürlich vorhandenen Menschen deckt und so wenig
wie religiöse Geborgenheit mit dem selbstgefälligen Einspinnen des Positivismus in den empirischen Lebensinhalt zusammenfällt: sowenig
fällt der religiöse Reichsgedanke, seinem intendierten Umfang und Inhalt nach, selbst mit irgendeinem der Sozialutopie ganz zusammen. Der
Reichsgedanke hat deren Wege als Vorbereitung des letzten Sprungs bei
den Chiliasten gesetzt, anerkannt und gefordert, er tritt in den Evange-
lien nicht als himmlisches Jenseits, sondern als neuer Himmel und neue
Erde auf, aber er enthält, in seinen Antizipationen, ein Absolutum,
worin noch andere Widersprüche als die sozialen aufhören sollen,
worin auch der Verstand aller bisherigen Zusammenhänge sich ändert.
Gewiß bleibt wahr, was Engels, in einer frühen Carlyle-Kritik, über das
Reich als Inwendigkeits- und Pfaffen-Konstruktion sagt: „Es sind wiederum die Christen, die durch die Aufstellung einer aparten ‚Geschichte
des Reiches Gottes' der wirklichen Geschichte alle innere Wesenhaftigkeit absprechen und diese Wesenhaftigkeit allein für ihre jenseitige, abstrakte und noch dazu erdichtete Geschichte in Anspruch nehmen, die
durch die Vollendung der menschlichen Gattung in ihrem Christus die
Geschichte ein imaginäres Ziel erreichen lassen, sie mitten in ihrem Lauf

unterbrechen" (MEGA I 2, 1930, S. 427). Es ist aber diese Ablehnung auch religiös so wahr, daß nicht zuletzt ein Joachim di Fiore ihr zugestimmt hätte, ja am leidenschaftlichsten; jedoch deshalb, gerade deshalb sind Sozialgeschichte und Sozialutopie, ist selbst eine erlangte klassenlose Gesellschaft vom „Summum bonum" des religiös-utopischen Reichs durch jenen Sprung geschieden, den die Sprengintention von Wiedergeburt und Verklärung selber setzt. *Das Reich bleibt der religiöse Kernbegriff*, in den Astralreligionen als Kristall, in der Bibel — mit totalem Intentions-Ausbruch — als Herrlichkeit. In allen diesen Unbedingtheiten ist eine Schrankenlosigkeit des Verlangens, deren Hybris noch die des Prometheus erweitert und deren „Ich lasse Dich nicht, Du segnest mich denn" in der Demut des Gnadenbegriffs nicht untergeht. Denn selbst die Gnade, wenn sie auch fern zur Kraft des Menschenwillens und nicht aus dem Verdienst der Werke sein soll, so ist ihr Begriff doch aus der Hoffnung auf Sprung und auf die Würdigung, sich zum Vollkommensten bereithalten zu können. Von daher eben jene unüberhörbare Nicht-Passivität auch noch in den dicksten Gottformen der Religion, von daher das „Superadditum" ungeheuerster Ungenügsamkeit in jedem frommen Schauder, auch wenn er herabzuwehen scheint von oben. Von daher die schließliche Verwandlung. Aufbrechbarkeit des astralmythischen Fremdmysteriums zum Mysterium eines Citoyen des Reichs und seines Paradox-Verhältnisses zur Gewordenheit. Von daher endlich vor allem das stärkste Paradox in der an Paradoxen so reichen religiösen Sphäre: *die Eliminierung des Gottes selber*, damit gerade das religiöse Eingedenken, mit Hoffnung in Totalität, offenen Raum vor sich habe und keinen Spukthron aus Hypostase. Was nicht weniger bedeutet als eben das Paradox: Die religiöse Reichsintention als solche *involviert Atheismus, endlich begriffenen*. Sofern dieser ja nicht nur den Aberglauben vertreibt, um an dessen Stelle ein ebenso dürftiges „Negativum" zu setzen, wie der Aberglaube ein windiges „Positivum" war. Sondern sofern Atheismus das unter Gott, das heißt unter einem *Ens perfectissimum* Gedachte aus dem Anfang und aus dem Prozeß der Welt entfernt und es statt eines Faktums zu dem bestimmt, was es einzig sein kann: zum höchsten utopischen Problem, zu dem des Endes. Die Stelle, die in den einzelnen Religionen durch das unter Gott Gedachte besetzt, durch das zu Gott Hypostasierte scheinreal ausgefüllt worden ist, ist nach Wegfall ihrer scheinrealen Ausfüllung nicht selber weggefallen.

Denn sie erhält sich allemal als Projektionsort an der Spitze utopisch-radikaler Intention; und das metaphysische Korrelat zu dieser Projektion bleibt das Verborgene, das noch Undefiniert-Undefinitive, das real Mögliche im Geheimnis-Sinn. Die durch den ehemaligen Gott bezeichnete Stelle ist so nicht selber ein Nichts; das wäre sie erst, wenn Atheismus Nihilismus wäre, und zwar nicht bloß einer der theoretischen Hoffnungslosigkeit, sondern der universal-materiellen Vernichtung jedes möglichen Ziel- und Vollkommenheitsinhalts. Der Materialismus, als Erklärung der Welt aus sich selbst, hat nur als mechanischer auch noch die Stelle der früheren Gott-Hypostase am Rand ausgelassen; aber er hat auch Leben, Bewußtsein, Prozeß, Umschlag von Quantität in Qualität, Novum, Dialektik insgesamt ausgelassen. Und selbst der mechanische Materialismus, wenigstens in der Form Feuerbachs, muß einen eigenen Raum in der Anthropologie übriglassen, um die religiösen Projektionen dort, als in ihrem „Ursprung und Gegenstand", unterzubringen. Es war, wie zu zeigen sein wird, bei Feuerbach eine platte, eine fixe Anthropologie, eine nicht allein geschichts- und gesellschaftslose, abstrakte und generelle, sondern dazu eine aus kaum erweitertem Mensch-Vorhandensein; doch immerhin betraf Feuerbachs anthropologische Kritik der Religion religiöse Inhalte so, als wären sie keineswegs nur Nichts, wie im Nihilismus. Und der echte Materialismus, der dialektische, hebt eben die Transzendenz und Realität jeder Gott-Hypostase auf, ohne aber das mit einem „Ens perfectissimum" Intendierte aus den letzten Qualitätsinhalten des Prozesses, aus der Realutopie eines Reichs der Freiheit zu entfernen. Ein Vollziehbares, kraft des Prozesses Erwartbares ist im dialektischen Materialismus durchaus nicht verneint: Vielmehr ist seine Stelle gehalten und offengehalten wie nirgends. Das macht: das Reich, selbst in säkularisierter Form, wie erst in utopisch-totaler, *bleibt als messianischer Front-Raum auch ohne allen Theismus*, ja es bleibt, wie von Prometheus bis zum Messiasglauben jede „Anthropologisierung des Himmels" wachsend gezeigt hat, *überhaupt nur ohne Theismus*. Wo der große Weltherr, hat die Freiheit keinen Raum, auch nicht die Freiheit — der Kinder Gottes und nicht die Reichsfigur, die als mystisch-demokratische in der chiliastischen Hoffnung stand. Utopie des Reichs vernichtet die Fiktion eines Schöpfergotts und die Hypostase eines Himmelsgotts, doch eben nicht den End-Raum, worin „Ens perfectissimum" den Abgrund seiner noch unvereitelten Latenz hat. Dasein Gottes, ja Gott überhaupt als eigene Wesenheit ist Aberglaube; Glaube ist einzig der an ein messianisches Reich Gottes — ohne Gott. Atheismus ist folglich so wenig der Feind religiöser Utopie, daß er deren Voraussetzung bildet: *Ohne Atheismus hat Messianismus keinen Platz*. Religion ist Aberglaube, wo sie nicht das ist, was sie ihrem gültigen Intentionsinhalt nach in ihren historischen Erscheinungen wachsend bedeuten konnte: unbedingteste Utopie, Utopie des Unbedingten. Nicht-Vorhandenheit, Nicht-Gewordenheit ist die reelle Grundbestimmung des „Ens perfectissimum", und wäre es geworden, so wäre es kein von seinem Reich verschiedenes, als Gott hypostasiertes. Die Hypostase Gott in den Religionen, die sie setzen (der Taoismus, gar Buddhismus setzen sie nicht), ist im Sinn eines Weltschöpfers oder auch Weltregierers einzig Unwissenschaft, ja Anti-Wissenschaft, und sie ist für einen Glaubenssinn, der sich für zu gut oder auch zu tief hält, um zurückgebliebenes wissenschaftliches Bewußtsein, gar Vitzliputzli-Nonsens darzubieten, allerhöchstens die mythologisierte Statthalterschaft einer Hoffnung wie Allerheiligen aller — ohne Herrn. Die Geschichte des Bewußtseins der Menschen von Gott ist so keineswegs die Geschichte des Bewußtseins Gottes von sich selbst, wohl aber des jeweils höchst-möglichen Front-Inhalts der in ihrem Vorwärts, ihrem Oben, ihrer Tiefe offenen Existenz. Alle höheren Religionen sind so selber gespeist von der Front-Intensität radikaler Sehnsucht und den gesuchten Antizipierungen eines „Ens perfectissimum", das den Zielinhalt dieser Sehnsucht ausmacht. Das Antizipierende setzt in der Kunst einzig Vor-Schein, doch in der Religion, wo Unbeteiligt-Genießendes gänzlich fehlt, letzthin Vor-Existenz unserer selbst in totaler Betroffenheit. Und das Existieren wird darin, dem Ernst des „Transcendere" gemäß, ein verwandeltes, eben eines der versuchten Wiedergeburt zum neuen Menschen, durch den Stifter und seinen Gott hindurch. Die Natur selber wird in der christlichen Apokalypse verwandelt, sie geht, zum Unterschied von aller Ideallandschaft des ästhetischen Vor-Scheins, eben erst durch Untergang hindurch zu ihrer Verklärung. *Verwandlung* also macht im Atheismus der Religion, über ihr, das letzte Kriterium ihrer Sphäre aus, ein Kriterium, das ebenfalls aus dem frommen Eindringen ins Oben, ins Werdenwollen wie das unter Gott Intendierte erfließt. Judentum, Christentum, als die höchsten Religionen, zeigen den ganzen intendierten Ernst dieser Verwandlung; gerecht werden kann ihm freilich einzig ein Wissensbegriff, der sich selbst um das religiöse Gewissen bereichert hat. Und das Ende der Religion ist so, in diesem Wissen, als begriffener Hoffnung in Totalität, nicht einfach keine Religion, sondern — in den Weiterungen des Marxismus — Erbe an ihr, meta-religiöses Wissens-Gewissen des letzten Wohin-, Wozu-Problems: „Ens perfectissimum".

Lebt doch der darauf gerichtete Wille des Aufwärts gerade in dem des Vorwärts fort. Wenn das Volk einem Stifter nachlief, so lief es letzthin einem Seinwollen wie im Himmel nach. Dieses „Sursum corda" gilt erst recht dann, wenn der Himmel keineswegs ein vorhandenes Ganz Anderes ist, sondern, als neuer Himmel, neue Erde, ein utopisch aufgegebenes; das „Sursum corda" trägt so gerade das religiöse, nämlich messianische Erbsubstrat, Religionsstifter trieben es schon lange messianisch, bevor die Juden das Messianische beim Wort genommen, zur Grundreduktion des Religiösen, zur Reichsbildung schlechthin gemacht haben. *Der Messianismus ist das Salz der Erde — und des Himmels dazu; damit nicht nur die Erde, sondern auch der intendierte Himmel nicht dumm werde.* Was das Numinose versprach, das will das Messianische halten: Sein „Humanum" und die ihm adäquate Welt sind nicht nur das Ungewohnte, gar Unbanale durchaus, sondern die ferne Küste im Frühlicht. Und es war ein langer Weg, bis die Stifter sich selbst, mit der menschlichen Latenz, in den Namen ihres Gottes begeben haben. Bis die Geschichte der Gottesvorstellungen vom Fetisch zum Stern, zum Exoduslicht, zum Reichsgeist durchlaufen worden ist und abgelaufen ist. Bis der Glaube von den Projizierungen eines göttlichen Dunkels und himmlischen Throns zum Inkognito und zum Verweile-doch in die Nähe gekommen ist oder kommen wird. Alle Religion war Wunschwesen, mehr bemengt als irgendwo mit Aberglaube und Illusionen, aber sie war kein zersplittertes oder begrenztes Wunschwesen, sondern totales, und keine völlig nichtige Illusion, sondern versucherische, mit einer Vollendung im Sinn, die nicht ist. Jeder Religion, selbst der astralmythischen, fiel es leichter, ans Unsichtbare als ans Sichtbare zu glauben, und ihr Gottesinhalt fiel sowenig mit der handlichen Art Wirklichkeit zusammen wie der religiöse Durchbruch mit dem bisherigen Menschen und seiner — wie sonderlich die Propheten klagten — im argen liegenden Welt. Der unter Gott gedachte und ersehnte Inhalt ist der vorhandenen Wirklichkeit so überlegen, daß er, trotz aller Realitäts-Hypostasen, wachsend ein utopisches Ideal darstellt, das von seinem Nicht-Sein nicht widerlegt wird. Ein Noch-Nicht-Sein, wie es die Realitätsart konkreter Ideale bezeichnet, ist zwar nie und nimmer ein Noch-Sein Gottes; die Welt ist keine Maschine zur Erzeugung solch oberster Person, als eines gasförmigen Wirbeltiers, wie Haeckel sie mit Recht bezeichnet hat. Rilke, Bergson, selbst der frühe Gorki haben sich, auf verschiedene Art, in solcher Gottmacherei vergebens ausgezeichnet, und Lenin nannte dergleichen Bemühungen mit Recht Nekrophilie. Atheismus, der weiß, was das heißt, geht nicht, in kärglicher Imitation der Stifter, zur Gottmacherei zurück, wohl aber geht er, *mit ein für allemal weggefallener Gott-Hypostase, zu dem unbedingten und totalen Hoffnungsinhalt*, der unter dem Namen Gottes so wechselnd experimentiert worden ist. Experimentiert mit einer Unmenge von Aberglaube, Illusion, Unwissenheit, wie allbekannt, mit einer Hypostase der undurchschauten Gesellschafts- und Naturmächte zu jenseitigem Schicksal. Aber es waren doch ebenso hochbedürftige Menschen, die in Protestation gegen dies Schicksal es magisch-mythisch wenden oder zum Guten beschwören wollten; — so ist die religiöse Phantasie keinesfalls in toto durch die erlangte Entzauberung des Weltbilds zu erledigen, sondern einzig durch einen spezifischen philosophischen Begriff, der dem letzthinnigen Intentionsinhalt dieser Phantasie gerecht wird. Denn mitten in allem lebte und erhebt sich dies Seufzen, Beschwören, Predigen ins Morgenrot; und noch mitten in dem — sehr leicht notierbaren Unsinn an Mythischem lebte und erhebt sich die unabgegoltene, nur in Religionen glühend gewesene Sinnfrage nach dem unausgemachten — Sinn des Lebens. Erhebt und exzitiert gerade den echten Realismus, als eine Frage, die so wenig mit dem Unsinn um Mythisches zusammenfällt, daß noch jeder Sinn durch sie seinen Ernst erhält. Notwendig ist dergestalt — kraft des besonders totalen Wunschzugs von dieser Sphäre her — eine neue *Anthropologie der Religion*. Und fällig ist — kraft des besonders total intendierten Vollkommenheitswesens in dieser Sphäre — eine neue *Eschatologie der Religion*. Beides ohne Religion, doch beides mit dem berichtigten, dem unabgegoltenen Problem solch ungeheurer Flügelbildungen der Menschheit. Wechselnder Flügelbildungen, auch einander unverträglicher, auch solcher mit ganz offenbaren Narrenparadiesen in der Gegend, doch eben mit lauter Versuchungen des ungemeinen Sinns — nach Maßgabe des menschlich-gesellschaftlichen

Horizonts. Kadmos, Orpheus, und die olympischen Götter Homers, die Totensonne Ägyptens und der Astralmythos Babylons, das chinesische Tao, Moses oder der Exodus, die pointierten Gottmenschen Zoroaster, Buddha und Jesus bezeichnen darum eben den *wachsenden Einsatz des Stifters in die experimentelle Frohbotschaft eines „Ens perfectissimum"*, wobei der soziale Auftrag zu dieser Eindringung und der Menschgehalt ihres „Perfectum" sich stets entsprechen. Im Astralmythos verschwindet der Stifter, sein Gott ist völlige Auswendigkeit aus Sternlicht; im Christentum wird der Stifter die Frohbotschaft selber, und sein Gott verschwindet schließlich in einem einzigen humanen Allerheiligen. Wo Hoffnung ist, ist so in der Tat Religion, aber da der absolute Inhalt der Hoffnung selbst in der Intention noch so ungefunden ist, gibt es auch einen dermaßen variierenden Phantasie-Fundus der Religionen als der Versuchungen des utopischen „Totum". Indes alle eben sind letzthin diesem „Totum" zugeordnet, und zwar, da sie Religionen sind, dem „Totum" als jenem Ganz Anderen, das ebenso, *in Ansehung der menschförmigen Verwandlung (Reichsbildung)*, das gar nicht mehr Andere, sondern das ersehnt Eigentliche bedeutet.

Ernst Bloch, Atheismus im Christentum. Zur Religion des Exodus und des Reichs, Frankfurt a. M.: Suhrkamp 1968, S. 17—25.

„NUR EIN ATHEIST KANN EIN GUTER CHRIST SEIN..."

Von ERNST BLOCH

Gehe man von dem aus, was unser Fall ist. Er ist für die meisten ohnehin der, nur gebraucht, abhängig, geschoben zu sein. Solange gut geschmiert oder auch genebelt werden kann, halten nicht nur Feige und Schwache dabei still. Aber Unzufriedenes, das aufrecht gehen will, ein so guter Teil in uns, wächst immer wieder nach, bei jung zuerst. Aufrechter Gang setzt an, sucht von den Veralteten frei zu werden, die gleichzeitig noch mächtig und gedankenlos fortwursteln. Sucht statt des Bevormundenden und gleichzeitig Ziellosen echten Halt, wie ihn der leere Druck, die drückende Leere am wenigsten geben können. Das Vorige und davon Gebliebene ist schlimm genug; die uns dahin hineinführten, schwiegen besser still, dazu mögen sie nur Platz haben. Mord und Muff zum zweitenmal, dazu wird der liebliche Deutschfromme mindestens keinen Gutschein für sich zu erwarten haben. Überhaupt läßt der Blick nach oben nach, fast überall schmeckt ein Vater-Ich nicht mehr so gut, ziehen die da oben nicht mehr so an. Das Beste heutzutage ist gegen die gesetzten Herrn über uns empfindlich; was nun auch für noch höher Gesetztes ganz ganz droben Folgen hat. Flicken ist vergeblich, der demütige Rock, so auch der herrenhafte reißt.

Statt des Droben zieht das Vorwärts an, um es zu bilden. Von unten her, über unsere Geschichte frei, klar und gemeinsam verfügend. Dergleichen ist im bürgerlichen "establishment" noch nicht möglich, in jedem noch halb zaristisch-sozialistischen auch nicht, obzwar jede republikanisch gewordene Obrigkeit Lippendienst vor dem Volk leisten muß, dem sie pro forma dient. Bis auf wenige, unschädlich gewordene Ausnahmen, sind alle Monarchien verschwunden, die Spitze der Obrigkeit ist nicht mehr von einem himmlischen Herrn selber legitimiert. Wichtig vor allem hier: das Vater-Ich hat auch in der Staatsform das Kling Klang Gloria verloren, das die Monarchien für ihre Untertanen nach oben, in ein höchstes Oben warfen, so reflexhaft wie ideologisch vorteilhaft. Wo keine irdischen Throne, fehlt auch einem himmlischen Thron die gesellschaftliche Basis; die aber machte dem gewohnten Untertan, auch ohne religiöses Bedürfnis, ihr himmlisches Spiegelbild glaubhaft. Eben mit Souverän höchst droben, unerforschlichem Ratschluß, Hofstaat willenloser Engel, lauter Lobgesang. Bezeichnend, daß hier zwischen dem höchsten Gott bei Heiden und dem kirchlich üblichen in puncto Wohnort wenig Unterschied bestand bei allem sonstigen, Moralischen; Blut mag die Tiefen decken, Nacht die Höhen, byzantinischer Ruhmesglanz bleibt und allerhöchste Sonne gleich Monarchie. Dazu aber kommt: Naturwissenschaftlich (was sich herumgesprochen) ist das Universum selber schon seit vierhundert Jahren eine Republik geworden. Sie versteht sich, wenn überhaupt, aus sich selber, nicht aus Schöpfungen noch Lenkungen durch einen himmlischen Oberherrn. Derlei hat hier seinen vordem so steilen Zenit verloren oder sieht sich bestenfalls zum Lückenbüßer noch nicht gefundener oder ausreichender Erklärungen empirischer Art herabgesetzt. Den Realschülern von heutzutage wird kein Blitz mehr geschleudert, kein Tag mehr von Gott heraufgebracht, ist keine Pest, Hungersnot, Kriegsnot als Zuchtrute verhängt. In den Staub mit allen Realschülern, das läßt sich auch nicht vom Sublimieren her sagen, nachdem gerade dieses den feiner, etwa existentialistisch Entzauberten nur als Ersatz für den alten handfesten Gottglauben vorgeführt wird. Als Ersatz, der auf seine Weise an bloße Lückenbüßer erinnert: inwendig diesmal, doch zu welch herabgesetztem, fast nur noch geschämigen Preis. Auf solch schmaler Latte kommt dahergekrochen, was sein Oben situationsgemäß gleichfalls verloren hat und zum Vorwärts, Voruns keinen Mut, desgleichen keine Welt, erst recht keine neue hat. Ja, die bürgerliche Welt ist desto glaubensfremder, je mehr sie Ersatz dafür aufkocht, mit „quieta non movere". Jedenfalls macht es das sogenannte moderne Weltbild den Seinen nicht leicht, ohne Ausrede fortzuräuchern.

So geht verständiger Fürwitz durchaus bürgerlich vor, gibt es nur nicht zu. Als so aber dem Mann der Mitte das Glauben schwer geworden war, und meist abgestanden, fing der Stoß marxistisch neu an. Die Arbeiterbewegung übernahm nicht nur, was das Bürgertum früher getan, angestellt, aber auch offen an Thron und Altar verneint hatte, sie brachte eine spezifische neue Aufklärung hinzu, eine tunlichst ideologiefreie. Denn es lag zum erstenmal genau in ihrem Interesse, keine ideologischen Vernebelungen dieses Interesses mehr zu haben, vielmehr gerade aus Interesse illusionsfrei zu sein. Detektivischer Blick kam, das nicht zuletzt auch wegen des ständigen Bündnisses der Kirche mit der herrschenden Klasse: Von daher mochte, wenn man kratzte, bei allem nur der Herrenpfaffe hervorkommen, die alten Auguren und ihr „Zwinkern". Nicht nur geschäftlich also: „man sagt Bibel und meint Kattun", sondern vor allem auch: „dem Volk muß die Religion erhalten bleiben," im schlauesten unnützlichsten Sinn, zu dem man die besonders strapazierte „Geduld des Kreuzes" machen kann. Dazu die Vertröstung aufs Drüben, lange Zeit so gut bei der Stange haltend, nicht nur rein inwendig, auch in fiktiver Barzahlung dereinst, wenn alle anderen Stricke reißen. Brechts ›Mahagonny‹ ließ derart in der letzten Szene zwei Gruppen aufmarschieren, zwei Herzen und doch eine Seele, trugen Spruchbänder, die einen: „Für die gerechte Verteilung der überirdischen Güter," die anderen: „Für die ungerechte Verteilung der irdischen Güter." Daher denn nun die Quittung oder verdiente Losung im Text der Internationale: „Es rettet euch kein höhres Wesen, kein Gott, kein Kaiser, kein Tribun." Sehr deutlich die gemeinte Ergänzung darin zum Fazit in der ›Zauberflöte‹, das aber noch mehr allgemein um Aber glauben und seine Nutznießer geht: „Die Strahlen der Sonne vertreiben die Nacht, zernichten der Heuchler erschlichene Macht." Wobei die bürgerliche Aufklärung, in ihrer Blütezeit, das Ihre so gut getan hat, daß der alte Glaube, gerade in seinem Lippendienst, fast nirgends mehr so lügen, das heißt so viel Mären auftischen kann, daß die Balken brechen. Nur eben kam marxistisch das interessiert-analytische Interesse hinzu, jener totale Ideologieverdacht, der den bisherigen Herren überhaupt keine Verneblung mehr durchgehen lassen wollte. Die Aufklärung sollte sich so auch gegen die Religion vollenden; freilich nicht nur gegen abgewetzten Aberglauben darin, sondern leider, vulgär-marxistisch, auch gegen die donnernden Propheten, auch gegen jene sogenannten „Pröbchen apokalyptischer Mystik", die Kautsky selbst an einem Thomas Münzer nicht schmeckten. All das aber, um den Mühseligen und Beladenen so nüchtern, so radikal wie möglich, nämlich von der ökonomisch-ursächlichen Wurzel her, herrschaftlich brauchbarste Hirngespinste zu zerstören. Die Lust, im Trüben, im Drüben zu fischen, wurde immanent zerstört; Materialismus, sagte Engels, ist Erklärung der Welt aus sich selbst. Und jeder angebliche Himmel darüber, mit einem Gott als Herrn: er war hier nicht nur naturwissenschaftlich, sondern ideologiekritisch ad acta der bis heute dauernden menschlichen „Vorgeschichte" gelegt, indem er das Herr-Knecht-Verhältnis, die gesellschaftliche Heteronomie auf Erden selber legitimierte, heiligte. Subversives kommt so zum letzten Spruch, gegen alles Heteronome, also auch gegen seine brauchbarste Illusion: das Theokratische (ganz von oben herab). Damit schien vielen die Rolle, wie der Topos aller Religionen völlig erschöpft, es gäbe danach kein Rot darin, und ihr Ultraviolett (wie übrigens jedes) schien dem Rot völlig von Übel. So wäre der Kreis geschlossen: kein Vater-Ich mehr, irdisch wie kosmisch Republik, das höchste Wesen für den Menschen der Mensch, — und Religiöses von alldem das durchschaute Gegenteil. Kein anders zu benennender Rest in keiner Religion, außer für schlecht Entzauberte oder für herrschende Tartuffes; ihre Wahrheit wäre so ihr voller Untergang.

Sonderbar nun, daß doch nicht das Kind mit dem Bad ausgeschüttet wird. Nicht nur das Kind im Manne bleibt übrig und will spielen, mehr als das. Der gleiche Brecht, der pfäffische Verneblung mit Brechreiz haßte, antwortete auf die Frage nach seiner liebsten Lektüre: „Sie werden lachen, die Bibel." So schnoddrig wie überraschend kam das, doch überraschend nur für die Art Gebildeter, die nicht alle werden und die Aufklärung mit Aufkläricht verwechseln. So etwas wie das von Brecht und dem Mädchen Johanna und dem Choral des Tals, das von Jammer schallt, meint gewiß nicht so vieles in der Bibel, was einlullt und Eiapopeia liefert fürs Volk, den großen Lümmel. Meint nicht gar viele Mären, die sich vom Storch, der die Kinder bringt, oder vom Manna, das vom Himmel fällt, auch nicht wesentlich unterscheiden und die noch der Auferstehungsgeschichte anhaften, wenn sie erzählt wird (samt leeres Grab) als geradezu positivistisches Faktum. Statt eines reinen, nur durch sich gefüllten Wunschmysteriums und der rein aus uns selber kommenden Menschensohn-Extension: „non omnis confundar". Das eben ohne jede Transzendenz von oben herab, die bei soviel Golgatha in der Welt ohne alle Auferstehung ohnehin nicht zu rechtfertigen wäre, indem man, statt dahin auch noch ein „ens realissimum" zu setzen, begriffen hat, daß sie gar nicht existiert, außer als verlegtes Spiegelbild und dann gar nicht vorherziehend. Auch Zeus, der den Prometheus an den Felsen nagelte, stand einmal als Gott, qua Gott in Transzendenz, — die ganze nagelnde, auch pharisäisch strafende, auch noch gnädige Hoheitssphäre steht gerade dem, was die Bibel wirklich, nämlich anti-pharaonisch, christozentrisch vom Götzendienst trennt, „heidnisch" entgegen. Indes freilich ist in dem priesterlich redigierten und so über-lieferten, herrenkirchlich gebrauchten Bibeltext sehr oft — infolge Her-rendienst contra Murren der wahren Kinder Israels — zwischen heidni-scher und biblischer Religion noch genug Zusammenhang, mindestens Überschneidung. Allein schon die Opfer überall in der Bibel, vor Übermächtigem bettelnd auf dem Bauch liegend, desto transzendenter, weil es einzig, henotheistisch, dann monotheistisch regiert. Blutbe-spritzte Altäre, mit Tieren darauf als Ersatz fast fürs ehedem Moloch-hafte auch hier, Säule des Lobpreises aber oben, sogar fragloser dem Prinzip nach als in den meisten polytheistischen Kulturen. *Und doch* und trotzdem und gerade deshalb gibt es den entschiedensten Affekt in der Bibel genau gegen die oben mit ihrem Priestergott, gibt es nur hier Aufruf zur Revolte dagegen. Mit Krieg den Palästen, Friede den Hüt-ten, gegen den Schmuck der Altäre, und der Arme leidet bitteren Hun-ger. So sagt schon der früheste Prophet, Amos, auch von sich aus (Am 5, 21 ff.): „Ich bin eurer Feiertage gram und verachte sie, tue nur weg von mir das Geplärre deiner Lieder, denn ich mag dein Psalterspiel nicht hö-ren... Hört dies, die ihr den Armen unterdrückt und die Elenden im Land verderbt..., auf daß wir die Armen um Geld und die Dürftigen um ein Paar Schuhe unter uns bringen"; kurz, „auch" das ist Bibel. Wie hätte sie sonst „biblia pauperum" im schärfsten Sinne werden können, während des italienischen, englischen, französischen, gar deutschen Bauernkriegs, ja noch während des Aufstands in den Cevennen, nur knapp neunzig Jahre vor der Französischen Revolution? Mit Zeus, Ju-piter, Marduk, Ptah, gar Vitzliputzli hätte Thomas Münzer das nicht geschafft, was er mit dem Auszug aus Ägypten und dem gar nicht so sanften Jesus zu läuten anfing. Und Luther als Restaurator nannte das letzte Buch der Bibel, die Apokalypse, mit Grund „aller Rottenmeister Gaukelsack". Weit also war das das davon entfernt, „sich einen gnädigen Herrn zu schaffen", „Leid, Leid, Kreuz, Kreuz als des Christen Teil" zu predigen, aber auch brave Heilige um einen himmlischen Thron zu setzen. Als wäre er unvordenklich da und nicht bloß Spiegelbild der ir-dischen, Garant der auch weniger „gerechten" Obrigkeit. Die Bibel ist damit trotzdem am wenigsten erschöpft, ja: Atheismus selber tut dem Unerschöpften nichts an; im Gegenteil. Ob auch nicht zur Freude derer, die sich an den (im doppelten Sinn) erschöpften Teil der Bibel halten. Zum Gewinn des Pharao, also dessen, dem auch die Bibel — ohne „imaginäre Blumen um die Kette" — am heftigsten mit widersprach. Jede faule Synthese liegt fern, doch eigenste Gebiete wieder zu besetzen, um des „Reichs der Freiheit" willen, steht genau dem zweiten Akt der Aufklärung wohl an. Empfindlichst gegen das Imaginäre, doch ebenso für das so Subversive wie Transzendierende, gerade ohne Transzendenz darüber. Eine unbanale Gottlosenbewegung konnte und wird die Bibel lesen, eine unterirdisch paradoxe Bibelhäresie die Gottlosenbewegung; beiden zum Gewinn. Der ersten zur Tiefe („die Banalität," sagte Isaak Babel, „ist die Gegenrevolution"), der zweiten zum prometheisch-aktiven, atheistisch-utopischen Verstand der Menschwerdung. Es scheint mehr als je: Ohne solche Begegnung wird genau der wirkliche, der gute Turmbau von Babel teils in Barbarei, teils in Nihilismus untergehen. Das sei ferne, auch wenn das Gute keineswegs nur nahe liegt und kein Nahziel eines ist, wenn in ihm das Fernziel: das Wohin und Wozu des gemeinten, des selber noch im Schwang befindlichen Überhaupt von allem, nicht mit im Experiment steht.

Da ist wichtig, genau in diesem Feld sich nichts vormachen zu lassen. Denn das auf ihm immer noch, ja tiefer als je Gemeinte wird nicht so leicht und gefahrlos dem Boden gleichgemacht, es sei denn dem platten. So gleichgültig und vor allem ahnungslos hier zu entzaubern, das hilft nur den Dunkelmännern und denen, die immer sich gut verstecken können, wenn es nur in Bausch und Bogen hergeht. Wenn alles und jedes auf dem problemreichen religiösen Feld als Aberglaube angegeben wird, auch dort, gerade dort, wo „selbst" die Bibel besonders hoch und sprengend vom Menschen spricht. Von hier aus gilt der Satz: *Denken ist Überschreiten*, was sich vom bloßen Liegen und Besitzen freilich nicht behaupten läßt. Und noch weniger von bloßem grundsätzlich banalisierendem Abspülicht (dies Wort stammt genau von Lessing) statt der wirklichen, nach steigendem Licht benannten Aufklärung. Lessing freilich war ein Ketzer, kein von vornherein Meinender, daß es nur zwei Dimensionen auf der Welt gäbe und nicht auch „Spero ut intelligam". Derart gilt hier ebenso der Satz: *Das Beste an der Religion ist, daß sie Ketzer schafft*, ein Zustand, von dem die Gleichgültigen, wie die alle, welche Hegel etwa mit Haeckel verwechseln, allerdings unberührt sind. Daher ist es dringend nötig, kraft des so bekannten wie gern unterschlagenen Murrens der Kinder Israels auch analytisch, ja detektivisch nötig, die Bibel sub specie ihrer weiterwirkenden *Ketzergeschichte* zu lesen; wie gerade im Folgenden unter anderem versucht. Führt sie doch wider alle biblisch vorhandene Servilität, Herrenideologie, heteronome Mythologie in jenen Schatz der Bibel, der nicht von Rost und Motten, am wenigsten vom Lessinglicht der Aufklärung gefressen worden ist und noch weniger von der Parole: „Aut Caesar aut Christus". Dergestalt daß an diesem Punkt der Satz gilt, der als Exodus-Losung aus jedem Land der Knechtschaft heraus so besonders positive: *Wo Hoffnung ist, ist auch Religion;* nicht gilt freilich, in Ansehung der vom Himmel und Obrigkeit verhängten Religion, die Umkehrung: Wo Religion ist, ist auch Hoffnung, der mit besserem „Novum" verbündeten, die stärkste Kritik gegen „re-ligio" als repressive, regressive Rück-Bindung aus; gegen hoch droben fertig Vorgesetztes, zum Unterschied von unzufriedener, selbstschöpferischer Antizipation, vom Transzendieren ohne Transzendenz. Halt genug ist in der Invariante dieser so oft vereitelten, doch nie entsagend seinkönnenden Richtung; ein weit soliderer Halt als der des gewiß auch biblisch hypostasierten Zeus-, Jupiter-, Marduk-, Ptah-, gar Moloch-Herrn. Doch ebenso findet sich — nur dauernden Theo-logen eine Überraschung, ein Ärgernis, eine Torheit — das subversive, das antistatische Gegenstück in der Bibel, in der sich selber so oft wider den Strich bürstenden biblischen Geschichte. Wonach am Menschensohn selber zuletzt, der sich in das bisher Gott Genannte messianisch einsetzt, das Neue in der Bibel sich als stärkste Häresie erweist. Bis hin zu der Möglichkeit des Satzes: *Nur ein Atheist kann ein guter Christ sein, gewiß aber auch: nur ein Christ kann ein guter Atheist sein;* wie könnte sich der Menschensohn sonst gottgleich genannt haben. Und die spätere römische Namensgebung war genauso präzis wie das römische Kreuz; denn: *Atheoi,* so wurden zuerst die christlichen Märtyrer am Hof des Nero genannt. Problem ist, das in der Tiefe zu verstehen, von Christen, die des theokratischen Aberglaubens satt geworden, also anders hungern. Von Atheisten, die von den Plattitüden eines leeren Nein zu allem, was die Schatzanweisung Gott einmal versprochen hat, durchaus nicht satt werden, nachdem hinter der allzu halben Aufklärung mit ihrem Nein die allzu völlige Haltlosigkeit des Nihilismus anheben muß. Also auch der Feuermangel an jedem Wohin, Wozu, Überhaupt, Eschaton, Sinn gemessen an der angeblich ausgemacht kalten Schulter der menschlichen, gar der außermenschlichen Welt. Die Schrift dagegen ist voll von „Rütteln an den Stäben dieser Todeswelt"; mythologisch gewiß, doch voll später unterdrückter oder verfälschter Aufstände, Namenszüge zur Menschwertung, Menschwerdung — contra Pharao und eine Herrn-Hypostase, die Jeremiae Klagelieder unverhohlen „unseren Feind" nennen, die Jesaja „einen neuen Himmel, eine neue Erde" beschwören läßt, „damit man der vorigen nicht mehr gedenke". Und ist da nicht, vergebens verleumdet und offiziell umgewertet, gerade am Anfang die Sache mit der Schlange, mit dem rebellisch-unabgegoltenen Ruf „Eritis sicut deus, scientes bonum et malum," dem geschichtsbildenden, heraus aus dem Garten bloßer Tiere? Und steht nicht für den späteren Gott des Dornbuschs kein Präsens, sondern ein daraus rettendes Futurum, ein „ich werde sein, der ich sein werde" als Sprengung in der angeblichen Gottesvorstellung selber? Subversive, eschatologische Finalwelle genug, mit unternommenem Exodus, utopischem Reich am vollen Novum des Ufers. Noch bis in den Satz Augustins: *„Dies septimus nos ipsi erimus"*, der noch nicht geschehene siebte Tag werden wir selber sein, in unserer Gemeinschaft wie in der Natur. Auch an diese, gerade an diese Art besonders sprengender, ob auch besonders überfliegender Fernmodelle Philosophie zu setzen, ist an der Zeit, in der Tiefe unserer Zeit. Bezeichnend, daß die Logik dieses dreitausendjährigen besonderen Vor-Scheins gottfrei ebenso wie durchaus religions-philosophisch aufgeht. Auch ohne dienende Engel, besser als mit ihnen, trägt sich das Unsterbliche Fausts empor. Biblisch hieß das unser aufgedecktes Angesicht, philosophisch ist es Identischwerden.

BIBLIOGRAPHIE

Zusammengestellt von GISELA ANDERS

Adorno, Theodor W., und Horkheimer, Max: Dialektik der Aufklärung. Philosophische Fragmente. Amsterdam: Querido 1947.

Arnold, Franz X.: Der neuzeitliche Säkularismus. In: Tübinger Theol. Quartalschrift 130, 1950, S. 166—175; abgedruckt in: F. X. Arnold; Wort des Heils als Wort in die Zeit. Trier: Paulinus 1961, S. 156—164; in diesem Band S. 139—147.

Aubrey, Edwin E.: Secularism a Myth: An examination of the current attack on secularism. Ayer Lectures 1953. New York: Harper 1954.

Auer, Alfred: Gestaltwandel des christlichen Weltverständnisses. In: Gott in Welt. Festschrift für Karl Rahner I. Freiburg: Herder 1964, S. 333 bis 365.

Ders.: Art. ›Säkularisierung‹. In: LThK IX, 1964, Sp 253 f.

Banning, Willem: Entkirchlichung — Entchristlichung. In: Der Auftrag der Kirche in der modernen Welt. Festgabe für Emil Brunner zum 70. Geburtstag, hrsg. v. Peter Vogelsanger. Zürich/Stuttgart: Zwingli 1959, S. 157 bis 164.

Barry, Frank R.: Secular and Supernatural. London: SCM 1969.

Barth, Hans: Staat und Gewissen im Zeitalter des Säkularismus. In: Wesen und Wirklichkeit des Menschen. Festschrift für H. Plessner, hrsg. von Klaus Ziegler. Göttingen: Vandenhoeck 1957, S. 195—214.

Bartsch, Hans W. (Hrsg.): Probleme der Entsakralisierung. München: Kaiser und Mainz: Grünewald 1970 (Gesellschaft und Theologie. Abt.: Praxis der Kirche 4).

Becker, Howard: Säkularisationsprozesse. Idealtypologische Analyse mit besonderer Berücksichtigung der durch Bevölkerungsbewegungen hervorgerufenen Persönlichkeitsveränderung. In: KZS 11, 1932, S. 283—294; 450—463.

Berger, Peter L.: Secularization and pluralism. In: Jahrbuch für Religionssoziologie 2, 1966, S. 73—86.

Ders.: Zukunft der Religion. Soziologische Betrachtungen zur Säkularisierung. In: EvKom 4, 1971, S. 317—322.

Berger, Peter L.: Soziologische Betrachtungen über die Zukunft der Religion. Zum gegenwärtigen Stand der Säkularisierungsdebatte. In: O. Schatz (Hrsg.), Hat die Religion Zukunft? Graz: Styria 1971, S. 49—68.

Bethge, Eberhard: Le culte dans un monde séculier tel que l'entendait Bonhoeffer. In: Communion Nr. 93, Bd. 70, Nr. 1, S. 42—59.

Bildstein, Walter J.: Radical Response [über die Theologie John A. T. Robinsons]. Hicksville, New York: Exposition 1974.

Binder, Wolfgang: Grundformen der Säkularisation in den Werken Goethes, Schillers und Hölderlins. In: Zeitschrift für deutsche Philologie 83, 1964, Sonderheft zur Tagung deutscher Hochschulgermanisten 1963 in Bonn, S. 42—69.

Birnbaum, Norman: Säkularisation. Zur Soziologie der Religion in der heutigen Gesellschaft des Westens. In: MPT 48, 1959, S. 68—84.

Blaikie, Robert J.: Secular Christianity and God Who Acts. London: Hodder 1970.

Bloch, Ernst: Atheismus im Christentum. Zur Religion des Exodus und des Reichs. Frankfurt: Suhrkamp 1968; in diesem Band S. 407—414.

Ders.: Das Prinzip Hoffnung. 3 Bde. Frankfurt: Suhrkamp 1959 u. ö.; in diesem Band S. 395—406.

Blumenberg, Hans: „Säkularisation". Kritik einer Kategorie historischer Illegitimität. In: Die Philosophie und die Frage nach dem Fortschritt, hrsg. von Helmut Kuhn und Franz Wiedmann. München 1964, S. 240—265; Diskussion S. 333—338.

Ders.: Die Legitimität der Neuzeit. Frankfurt: Suhrkamp 1966; erweiterte und überarbeitete Neuausgabe: Säkularisierung und Selbstbehauptung, ebd. 1974.
— Kritisch dazu: Karl Löwith, Rezension in: PhR 15, 1968, S. 195—201; H.-G. Gadamer, ebd., S. 201—209; W. Pannenberg, Die christliche Legitimität der Neuzeit, S. 114—128; D. Sölle, Realisation, S. 65—68; D. Rössler, a. a. O., S. 91—100.

Böckenförde, Ernst-Wolfgang: Die Entstehung des Staates als Vorgang der Säkularisation. In: Säkularisation und Utopie. Ebracher Studien. Festschrift für Ernst Forsthoff. Stuttgart: Kohlhammer 1967, S. 75—94; in diesem Band S. 67—89.

Bolle, Kees W.: Secularization As a Problem for the History of Religions. In: Comparative Studies in Society and History 12/3, Den Haag 1970, S. 242—259.

Bonhoeffer, Dietrich: Widerstand und Ergebung. München: Kaiser (1951) ⁹1959; Neuausgabe (1970) ²1977.

Bont, W. de: La sécularisation de la pensée. In: La vie spirituelle, Paris 1969, Suppl. Nr. 88, S. 5—26.

Brothers, Joan: Zur Säkularisierung. In: Concilium 9, 1973, S. 22—28.

Bruls, Jean: Sécularisation et mission. In: Eglise vivante 22, Louvain 1970, S. 29—42.

Bürkle, Horst: Die Reaktion der Religionen auf die Säkularisierung. Neuendettelsau: Freimund 1969.

Bultmann, Rudolf: Echte und säkularisierte Verkündigung im 20. Jahrhundert. In: Glaube und Verstehen III, Tübingen: Mohr 1960, S. 122—130.

Ders.: Der Gottesgedanke und der moderne Mensch. In: ZThK 60, 1963, S. 335—348; auch in: Glauben und Verstehen IV, 1965, S. 113—127.

Buttler, Paul-Gerhardt: Säkularismus. In: Die Mission in der evangelischen Unterweisung. Hrsg. v. Walter Ruf u. a. Stuttgart: Ev. Missionsverlag 1964, S. 291—299.

Callahan, Daniel J. (Hrsg.): The Secular City Debate. New York: Macmillan 1966.

Capps, Walter H.: Das Säkulare, Säkularismus und Säkularisation. In: Lutherische Rundschau 19, Stuttgart 1969, S. 337—347.

Carlebach, Julius: Deutsche Juden und der Säkularisierungsprozeß in der Erziehung. Kritische Bemerkungen zu einem Problemkreis der jüdischen Emanzipation. In: Hans Liebschütz / Arnold Paucker (Hrsg.): Das Judentum in der deutschen Umwelt 1800—1850. Studien zur Frühgeschichte der Emanzipation. Schriftenreihe Wissenschaftliche Abhandlungen des Leo-Baeck-Instituts 35. Tübingen: Mohr 1977, S. 55—93.

Castelli, Enrico: Il tempo inqualificabile. In: Contributi all'ermeneutica della secolarizzazione. Padova: CEDAM 1975.

Caster, Marcel van: Secularization: A Christian view. In: Lumen vitae 23, Bruxelles 1968, S. 613—631.

Chadwick, Owen: The Secularization of the European Mind in the 19th Century. Gifford Lectures 1973/74. London: Cambridge University Press 1975.

Charlton, Donald G.: Secular Religions in France, 1815—1870. New York: Oxford 1963.

Childress, James F., und Harned, D. B.: Secularization and the Protestant Prospect. Philadelphia: Westminster 1970.

Comblin, Joseph: Säkularisierung: Mythen, Realitäten und Probleme. In: Concilium 5, 1969, S. 547—552; in diesem Band S. 312—323.

Confrey, Burton: Secularism in American Education. Educational Research Monographs 6/1. Washington, D. C.: Catholic University of America 1931.

Congar, Yves: Zwei Faktoren der Sakralisierung des gesellschaftlichen Lebens im europäischen Mittelalter. In: Concilium 5, 1969, S. 520—526.

Cox, Harvey: The Secular City. Secularization and urbanization in theological perspective. New York: Macmillan 1965; deutsche Übersetzung von Werner

Simpfendörfer: Stadt ohne Gott? Stuttgart–Berlin: Kreuz (1966) ⁶1971; in diesem Band S. 237—252.

Cox, Harvey: On Not Leaving It to the Snake. New York: Macmillan 1964; deutsche Übersetzung von Werner Simpfendörfer: Stirb nicht im Warteraum der Zukunft. Aufforderung zur Weltverantwortung. Stuttgart–Berlin: Kreuz (1968) ³1970; in diesem Band S. 219—236.

Creel, Austin B.: Secularization and Hindu Tradition. In: Religion and Society 22/4, 1975, S. 77—92.

Daecke, Sigurd: Teilhard de Chardin und die evangelische Theologie. Die Weltlichkeit Gottes und die Weltlichkeit der Welt. Göttingen: Vandenhoeck 1967.

Ders.: Der Mythos vom Tode Gottes. Ein kritischer Überblick. Hamburg: Furche 1969; Stundenbücher Bd. 87. 1970.

Dahm, Karl-Wilhelm: Säkularisierung und Konfessionalisierung. Bericht über ein religionssoziologisches Forschungsthema in der BRD. In: Kirche in der Zeit 22, 1967, S. 132 ff.

Dalmais, Irénée-Henri: Sakralisierung und Säkularisierung in den Kirchen des Ostens. In: Concilium 5, 1969, S. 553—557.

Danenberg, A. H.: De klemmende vraag van de secularisatie aan de theologie. In: Tijdschrift voor theologie 8, Nijmegen 1968, S. 170—185.

Dantine, Wilhelm: Säkularisierung. Versuch zur theologischen Bewältigung eines geschichtlichen Prozesses. In: Wort und Wahrheit, Freiburg 22, 1967, S. 657—674.

d'Arcy, Martin C.: Humanism and Christianity. Cleveland, Ohio: World Publishing 1969.

Davies, David R.: Secular Illusion or Christian Realism? New York: Macmillan 1949.

Dawson, Christopher H.: Religion and Culture. Gifford Lectures 1947. New York: Meridian (1948) ²1960; deutsche Übertragung von Nina E. Baring: Religion und Kultur. Düsseldorf: Schwann 1951.

Dean, Thomas: Post-theistic Thinking: The Marxist — Christian dialogue in radical perspective. Philadelphia: Temple University Press 1975.

Delekat, Friedrich: Über den Begriff der Säkularisation. Heidelberg: Quelle & Meyer 1958.

Delooz, Pierre: Catechesis and Secularization. A sociological view. In: Lumen vitae 24, Bruxelles 1969, S. 197—211.

Dienst, Karl: Reformation und Säkularisation. Die Bedeutung der Reformation für die Welt von morgen. Hrsg. v. Rainer Schmidt. Frankfurt 1967, S. 187—197.

Ders.: Reformation und Säkularisation. In: Deutsches Pfarrerblatt 67, 1967, S. 37 ff.

Ders.: „Säkularisation" — eine brauchbare Kategorie kirchengeschichtlicher Forschung? In: Jahrbuch der hessischen kirchengeschichtlichen Vereinigung 20, Friedberg 1969, S. 1—35.

Dierickx, Guido: Secularisatie: Van sociaal problem tot sociologisch concept. Bijdragen 32, Nijmegen 1971, S. 282—302.

Dondeyne, Albert: Sécularisation et foi. In Lumen Vitae 23/3, 1968, S. 415—430.

Ders.: Monde sécularisé et foi en Dieu. In: Eglise vivante 22, Louvain 1970, S. 5—28.

Dubach, Alfred: Glauben in säkularer Gesellschaft. Zum Thema Glaube und Säkularisierung in der neueren Theologie, besonders bei Fr. Gogarten. Bern: Herbert Lang 1973.

Duquoc, Christian (ed.): Secularization and Spirituality. Concilium: Theology in the Age of Renewal 49. Paramus, N. J.: Paulist/Newman 1969.

Durand, Alain: Sécularisation et sens de Dieu. In: Lumière et Vie 89, 1968, S. 61 ff.

Ders.: Sécularisation et présence de Dieu. Paris: Cerf 1971.

Dussel, Enrique: Von der Säkularisierung zum Säkularismus der Wissenschaft (Renaissance bis Aufklärung). In: Concilium 5, 1969, S. 536—547.

Ebeling, Gerhard: Die nicht-religiöse Interpretation biblischer Begriffe. In: ZThK 52, 1955, S. 296—360; abgedruckt in Wort und Glaube I, 1960, S. 90—160, und in: Mündige Welt. Aufsätze der Schüler und Freunde Bonhoeffers, Bd. II, München: Kaiser, S. 12—73.

Ders.: Profanität und Geheimnis. In: Wort und Glaube II. Tübingen: Mohr 1969, S. 184—208; zuerst in: ZThK 65, 1968, S. 70—92.

Ders.: Das Verständnis von Heil in säkularisierter Zeit. In: Kontexte 4, hrsg. v. H. J. Schultz, Stuttgart: Kreuz 1967, S. 5—14; auch in: Wort und Glaube III, Tübingen: Mohr 1975, S. 349—961.

Ders.: Weltliches Reden von Gott. In: Wort und Glaube I, Tübingen: Mohr (1960) ³1967, S. 372—380; zuerst in: Frömmigkeit in einer weltlichen Welt, hrsg. v. H. J. Schultz. Stuttgart: Kreuz und Olten: Walter 1959, S. 63 bis 73.

Edwards, David L.: Religion and Change. London: Hodder 1974.

Ellul, Jacques: Des nouveaux possédés. Paris: Fayard 1973.

Ermeneutica della Secolarizzazione. [Referate vom Internationalen Colloqium der Staatsuniversität Rom.] Rom 1976; franz. Ausgabe: L'herméneutique de la Sécularisation, Paris 1976.

Esser, Wolfgang G.: Studien zur Säkularisierung und Religiosität. Hintergrundsanalysen zu einer anthropologisch begründeten Religionspädagogik. Düsseldorf: Patmos 1975.

Every, George: Sakralisierung und Säkularisierung im Osten und Westen während des 1. Jahrtausends nach Christus. In: Theologisches Jahrbuch 1, Leipzig 1968, S. 177—185; auch in: Concilium 5, 1969, S. 507—512.

Fenn, Richard K.: The Process of Secularization. In: Journal for the Scientific Study of Religion 9, New Haven 1970, S. 117—136.

Fennell, William O.: The Theology of True Secularity. In: Theology today 21, 1964/65, S. 174—183.

Fester, Richard: Die Säkularisation der Historie. In: Historische Vierteljahresschrift 11, Leipzig 1908, S. 441—459.

Flint, John T.: India As a Secularizing State. Comparative Studies in Society and History 7, Den Haag 1965, S. 160—165. Dazu: Smith, Donald E.: Secularism in India: A rejoinder, ebd., S. 166—172.

Fortmann, Henricus: Der Primitive, der Dichter und der Gläubige. Randbemerkungen zur Psychologie der Säkularisierung. In: Concilium 5, 1969, S. 504 ff.

Freyer, Hans: Theorie des gegenwärtigen Zeitalters. Stuttgart: Deutsche Verlagsanstalt 1955 u. ö.

Fries, Heinrich: Die Botschaft von Christus in einer Welt ohne Gott. In: Fries, Heinrich: Wir und die Andern. Beiträge zu dem Thema: Die Kirche in Gespräch und Begegnung. Stuttgart: Schwabenverlag 1966, S. 273—314.

Friese, Joachim: Die säkularisierte Welt. Triumph oder Tragödie der christlichen Geistesgeschichte. Frankfurt: Schulte-Bulmke 1967.

Gablentz, Otto H. von der: Die Krisis der säkularen Religionen. Eine religionssoziologische Skizze. In: Kosmos und Ekklesia. Festschrift für Wilhelm Stählin zum 70. Geburtstag, hrsg. v. H.-D. Wendland. Kassel: Stauda 1953, S. 243—261.

Ders.: Recht und Grenzen der Säkularisierung. In: Quatember 29, Kassel 1965, S. 98—104.

Garbett, Cyril Forster: Secularism and Christian Unity. London: S. P. C. K. 1929.

Gehlen, Arnold: Die Säkularisierung des Fortschritts. In: Säkularisation und Utopie. Ebracher Studien. Festschrift für Ernst Forsthoff. Stuttgart: Kohlhammer 1967, S. 63—72.

Gensichen, Hans-Werner: Der Säkularismus und die Religionen. In: Zeitwende 31, 1960, S. 90—104.

Gerlitz, Peter: Die Religionen und die neue Moral. Wirkungen einer weltweiten Säkularisation. München: Claudius 1971.

Gerstenmaier, Eugen: Säkularisation und Säkularismus. In: Die Mitarbeit 11, 1962, S. 190 ff.

Gesché, Adolphe: Essai d'interprétation dialectique du phénomène de sécularisation. In: Revue théol. de Louvain 1, 1970, S. 268—288.

Gessner, Christian: Säkularisation in Ost und West. In: Österreichische Osthefte 9, Wien 1967, S. 66 f.

Gill, David M.: The Secularization Debate Jerusalem 1928. In: International Review of Mission 57, 1968, Nr. 227, S. 344—357.

Glaría, Felix I.: Secularización y mundo contemporáneo: Perspectivas sociológicas. Madrid: Publicaciones ICCE 1973.

Glasner, Peter E.: The Sociology of Secularisation. A critique of a concept. London: Routledge & Kegan Paul 1977 (International Library of Sociology).

Gloege, Gerhard: Evangelisches Weltbewußtsein heute. In: Ders., Heilsgeschehen und Welt I. Göttingen: Vandenhoeck 1965, S. 286—303.

Gloy, Horst (Hrsg.): Evangelischer Religionsunterricht in einer säkularisierten Welt. Paedagogica 4. Göttingen: Vandenhoeck (1969) ²1972.

Gössmann, Elisabeth: Christentum in Japan. Die Säkularisierung des Lebens und die Probleme der Mission. In: Wort und Wahrheit 21, 1966, S. 657 bis 666.

Gogarten, Friedrich: Der Mensch zwischen Gott und Welt. Stuttgart: Vorwerk (1952) ²1956. In diesem Band S. 189—192.

Ders.: Verhängnis und Hoffnung der Neuzeit. Die Säkularisierung als theologisches Problem. Stuttgart: Vorwerk 1953. In diesem Band S. 181—189.

Ders.: Theologie und Geschichte. In: ZThK 50, 1953, S. 339—394.

Ders.: Die moderne Säkularisierung positiv verstanden. In: Thielicke/Schrey (Hrsg.): Glaube und Handeln, Bremen 1956, S. 222—230.

Goldschmit, B.: Säkularismus und Säkularisierung. Von der Sinnwandlung eines Wortes. In: Christliche Welt 47, 1933, S. 174 ff.

Grabner-Haider, A.: Säkularisierung und Entmythologisierung in sprachtheoretischer Sicht. In: Zeitschrift für katholische Theologie 95, 1973, S. 423—442.

Greeley, Andrew M.: Unsecular Man. The persistance of religion. New York: Schocken 1972.

Grumelli, Antonio (Hrsg.): Ateismo, secolarizzazione e dialogo. Rom: A. V. E. 1974.

Guardini, Romano: Das Ende der Neuzeit. Ein Versuch zur Orientierung. Würzburg: Werkbund 1951.

Häring, Bernhard: Faith and Morality in a Secular Age. Garden City, N. Y.: Doubleday 1973.

Hahn, Wilhelm: Säkularisation und Religionszerfall. Eine religionsphänomenologische Überlegung. In: Kerygma und Dogma 5, 1959, S. 83—98; auch in: Ruperto-Carola 1, Heidelberg 1959, S. 32—41.

Hammelsbeck, Oskar: Die veränderte Weltsituation des modernen Menschen als religiöses Problem. Th. Ex. h. N. F. 45. München: Kaiser 1955.

Ders.: Säkularisation — Wegbereiterin für die Einheit der Kirchen. In: Zeitschrift für evangelische Ethik 8, 1964, S. 1—13.

Hammer, Gerhard: Profanisierung. Eine Untersuchung zur Frage der Säkularisierung in der Theologie Paul Tillichs. Studien und Arbeiten der theologischen Fakultät 7. Innsbruck: Österreichische Kommissionsbuchhandlung 1973.

Hargrove, Katherine D.: The Paradox of Religious Secularity. Englewood Cliffs: Prentice-Hall 1968.

Harkness, Georgia E.: Modern Rival of Christian Faith: An analysis of secularism. Nashville, Tenn.: Abingdon-Cokesbury 1949.

Hartmann, Walter: Art. ›Säkularisierung‹, in: EKL III, Göttingen: Vandenhoeck 1959, S. 768—773.

Hebblethwaite, Peter: What Comes after Secularization? In: Month 234, 1973, S. 207—212.

Heim, Karl: Der Kampf gegen den Säkularismus. In: Die Furche 16, Berlin 1930, S. 384—405; in diesem Band S. 109—127; dazu: K. Heim zum Kampf gegen den Säkularismus nebst Votum von Superintendent Simon. In: Allgemeine evangelisch-lutherische Kirchenzeitung 62, 1930, S. 1097.

Heimann, Eduard: Vernunftglaube und Religion in der modernen Gesellschaft. Liberalismus, Marxismus und Demokratie. Tübingen: Mohr 1955.

Heinonen, Reijo E.: Der Säkularisierungsbegriff bei Wilhelm Stapel. Die ideenpolitische Funktion eines Modewortes um 1930. In: Archiv für Begriffsgeschichte 14, 1970, S. 86—104.

Hepp, Robert: Politische Theologie und theologische Politik. Studien zur Säkularisierung des Protestantismus im Weltkrieg und in der Weimarer Zeit. Phil. Diss. Erlangen 1967.

Hildebrand, Dietrich von: Trojan Horse in the City of God. Chicago: Franciscan Herald 1967.

Hinz, Erwin: Zur Neuinterpretation von Religion und Atheismus in der säkularen Gesellschaft. In: Luther. Rundschau 16, 1966, S. 483—489.

Hommes, Ulrich (Hrsg.): Gesellschaft ohne Christentum? Zum Beitrag der Christen zur Erhaltung der Freiheit. Düsseldorf: Patmos 1974.

Hoogh, Fons D': Rencontrer Dieu dans un monde sécularisé. In: Collectanea mechliniensia 53, 1968, S. 92—114.

Houg, Howard: This world and the church. Studies in secularism. Convocation Lectures Luther Theological Seminary, St. Paul, Minnesota. Minneapolis: Augsburg 1955.

Hübner, Götz E.: Kirchenliedrezeption und Rezeptionswegforschung. Zum überlieferungskritischen Verständnis einiger Gedichte von Bürger, Goethe, Claudius. Studien zur deutschen Literatur Bd. 17. Tübingen: Niemeyer 1969.

Hutten, Kurt: Sehnsucht nach der Überwelt. Protestbewegungen gegen den Säkularismus. In: Kirche in der Zeit 20, 1965, S. 12—18.

Jaeschke, Walter: Die Suche nach den eschatologischen Wurzeln der Geschichtsphilosophie. Eine historische Kritik der Säkularisierungsthese. Beiträge zur evangelischen Theologie 76. München: Kaiser 1976.

Jersel, Bas von: Wechsel von säkularisierenden und sakralisierenden Tendenzen in der Schrift. In: Concilium 9, 1973, S. 42—48.

Jones, Rufus M.: Secular Civilization and the Christian Task. In: Report of the Jerusalem Meeting of the International Missionary Council 24. 3.—8. 4. 1928, Band 1: The Christian Message in Relation to Non-Christian Systems of Thought and Life. Oxford 1928, S. 284—338.

Jüngel, Eberhard: Säkularisierung — theologische Anmerkungen zum Begriff einer weltlichen Welt. In: Herbert, Karl (Hrsg.), Christliche Freiheit im Dienst am Menschen. Zum 80. Geburtstag von Martin Niemöller. Frankfurt: Lembeck 1972, S. 163—168; in diesem Band S. 193—198.

Kämpfert, Manfred: Säkularisation und neue Heiligkeit. Religiöse und religionsbezogene Sprache bei Friedrich Nietzsche. Philologische Studien und Quellen, Heft 61. Berlin: E. Schmidt 1971.

Kaiser, Gerhard: Pietismus und Patriotismus im literarischen Deutschland. Ein Beitrag zum Problem der Säkularisation. Veröffentlichungen des Instituts für europäische Geschichte, Mainz, 24, Abt. für abendländische Religionsgeschichte. Wiesbaden: Steiner (1961) ²1973.

Kallen, Horace M.: Secularism is the Will of God: An essay in the social philosophy of democracy and religion. New York: Terayne 1955.

Kamlah, Wilhelm: Die Wurzeln der neuzeitlichen Wissenschaft und Profanität. Wuppertal: Abendland 1948.

Ders.: Der Mensch in der Profanität. Versuch einer Kritik der profanen durch vernehmende Vernunft. Stuttgart: Kohlhammer 1949.

Ders.: Utopie, Eschatologie, Geschichtsteleologie. Kritische Untersuchungen zum Ursprung und zum futurischen Denken der Neuzeit. Mannheim: Bibliogr. Institut 1969.

Kasper, Walter: Christliche Freiheit und neuzeitliche Autonomie. In: Menschenwürdige Gesellschaft, hrsg. v. d. Salzburger Hochschulwochen. Graz—Wien—Köln: Styria 1977, S. 73—110.

Kessler, Manfred: Kritik des säkularisierungsgeschichtlichen Denkmodells. Auseinandersetzung mit der Säkularisierungstheorie F. Gogartens und ihrer sozialethischen Rezeption. Ev.-theol. Diss. Erlangen 1972.

Khan, Frauke: Säkularismus in Indien. In: Vir, Zeitschrift für Wirtschaft und Kultur, 1, Köln 1957, S. 120.

Klempt, Adalbert: Die Säkularisierung der universalhistorischen Auffassung. Zum Wandel des Geschichtsdenkens im 16. und 17. Jahrhundert. Göttinger Bausteine zur Geschichtswissenschaft 31. Göttingen–Berlin–Frankfurt: Musterschmidt 1960.

Klimkeit, Hans-Joachim: Säkularisierungstendenzen in den Religionen Indiens. In: Religion und Religionen. Festschrift für Gustav Mensching zum 65. Geburtstag 1967, S. 209–226.

Knak, Siegfried: Säkularismus und Mission. Gütersloh: Bertelsmann 1929.

Knevels, Wilhelm: Gottesglaube in der säkularen Welt. Calwer Hefte zur Förderung biblischen Glaubens, Heft 93. Stuttgart: Calwer 1968.

Koenker, Ernest B.: Secular Salvations. The rites and symbols of political religions. Philadelphia: Fortress Press 1965.

Kolakowski, Leszek: Geist und Ungeist christlicher Traditionen. Stuttgart: Kohlhammer 1971.

Kortzfleisch, Siegfried von: Religion im Säkularismus. Hrsg. v. der Evangelischen Zentralstelle für Weltanschauungsfragen. Stuttgart–Berlin: Kreuz 1967.

Krämer, Hendrik: Art. ›Säkularismus‹, in: EKL III, Göttingen: Vandenhoeck 1959, S. 773–776.

Künneth, Walter: Von Gott reden? Eine sprachtheologische Untersuchung zu J. A. T. Robinsons Buch ›Gott ist anders‹. Wuppertal: Brockhaus 1965.

Kupisch, Karl: Säkularisierung als christliches Ereignis? In: Radius 1959, Nr. 2, S. 3–8.

Laeyendecker, Leonardus: Säkularisierung unter soziologischer Perspektive. In: Concilium 5, 1969, S. 499–504.

Langen, August: Zum Problem der sprachlichen Säkularisation in der deutschen Dichtung des 18. und 19. Jahrhunderts. In: Zeitschrift für deutsche Philologie 83, Sonderheft zur Tagung deutscher Hochschulgermanisten 1963, S. 24–42.

Langer, Wolfgang: Zwischen Konfession und Säkularisation. Thesen zu möglichen Formen des Religionsunterrichts. In: Der evangelische Erzieher 22, 1970, S. 253–263.

Langner, Albrecht (Hrsg.): Säkularisation und Säkularisierung im 19. Jahrhundert. Beitr. zur Kath. Forschung B. Paderborn: Schöningh 1978.

Lauter, Hermann: Säkularisierung und Priestertum. In: Pastoralblatt für die Diözesen Aachen, Berlin usw. 20, 1968, S. 176 ff.

Lee, Ernest G.: Christianity and the New Situation. Boston: Beacon Press 1953.

van Leeuwen, Arend Th.: Christentum in der Weltgeschichte. Das Heil und die Säkularisation (dt. Übersetzung von: Christianity in World History. The meeting of the faiths of East and West. Edinburgh 1964). Stuttgart–Berlin: Kreuz 1966.

Lehmann, Karl: Prolegomena zur theologischen Bewältigung der Säkularisierungsproblematik. In: Liturgisches Jahrbuch 22, 1972, S. 70—84.

Lichtenberg, J. P.: Vivre en chrétien dans un monde sécularisé. In: La vie spirituelle 51, Paris 1969, S. 319—327.

Lilienfeld, Fairy von: Gottesdienst in einem säkularen Zeitalter. Gedanken zu Sektion V der Weltkirchenkonferenz von Uppsala. In: Ökumenische Rundschau 17, 1968, S. 253—262.

Littell, Franklin H.: Secularism, Secularization and Secularity. In: Journal of Ecumenical Studies 4, Pittsburgh, Pa. 1967, S. 472—476.

Liverziani, F.: Due volti della secolarizzazione. In: Sacra doctrina 67, Milano 1972, S. 383—402.

Lochman, Jan M.: Herrschaft Christi in der säkularisierten Welt. Theologische Studien, Heft 86. Zürich: EVZ 1967.

Löffler, Paul: Der Begriff der Säkularisierung in der ökumenisch-missionstheologischen Diskussion. In: Evangelische Missionszeitschrift 23, Stuttgart 1966, S. 213—227.

Loen, Arnold E.: Säkularisation. Von den wahren Voraussetzungen und der angeblichen Gottlosigkeit der Wissenschaft. München: Kaiser 1965.

Löwith, Karl: Meaning in History The theological implications of the Philosophy of History. Chicago: University of Chicago Press 1949; deutsche Übertragung von Hermann Kesting: Weltgeschichte und Heilsgeschehen. Die theologischen Voraussetzungen der Geschichtsphilosophie. Urban Bücher, Bd. 2. Stuttgart: Kohlhammer (1953) ³1953.

Ders.: Rezension von H. Blumenberg, Legitimität der Neuzeit, in: PhR 15, 1968, S. 195—201.

Lohff, Wenzel: Über die Rolle der Religion in der säkularen Gesellschaft. In: Christentum und Gesellschaft. Hamburger theologische Ringvorlesung. Göttingen: Vandenhoeck 1969, S. 9—26.

de Lubac, Henri: Le drame de l'humanisme athée. Paris: Spes (1945) ⁴1950; deutsche Übertragung von Eberhard Steinacker: Die Tragödie des Humanismus ohne Gott. Salzburg: O. Mutler 1950.

Luckmann, Thomas: Das Problem der Religion in der modernen Gesellschaft. Soziologie. Schriftenreihe, hrsg. v. Arnold Bergsträsser. Freiburg: Rombach 1963.

Ders.: The Invisible Religion. The problem of religion in modern society. New York: Macmillan 1967.

Lübbe, Hermann – Braun, Hermann: Säkularisierung als geschichtsphilosophische Kategorie. In: Die Philosophie und die Frage nach dem Fortschritt. Hrsg. von H. Kuhn und Fr. Wiedmann, München 1964, S. 221—239, 333—338.

Lübbe, Hermann: Säkularisierung. Geschichte eines ideenpolitischen Begriffs. Freiburg: Alber (1965) ²1975.

Ders.: Das Theorem der säkularisierten Gesellschaft. In: Luther. Rundschau 16, 1966, S. 469—482. In diesem Band S. 51—66.

Luhmann, Niklas: Funktion der Religion. Frankfurt: Suhrkamp 1977. 4. Kap.: Säkularisierung im Sinne einer religionsspezifischen Thematisierung der Gesellschaft als Umwelt des Religionssystems. — Dazu Rezension von Wolfhart Pannenberg: Religion in der säkularen Gesellschaft. Niklas Luhmanns Religionssoziologie. In: EvKom 11/2, 1978, S. 99—103.

Lukken, G. M.: Liturgy and Secularization. In: Les questions liturgiques et paroissiales 51, Louvain 1970, S. 227—244.

Lynch, William F.: Christ and Prometheus: A new image of the secular. Notre Dame, Ind.: University of N. D. 1972.

MacCaffory, Peter: Secularization and Atheism. In: Month 229, 1970, S. 159—169.

Marbach, Rainer: Säkularisierung und sozialer Wandel im 19. Jahrhundert. Die Stellung von Geistlichen zu Entkirchlichung und Entchristlichung in einem Bezirk der hannoverschen Landeskirche. Studien zur Kirchengeschichte Niedersachsens 22. Göttingen: Vandenhoeck 1978.

Marlé, René: "Secularization". A thought-provoking theme for theologians and all Christians. In: Lumen vitae 23, Bruxelles 1968, S. 583—596.

Marsch, Wolf D.: Gegenwart Christi in der Gesellschaft. Eine Studie zu Hegels Dialektik. Forschungen zur Geschichte und Lehre des Protestantismus, Reihe 10, 31. München: Kaiser 1965.

Martin, David A.: Some Utopian Aspects of the Concept of Secularization. In: Jahrbuch für Religionssoziologie 2, 1966, S. 86—96.

Ders.: The Religious and the Secular. Studies in secularization. New York: Schocken 1969.

Ders.: Notes for a General Theory of Secularization. In: Europäisches Archiv für Soziologie 10, Paris 1969, S. 192—204.

Ders.: The Secularization Question. In: Theology 76, 1973, Nr. 632, S. 81—86.

Mascall, Eric L.: The Secularization of Christianity: An analysis and a critique. London: Darton 1965.

Matthes, Joachim: Bemerkungen zur Säkularisierungsthese in der neueren Religionssoziologie. In: Probleme der Religionssoziologie, hrsg. v. Dietrich Goldschmidt und Joachim Matthes. Sonderheft 6 der Kölner Zeitschrift für Soziologie und Sozialpsychologie. Köln 1962, S. 65—77; in diesem Band S. 349—365.

Ders.: Die Emigration der Kirche aus der Gesellschaft. Hamburg: Furche 1964.

Ders.: Die Deutung des gesellschaftlichen Prozesses als Säkularisation. In: Gesellschaftliche Herausforderung des Christentums, hrsg. v. Wilhelm Schmidt. München: Claudius 1970, S. 97—105.

Mehl, Roger: Traité de sociologie du protestantisme. IV. Kapitel: La communauté chrétienne, ses relations avec le monde. La sécularisation (S. 51—75). Neuchâtel–Paris: Delachaux et Niestlé 1965.

Ders.: La sécularisation de la morale. In: Theol. Zeitschrift 24, Basel 1968, S. 338—345.

Meissner, Erich: Zwiespalt im Abendland. Ein Kommentar zur deutschen Geschichte von 1517—1939. Stuttgart: Deutsche Verlagsanstalt 1949; deutsche Übertragung aus dem Amerikanischen: Confusion of Faces: The struggle between religion and secularism in Europe. A commentary on German history, 1517—1939. London: Faber 1946.

Meland, Bernard E.: The Secularization of Modern Cultures. New York: Oxford 1966.

Der Mensch in der säkularen Gesellschaft. Bericht der Sektion IV (Mensch und Gemeinschaft in sich wandelnden Gesellschaftsformen) C. In: Appell an die Kirchen der Welt. Dokumente der Weltkonferenz für Kirche und Gesellschaft, hrsg. vom Ökumenischen Rat der Kirchen. Stuttgart–Berlin: Kreuz 1967, S. 210 f.

Mensching, Gustav: Der säkularisierte Mensch der Gegenwart in den Weltreligionen. Wilhelmshavener Vorträge 37 A. Wilhelmshaven: Nordwestdeutsche Universitätsgesellschaft 1967.

Messner, Johannes: Moral in der säkularisierten Gesellschaft. In: Internationale kirchliche Zeitschrift ›Communio‹ 1, Mailand 1972, S. 137—158.

Metz, Johann Baptist: Zur Theologie der Welt. Mainz: Grünewald und München: Kaiser 1968.

Ders.: Umwege zu einer prakt. Fundamentaltheologie, in: Glaube in Geschichte und Gesellschaft. Mainz: Grünewald 1977, S. 22—25; in diesem Band S. 324—327.

Micklem, Philip A.: Secular and the Sacred: An enquiry into the principles of a Christian civilisation. Bampton Lectures 1946. London: Hodder 1946.

Miller, Samuel H.: The Dilemma of Modern Belief. Yale University — The Lyman Beecher Lectures on Preaching. New York: Harper 1964.

Miskotte, Kornelis H.: Wenn die Götter schweigen. Vom Sinn des AT. München: Kaiser (1963) ³1966; deutsche Übertragung aus dem Holländischen von Hinrich Stoevesandt.

Mitchell, Basil G.: Law, Morality and Religion in a Secular Society. New York: Oxford University Press 1967.

Mollegen, A. T.: Christianity and the Crisis of Secularism. Christianity and Modern Man, Course 1. Washington, D. C.: Henderson Services 1951.

Morel, Julius (Hrsg.): Glaube und Säkularisierung. Religion im Christentum als Problem. Innsbruck–Wien–München: Tyrolia 1972.

Mühlen, Heribert: Entsakralisierung. Ein epochales Schlagwort in seiner Bedeutung für die Zukunft der christlichen Kirchen. Paderborn: Schöningh 1971.

Müller, Hanfried: Zur Problematik der Rezeption und Interpretation D. Bonhoeffers. In: Die mündige Welt IV, München: Kaiser 1963, S. 52—78.

Müller-Armack, Alfred: Das Jahrhundert ohne Gott. Zur Kultursoziologie unserer Zeit. Münster: Regensberg 1948.

Ders.: Diagnose unserer Gegenwart. Zur Bestimmung unseres geistesgeschichtlichen Standorts. Gütersloh: Bertelsmann 1949.

Munby, Denys L.: The Idea of a Secular Society and Its Significance for Christians. Durham University Riddell memorial lectures, 34th ser. 1962. New York: Oxford 1963.

Muschalek, Georg: Gott als Gott erfahren. Glaube und Theologie im säkularen Denken 1. Frankfurt: Knecht 1974.

Mynarek, Hubertus: Die gesellschaftliche Realität der Säkularisierung als geistesgeschichtlicher Totalprozeß. In: Catholica 23, Münster 1969, S. 380—391.

Ders.: Christliche Interpretation der Säkularisierung. In: Catholica 24, Münster 1970, S. 22—36.

Neubauer, Ernst: Epochen des Glaubens. Zum Problem der Säkularisierung und des Säkularismus. Evangelischer Presseverband von Kurhessen-Waldeck 1965.

Newbigin, Leslie: Honest Religion for Secular Man. London: SCM Press 1966.

Niebuhr, Reinhold: Das Problem des Säkularismus. In: Unterwegs, Berlin 1954, S. 132—133.

Ders.: Godly and the Ungodly: Essays on the religious and secular dimensions of modern life. London: Faber 1959.

Ders.: Christliche Verkündigung im Zeitalter des Säkularismus. In: Pastoralblätter 100, 1960, S. 328—337.

Ders.: Frömmigkeit und Säkularisation (deutsche Übersetzung von Wilhelm Neurer und Steph. Wilms: Pious and Secular America. New York: Scribner 1958). Gütersloh: Gütersloher Verlagshaus 1962.

Nijk, A. J.: Secularisatie. Rotterdam: Lemniscaat 1968.

O'Collins, Gerald: The Theology of Secularity. Theology today 23. Notre Dame, Ind.: Fides 1974.

Ökumenisches Symposion über Säkularisation und Säkularismus. Herder-Korrespondenz 21, 1967, S. 10 f.

Oldham, Joseph H.: Der Säkularismus als Menschheitsgefahr. In: Mission und

Unterricht 17, 1929, S. 101—110; auch in: Evangelisches Missionsmagazin N. F. 73, 1929, S. 289—297.

Oppen, Dietrich von: Die Säkularisierung als soziologisches Problem. Ein Beitrag zur Frage nach der Kirche in der modernen Gesellschaft. In: Evangelisch-lutherische Kirchenzeitung 12, 1958, S. 379—385; auch in: Diakonie zwischen Kirche und Welt, hrsg. v. Chr. Bourbeck und Heinz-Dietrich Wendland. Hamburg: Furche 1958, S. 37—52; in diesem Band S. 331—348.

Otto, Richard: Vom Säkularismus zum Glauben. Ein Wort von Schuld und Umkehr. In: Allgemeine evangelisch-lutherische Kirchenzeitung 64, 1931, S. 219—224.

Panikkar, Raymond: Worship and Secular Man. Maryknoll, N. Y.: Orbis 1973.

Pannenberg, Wolfhart: Die christliche Legitimität der Neuzeit. In: Gottesgedanke und menschliche Freiheit, Göttingen: Vandenhoeck 1972, S. 114—128; zuerst in: Radius 1968, H. 3, S. 40 ff.

Parpert, Friedrich: Das unheilige Jahrhundert. München–Basel: Reinhardt 1968.

Peitz, J.: Säkularisiertes Denken — Präambel des Glaubens? In: Theologisch-praktische Quartalschrift 116, 1968, S. 113—120.

Pfautz, Harold W.: The Sociology of Secularization: Religious Groups. In: American Journal of Sociology 61, 1955/56, S. 121—128.

Pfeil, Hans: Christsein in säkularisierter Welt. Aschaffenburg: Pattloch 1972.

Philipp, Wolfgang: Das Werden der Aufklärung in theologiegeschichtlicher Sicht. Forschungen zur systematischen Theologie und Religionsphilosophie 3. Göttingen: Vandenhoeck 1957.

Pöggeler, Franz: Christliche Bildung als Antwort auf die Säkularisierung. In: Ordo socialis 13, Osnabrück 1965, S. 121—132.

Prenter, Regin: Das Evangelium der Säkularisierung. Bemerkungen zu Friedrich Gogartens letzten Werken. In: ThZ 12, 1956, S. 605—630.

Ders.: Säkularisierung als Problem der christlichen Dogmatik. In: Lutherische Rundschau 16, 1966, S. 457—468.

Prospettive sulla Secolarizzazione. Rom 1976.

Quenzer, Wilhelm: Welt ohne Utopie. Essay über einige Aspekte des Säkularismus. Hrsg. von der Evangelischen Zentralstelle für Weltanschauungsfragen. Stuttgart–Berlin: Kreuz 1966.

Raalte, J. van: Secularisatie en Zending in Suriname — Säkularisierung und Mission in Surinam. Mit deutscher Zusammenfassung. Wageningen: Veeuman & Zonen 1973.

Rahner, Karl: Theologische Reflexionen zum Problem der Säkularisation. In:

Schriften zur Theologie VIII, Einsiedeln: Benziger 1967, S. 637—666; in diesem Band S. 255—284.

Ders.: Theologische Überlegung zu Säkularisation und Atheismus. In: Schriften zur Theologie IX, 1970, S. 177—196.

Rahner, Karl — Greinacher, Norbert: Religion und Kirche in der modernen Gesellschaft. In: Handbuch der Pastoraltheologie, Bd. II/1, §3, S. 222—233, hrsg. von Fr. X. Arnold und K. Rahner. Freiburg: Herder 1966.

Raines, Robert A.: The Secular Congregation. New York: Harper 1968.

Ramos-Regidor, J.: Secolarizzazione, desacralizzazione e cristianesimo. In: Rivista Liturgica 56, 1969, S. 473—565 [mit Bibl.].

Ratschow, Carl H.: Art. ›Säkularismus‹. In: RGG V. Band. Tübingen: Mohr ³1961, Sp. 1288—1296.

Rauscher, Anton (Hrsg.): Säkularisierung und Säkularisation vor 1800. Beiträge zur Katholizismusforschung; Reihe B, Abhandlungen. Paderborn: Schöningh 1976.

Reifenberg, Hermann: Entsakralisierung — oder Liturgie im Wandel? Erwägungen zur Situation des Gottesdienstes nach dem II. Vatikanischen Konzil. In: Theologie und Glaube 59, Paderborn 1969, S. 255—272.

Renckens, H.: Geloof en religie in het Oude Testament [Säkularisation und AT]. In: Bijdragen 27, 1966, S. 412—421.

Rendtorff, Trutz: Die soziale Struktur der Gemeinde. Die kirchlichen Lebensformen im gesellschaftlichen Wandel der Gegenwart. Studien zur evangelischen Sozialtheologie und Sozialethik 1. Hamburg: Furche 1958.

Ders.: Säkularisierung als theologisches Problem. In: Neue Zeitschrift für systematische Theologie 4, 1962, S. 318—339.

Ders.: Die Säkularisierungsthese bei Max Weber, in: Max Weber und die Soziologie heute, Tübingen: Mohr 1965, S. 241—245.

Ders.: Zur Säkularisierungsproblematik. Über die Weiterentwicklung der Kirchensoziologie zur Religionssoziologie. In: Internationales Jahrbuch für Religionssoziologie, Bd. 2, 1966: Theoretische Aspekte der Religionssoziologie I, S. 51—72; in diesem Band S. 366—391.

Rich, Arthur: Die Weltlichkeit des Glaubens. Diakonie im Horizont der Säkularisierung. Zürich-Stuttgart: Zwingli 1966.

Ringeling, Hans: Wenn die Kirche weltlich wird. Die sogenannte Säkularisierung des Christentums. Gütersloh: Gütersloher Verlagshaus 1970.

Robinson, John A. T.: Honest to God. London: SCM Press 1963; deutsche Übertragung von Christoph und Gertrud Hahn: Gott ist anders. München: Kaiser 1963.

Ders.: The New Reformation? London: SCM 1965; Dt. Übertragung von Walter Luck: Eine neue Reformation? München: Kaiser 1965.

Ders.: But that I can't believe! London: Collins 1967; dt. Übertragung von Winfried Eisenblätter und Jürgen Schwarz. München: Kaiser 1967. Diskussion zu Bischof Robinsons ›Gott ist anders‹. Hrsg. v. Hermann Walter Augustin. München: Kaiser 1964.

Rössler, Dietrich: Christentum und Neuzeit. Erwägungen zum Anlaß eines Buches. In: Beiträge zur Theorie des neuzeitlichen Christentums. Wolfgang Trillhaas zum 65. Geburtstag, hrsg. von H. J. Birkner und D. Rössler. Berlin: De Gruyter 1968, S. 91—100 [Auseinandersetzung mit H. Blumenberg].

Roos, Heinrich: Säkularisiertes Christentum — Christentum ohne Gesicht? Theologische Forschung = Kerygma und Mythos, Bd. 6, 1969, S. 72—87.

de Rosa, Giuseppe: Secolarizzazione e secolarismo. La civiltà cattolica 121, Rom 1970, S. 434—447.

Ders.: Secolarizzazione e vita religiosa. La civiltà cattolica 122, Rom 1971, Bd. 3, Nr. 1, S. 24—37.

Ruffini, E.: Desacralizzazione, culto e liturgia. In: Rivista Liturgica 56, 1969, S. 631—648.

Ruhbach, Gerhard: Säkularisierung als theologisches Problem. In: Deutsches Pfarrerblatt 67, 1967, S. 33—37.

Gegen den Säkularismus. Herder-Korrespondenz, 2, 1948, S. 231—234; in diesem Band S. 127—138.

Der Säkularismus als Gefahr unserer Zeit. Ein Hirtenbrief des amerikanischen Episkopats. In: Universitas 4, 1949, S. 879—880.

Der Säkularismus — die Krankheit unserer Zeit. Die Fuldaer Männerseelsorge-Konferenz sucht nach Wegen aus unserer geistigen Not. Bonifatiusbote 62, Fulda 1951, Nr. 24, S. 3 f.

Saurozh, Anthony of: Worship in a Secular Society. In: Studia Liturgica 7, Rotterdam 1970, S. 120—130.

Sauter, Gerhard: Theologie und Religion — nach Säkularisierung und Religionskritik? Ein Gesprächsvotum. In: Rainer Volp (Hg.), Chancen der Religion. GTB 103. Gütersloh: Gütersloher Verlagshaus Gerd Mohn 1975, S. 175—198.

Savramis, Demosthenes: Das Vorurteil von der Entchristlichung der Gegenwartsgesellschaft. In: Kölner Zeitschrift für Soziologie und Sozialpsychologie 19, 1967, S. 263—282.

Ders.: Entchristlichung und Sexualisierung — zwei Vorurteile. Sammlung dialog 30. München: Nymphenburger 1969.

Schäzler, Karl: Katholischer Säkularismus? In: Hochland 48, 1955/56, S. 181 ff.

Scheffczyk, Leo: Die Wirklichkeit Gottes und die menschlichen Vorstellungen von Gott. In: Schwerpunkte des Glaubens. Ges. Schriften zur Theologie. Sammlung Horizonte, NF 11, Einsiedeln: Johannes Verlag 1977, S. 119—139.

Scheidt, Friedrich J.: Säkularisierung — Odyssee eines Begriffs. In: Hochland 58, 1965/66, S. 547—555.

Schiffers, Norbert: Fragen der Physik an die Theologie. Die Säkularisierung der Wissenschaft und das Heilsverlangen nach Freiheit. Düsseldorf: Patmos 1968.

Schillebeeckx, Edward: Silence and Speaking about God. Secularization. Theology 71, London 1968, S. 256—267.

Schlette, Heinz R.: Wie bewerten wir die Säkularisierung? Theologische Überlegungen zur Welt von heute. In: Zeitschrift für Missionswissenschaft und Religionswissenschaft 50, 1966, S. 72—88.

Ders.: Säkularisierung und Mystik. Bemerkungen zu zwei neuen Büchern. In: Zeitschrift für Missionswissenschaft und Religionswissenschaft 52, 1968, S. 104—110.

Ders.: Wird die Welt christlicher? Anzeichen einer strukturalen Homogenität, in: Veränderungen im Christentum. Theologia publica 12. Olten/Freiburg: Walter 1969, S. 117—130; in diesem Band S. 285—295.

Schlunk, Martin: Die Überwindung des Säkularismus. Die Entchristlichung der modernen Menschheit und die Aufgabe der Weltmission des Christentums. Berlin: Furche 1929.

Schmidt, Friedrich: Der Säkularisierungsprozeß und der moderne Staat. In: Politische Studien 20, 1969, Heft 185, S. 300—309.

Schmidt, Hermann: Liturgie und moderne Gesellschaft. Eine Analyse der heutigen Lage. In: Concilium 7, 1971, S. 82—89.

Schöne, Albrecht: Säkularisation als sprachbildende Kraft. Studien zur Dichtung deutscher Pfarrersöhne. Palaestra 226. Göttingen: Vandenhoeck (1958) ²1968.

Scholz, Wilhelm: Säkularisation, Säkularismus und Entchristlichung. In: ZThK 11 NF, 1930, S. 291—298.

Schomerus, Hans: Der Säkularismus und die Wirklichkeit der Welt. In: Quatember 29, Kassel 1964/65, S. 6—10.

Schoonenberg, Piet: The Task of Theology Faced with Secularization. In: Lumen vitae 24, Bruxelles 1969, S. 253—260.

Schreiner, Helmut: Die Säkularisierung als Grundproblem der deutschen Kultur. Veröffentlichungen des kirchlich-sozialen Bundes, H. 73. Berlin–Spandau: Wichern 1930.

Schrey, Heinz-Horst: Neuere Tendenzen der Religionssoziologie. In: ThR 38, 1973, S. 54—63 und 99—118.

Ders.: Einführung in die evangelische Soziallehre, C. Welt ohne Reich? — Säkularisation als Kennzeichen der Moderne. Darmstadt: Wissenschaftliche Buchgesellschaft 1973.

Schürmann, H.: Neutestamentliche Marginalien zur Frage der „Entsakralisierung". In: Der Seelsorger 38, 1968, S. 38—48; 89—104.

Schüssler, Roland: Pädagogische Denkstrukturen und christliche Schulerziehung. Hildesheim: Gerstenberg 1973.

Schütz, Eduard: Gottes Heil in der säkularen Welt. Schriftenreihe Gemeinde und Welt 1. Kassel: Oncken 1973.

Schütz, Paul: Säkulare Religion. Studie über ihre Erscheinung in der Gegenwart und ihre Idee bei Schleiermacher und Blumhardt d. J. Beiträge zur systematischen Theologie 2. Tübingen: Mohr 1932.

Schumann, Friedrich Karl: Zur Überwindung des Säkularismus in der Wissenschaft. Berlin: Wichern 1950 (= Erkenntnis und Glaube 1).

Ders.: Zur Überwindung des Säkularismus in der Wissenschaft. Erkenntnis und Glaube 1, 1950, S. 15—40; in diesem Band S. 148—170.

Schweitzer, Wolfgang: Theologische und sozialethische Beurteilung der Säkularisierung. In: Zeitschrift für evangelische Ethik 1963, S. 66—81.

Szczesny, Gerhard: Die Zukunft des Unglaubens; zeitgemäße Betrachtungen eines Nichtchristen. Mit dem erweiterten Briefwechsel Friedrich Heer — Gerhard Szczesny. München: List 1972.

Sécularisation — La fin ou chance du christianisme? Coll. Mise en question 1. Paris: Desclée De Brouwer 1970.

Semmelroth, Otto: Säkularisierung als die Frage an die Thologie. In: StdZ, Bd. 182., Jg. 93, 1968, S. 388—398; in diesem Band S. 296—311.

Shah, Amritlal B.: Challenges to Secularism. Bombay: Nachiketa Publ. (1968) ²1969.

Sharma, G. S. (Hrsg.): Secularism. Implications for law and life in India. Indian Law Inst. Study. Bombay: Tripathi 1966.

Shiner, Larry: Toward a Theology of Secularization. In: Journal of Religion 45, Chicago 1965, S. 279—295.

Ders.: The Secularization of History: An introduction to the theology of Friedrich Gogarten. Nashville, Tenn.: Abingdon 1966.

Ders.: The Meanings of Secularization. In: Internationales Jahrbuch für Religionssoziologie 3, 1967, S. 51—62.

Sittler, Joseph A.: Säkularismus als ethisches Problem. In: Glaube und Gesellschaft. Beiträge zur Sozialethik heute. Hrsg. von der Theolog. Abteilung des Lutherischen Weltbundes. Beiheft zur Luther. Rundschau, 1966, S. 18 bis 25.

Sloyan, Gerald St. (Hrsg.): Secular Priest in the New church. New York: Herder & Herder 1967.

Smith, Harry E.: Secularization and the University. Richmond, Va.: John Knox 1968.

Smith, Ronald G.: Secular Christianity. New York: Collins 1966.

Ders.: Christlicher Glaube und Säkularismus. In: ZThK 63, 1966, S. 33—48.

Smolka, G.: Abendländische Einheit und Säkularisation. Die Kirche und die

Welt, hrsg. v. Erich Kleineidam u. Otto Kuss, Salzburg–Leipzig: Pustet 1938, S. 158—189.

Söhngen, Oskar: Säkularisierter Kultus. Eritis sicut Deus. Gütersloh: Bertelsmann 1950.

Sölle, Dorothee: Stellvertretung. Ein Kapitel Theologie nach dem „Tode Gottes". Stuttgart–Berlin: Kreuz ²1965; in diesem Band S. 201—206.

Dies.: Atheistisch an Gott glauben. Beiträge zur Theologie. Olten–Freiburg: Walter 1968.

Dies.: Politische Theologie. Auseinandersetzung mit Rudolf Bultmann. Stuttgart–Berlin: Kreuz 1971; in diesem Band S. 207—210.

Dies.: Der Begriff der Säkularisierung, in: Realisation. Studien zum Verhältnis von Theologie und Dichtung nach der Aufklärung. Reihe Theologie und Politik 6. Darmstadt–Neuwied: Luchterhand 1973; in diesem Band S. 90—105.

Spann, John Richard (Hrsg.): Christian Faith and Secularism. Evanston Conference Lectures 1947. Nashville, Tenn.: Abingdon Cokesbury 1948.

Ders.: The Christian Faith and Secularism. Port Washington: Kennikat 1969.

Sprache der Säkularisierung. Volkstum, Hamburg 1932, S. 176—181.

Stallmann, Martin: Was ist Säkularisierung? SgV 227/228. Tübingen: Mohr 1960.

Stappert, Bernd H.: Weltlich von Gott handeln. Zum Problem der Säkularität in der amerikanischen Theologie und bei Friedrich Gogarten. (Kath.-theol. Diss. Tübingen 1972.) Koinonia 15. Essen: Ludgerus-Verlag 1978.

Stemme, Fritz: Die Säkularisation des Pietismus zur Erfahrungsseelenkunde. In: Zeitschrift für deutsche Philologie 72, 1953, S. 144—158.

Stern, Martin: The Changing Vision of Man from Bach's Cantatas to Haydn's ›Creation‹. A contribution to the secularization in the period of the enlightenment. Festschrift für Bernhard Blume, hrsg. v. E. Schwarz u. a. Göttingen: Vandenhoeck 1967, S. 42—60.

Summerseales, William: Authentic Secularity. In: Theology to-day 20, Princeton, N. J. 1963/64, S. 329—338.

Sunnus, Hartmut: Die Säkularisierung der anthropologischen Ansätze J. G. Herders durch A. Gehlen. Ev.-theol. Diss. München 1971.

Symposion on the Culture of Unbelief. Rom 1969. Religione e ateismo nelle società secolarizate. Hrsg. v. Rocco Caporale u. Antonio Grumelli. Bologna: Il mulino 1973.

Tenbruck, Friedrich H.: Die Kirchengemeinde in der entkirchlichten Gesellschaft. In: Soziologie der Kirchengemeinde, hrsg. v. D. Goldschmidt, F. Greiner und H. Schelsky. Stuttgart: Enke 1960, S. 122—132.

Thaut, Rudolf: Säkularismus, -isierung, -isation. In: Evang. Gemeindelexikon, hrsg. von E. Geldbach, H. Burkhardt und K. Heimbucher. Wuppertal: R. Brockhaus 1978, S. 454 f.

Theunis, Franz (Hrsg.): Zum Problem der Säkularisierung. Mythos oder Wirklichkeit — Verhängnis oder Verheißung? Kerygma und Mythos 6—9. Hamburg–Bergstedt: Reich 1977 (= Theologische Forschung 6; Referate und Berichte vom 16. Colloquium der Staatsuniversität Rom 1976).

Thielicke, Helmut: Fragen des Christentums an die moderne Welt. Untersuchungen zur geistigen und religiösen Krise des Abendlandes. Tübingen: Mohr 1947, bes. 1. Kap.: Die Säkularisation und ihr Menschentyp; 5. Kap.: Die christliche Botschaft an den Menschen des Säkularismus; abgedruckt in: Universitas 1, 1946, H. 9, S. 1057—1071; 2, 1947, H. 1, S. 11—24.

Ders.: Das Ende der Religion. In: ThLZ 81, 1956, S. 307—326.

Ders.: Überlegungen zur Säkularisation. In: Der Auftrag der Kirche in der modernen Welt. Festgabe für Emil Brunner. Zürich–Stuttgart: Zwingli 1959, S. 151—156.

Ders.: Der evangelische Glaube. Grundzüge der Dogmatik, I. Band: Prolegomena, § 16 — Das theologische Problem der Säkularisation. Tübingen: Mohr 1968, S. 453—492.

Tillich, Paul: Religion und Kultur. In: Ges. Werke IX, S. 82—88; in diesem Band S. 173—180.

Ders.: Die religiöse Lage im heutigen Deutschland (1936). In: P. Tillich, Impressionen und Reflexionen. Ges. Werke XIII. Stuttgart: Evangelisches Verlagswerk 1972, S. 230—238.

Tilmann, Raban: Sozialer und religiöser Wandel. Die Kritik an der Säkularisierungsthese der Religionssoziologie bei Joachim Matthes. Theol. Diss. Würzburg 1972.

Todrank, Gustave H.: The Secular Search for a New Christ. Philadelphia: Westminster 1969.

Wolfgang Trillhaas: Profanität — Säkularisierung — Säkularität. In: W. Trillhaas, Perspektiven und Gestalten des neuzeitlichen Christentums. Göttingen: Vandenhoeck & Ruprecht 1975, S. 235—252.

Troeltsch, Ernst: Die Bedeutung des Protestantismus für die Entstehung der modernen Welt. 1911. Neudruck München–Berlin: Oldenbourg 1953.

Vahanian, Gabriel: The Death of God. The culture of our post-Christian era. New York: Braziller 1966; dt. Übertragung von Joachim Scharfenberg und Reimar Keintzel: Kultur ohne Gott. Analysen und Thesen zur nachchristlichen Ära. Theologie der Ökumene 12. Göttingen: Vandenhoeck 1973.

Vajta, Vilmos: Worship in a Secularized Age. In: Studia liturgica 7, 1970, S. 72—85.

Vanbergen, Paul: « Le culte rendu à Dieu à une époque sécularisée » Les travaux de la section V de l'assemblée mondiale du C. O. E. (Uppsala, Juli 1968). Paroisse et liturgie 50, Bruges 1968, S. 540—547.

van Buren, Paul M.: The Secular Meaning of the Gospel: Based on an analysis of its language. New York: Macmillan 1963; dt.: Reden von Gott — in der Sprache der Welt. Zur säkularen Bedeutung des Evangeliums. Zürich/Stuttgart: Zwingli 1965; in diesem Band S. 211—218.

Vancourt, R.: Sécularisation et problème de Dieu dans le protestantisme contemporain. Mélanges de science religieuse 26, Lille 1969, S. 154—172.

Varga, Ivan: La sécularisation de la Jeunesse Hongroise. In: Archives de Sociologie de Religions 12, 1968, Nr. 23—24, S. 45—63.

Verhalen, Philip A.: Faith in a Secularized World: An investigation into the survival of transcendence. New York: Paulist/Newman 1976.

Vidler, Alexander R.: Secular Despair and Christian Faith. Toronto: SCM 1941.

Vincent, John J.: Secular Christ. A contemporary interpretation of Jesus. Nashville, Tenn.: Abingdon 1968.

Vischer, Lukas: Worship and secularization. In: Studia liturgica 7. Rotterdam 1970, S. 1 f.

Waelderen, Eddy von: Säkularisierung und Glaubenserfahrung. In: Katechetische Blätter 96, 1971, S. 129—144.

Warnach, Walter: Säkularisation und Utopie. In: Theologische Revue 66, Münster 1970, Sp. 89—95.

Weakland, Rembert G.: Le culte dans un monde sécularisé. In: Paroisse et Liturgie 50, Bruges 1968, S. 483—491.

Weizsäcker, Carl Friedrich von: Die Tragweite der Wissenschaft. 1. Bd., 10. Vorlesung: Was ist Säkularisierung? Stuttgart: Hirzel 1964, S. 173—200.

Ders.: Säkularisierung und Säkularismus. Das Gespräch, H. 69. Wuppertal: Jugenddienst 1968.

Welt ohne Gott. Herausforderung der Christen. Beiträge zum Thema Säkularisation und Atheismus von René Marlé, Antonio Grumelli, Albert Dondeyne u. a. Wien: Cura 1970.

Wendel, Adolf: Säkularisierung in Israels Kultur. Beiträge zur Förderung christlicher Theologie 2, 32. Gütersloh: Bertelsmann 1934.

Wendland, Heinz-D.: Soziale Verantwortung in der säkularen Gesellschaft. In: Zeitschrift für evangelische Ethik, 1963, S. 65—102.

Werhahn, Hans: Das Vorschreiten der Säkularisierung. Abhandlungen zur Philosophie, Psychologie und Pädagogik, Bd. 55. Bonn: Bouvier 1969.

West, Charles C.: The Power to Be Human. Toward a secular theology. New York: Macmillan 1971.

Westermann, Claus: Gott und Religion. In: F. H. Ryssel (Hrsg.): Protestantismus heute. Ullstein Bücher 25. Frankfurt 1959, S. 16—22 [Säkularisation =

Folge der „religiösen Verweltlichung" der Welt durch den biblischen Gottesglauben].

Wheeler, Richard S.: The Children of Darkness. New Rochelle, N. Y.: Arlington House 1973.

Witte, Johannes: Säkularismus und Christentum in Ostasien. In: Christentum und Wissenschaft VI, 1930, S. 10—24.

Wittram, Reinhard: Nationalismus und Säkularisation — Beiträge zur Geschichte und Problematik des Nationalgeistes. Hrsg. v. d. Ev. Akademie Hermannsburg. Lüneburg: Heliand 1949.

Wölber, Hans-Otto: Säkularismus. Über die These: „Gott ist tot" und „Gott ist Chiffre für Mitmenschlichkeit". In: Kranzbacher Gespräch der Lutherischen Bischofskonferenz zur Auseinandersetzung um die Bibel. Hrsg. v. Hugo Schnell. Berlin 1967, S. 84—105.

World Evaluation Conference on Christian Education, Genf 1969: Christian Education in a Secular Society. Hrsg. v. Gustav K. Wiencke. Philadelphia: Fortress 1970; dt. Christliche Erziehung in einer säkularisierten Gesellschaft. Internationale Auswertungskonferenz des Lutherischen Weltbundes — Kommission für Erziehungsfragen. 1969.

Xhaufflaire, Marcel: Feuerbach et la théologie de la sécularisation. Paris: Cerf 1970; deutsche Übertragung von Birgitt und Mantred Werkmeister: Feuerbach und die Theologie der Säkularisation. Gesellschaft und Theologie: Abt. Systematische Beiträge, Nr. 10. München: Kaiser und Mainz: Grünewald 1972.

Zabel, Hermann: Verweltlichung/Säkularisierung. Zur Geschichte einer Interpretationskategorie. Phil. Diss. Münster 1968.

Ders.: Zum Wortgebrauch von „Verweltlichung/Säkularisieren" bei Paul Yorck von Wartenburg und Richard Rothe. In: Archiv für Begriffsgeschichte 14, Bonn 1970, S. 69—85.

Zeltner, Hermann: Christliche Eschatologie und menschliche Zukunftserwartung. Kritische Bemerkungen zum Begriff Säkularisierung. In: Humanitas — Christianitas. W. Loewenich zum 65. Geburtstag. Hrsg. v. Karlmann Beyschlag. Witten 1968, S. 349—361.

Zulchner, Paul M.: Säkularisierung und Liturgie. In: Liturgisches Jahrbuch 22, 1972, S. 85—104.

Ders.: Säkularisierung von Gesellschaft, Person und Religion. Religion und Kirche in Österreich. Freiburg: Herder 1973.

REGISTER

Personen- und Sachregister

Bibelstellenregister